STRUCTURED CORPORATE FINANCE

Integrated Management of Capital and Risk

구조화금융 & 기업재무

자본과 위험의 통합관리

이재선 · 박상수 지음

MEDIA JIPHIL
(주)지필미디어

구조화금융 & 기업재무

| 자본과 위험의 통합관리 |

발 행 일 2015년 9월 10일 초판 인쇄

저　　자 이재선·박상수

발 행 인 김성남

발 행 처 (주)지필미디어

주　　소 서울시 서대문구 미근동 72-3호 미근빌딩 101호

전　　화 (02) 362-4504

팩　　스 (02) 393-4509

이 메 일 book@jiphil.co.kr

홈페이지 www.jiphil.co.kr

등록번호 제 312-1997-000043호 (1997년 07월 16일)

I S B N 979-11-86674-18-5 93320

편　　집 디자인 콤마

가　　격 32,000원

머/리/말

이렇게 뵙게 되어 반갑습니다. 기왕에 들어오셨으니 끝까지 읽으실 것을 권합니다. 대개 책을 선택할 때 목차 정도만 훑어보고 머리말은 읽지 않는데 저희들은 머리말을 꼭 읽은 다음에 책을 선택합니다. 머리말은 저자들이 책을 쓴 이유를 말하기 때문에 그 책을 꼭 선택해야 할 당위성을 알려주기 때문입니다.

목적: 21세기 금융산업과 기업재무를 이해하기 위해서는 금세기 초 업계를 중심으로 발전된 구조화금융에 대한 이해가 반드시 필요합니다. 특히, 최근의 글로벌 신용위기는 자본(또는 재무)관리와 위험관리를 **분리하고**, 위험관리를 소홀히 다루는 전통적 기업재무이론서의 **전면적 수정**을 요구하고 있습니다(예: 신용위기 때 경제학교과서를 다시 써야 한다는 주장). 이 책의 목적은 **자본과 위험의 통합관리**라는 현대 기업재무 문제는 물론, 21세기 금융산업 일반을 **구조화금융을 포함한** 현대 재무이론의 틀 속에서 체계적으로 이해하는데 있습니다.

주제: 이 책의 주제는 **구조화금융**(structured finance)을 포함한 현대 기업재무의 이론과 실제, 구체적으로는 **자본과 위험의 통합관리**(integrated management of capital and risk)입니다. 구조화금융이란 기업의 자본조달 과정에서 발행되는 유가증권의 위험과 수익률(또는 보상) 조합(combination)을 재무상태표가 말해주는 기업의 현재 (신용)상태와 관계없이, 증권발행자나 투자자의 요구에 맞추는 **맞춤형 금융**을 말합니다. 이는 재무상태표에 기록되는 극히 제한된 한두 종류의 부채와 주식만을 발행하는 전통적인 기업금융 방식과는 크게 다릅니다.

글로벌 금융시장에서 우리는 유가증권이나 파생상품은 물론, 이들의 결합을 통해서 자본과 위험을 통합 관리하는 새로운 형태의 금융상품과 솔루션들을 흔히 만납니다. 뿐만 아니라, 2007-2008년 글로벌 금융위기 이후 강화된 각종 규제로 인한 자금조달 비용의 증가로 말미암아 이와 같은 자본비용 최소화를 위한 노력은 일부 논자들의 견해와는 달리 앞으로 더욱 강화될 것으로 예상됩니다.

특성: 이 책은 기업 자본(또는 재무)구조의 자본조달 기능과 위험배분 기능을 동시에 고려하는 **21세기형 재무관리서**입니다. 위험관리의 관점에서 보면 기업의 자본(또는 재무)구조는 투자자들

이 기업에 제공한 보험에 다름 아닙니다. 이때 투자자들이 부담하는 위험은 시장(재무)위험뿐만 아니라 순수(보험)위험도 포함합니다. 그럼에도 불구하고, 현대 포트폴리오 이론에 기초한 전통적 재무이론에서는 시장위험만 자본비용에 고려하고 다양한 자본(또는 재무)구조의 보험위험을 포함한 (총)위험배분 기능에는 큰 관심이 없었습니다. 따라서, 전통적인 재무이론은 극히 단순한 형태의 기업 자본구조가 갖는 자본조달 기능과 자본(조달)비용의 분석에만 치중한 나머지, 회계학에서도 다루는 자본예산이론을 제외하면 나머지 많은 부분들이 현실적으로 큰 의미를 잃게 되었습니다. 더구나, 모디글리아니-밀러(M&M) 이후 대리인이론, 신호이론, 계약이론 등, 불완전 자본시장을 전제로 한 자본구조이론의 상당한 발전이 있었음에도 불구하고, 기존 기업재무이론서들은 완전자본시장을 전제하는 전통적인 M&M이론과 체계적 위험(systematic risk) 중심의 현대 포트폴리오이론의 영향을 크게 벗어나지 않았습니다. 그 결과 90년대 이후 금융업계를 중심으로 급속히 발전된 구조화금융은 대부분의 기업재무이론 교과서에서 체계적으로 다루어지지 않았습니다. 보다 현실적인 불완전 자본시장을 전제로 자본조달과 위험관리를 동시에 추구하는 구조화금융은 완전자본시장을 전제하는 현대 포트폴리오 이론과 M&M세계에서는 존재이유가 없기 때문입니다.

이 책은 또 구미 선진제국 구조화금융시장의 현황, 실제 업무와 관행, 주요 상품과 이슈 등을 자본과 위험의 통합관리라는 이론적 배경하에 체계적으로 소개함으로써, 현행 금융제도의 여러 문제(예: 최근의 글로벌 신용위기)는 물론, 향후 전개될 새로운 글로벌 금융제도의 이해에 필수적인 지식을 제공하는 **21세기형 금융이론서**입니다. 특히, 신용위기 이후 많은 사람들(심지어 일부 학자들까지)이 경제학 교과서를 다시 써야 한다고들 말한 바 있습니다(아직 새로 쓴 교과서는 보지 못했습니다만). 그도 그럴 것이 이번 글로벌 신용위기는 기존 거시(금융)경제이론서에서 잘 다루지 않았던 구조화금융과 자본 및 위험의 통합관리에 관한 지식이 없으면 결코 이해할 수 없습니다. 그리고 이들을 체계적으로 기술한 금융경제이론서는 우리나라는 물론 구미 선진국에서조차 흔치 않습니다. 단적인 예가 이 책의 19장에서 논의하는 조건부자본(또는 조건부 자본공여약정)이 향후 예상되는 금융시장 규제강화 수단의 하나로 이제 막 논의되는 현상입니다. 조건부자본은 초대형 손실 사건의 발생에 대비한 일종의 부외자본(준비금)으로서 기업의 자본 수익성을 증가시킴은 물론 보험과 달리 손익계산서에 영향을 미치지 않음으로써 기업 및 금융기관에게는 상대적으로 보험이나 증권발행에 비해 효율적인자본 및 위험관리 수단입니다.

이 책은 재무이론과 보험이론이 적어도 기업의 자본과 위험의 통합관리라는 관점에서는 서로 크게 다르지 않음을 보여 줌으로써 두 분야의 융합가능성을 제시하는 **21세기형 금융보험이론서**입니다. 아직도 우리나라에서는 학회 차원의 연구성과 공유가 없음은 물론, 기업들까지 위험관리 부서와 재무부서를 분리 운영함으로써 두 부서간 의사소통이 단절된 현실은 기업

위험관리의 효율성을 저해할 뿐만 아니라 두 학문의 발전에도 결코 도움이 되지 않습니다. 그러므로 **통합위험관리**(integrated risk management)의 관점에서는 전통적인 보험이론뿐만 아니라 기초 재무이론의 이해가 필수적입니다.

대상 독자: 이 책은 비금융기업들이 사용자라는 관점에서 구조화금융을 논의합니다. 이는 곧 이 책의 관점이 이들 상품/솔루션 및 구조의 발행자나 설계자, 은행 등의 관점과 같음을 의미합니다. 따라서, 이 책은 기본개념과 재무이론을 현행 조세, 회계, 규제, 공시 등 각종 이슈들과 결합한 제도적인 측면을 크게 강조하고, 각종 상품 및 솔루션들에 대한 경제적 기능, 설계 과정, 편익, 위험 등에 대한 이해를 목표로 합니다. 그러므로, (재)보험회사와 중개인, 투자은행 종사자와 같은 구조화상품의 거래자, 기업의 재무담당자, 기업의 위험관리자나 위험관리 자문역 등이 주요 대상이지만, 법률법인이나 회계법인 등에서 관련 업무에 종사하는 사람들과 은행이나 금융감독당국자, 기존 재무관리교과서나 보험이론서 이상의 지식을 원하거나, 또는 글로벌 신용위기의 원인을 이해하고 향후 금융시장의 전개과정을 예측하려는 학부나 대학원생들도 예외는 아닙니다.

사전지식: 구조화금융은 원래 전통적인 재무이론과 파생상품에 대한 기초지식을 필요로 합니다. 그러나 이 책은 독자들이 읽어가면서 필요한 개념을 습득할 수 있고, 수학도 곱셈과 나눗셈 등, 기초 대수학에 대한 이해만 있으면 충분하도록 설계·집필되었습니다.

집필 동기: 첫째, 우리는 "이론과 실제는 다르다."는 말을 자주 들어왔습니다. 특히, 전통적 재무이론을 배우면서 많은 사람들이 그렇게 생각합니다. 그러나 현실과 관련이 없는 이론이 무슨 이론이며, 또 그런 이론을 배울 이유는 무엇입니까? 재무이론은 응용경제이론 중에서 가장 현실성이 뛰어납니다(예: 옵션모형은 물론 자본자산가격결정모형 등). **실제적인** 재무이론을 알리고 싶었습니다.

둘째, 재무이론은 어렵고 재미없다? 많은 학생들이 수식(數式)을 혐오합니다. 증명도 싫어합니다. 그러나, 기본개념의 이해와 생활에 필요한 수준의 재무이론은 결코 어렵지 않으며 오히려 재미있습니다. 저희들은 이 책을 읽는 독자들도 같은 생각을 갖게 될 것으로 확신합니다.

셋째, 우리나라는 지속적인 경제발전을 위해 금융산업의 글로벌화가 최대 당면과제(일본의 예에서 보듯)인 바, 금융산업의 글로벌화는 구조화금융을 이해해야만 가능합니다. 그럼에도 불구하고, 현실은 한정된 전문가들에 의한 단편적인 소개만 있을 뿐, 현대 재무이론의 틀 속에서 기업의 자본조달과 위험을 동시에 통합관리하는 관점의 저술은 아직 찾을 수 없습니다.

마지막으로, 책이 과거를 이해하기 위해서만 필요하다면 큰 의미가 없습니다. 우리는 구조화금융이 신용위기의 주범이므로 향후 구조화금융은 퇴조의 길을 걷게 될 것이라는 일부 주장에 전혀 동의하지 않으며 오히려 그 반대라고 봅니다. 맞습니다! 투명성 제고(提高)는 반드시 필요하지만과도한 규제강화로 인한 자본조달 비용의 상승은 (금융)기업들에게 비용 절감노력을 강요하게 되고 이는 결국 구조화금융으로 귀착될 것입니다.

변명 아닌 변명: 책을 시작한 것은 2005년 말이었고 그동안 글로벌 신용위기도 겪었습니다. 여러 번 수정, 보완이 있었습니다만 책을 준비하면서 가장 고민스러웠던 문제는 두 가지였습니다.

첫째는 이 책의 구조화금융 관련 각 장이나 절, 심지어는 개별 상품까지가 한 권의 책이 될 만한 내용들입니다. 어느 선까지 이 책에서 다룰 것이냐의 문제인데 기초서(基礎書)로 내용을 한정하기로 했습니다. 따라서 각 상품에 대한 가격결정모형들은 이 책의 범위 밖으로 제외되었습니다.

두 번째 문제는 이론과 실제를 연결시키는 우리나라의 사례를 드는 것이었습니다. 우리나라에서 구조화금융은 1997년 IMF외환위기 이후 본격적으로 도입되기는 했으나 관련 시장과 제도는 물론, 법규의 정비도 아직 완전치 않습니다. 그러므로, 지금 단계에서는 기초이론과 다양한 형태의 표준형 상품들에 대한 정확한 이해가 무엇보다 중요하다는 것이 저희 생각입니다. 따라서, 많지 않은 국내 사례들 – 그것도 편법에 의한 것들이 대부분인 – 보다는 경쟁적 자본시장의 표준형 상품과 다양한 솔루션들을 소개할 목적으로 선진국 사례들을 중심으로 기술했습니다. 그러나, 우리나라의 실정과 사례들에 관해서는 필요한 곳에 각주로 처리했고, 또 독자들 스스로도 어렵지 않게 보완할 수 있을 것이라 믿습니다.

구성: 1부(1장–4장)는 구조화금융과 자본 및 위험의 통합관리를 이해하는데 필요한 전통적 재무이론과 위험관리이론의 주요결과와 기초개념을 소개합니다. 여기서는 기업 자본구조의 위험 배분기능을 거의 무시하는 전통적인 재무이론의 관점을 떠나 자본구조의 위험배분 기능을 특히 강조합니다. 주요 내용은 자본 및 기업의 본질과 목표, 위험 등, 기본 개념들에 관한 정의(1장); 투자결정이론과 투자결정 및 관리의 결과, 즉 경영성과의 측정방법(2장); M&M 무관련성 명제와 절충이론(3장); 비대칭적 정보와 자본조달전략(4장) 등입니다.

2부(5장–8장)는 전통적인 보험·보증과 파생상품을 이용한 보험위험과 재무위험의 전가를 통한 위험관리를 기술합니다. 먼저 보험을 중심으로 한 위험관리이론의 주요 개념과 원칙을 정리하고(5장), 금융/보험의 전통적인 위험관리 수단들인 신용보험과 금융보증(6장), 파생상품(7장), 신용파생상품(8장)을 요약함으로써 3부와 4부를 논의하기 위한 준비작업을 마무리합니다. 1부와 2부는 재무, 보험, 파생상품 등에 관한 이론적 배경이 튼튼한 독자들에게는 매우 쉽게 읽혀질 것입니다. 특히, 1부와 2부는 위험관리의 관점만 추가했을 뿐, 전통적 재무이론서들과 크게 다르지 않습니다. 새로운 시각에서 재무이론을 이해한다는 재미는 잃겠지만 이미 배웠거나 시간적 여유가 없는 독자들은 생략하거나 또는 대강 읽어도 큰 지장은 없을 것입니다.

3부(9장 – 14장)는 초기형태의 구조화금융을 논의합니다. 주요 내용은 구조화금융의 일반적인 기법, 진행절차, 주요수단 (9장) ; 구조화증권 (10장) ; 자산의 증권화(11장) ; 저당대출채권유동화증권 (MBS)과 자산유동화기업어음(ABCP)을 중심으로 한 초기 증권화 (또는 자산유동화)상품 (12장) ; 부채담보부증권 (CDO)(13장) ; 초기 형태의 프로젝트금융 (14장) 등입니다.

4부(15장 – 20장)는 신용위기와 관계가 깊은 신용파생상품이 결합된 형태의 후기 (또는 현대) 구조화금융 및 보험을 논의합니다. 주요 내용은 CDO구조에 신용파생상품을 도입한 합성부채담보부증권 (SCDO)(15장); 글로벌 신용위기를 이해하는데 필수적인 합성신용구조화증권 (16장) ; SCDO기법의 프로젝트금융 (17장) ; 위험의 증권화 (18장) ; 조건부자본 (19장) ; 마지막으로 최근 글로벌 신용위기를 분석합니다 (20장).

이 책을 사용하시는 교수님들께: 우리나라 학부수준에서 이 책의 이름에 해당하는 강좌가 개설된 사례가 있는지 저희들은 잘 모릅니다. 그러나, 전통적인 재무관리서에 구조화금융이반드시 포함되어야 한다는 것이 저희들의 생각입니다. 특히, 재무관리 과목이 2-학기 코스인 경우, 2번째 학기는 이 책이 반드시 필요할 것으로 생각합니다. 대학원이라면 더 말할 나위가 없겠죠. 또, 전통적인 재무관리서에서 다루는 배당정책은 구조화금융과 직접 관련이 없어서 제외되었지만 이를 보완하면 한 학기 재무관리 교과서로도 부족하지 않을 것이고, 재무이론의 뒷받침이 필요한 금융공학 전공 학생들에게도 이 책이 유용할 것으로 생각합니다. 그리고, 교재로 쓰시는 교수님들을 위해서 강의개요와 연습문제집이 준비되어 있습니다. 특히, 각 장의 연습문제들은 지면관계로 본문에서 생략된 문제들에 대한 보완설명이 포함되었습니다. 강의준비에 많은 참고가 될 것으로 생각합니다.

후기: 현업에 종사하시는 분들과 우리나라 케이스를 같이 책으로 해보고 싶은 욕심을 아직도 버리지 않고 있습니다 (개정판에서는 꼭 그렇게 하고 싶습니다. 연락주세요). 원래는 기업 위험관리의 주요 수단인 구조화보험 (Alternative Risk Transfer: ART)도 같이 포함했었지만 아직 우리나라에서는 유용성이 크지 않을 것 같아서 구조화금융과 겹치는 일부만 포함시키고 나머지는 결국 다음 기회로 미루었습니다. 책을 집필하면서 수많은 관련서적과 논문들을 참고했습니다만 꼭 필요한 경우 외에는 일일이 출처를 모두 밝히지 않았습니다. 이유는 이 책이 학술 논문이 아니라 구조화금융까지 포함한 방대한 분량의 기업재무서이기 때문에 지면문제도 있고 무엇보다 유용성의 한계를 고려했기 때문입니다. 그러므로 모든 오류는 저희들의 책임입니다.

감사: 확정적인 시장을 가지고 있는 기존 재무이론 교과서들과 달리, 적어도 현 시점에서는 잠재적 독자층이 크고 넓긴 하지만 불확정적인 이 책의 출판을 기꺼이 맡아주신 지필미디어의 용기에 감사합니다. 초고를 끝까지 읽고 조언해 주신 조용민 박사에게 감사드리며, 오랜 기간 저희들의 뒷바라지를 해온 우리들의 집사람들에 대한 고마움을 이 책으로 대신합니다.

2015년 9월
이재선 박상수

목/차

제1부 전통적 재무이론

제3부 초기의 구조화금융

1 부

전통적 재무이론

1부에서는 **자본과 위험의 통합관리**와 **구조화금융**을 이해하는데 필수적인 전통적 재무이론의 기본원칙을 요약하고, 주요 개념 및 용어를 정의한다. 특히, 재무이론의 기본 분석 도구인 화폐의 시간가치, 포트폴리오/자본자산가격결정 이론, 효율적 자본시장 가설, 차익거래, 역선택/대리인 이론 등을 정리/요약한다.

1장은 자본 및 기업의 본질과 목표, 위험 등, 이 책의 이름과 관련된 기본 개념들에 관한 정의다. 2장은 실물투자 결정에 관한 전통적 기업재무이론의 주요 결과를 요약한다. 특히, DCF분석과 NPV법의 관계와 EVA를 소개한다. 3장은 전통적인 자본구조이론으로서 M&M 무관련성 명제(irrelevance propositions)와 정태적 자본구조이론인 절충이론을 논의한다. 4장은 비대칭적 정보하에서 자본조달 전략을 역선택이론에 기초한 순서이론을 중심으로 설명하고 그 대안을 제시한다.

[본서의 구성과 체계도]

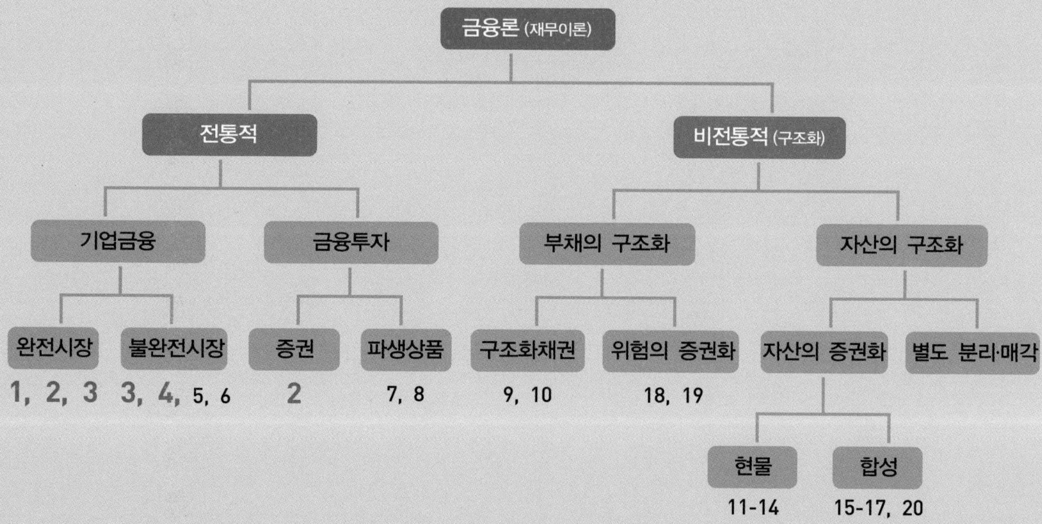

제 1 장

주요 개념과 원칙

자본과 위험의 통합관리란 전통적인 재무이론에서처럼 기업의 자본관리와 위험관리를 분리하지 않고 총괄적으로 관리하는 것을 말한다. 그러므로, 이 책의 일관된 관심은 구조화금융, 자본과 위험의 통합관리, 그리고 이 양자간의 관계를 체계적으로 이해하는데 있다.

전통적인 재무이론(finance)의 자본관리(또는 재무관리)는 기본적으로 기업의 실물투자사업에 대한 자본배분문제와 자본조달활동을 의미하며, 따라서 기업의 자본관리는 투자결정(또는 자본예산론)과 적정자본조달비율결정(또는 최적재무구조론)이 거의 전부라 해도 과언이 아니었다. 그러므로, 전통적인 의미의 자본구조(capital structure) 또는 재무구조이론은 실물투자에 대한 적정자본 배분 및 조달문제 정도로만 인식되었을 뿐, 자본구조가 갖는 기업 활동에서 직면하는 위험으로 인한 손실흡수나 위험배분 기능은 크게 문제되지 않았다. 한 예로, 기업활동에서 발생하는 위험을 재무위험(financial risk)과 비재무위험(nonfinancial risk)으로 구분해서 비재무위험 관리부서는 기업의 재무관리 과정에서 아예 배제시켜 온 것이 업계의 관행이었다. 그러나, 이 책의 3부와 4부에서 논의하는 구조화금융을 통해서 보게 되는 바와 같이, 자본관리와 위험관리는 겉으로는 서로 전혀 다른 분야인 것처럼 보이지만 실제로는 서로 아주 밀접한 관계에 있다.

자본과 위험의 통합관리와 구조화금융을 이해하기 위해서는 먼저 이들 두 분야에 공통적으로 적용되는 기본 원칙 및 분석도구들에 대한 정확한 이해와 함께, 사용하는 용어들에 대한 명확한 정의가 필수적이다. 먼저, 1장은 이 책의 주제와 관련된 기본 개념들을 소개한다.

1.1 기업의 본질과 목표

1.1.1 기업의 본질

기업은 주식이나 채권과 같은 금융자산을 투자자들에게 매각한 현금수입(자금 또는 자본)으로 실물자산을 매입/운용해서 현금수익을 창출한 다음, 이를 재투자하거나 또는 원금상환이나 배당을 통해 투자자들에게 되돌려준다. 전통적인 재무이론에서는 이와 같은 기업활동을 기능면에서 (실물)투자, 자본조달, 배당, 그리고 위험관리로 구분해서 다루고 있다.

기업이란 무엇인가? 가장 오래된 동시에 가장 단순한 견해(예: 전통적인 미시경제이론 교과서)는 기업을 생산요소를 제품으로 전환시키는 **전환함수(transformation function)**로 보고, 기업활동을 생산요소를 제품으로 전환시키는 활동으로 본다. 같은 맥락에서 기업은 거래비용(transaction costs)을 최소화하기 위해 여러 사람들이 집단을 이루어 재화나 서비스를 생산하는 하나의 조직(organization)이라 말할 수도 있다(Ronald Coase, 1937). 이와 같이, 기업을 생산함수나 전환함수로 보면, 기업은 기본적으로 실물자본이라 불리는 생산요소들을 활용해서 제품을 만들고, 그 제품을 판매해서 수익을 창출하는 경제조직이다.

그러나, 기업을 이렇게 정의하면 실물자본의 개념을 이해하기는 쉽겠지만, 경제주체들간에 정보가 비대칭적인 현실 세계에서 기업활동과 관련된 여러 가지 복잡한 문제들, 예컨대 기업가치와 자본구조의 관계나 기업위험의 투자자간 배분문제 등과 같은 금융자본이나 위험관리와 관련된 문제들에 대한 이해는 사실상 불가능하다. 따라서, 기업의 자본/위험관리 문제는 바로 기업의 본질에 대한 두 번째 견해, 즉 기업을 기업과 관련된 여러 이해관계자들(stakeholders)간에 존재하는 계약의 연결체 – 연결망(nexus of contracts) 또는 계약의 집합체(collection of contracts) – 로 보는 것이 보다 합리적이다(Jensen and Meckling, 1976). 여기서 기업의 이해관계자들이란 종업원, 원자재 공급업체나 제품판매업자와 같은 협력업체, 채권자, 정부, 주주 등은 물론, 심지어 고객이나 사회 전체 등, 기업의 흥망성쇠(興亡盛衰)에 이해를 같이 하는 모든 당사자들을 말한다.

어떤 계약을 말하는가? 예컨대, 종업원들은 노동을 제공하는 대신 '확정된(fixed)' 급여를 받는 계약, 협력업체는 원자재를 공급하고 '확정된' 원자재 값을 받는 계약, 채권자는 자본을 제공하는 대신 '확정된' 원리금을 받는 계약 – 여기까지는 **정액계약(fixed-payoff contracts)**이다 –, 주주는 자본을 제공하는 대신 '잔여이익(residual income)'을 받는 계약 – **변액계약(variable-payoff contracts)**이다 – 등을 기업이라는 법으로 정한 주체(legal entity), 즉 법인체(法人體)와 체결한다. 중요한 사실은 이와 같이 계약이행에 대한 보상의 내용과 형태가 다름에 따라 이해관계자들간의 이해가 반드시 일치할 이유가 없게 된다는 점이다.

그 뿐만이 아니다. 기업이라는 '계약의 집합체'를 구성하는 개별 계약의 형태는 위에서 본 것 이상으로 다양하다. 한 예로, 주주들은 자기들을 '대신해서' 회사의 경영을 책임져 달라는 계약을 이사들과 체결하고, 이사들은 다시 자기들을 '대신해서' 회사의 일상적인 경영을 맡아 달라는 계약을 CEO와 체결한다. 물론, CEO는 그 다음 단계의 관리자들과 각종 계약을 체결한다.

모든 계약에는 계약이행에 대한 보상이 따른다. 하지만, 인간은 개인의 이익을 극대화하는 것이 일반적이므로 이들 계약에는 이른바 '대리인비용(agency cost)'과 계약의 준수여부를 감시/감독하거나(감시·감독 비용), 또는 주인에게 확증시키기 위한 **확증비용(bonding cost)** 등, **계약비**(contract costs)가 발생하게 마련이고, 이들 계약비용은 모두 궁극적으로 기업의 주인인 주주들이 부담하게 된다(Fama, 1990).

1.1.2 기업의 목표

경제이론에서는 인간의 소비의사결정 행태를 분석할 때 개인의 행복 또는 효용(utility)극대화가 목표라고 전제한다. 그렇다면 기업은 투자의사 결정에서 무엇을 목표로 설정할 것인가? 기업의 소유주는 주주들이고 주주는 효용극대화를 추구하는 '인간'들이니, 기업의 투자결정 목표 역시 기업의 효용극대화가 논리적으로 타당하지 않겠는가? 그러나 기업은 '법적 주체'이고 설사 법인(corporation)일 경우라 하더라도 법이 사람으로 인정한 것일 뿐, 실제로 사람은 아니다. 그러므로 '기업의 효용극대화'라는 말은 문제가 있다.

그래서 경제학, 특히 재무이론에서는 기업의 목표를 일차적으로 수입과 비용의 차이인 경제적 이윤(economic profit) 또는 경제적 이익의 극대화에 있다고 가정한다. 이유는 기업의 경제적 이익을 극대화시키면 궁극적으로 기업의 주인인 주주의 부(富)가 극대화 될 것이고, 주주의 부가 극대화 되면 주주들의 효용도 극대화된다고 볼 수 있기 때문이다.

과연 그런가? 기업의 경제적 이익－경제학과 달리 회계학이나 재무이론에서는 이윤을 이익이라 부른다－을 극대화시키면 주인인 주주들의 소득이나 재산, 즉 부(wealth)도 극대화된다는 것은 이해할 수 있다. 그러나 주주들의 소득, 즉 주주의 부를 극대화시키면 그들의 효용, 즉 행복도 극대화된다는 것은 좀 무리가 아닐까? 그렇다고, 주주들은 각자 생각하는 행복의 기준이 다 다를 것인데, 이를 어떻게 일일이 다 고려해서 투자결정을 한단 말인가? 그러나 그것은 크게 문제가 되지 않는다!

Fisher의 분리정리: 재무이론에서는 왜 기업 경영의 목표가 **기업 이익의 극대화**(corporate profit maximization)－**기업가치 극대화**(corporate value maximization), 또는 **주주가치 극대화**(shareholder value maximization)라고도 한다－에 있다고 말하는가? 이에 대한 대답은 1930년대에 미국의 경제학자 피셔(Irving Fisher)가 제시한 **분리정리**(Separation Theorem)에서 찾을 수 있다.

Fisher는 완전한(극히 이상적인) 자본시장이 존재하는 한, 기업들은 기업에 투자한 사람들의 개인적인 목표들에 관해서는 일일이 신경 쓸 필요 없이 기업가치, 즉 경제적 이익을 극대화시키는 일에만 전념하면 된다고 말한다. 즉, 기업의 투자결정에서 투자 여부를 결정하는 기준은 해당 사업의 경제성－구체적으로, 투자사업의 순현재가치(net present value: NPV)가 영보다 크냐 작으냐－에 있을 뿐이라는 것이다(2장 참조). 경제성만 있으면 주주의 부가 증가되어 효용을 증가시킬 수 있으므로 어떤 경우에도 투자자들의 소비나 저축에 대한 개인적인 취향은 고려할 필요가 없다는 것이다. 이 경우, 투자자들은 각자의 부(wealth)를 자본시장의 거래를 통해서 각자의 취향대로 배분하면 된다. 이것이 바로 기업의 최적투자결정은 투자자들의 소비결정, 즉 효용함수와 분리해서 이루어질 수 있다는 Fisher의 분리정리로서, 오늘날 재무이론이 수요와 공급을 중요시하는 전통적인 '마샬의 경제학(Marshallian economics)'에서 분리되어 하나의 독립된 학문분야로 발전하게 된 단초(端初)가 된다. 사실 재무이론은 시간(time)과 위험(risk)이라는 요소가 특히 강조될 뿐 전통적인 미시경제이론과 다를 바 없다[1].

주주자본주의 vs. 이해관계자자본주의: '주주 부의 극대화'라는 기업의 목표와 관련하여 최근에 여러 가지 용어들 – 예컨대, **가치중심경영** (value-based management: VBM), **주주자본주의** (shareholder capitalism), 그리고 **이해관계자자본주의** (stakeholder capitalism) 등 – 이 경영컨설팅 회사들이나 언론매체를 중심으로 유행하고 있다. 첫 두 용어들은 대체로 같은 뜻을 가진 말로서 Fisher의 분리정리를 다른 말로 표현한 데 지나지 않는다. 그러나, 이해관계자자본주의는 앞의 두 개념들과는 의미가 크게 다르다. 기업은 주주들의 이익을 극대화시키기만 하면 되는 것이 아니라 주주뿐만 아니라 기업을 구성하는 모든 계약자들의 이익을 함께 고려해서 의사결정을 해야 한다는 주장이다.

기업의 목표가 주주의 부를 극대화해야 하느냐 또는 이해관계자들 모두의 이익을 같이 고려해야 하느냐의 문제는 사회적으로도 첨예한 논쟁거리로서 한번쯤은 깊게 생각해 볼 필요가 있다. 원래 분리정리가 제시된 시대가 불확실성이나 위험에 대한 체계적인 분석이 없었던 때임을 감안하면, Fisher의 분리정리는 일단 주주 부의 극대화라는 기업목표에 대한 최소한의 논리적 타당성은 제공했다고 볼 수 있지만 완벽한 것은 아니다. 원래 분리정리는 투자결정의 기준에 관한 것이었기 때문이다.

그러나 주주 부의 극대화가 기업의 목표가 되어야 하는 것은 현대 재무이론에서도 그 타당성을 찾을 수 있다. 앞에서 정의한 대로 기업을 계약의 집합체로 보면, 주주는 투자사업에서 창출되는 현금흐름에 대한 **잔여이익 청구권자** (residual claimants)들이다. 즉, 계약구조상 주주들은 다른 모든 이해관계자들이 자기 몫을 받아간 다음, 맨 나중에 자기 몫을 가져간다는 말이다. 그러므로 청구권자들 가운데서 순위가 가장 낮은 주주들이 기업에 대한 여러 이해관계자들 가운데서 위험부담이 가장 크고, 기업 전체의 이익을 극대화시키는 투자사업을 선택해야 할 유인 (incentive)이 가장 클 것이다. 또, 주주들이 자기 몫을 가져가게 되는 경우, 이들보다 선(先)순위에 있는 다른 이해관계자들에 대한 약속된 보상은 이미 완료된 상태가 되어 주주만 만족하면 모든 이해관계자들 역시 만족하게 된다. 그렇지 않고, 주주보다 선순위에 있는 종업원이나 협력업체, 또는 채권자들 중 하나가 각자의 이익을 극대화시키는 투자결정권을 갖는다고 생각해 보라. 당신이라면 기꺼이 그런 회사의 주주가 되겠는가?

1 예: 현재 1원은 내년(1년 후)의 1원보다 가치가 크다. 현재 확실한 1원은 조금이라도 불확실한 1원(가령 2원을 받거나 또는 전혀 받지 못할 가능성이 반반인 경우) 보다 가치가 크다.

1.2 실물자본

재무이론에서 자본(capital)은 가장 많이 사용되는 용어 중의 하나지만 엄밀한 이해가 필요한 개념이기도 하다. 생산요소를 제품으로 전환시키는 전환과정에서 자본은 흔히 실물자본과 금융자본이라는 두 개의 전혀 다른 개념으로 사용되고 있다. 흔히 자산과 자본을 크게 구분하지 않고 사용하는데 엄밀히 따지자면 실물자산과 실물자본은 다소 차이가 있는 개념들이다.

1.2.1 실물자본과 실물자산

실물자산(real asset)은 사과나 각종 기계 등과 같이, 당장 소비하거나 또는 생산활동에 사용할 수 있는 것들(things)을 말한다. 실물자산이 가치를 갖는 것은 사람들이나 기업이 이들을 직접 소비하거나, 또는 미래에 소비할 재화와 서비스를 생산하는데 사용할 수 있기 때문이다.

실물자본(real capital) 또는 **실물자본자산**(real capital asset)은 실물자산 가운데서 장기간에 걸쳐 상품이나 서비스의 생산에 기여하는 자산을 말한다. 즉, 실물자산 가운데서 실물자본은 중/장기적으로 생산에 사용되는 '내구성(耐久性) 생산요소'라 할 수 있다. 예컨대, 기계, 건물, 공장, 특허권, 지식(knowledge) 등은 실물자본인 동시에 실물자산이지만, 사과, 쌀 등은 실물자산이다. 그러므로 실물자산과 실물자본을 구분하는 주요 기준은 '기간'에 있다고 볼 수 있다.

실물자본은 또한 반드시 눈에 보이거나 손으로 만질 수 있는 것들만을 말하는 것이 아니다. 특허나 등록된 기술은 물론, 우리가 학교에서 배운 '재무분석(지식)'은 회사에서 일하던 자영업을 하던 일생 동안(장기) 사용할 수 있으므로 역시 실물자본이라 할 수 있다.

1.2.2 실물자산과 기업가치

우리는 기업을 종업원, 주주, 채권자, 협력업체, 고객, 정부 등, 기업과 관련된 여러 이해관계자들 사이에 존재하는 각종 계약관계로 연결된 '실물자산들의 집합체' – 또는 실물자산 포트폴리오 – 라고도 볼 수도 있다. 이 경우, 기업의 시장가치는 곧 기업이 보유하고 있는 실물자산들의 시장가치(market value)의 합(合)이 된다[2].

재무이론에서는 실물자산을 회계이론에서 말하는 실물자산과 다르게 구분한다[3]. 회계학에

2 다음 장에서 자세히 보게 되겠지만 이 말은 성장기회(즉 미래에 집행될 실물투자)가 실물자산에 포함될 때만 기술적으로 맞는 말이다.

3 Myers (1977) 참조

서는 실물자산을 유형(有形) 또는 고정자산과 무형(無形)자산으로 구분하지만, 재무이론에서는 기업의 실물자산을 기존실물자본자산(既存實物資本資産)과 성장기회(growth opportunities)로 구분한다. 그 이유는 회계학에서는 생산과 판매 등, 통상적인 기업 의사결정의 기초가 되는 회계정보의 생산이 목적이지만, 재무이론에서는 인수/합병을 위한 기업가치/투자결정이나 자본구조 분석이 목적이고 이들은 모두 기존실물자본자산과 성장기회의 시장가치 즉, 시장가격으로 평가해야 하기 때문이다. 따라서 재무이론에서 기업가치 또는 기업의 시장가격은 기존 실물자본자산의 시장가치와 성장기회의 시장가치의 합으로 정의된다. 중요한 점은 재무이론에서 자산은 곧 자산이 창출하는 일련의 현금흐름으로 정의되고 따라서 자산의 가치는 현금흐름의 가치와 같다는 것이다[4].

기존 실물자본자산(assets in place)이란 지금까지의 투자를 통해서 회사가 현재 보유하고 있는 실물자본자산(자본자산투자잔액)을 말한다. 이들의 시장가치는 이들 실물자본이 생산 및 판매(즉 영업)활동을 통해 현재 및 미래에 창출하게 될 순현금흐름(net cash flow) – 현금유출액을 차감한 순현금유입액울 말함 – 의 현재가치일 것이다(2장에서 상세히 다룬다).

성장기회의 시장가치란 기업인수, 신기술 개발 등과 같이 새로운 정보에 입각해서 앞으로 집행 될(안될 수도 있다) '후속(後續) 투자기회'의 현재가치를 가리키는 것으로서, 전략적 가치(strategic value)가 포함된 투자사업에서 발견할 수 있다. 성장기회는 금융옵션과 같이 그때(옵션의 행사 시점) 가서 사업이 유리하면 실물자본자산(후속사업)에 투자하고(옵션의 행사), 불리하면 포기하면 됨으로 흔히 **실물옵션(real option)**이라고도 부른다. 그러므로, 성장기회의 시장가치는 Max(미래투자기회의 순현재가치, 0)이고 이는 수익이 미래의 (기존)실물자본자산 시장가치이고 행사가격이 투자비용인 콜옵션의 가치와 같다. 흔히 말하는 전략적 투자사업은 이들 실물옵션이 내재된(imbedded) 투자사업을 말하고, 따라서 이들 사업의 가치는 당연히 실물옵션의 가치를 고려해야 한다. 기업이 성장기회에 투자하는 경우 현재의 성장기회는 미래의 기존 실물자본자산이 된다[5].

성장기회라는 개념은 마이어즈(Myers, 1977)가 처음 도입한 개념으로 재무이론의 관점에서는 특정 시점에서 평가한 기업의 실물자본자산 가치는 기업의 과거 투자행위로 인한 실물자본뿐만 아니라, 성장기회, 즉 기업이 보유하고 있는 실물옵션(즉 미래 투자)의 가치도 당연히 포함시켜야 함을 의미한다.

---

4 재무이론에서 가치(value)와 가격은 반드시 일치하는 것은 아니다. 물은 가치(효용)는 크지만 가격(price)은 비싸지 않다. 다이아몬드는 없어도 살 수 있지만(가치는 작다) 가격은 엄청 비싸다.

5 R&D비중이 매우 높거나 여러 개의 사업을 파생시키는 제약이나 컴퓨터관련 산업과 다국적 기업의 경우, 실물(또는 성장)옵션 가치가 기업가치의 절반 이상을 차지하는 경우도 있다.

따라서, 기업 실물자본자산의 시장가치는 지금까지 투자지출을 통해서 기업이 보유하게 된 기존 실물자본자산의 현재가치(present value)와 향후 투자사업들의 순현재가치(net present value) – 소요투자비용을 공제한 – 를 합한 것이다. 즉,

기업의 시장가치 = 기존실물자본자산의 시장가치 + 성장기회의 시장가치
= 기존실물투자사업의 현재가치 + 미래투자사업의 순현재가치

1.3 금융자본

기업의 실물자본을 생산요소로 보면, 이들 생산요소를 구입하는 데 필요한 자금을 조달하는 문제와 매입한 생산요소, 즉 기업의 실물자본이 창출하는 현금흐름의 위험을 자본을 공급한 투자자들 사이에 분담시키는 문제가 발생한다. 이 두 문제를 해결하기 위해서 기업은 유가증권(securities)을 발행하게 되는데, 이때 기업이 발행하는 유가증권을 우리는 또 자본이라 부른다. 이때의 자본을 실물자본과 구분하는 의미에서 **금융자본(financial capital)**이라고도 부르는데, '전통적'인 기업의 재무상태표(statement of financial position)에서는 이 둘을 전혀 다른 것으로 구분해서 서로 다른 쪽, 즉 왼쪽에는 실물자본인 생산요소를, 그리고 오른 쪽에는 기업이 발행하는 유가증권, 즉 금융자본을 기록하고 있다. 그러나 이 둘은 다음에 보는 바와 같이 동전의 앞면과 뒷면같이 서로 밀접하게 연관된 개념들이다.

1.3.1 금융자산과 금융자본

금융자산(financial asset)은 주식이나 회사채와 같이 실물자본이 창출한 현금흐름에 대해 기업이 발행하는 청구권(請求權)을 말한다. 금융자산은 구체적인 형태와 창출되는 동기는 매우 다양하지만, 모두 개인의 소비활동은 물론, 기업의 생산 및 교환 활동(즉 영업활동)을 원활하게 하는 역할을 한다.

금융자본 역시 금융자산과 마찬가지로, 기업의 실물자본이 창출하는 현금흐름에 대한 청구권(claims)이다. 실물자본과 마찬가지로, 금융자본과 금융자산을 구분하는 주요 기준은 기간으로서, 금융자본은 금융자산 가운데서 '장기적'인 성격의 금융자산을 말한다.

금융자본은 기업이 필요한 투자자금의 조달은 물론, (i) 기업의 소유(ownership)와 지배(control) – 또는 경영(management) – 의 분리와 (ii) 기업의 영업활동과 관련된 위험을 기업에 자

금을 제공한 투자자들간에 분산(또는 배분)하는 기능을 한다.

1.3.2 금융자본의 기본 형태

기업이 조달한 자본의 원천(源泉)을 기준으로 보면 기업은 사업에 소요되는 자금을 기본적으로 두 가지 방법으로 조달한다. 즉, 주주가 직접 제공하던지, 아니면 외부에서 차입한다. 전자(前者)를 자기자본 또는 지분(equity), 후자(後者)를 타인자본, 또는 부채(debt)라 부르는데, 일반적으로 기업이 활용하는 두 가지 형태의 유가증권은 회사채(부채)와 주식(지분)이다. 이 두 형태의 중간에는 여러 유형의 **혼합(형)증권(hybrids)** 들이 존재한다. 이들 금융자산은 (i) 청구금액의 지급구조(payoff structure) – 가변성(또는 고정성) –, 우선순위(priority), 각종 금지조항(restrictive covenants), 의결권(voting rights), 옵션(options) – 전환권(conversion rights)과 조기상환권(call provisions) – 등에서 차별화된다.

자기자본(equity capital)과 **타인자본(debt capital)**은 두 가지 측면에서 서로 다르다. 첫째는 기업에 대한 **지배권(governance)**이다. 회사에 대한 지배권 또는 경영권은 보통주와 특정 우선주(preferred stock)를 소유한 주주(株主)들만 행사할 수 있다. 둘째는 두 유가증권이 갖는 청구권의 본질이 다르다는 것이다. 이는 곧 두 증권에 대한 위험-보상 조합(risk-return combination)의 유형이 다름을 말한다.

자기자본 또는 **지분(equity)**은 흔히 **잔여이익청구권(residual claims)**이라고도 부르는데, 그 이유는 지분이 기업의 현금흐름 가운데서 다른 모든 이해관계자들에 대한 확정지급(fixed-payoff) 의무가 이행된 이후, 남게 된 잔여이익에 대한 청구권이기 때문이다. 상장기업의 경우, 지분의 가장 기본적인 형태는 주식(또는 보통주)으로서, 주식에 투자한 주주는 기업의 자산과 잔여 순현금흐름에 대해 지분보유비율에 따라 배분 받는 **'비율적 소유권(proportional interest)'**을 갖는다. 주주는 소유 주식의 매각, 회사의 청산을 통한 배당, 정기 혹은 특별 배당을 통해 보유지분을 현금화 할 수 있다.

기업이 발행하는 두 번째 형태의 금융자본인 부채(회사채와 대출)는 기업이 원금상환과 이자지급을 약속한 차입(혹은 대출)을 말한다. 지분과 달리, 차입은 최대지급액이 채무계약에 명시되어 있어, 채권자는 기업의 영업성과에 관계없이 약정된 금액을 지급받는다. 특히, 영업성과가 좋아서 회사에 이익이 많이 발생했다고 해도 채권자 몫은 증가하지 않는다. 대신, 채권자는 주주보다 항상 먼저 자기 몫을 지급받기 때문에 주주보다 영업위험을 작게 부담한다.

기업이 채무를 변제(辨濟)하지 못하는 채무불이행 위험이 증가하는 상황에서 채권자들이 채권회수에 나서지 않게 하려면 기업은 부채에 대한 기대 또는 요구수익률도 따라서 증가시킬 수 밖에 없을 것이다. 그리고, 아무리 최대지급액이 정해져 있는 계약이라 하더라도 부도위험이 증가하면 할수록, 부채는 그 성격이 결국 자기자본(혹은 지분)과 비슷하게 되어간다. 그 밖에도 부채는 원금상환과 이지지급에 대한 만기일, 조기상환권여부 등이 계약에 명시되어 있고, 주식과 마찬가지로 매각이 가능하다. 이자지급은 주식에 대한 배당금과 성격이 비슷하지만, 배당과 달리 지급액이 미리 정해져 있고, 배당보다 항상 우선 순위에 있다.

1.3.3 부채의 우선순위 구조

기업의 순(실물)자산가치가 기업이 발행한 부채총액보다 작은 경우, 주주의 몫은 있을 수 없고, 기업을 매각하게 될 경우 채권자들은 기업의 자산처분 수입을 투자비율에 따라 배분받는다. 또한, 대부분의 기업들은 단일 종류(single class)가 아니라 우선순위, 조기상환권, 만기, 이자율 등이 서로 다른 여러 종류(multiple class)의 부채를 발행한다.

부채의 우선순위(priority)라는 개념은 회사가 채무상환불능 상태에서 회사를 청산하고 청산 수입을 투자자들에게 배분하는 상황에서, 투자자들에게 주어지는 우선권을 가리킨다[6]. 청구권의 **선순위**(seniority)란 해당 청구권의 소유자가 배분에 대한 우선권을 가지고 있음을 말한다. 반대로, 청구권의 선(先)순위를 후(後)순위 구조(subordination)를 통해서 말할 수도 있다. 즉, 최후순위 채권은 부도가 발생할 경우, 최저선순위, 또는 최저우선권을 갖게 된다. 일반적으로, 청구권의 우선순위가 낮으면 낮을수록 그 청구권의 부도위험은 증가한다. 왜냐하면, 순자산의 시장가치가 정해져 있는 상태에서 모든 청구권 소유자들은 자기보다 우선순위가 높은 청구권 소유자들이 모두 지급받은 후에야 비로소 자기 몫을 지급받을 수 있기 때문이다.

보통 부채보다 낮은 부채를 **후순위 부채**(**subordinated debt 혹은 junior debt**), 보통 부채보다 순위가 높은 부채를 **선순위 부채**(senior debt)라 한다. 은행 대출 같은 것이 후자에 속한다. 후순위 부채 가운데서도 **선후순위 부채**(**senior subordinated debt**), **후후순위 부채**(**junior subordinated debt**)와 같이 선, 후순위 구조를 또 만들 수도 있다.

<그림 1.1>은 금융자본의 우선순위 구조와 금융자본을 뒷받침하는 실물자산을 보유하고 있는 기업의 '경제적 재무상태표(economic statement of financial position)'를 보이고 있다(1.4.2 참조). 금융자본은 표의 오른 쪽, 밑에서 위로 갈수록 우선순위가 높아진다(후순위 심도가 낮아진다). 이 기업은 여러 종류 또는 등급의 회사채(3)와 주식(2)을 발행하고 있으며, 회사채나 주식 각각에 대해서도 내부적으로 우선순위를 부여할 수 있다.

6 일반적으로, 관리비, 파산신고접수 이후 발생한 무담보 청구권, 임직원 급여 및 커미션, 직원퇴직보험충당금, 소비자 청구권, 각종세금, 기타 채무, 우선주 및 보통주의 순서다.

기업에서 우선순위가 가장 낮은 청구권의 소유자는 항상 지분투자자인 주주들이다. 지분 가운데서도 서열이 제일 낮은 청구권이 보통주다. 보통주 보다는 서열이 위지만, 그 밖의 모든 청구권보다 서열이 낮은 유가증권이 **우선주**(preferred stock)다. 우선주는 자기자본의 일종이지만 배당을 보통주보다 우선적으로 받는 대신 투표권이 제한되는 등, 회사채와 유사한 점이 많다. 우선주에 대한 배당은 보통주에 대한 배당에 우선하지만 배당이 의무적인 것은 아니다. 부채에 대한 이자지급을 못하면, 이는 회사의 부도로 이어지지만, 우선주에 대한 배당을 정지한다 해서 회사가 부도 처리되는 것은 아니다.

실물자본	금융자본
	선순위 부채
	보통순위 부채
실물자본(자산)	후순위 부채
	우선주
	보통주

〈그림 1.1〉 금융자본의 우선순위 구조

1.3.4 금융자본과 기업가치

앞에서 우리는 기업을 실물자산의 집합으로 보아, 기업의 시장가치가 각 실물자산의 시장가치를 모두 합한 것임을 보았다. 그러면, 기업이 발행한 미래현금흐름에 대한 청구권인 금융자본(또는 자산)의 시장가치와 기업가치는 어떤 관계일까? 우선, 기업의 부채와 자기자본, 즉 금융자본은 기업의 실물자산으로부터 발생하게 될 미래 현금흐름에 대한 청구권이므로, 금융자본총액은 이 청구권 총액과 같다. 이것은 청구권이 갖는 만기구조나 우선순위구조와 상관없이 언제나 성립한다.

그런데, 기업이 보유한 실물자산의 시장가치는 실물자산이 창출하게 될 미래 현금흐름의 현재가치를 모두 합한 것이다. 따라서, 기업이 발행한 현금흐름에 대한 청구권 총액이 현금흐름 총액과 정확히 일치한다면, 기업이 발행한 청구권, 즉 금융자본의 시장가치는 실물자산의 시장가치와 같을 것이다. 실물자산(본) 총액은 기업가치다. 그러므로, 기업가치, 실물자산가치, 금융자본가치는 모두 같게 된다.

1.4 재무이론의 재무상태표

지금까지의 논의를 반영해서 회계학에서 사용하는 재무상태표를 재무이론 또는 경제학적인 관점에서 표현한 것을 우리는 **재무이론의 재무상태표(financial statement of financial position)**, **경제적 재무상태표(economic statement of financial position)** 또는 **시가평가재무상태표(mark-to-market statement of financial position)**라 부른다.

실물자본	금융자본(금융청구권)
실물자본자산가치 (기존실물자본자산의 시장가치 + 성장기회의 시장가치)	타인자본시가총액 (채권자의 청구권) 자기자본시가총액 (주주의 청구권)

〈그림 1.2〉 자본구조와 재무이론의 재무상태표

재무이론의 재무상태표는 시장가격평가 개념이고, 회계적 재무상태표에서 기록하지 않는 **부외거래(off statement of financial position)** 항목들도 포함하며, 특히 실물자본자산은 회계적 재무상태표와 달리, 기존실물자본자산은 물론, 미래 실물자본자산 투자인 성장기회까지 포함한다. 기존실물자본자산은 회계적 개념인 장기성 고정자산과 단기성 실물자산인 운전자본을 모두 포함한다. 특히, 회계적 재무상태표(대개 장부가격으로 기록)와 달리 재무이론의 재무상태표에서는 고정자산과 운전자본이 성장기회에 대한 미래투자를 통해서 이들이 창출하는 순현금흐름까지 포함한 시장가격으로 기록된다.

<그림 1.2>에서 보는 바와 같이, 재무이론의 관점에서 작성한 재무상태표는 왼쪽에는 실물자산의 시장가격 총액, 오른 쪽에는 타인자본과 자기자본의 합인 금융자본을 시장가격으로 기록한다. 그리고, 복식부기(複式簿記)에 따라 자동적으로 양변이 같아지는 회계적 재무상태표와 달리, 재무이론의 재무상태표에서는 기업이 모든 현금흐름에 대해 빠짐없이 청구권을 발행한다는 것을 전제로 양변의 시가총액이 일치한다. 그러므로 재무이론에서 기업가치는 경제적 재무상태표의 좌변(실물자산가치)이나 우변(금융자본가치)을 통해서 똑같이 얻을 수 있다.

1.5 기업의 위험

앞에서 우리는 재무이론의 입장에서는 자산 또는 사업을 앞으로 기대되는 일련의 현금흐름으로 정의할 수 있다고 말한 바 있다. 이 기대현금흐름의 가장 큰 특성은 시간(또는 시점)과 위험(risk)에 있다. 현재 시점의 1원의 가치는 1년 후 1원의 가치보다 크다. 또, 확실한 현재 1원의 가치는 불확실한 1년 후 1원의 가치보다 분명히 크다. 위험관리가 필요한 이유다.

사실 90년대까지만 하더라도 기업의 위험이나 위험관리는 그저 "닥쳐서 해결하면 된다"는 식으로 다루어졌었다. 그러나, 2000년대에 들어와, 엔론(Enron)사태를 비롯한 크고 작은 기업의 신용부도 사태가 발생함에 따라, 위험관리가 기업 경영의 주요 프로세스의 하나로 인식되고, 기업이 직면하는 위험을 전사적(全社的)인 차원에서 접근해야 한다는 **'전사적 위험관리 (enterprise-wide risk management: EWRM)'**가 크게 유행하게 된다.

위험(risk)이란 예상치 않았던 사건이 발생하거나, 혹은 예상했던 사건이 발생하지 않음으로 인해 불리한 결과나 손실이 발생하게 될 잠재성(확률)을 말한다[7]. 흔히 사람들은 위험을 불확실성으로 이해하고 있지만, 나이트(Frank Knight)는 위험과 **불확실성**(uncertainty)을 구분하고 있다. 위험은 기본적으로 '무작위성(randomness)을 초래하는 원인(source of randomness)'이라 할 수 있는데, 나이트가 말하는 위험은 '측정 가능한' 무작위성(無作爲性)을 가리킨다. 따라서, 위험을 표현하기 위해서는 그 형태와 평균이나 분산 등, 모수(parameters)들에 대해 확률분포 (probability distribution)를 사용한다. 이는 곧 기업이 필요에 따라 위험을 관리하거나 또는 헤지 (hedge)할 수 있음을 의미한다.

나이트의 불확실성은 흔히 말하는 예측불허나 오리무중(五里霧中) 상황같이 '측정 불가능한' 무작위성을 말하는데, 기업은 이러한 불확실성 가운데서도 경제적 이익의 기회를 찾아낼 수 있는 남다른 능력이 있는 존재라고 믿는다. 케인즈(Keynes)가 말하는 '동물적 본능(animal spirit)', 또는 '기업가의 투자정신'은 바로 여기서 나오는 것이며, 바로 그렇기 때문에 나이트의 불확실성이야말로 모든 경제적 이익의 원천이라 말할 수 있다.

기업의 관점에서는 위험은 예상치 않았던 사건이 발생하거나, 혹은 예상했던 사건이 발생하지 않음으로써, 기업의 순자산, 이익, 또는 현금흐름이 감소하게 될 잠재성 이라고 볼 수 있다. 그러나, 위험의 의미를 모든 사람이 다같이 동의할 수 있도록 개념적인 수준에서 정리한다는 것은 결코 쉬운 일이 아니다. 그러므로, 위험의 측정과 위험을 현금흐름의 가치평가에 반영시키는 방법은 다음 장에서 논의하고 여기서는 일단 기업의 위험관리에 도움을 줄 수 있어야 한다

---

7 위험은 영어의 risk를 말한다. 영어의 danger도 똑같이 위험이라 번역되기 때문에 risk를 위험이라 부르지 않고 리스크라고 부르는 사람들도 있지만 우리는 위험이라는 용어를 사용한다.

는 기준에서 개념/용어 중심으로 정리한다.

1.5.1 재무위험

위험은 재무위험과, 비재무위험으로 구분할 수 있다. **재무위험(financial risk)**이란 '재무적 사건'의 발생으로 인해 기업의 현금흐름, 시장가치, 혹은 이익의 예상치 않은 감소를 초래하는 잠재성을 말하는데, 재무적 사건이란 기업의 재무실적을 나쁘게 만드는 시장상황, 채무자의 재정상태, 또는 기업자체의 자금사정 악화 등을 가리킨다. 이때 발생하는 손실의 크기는 재무변수의 변동폭에 의존한다. 재무적 사건의 발생이 원인이라는 관점에서 재무위험은 전통적으로 기업의 회계부서나 재무담당부서의 관리대상 위험으로서 다음과 같은 위험을 포함한다. 즉,

시장위험(market risk): 자산의 시장가격, LIBOR등과 같은 기준이자율(reference rate), 또는 각종 지수(index) 등의 예상치 않았던 변화로 인한 위험을 말한다. 예컨대, 이자율 위험, 환율위험, 상품가격 위험, 주식가격 위험 등이다.

신용위험(credit risk): 계약 상대방, 유가증권의 발행자, 혹은 채무자가 의무를 실제로 이행하지 않거나 또는 이행하지 않을 가능성의 변화로 인한 자산의 부실화를 말한다. 신용위험은 대개 거래에 대한 결제 전 또는 결제 당시의 계약불이행, 채권신용등급 하락 또는 기업 전체의 신용악화로 인한 차입이자율 스프레드 상승 등으로 나타난다.

자금조달위험(funding risk): 기본적으로 현금수입과 현금지출의 불일치로 인한 현금관리상의 문제다. 유동성(부족)위험과 유사한 것으로서. 흔히 말하는 흑자도산(黑子倒産) 위험을 말한다. 그러나, 시장위험과 자금조달위험의 엄밀한 구분은 쉽지 않다. 이유는 시장위험으로 인해 현금흐름의 크기가 변하기 때문이다.

시장유동성위험(market liquidity risk): 시장 상황의 갑작스런 변화로 인해 보유 포지션에 대한 헤지 혹은 손실포지션의 청산이 불가능하게 되는 위험을 말한다. 유명한 헤지펀드 LTCM의 도산이나 최근 미국의 서브프라임 신용위기 등을 초래한 주요인이기도 하다. 이 위험을 재무위험으로 보는 이유는 환율, 이자율 등 시장변수들의 변화가 잠재적 손실액의 규모, 즉 위험노출(exposure)을 결정하기 때문이다.

운영위험(operation risk): 시스템, 공정/과정, 혹은 인사관리 실패로 인한 재정적 손실이 초래될 위험을 말한다.

규제 · 법규위험(regulatory/legal risk): 규제/세제/법률의 갑작스런 변경이나, 계약실수 등으로 인한 재정적 손실 위험을 말한다.

1.5.2 비재무위험

비재무위험(nonfinancial risk)은 **순수위험**(pure risk) 혹은 **보험위험**(insurance risk)이라고도 하는데, 재무위험과 마찬가지로 기업의 현금흐름, 시장가치, 혹은 이익의 예상치 않은 감소를 발생시킬 위험을 말한다[8]. 그러나, 재무위험과 달리, 이 경우에는 감소의 크기가 재무변수의 변화가 아니라, 흔히 외생적(exogenous), 또는 물리적 사건(physical event)에 의존한다. 예컨대, (i) 등급저하, 가치감소, 손상, 절도, 또는 기타 예상치 않은 사건의 발생으로 인한 자산가치 감소나, (ii) 기업에게 법률적인 책임을 초래하는 영업행위, 관행, 또는 제품 등으로 인한 채무발생, (iii) 직원과 같은 '대리인'과의 계약관계상 기업이 부담해야 하는 배상책임, 근로자 재해보상 및 기타 강제적인 직원 지원프로그램. 그리고 (iv) 증권사기(securities fraud), 법규준수(compliances), 피신탁자 의무(fiduciary responsibility) 등과 같이 주인과 대리인의 분리로 인해 주인이 부담해야 하는 손실위험 등이다. 말 그대로 이들 위험에 대한 관리는 전통적으로 보험 분야의 영역이었다(Culp, 2006).

1.5.3 핵심위험과 비핵심위험

기업의 위험관리라는 측면에서는, 위험을 **핵심위험**(core risk)과 **비핵심위험**(noncore risk)으로 분류하는 것이 더 유용하다. 무위험수익률을 초과하는 수익률을 얻으려면 기업은 반드시 위험을 부담하지 않으면 안 된다. 이렇게 기업이 자발적으로 부담, 관리하는 위험을 우리는 핵심위험이라 부른다. 즉, 핵심위험은 기업이 회피하기는커녕 오히려 계속 보유하려고 노력하는 위험이나. 비핵심위험은 기업이 본원적(또는 핵심적)인 사업을 수행하려면 피할 수는 없지만, 반드시 부담(또는 보유)하지는 않아도 되는 위험을 말한다. 즉, 기업은 비핵심위험에 노출되어 있을 수는 있지만, 원하면 계속 노출되어 있지 않을 수도 있다는 말이다.

핵심위험과 비핵심위험은 흔히 각각 **사업위험**(business risk)과 재무위험이라 부르기도 하는데, 핵심위험과 비핵심위험을 구분하는 가장 큰 요인은 결국 정보의 차이라고 볼 수 있다. 이유는 무엇인가? 기업은 사업에 따르는 위험에 대해서 정보상으로 스스로 비교우위에 있다고 생각

8 위험을 변동성이라 볼 수도 있는데, 비재무 위험은 어떤 경우에도 손해만 발생한다. 재무 위험은 이익이 발생할 수도 있다.

하는 – 실제는 그렇지 않을 수도 있다 – 사업에 자연히 집중할 것이고, 따라서 그 사업이 바로 기업의 주요 현금수입원이 되는 핵심사업이 될 것이다. 이렇게 핵심사업에 따르는 위험은 기업이 스스로 가장 많이 알고 있다고 생각하고 있고 또 기업의 이익과 직결되어 있으므로, 기업은 이들 위험을 자발적으로 부담하고 관리한다.

반면에, 기업은 스스로 정보상의 비교우위가 없다고 생각하는 위험이 따르는 사업은 집중하지 않을 것이며, 그런 위험은 스스로 보유하지 않고, 헤지 또는 분산시키거나 혹은 보험을 이용해 제3자에게 전가시킬 것이다. 물론, 이러한 구분이 모든 기업에 일률적으로 적용되는 것은 아니다. 동일한 위험도 기업에 따라 서로 달리 구분될 수 있다는 말이다.

1.5.4 기대위험, 비기대위험, 재난적 위험

재무이론에서는 흔히 위험관리 측면에서 손실을 **기대손실**(expected loss), **비기대손실**(unexpected loss) 및 **예외적/재난적 손실**(exceptional/catastrophic loss) 등으로 분류한다. 기대손실은 (확률가중)평균손실의 통계학적 용어 – 손실분포의 평균 – 로서, 예상할 수 있는 손실이므로 은행의 경우, 이를 가격(이자)에 반영시키거나 대손충당금을 설정해서 대비한다. 그리고 기대손실 = 디폴트 확률 × 디폴트 시 손실률 × 디폴트위험 노출액으로 측정한다.

비기대손실은 특정 신뢰수준에서 발생할 수 있는 최대손실 – 평균손실과 특정 신뢰구간에서 발생하는 잠재적 손실의 차이 – 로서 흔히 **VaR (Value at Risk)**로 측정한다. 신뢰수준(예: 99%)은 손실이 특정 최대손실액(VaR)을 초과할 확률을 말해준다. 가령, 어떤 은행의 월간 VaR가 99% 신뢰수준에서 100억 원이라면 이는 이 은행의 월간 최대 비기대손실이 100억 원을 초과할 확률은 1%라는 말이다. 이 말은 이 은행의 월간 비기대손실이 100억 원을 초과하지 않을 확률이 99%라는 말과 같다. 재난적 손실은 특정 최대 비기대손실을 초과하는 손실로서 정상적인 상황에서는 거의 발생할 수 없으므로 현실적으로 계산하기 어려운 손실이다.

제 2 장

기업의 투자결정과 성과측정

이 장에서는 기업이 목표를 달성하는 방법을 두 가지 측면에서 고려한다. 하나는 기업이 보유하는 실물자산 또는 사업포트폴리오의 선택과 이에 따른 자본조달, 즉 투자결정이론(자본예산이론이라고도 한다)이고, 다른 하나는 투자결정 및 관리의 결과, 즉 경영성과의 측정방법이다. 기업을 실물자산의 집합체(또는 포트폴리오)라 보면 기업의 목표인 기업가치극대화는 곧 기업이 보유하는 실물자산(포트폴리오)의 현재가치를 극대화시키는 것이다[9]. 그런데, 기업이 사용할 수 있는 자원은 한계가 있으므로 모든 기업은 예외 없이 제한된 자원의 배분이라는 문제를 해결하지 않으면 안 된다. 이는 곧 기업이 가지고 있는 실물자산에 대한 투자기회는 어떤 것이 있으며, 이들의 자본비용을 감안한 수익성(즉, 경제성)은 또 어떤가를 판단해야 함을 의미한다(자산 혹은 투자사업의 가치평가).

재무이론의 관점에서 보면 기업 의사결정의 대부분은 무엇을 얼마나, 언제 살 것인가(혹은 팔 것인가), 소요 자본을 어떻게 조달할 것인가 등, 실물자산의 가치평가와 그 관리라 말할 수 있다. 특히, 자본 또는 자산관리는 가치평가에서 비롯된다. 가치를 모르고서 어떻게 관리한단 말인가? 이와 같이 실물투자 문제의 핵심은 투자사업의 경제성, 즉 투자의 경제적 가치(또는 이익)를 따져보는 것이고, 경제적 가치는 곧 투자의 수익에서 비용을 차감한 것인데 이를 **투자의 순현재가치(net present value of investment: NPV)**라 부른다. 투자결정문제는 결국 이 NPV를 계산하는 문제이므로 자본예산론의 핵심은 **NPV법(net present value rule: NPV rule)**에 있다고도 볼 수 있다[10]. 자산/기업의 가치평가 과정은 재무/회계이론은 물론 실무 및 경험적 요인 등, 정량적 분석 이상으로 다양한 요인들을 고려해야 하는 어려운 작업이다. 이 책에서는 가치분석의 기본인 할인현금흐름(discounted cash flow: DCF) 분석을 중심으로 정량적 분석인 현대 재무분석 기법을 기술한다.

---

9 이 말은 기술적으로 틀린 말은 아니지만 기업은 단순한 '실물자산들의 집합' 이상이다. 기업은 실물자산을 보유하고 있을 뿐만 아니라(기존실물자산), 미래투자기회(미래실물자산)도 보유하고 있다. 따라서 기업가치 측정은 단순히 기존 실물자산의 현금흐름만 평가하는 것이 아니라, 미래투자로 인한 현금흐름도 고려해야 한다(결코 쉬운 일은 아니겠지만). 회계적 재무상태표와 경제적 재무상태표가 그 예다. 1.4를 보라.

10 가장 전형적인 NPV계산 방법은 현금흐름할인(discounted cash flows: DCF)분석에 기초한 것이다. DCF분석은 특히, 무위험투자의 경우에는 말할 나위 없지만 대부분의 위험투자 분석에서도 많이 활용한다. 만약, DCF분석이 실무적으로 적용이 어렵거나 이론상 문제가 있으면, 파생상품가격모형 기법(derivatives valuation approach), 비율비교법(ratio comparison approach), 복제폴리오법(tracking portfolio method), 또는 경쟁력분석(competitive analysis) 기법 등으로 보완한다. 이 장의 목적이 전통적인 재무이론의 주요결과를 요약하는 데 있으므로 이 장에서는 위험투자(risky investment)를 중심으로 DCF분석에 입각한 기업의 투자사업 선택과 성과평가 문제를 검토한다.

2.1 DCF분석과 NPV

2.1.1 화폐의 시간가치

NPV법을 이해하려면 DCF분석을 이해해야 하고 DCF분석을 이해하려면 먼저 화폐의 시간가치를 이해해야 한다. 합리적인 사람이라면 설사 불확실성이 전혀 없다 하더라도 미래 (예: 1년 후)의 1원 보다는 현재의 1원을 선호할 것이다. 여러 가지 이유가 있겠지만 무엇보다 현금을 가지고 있으면 무엇이든 원하는 대로 (소비, 예금, 실물 및 금융투자 행위를 포함한) 사용할 수 있다. 또, 물가상승이 예상될수록 (기대인플레이션) 그만큼 화폐의 구매력이 감소할 것이므로 사람들은 현재의 1원을 선호할 것이다. 그러므로 현재화폐의 가치는 미래화폐 가치보다 크며, 현재로부터 먼 미래일수록 그 차이는 더 커질 것이다. 따라서, 현재화폐를 포기하고 미래화폐를 보유하게 하려면 그에 대한 보상이 따라야 하는데 이 보상이 곧 **화폐의 시간가치 (time value of money)**인 것이다. 따라서 화폐의 시간가치는 두 시점간의 길이 (투자기간)와 할인율 (이자율)에 의존한다. 즉, 길이가 길수록, 할인율이 클수록 화폐의 시간가치 (현재화폐 포기에 대한 보상)는 증가한다. 재무이론에서 시점이 다른 현금흐름에 화폐의 시간가치를 반영시키는 방법은 두 가지로서, 미래현금을 현재가치로 환산 (할인)하거나 현재현금흐름을 미래현금흐름으로 전환 (복리계산)하는 것이다. 즉, R을 기대인플레이션을 반영한 자본의 기회비용 (예: 무위험 연이자율)으로서 매기(每期) 일정하다고 가정한다면

현재의 ₩1 = ₩(1 + R): 1년 후 ⇒ 1년 후 ₩1 = ₩1 × (1/(1 + R)): 현재

현재의 ₩1 = ₩$(1 + R)^2$: 2년 후 ⇒ 2년 후 ₩1 = ₩1 × $(1/(1 + R)^2)$: 현재

⋮ ⋮

현재의 ₩1 = ₩$(1 + R)^T$: T년 후 ⇒ T년 후 ₩1 = ₩1 × $[1/(1 + R)^T]$: 현재

위에서 'T년 후 1원'과 '현재 1원'의 교환비율 $1/(1 + R)^T$는 **할인요소 (discount factor)**로서 현재화폐와 미래화폐의 교환비율, 또는 미래 화폐 1원의 현재가치 (시장가격)를 말한다. 현금흐름이 CF_t, CF_{t+1}, CF_{t+2}, …인 자산의 t시점에서의 자산가치를 $V_t = V_t(CF_t, CF_{t+1}, CF_{t+2}, \cdots)$로 표시하면, 현재 시점 (t = 0)의 자산가치,

$$V_0 = CF_0 + [1/(1 + R)] \times CF_1 + [1/(1 + R)^2 \times CF_2 + \cdots$$

또는

$$V_0 = CF_0 + CF_1 / (1 + R) + CF_2 / (1 + R)^2 + \cdots \quad (2.1)$$

이고, 이 식을 이용해서 우리는 어떤 형태의 현금흐름도 현재가치화 할 수 있다.

2.1.2 할인요소, 이자율, 투자수익률

투자수익률은 투자수익(payoff)과 투자금액의 차이를 투자금액으로 나눈 것을 말한다. 가령, 투자금액이 100만 원, 연이자율이 5%이고 이자를 연말에 1회 지급하면 연투자수익률은 5%[= (₩105만 − ₩100만) / ₩100만]이다[11]. 이를 할인요소로 표시하면 1년 후 105만 원과 현재 시점의 100만 원의 교환비율이므로 ₩100만 / ₩105만 = 0.9524이다. 이와 같이 투자수익률은 할인요소와 이자율로 표시할 수 있지만, 예외적인 경우가 아니면 투자수익률과 이자율이 언제나 같은 것은 아니다. 이자율은 우리에게 익숙한 개념이라 이해하기는 쉽지만 복리계산 횟수, 또는 빈도(頻度)에 따라 달라진다는 점에서 할인요소에 비해 더 복잡한 개념이다(여기서, 복리계산 빈도는 연간 이자지급/재투자 회수를 말한다).

같은 연이자율이라도 연간 이자지급 회수에 따라 연간 투자수익률(또는 차입비용)은 달라진다. 따라서, 복리계산 횟수, 즉 연이자지급/재투자 회수에 대한 언급이 없이 이자율 수준만 가지고는 정확한 투자수익률을 알 수 없다. 가령, 연이자율이 5%, 원금이 100만 원인데, 1년 후 투자수익이 105만 원이라는 말은 명시적으로 말은 안했지만 이자를 연말에 한번 지급한다는 것을 가정한 것이다. 왜냐하면, 만약 연이자율이 같은 5%지만 이자를 6개월에 한번씩 연 2회 지급한다면 1년 후 투자수익은 105만 원이 아니라 (₩100) × (1 + 5%/2)(1 + 5%/2) = 105.0625만 원(연투자수익률은 5%보다 높은 5.0625%)이 될 것이다. 만약, 이자를 매달 지급한다면 1년 후 투자수익은 (₩100) × (1 + 5%/12) × ⋯ [12번] ⋯ × (1 + 5%/12) = ₩105.11만 원으로 연투자수익률은 연이자율 5%보다 높은 5.11%다. 이를 더 명확히 이해하려면 동일한 투자수익 105만 원에 대해 이자지급회수를 연 1회, 2회, 12회라 가정하고 각각에 대한 연이자율을 계산해 보는 것이다(5%, 4.939%, 4.889%가 나오는가?).

이와 같이, 복리계산 기간 중 투자수익률 = 복리계산 기간 중 이자율이고, (연)이자율은 복리계산 기간 중 투자수익률 × 연간복리계산 회수로 복리계산 기간 중 투자수익률을 연율화(annualized)한 것이다. 그러나, 일반적으로 연이자율은 연투자수익률과 같지 않다. 가령 연이자율이 5%이고 6개월 마다 이자를 지급하는 경우 6개월(복리계산기간) 동안 투자수익률은 2.5%(= 복리계산 기간 중 이자율)이고 반년간 투자수익률(2.5%)을 연율화하면 2.5% × 2 = 5%로서 연

11 연투자수익률은 실효연이자율(**effective annual rate: EAR**)과 같다.

이자율(5%)과 같다. 그러나, 연투자수익률은 (1 + 5%/2)(1 + 5%/2) − 1 = 0.050625 = 5.0625%로서 연이자율(5%)보다 크다.

2.1.3 DCF분석

자산을 사거나 보유하는 이유는 자산으로부터 현금흐름이 발생하기 때문이다. DCF분석은 자산의 가치는 자산이 창출하는 미래(또는 기대)현금흐름의 함수라는 명제에서 출발한다. 그런데, 현금흐름의 가치는 크기, 발생시점(time) 및 위험(risk)에 따라 달라진다. 즉 자산이 창출하는 미래현금의 현재가치는 현금흐름이 크면 클수록, 발생시점이 가까우면 가까울수록, 그리고 확실하면 확실할수록 더 크다. 이를 감안해서 미래현금흐름의 가치를 할인한 '미래현금흐름의 현재가치'를 우리는 **할인현금흐름(discounted cash flows: DCF)** − (2.1)식의 V_0 − 이라 부르고, 할인과정을 **현금흐름할인분석(discounted cash flow analysis)**이라 부른다. 현대 재무이론에서 DCF분석은 자산가치는 물론 사업이나 기업가치 평가에 널리 활용되고 있는 기본원칙이다.

2.1.4 NPV법

NPV법은 **주주부(株主富)극대화원칙(Wealth Maximization Principle)**의 직접적인 결과다. 자본시장이 완벽하게 작동하는 경우, 주주의 부를 극대화하기 위해서 기업은 '경제적'으로 이익이 되는 사업에 투자해야 하는데, 이는 곧 사업에서 발생하는 미래현금흐름의 현재가치와 투자액의 차액, 즉 사업의 **순현재가치**가 영(零)보다 큰 사업에 투자해야 함을 의미한다(투자사업이 상호배타적인 경우는 NPV가 제일 큰 것). 이때 현금흐름의 현재가치를 구하는데 적용하는 할인율은 현재 소비의 포기에 대한 보상은 물론 현금흐름의 위험(risk)과 기대인플레이션(expected inflation)에 대한 보상을 반영하고 있다. 한마디로, NPV는 화폐의 시간가치와 위험부담에 대한 보상을 모두 고려한 투자사업의 경제적 가치(또는 이익) − 정확히 말하면 투자사업의 '매기당 경제적 부가가치(economic value added)'의 현재가치의 합 − 이다. 그러므로, "NPV가 양수일 경우에만 투자하라"는 **NPV법**(NPV Rule)은 쉬운 말로 하면 자기자본 비용을 포함한 일체의 비용을 고려하고도 이익이 되면 투자하라', 또는 간단히 "이익이 되면 투자하라"라는 말에 다름 아니다(NPV가 영이라도 이론적으로는 투자할 수 있다. 초과이익이 없다는 말이지 정상이익이 없다는 말이 아니기 때문이다. 자본비용은 NPV계산시 할인율을 통해 이미 감안되었다!). 식 (2.2)는 DCF분석에 기초한 자산 또는 사업의 순현재가치다. 즉,

$$NPV = CF_0 + CF_1/(1 + R_1) + \cdots + CF_T\ /(1 + R_T)^T$$

$$= \sum_{t=1}^{T} \frac{CF_t}{(1+R_t)^t} - CF_0 \tag{2.2}$$

여기서, CF_t는 t기의 기대순현금흐름(무위험투자의 경우는 순현금흐름), R_t는 할인율로서 만기가 t기간 남은 위험수준이 동일한 자산의 기대수익률(무위험자산의 경우는 t기 무위험할인채의 만기투자수익률)[12], T는 자산의 수명 또는 사업의 존속기간을 말한다. CF_0은 투자비용(또는 당기의 순현금흐름), $\sum_{t=1}^{T} \frac{CF_t}{(1+R_t)^t}$ 은 미래에 기대되는 순현금흐름을 현재가치화한 것이므로 투자사업의 **현재가치(present value: PV)**다.

식 (2.1)과 (2.2)를 비교해 보면 초기투자가 현금유출이므로 CF_0에 마이너스 부호가 붙었을 뿐, 아무런 차이가 없다. (2.1)과 (2.2)에서 보는 바와 같이, DCF분석(주로 기업가치 분석에 사용)이나 NPV계산(주로 개별 사업의 경제성 분석에 사용)에서 문제가 되는 것은 순현금흐름의 추정과 현재가치계산에 적용할 할인율, 즉 자본의 기회비용(또는 자본비용)이다[13]. 여기서, **순현금흐름(net cash flow)**은 해당 사업을 추가하기 전의 현금흐름과 추가한 후의 차(差), 즉 현금흐름의 증가분(incremental cash flows)으로서, 회계장부상의 이익과 관계는 있을 수 있지만 전혀 다른 개념이며, 일반적으로 기업가치 분석에서 사용하는 잉여현금흐름을 말한다(뒤에서 자세히 기술한다). DCF분석을 이용한 NPV추정에 앞서 먼저, 현금흐름과 관련된 몇 가지 개념들부터 명확히 이해하자.

2.1.5 회계적 이익과 현금흐름

재무이론에서는 언제나 '현금'이 문제다. 회사의 손익계산서상에 이익이 100억 원이 기록되어있다고 해서 회사가 100억 원을 영업활동이나 투자활동에 당장 사용할 수 있는 것은 아니다. 회사의 일상적인 거래활동이 어디 장부상의 '이익'을 결제 수단으로 해서 이루어지는가? 더구나, 모든 투자에는 반드시 현금이 지출되고 투자수익 역시 현금으로 계산한다. 요컨대, 순현금흐름은 장부상의 이익과 관련이 있는 것은 사실이지만 결코 이익은 아니다.

또, 현금이면 그냥 현금이지 **현금흐름(cash flow)**은 무엇인가? 우리들이 친구에게 "너, 현금 좀 있니?" 라고 묻지 "너, 현금흐름 좀 있니?"하고 묻나? "현금 좀 있니?"하고 물을 때는 이

12 여기서는 할인율이 매기(每期) 다르다고 가정하고 있다. 일반적으로 할인율은 매기 다르다. 그 이유는 무위험이자율(화폐의 시간가치)이 매기 다를 뿐만 아니라, 현금흐름의 위험과 위험에 대한 가격이 다른데 따른 위험프리미엄이 매기 다르기 때문이다.

13 다음에 보는 바와 같이 실물옵션 또는 전략적 가치도 고려해야 한다.

시각 현재, 즉 특정 시점에 현금이 얼마나 있느냐를 묻는 것이다. 경제학에서는 이를 '저량(貯量)' 또는 '스톡(stock)' 개념이라 한다[14]. 그래서 "현금흐름 좀 있니?" 라고 묻지 않는 것이다. 그런데 DCF분석에서는 일정 시점이 아니라, 1년간, 1일간 등, 일정 기간(period) 현금의 순유출입(純流出入)이 분석대상이다 – 경제학에서는 이를 유량(流量) 또는 '플로우' (flow) 개념이라 한다. – 따라서, '현금흐름'이라 습관적으로 말하긴 하지만 실제는 그저 '특정 기간' 동안 발생한 현금액수 정도로 이해해도 무방하다.[15]

기대현금흐름(expected cash flow)에서 '기대'는 무엇을 의미하는가? 실물자산, 또는 투자사업과 관련된 현금의 유입과 유출은 미래에 발생하고, 미래는 불확실하기 때문에 정확한 값을 알 수 없으므로 현재로선 예측할 수 밖에 없다. 이 예측 값으로 평균 값, 정확히 말하면 확률가중평균값(probability weighted average)을 사용하는 것인데, 이를 통계학에서는 기대값, 또는 기대치(expected value)라 부르지만, 그저 '예상' 정도로 이해하면 편하다.

2.1.6 기대순현금흐름과 잉여현금흐름

기대순현금흐름은 영업활동에서 발생한 세후(稅後)현금유입액에서 이를 위해 소요되는 투자지출을 차감한 나머지(잉여) 순현금흐름(잉여영업현금흐름)을 말하는 것으로, 흔히 "영업"을 붙이지 않고 간단히 **잉여현금흐름(free cash flow: FCF)**이라 부른다[16].

잉여현금흐름은 정확히 무엇을 의미하는가? FCF는 일정 기간 중 영업활동(또는 개별투자사업)에서 발생한 순현금유입액 중에서 현금창출(또는 성장지속)에 필요한 투자비용을 차감한 것이다. 영업활동은 생산 및 판매활동으로, 차입금에 대한 원리금 상환이나 주식에 대한 배당금 지급 등, 재무활동이 제외된다. 기업의 경우, FCF는 경제성이 있는 (NPV > 0) 모든 사업에 투자한 후(운전자본 포함) 남은(잉여) 현금으로서, 채권자에 대한 원리금 상환과 주주에 대한 보상(배당이나 자사주 매입 등)에 사용될 수 있는 현금이다. FCF는 또한 차입이나 신주발행 등과 같은 재무활동을 제외하고(무차입) 순수 영업활동(투자활동 포함)에서 발생한 순현금흐름이므로, FCF는 이자지급의 절세효과가 감안되지 않은 전액 자기자본 회사의 현금흐름과 같은 개념이다.

---

14 원래는 물리학에서 빌려온 개념으로 '수준(level)'으로 이해하면 된다.

15 유량 또는 플로우(flow)는 변화율(rate of change)로 이해해도 좋다. 유량과 저량의 개념은 각종 비율의 의미를 이해하는데 매우 중요하다. 예컨대, 자산수익률(당기순이익/자산총액)은 특정시점에서 본 자산 1원당 특정 기간 중(연간 또는 분기 당) 이익을 의미한다.

16 투자자들에게 자유롭게 배분할 수 있는 자금이라는 의미에서 간혹 자유현금흐름이라 번역되기도 하지만 필요한 투자를 집행한 나머지 라는 의미에서 잉여현금흐름이 더 적절하다.

그러나, FCF의 현재가치의 합에서 투자비용을 차감한 NPV는 현재가치화 과정에서 자본비용(차입비용과 자기자본비용의 가중평균)을 할인율로 사용함으로써 재무활동으로 인한 비용을 고려한다. 따라서, FCF는 이익으로 볼 수 없지만, NPV는 투자사업의 경제적 이익이다. 다시 말하지만, FCF는 이익과는 분명 관련이 있긴 하지만 전혀 별개의 개념이다. 가령, 특정 기간의 FCF가 영보다 크다는 것이 반드시 경제적 또는 장부상 이익이 영보다 크다는 것을 의미하지는 않는다. 마찬가지로, FCF가 마이너스라 해서 손실이 발생했다고 이해해서도 안 된다. 극단적으로, 이익이 크게 발생했지만 그 해에 투자지출이 매우 컸다면 FCF는 마이너스가 될 수도 있다.

2.1.7 잉여현금흐름의 추정

투자사업(또는 기업)의 잉여현금흐름은 손익계산서와 재무상태표 자료를 이용해서 구한다. 우선, 장부상의 이익은 현금이 아닌 항목들이 포함되어 있으므로 이익을 계산할 때 차감한 비현금성비용(noncash expenses)은 다시 가산(加算)해 주어야 한다. 예컨대, 감가상각비는 현금의 유출입과는 관계없지만 과세대상이익 계산에서 차감하므로 세율을 곱한 금액만큼 법인세를 절약해 준다[17]. 고정자산 투자지출과 같이 이익을 계산할 때 차감항목으로 포함되지 않은 현금유출도 잉여현금흐름 계산에서 차감해야 하며, 운전자본은 기회비용을 발생시키므로 운전자본 증가는 현금유출과 같다. 세금은 당연히 잉여현금흐름에서 차감해야 한다(이 모든 과정을 통해서 회계적, 또는 장부상의 현금흐름, $(1-t_c)$EBIT를 경제적 현금흐름으로 전환시킴). 따라서,

$$FCF = (1-t_c)EBIT + Depr - Capex - \Delta NWC$$
$$FCF = (1-t_c)EBITD + t_c \times Depr - Capex - \Delta NWC$$
$$FCF = (1-t_c)EBIT - \Delta NA$$

이다. 여기서,

EBIT = 영업이익(Earnings before interest and taxes)
EBITD = 영업이익 + 감가상각비(EBIT + Depr)
ΔNWC = 순운전자본 증가(Change in net working capital) = 순운전자본투자
ΔNA = 순자산증가(Change in net assets)
Depr = 감가상각비(Depreciation)
Capex = 고정자산 투자지출(Capital expenditures)

17 차감한 (1 − t)Depr를 가산해 주고 감가상각비로 인한 절세금액 t × Depr를 감안해 주면 순현금효과는 + Depr이다.

NWC = 유동자산 − 유동부채

NA = 총자산 − 유동부채

t_c = 법인세율

현금흐름의 추정기간은 통상 투자사업의 존속기간이지만, 현금흐름이 안정적인 흐름을 보이는 시점이나 또는 현재가치로 환산하면 무시할 정도인 시점까지 해도 상관없다(추정기간 이후의 현금흐름 처리는 2.3.1에서 논의한다).

투자지출은 초기 고정자산투자는 물론, 운전자본에 대한 투자까지 포함하고(기회비용 발생), 사업종료시점에 회수하는 금액도 고려한다. 초기투자에는 기(旣)보유 공장부지와 같이 실제 현금지출은 없었더라도 다른 목적으로 사용할 수 있다면 그것도 기회비용에 포함시킨다. 그러나, 과거에 이미 지출된 것은 **매몰비용**(sunk cost)이므로 포함시키지 않는다.

발생주의(accrual basis)에 입각한 회계장부상의 수입과 비용항목은 현금수입과 현금비용으로 환산해야 한다. 발생주의라 함은 수입을 거래발생 시점을 기준으로 기록하고, 비용은 현금지급시점이 아니라 수입발생과 일치하게 기록함을 말하는데, 이로 인해 현금의 수급이 일치 하지 않음으로써 운전자본이 필요하게 된다. 예컨대, 재고자산이나 외상매출금 등에 투자된 현금은 다른 목적으로 사용할 수 없으므로(기회비용의 발생) 현금유출과 같고, 반대로 외상매입금은 현금유입과 같다. 따라서 이들의 차액인 **순운전자본**(net working capital)만큼 현금이 필요하고 순운전자본의 증가는 곧 현금유출과 같다. 순운전자본 역시 사업이 종료되는 시점에서는 전액 회수된다.

[표 2.1] 회계적 재무상태표와 손익계산서

손익계산서 (단위: 백만원)	
매출	600
매출원가	−300
판매/관리비	−100
감가상각비	−100
영업이익	100
지급이자(10%)	−10
과세전이익	90
법인세(40%)	−36
당기순이익	54

재무상태표 (단위: 백만원)			
자산		부채와 지분	
유동자산	150	유동부채	50
고정자산	250	고정부채	150
		지분	200
합계	400	합계	400

그런데, 잉여현금흐름 계산시 이자지급액을 고려(차감)하지 않는 이유는 무엇인가? 첫째, 잉여현금흐름은 영업활동(생산 및 판매)에서 발생한 현금흐름이므로 차입과 같은 재무활동에서 발생하는 현금흐름은 포함하지 않는다(따라서 '무차입' 사업/기업의 현금흐름이다). 둘째, 만약 이자지급을 차감하면 이중계산이 된다. 현금흐름을 현재가치로 환산할 때 사용하는 할인율, 즉 자본비용은 자기자본비용과 타인자본비용의 (가중)평균이므로 이자비용을 이미 포함한 것이다.

굳이 잉여현금흐름 계산시 이자지급액을 차감하겠다면 이 경우 잉여현금흐름은 주주 몫뿐이므로, 총자본비용이 아니라 자기자본비용(equity cost of capital)으로 현금흐름을 할인해야 한다. 따라서, 현금흐름의 현재가치도 기업(또는 사업) 전체의 자산가치가 아니라 자기자본의 시장가치가 된다.

그러나, 잉여현금흐름 계산에서 이자지급액을 차감하지 않으면(따라서, EBIT에 대해 과세하는 것으로 계산) '세후영업이익'에 포함된 세금이 실제 세금지급액보다 크지 않은가? 그렇다. 이자지급액이 과세대상 이익에서 공제되므로 기업이 실제로 지급한 세금은 그만큼 작아진다. 그러나 이러한 절세효과는 총자본비용의 차입비용 계산시 세전차입비용 대신 세후차입비용, 즉 (1 − 법인세율) × 차입비용을 사용함으로써 기업가치나 NPV계산에 반영한다(3장 참조)[18].

2.2 할인율의 추정

사업/자산/기업의 가치평가를 위해 이제 남은 문제는 할인율이다. 현금흐름을 할인하는 이유는 무엇인가? 우선, 화폐의 시간가치다(2.1 참조). 둘째 이유는, 확실한 1원의 가치가 기대값이 1원인 불확실(위험)한 1원(예: 2원이 될 수도 있고 0원이 될 수도 있는데 가능성은 반반이다)의 가치보다 더 크기 때문이다(사람들은 위험을 회피하는 성향이 있다). 이와 같이 1년 후의 기대현금흐름 1원은 현재 확실한 1원보다 가치가 작으므로 투자자들에게 위험투자를 선택하게 하려면 위험부담에 대한 보상이 있어야 하고(할인율의 증가), 보상의 크기는 위험의 심도(深度)에 비례한다. 이 위험에 대한 보상을 **위험프리미엄(risk premium)**이라 부르는데 현재가치 환산시 할인율로 사용하는 **위험조정기대수익률(risk-adjusted expected return)**은 위험에 대한 보상을 반영하기 위해 위험프리미엄을 무위험수익률에 가산해 준다. DCF법 가운데서 가장 널리 사용되고 있는 방법은 기대현금흐름을 위험조정기대수익률로 할인하는 것이므로 이를 **위험조정할인율법(risk-adjusted discount rate method)**이라 부르기도 한다.

한편, 재무이론에서는 위험을 **분산가능 위험(diversifiable risk)**과 **분산불가능 위험(nondiver-**

18 APV법(2.3.5 참조)에서는 할인율이 아니라 현금흐름에 절세효과를 별도로 가산한다.

sifiable risk)으로 구분하는데, 분산가능 위험은 **기업고유**(**firm-specific 또는 idiosyncratic**), 혹은 **비체계적**(**nonsystematic**) **위험**이라고도 하고, 분산불가능 위험은 **체계적**(**systematic**) 또는 **시장**(**market**) **위험**이라고도 한다. 분산가능 위험은 분산이 매우 잘 이루어진 포트폴리오 안에서 서로 상쇄되어 소멸되는 위험이고, 분산불가능 위험은 아무리 분산투자를 해도 계속 남아 있는 위험을 말한다.

효율적으로 작동하는 자본시장에서 투자자들은 비체계적 위험을 부담하는데 대한 보상은 기대할 수 없다. 본인의 무지(無知)탓이든 혹은 과욕(過慾)탓이든 분산시킬 수 있는 비체계적 위험을 부담하는 것은 어디까지나 본인의 책임이기 때문이다. 오로지, 분산이 불가능한 체계적 위험의 부담에 대해서만 보상이 따르는데, 이 때 개별 자산의 체계적 위험은 시장의 위험자산이 모두 포함된 포트폴리오(예: 시장포트폴리오)의 위험에 대한 해당 자산의 기여도, 즉 해당 자산의 수익률과 시장포트폴리오 수익률간의 공분산(covariance) — **베타**(**beta**) **위험**이라고도 부름 — 에 의존한다[19].

2.2.1 체계적 위험과 할인율

기대현금흐름을 할인할 때 적용하는 할인율은 해당 사업에 대한 자본비용이고 자본비용은 곧 유사한 위험도(comparable risk)의 다른 사업에 투자한 경우의 기회비용이므로 문제되는 것은 현금흐름의 위험도(또는 자산수익률의 위험)뿐이다. **자산가격결정모형**(**Capital Asset Pricing Model: CAPM**)을 이용해서 위험조정 기대수익률을 구할 경우에는 실물자산(또는 자산포트폴리오)에 대한 기대수익률, 즉 자본의 기회비용은 전적으로 시장포트폴리오 수익률과의 공분산, 즉 **자산베타**(**asset beta**) — 분산불가능 위험 — 가 결정한다. 그 자산의 구입자금이 어디서 나왔는지, 사업의 주인이 누구인지 등은 전혀 문제되지 않는다.

지금까지 대부분의 학문적 연구나 교과서들이 주장하는 할인율은 식 (2.3)과 같은 전통적인 자산가격결정모형이고, CAPM에서 자산의 기대수익률은 무위험수익률 R_F, 위험의 시장가격 $R_M - R_F$, 시장포트폴리오와의 β 등, 세 부분으로 구성되지만, 위험프리미엄은 오직 시장위험에만 의존하고, 분산가능 위험 부담에 대한 보상은 존재하지 않는다.

전통적인 CAPM에서 자산 i의 **기대수익률**(**expected return**)

---

19 공분산이란 두 확률변수(random variable)가 선형관계(linear relations)로 동시에 변하는 정도를 말해주는 통계량이다. 공분산이 영보다 크면 두 확률변수가 같은 방향으로 변하고, 영보다 작으면 반대 방향으로 변한다. 공분산을 두 확률변수의 표준편차(standard deviation)의 곱으로 나눈 계수를 상관계수(correlation coefficient)라 부른다. 상관계수가 -1이면 두 확률변수가 완벽하게 반대 방향으로 움직이고, 1이면 완벽하게 같은 방향으로 움직인다. 0이면 관계가 없다.

$$ER_i = R_F + \beta_i(R_M - R_F) \tag{2.3}$$

이다. 여기서, ER_i는 기초에 예상하는 자산 i의 기말 수익률에 대한 최선의 예측치, R_F=무위험 수익률, $\beta_i = Cov(R_i, R_M)/Var(R_M)$, R_M은 시장포트폴리오의 기대수익률이다. 즉, CAPM에 의하면 특정 위험자산에 대해 투자자들이 요구하는 수익률은 위험과 관계없이 현재소비를 포기하는데 대한 보상인 R_F에 위험자산 전체의 평균위험에 대한 해당 위험자산 i의 상대적 위험에 대한 보상인 $\beta_i(R_M - R_F)$ – 자산 i에 대한 위험 프리미엄 – 을 가산한 것이다.

CAPM에 대한 가장 근본적인 비판은 기업의 규모(size)나 자기자본의 장부가격 대 시장가격 비율(book-to-value ratio) 등, 자기자본의 기대수익률을 설명하는 시장위험 이외의 체계적 위험들이 존재한다는 것이다(Fama and French, 1992). 전통적인 CAPM의 대안으로 제시된 모형들 가운데 가장 널리 알려진 것으로는 (2.4)와 같은 이른바 **다요인모형(multifactor model)**

$$ER_i = \sum_{j=1}^{N} \beta_j F_j \tag{2.4}$$

이다.

여기서, β_j는 위험요인 j의 요인부하량(factor loading)이고, F_j는 j번째 요인의 요인위험프리미엄(factor risk premium)이다. 다요인모형 가운데서도 실무적으로 가장 많이 사용되는 것은 Fama와 French(1992, 1993)의 3요인 모형과 5요인 모형이 있다[20].

2.2.2 사업위험과 기업위험

어떤 기업이 특정 사업의 채택 여부를 결정할 때, 해당 할인율을 구하려면 '해당 사업'의 위험, 즉 **사업베타(project beta)**를 구해야 한다. 문제는 일반적으로 특정 사업의 현금흐름과 사업을 추진하는 기업의 현금흐름이 갖는 위험이 다르다는데 있다. 동일 업종의 사업이라 하더라도 기업과 사업의 실물자산이 정확히 일치하기란 사실상 불가능하다. 그래서, 실무적으로는

20 Fama & French(1997)는 (2.4)에서 자기자본의 기대수익률을 구하는 경우, 회귀분석에 사용할 모형의 선택, β_j 추정치의 시간적 변화, 그리고 요인이나 요인 별 위험프리미엄의 통계적 추정치의 부정확성 등, 적어도 세 가지 문제가 있음을 말하고 있다. 그럼에도 불구하고, 아직도 CAPM이 대표적인 방법으로 통용되는 첫째 이유는 별 뾰족한 수가 없다는 데 있다. 두 번째 이유는 아마도 CAPM이나 원래 M&M WACC모형과 이들 모형에서 전제된 여러 가정들과의 내적 일관성에 있을 것이다. 예컨대, 3장과 4장에서 보게 되는 바와 같이, M&M가정들 가운데 특정 가정이 성립하지 않을 경우, 이것이 WACC에 미치는 영향은 지극히 단순, 명료하게 나온다. 다시 말해, CAPM과 M&M WACC 추정 방식을 사용하면 최소한 '내 가정이 당신 가정들 보다 더 낫다'라는 식의 논쟁은 피할 수 있다는 것이다(Culp, 2006).

동종(同種) 산업에 종사하는 회사의 자산베타(asset beta)를 사용한다. 그러나, 자본시장에서 발표되는 베타 – 예컨대, 베타 북(beta book) – 가 자산베타가 아니라 차입기업의 자기자본베타(β_E)이므로 차입기업의 자기자본베타로부터 차입기업의 자산베타를 다음과 같이 구한다[21].

1장의 경제적 재무상태표에서 본 바와 같이 기업의 실물자산은 자기자본과 타인자본으로 구성된 포트폴리오와 같다. 따라서, 기업의 **자산수익률**, R_A는 자기자본수익률과 타인자본수익률의 가중평균(가중평균자본비용)과 같다[22]. 즉,

$$R_A = \left(\frac{E}{D+E}\right)R_E + \left(\frac{D}{D+E}\right)R_D = WACC \quad (2.5)$$

식 (2.5)으로부터 자산수익률과 시장포트폴리오 수익률간에 다음 공분산식이 성립한다. 즉,

$$Cov(R_A, R_M) = \left(\frac{E}{D+E}\right)Cov(R_E, R_M) + \left(\frac{D}{D+E}\right)Cov(R_D, R_M)$$

양변을 $Var(R_M)$으로 나누면,

$$\beta_A = \left(\frac{E}{D+E}\right)\beta_E + \left(\frac{D}{D+E}\right)\beta_D \quad (2.6)$$

그러므로, 세금이 없는 완전자본시장에서 부채가 전혀 없는 기업(D = 0)의 자산베타 β_a는 자기자본베타, β_E와 같고, 자산의 기대수익률은 자기자본의 기대수익률과 같다. 그러나, 완전자본시장이라 하더라도 차입이 있는 기업의 경우에는 자산베타와 자기자본베타가 다르다. 즉, (2.6)식으로부터

$$\begin{aligned}\beta_E &= \left(\frac{D+E}{E}\right)\left[\beta_A - \left(\frac{D}{D+E}\right)\beta_D\right] \\ &= \beta_A + (D/E)(\beta_A - \beta_D) \\ &= \text{사업위험} + \text{재무위험}\end{aligned}$$

21 동종 사업에 종사하는 기업이 존재하지 않거나 또는 비상장기업인 경우, 무위험 현금등가치(**certainty equivalent: CE**)를 구한 다음, 무위험 수익률로 할인해서 현재가치를 구할 수 있다.

22 여기서, 자기자본수익률은 자기자본비용이고 부채수익률은 부채비용을 말한다.

이고, 자기자본 베타와 자산베타의 차이는 재무위험의 정도를 나타내 준다[23].

식 (2.6)에서 부채를 사용하는 사업(또는 기업)의 β_A를 구하는 것은 곧 우변 각 항의 값을 구하는 것이다. β_E는 동종 산업에서 비슷한 위험도를 가진 기업에 대해 '베타 북'에서 찾든지, 아니면 회귀분석을 이용해서 직접 구하면 된다. 문제는 β_D다. 이론적으로는 R_D가 있으면 부채비용인 R_D와 시장포트폴리오 수익률 R_M의 회귀식을 이용하면 β_D를 구할 수 있지만, 그렇게 구한 회귀계수(β_D추정치)가 매우 부정확하다는 점이다. 부채는 여러 등급이 있고, 자본시장에서 거래도 잘 되지 않으므로 유동성이 매우 작다. 그래서, 실무적으로는 이자보상비율, 부채비율, 투하자본수익률, 성장률 등 여러 비율들을 이용해서 부채의 신용등급을 추정하고, 부채의 위험도가 작은 경우에는 β_D를 아주 작게는 제로(통상 0.1에서 0.3), 위험도가 큰 경우에는 동급 회사채의 등급(예: CCC 또는 정크본드)을 사용한다. E는 자기자본의 시가총액이므로 주당가격을 유통주식수로 곱하면 되고, D는 시가평가가 어려우면 장부상의 리스를 포함한 이자지급 부채총액을 사용하면 된다. 동종 사업에 위험도가 비슷한 기업이 여럿 있는 경우는 각 기업 β_A의 가중평균을 식 (2.3)에 대입하면 해당 사업의 NPV를 계산하는데 필요한 할인율, 또는 자본비용을 구할 수 있다. 물론, 이 경우는 완전자본시장의 경우이므로 부채의 이자지급으로 인한 절세효과를 고려하지 않아도 된다. 3장에서 보게 되는 바와 같이 절세효과가 있는 불완전 시장에서는 (2.5)의 R_D가 절세효과를 반영하여 (1 − 법인세율) × R_D로 바뀐다.

마지막으로, 사업마다 다른 자본비용(WACC)을 사용해야 하느냐는 문제다. 원칙적으로는 그렇다(사업을 개별 기업으로 생각하라). 이론적으로 '회사'의 자본비용이란 아무런 의미가 없다. 자본비용은 특정 사업에 한정된 개념이다(사업에 따라 다르다). 그러므로 특정 사업의 수익률이 회사의 평균자본비용을 초과하면 투자하라는 말은 개념적으로도 옳지 않고 실무적으로도 현실적이지 못한 주장이다. 그러나 동일 사업부내에서는 모든 사업에 동일한 자본비용을 적용한다. 그 이유는 자본비용 추정치의 정확도가 높지 않고 동일 사업부에 속한 사업의 위험도(베타위험)는 비슷하다고 보기 때문이다. 이와 같이 모든 사업에 하나의 (평균)자본비용을 사용하면 무슨 문제가 있나? 예컨대, 고위험 사업의 자본비용은 20%, 저위험 사업의 자본비용은 10%인데 그 평균인 15%를 자본비용으로 사용한다면 고위험 사업을 채택할 가능성은 커지고, 저위험 사업을 기각할 가능성은 커질 것이다.

---

23 여기서 말하는 재무위험은 채권의 위험을 말하는 파산위험(bankruptcy risk)과는 전혀 관계없는, 차입에 따른 자기자본 수익률의 변동성 증가를 말한다. 재무위험은 재무적 곤경으로 인한 비용(costs of financial distress)과는 다르다. 채권자들은 고정이자를 지급받으므로 차입비율이 크지 않은 경우 차입비율(financial leverage) 이 증가하면 채권자들의 사업위험 부담은 증가하지 않고 주주들이 부담하는 사업위험만 비중이 증가한다(자기자본의 위험이 증가). 사업위험은 제품수요, 생산요소가격, 제품가격 등의 변동성과 신제품개발능력, 환율위험, 고정비용비율(operating leverage) 등에 의존한다.

2.2.3 NPV의 계산: 예

NPV의 계산은 기대(잉여)현금흐름의 추정, 투자위험의 평가, 위험도가 같은 다른 사업에서 얻을 수 있는 수익률(자산의 위험조정기대수익률)의 추정, 마지막으로 기대순현금흐름의 현재가치화를 포함한 4단계 작업을 통해 이루어진다(이 장의 부록을 참조하라).

2.2.4 NPV법과 IRR법

NPV법이 투자의 수익성을 절대금액으로 평가하는데 비해 **투자의 내부수익률법(internal rate of return: IRR rule)**은 수익률로 평가한다. 즉, IRR법은 먼저 투자의 내부수익률을 구한 다음, 이를 자본비용과 비교해서 IRR이 자본비용보다 크면 투자하고 그 반대면 기각하라는 것이다. **투자의 내부수익률(IRR)**은 투자사업의 NPV를 영으로 만드는 할인율로서, 은행 이자율이나 채권 만기수익률 등과 같이 외부(예: 시장)에서 결정되지 않고, 투자사업 내부(자체)에서 결정되는 투자수익률로서, 투자사업의 연평균기대수익률에 해당하는 개념이라 볼 수 있다. 상식적으로, 투자사업의 평균기대수익률(IRR)이 자본비용(WACC)보다 크면 당연히 투자해야 되지 않겠는가?

식 (2.2)의 R_t를 R로 표시한 식 (2.7)을 보자.

$$NPV = \sum_{t=1}^{T} \frac{CF_t}{(1+R)^t} - CF_0 = 0 \tag{2.7}$$

IRR은 식 (2.7)을 만족시키는 단일 R(할인율)인데, 문제는 극히 단순한 경우를 제외하면, IRR이 연평균수익률과 항상 일치하지는 않는다는 데 있다[24]. 예를 들어 IRR과 연평균기대수익률이 같은 두 경우를 보자. 가령, 초기 투자가 100억 원, 1년 후 투자수익 CF_1 = 150억 원이라면 연평균기대수익률 = IRR(= 50%)이다. 두 번째 예는 초기 투자지출 CF_0 = 400억 원, CF_1 = CF_2 = CF_3 = CF_4 = 80억 원, CF_5 = 80억 원 + 400억 원이다. 이 경우도 연평균기대수익률 = IRR(= 20%)인 경우다. 두 경우 모두 미래 기대현금흐름을 IRR로 할인해서 합한 다음, 최초 투자금액을 차감하면 값(NPV)이 0이 된다. 당연한 결과이다. 위의 두 예는 극히 단순한 경우로서, IRR이 연평균기대수익률과 일치한다.

24 식 (2.2)와 식 (2.7)은 어떻게 다른가? 식 (2.2)는 현금흐름에 대한 할인율이 매기 다름을 말하고, 식 (2.7)의 R은 현금흐름에 대한 단일 할인율 R이 '평균'기대수익률임을 말한다.

NPV를 구할 때 사용하는 할인율은 동일한(또는 비슷한) 위험도의 다른 투자사업에서 실현 가능한 최고수익률, 즉 자본비용이었다. 그러므로 위 예에서 현금흐름을 IRR로 할인한다는 것은 곧 IRR = WACC 임을 전제하는 것이다. 따라서, 투자사업의 연평균수익률 = 투자비용이 되므로, 이 사업은 새로운 가치를 창출하지 않는다(NPV = 0). 즉, 할인율(R)이 IRR인 경우, NPV = 0이 된다. 이것이 바로 IRR이 'NPV를 0으로 만드는 할인율'인 이유다.

그러나, 앞의 두 예와 달리 투자사업에 따라 IRR이 존재하지 않을 경우도 있고, 존재하더라도 2개 이상 존재함으로써 IRR을 연평균기대수익률로 해석하기 곤란한 경우나, 미래현금흐름 중 하나가 마이너스인 경우 등에서 NPV 법과 IRR법의 결론은 같지 않을 수 있다. 바로 이점이 NPV법이 IRR법보다 앞서는 이유가 된다 (Narayanan and Nanda, 2004). 마지막으로, IRR이 아무리 큰들 투자규모가 작으면 투자의 경제적 이익 역시 작을 수 밖에 없으므로 투자규모가 작은 경우 IRR 법은 큰 의미가 없다.

2.3 DCF 분석과 기업가치

2.2에서는 DCF분석을 개별 투자사업에 의한 기업가치 증가를 말해주는 NPV산정에 적용해 보았다. 이제 기업을 하나의 거대한 개별 프로젝트로 가정해 보자. 이 경우 미래영업현금흐름에 포함되지 않는 현금흐름을 창출하는 일부 자산(예: 비영업용 자산)만 제외하면 투자사업의 NPV계산이나 기업가치계산이나 기본적으로 다를 바 없다. 기업의 전체 영업(잉여)현금흐름, CF_t CF_{t+1} ··· CF_T는 기업이 보유한 자산이 창출하는 매기 당 현금흐름에 다름 아니다.

투자사업에 대한 DCF분석에서는 투자사업의 현금흐름을 투자사업의 위험을 감안한 자본비용으로 할인해서 기대현금흐름의 현재가치를 구했다. 그런데 기업가치 평가는 투자사업에 대한 DCF분석을 기업의 현금흐름에 적용한 것으로 볼 수 있다. 따라서, 기업가치는 기업 전체의 기대잉여현금흐름을 기업의 위험을 고려한 자본비용으로 할인해서 합산하면 된다.

DCF분석을 이용해서 기업가치를 구하는 실무적인 방법은 크게 나누어 네 가지로 분류할 수 있다. 즉, (i) 기대현금흐름을 위험조정할인율로 할인해서 기업가치를 산출하는 방법(잉여현금흐름 모형 또는 WACC법), (ii) 기업가치를 자본의 초과수익(excess return)의 함수로 평가하는 방법(초과이익 모형), (iii) 무차입 기업의 기대현금흐름의 현재가치를 구한 다음, 부채의 기업가치 증감효과를 별도로 가산해 주는 조정현재가치법(adjusted present value method: APV), 마지막으로 (iv) 위험조정현금흐름(risk adjusted cash flows) 또는 **확실성등가현금흐름(certainty equivalent cash flows)**을 무위험할인율로 할인하는 방법 등이 있다. 이들은 모두 나름대로의 장단점이 있으나 DCF분석을 활용한 대표적인 기업가치평가 모형은 (i)과 (ii)다.

2.3.1 잉여현금흐름 모형[25]

우리는 1.2.2에서 기업의 시장가치가 기존 실물자본자산의 시장가치와 미래투자인 성장기회의 시장가치의 합임을 보았다. 달리 말하면 기업가치는 재무상태표에 자산으로 기록되어 있는 기존 실물투자사업의 현재가치와 기록되어 있지 않은 미래투자의 순현재가치의 합이다. 그리고 2.1.5 - 2.1.6에서는 (순)현재가치 계산에 필요한 기대(잉여)현금흐름을 정의하고 그 추정방법을 기술했다. 일반적으로 잉여현금흐름모형의 기업가치

$$V = \sum_{t=1}^{\infty} FCF_t/(1 + WACC)^t \tag{2.8}$$

이다(만약 이 식이 성립하지 않으면 차익거래기회가 생긴다!). 여기서, V는 기업가치, FCF_t는 t기의 잉여현금흐름, 그리고 WACC는 타인자본비용과 자기자본비용의 가중평균값이다. FCF는 영업현금흐름에서 순투자지출(= 투자비 − 감가상각비 + 순운전자본 증가)을 차감한 것이다. 그러나 이렇게 구한 기업가치는 정확히 말하면 기업이 보유하고 있는 실물자산 전체의 가치와는 다소 차이가 있다. 이유는 잉여현금흐름이 영업활동에서 발생한 것이기 때문에 영업용 자산에 포함되지 않은 자산의 가치가 제외되었기 때문이다. 따라서 초과현금(excess cash), 유가증권(marketable securities), 영업과 무관한 비업무용 부동산 등, **비업무용자산(non-operating assets)**의 현재가치를 (2.8)식의 V에 가산해 주어야 실제 기업가치를 얻을 수 있다.

또한, FCF모형에서는 기업의 수명을 무한한 것으로 가정한다. 그러나 FCF_t ($t = \infty$)까지 구할 수 없으므로 통상 5-10년간 FCF를 추정하는 것이 일반적인데 (물론 개별 기업이나 산업의 특성에 따라 다르다), 이 경우 **종료가치(termination value)**, 또는 **지속가치(continuing value)**가 기업가치의 상당부분을 차지하게 된다. 어떤 경우든 지속가치를 구한 다음에는 이를 다시 현재가치로 환산해서 추정기간 동안의 현재가치에 가산해 주어야 한다. 몇 가지 경우를 생각해 보자.

청산: T + 1에 고정자산(property, plant & equipment: PPE)의 경우는 잔존가치(salvage value: SV)와 장부상 PPE의 차액에 대한 세금을 차감한 **세후순잔존가치**를 반영하여 $SV - t_c \times (SV - PPE) = (1 - t_c)SV + t_c \times PPE$의 현금흐름이 발생하는 것으로 계산한다. T = 추정기간, t_c = 법

25 FCF모형과 DCF분석을 혼용하는 경우도 있다.

인세율, SV = 청산가격 − 청산비용을 가리킨다. 순운전자본은 마지막 기의 순운전자본증가를 회수하는 것으로 가정한다.

지속: 추정기간 이후 기업이 영구적으로 지속되는 경우는 (1) FCF가 일정비율(g)로 영구 증가하는 경우와, (2) 정체하는 경우로 구분할 수 있다. 즉,

(1) $TV_T = FCF_{T+1}/(WACC - g) = FCF_T(1 + g)/(WACC - g)$

(2) $TV_T = FCF_{T+1}/WACC = EBIT(1 - t_c)_{T+1}/WACC$

(예) 기업인수

현재 인수 대상 업체의 재무상태표는 아래 [표 2-2]와 같다.

[표 2.2] 재무상태표

자산		부채와 자기자본	
유동자산	50	유동부채	20
고정자산	50	고정부채	30
		자기자본	50
합	100	합	100

추정치:

	1년후	2년후	3년후	4년후	5년후
매출	200	217	239	270	293
영업이익(EBIT)	20	22	25	26	30
순운전자본	33	37	41	44	48
감가상각비	5	5	6	7	8
고정자산투자	10	10	15	6	20

(1) 5년 후 청산할 경우 (잔존가치 = 0) 주당 가격은 얼마인가?

(2) 5년 후 매출액이 5%씩 증가하고 (g = 5%) 영업이익/매출액 = 10% (α = 10%)인 경우 주당가격은? 법인세율 = 34%, WACC = 13%, 보통주 = 100주로 가정하라.

향후 5년 동안 FCF추정:

현재 순운전자본 = 유동자산 − 유동부채 = 50 − 20 = 30

FCF = EBIT$(1-t_c)$ + Depr − Capex − ΔNWC

	현재(0)	1년후	2년후	3년후	4년후	5년후
EBIT		20	22	25	26	30
EBIT$(1-t_c)$		13.2	14.52	16.5	17.16	19.8
NWC	30	33	37	41	44	48
ΔNWC		3	4	4	3	4
Depr		5	5	6	7	8
Capex		10	10	15	6	20
FCF		5.2	5.52	3.5	15.16	3.8
PV @ 13%	22.7					

(1) 청산가치(Liquidation Value: LV)

$LV = t_c \times PPE(5년후) + NWC(5년후)$

PPE(5년후) = PPE(현재 0) + 누적고정자산투자 − 누적감가상각비(현재 - 5년후까지)

$$PPE = 50 + (61 - 31) = 80$$

$$PPE \times t_c = 80 \times 34\% = 27.2$$

$LV = t_c \times PPE(5년후) + NWC(5년후) = 27.2 + 48 = 75.2$

$\Rightarrow PV(LV) = 75.2/(1.13)^5 = 40.8$

기업가치 = PV(FCF) + PV(LV) = 22.7 + 40.8 = 63.5

자기자본가치 = 기업가치 − 부채의 시장가치 = 63.5 − 30 = 33.5

(2) EBIT (6년후) = α × 매출액 (6년후)

= α × **(1 + g)** × 매출액 (5년후) = α × **(1 + g) × 293**

$$[TV = [EBIT(1 - t_c)_{T+1} - g \times NA_T] \;/\; (WACC - g)$$

$$= (1+g)[EBIT(1 - t_c)_T - g \times NA_T] \;/\; (WACC - g)]$$

$$TV = [EBIT(6년후)(1-t_c) - g \times NA(5년후)]/[WACC - g]$$

$$FCF = EBIT(1-t_c) + (Depr - Capex - \Delta NWC) = EBIT(1-t_c) - \Delta NA$$
$$= EBIT(1-t_c) - g \times NA_{t-1}$$

$$\Delta NA = Capex - Depr + \Delta NWC = g \times NA_{t-1}$$

NA(5년후) = NA(현재0) + 누적Capex − 누적Depr + 누적ΔNWC = 128

$PV(TV) = TV/(1.13)^5$

α	g	TV	PV(TV)	기업가치	지분가치
10%	5%	173.8	94.3	117.0	87.0

2.3.2 초과수익 모형: EVA

초과수익 모형(excess return models)은 1990년대 중반 이후 현금흐름할인 모형(FCF 모형)에 이어서 컨설팅업계를 중심으로 발전된 가치평가 방법이다. 다양한 이름으로 불리면서 그 용도가 조금씩 다를 수 있으나, FCF모형이 기대'잉여현금흐름'을 자본비용으로 할인하는데 비해 초과수익 모형은 기대'초과이익'을 자본비용으로 할인할 뿐, 기본적으로는 FCF 모형과 같이 NPV분석에 기초하고 있다.

초과수익 모형들에서는 자본시장에서 투자자들이 요구하는 위험조정수익률(예: CAPM)을 정상이익(normal profit)으로 보고 이를 초과(또는 미달)하는 이익을 초과(excess) 또는 비정상(abnormal) 이익으로 간주한다(마이너스 초과수익률도 가능하다). 즉, 초과수익률 모형에서 기업(또는 자산)가치

V = 기존실물자산가치 + 기존/미래실물자산에 의한 초과이익의 현재가치

형태로 표시된다. 모든 투자는 투하(또는 투입)자본수익률이 자본비용을 초과하면 (NPV > 0) 자본가치를 증가시키므로 기업가치는 기존 실물자산과 초과이익의 함수로 표시할 수 있다.

초과수익 모형은 **경제적 이익**(economic profit), **잔여소득**(residual income), **잔여이익**(residual earnings), **초과이익할인**(discounted abnormal earnings), **초과이익**(excess profit), **경제적 부가가치**(economic value added: EVA) **모형** 등, 다양한 이름으로 부르는데 (초과수익 계산방법이 약간씩 다를 수 있다), 여기서는 이들 중 가장 널리 알려진 경제적 부가가치 모형을 중심으로 기술한다.

특정 사업 또는 기업의 EVA는 투자사업이 창출한 **잉여가치(surplus value)**로서 세후순영업이익(net operating profit after tax: NOPAT)에서 총투자비용(absolute capital charge)을 차감한 것을 말한다. 즉,

$$\begin{aligned} EVA &= EBIT(1-t_c) - WACC \times NA \\ &= (ROIC - WACC) \times IC \\ &= (NOPAT/IC - WACC) \times IC \end{aligned} \quad (2.9)$$

여기서,

$ROIC = NOPAT/IC = EBIT(1-t_c)/NA$ = ROIC(return on invested capital)
= 투하자본수익률

NOPAT (net operating profit) = 세후영업이익

IC (invested capital) = 투하자본

NA (net assets) = 순자산

EVA는 특정 사업이 가치를 창출하고 기업가치를 증가시키는가를 보여주는 가장 단순한 지표로서, 몇 가지 가정만 더했을 뿐, NPV법의 또다른 표현으로 볼 수 있다. 왜냐하면 사업이나 기업의 NPV는 자본비용으로 할인한 EVA의 현재가치의 합과 같기 때문이다. 즉,

$$NPV = \sum_{t=1}^{t=n} EVA_t/(1+WACC)^t$$

이다[26].

2.3.3 EVA, NPV, 기업가치

NPV가 EVA의 현재가치의 합과 같으므로, DCF분석에 의한

기업의 시장가치 = 기존 실물자산의 시장가치 + 성장기회의 시장가치

26 감가상각비의 현재가치가 투하자본수익의 현재가치와 같아야 한다. Damodaran, A, 1999, Value Enhancement: Back to Basics, Contemporary Finance Digest, v2, 5-51 참조.

$$= \text{기존 실물자산} + NPV_{\text{기존실물자산}} + NPV_{\text{미래투자}}$$

$$= \text{기존 실물자산} + \sum_{t=1}^{\infty} EVA_{t,\text{기존실물자산}}/(1 + WACC)^t$$

$$+ \sum_{t=1}^{\infty} EVA_{t,\text{ 미래투자}}/(1 + WACC)^t$$

이다. 위 식은 기업가치분석에서 DCF모형과 초과수익모형이 결국 서로 다른 것이 아니라는 것을 보이고 있다[27].

EVA, NPV, 기업가치, 이들 변수와 관련된 몇 가지 오해를 확실히 이해할 필요가 있다. (i) 흔히들 투자로 인해 기업가치가 EVA만큼 증가하는 것으로 아는데 이는 잘못된 것이다. 투자로 인해 기업가치는 EVA의 현재가치의 합, 즉 투자사업의 NPV만큼 증가한다. 그런 의미에서 EVA는 기업의 NPV를 연도별로 분할한 일종의 '연평균 NPV'라 볼 수 있다. (ii) 경영자는 EVA분석을 통해서 기존실물자산과 미래투자의 기업가치 증가(NPV)에 대한 직접적인 기여도를 판단할 수 있다. 이점이 바로 EVA가 FCF모형과 달리 투자결정은 물론 투자성과 및 경영실적 평가에 활용될 수 있는 장점이다[28]. (iii) EVA모형은 투하자본 비용을 매년 명시적으로 세후영업이익에서 차감해 주는데 반해 FCF모형에서는 투자비용을 투자지출 발생 연도에 세후영업이익에서 공제함으로써 연도별 투자비용(정확히 말해서 현재가치의 합)을 암묵적으로 반영한다[29]. (iv) 재무관리에서 흔히 주가나 기업가치는 DCF모형, 투자사업평가는 NPV모형, 투자 또는 경영실적평가는 EVA모형을 사용해서 초보자나 실무적으로 많은 혼란이 있을 수 있으나 실은 신경 쓸 일이 아니다. (v) NPV와 기업가치가 같다는 말이 아니다. 기업가치는 장부상에 기록된 기존 실물자산가치(통상 장부가치)와 기존 및 미래투자자산 NPV의 합이다.

2.3.4 NPV법과 실물옵션

실물자산에 대한 투자에는 대개 옵션과 유사한 '선택권'이 내재되어 있다. 그러나 전통적인

27 Fernandez (2002), Hartman (2000) and Shrieves and Wachowicz (2000)참조. Feltham and Ohlson (1995), Penman (1998), 및 Lundholm and O'Keefe (2001) 등은 자기자본 초과수익모형이 자기자본DCF모형에 수렴함을 증명.

28 가치중심 경영, 또는 주주가치 극대화의 관점에서 보면, 투자안의 선택과 실적의 평가는 결국 동일한 목표 – 주주가치 극대화 –를 달성하기 위한 사전적(ex ante) 노력과 사후적(ex post) 노력으로 볼 수 있다. 그러므로, 투자안 선택에 사용하는 평가지표가 실적평가에 사용하는 성과측정지표와 매우 유사한 것은 어쩌면 당연한 일이다. 다만 한 가지 큰 차이가 있다면 투자선택은 언제나 기대수익률이나 기대현금흐름과 같은 '기대값(expectations)'을 사용하는데 반해 성과평가는 실적자료를 사용한다는 점이다.

29 예컨대, 투자지출이 100억 원이고 투자비용이 연 10%, 투자수명이 무한하다면 이 투자는 향후 10억 원씩 매년 자본비용을 발생시킬 것이다. 이들 자본비용의 현재가치는 10억 원/0.1 = 100억 원 = 투자지출이다.

DCF/NPV법은 기업이 갖고 있는 투자사업에 내재된 신축성(flexibility)이 현금흐름과 할인율에 미치는 영향을 고려하지 않기 때문에 일반적으로 투자사업의 가치를 저평가하게 된다는 문제점이 있다[30]. 미래 투자기회는 사실상 행사가격이 투자금액인 콜 옵션에 다름 아니고, 투자가 집행되면 옵션은 소멸된다. 그러나, 투자로 인해 기존 사업에서 철수하거나, 신기술에 투자할 권리와 같은 새로운 옵션이 생기게 된다. 이와 같이 미래에 도래하는 새로운 정보에 의해 투자의 연기, 포기, 또는 점차적 확대/축소에 관한 결정을 신축적으로 내릴 수 있는 기업(또는 경영자) 이 갖는 권리를 **실물옵션(real option)**이라 부른다.[31] 그러므로, 실물옵션이 존재하려면 (i) 새로운 정보가 미래에 알려져야 하고, (ii) 그 정보가 기업의 의사결정에 영향을 미쳐야 한다. 문제는 이들 실물옵션의 존재를 찾아내기도 어렵지만 그 가치를 평가하는 것이 말처럼 쉽지 않다는 데 있다[32].

물론, 시나리오분석이나 의사결정나무(decision tree)분석기법을 사용할 수는 있지만, 실물옵션의 가치평가가 어려운 가장 큰 이유는 금융자산에 대한 옵션과 달리 많은 경우, 이들 옵션의 현금흐름을 복제(複製)하는 금융자산이 시장에서 거래되지 않는다는 데 있다(물론, 현금흐름을 복제할 수 있는 선도계약이나 선물계약 등이 존재하는 경우에는 옵션모형을 직접 활용할 수도 있기는 하다). 그러나, 기존 NPV분석의 틀에 실물옵션의 가치를 포함시키는 방법이 전혀 없는 것도 아니다. 가령, 실물옵션이 없는 것으로 일단 가정하고, DCF분석을 통해 투자사업의 최저 값을 구한 다음, 두 번째 단계에서는 의사결정나무(동태적 DCF)분석을 하거나, 블랙-숄즈(Black-Scholes) 옵션가격모형을 이용해서 DCF분석결과를 보완할 수 있다.

[표 2.3]을 보자. 1년간의 파일럿 투자를 통해 신제품에 대한 시장수요 상태를 파악할 수 있으며, 파일럿 투자의 NPV는 −10억 원이다. 만약, 풀 스케일(full-scale)시설에 대한 투자를 지금 당장 할 수밖에 없다면(실제로는 2차년도에 할 수도 있는데), 현시점에서 예상되는 풀 스케일 투자의 NPV는 .5 × 40억 원 + .5 × (−50억 원) = −5억 원이다. 따라서, NPV법에 의하면, 파일럿 투자 자체는 물론, 풀 스케일 투자의 NPV마저도 영보다 작으므로 파일럿 투자는 당연히 해서는 안 된다. 과연 그런가?

NPV법은 기본적으로 현재 시점에서 모든 투자결정이 이루어지는 것으로 본다. 그러나 파일럿 단계에서 수요가 크지 않은 것으로 판명될 경우, 2차년도의 풀 스케일 투자는 이루어지지 않을 것이며, 이 경우, 풀 스케일 투자의 NPV는 −50억 원이 아니라 0원이 된다. 따라서, 투자

30 예컨대 R&D집중 산업, 컴퓨터나 제약업과 같은 다수 사업 유발 산업의 경우 시장가치의 절반 이상이 성장옵션 가치다.

31 투자의 연기는 미국형 콜, 포기는 유럽형 풋, 점차적 확대는 콜 등으로 볼 수 있다.

32 사업설명이나 현금흐름의 패턴에서 실마리를 찾을 수 있다. 가령 "단계(phases)", "전략적(strategic)", "시나리오(scenarios)" 등의 용어가 사업설명서에 나온다든지, 또는 대규모 투자지출의 시기를 임의로 조정할 수 있는 경우다.

결정이 현재가 아니라 파일럿 투자로 인한 새로운 정보가 입수되는 2차년도에 이루어진다고 보면, 현시점에서 예상되는 NPV는 −5억 원이 아니라 .5 × 40억 원 + .5 × 0 = 20억 원이며 이제는 파일럿 투자가 경제성이 있게 된다. 파일럿 투자는 비록 그 자체만 보면 10억 원의 손실이지만 1년 후 20억 원의 가치증가(NPV)가 예상되는 풀 스케일 시설을 구축할 수 있는 권리(옵션)를 동시에 사는 것이기 때문이다(Narayanan and Nanda, 2004).

[표 2.3] 파일럿 투자의 결정

1차	2차
파일럿 투자	풀 스케일 투자
NPV = −10억 원	NPV = 40억 원(확률 = .5): 수요가 클 경우
	NPV = −50억 원(확률 = .5): 수요가 크지 않을 경우

2.3.5 APV법

자본시장이 완전한 경우 사업의 NPV는 사업에 투입된 자본의 유형에 관계없이 재무상태표의 왼쪽에 기록된 실물자산에 의해서만 결정된다. 그러나, 3장과 4장에서 보는 바와 같이, 불완전 자본시장에서는 부채를 증가시키면 그에 따라 이익도 발생하고 비용도 발생한다. 이를 반영시키는 한 방법은 평균자본비용, WACC를 직접 조정하는 것이다. 대표적인 방법이 WACC에 부채의 절세효과를 반영시키기 위해 R_D대신 $(1-t_c)R_D$를 사용하는 것이다. 그러나 절세효과 이외의 다른 효과들을 WACC에 반영시키는 것은 그리 쉽지 않다. 뿐만 아니라, 자본구조는 (i) 부채인지 또는 자기자본인지 쉽게 구별하기 어려운 혼합증권(hybrids)을 포함하거나, (ii) 아예 자본구조 자체가 시간이 지나면서 변하거나, 또는 (iii) 이자지급에 대한 절세효과 역시 회사의 세금부담 상황의 변화에 따라 달라지는 것이 일반적이다(이 모두가 WACC기법 사용에 문제가 된다).

그래서, 나온 것이 WACC에 비해 보다 신축적인 **APV (adjusted present value: APV)법**− 또는 **조정현재가치법**이라고도 한다− 이다. 투자사업(또는 차입기업)의

$$APV = \text{무차입 투자사업(기업)의 NPV} + \text{차입으로 인한 순이익의 현재가치}$$

$$= \sum_{t=1}^{T} \frac{CF_t}{(1+R_t)^t} - CF_0 + B - C \qquad (2.10)$$

여기서 B와 C는 각각 부채의 이익과 비용을 현재가치로 환산한 것이다(다음 장을 보라). 무차입

사업 (또는 기업)의 NPV산정에 사용하는 할인율은 해당 사업에 대한 기대수익률이 아니라 회사의 전체 자산에 대한 기대수익률이다. 회사 자산 전체에 대한 기대수익률은 다름아닌 무차입 기업에 대한 기대수익률이다.

정확하게 계산하면 WACC를 사용해서 NPV를 구하던, (2.10)를 이용해서 APV를 구하던 관계없으나, 차입에 따르는 손익을 WACC에 반영시키는 것 보다는 별개로 계산하는 것이 실무적으로는 더 쉬운 일이므로 APV법은 이론적으로는 새로운 벤처사업이나 주로 업계에서 많이 사용해야 한다.

2장 부록

[표 2A] NPV의 계산

WACC(자본비용(률)) = 15%, t_C(법인세율) = 35%, 투입자본 = 278억 원, 잔여가치 = 30%

연도	2005	2006	2007	2008	2009	2010	2011	비고
1 단위당 가격(원)		250	250	230	225	225	210	
2 판매량(백만 단위)		1.2	2.1	3.0	3.0	2.2	1.4	
3 단위당 제조원가(원)		80	80	70	70	70	85	
4 판관비 (억 원)	15.0	15.75	16.75	18.00	19.25	20.50	22.00	
5 감가상각률 (%)		20	32	19.2	11.52	11.52	5.76	
6 운전자본비율 (%)	9	9	8	7	7	7		
7 감가상각비용 (억 원)		55.60	88.96	53.38	32.03	32.03	16.01	(6) × 278 (억 원)
8 누적감가상각비		55.60	144.56	197.94	229.96	261.99	278.00	
9 순고정자산 (억 원)	278	222.4	133.44	80.06	48.04	16.01	0	
10 운전자본 (억 원)	27.0	47.25	55.20	47.25	34.65	20.58	0	운전자본비율x 다음해 매출액
11 자산처분 수입(잔여가치)							83.4	투자금액의 30%
현금흐름 계산								
12 매출액		300	525	690	675	495	294	
13 매출원가		(96)	(168)	(210)	(210)	(154)	(119)	
14 판관비	(15.0)	(15.75)	(16.75)	(18.00)	(19.25)	(20.50)	(22.00)	
15 감가상각비		(55.60)	(88.96)	(53.38)	(32.03)	(32.03)	(16.01)	
16 고정자산처분 이익							83.4	잔여가치 - 장부가치
17 세전 이익	(15.0)	132.65	251.29	408.62	413.72	288.47	220.39	
18 법인세	5.25	(46.43)	(87.95)	(143.02)	(144.80)	(100.97)	(77.14)	
19 NOPAT	(9.75)	86.22	163.34	265.61	268.92	187.51	143.25	
(세후영업이익 = 매출이익 - 판관비-감가상각비 + 고정자산처분이익 - 법인세)								
20 감가상각비	55.60	88.96	53.38	32.03	32.03	16.01		
21 시설투자처분 이익	0	0	0	0	0	0	(83.4)	비현금성 항목
22 OCF	(9.75)	141.82	252.30	318.98	300.95	219.53	75.86	
(영업현금흐름 = NOPAT + 감가상각비 - 고정자산처분이익)								
23 운전자본 증감	(27.00)	(20.25)	(7.95)	7.95	12.60	14.07	20.58	
24 고정자산 투자	(278.00)							

연도	2005	2006	2007	2008	2009	2010	2011	비고
25 고정자산처분 현금수입							83.40	잔여가치
26 FCF	(314.75)	121.57	244.35	326.93	313.55	233.60	179.84	
(잉여현금흐름 = 영업현금흐름 + 운전자본 증감 − 고정자산 투자 + 자산처분 현금수입)								
27 현가요소	1.0000	0.8696	0.7561	0.6575	0.5718	0.4972	0.4323	
28 현재가치	(314.75)	105.72	184.76	214.96	179.27	116.14	77.75	(27)x(28)
	NPV = 564억 원, IRR = 63.3%[33]							

33 Narayanan and Nanda(2004)

제 3 장

자본구조와 기업가치: 정태적 절충이론

3.1 M&M 무관련성 명제
- 3.1.1 기업가치와 자본구조의 무관련성
- 3.1.2 자본비용과 자본구조의 무관련성

3.2 부채의 이익
- 3.2.1 법인세 절세효과
- 3.2.2 자기자본 대리인비용의 경감
- 3.2.3 기업의 적시청산 장려
- 3.2.4 기타 부채의 순기능

3.3 부채의 비용
- 3.3.1 재무적 곤경비용
- 3.3.2 부채의 대리인비용

3.4 최적자본구조
- 3.4.1 최적자본구조와 실물자산의 시장가치
- 3.4.2 자본구조의 선택

기업의 **자본구조**(capital structure) 또는 재무구조란 기업이 자산과 순현금흐름에 대해 발행한 **확정지급 청구권**(fixed claims) – 흔히 부채 – 과 **잔여이익 청구권**(residual claims) – 흔히 자기자본 – 간의 상대적 비율을 말한다. 여기서 상대적 비율은 일정 시점의 잔액을 비교할 수도 있고, 일정 기간 동안의 발행금액을 비교할 수도 있다. 전자는 자기자본(또는 금융자본총액)에 대한 **이자지급부채**(interest bearing liabilities)잔액의 비율을 말한다. 보다 넓은 의미의 자본구조는 기업이 발행한 부채와 자기자본의 비율뿐만 아니라, 이들 청구권의 선/후순위 구조, 부채의 만기일 구조와 지급이자의 형태 등까지 포함한다.

기업의 자본구조를 우리는 흔히 **차입비율**(leverage ratio)로 표현하는데, 이는 일반적으로 금융자본총액에서 타인자본, 즉 부채가 차지하는 비율을 가리킨다. 가령 차입비율이 .30 또는 30 퍼센트라면 전체 자본구조의 30퍼센트가 확정지급 채무(부채)이고 나머지 70 퍼센트는 자기자본(또는 지분투자)임을 말한다. 이때, 부채와 지분투자 금액은 부채비율의 용도에 따라서 장부가격일 수도 있고 시장가격일 수도 있으나, 이론적으로는 시장가격이어야 한다. 차입비율은 업종에 따라서는 상당한 차이가 있지만 동일 업종 안에서는 큰 차이가 없다. 그 이유는 무엇인가?

자본구조에 대한 교과서적 접근은 가장 이상적인 상황인 완전자본시장에서 출발해서 (M&M무관련성 명제) 보다 현실적인 법인세 절약 등 부채의 기대이익과, 부채사용에 따르는 기대비용의 절충(tradeoff)에서 최적비율을 찾는 **정태적 최적자본구조**(static optimum capital structure)**이론**이다. 부채의 비용은 주로 **재무적 곤경으로 인한 기대비용**(expected costs of financial distress)을 말하며, 여기서 "정태적"은 기업이 기업가치를 극대화시키려면 비교적 장기적으로 이 차입비율을 유지해야 한다는 것을 의미한다.

이 장과 다음 장에서 우리는 M&M 무관련성 명제들의 성립에 필요한 가정들을 하나씩 완화시켜 가면서, 기업의 재무정책, 특히 현실세계의 다양한 자본구조들을 결정하는 요인들을 검토하게 될 것이다. 우선, 이 장에서는 차입이 기업가치에 미치는 영향을 중심으로 논의하고, 다음 장에서는 정보의 비대칭성, 그 중에서도 역선택 문제의 영향을 살펴보기로 한다. 먼저, 현대 자본구조론의 출발점이 되는 M&M무관련성 명제들을 검토해 보자.

3.1 M&M 무관련성 명제

반세기 전, 모디글리아니(Franco Modigliani)와 밀러(Merton Miller)는 자본시장이 완전하게 작동하는 상태에서 기업의 시장가치와 재무정책 간에 다음과 같은 명제(propositions)들이 성립

함을 증명했다. 즉, (i)법인세(corporate income tax) 및 개인소득세(personal income tax) 등, 각종 세금이나 (ii)파산비용(bankruptcy cost) 및 (iii)증권거래비용(transaction cost)이 존재하지 않고, (iv)시장참여자들이 동일한 정보(symmetric information)와 동일한 접근성(equal access)을 가지고 있으며, (v)투자정책이 이미 확정된(given investment decisions) 경우[34],

(1) 기업가치는 자본구조와 관계없이 결정된다(명제I).
(2) 기업의 자본비용은 기업이 보유하고 있는 실물자산에 대한 기대수익률이고, 이는 자본구조와 관계없이 결정된다(명제II).
(3) 배당정책은 기업가치와 관계없다.
(4) 위험관리는 기업가치와 관계없다.

이들이 바로 현대 자본구조이론의 초석을 이루는 **M&M 무관련성 명제(irrelevance propositions)**들로서, 그 핵심은 자본구조, 배당정책, 위험관리 등 기업의 재무정책(financial policies)은 기업가치에 영향을 미칠 수 없다는 것이다. 원래 M&M명제들은 (1)과 (2)에 국한된 것이었으나 (3)과 (4)는 물론, 부채의 만기구조를 포함한 NPV가 제로인 모든 재무정책에 적용된다.

M&M 무관련성 명제들은 밀러 교수가 말했듯이 '관련이 없다(irrelevant)'는 것이 너무 강조된 감이 있다[35]. 실은 '특정조건들이 충족되면 관계가 없다'는 말은 이들 조건 중 하나, 또는 그 이상이 성립되지 않는 경우에는, 기업가치를 극대화시키는 최적자본구조(optimal capital structure)와 최적위험관리정책(optimal risk management)이 존재할 수 있다는 말이 아닌가? 이 말은 곧 상황에 따라서 기업의 재무정책이 기업 실물자산의 시장가치, 즉 기업가치에 영향을 미칠 수 있다는 말인 동시에, 차입과 차입능력(debt capacity) 역시 기업가치와 위험관리정책에 큰 영향을 미칠 수 있다는 것을 의미한다. 그런 이유로 이후 재무학계에서는 바로 이 문제에 대한 해답을 추구하는 많은 노력이 있어왔고 상당한 성과도 있었다.

M-M(1958)에 의하면 자본시장이 완전하면 기업의 자본비용은 실물자산이 창출하는 현금흐름의 위험(변동성) – 기업의 파산위험과 혼동하지 말라 – 에만 의존할 뿐, 자본조달행태와는 아무런 관련이 없다. 이 말은 곧 기업의 시장가치는 실물자산이 결정하는 것이고, 기업의 자본구

34 완전자본시장에 대한 정의는 매우 다양하다. (i)-(iii)을 묶어서 완전자본시장이라 하는 사람도 있다. (iv)는 효율적 자본시장(market efficiency)과 정보의 대칭성(no asymmetric information)으로 말하는 사람도 있다. Grinblatt and Titman(1998)은 (i)-(v)를 한데 묶어 (i)현금흐름이 확정되어 있고(투자결정이 확정됨을 말함), (ii)거래비용이 없으며, (iii)차익거래기회가 존재하지 않아야 한다는 세 개로 요약하고, 그 중에서도 (i)이 가장 중요하다고 말한다.

35 Miller(1991). 원래 M&M논문(1958)에서는 (1)과 (2)만 있으나, 나머지 (3)과 (4)도 자동적으로 성립한다. M&M 세계에서는 모든 재무적 거래(financial transactions)의 NPV가 영이다.

조와는 관련이 없다는 말이다. 한마디로, 기업가치는 실물자산, 즉 재무상태표의 좌변(左邊)에서 결정된다는 말이다.

그렇다면, 부채에 대해서는 이자를 꼬박꼬박 지불해야 하지만 배당은 기업이 원할 때만 지급해도 되므로 – 설사 배당을 지급한다 하더라도 배당률은 이자율에 훨씬 못 미친다 – 기업의 입장에서는 자기자본 비용이 타인자본비용보다 유리한가? 반대로, 주식의 위험이 회사채의 위험보다 크기 때문에 위험프리미엄을 감안하면 자기자본을 사용하는 것이 훨씬 손해(기대수익률이 높아서)라는 말은 또 무엇인가?

비록 현실과는 큰 차이가 있는 완전자본시장을 가정하긴 했지만 M&M명제(命題) – 정리(theorem)라고도 부른다 – 들은 기업에 대해서뿐만 아니라 개별 사업의 사업가치와 사업자금의 조달행태에 대해서도 똑같이 성립한다[36]. 더욱이 이들 명제들은, 완전자본시장이 요구하는 여러 조건들을 완화시켜도 대체적으로 크게 달라지진 않는다. 그럼에도 불구하고 M&M무관련성 명제는 일반인이 직관적으로 이해하기 어려울 뿐만 아니라, 심지어 많은 사람들이 알고 있는 '상식' – 물론 '옳지 않은' – 과도 크게 다르다. 원래 M&M은 자본시장이 완전한 상황에서는 차익거래기회가 존재할 수 없다는 논리를 이용하여 증명했지만, M&M명제는 사실 알고보면 직관적으로도 쉽게 이해될 수 있다[37].

3.1.1 기업가치와 자본구조의 무관련성: M&M명제 I

직관적인 설명은 이른 바 파이(pie)론이다. 기업가치는 실물자산이 창출하는 순현금흐름의 현재가치의 합이다. 그런데, 자기자본과 타인자본은 현금흐름에 대한 청구권이다. 그러므로, 실물자산이 창출하는 모든 순현금흐름에 대해 하나도 빠짐없이 청구권이 발행되었다면, 현금흐름의 현재가치 총액(pie)과 청구권 총액은 같게 될 것이다(1.3.4 참조). 그렇다면, 청구권 총액이 일정한데 단순히 청구권의 구성비율(자본구조)만 바뀐다고 실물자산가치 총액, 즉 기업가치가 달라지겠는가? 크기가 일정한 한판의 피자(= 청구권 총액 = 기업가치 = 실물자산의 가치)를 두 조각으로 자르던 네 조각으로 자르던, 그 크기가 달라지는가?

뿐만 아니라, 완전자본시장에서는 기업이 할 수 있는 것은 무엇이든 투자자들도 할 수 있으므로 투자자들이 기업의 자본구조 선택(또는 변경)에 대해 굳이 프리미엄을 지불할 필요가 없다(채권을 발행하던 주식을 발행하던 현금유입액은 동일하다. 즉, 순수 재무거래의 NPV는 제로다!). 예컨대,

---

36 신규 투자가 발생하면 기업가치는 달라지지만 기업가치 변화의 크기는 사업의 자금조달 패턴과는 관계없다.

37 M-M증명은 재무이론 최초의 차익거래기회(arbitrage profit opportunities)기법의 활용일 뿐만 아니라, 자가차입(homemade leverage)을 주요 수단으로 도입함으로써 재무이론 발전의 혁신적 계기를 만들었다.

A, B, 두 회사가 동일한 자산을 가지고 있는데 A의 차입비율이 B보다 낮다고 투자자들이 A에게 B보다 더 큰 기업가치를 부여하지는 않을 것이다. 왜냐하면 투자자들 스스로 B의 차입비율 효과와 같은 결과를 얻는 사적(私的)인 투자 조정을 통해 A의 현금흐름을 만들 수 있기 때문이다.

마지막으로, 원래 M&M식의 무위험차익거래 기회를 이용한 증명이다. 가령, 부채가 1원도 없이 자기자본만 사용하는 기업의 시장가치가 100억 원이라 하자. M&M명제 I에 의하면, 부채를 얼마를 사용하던 그 기업의 가치는 여전히 100억 원이라는 말이다. 만약 그렇지 않다면, 누군가 무위험차익거래 기회를 이용하여 폭리를 취할 수 있기 때문에 부채를 쓰는 기업과 쓰지 않는 기업의 가치는 같을 수 밖에 없다(이 경우는 100억 원)는 것이다.

만약 같지 않다고 가정해보자. 가령 부채를 사용하면(예: 30%) 기업의 가치가 105억 원이 될 수 있었다고 하자. 이 말은 예컨대 30%의 부채비율이 최적자본구조임에도 불구하고 멍청한 기업이 부채를 전혀 사용하지 않아서 기업가치가 100억 원밖에 안 된다는 말이다. 과연, 그럴까?

자본시장이 완전한 경우, 이와 같은 상황은 존재할 수 없다. 왜냐하면, 완전한 자본시장에서는 기업이나 투자자들 모두 각자 원하는 증권거래를 할 수 있기 때문이다(equal access). 이 경우, 계산능력이 조금만이라도 있는 투자자(예: 투자은행?)가 있다면 그는 일단, 100억 원을 지불하고 무(無)부채 기업의 주식을 전액 매입한다. 그런 다음, 부채비율이 30%가 되도록 신규로 회사채를 발행하고 105억 원을 받고 매각한다(완전자본시장에서는 발행비용이 없다). 이렇게 하면 이 투자자는 추가로 위험을 부담하지 않고도 5억 원의 차익(arbitrage profit)을 남길 수 있다(100억 원 투자에 105억 원 수입). 완전자본시장에서 어떻게 이런 횡재(橫財)가 있을 수 있겠는가!

그러므로 이 회사의 시장가치는 부채를 30% 발행했다 하더라도 105억 원이 아니라, 무부채 기업의 가치인 100억 원이었어야 했다! 이는 곧 완전자본시장에서는 회사의 기업가치(100억 원)는 부채의 사용 여부와 관계없이 투자자들이 받고 싶어하는 최대 금액(100억 원)이었을 것이며, 동시에 기업가치는 회사가 선택하는 자본구조와는 관계없음을 의미한다(즉, 자본구조변경의 NPV는 제로다). 자본구조에 관한 한, 회사가 어떻게 선택해도 상관없다는 말이다. 만약, 처음 자본구조가 최적이 아니라면 누군가가 이 회사를 매입해서 최적자본구조를 만들었을 것이기 때문이다. 물론, 현실 자본시장은 각종 세금도 있고, 재무적 곤경으로 인한 비용도 발생하며, 정보도 비대칭적이고 거래비용도 존재한다. 이와 같은 불완전자본시장에서의 자본구조에 관해서는 앞으로 더 깊은 논의가 있게 될 것이다.

3.1.2 자본비용과 자본구조의 무관련성

M&M 무관련성 명제 II는 미래현금흐름을 할인할 때 적용하는 할인율(총자본비용)은 투자사업에 대한 자금조달 행태와 관계없이, 오로지 자산이 창출하는 현금흐름의 위험수준에만 의존한다는 것이다.

2장의 식 (2.5)에서 본 바와 같이 기업의 실물자산은 자기자본과 타인자본으로 구성된 포트폴리오와 같으므로, 자산수익률, R_A는 자기자본수익률과 타인자본수익률의 가중평균(자본비용)과 같다[38]. 즉,

$$R_A = [E/(D + E)] \times R_E + [D/(D + E)] \times R_D \quad (3.1)$$

여기서, R_A는 실물자산의 기대수익률, R_E는 자기자본의 기대수익률, R_D는 부채의 기대수익률, E와 D는 시장가격으로 평가한 자기자본과 부채다. 이 식을 R_E에 관해 정리하면,

$$R_E = R_A + (D/E) \times (R_A - R_D) \quad (3.2)$$
$$= \text{영업위험에 대한 보상} + \text{재무위험에 대한 보상}$$

이 식이 바로 M&M명제 II다. 즉, 명제 II는 차입기업의 자기자본비용, R_E는 당시까지의 견해와는 달리 부채비율, D/E가 증가함(파산위험이 아닌 재무위험의 증가)에 따라 계속 상승한다(부채비율의 1차 함수)는 것을 말해준다[39]. 그 이유는 무엇이며, 그럼에도 불구하고 총(평균)자본비용이 변하지 않는 이유는 또 무엇인가?

자기자본은 부채보다 후순위 청구권이므로, 동일한 실물자산을 보유하고 있는 경우, 차입기업(levered firm)의 자기자본은 현금흐름의 일부를 채권자들이 먼저 가져가기 때문에 무차입기업(unlevered firm)의 자기자본보다 위험부담이 더 크다. 더구나, 만약 증가된 위험의 일부가 분산이 불가능한 체계적 위험(파산위험이 아니다!)이라면 투자자들은 당연히 차입 기업의 자기자본에 대해 더 높은 수익률을 요구할 것이다. 식 (3.2)는 이를 말해 준다. 이 식에서 자산에 대한 기대수익률, R_A는 바로 무차입기업의 자기자본에 대한 기대수익률과 같다.

여기서, 무차입기업과 차입기업을 하나의 투자사업으로 생각해 보자. 그러면, M&M명제

38 여기서, 자기자본수익률은 자기자본비용이고 부채수익률은 부채비용을 말한다.

39 R_E가 일정하다는 것이 당시까지의 견해였다. 따라서 WACC는 부채비율이 증가함에 따라 감소한다. R_D는 부채비율이 낮을 때는 일정하지만 부채비율이 높아지면 파산위험이 증가함에 따라 증가한다. R_E는 영업위험의 일부를 채권자가 부담함에 따라 R_D보다 서서히 증가한다.

II는 사업에 투입된 자본의 비용은 사업자금이 어떻게 조달되느냐와는 전혀 관계없다는 것이다. 이는 일반인들의 통상적인 '믿음'에 배치된다. 결국, 차입을 하지 않고 전액 자기 돈으로 투자하는 경우와 일부를 차입하는 경우를 비교하는 것인데, 어느 쪽이 비용이 더 드는가? 차입이 자기자본보다 훨씬 싸지 않겠는가? 그렇다면, 차입을 통해 사업 전체의 자본비용을 감소시킬 수 있지 않은가?

M&M에 의하면, 그렇지 않다. 부채를 발행하는 순간, 자기자본의 위험부담이 증가하기 때문에 차입기업의 자기자본에 대한 요구수익률도 동시에 상승한다. 따라서, 부채를 증가시켜도 부채 비용과 자기자본 비용의 가중평균인 기업 전체의 총자본비용은 종전과 변함없다[40]. 구체적인 숫자를 가지고 계산해 보자.

무차입기업과 차입기업의 실물자산이 동일하고, 시장가치는 1,100억 원, 기대순현금흐름은 연간 200억 원, 차입액은 500억 원, 차입이자율은 연 10%라 하자.

	무차입기업	차입기업
자기자본(발행주식의 시가총액)	1,100	600
차입	0	500
기업가치	1,100	1,100

무차입기업의 자기자본수익률 = (실물)자산수익률
= 자기자본에 대한 기대현금흐름 / 자기자본 시가총액
= 200 / 1,100 = 18.18%.

차입기업의 자기자본수익률 = 자기자본에 대한 기대현금흐름 / 자기자본 시가총액
= (200 − 50) / 600 = 25%.

몇 가지 사실에 주목하라. 첫째, 무차입기업의 자기자본비용은 18.18%인데, 차입이자율을 부채비용으로 가정하면 부채비용은 10%로서 자기자본비용이 부채비용보다 높다. 둘째, 차입기업의 자기자본비용은 25%로서, 무차입기업의 자기자본비용 18.18% 보다 훨씬 크며, 역시 차입비용 10%보다 크다. 그렇다면, 부채를 증가시키면 총자본비용이 감소해야 정상 아닌가? 원래 무차입기업의 자기자본비용은 18.18%이었다. 그러나, 부채를 500억 원 사용하면, 자기자본의 위험부담(현금흐름의 위험을 말함)이 증가하게 되어 자기자본비용이 18.18%에서 25%로 증가한다. 이에 따라, 총자본비용은

40 이를 M&M명제 II라 하기도 한다.

$$(500/1{,}100) \times 10\% + (600/1{,}100) \times 25\% = 18.18\%$$

이다. 즉, 비용이 싼 부채를 사용해도 (총)자본비용은 자기자본비용의 상승으로 인해 종전과 같다. 그러므로, M&M 명제 II에 의하면, 자본시장이 완전하다면 (또는 적어도 실질적으로 큰 차이가 없다면) 사업의 현금흐름을 현재가치로 환산할 때 사용하는 할인율, 즉 총자본비용은 차입비율과 관계없이 무차입자본비용 또는 필수(요구)자산수익률 (required rate of return on assets)이어야 한다.

이와 같이 M&M 세계에서는 재무정책이 기업가치를 증가시킬 수 있다는 주장은 성립되지 않는다. 만약, 현실적으로 재무정책이 문제된다는 주장이 있다면 그것은 반드시 M&M 세계의 특정 가정(들)에 문제가 있는 것이다. 따라서, M&M 명제들은 오히려 자본구조가 문제될 수 있는 이유를 발견할 수 있는 분석의 틀을 제공하는 의미가 더 크다. 정태적 절충이론은 법인세 (나중에 개인소득세도 포함)와 재무적 곤경으로 인한 기대비용이 없다는 M&M 가정들에서 문제를 찾는 것이다.

3.2 부채의 이익

차입이 기업가치에 미치는 경제적 효과를 분석하기 위해서는, 기업에 대한 부채의 이익과 비용을 고려해야 한다. 이른바 **'절충이론 (trade-off theory of optimal capital structure)'**의 기본을 이루는 것도 바로 차입의 이익과 비용이다. 절충이론에서는 기업이 부채 1원을 추가할 때 발생하는 비용과 이익을 일치시키는 자기자본에 대한 부채의 비율 (시장가격으로 평가한)이 곧 기업가치를 극대화시키는 최적자본 (또는 재무)구조라 본다.

기업이 부채를 사용하는 것이 유리한 이유는 무엇인가? 여기서 '유리'의 의미는 부채를 이미 사용하고 있는 기업은 현재수준에서 1원을 추가하는 경우를 말하고, 전혀 사용하지 않고 있는 기업의 경우는 최초 1원의 차입에 따른 이익을 의미한다. 그러나, 어떤 경우이던, 추가된 부채의 이익이 기업이 이미 가지고 있는 부채의 크기에 의존함은 물론이다.

3.2.1 법인세 절세효과

세금이 자본구조에 미치는 영향에 관해서는 밀러 - 모디글리아니(1963), 밀러(1977), 밀러 - 숄즈 (Miller and Scholes, 1982), 디안젤로 - 마줄리스 (DeAngelo and Masulis, 1980)등 많은 사람들이 분석한 바 있다. 대부분의 국가들이 법인세를 계산할 때, 부채에 대한 이자지급액은 과세대상 이익에서 공제해 주지만 유보이익이나 배당금 지급액은 공제해 주지 않기 때문에, 다른 사정이 동일한 경우 차입에 의한 자금조달이 주식발행보다 일단 유리한 것은 아주 당연하다. 먼저, 절세효과를 보자.

법인세: 예를 들어, 기업의 과세대상 이익이 1원 증가할 때 예상되는 세금 증가 비율을 말해주는 **한계세율**(marginal corporate tax rate)을 t_c − 법정 세율이 아니다 − 라 하자. 차입에 따른 세금 절약 효과는 앞으로 발생하게 될 이자지급으로 인한 절세금액의 현재가치들을 다 합한 것이다. 따라서, 만약 법인세만 빼고 다른 M&M가정들은 모두 성립한다면, 차입기업의 기업가치

$$V^L = V^U + PV(DTS) \tag{3.3}$$

가 된다. 여기서, V^L은 차입기업의 시장가치이고 V^U는 같은 기업이 차입을 전혀 하지 않았을 경우의 기업가치(무차입기업의 시장가치), PV(DTS)는 절세효과, 즉 **절세금액**(**debt tax shields: DTS**)들의 현재가치의 합이다. 차입기업 부채잔액의 시장가치를 D라 하자. 만약 해마다 절세금액이 동일하다고 가정하면, 절세금액의 현재가치는 연금(annuity)의 현재가치와 같다. 만약 이 회사의 부채비용(cost of debt)이 R_D라면 부채로 인한 절세금액은 이자지급액($D \times R_D$)과 법인세율(t_c)의 함수이고, 매기당 절세금액 $DTS = t_c[D \times R_D]$다[41].

남은 문제는 매기당(연간이라 하자) 절세액을 기업가치의 증가로 환산하는 일이다. 가장 쉬운 방법은 매년 절세액이 영구적으로 똑같다고 가정하면, 절세금액은 영구연금이 되고 절세금액의 현재가치는 영구연금의 현재가치와 같다. 따라서, 절세금액의 현재가치

$$PV(DTS) = t_c[D \times R_D]/R_D = t_cD \tag{3.4}$$

다. (3.4)를 (3.3)에 대입하면, 차입기업의 시장가치

$$V^L = V^U + t_cD \tag{3.5}$$

가 된다. 식 (3.3)은 기업의 최적재무구조는 차입이 99.99999퍼센트라는 것을 의미한다(왜 그런가?). 그렇다고 무조건 차입해서 현금으로 쌓아두면 기업가치가 증가하는 것은 아니다. 차입에 의한 신규투자나 자사주매입과 같은 자기자본(equity)대신 차입을 증가시키는 경우에만 기업가치가 증가한다.

41 무차입기업의 법인세는 $t_c \times EBIT$, 차입기업의 법인세는 $t_c \times (EBIT - R_D \times D)$다. 따라서 절세액은 $t_c \times R_D \times D$다.

차입의 법인세 절감효과의 크기는 $V_L / V_U = 1 + t_c(D/V_U)$이므로 법인세율이 35%인 경우에 무차입기업이 자본의 50%를 부채로 대체하면, 기업가치는 17.5%나 증가한다. 결코 작다고 볼 수 없는 크기지만, **이월결손금 공제제도**(tax-loss carry forwards: TLCF)[42]와 부채 이외의 절세 수단, 또는 개인소득세는 이자지급으로 인한 법인세 절세효과를 감소시킨다.

개인소득세 효과: 그러나 이와 같이 법인세 효과만 고려한 분석은 불완전한 분석이다. 기업이란 기본적으로 다수의 이해관계자들의 계약이 한데 묶여있는 '법인체'다. 법인은 법이 정한 사람이므로 자신의 의지가 있거나 또는 스스로의 이익을 추구하지 않는다(기업은 사람이 아니다!!) 그러므로, 기업의 목표는 자신이 지불하는 법인세의 최소화에 있는 것이 아니라, 투자자 전체, 즉 채권자와 주주가 지불하는 세금총액을 최소화하는데 있어야 한다. 이들 세금은 채권자와 주주들이 법인이 벌어들인 소득에 대해 간접적으로 지불하는 세금(주주의 경우, 법인세)과, 자신들의 소유 유가증권의 현금흐름(이자와 배당금 또는 자본이득)에 대해 직접적으로 지불하는 개인소득세로 구성된다.

그러므로, 기업이 이익을 전액 채권자에게 배분한다면(예: 부채 99.9999% 자본구조), 법인세는 피할 수 있지만, 채권자들은 개인소득세를 지불해야 한다. 만약, 기업이 이익을 배당이나 자본이득의 형태로 주주들에게 지불하면(부채 0% 자본구조), 이들은 세금을 두 번 지불해야 한다. 첫 번째는 법인세를 지불해야 하고, 두 번째는 배당이나 자본이득(주식 매각의 경우)에 대한 개인소득세를 지불해야 한다. 즉, 채권자는 한번만 세금을 내는데 비해, 주주는 두 번 세금을 내야 한다.

만약, 주주에 대한 이익배분이 전액 배당금으로 지급된다면 채권자건 주주건 지불하는 개인소득세율은 동일하다. 그러나, 주주들에 대한 이익배분의 일정부분이 자본이득(capital gain)이고, 주주는 자본이득에 대한 소득세를 낸다면, 주주에 대한 개인소득세율과 채권자들에 대한 개인소득세율이 다르게 된다. t_{pE}와 t_{pD}를 각각 주주에 대한 개인소득세율, 채권자에 대한 개인소득세율이라 하자($t_{pE} < t_{pD}$가 일반적이다).

이제, 기업의 순현금이익 1원이 전액 회사 안에 유보(후에 자본이득으로 현금화 됨)되던지, 혹은 전액 채권자나 주주들에게 배분된다고 하자. [표 3.1]은 이 세 시나리오에 대한 세금효과를 보이고 있다.

만약 기업이 세금총액을 최소화하는 재무구조를 선택한다면, 기업은 모든 세금이 차감된 이후의 이익을 극대화하는 부채/자기자본 비율을 선택하지 않으면 안 된다. 따라서, 주주에게

42 당기 영업손실을 일정기간 동안 과거 및 미래로 이월시켜 세금공제를 받는 제도를 말한다. 우리나라 법인세법은 결손금이 발생하면 이를 차기 이후 10년 이내의 기간에 걸쳐 과세소득에서 공제할 수 있다.

지급하던 1원의 영업이익을 채권자에게 배분한다면 투자자 전체에 대한 현금흐름 총액은 $(1-t_{pD})-(1-t_c)\times(1-t_{pE})$ 만큼 증가하게 될 것이다. 남은 문제는 매기당 현금흐름의 증가를 기업가치 증가로 환산하는 일이다. 부채 잔액(또는 증가)이 D이므로 기당 이자지급액은 $D\times R_D$이고, 따라서 부채로 인한 기당 총세후현금흐름 증가는 $[(1-t_{pD})-(1-t_c)\times(1-t_{pE})]\times D\times R_D$이다. 만약, 차입액과 이자율이 영구적으로 변하지 않는다면 이 영구연금의 현재가치는 매기당 총세후현금흐름 증가를 세후이자율, $(1-t_{pD})R_D$로 할인한 금액이 될 것이다.

따라서, D원의 부채로 인한 기업가치의 증가,

$$G_L = \{1-(1-t_c)(1-t_{pE})/(1-t_{pD})\}\times D \tag{3.6}$$

이다.

[표 3.1] 1원의 세전현금영업이익에 대한 법인세와 개인소득세 효과

단위:원

	사내 유보	이자지급	배당
세전현금영업이익	1	1	1
법인세	t_c	0	t_c
법인세후이익	$(1-t_c)$	1	$(1-t_c)$
개인소득세	0	t_{pD}	$(1-t_c)\ t_{pE}$
세후순이익(투자자)	$(1-t_c)$	$(1-t_{pD})$	$(1-t_c)\ (1-t_{pE})$

여기서, $\{1-(1-t_c)(1-t_{pE})/(1-t_{pD})\}$는 부채 1원 증가로 인한 기업가치 증가이다. 그러므로, 차입기업의 가치, V^L은 무차입기업의 가치, V^U에 $PV(DTS)=\{1-(1\text{-}t_c)(1-t_{pE})/(1-t_{pD})\}\times D$를 합한 것과 같다. 만약 $t_{pD}=t_{pE}$이면, $V^L=V^E+t_cD$, 즉 (3.5)가 된다. 앞서 본 M&M 무관련성 명제 I은 식 (3.6)의 특별한 경우다. 세금이 전혀 없다면, $G_L=0$이다. 자본이득에 대한 세금이 없다면 $t_{pD}=t_{pE}$이고 식 (3.6)은 식 (3.5)의 우변의 마지막 항 $G_L=t_cD$가 된다. 그러나, 자본이득에 대한 세금이 존재하고 개인과 법인의 소득세율이 다른 경우(예: $t_{pE}<t_{pD}$), 최적자본구조는 분명 100퍼센트 부채는 아니다.

3.2.2 자기자본 대리인비용의 경감

부채로 인한 비용들을 찾는 과정에서 파산으로 인한 직접비용이 실제로 그다지 크지 않은 것으로 밝혀지면서, 부채사용의 간접비용을 찾게 되었고, 그 과정에서 처음 제시된 비용이 대리인비용(Jensen and Meckling, 1976)이다.

타인으로 하여금 본인의 이익을 위해 일하도록 하는 경우, 즉 주인-대리인 관계에서 본인(주인)의 이익이 대리인의 이익과 반드시 일치하지 않기 때문에 발생하게 되는 여러 가지 문제들을 **주인 - 대리인 문제(principal-agent problem)**라 하고, 이들 문제로 인해 발생하는 각종 비용을 **대리인비용(agency cost)**이라 부른다(특히 M&M은 자본구조가 기업의 투자정책에 영향을 미치지 않는다고 가정했으나 경영자들의 행태는 자본구조의 영향을 받는다).

자본시장이 불완전하고 시장 참가자들이 가지고 있는 정보가 비대칭적일 경우, 주인(principal) – 예: 주주 – 이 대리인(agent) – 예: 전문경영자 – 을 감시/감독하려면 비용이 들게 마련이다. 예컨대, 쌍방의 이해를 일치시키기 위해 성과급제도나 보너스 등 각종 **유인장치(incentive schemes)**를 도입한다든지, 경영자들의 재량권을 제한하기 위해 **성실관리(또는 수임)의무(fiduciary duty)** 등, 다양한 규칙과 실무지침을 만들고 실행하는 데, 그 부담은 결국 주인이 지게 된다[43]. 특히, 주인이 대리인들의 행태를 일부만 관찰할 수 있을 경우(통제불능), 대리인이 주인의 이익대신 자신들의 이익을 추구할 가능성은 더 크고 비용 역시 더 발생한다.

주인만 비용이 발생하는 것이 아니다. 주인은 **감시비용(monitoring cost)**을 부담하지만, 대리인도 때로는 **확증비용(bonding cost)**을 부담한다. 확증비용은 주인이 직접 감시하는 비용을 대체하거나, 또는 주인의 손해를 일부나마 보상해주려는 목적으로 대리인이 자진해서 부담하는 비용이다(예: 회계법인에 의한 감사보고서). 이와 같은 비용은 주주와 경영자간에 존재하는 주인-대리인문제로 인한 **자기자본의 대리인비용**이다[44]. 그리고 이 비용은 소유와 경영이 분리된 대기업의 경우가 외부 지분이 크지 않은 창업기업이나 중소기업들에 비해 더 클 것이다.

뿐만 아니라, 일반적으로 경영자들은 성장지향적이다. 왜냐하면, 신규투자는 경영자들에게 부수입을 발생시키고 **특권적 소비(perks)**를 가능하게 하기 때문이다. 그래서, 축소경영이 가장 필요한 시점인데도 경영자들은 음(–)의 NPV사업이라도 투자하고 싶은 유혹에 빠질 수 있다. 젠센(Michael Jensen, 1986)은 경영자들에 의한 과잉투자(overinvestment)는 바로 기업이 현금흐름을 과다하게 보유하고 있을 때(과다현금흐름) – free cash flow라 부르기도 한다(2장의 잉여현금흐름이 아니다) – 더욱 심하다고 말한다. 따라서, 내부적인 과다 현금누적상태로 인한 자기자본의 대리인비용에 대한 가장 간단한 해결방안은 기업이 배당 또는 자사주 매입 등을 통해

43 그러나 경영판단의 원칙(**business judgment rule**)은 경영층의 재량권을 부분적으로 허용한다. 경영판단의 원칙이란 이해상충관계에 있거나, 정보가 불충분한 상태의 결정이거나 또는 악의적인 결정이 아니면 전문경영인의 판단에 개입하지 않는다는 미국 델라웨어 법원(Delaware Courts)의 판결을 말한다.

44 대리인비용은 대리인에 대한 유인장치의 효과가 제한적(상만 있고 벌은 없는 경우가 대부분임)이고 통제가 매우 어렵기 때문에 – 사전적으로 모든 것들에 대해 계약할 수 없음 – 감소시킬 수는 있으되 전적으로 소멸시킬 수는 없다.

과다현금흐름을 해소하는 것이다. 젠센은 그러나 감시비용이 크고 정보의 비대칭 정도가 심하며, 주인-대리인문제가 매우 심각한 상황에서는 이와 같은 방법들은 주주들을 만족시킬 수 없다고 말한다. 설사 한번은 만족시킨다 하더라도, 경영자들에게는 여전히 앞으로 발생할 과다현금흐름이 또 있지 않은가! 젠센은 과다현금흐름문제에 대한 더 좋은 해결방안은 부채를 발행하는 것이라고 말한다. 부채를 발행하면 원리금상환부담이 생기고, 이는 과다현금흐름을 해소시킬 것이다[45].

3.2.3 기업의 적시청산 장려

해리스와 라비브(Milton Harris and Artur Raviv, 1990)는 부채는 기업이 청산결정을 적시(適時)에 할 수 밖에 없도록 만든다고 말한다. 부채가 있는 상태에서 부도가 발생하면, 채권자들이 기업을 살릴 것이냐 또는 청산할 것이냐를 결정한다. 부채가 없으면, 경영자가 그 결정을 하게 되고, 그들은 회사의 청산이 채권자들에게 더 좋은 경우에도 자신들의 자리를 유지하기 위해 회사를 계속하기로 결정할 수 있다. 또한, 주주도 마찬가지다. 부채가 자산가치보다 크다(지분 = 0)는 것은 주주들이 가지고 있는 자산가치에 대한 콜 옵션이 외가격임을 말하고 외가격 콜옵션은 행사하면 얻는 것이 없지만 기다리면 내가격이 될 수도 있지 않는가?

예를 들어 보자. 어떤 기업의 부채가 50억 원이고 즉시 청산가치는 40억 원이라 하자. 기업을 지속하는 경우 자산가치가 60억 원과 10억 원이 될 가능성이 반반이라면 경영자는 물론 주주도 당연히 청산을 원하지 않을 것이다. 주주는 청산하면 빈손인데 지속하면 10억 원 또는 빈손일 확률이 반반이니까(기대값은 5억 원). 물론, 채권자는 즉시 청산이 유리하다. 지속시키는 경우 자산가치의 기대값이 35억 원인데 청산하면 확실히 40억 원은 회수할 수 있지 않은가!

3.2.4 기타 부채의 순기능

사전약정 (precommitment) : 부채는 정해진 시점 또는 기간에 원리금을 상환해야 하는 부담이 있기 때문에 일종의 자신을 구속시키는 역할을 한다. 가령, 노조와의 임금협상이나, 대량해고사태 또는 대규모 자산매각이 불가피한 구조조정을 해야 하는 기업의 경우, 부채의 규모가 문제해결에 도움을 줄 수 있다. 함장이 결사항전 의지로 전함에 불을 지르는 것에 비유되는 **기업 LBO (차입매수)** 등이 그 예다.

---

45 신규 부채발행에 따른 당기(當期)의 현금유입문제는 기존 주식을 회사채로 교환해 주는 교환오퍼(**exchange offer**)를 통해 부채를 발행하면 간단히 해결될 수 있다.

창업자의 기업소유권 유지: 사업의 성공이 창업자의 성공과 직결되어 있을 경우에만 창업은 성공할 수 있다. 잃을 것이 별로 없다면 최선을 다 하겠는가? 이는 곧 현금흐름에 대한 100퍼센트 소유권을 말하는데, 창업자들은 대개 자기자본이 부족하다. 이들이 되도록 높은 지분율을 유지할 수 있는 방법은 차입뿐이다. 1997년 외환위기 당시 우리나라 기업들의 부채비율이 높을 수 밖에 없었던 이유 가운데 하나다. 창업자뿐만 아니라 차입은 일반적으로 경영자들의 지분보유율을 증가 또는 유지시킴으로써 주인-대리인비용을 감소시킬 수 있다.

3.3 부채의 비용

3.3.1 재무적 곤경비용

M&M 가정들이 성립하지 않는 세계에서는, 기업이 파산, 또는 정확히 파산은 아니더라도 파산에 근접한 상황에 이르게 되면, 부채는 재무적 곤경으로 인한 기대비용을 크게 증가시킨다. **채무이행불능**(default)이나 **파산**(banktruptcy)은 실제로 이자지급이나 원금상환 등, 채무상환을 하지 못하거나 기타 채무약정을 이행하지 못한 경우를 말한다[46].

재무적 곤경(financial distress)이란 기업이 채무상환에 어려움이 있는 상황을 말한다. 부채가 전혀 없다면 기업이 재무적 곤경에 처할 이유가 없으므로 재무적 곤경은 부채비율의 함수다. **재무적 곤경으로 인한 기대비용**(expected costs of financial distress)은 파산이나 파산이전 경영상의 어려움(재무적 곤경)으로 인한 비용의 기대치를 말하며 재무적 곤경이 발생할 확률과 재무적 곤경으로 인한 실제 비용을 곱한 것이다. 이 비용의 크기는 기업과 기업이 속한 산업의 성격에 따라 달라진다. 예컨대, 기술집약형 기업은 파산시 회수 자산가치가 작으므로 실제 비용이 크고, 반대로 유형자산 비율이 큰 기업은 실제 파산비용이 작다.

한 가지 유의할 점은 재무적 곤경으로 인한 비용과 **경제적 곤경**(economic distress)으로 인한 비용을 구별해야 한다는 것이다. 전자는 차입으로 인해 초래된 비용(현금흐름이나 기업가치의 감소)이고 후자는 차입과 관계없이 발생한 비용(예: 신제품 실패)을 말한다. 또한 재무적 곤경으로 인한 비용을 산출하는데 원인과 결과를 혼동해서도 안 된다. 재무적 곤경으로 인한 비용은 오로지 재무적 곤경이 아니었다면 발생하지 않았을 비용만 포함시켜야 한다. 예컨대, 재무적 곤경에 처한 기업들은 대개 매출액이 감소하고 경영실적이 신통치 않은데, 이 경우 재무적

46 일반적으로 채무불이행 또는 채무이행불능과 파산은 법률적 의미를 가지며, 채권자는 기업 자산에 대한 일정 권리를 보유하게 되거나 소유권을 갖게 된다.

곤경은 원인이라기 보다는 결과인 것이 일반적이다.

재무적 곤경으로 인한 실제 비용: 파산한 회사의 경영자들이나 주주들은 이구동성으로 재무적 곤경으로 인한 실제 비용은 파산이라고 말할 것이다. 회사의 파산으로 직장을 잃게 되었거나 가지고 있던 주식이 휴지조각이 되었으니 어쩌면 당연하다. 그러나 '회사의 파산'이 회사의 재무적 곤경으로 인한 실제 비용은 아니다. 문제는 **재무적 곤경**(단순히 현금흐름이 채무이행에 충분치 못한 상황 또는 원리금상환이 어려운 상황)이 개인이 아닌 법인체로서의 기업 자체에게 어떤 손실을 초래하느냐이다. 즉, 재무적 곤경으로 인한 비용은 기업의 파산, 또는 파산 직전에 발생하게 되는 비정상적인 경영으로 인한 기업가치나 기대현금흐름의 감소를 말한다.

자본시장이 완전하고 현금흐름에 대한 청구권자들 사이의 협상이 자유롭고 재무적 곤경을 관리하는데 비용이 들지 않는다면 재무적 곤경은 투자자(채권자와 주주)에게 이미 발생한 기업가치 하락(차입으로 인한 것이 아닐 수도 있다) 이상으로 추가적인 손실을 초래하지 않는다(또 하나의 무관련성 명제다!). 가령, 어떤 이유로든 자산가치가 채권가치보다 작으면 경우에 따라 채권자에게 회사의 소유권이 넘어갈 수는 있지만, 회사의 자산 자체가 아주 "없어져 버리는 것"은 아니다. 청산의 경우, M&M 세계에서는 기계설비나 토지 등, 파산한 회사의 자산들은 시장에서 공정한 가격에 매각될 것이고(정보의 대칭성과 자본시장에 대한 동일한 접근성), 매각대금은 회사의 투자자들에게 우선순위에 따라 어떤 비용도 추가적으로 발생시키지 않고 전액 그대로 배분될 것이다(자유로운 협상 등, 거래비용이 없음). 부채는 파산 가능성은 분명히 증가시키지만 파산 자체가 부채의 실제 비용이 될 순 없다[47]. 이와 같이, M&M 세계에서 재무적 곤경은 현금흐름에 영향을 미치지 않으므로 기업가치에도 아무런 영향을 미치지 않는다.

그러나, M&M 가정들이 성립하지 않으면 재무적 곤경은 기업 자체에게 실제로 비용을 발생시키고 기업가치에 영향을 미친다. 재무구조 조정에는 비용도 들고 모두에게 이익이 되는 채권자들간의 협상을 방해하는 여러 요인들이 현실적으로 존재한다. 기업이 부담하는 비용은 분명하게 눈에 보이는 각종 거래비용(직접비용) – 예컨대 재무적 곤경에 수반된 각종 행정/관리비용(administrative costs) – 으로부터 쉽게 보이지 않는 기회비용(간접비용)에 이르기까지 매우 다양하다. 파산법(bankruptcy laws)은 이 같은 비용을 최소화하는데 그 목적이 있다. 직접비용은 대개 대기업의 경우는 기업가치의 2 - 5%, 중소기업의 경우는 20 - 25%이지만 여기에 파산 확률을 곱한 기대비용은 그렇게 크지 않다.

재무적 곤경으로 인한 비용가운데 가장 큰 것은 공식적인 파산절차를 밟으면서 발생하게

47 완전자본시장에서는 재무적 곤경 자체가 기업가치에 영향을 미치지 않는다. 왜냐하면 완전자본시장에서 재무적 곤경은 투자결정에 영향을 미치지 않으므로 결국 현금흐름에 영향을 미치지 않기 때문이다.

되는 재판 및 각종 법률관련 비용이다. 회사의 파산에 대해서 이해관계자들 가운데 아무런 법률적 이견(異見)이나 분쟁이 없는 경우라 하더라도 파산에 따른 자산배분은 결코 비용발생 없이는 불가능하다. 이 비용은 파산의 당사자인 '회사라 불리는 법적 주체'가 부담할 수 밖에 없다. 그러므로, 설사 회사 자산을 공정한 시장가격으로 청산할 수 있다 하더라도, 채권자들은 매각대금 전액이 아니라 파산에 따른 상당한 비용을 모두 차감한 금액만 회수할 수 있다는 말이다. 그러나 이 비용은 파산 직전 기업가치의 5% 미만으로 그렇게 크진 않다[48].

뿐만 아니라, 관재인 (custodian)이 파산한 기업을 공정한 시장가격에 청산할 수 있다는 가정 역시 의심의 여지가 많은 가정이다. 특히, 관재인이 기업 매각을 서둘러야 하거나 (fire sale), 또는 시장이 거의 공황(panic)상태에 있는 상황에서 자산을 처분해야 할 경우, 채권자들이 파산 기업의 자산에 대해 공정한 가격에 가까운 금액을 회수할 것으로 기대하는 것은 무리한 가정이다 (2008년 신용위기를 보라). 특히, 기업자산 가운데 특허권이나 브랜드 네임 등 무형 자산과 성장기회 같은 실물옵션의 비중이 큰 경우, 그 정도는 더욱 심할 것이다.

또, 기업에 따라서는 회사가 실제로 파산해서 문을 닫기 '이전'에 발생하는 재무적 곤경으로 인한 비용이 더 클 수도 있다. 예컨대, 파산 전에 유동성 문제가 매우 심각한 경우 회사는 현금확보를 위해 필사적인 노력을 기울여야 하고, 따라서 자산을 헐값에라도 처분해야 할 것이다. 또한, 오래 동안 재정적으로 어려운 상태에 있었던 회사는 시장의 "인식문제 (perception problem)"의 심각성도 해결해야 한다. 회사의 재정형편이 좋지 않다는 단순한 인식은 분명 회사의 명성이나 평판, 회사의 시장가치, 그밖에 종업원이나 협력업체 등과의 장기적인 계약관계 등에 나쁜 영향을 미칠 것이다 (예컨대, 항공회사의 마일리지 프로그램 같은 경우를 생각해 보라).

그러나 재무적 곤경으로 인한 실제 비용 가운데 가장 큰 것은 아마도 회사 최고경영층의 '집중력 이완 (distraction)' 현상일 것이다. 회사가 재정적으로 어려워지면 경영자들은 경영방식을 위기관리형으로 전환시킬 수 밖에 없고, 극단적인 경우 그들은 회사의 생존문제에만 매달리게 될 것이다. 설사 경영자들이 큰 피해 없이 재난을 극복하고 기업을 존속시킬 수 있었다 하더라도, 기업이 유동성 위기를 겪고 있는 동안 과연 얼마나 많은 수익성 좋은 (NPV > 0) 사업을 포기했는지 그 누가 알 수 있겠는가? 한 마디로 말해서, 재무적 곤경으로 인한 가장 큰 비용은 기업이 존재이유를 달성하기 위해 경영자들이 본디 해야 할 일을 못하게 만드는 것이다.

부채와 파산 가능성: 차입은 기업이 재무적 곤경에 처할 확률을 증가시킨다. 이는 다시 재무적 곤경으로 인한 기대비용을 증가시키고, 부채비율이 회사가 감당할 수 있는 일정한 선(線)을 넘으면 신규부채 발행비용을 크게 증가시키게 된다. 기업의 자기자본 가치는 행사가격이 부채잔

---

48 Warner (1977)와 Weiss (1990)

액인 자산에 대한 콜옵션의 가치다. 그런데, 콜옵션이 만기에 외가격(out-of-the-money)으로 행사되지 않을 가능성은 행사가격이 증가할수록 커진다. 따라서, 자산가치가 일정할 때, 주주들이 한 푼도 못 받는 상황(회사의 파산)이 발생할 가능성은 부채잔액의 크기와 같은 방향으로 움직인다. 그러므로, 재무적 곤경으로 인한 기대비용은 부채잔액이 증가하면 같이 증가하고, 이는 곧 다른 사정이 동일하면, 장부상 차입비율이 상승할수록 기업가치가 하락함을 의미한다[49].

3.3.2 부채의 대리인비용

기업이 소요자본을 전액 자기자본으로 조달한 경우, 기업에게 문제되는 유일한 대리인비용은 자기자본 대리인비용으로서 이는 주인인 주주와 대리인인 경영자 사이에 이해가 일치하지 않는 데서 발생한다. 앞에서 본 잉여현금흐름으로 인한 대리인비용이 한 예다. 그러나, 기업이 부채를 사용하는 순간 또 다른 유형의 대리인비용이 발생한다. 투자의 잠재적 이익이 주주에게는 매우 크지만 채권자에게는 유한한 반면, 투자의 실패에 따른 비용은 주주에게는 유한하지만 채권자에게는 매우 크기 때문에 채권자와 주주간에 이해상충이 발생할 수 있다. 특히, 회사가 재무적 곤경상태에 근접할수록, 채권회수에 대한 우선순위가 다른 여러 계층의 부채가 존재할수록, 문제는 한층 더 심각하고 복잡해 진다. 몇 가지 예를 보자.

과소투자(underinvestment): 기업이 **과잉부채(debt overhang)**를 가지고 있을 때[50], 기존 주주들은 설사 NPV가 영보다 큰 사업이라 하더라도 "모두" 다 투자하기를 원하지 않을 수도 있다. 부채가 과다한 경우, 투자로 인한 이익은 주로 채권자들에게 돌아가고, 주주들은 대부분의 위험과 투자비용만 부담하게 될 가능성이 크기 때문이다. 2007−2008년 신용위기 때, 미국 금융기관들이 증자를 거부한 가장 중요한 이유다.

어떤 회사의 기존실물투자자산의 기대수익이 [표 3.2]의 (1)행과 같다 하자. 무위험 수익률은 제로이고 (사업의 현재가치 = 기대현금흐름), 1년 후 이 회사는 사업을 청산한다. 또, 부채가 50억 원이고 투자자들이 위험중립적이라 기대수익을 극대화시키려 한다. 표에서 주주현금흐름은 총현금흐름에서 부채에 대한 원리금을 상환한 후 남는 현금흐름이다. 현재, 이 회사의 시장가치는 0.5 × 100 + 0.5 × 20 = 60억 원, 자기자본의 시장가치는 0.5 × 50 + 0.5 × 0 = 25억 원, 부채의 시장가치는 0.5 × 50 + 0.5 × 20 = 35억 원이다.

만약, 이 회사가 투자비가 10억 원, 현금흐름이 15억 원 (NPV = 5억 원 > 0)인 무위험 사업에

49 현금흐름이나 자산가치의 변동성이 커도 재무적 곤경에 처하게 될 확률이 커질 것이다.

50 마이어즈(Myers, 1977). 과잉부채(debt overhang)란 과다부채에 따른 주주의 차입기피 또는 차입불능 상태로 인해 기업이 NPV > 0인 사업을 포기하는 것을 가리킨다.

신규로 투자할 수 있다고 하자. 투자가 이루어진 후 이 회사의 기업가치는 75억 원, 자기 자본의 시장가치는 32.5억 원으로 종전보다 7.5억 원, 부채의 시장가치는 42.5억 원으로 종전보다 7.5억 원이 증가한다. 주주들은 이 사업에 투자하겠는가? 현명한 주주들이라면 투자하지 않을 것이다. 10억 원 투자해서 7.5억 원 회수하는 사업에 투자하겠는가? 주주들의 입장에서 NPV $= -10 + [(1/2) \times 15 + (1/2) \times 0] = -2.5$억 원이다. 주주들은 투자비용을 전액 부담하면서 수익은 일부(호황인 경우만)만 얻고 채권자들은 투자비부담 없이 수익의 일부(불황인 경우)를 얻게 된다.

[표 3.2] 과잉부채와 과소투자

	기존 실물투자자산			신규투자 후(後)		
	호황(P = .5)	불황	기대값	호황(P = .5)	불황	기대값
(1) 총현금흐름(억원)	100	20	60	115	35	75
(2) 주주현금흐름	50	0	25	65	0	32.5
(2) 채권자현금흐름	50	20	35	50	35	42.5

그렇다면 대안은 없는가? 굳이 채권을 발행하지 않고 신주를 발행하면 어떤가? 신주발행의 경우 매입자들이 최소한 손해 보면 안되니 신주 매입자들 몫(예: 배당)을 D라 하면 $-10 + (1/2) \times D + (1/2) \times 0 = 0$이 성립해야 한다. 따라서 구 주주들의 NPV는 역시 종전과 같은 -2.5억 원[$= (1/2) \times (15 - D) + (1/2) \times 0$]이 되어 구 주주들은 신주발행을 반대하게 될 것이다(후순위 채권을 발행하는 경우 역시 같은 결과를 초래한다).

선순위 채권 발행은 어떤가? 선순위 채권 매입자들 몫(예: 배당)을 D'이라 하면 $-10 + (1/2) \times D' + (1/2) \times D' = 0$, 즉 $D' = 10$이 성립해야 하므로 구 주주들의 NPV $= (1/2) \times (15 - D') + (1/2) \times 0] = 2.5 > 0$이 되어 선순위 채권발행을 찬성할 것이다. 기존 채권자들 역시 찬성할 것인가? 호황에는 종전과 같은 50억 원을 받을 수 있고 불황에는 $35 - 10 = 25$억 원을 받지만 신규투자를 하지 않았을 경우보다 5억 원을 더 받게 되어 부채의 시장가치가 2.5억 원 증가되니 불만이 없을 것이다.

자산대체 (asset substitution): 자기자본은 행사가격 = 부채잔액, 만기 = 부채의 만기, 기초자산 = 기업의 순자산인 유럽형 콜옵션 매입(또는 자산 + 풋옵션 매입)이고, 부채는 자산 + 자산에 대한 콜옵션 매도(또는 무위험 대출 + 유럽형 풋옵션 매도)이다. 주주들은 자산에 대한 콜옵션을 보유하고 있으니, 이는 곧 기업의 자산과 자산이 창출하는 현금흐름의 변동성을 보유하는 것이 된다. 그러므로, 주주들은 기업이 재정적으로 취약해 지면 변동성이 큰 투자사업을 선호하게 된다. 특히, 기업이 파산상태에 가까워지면, 주주들은 한방의 '대박'을 터트릴 고위험 투자를 찾기 시작할 수도 있다. 물론, 변동성은 대칭적이므로 변동성이 크면 대박의 가능성도 커지지만 '쪽박'의 가능성도 동시에 커진다. 그러나, 주주들은 투자한 것만큼만 손해 보는 유한책임(limited liability) 투자자이므로 고위험 투자는 거의 파산지경에 있는 기업의 주주들에게는 '잃을 것은 없고 얻을 것만 있는 투자'가 된다.

기업의 채권자들은 무위험채권과 풋 매도포지션을 가지고 있다고 볼 수 있다. 그러나, 주주들과 달리, 풋을 발행한 채권자들은 변동성을 매도한 셈이다. 그러므로, 다른 사정이 동일하면, 이들 채권자들은 변동성이 작은 투자사업을 선호할 것이다. 채권자들은 아무리 회사의 사업이 크게 성공해도 약속된 금액 이상 받지 못한다. 그렇지만, 변동성이 크면 채권자들은 사업성공에 대한 추가 보상을 받지도 못하면서 채권의 일부 또는 전부를 회수하지 못할 위험성만 커진다. 그리고 이러한 주주와 채권자들 사이에 존재하는 이해의 불일치는 회사가 재정적으로 파산상태에 가까워질수록 더 심하게 될 것이다. 뿐만 아니라, 이와 같은 주주들에 의한 **위험이전(risk shifting)** 또는 자산대체는 주주들이 자신들의 이익을 위해 채권자의 이익을 희생시킬 뿐만 아니라, 이로 인해 과잉투자를 초래할 가능성 또한 크다는데도 문제가 있다.

[표 3.3] 자산대체와 위험이전

	투자 A			투자 B		
	호황(P = .5)	불황	기대값	호황(P = .5)	불황	기대값
(1) 총현금흐름(억원)	11	9	10	16	2	9
(2) 주주현금흐름	4	2	3	9	0	4.5
(2) 채권자현금흐름	7	7	7	7	2	4.5

부채가 7억 원인 어떤 회사가 두 개의 투자사업 중 하나를 결정한다고 하자. 회사는 두 사업 중 사업 B가 A보다 더 위험하다는 것을 알고 있다. 투자사업의 수명이 1년이고 비용은 9억 원으로 같으며, 무위험 수익률은 제로라 하자(사업의 현재가치 = 기대현금흐름). 투자사업들의 기말현금흐름이 [표 3.3]의 (1)행과 같고, 투자자들이 위험중립적이라 기대수익률을 극대화시키려 한다고 하자.

회사가 투자사업 A를 선택하면 이 회사의 채권자들은 위험이 전혀 없다. 왜냐하면, 그들은 호, 불황에 관계없이 채권(7억원)을 회수할 수 있기 때문이다. 투자사업 B의 경우, 주주 몫의 현금흐름이 불황인 경우, −5억(= 2−7)원이 아니라 0인 것에 주목하라(주주는 유한책임이므로 한 푼도 받지 못하는 것 이상으로 손해 볼 수 없다). 만약, 이 회사가 부채가 전혀 없는 무부채

기업이었다면 이 회사는 투자 A를 선택했을 것이다. 왜냐하면, 투자사업 A의 NPV는 1억 (= 10 − 9)원이고, 투자 B의 NPV는 0 (= 9 − 9)원이기 때문이다. 그러나 부채를 많이 (7억원) 사용하고 있는 기업에게는 NPV는 작지만 대박의 가능성이 있는 사업 (잃는 것은 거의 없고 얻는 것은 크다)인 B를 택하는 것이 오히려 기대수익이 크다.

그 밖에도 부채의 과다보유로 인한 문제는 과다 배당, 자산 유출, 자산매각/자사주 매입, 구조조정이나 파산신청/청산의 지연 등, 헤아릴 수 없이 많다. 기업은 물론 이러한 위험을 채권에 대한 각종 보호조항 (bond covenants)을 추가하거나, 단기차입, 풋옵션부 전환채권이나 혼합증권의 발행, '감시의 위임', 경영자 보상제도 등을 통해서 상당 부분 해결할 수 있으나 그에 따른 비용은 피할 수 없고, 이 비용은 결국 기업의 주인인 주주들이 부담하게 된다.

3.4 최적자본구조

앞서 말한 바와 같이, 최적자본구조에 관한 절충이론에서는 기업의 최적자본구조는 부채 1원을 추가했을 때 발생하는 이익과 비용을 일치시키는 차입비율이다. 즉, 무차입 기업의 시장가치를 V^E_t, B_t와 C_t를 각각 부채로 인한 이익 (benefits)과 비용 (cost)의 현재가치라 하자. B_t와 C_t는 모두 기업의 차입비율의 함수다. t시점에서의 기업가치

$$V_t = V^E_t + B_t - C_t \tag{3.7}$$

$L_t = D_t/V_t$를 t시점에서의 기업의 시장가치로 평가한 차입비율로 정의하자. 기업가치는 식 (3.7)의 1차 조건을 충족시키는 L_t,인 L^*_t에서 극대화 된다. 즉,

$$dV_t/dL_t = 0 \Rightarrow dB_t/dL_t = dC_t/dL_t$$

차입비율이 L^*_t를 지나서 부채를 1원 더 증가시키면 비용이 이익을 초과해서 기업가치가 감소된다. 반대로 차입비율이 L^*_t 보다 더 낮을 때에는 부채 1원 증가에 따른 이익이 비용을 초과하므로 부채를 증가시키면 기업가치가 증가한다. <그림 3.1>은 절충이론에서의 최적차입비율을 보이고 있다. <그림 3.1>에서 수평선 V^E_t는 무차입 기업의 가치를 가리킨다. 맨 위의 점선 $V^E_t + B_t$는 무차입 기업가치에 차입에 따른 이익의 현재가치를 더 한 것이다. 중간의 $V^E_t + B_t - C_t$는 무차입 기업가치에다 차입 순이익의 현재가치를 더한 차입 기업의 가치다.

차입비율이 낮을 때는 부채의 비용이 크지 않다. 실제로 차입비율이 상당한 수준에 이를

때까지 재무적 곤경비용이나 대리인비용은 크게 증가하지 않다가 차입비율이 일정 수준을 초과하는 순간부터 급격히 증가한다. 한편 부채의 이익, 특히 절세효과는 차입비율이 낮을 때도 급속히 증가한다. 그림에서는 차입비율이 L^*_t를 초과하면 부채의 비용이 이익을 초과하게 되어 부채의 순이익은 감소하기 시작한다.

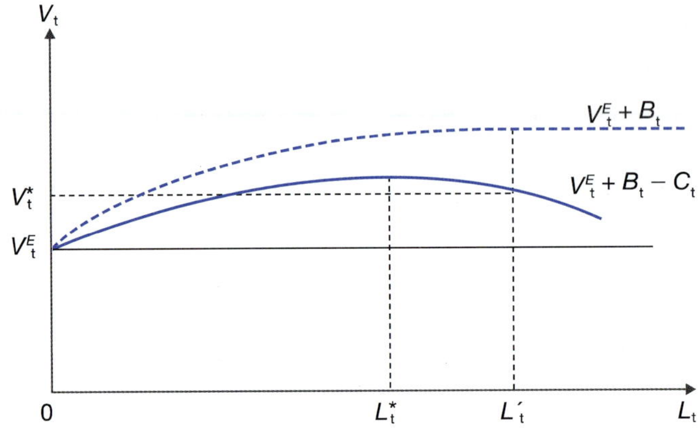

〈그림 3.1〉 절충이론에서의 최적차입비율

최적차입비율 L^*_t를 L'_t와 비교해 보라. L'_t에서 차입의 이익은 극대화된다. 그러므로 차입에 따른 비용이 크게 문제되지 않는 기업의 최적차입비율은 L^*_t가 아니라 L'_t다. 즉, 최적차입비율은 차입의 이익과 비용 함수에 의존하고 이는 기업에 따라 다 다를 것이다.

그림에서 특히 첨자 t에 유의할 필요가 있다. B_t, C_t, 그리고 L_t가 모두 시장가격으로 평가한 것이므로 기업이 아무런 행동을 취하지 않았을 때에도 L_t는 변할 수 있다. 예컨대, 정유회사의 경우, 휘발유 가격이 예상 밖으로 상승했을 때 계산한 L_t와 하락했을 때 계산한 L_t 가 각각 다를 것이다. 따라서, 기업은 L^*_t로 가기 위해 요구되는 행동을 끊임없이 취해야 할 것이다. 이는 결코 간단한 일이 아니다. 과연 그럴만한 가치가 있는 일인가? 최적차입비율을 유지하는데 따르는 이익은 그림에서 $V^*_t - V^E_t$이다 (L^*_t에서 보라). 만약 이 차이가 차입비율을 조정하는데 드는 비용을 초과하지 않으면 굳이 최적차입비율을 유지하려고 노력할 필요가 없다 (Culp 2006).

3.4.1 최적자본구조와 실물자산의 시장가치

1장에서 우리는 기업가치는 금융자본 혹은 기업이 발행한 유가증권 잔액의 시장가치 총액과 같고, 이는 다시 기업이 보유한 실물자산의 시장가치 총액과 같음을 보았다. 이들 3자가 같다는 말은 하나의 명제를 다른 말로 표현했을 뿐, 항상 성립하는 명제다. 그러므로, 특정 자본구조, 즉 유가증권의 혼합비율이 기업가치를 극대화한다는 말은 그 비율이 실물자산의 시장가치를 극대화한다는 말과 같다.

말할 것도 없이, 기업의 자본구조가 실제로 기업의 실물자산을 변형시킬 수는 없다. 기업이 보유한 공장, 기계 및 설비들이 차입비율이 변한다고 무슨 돌연변이라도 일으킨단 말인가! 시간당 10개를 생산하던 기계가 자본구조가 변했다고 갑자기 20개를 생산할 수 있는가? 그럼에도 불구하고, 장부상은 당연하지만 경제학적으로도 기업 재무상태표의 양변이 같아지게 되는 이유는 차입의 이익과 비용이 실물자산의 가치에도 영향을 주기 때문이다.

기업 차입비율이 실물자산의 시장가치를 증가시킬 수 있는 길은 세 가지뿐이다. 첫째, 현금유입 또는 수입증가나 현금유출 또는 비용지출의 감소를 통한 현재 및 미래현금흐름의 증가, 둘 째, 성장기회의 현재가치의 증가, 마지막으로, 자본비용의 하락 중, 어느 하나만 발생해도 재무상태표의 왼쪽, 즉 실물자산 가치는 증가한다 (2장을 참조하라).

3.4.2 자본구조의 선택

지금까지의 논의를 정리해 보면 기업이 실제 자본구조를 선택할 때, 차입에 대한 절세효과, 경영자에 대한 규율효과, 재무적 곤경으로 인한 기대비용, 대리인비용, 재무적 유연성의 필요성 등을 고려해야 한다. 몇 가지 예를 통해 정리해 보면,

(i) 소규모 바이오테크 회사 : 규모가 작고, 무형자산 비율이 높으며 사업의 위험도 또한 높다. 전형적으로 벤처자본으로 소요자본을 조달하고, 벤처자본가에게 자본조달 – 주로 전환사채와 같은 혼합증권 형태 – 과 감시, 감독기능을 의존한다.

(ii) 전력회사 : 규모가 크고 안정적인 현금흐름을 가지고 있으므로 높은 부채비율 유지가 가능하다. 높은 부채비율은 잉여현금흐름으로 인한 대리인비용에 대한 투자자들의 우려를 감소시킬 수 있고 빈번한 소송으로 인한 부의 이전 위험을 방지할 수 있다.

(iii) 소규모 투자은행 : 인적 자본, 평판, 고객관계 등 무형자산의 비중과 재무적 곤경으로 인한 기대비용이 크므로 낮은 차입비율을 유지한다.

(iv) 방위산업체 : 정부의 지원이 크므로 높은 부채비율의 유지가 가능하다.

(v) 광산회사 : 성장기회가 많지 않고, 유형자산의 비중이 크므로 비교적 높은 부채비율이 가능하다.

제 4 장

정보의 비대칭성과 기업의 자본조달 전략

앞 장에서는 부채 사용에 따른 이익과 재무적 곤경으로 인한 비용의 상충관계에서 최적자본구조를 찾았다. 처음에 사람들은 M&M이 제기한 부채의 법인세 절세효과(이익)와 상식적으로 생각할 수 있는 파산비용(비용)의 '상충관계'에서 기업가치를 극대화시키는 최적부채비율을 찾으려 했다. 그러나 현실적으로 파산의 직접비용이 법인세 절세효과에 비해 그렇게 큰 것이 아니라는 것이 알려지면서 법인세 이외의 이자, 자본이득, 배당 등에 대한 개인소득세까지 모두 포함시켜 부채의 절세효과를 줄여보았지만 결과는 역시 부채를 사용하는 것이 더 유리할 수 밖에 없었다. 그럼에도 불구하고 기업들이 99.99% 부채를 사용하지 않는 현실을 과연 어떻게 설명할 것인가?

마지막으로 시도해 본 것이 파산 또는 파산은 아니더라도 파산에 근접한 상황에서 발생하는 비용, 즉 재무적 곤경으로 인한 비용을 고려해 보는 것이었다. 이는 M&M 가정들 가운데 정보의 비대칭성이 존재하지 않는다는 가정이 비현실적이라는 데 착안한 것이었다. 현실적으로 자본시장 참여자들의 정보는 비대칭적이며(뒤에 정확하게 정의한다), 이에 따른 각종 비용을 감안하면 부채의 비용은 단순한 파산비용으로만 볼 수 없다는 것이다.

분명히 많이 진전된 설명이긴 하지만 여기에는 크게 두 가지 문제가 있다. 첫째는 비대칭적 정보에 따르는 문제는 비단 대리인의 행동을 관찰할 수 없는 데서 오는 문제도 있지만 (대리인 이론 또는 도덕적 해이 문제), 서로의 특성 (characteristics)을 볼 수 없는 데서 오는 문제도 있다. 예컨대, 문제가 있는 회사인지 아닌지 내부자는 알겠지만 투자자들은 쉽게 알 수 없다. 내부자가 적극적으로 알려주는 경우도 있지만(신호이론) 알려주지 않으면 정황상 짐작할 수 밖에 없고, 불완전한 판단에 근거해서 행동할 수 밖에 없다(역선택이론). 간단한 문제가 아니다.

둘째는 절충이론이 정태적 분석을 통해서 최적자본구조를 찾는 것은 마치 기업의 이윤극대화 생산량을 찾는 것과 같은 전형적인 경제학적 접근이었다(최적생산량 결정의 일차조건을 상기하라). 경제학적 접근이 틀린 것이라는 말이 아니라, 절충이론은 기업간 또는 산업간 차입비율의 다양성은 설명하지만 차입비율의 동태적인 움직임에 대해서는 말이 없는 정태적 이론이라는 말이다[51]. 절충이론은 기업이 세금과 주인-대리인 사이의 이해상충(conflict of interests) 문제를 고려하여 결정된 최적차입비율을 어떻게 달성하느냐, 즉 기업의 실제 자본조달행태에 대해서는 말이 없다.

이 장에서는 실제 자본조달 행태와 그 누적적 결과로 인한 기업의 자본구조를 설명하는 동태적(dynamic) 자본구조이론을 비대칭적 정보로 인한 역선택(순서이론)과 초기 형태의 신호이론을 중심으로 기술한다. 먼저, 비대칭적 정보와 역선택문제의 본질을 이해하고 이를 바탕으로 제기된 자본조달의 순서이론을 소개한 다음, 순서이론에 대한 대안을 제시한다. 마지막으로 초기형태의 신호이론을 기술한다.

---

51 잉여현금으로 인한 대리인비용의 경감은 제외.

4.1 비대칭적 정보와 역선택

4.1.1 정보의 비대칭성: 정의

대칭적 정보 또는 **정보의 대칭성**이란 무엇인가? Fama교수는 정보의 대칭성을 "모든 시장 참가자들(투자자와 기업)이 사용 가능한 모든 정보는 비용 없이 사용할 수 있을 뿐만 아니라, 그 정보가 기업의 미래와 기업이 발행한 유가증권에 미치는 영향을 정확하게 평가할 수 있다[52]." 라고 정의하고 있다. 그러므로, **비대칭적 정보**(asymmetric information)는 모든 사람이 동시에 동일한 정보를 비용 없이 사용할 수 없거나, 또는 설사 사용할 수 있다 하더라도 새로운 정보가 유가증권의 가격에 미치는 영향에 관해 모든 사람들이 동의하고 있지는 않고 있음을 의미한다. 정보의 비대칭성으로 말미암아 세 가지 현상이 나타날 수 있다.

첫째는 **도덕적 해이**(moral hazard)이다. 이것은 사후에 계약의 일방이 계약대로 행동하지 않는 문제로서 일방의 행동(action)을 상대방이 알 수 없을 때 발생한다. 다음, **역선택**(adverse selection)은 상대방이 알고 있는 특성(characteristics)을 잘 모를 때, 선택하고 싶지 않은, 즉 나에게 불리한(adverse) 대상을 선택하는 문제를 의미한다. 마지막으로 **신호 보내기**(signaling)는 역선택 문제가 정보를 감추는 데서 발생하는 것과는 반대로 비용을 부담하면서 자발적으로 정보를 알리는 것을 가리킨다.

4.1.2 역선택 비용과 자본조달 방법의 선택

Fama와 French는 차입의 이익과 비용 이외에도 역선택 비용이 기업의 자본구조 결정에 중요한 역할을 한다고 말한다(Fama and French, 2002, 2004). 투자자들은 설사 비용을 들여도, 기업의 투자효과와 재정상태를 정확하게 알 수 없는 경우가 일반적인데. 이 경우, 투자자들은 흔히 '최악의 상태'를 가정한다. 그 결과, 투자자들은 가치가 과대평가 된 경우에만 기업이 회사채나 주식을 발행한다고 생각해서 기업이 발행하는 유가증권의 가격에 대해 할인을 요구한다. 이 때, 기업들이 취할 수 있는 자본조달 방법은 무엇인가? 몇 가지 가능성을 생각해 볼 수 있다.

우선, 가격을 할인해서까지 유가증권을 발행하는 것은 가급적 피해야 하겠지만, 꼭 그렇게 할 수 밖에 없다면 '일정 순서'를 따를 것이다(뒤에 설명한다). 또는, 해당 투자사업이나 기업에 대해 상대적으로 많은 정보를 가지고 있는 투자자들에게 증권을 발행/매각한다. 마지막으로,

52 Fama(1978), p.273.

다소 비용을 들여서라도 자본조달이나 자본구조 결정을 통해 투자의 수익성이나 기업의 "진정한" 재정 상태를 투자자들에게 알림(signal)으로써, 증권 발행에 따르는 역선택 비용을 경감시키려 할 것이다.

4.1.3 역선택과 중고차 시장

역선택 문제의 본질은 무엇인가? 상품을 사는 사람은 상품의 실제 가치를 모르는데, 파는 사람은 알고 있지만 자기만 알고 있으려고 하면, 역선택문제가 발생할 수 있다. 실제 가치를 모르는 상황에서 사는 사람은 합리적이라면 상품의 평균 혹은 기대가치(expected value)를 반영하는 가격을 제시하려 할 것이다. 한편, 파는 사람은 자기가 파는 상품의 실제 가치를 알고 있으므로, 품질이 좋은 상품을 파는 사람은 제시된 (평균)가격이 너무 낮게 생각될 것이다. 당연히 그는 거래에 응하지 않을 것이다. 그러나, 품질이 나쁜 상품을 파는 사람은 사는 사람이 처음 제시한 평균가격에 당연히 팔려고 할 것이다.

사는 사람은 바보가 아니다. 사는 사람 역시 그 가격에 시장에 나오는 상품은 모두 질이 낮은 것뿐이라고 알고 있으므로, 실제 상품의 질에 해당하는(제시된 가격보다 더 낮은) 가격만을 지불하려 할 것이다. 이런 과정이 계속되면 결국 시장에서는 질이 낮은 상품들만 거래될 것이고, 소비자는 자신이 원하지 않는 것만 선택 할 수밖에 없게 될 수도 있을 것이다. 이를 역선택, 또는 중고차판매 문제에 비유해서 **레몬 문제(lemons problem)**라 부른다. 역선택은 원래 중고차 시장에서 1년밖에 안된 신형(新型)차 가격이 20%이상이나 폭락하는 현상(판매대리점을 떠나는 순간 15%가 하락한다!)을 설명하는 아컬로프 (Akerlof, 1970)의 논문에서 제시된 이론으로 기본 아이디어는 다음과 같은 예를 통해서 쉽게 이해될 수 있다[53].

역선택과 **레몬원칙(lemons principle)**의 고전적인 예가 중고차시장이다. 중고차 시장에 '아주 좋은' 차(최선), '그저 그런' 차(보통), 그리고 흔히 "레몬"이라 불리는 '아주 나쁜' 차(최악)의 세 유형만 존재한다고 가정하자. 세 유형의 차에 대해 사는 사람과 파는 사람이 부여하는 가치는 [표 4.1]과 같다고 하자. 편의상 주관적 가치를 금액으로 표시했지만 경제학에서 흔히 사용하는 '효용(utilities)'으로 생각해도 무방하다. 중고차 시장에서 이들 차의 비율은 1/3씩이며, 차의 실제 유형은 파는 사람만 알고 있고 그들은 당연히 그 정보를 사는 사람들에게 알리려 하지 않는다고 가정하자. 또, 사는 사람은 실제 사용해 보기 전까지는 중고차의 유형을 알 수 없고, 중고차 시장의 중고차 유형별 비율만 알고 있다고 가정하자.

53 노벨 경제학상 수상 논문인 "The Market for Lemons (Akerlof, 1970)" ― 겉은 멀쩡하지만 속은 다 썩은 똥차를 레몬이라 부르니 똥차시장이라 번역하면 어떨지 ―를 조금 변형시킨 모형이다.

만약, 실제 중고차 유형에 대한 정보를 차를 파는 사람이나 사는 사람 모두가 정확히 알 수 있다면 모든 유형의 중고차들이 시장에서 거래될 것이다. 예컨대, 최악의 품질인 똥차의 경우, 파는 사람은 그냥 공짜로 치워주기만 하면 된다고 생각하는데 사는 사람은 2백만 원까지 지불할 용의가 있는 경우, 잘하면 거저 버리는 일은 피할 수 있을 것이다. 설사 쌍방이 정확히 모른다 해도 똑같이 모른다면 기대치(또는 평균값)만 지불하면 그뿐이다.

그러나, 정보가 비대칭적인 상황에서는 차를 사는 사람이 중고차의 유형별 비율만 알고 있으므로, 차를 사는 사람은 평균가치만 지불하려 할 것이다(최악의 경우를 상정하지 않는 것만도 다행이다!). 따라서, 그가 제시하는 처음 가격 E(p) = (1/3) × 10 + (1/3) × 6 + (1/3) × 2 = 6백만 원이다. 그러나, 이 가격으로는 최고 품질의 중고차는 시장에 나오지 않을 것이다. 이 가격에 팔면, 즉시 100만 원의 손해를 보기 때문이다. 반면, '그저 그런' 품질이거나 레몬을 파는 사람은 다투어 6백만 원에 팔려고 할 것이다.

[표 4.1] 중고차의 유형별 가격

단위: 백만 원

중고차 품질	매도자 가치	매입자 가치
최고	7	10
보통	5	6
최악	0	2

그런데, 사는 사람은 비록 차의 유형을 구분할 수는 없지만, 파는 사람이 차의 실제 유형을 알고 있으며 자신의 이익 극대화를 추구할 것이라는 점은 알고 있다. 그러므로, 사는 사람은 6백만 원은 시장의 균형가격이 될 수 없고, 이 가격에서는 오로지 보통 품질과 똥차만 시장에 나온다는 것을 안다. 그러므로, 이와 같은 생각을 반영해서 그의 기대값도 다음과 같이 재조정될 것이다. 즉, E(p|p≤6백만 원) = (1/2) × 6 + (1/2) × 2 = 4백만 원이다. 그러나, 대당 4백만 원에서는 보통 품질의 중고차마저도 시장에 나오지 않을 것이다. 이를 아는 중고차 매입자는 또 다시 기대값을 2백만 원으로 재조정하게 될 것이고, 이 2백만 원이 시장의 균형가격이 될 것이다. 그리고, 중고차 시장에는 똥차들만 남게 될 것이다.

이것은 Akerlof모형을 단순화한 것이기는 하지만, 기본 아이디어는 같다. 자동차 구매자와 판매자 간에 정보가 비대칭적인 경우, 기본적으로 사는 사람은 레몬을 기대하고, 레몬 가격만 지불할 것이고, 그 결과 레몬만 사게 된다. 이와 같이, 역선택은 경매에서 보는 **승자의 저주(winner's curse)**와 같이, 처음 기대치와 **조건부기대치(conditional expectation)**－정보가 많아져서 불확실성이 감소된 상황을 반영한－가 다른 경우에 발생한다.

4.2 역선택과 자본조달 순서이론

4.2.1 역선택과 기업의 증권발행

역선택과 레몬원칙은 기업이 발행하는 유가증권 시장에도 적용될 수 있다. 마이어즈(Myers, 1984)와 마이어즈와 마즐러프(Myers and Majluf, 1984)는 기업의 내부자와 유가증권 투자자들 사이에 정보가 비대칭적일 경우, 자본시장은 중고차 시장처럼 작동한다고 주장한다.

이들에 의하면, 실물투자자산의 실제 수익성을 기업 내부자들은 알고 있지만, 외부 투자자들은 모른다. 따라서, 투자자들은 기업내부자들이 투자의 수익성이 나쁘다는 정보를 가지고 있을 경우에만 증권을 발행한다고 가정한다. 그러므로, 투자자들은 신규 발행되는 유가증권의 가격을 대폭 할인하려 할 것이고, 이는 다시 기업(경영자)들이 실제로 자기 회사의 유가증권이 과대평가되었다고 생각할 때만 유가증권을 발행하게 만들 것이다.

만약 이들의 분석이 합리적인 설명이라면 그 의미는 무엇인가? 첫째, 기업의 외부자금조달 비용은 단순한 유가증권의 발행에 들어가는 직접비용(예: 증권인수 또는 발행비용)뿐만 아니라, 발행증권에 대한 할인요구로 인한 성장기회에 대한 과소투자와 같은 간접비용도 포함해야 한다. 이는 절충이론에서 본 대리인 관계로 인한 재무적 곤경 비용과는 다른 형태의 비용이다. 둘째, 투자사업의 가치는 자본조달의 유형에도 의존한다. 단순한 NPV뿐만 아니라 자본조달에 따르는 비용을 감안해야 한다는 것이다. 사업에 따라서 위험부채나 주식을 발행해서 소요자본을 조달하는 경우, 역선택 할인이 너무 크면 NPV가 양인 사업도 포기할 수 밖에 없다. 즉, 여유자금이 많지 않거나 차입이 많은 기업은 과소투자가 문제될 수 있다. 셋째, 만약 외부금융이 필요한 경우, 기업은 되도록 위험도가 낮은 유형의 유가증권 발행을 선호한다. 즉, 경영자들은 제일 먼저 위험이 전혀 없거나 위험이 작은 선순위 부채, 그 다음이 위험한 후순위 부채, 혼합형, 그리고 마지막으로 외부 지분투자(outside equity)의 순서로 유가증권을 발행한다(그러나, 부채비율이 너무 높아서 재무적 곤경으로 인한 비용이 매우 큰 경우에는 부채보다 외부 지분투자에 의존할 수도 있다). 그 이유는, 위험도가 높은 증권일수록 정보가 공개될 경우, 가격변화(하락)의 폭이 더 클 것이기 때문이다. 따라서, 정보의 공개로 인한 가격효과가 크면 클수록, 해당 증권에 대한 투자자들의 초기할인(initial discount)요구는 더 커진다.

그러므로, 역선택이 지배하는 상황에서 신규 투자사업에 대한 최선의 외부자금조달 방법은 정보가 무엇이던 결국 시장에 정보가 알려졌을 때, 가격변동 효과가 제일 작은 증권을 발행하는 것이다. 증권 가격의 안전성이 크면 클수록, 해당 정보가 공개될 때 이를 반영한 가격변화는 작을 것이고, 따라서 역선택 할인도 작기 때문이다. 극단적으로 무위험 부채의 경우, 기업의 실제 가치가 시장에 알려진다 해도 부채의 시장가치에는 아무런 변화가 없을 것이므로, 역선택 할인도 전혀 없을 것이다. 구체적인 예를 보자.

창업기업의 자본조달: [표 4.2]는 어떤 창업기업가의 신규사업에 대한 자본조달 관련정보이다. 4세대 휴대폰 칩(chip) 생산설비 투자인데, 투자비는 100억 원이 소요되고 차입이자는 없다. 이 사업의 수익은 휴대폰 업계의 경기에 달려있는데 자본시장에서는 호, 불황의 가능성을 반반(半半)으로 보고 있다. 오로지, 휴대폰 업계를 손바닥같이 꿰뚫고 있는 창업기업가만이 업계의 호, 불황에 대한 정확한 정보를 가지고 있다고 가정하자(비대칭적 정보).

이 창업기업가가 차입을 원하는 경우에는 비대칭적 정보가 문제가 되지 않는다. 어느 경우에도 채권자는 100억 원의 채권회수에 아무런 문제가 없다(무위험 부채). 만약 외부투자를 벤처투자회사의 지분투자로 한다면 창업기업가는 몇 퍼센트의 지분율을 벤처투자회사에게 제시할 것인가? 정보가 대칭적인 경우에는 74퍼센트면 된다. 왜냐하면, 쌍방의 기대현금흐름에 대한 정보가 동일하고 기대현금흐름의 현재가치의 74퍼센트가 100억 원이기 때문이다[100 = 0.74 × (0.5 × 120 + 0.5 × 150)].

[표 4.2] **창업기업가의 자본조달**

	호황(P = .5)	불황
(1) 기대현금흐름의 현재가치(억 원)	150	120
(2) 투자비	100	100

문제는 창업기업가가 더 많은 정보를 가지고 있다고 벤처투자회사가 생각하는 경우(비대칭적 정보)에 발생한다. 벤처투자회사는 창업기업가가 원하는 것을 보고 나서 사업의 실제 현금흐름을 판단할 수 있기 때문이다. (i) 만약, 불황으로 현금흐름의 현재가치가 120억 원이라 하자. 창업기업가가 벤처투자회사의 지분투자를 원하는 경우, 그의 몫은 31.2억 원[= (1 − .74) × 120억 원]인데, 이는 20억 원(= 120 − 100)에 불과한 차입의 경우보다 유리하다. (ii) 만약, 호황으로 현금흐름의 현재가치가 150억원이라 하자. 창업기업가가 지분투자를 원하는 경우, 그의 몫은 39억 원[= (1 − .74) × 150억 원]인데, 이 몫은 50억 원(= 150 − 100)인 차입한 경우의 몫보다 불리하다. 그러므로 창업기업가가 74퍼센트의 지분을 제시하면, 벤처투자회사는 현금흐름의 현재가치가 120억 원이라는 것을 알 수 있다. 투자협상은 끝날 것인가?

벤처투자회사는 바보가 아니다. 실제 현금흐름의 현재가치가 120억 원인 것을 깨닫게 된 이상, 74퍼센트 지분율은 88.8억 원(= .74 × 120억 원)으로서 출자액 100억 원보다 11.2억 원이나 손해다. 그렇다면, 벤처투자회사는 83퍼센트의 지분율을 요구해야 투자비를 회수할 수 있을 것이다(.83 × 120 = 100). 이 때, 창업기업가의 몫은 120억원의 17%인 나머지 20억원이다.

그러나, 만약 창업기업가가 알고 있는 현금흐름의 현재가치가 120억 원이 아니라 150억 원이라면, 벤처투자회사가 요구하는 83퍼센트 지분율은 창업기업가에게 너무 큰 희생을 요구하는 것이다. 100억 원을 출자하면서 124.5억원(= .83 × 150억 원)을 달라는 것이다. 창업기업가로서는 이 경우 차라리 지분투자를 받지 않고 차입하는 편이 더 나을 것이다(150 − 100 = 50억 원 대 150 − 124.5 = 25.5억 원). 결국, 불리한 정보를 갖고 있는 창업기업가만 지분투자를 원하는 역선택 현상이 발생하게 될 것이고, 이를 반영한 높은 역선택 할인으로 인해 자본시장에서 창업기업들의 자본조달이 거의 불가능하게 된다(뒤의 신호이론을 참조하라).

공개기업의 자본조달: 동일한 문제가 상장(上場)기업의 경우에도 발생한다. 경영자만이 회사의 시장가치에 관한 정보를 가지고 있고 이들의 목표는 기존 주주들의 부를 극대화시키는 것이라 하자. [표 4.3]은 어떤 상장기업의 신규사업 자본조달관련 정보이다. 신규 사업은 5세대 휴대폰 칩(chip)에 대한 R&D투자로서, 투자비는 10억 원이고 차입이자는 없다고 가정하자. 기존실물투자자산의 시장가치는 휴대폰 업계의 경기에 달려있는데 자본시장에서 투자자들은 호, 불황의 가능성을 반반으로 보고 있다고 가정하자.

대칭적 정보: 이 회사가 R&D투자를 위해 신주를 10억 원어치 발행한다고 하자[54]. 10억 원만큼 신주를 발행하면 동일한 정보를 가지고 있는 투자자들은 할인을 요구하지 않을 것이므로 NPV전액이 기존 주주들에게 돌아간다. 구체적으로, 회사가치의 기대치는 0.5 × (180 + 60) = 120억 원이므로 투자자금 10억 원을 조달하기 위해서는 8.3%의 신주를 발행해야 한다.

[표 4.3] 상장기업의 자본조달

단위: 억 원

	호황(P = .5)	불황
(1) 기존실물투자자산	157	37
(2) 성장기회의 NPV	13	13
(3) 투자비	10	10
(4) 기업가치	180	60

따라서, 기존 주주들 몫은 110억 원(= 0.917 × 120억 원)이 된다. 신규사업 투자를 하지 않은 경우의 회사가치는 0.5 × (157 + 37) = 97억 원이므로 기존 주주들은 신주발행을 통해 110−97

54 만약 내부자금으로 투자할 수 있다면 기존 주주들의 부는 사업의 순현재가치 13억 원만큼 증가할 것이다.

= 13억 원(= NPV), 즉, NPV 전액만큼 부를 증가시킨다.

비대칭적 정보: 이제 휴대폰업계를 손바닥같이 꿰뚫고 있는 이 회사 경영자만 실제 수익(현금흐름)과 자산가치를 알 수 있다고 가정하자(비대칭적 정보). 내부자금이 있는 경우에는 내부자금을 활용하면 역선택할인이 없으므로 기존 주주들의 부는 NPV 전액만큼 증가한다. 그러나 투자자금을 신주발행을 통해서 조달하는 경우, 자본시장에서는 기업가치를 50 대 50으로 보고 있으니 투자자들이 보는 회사가치는 120억 원(= 0.5 × 180 + 0.5 × 60)일 것이다. 신주 매입자들의 몫이 10억 원이니 기존(또는 구)주주들 몫은 나머지 110억 원이다. 따라서, 만약 경영자들이 기업가치가 180억 원(호황)이 될 것을 알고 신주를 발행했다면, 기존주주들 몫은 (110/120) × 180 = 165억 원으로서 투자하지 않은 것(157억 원)보다 8억 원 증가한다. 사업의 NPV는 13억 원인데 나머지 5억 원은 어떻게 된 것인가? 8%의 신주를 10억 원에 발행했지만 그 가치는 실제로 8.3% × 180 = 15억 원이므로 여기서 신주발행 가격의 저평가로 인해 기존 주주들은 5억 원의 손해를 보았다. 따라서, 기업가치가 저평가 된 기업의 신주발행은 기존주주들에게 손해가 된다. 신주발행이 저평가되는 경우, 경영자들은 신주발행을 하지 않고 내부자금을 선호할 것이다.

반면, 불황으로 기업가치가 60억 원이 될 것을 아는 기업은 신주발행을 원할 것이다. 왜냐하면 이때의 기업가치는 0.917 × 60 = 55억 원이고, 이는 신규투자를 하지 않는 경우(37억 원)보다 18억 원이나 크고 13억 원의 NPV보다도 5억 원이나 더 얻는 것이다.

그렇다면 호황을 예상할 때 자금사정이 여의치 않은 경우, 신주발행을 하지 않고 차입(또는 회사채 발행)하면 될 것 아닌가? 물론이다. 차입의 경우, 이자율이 제로라고 가정했으므로 내년에 10억 원만 상환하면 된다. 따라서, 기존주주들의 부는 NPV 전액만큼 증가한다. 왜냐하면, 신규투자로 인해 기존주주들의 부는 170억 원(= 157 + 23 − 10)이 되는데 이는 투자를 하지 않은 경우(157억 원)보다 13억 원(= NPV) 증가한 것이기 때문이다. 또, 기업이 신주를 발행하면 투자자들은 불황(기존실물투자자산 가치가 37억 원)일 것이라 믿게 되어 신주 발행 시 주가하락이 발생할 것이다. 위의 예와 같이 무위험 부채를 발행하는 경우에는 기존주식의 가치가 증가하므로 NPV가 영보다 큰 투자를 포기할 이유가 없지만 위험부채를 발행해야만 할 경우는 다르다. 만약, 역선택으로 인한 채권가격 할인 비용이 NPV보다 크면 투자를 포기할 수 밖에 없다.

과소투자: 이제 투자액이 10억 원이 아니라 20억 원이 소요된다 하자(NPV는 3억 원). 내부정보가 호황이지만 내부자금 조달이 어려운 경우 회사는 신주를 발행할 것인가? 설사 NPV가 0보다 큰 사업이라도 신주를 발행해야 하는 경우라면, 투자하지 않을 수 있다. 이유는 비대칭적 정보로 인한 '레몬원칙'에 의해 신주의 발행가격이 과소평가되어 신주발행이 기존주주들의 주

식가치를 희석(dilution)시킬 것으로 보기 때문이다. 구체적으로, 신주발행액이 20억 원이므로 기존 주주들은 투자자들이 평가하는 기업가치(120억원)의 16.7%를 신규 주주들에게 주어야 한다. 따라서 기존주주들 몫은 180억 원의 83.3%인 150억 원으로서 투자하지 않은 경우(157억 원)보다 오히려 7억 원이 작다. 그 이유는 사업의 NPV는 13억 원이지만 기업가치를 180억 원이 아닌 120억 원으로 보고 20억 원의 신규투자에 대하여 16.7%의 지분을 줌으로써 60 × 16.7% = 10억 원의 손해를 보기 때문이다. 기존 주주들로서는 차입이 불가능하다면 차라리 사업을 포기하는 편이 나을 것이다. 그럼에도 불구하고 신주를 발행한다면 투자자들은 신주발행 기업의 가치가 120억 원이 아니라 실제로는 60억 원이라는 것을 알게 될 것이고, 따라서 신주발행 시 기업가치는 60억 원으로 하락하고 지분은 33.3%(= 20/60)를 신규 주주들에게 주어야 할 것이다[55].

위에서 본 문제는 신규투자에 소요되는 자금이 신주발행으로 이루어지는 경우로서, 판단기준은 투자시 주가(= 기존실물투자자산의 시장가치 + 신규투자의 시장가치)/(기존주식수 + 신주수) <=> 기존 주가(= 기존실물투자자산의 시장가치/기존주식수)이다. 중요한 것은 어떤 이유로든 부채를 더 이상 발행할 수 없는 경우, 기업은 정보의 비대칭성으로 인해 수익성이 있는 투자를 포기할 수 밖에 없을 경우도 있다는 것이다. 즉, 비대칭적 정보로 인해 내부자금보다 외부자금 조달, 부채보다 신주발행 비용이 비싸고 동일한 투자사업이라도 그 가치가 자본조달 유형에 따라 달라진다는 것이다(자본구조가 투자결정에 영향을 미친다).

같은 논리로, 주가가 크게 과대평가된 경우에는, 신주발행을 통해 NPV가 영보다 작은 투자도 할 수 있을 것이다. 이와 같이, 신주발행이 시장에 주는 신호는 매우 혼란스러운 관계로 투자자들은 신주발행에 대해 더 큰 할인을 요구할 것이고 이는 기업이 가급적 신주보다는 부채 발행을 선호하는 또 다른 이유가 된다[56](원래 부채는 고정 또는 확정금액에 대한 청구권이므로 과소평가될 가능성도 주식에 비해 낮다).

무위험 부채가 신주발행보다 유리한 이유는 무엇인가? (i) 부채의 가치는 새로운 정보의 영향을 받지 않는다. (ii) 내부자와 시장의 평가가 동일하다. (iii) 무위험부채의 가격은 공정하다. 이에 비해 위험부채는 무위험부채와 신주발행의 중간이므로 레몬원칙으로 인해 신주발행과 마찬가지로 저평가되는 것이 사실이지만 그 정도가 신주발행보다 약하다. 그러나 차입이 과도한 기업의 경우, 재무적 곤경으로 인한 비용이 너무 크면 부채보다는 신주발행이 불가피할 수도 있다.

---

55 신규발행시 그 동안의 실증연구를 종합하면 일반회사채는 할인이 거의 없고, 전환사채는 2% (발행액의 9%), 주식은 3% (발행액의 25%), 자사주 매입은 13% (할증)정도 있는 것으로 알려져 있다.

56 Grinblatt and Titman(1998), Ch. 18.

4.2.2 자본조달 순서이론

마이어즈와 마이어즈/마즐러프의 분석을 논리적 극단까지 연장해 보면, 기업들이 자금조달 방법 (financing choice)을 결정을 할 때, 비대칭적 정보로 인한 손실을 최소화하기 위해 일정 순서(서열)를 따른다는 결론에 도달하게 된다.[57] 구체적으로 말해서,

(i) 기업은 항상 외부자금조달보다는 내부자금조달을 선호한다.

(ii) 만약 외부자금을 조달할 필요가 있으면 기업은 위험도가 가장 낮은 유가증권을 먼저 발행한다. 즉, 기업은 선순위채권이나 저위험채권, 후순위(고위험) 채권이나 메자닌 캐피탈 (mezzanine capital), 혼합증권, 그리고 주식의 순서로 유가증권을 발행한다.

(iii) 예기치 않은 신주발행을 피하기 위해 기업(특히 비대칭성이 큰 기업)은 항상 현금이나 신용공여 약정 등, **재정적 여유 (financial slack)**를 보유하려 한다.

이와 같은 **자본조달의 순서이론 (pecking order)** – **서열이론**이라고도 함 – 에 의하면, 기업가치와 자본조달정책 사이에는 다음 두 가지 관계가 성립한다. (i)기업가치 극대화를 위한 자본조달 방법과 유가증권발행에 대한 선택은 위에 열거된 순서대로 이루어 져야 한다. 즉, 순서이론의 관심은 자본조달에 있을 뿐, 최적 자본구조(또는 목표부채비율) 자체에는 큰 관심이 없다. 절충이론에서와 같은 목표차입비율이 존재하지 않고 차입비율의 변동성이 크다. (ii)기업의 차입비율은 기업의 오랜 기간에 걸친 외부자금조달 필요성, 즉 장기간에 걸쳐 누적된 잉여현금흐름의 결과에 따라 변한다고 주장한다. 즉, 절충이론이 부채비율의 변화를 부채의 이익과 비용으로 설명하는 반면, 순서이론은 투자지출과 유보이익 차액의 누적금액으로 설명한다. 따라서, 수익성이 좋은 기업은 부채비율이 낮다.

순서이론의 기본 아이디어는 경제적인 측면에서 크게 틀리지 않는다고 볼 수 있지만 문제는 자본조달 방식의 선택이 지나치게 경직적이라는 데 있다. 특히, 외부자본 조달 가운데 회사채발행이 주식발행보다 선순위라는 것은 이해되지만 무조건적인 '내부자본 선호문제'는 현대포트폴리오이론의 기본에 관한 문제다. 예컨대, 유보이익은 내부자본의 일부이고 자기자본의 일부이다. 그런데, 자기자본에 대한 위험프리미엄은 타인자본에 대한 위험프리미엄보다 크다. 타인(또는 외부)자본조달에 수반된 역선택 할인이 위험프리미엄의 차이(유보이익과 사채발행)보다

57 기업이 자본을 조달할 때 일정한 순서대로 진행한다는 것은 실증적인 조사의 결과 보고된 것이지만 Myers와 Majluf 이전에도 기업의 자본조달에 일정한 순서가 존재할 이유가 있다고 믿는 사람들이 있었다. 차입은 내부 자금조달에 비해 원리금 상환압박이나 채권과 관련된 여러 제약조건들로 인해 기업의 유연성(flexibility)을 감소시키며 주식의 신규발행은 기업의 지배권을 약화시키기 때문에 내부자금 〉 차입 〉 신주의 순서로 자본을 조합한다는 것이다.

크다는 이론적 근거는 무엇인가? 유보이익과 같은 내부자본은 공짜 돈인가? 이를 반영하듯, 원형 그대로의 자본조달 순서이론을 지지하는 실증적 증거들은 자본조달방법과 부채비율의 변화, 두 가지 측면 모두에서 절충이론에서와 마찬가지로 일률적이 아니다[58].

순수 순서이론에서는 기업이 순서이론의 바탕을 이루는 정보의 비대칭성을 전혀 개선할 수 없는 것으로 본다. 과연 그럴까? 가령, 자본시장에서 유가증권 발행자는 역선택으로 인한 할인을 부담할 수 밖에 없는데, 역선택 할인이 그렇게 크지 않은 다른 자금조달 방법이 있다 하자. 그렇다면, 기업은 당연히 역선택으로 인한 할인을 최소화하는 방법으로 자금을 조달하겠지만, 그것이 꼭 정해진 서열일 필요는 없다. 서열대로 하는 대신, 기업은 해당 기업의 투자사업에 대해 비교적 많이 알고 있는 투자자들에게 유가증권을 발행하면 될 것이다.

뿐만 아니라, 기업은 사업의 수익성에 관한 신호를 보내려고 할 것이다(이때, 보내는 신호는 반드시 비용이 많이 드는 것이어야 한다). 뿐만 아니라, 신호는 반드시 "나쁜 유형(bad types)"에게 비용이 훨씬 더 들어서 나쁜 기업이 좋은 기업과 똑같은 신호를 보낼 수 없어야 한다. 예컨대, 자본시장의 투자자들에게 사업의 수익성에 관한 신호를 보내는 한가지 방법은 "매우 신중하고 까다롭다"고 알려진 투자자들로부터 투자를 받는 것이다. 좀 더 구체적으로 생각해 보자.

4.3 순서이론의 문제점[59]

비록 순서이론이 모든 기업의 자본조달 행태를 설명하는 하나의 독립된 '이론'임을 입증할 만한 실증적 자료는 찾기 어려울지 몰라도, 정보의 비대칭 현상이 실제로 기업의 자본조달 행태에 영향을 미친다는 것에 대해서는 의심의 여지가 없다. 특히, 3부와 4부에서 보게 될 여러 가지 구조화금융상품과 솔루션들 가운데 상당부분은 대체로 순서이론을 지지하는 경제적 요인들로서 설명될 수 있는 것들이다.

다음 단원에 제시된 몇 가지 견해들은 다같이 역선택 문제에서 출발하지만, 실제 기업의 자본조달 행태를 순서이론과는 다르게 설명하고 있다. 특히 중요한 점은 순서이론을 부정하는 실증자료들이 반드시 이들 견해도 부정하는 것은 아니라는 것이다. 오히려, 순서이론에 부정적인 실증자료들이 실제로 이들에 대해서는 긍정적이다(Fama and French, 2004).

58 긍정적인 증거들은 Masulis and Kowar (1986), Smith (1986a), Eckbo and Masulis(1995), Masulis(1980), 부정적인 결과들은 Shyam-Sunder (1991), Fama and French (2004) 등이 있다.

59 Culp(2006)을 주로 참조.

4.3.1 정보가 많은 투자자들을 통한 자본조달

앞서 말한 바와 같이, 기업은 역선택으로 인한 할인을 최소화시키는 방법으로 외부에서 자본을 조달할 것이다. 그 방법 가운데 하나가 해당 기업의 사업에 대해 실상을 비교적 많이 알고 있는 투자자를 찾는 것이다. 순수한 형태의 순서이론에서는 특정 유가증권에 대한 가격할인은 그 증권의 위험수준에만 의존한다. 또, 기업 내부자가 가지고 있는 정보는 외부인은 전혀 가지고 있지 않다고 가정한다. 그러나, 이는 증권시장의 가장 중요한 특성을 간과한 것이다.

Fama와 French(2004)는 이에 대해 현실적으로 비대칭적 정보의 문제를 피하면서 주식을 발행할 수 있는 방법이 존재하고 있고 실제로 기업들이 활용하고 있다고 주장한다. 이는 곧 독립된 자본구조이론으로서의 순서이론이 그 의미나 중요성이 상당히 제한적이라는 것을 의미한다[60]. 왜냐 하면, 이 경우, 주식 발행을 통한 투자자금조달은 순서이론에서 주장하는 바와 같이 서열상 마지막 수단도 아닐 뿐만 아니라, 비대칭적 정보로 인한 각종 문제들이 자본구조를 결정하는 유일한(또는 중요한) 요인도 아니기 때문이다. 기업은 비대칭적 정보의 문제를 방치한 채로 자기자본을 조달하지 않는다. 그렇다고, 비대칭적 정보문제가 아주 소멸되는 것은 아니다. 다만, 그 의미나 중요성이 상당히 제한적이라는 것이다.

3부와 4부에서 논의하게 될 구조화금융상품 및 솔루션들의 상당수는 기본적으로 전통적인 부채와 자기자본을 통한 자본조달 방법들을 대체하는 상품들이다. 이들을 전통적인 상품들과 차별화시키는 가장 큰 특징은 유가증권의 발행 방법이다. 구조화금융상품들은 모두 기업에 자본을 조달해 주는 동시에 기업의 **위험 구조(risk profile)**를 크게 바꾼다. 따라서, 이들 거래의 **실사(due diligence)** 과정은 전통적인 유가증권발행 과정과는 상당한 차이가 있다. 가령, 19장에서 보게 될 조건부자본(contingent capital)의 경우, 후일 기업에 자본을 공급해 줄 보험회사는 계약과정에서 신용등급 이외에도 회사의 전반적인 신용위험이나 자금의 사용 목적, 경영자의 도덕적 해이에 의한 계약의 발효 가능성 등에 대해 매우 엄격한 실사를 수행한다. 또, 이들 자본 공급자들은 은행이나 투자은행같이 그들의 상품매매활동을 단순한 거래로 보기보다는 기업과의 동업자 관계(partnership)로 봄으로써 기업에 대해 개별적인 사업의 성패보다는 "큰 그림"을 갖고 거래한다. 이 과정에서 기업 경영자들은 전통적인 회사채나 주식 발행을 통한 자본조달과정에서 발생하는 역선택 문제를 상당 부분 시정할 수 있을 것이다.

60 그들은 독립된 자본구조이론으로서의 순서이론은 죽은 것과 다름없다고 말한다.

4.3.2 감시의 위임

기업은 역선택 비용(또는 할인)의 경감뿐만 아니라, 시장의 투자자들에게 기업의 실상에 대한 신호를 보내는 목적에서도 해당기업에 대한 정보를 비교적 많이 갖고 있는 투자자들에게 신규 유가증권을 발행할 것이다. 이와 같은 **위탁감시(delegated monitoring)**현상은 최근 은행으로부터 보험회사로 많이 옮겨졌다. 오래 동안 많은 사람들이 은행의 기업에 대한 무담보 선순위 대출이 기업이 부담하는 비대칭적 정보로 인한 비용을 감소시키는데 도움이 된다고 생각해 왔다. 즉, 은행은 시장의 투자자들로부터 위임 받아 기업의 투자활동을 감시하는 **위탁감시자(delegated monitor)**의 역할을 한다. 은행은 차입자를 감시하고 외부 규율활동(outside discipline)을 제공함으로써, 기업이 기업가치를 증가시키는 투자사업만 추진하도록 만든다.

또, 대출이 만기에 연장되어야 할 경우, 은행은 통상적으로 기업의 신용위험을 재평가하게 되므로, 차입자는 항상 양(+)의 순현재가치를 갖는 투자사업만 선택해야 할 동기를 갖게 된다. 그리고, 대출이 연장되면, 그 사실 자체가 다른 투자자들에게 회사의 신용위험에 대한 긍정적인 신호를 보내는 것이 된다. 이렇게 함으로써, "정보가 많은(informed)"은행의 부채와 "정보가 적은(less informed)" 일반 부채가 공존할 수 있게 된다. 그러므로, 중소기업들과 위험도가 높은 창업기업들이 처음에는 은행 차입을 통해 금융시장에서 평판을 좋게 만든 다음, 비로소 독자적으로 공모부채나 **사모부채(private debt)**로 옮겨가는 것은 그렇게 놀라운 현상이 아니다.

그러나, 최근에는 신용파생상품, 신용보험과 합성재보험, 그리고 기타 여러 가지 신용위험 경감장치의 출현으로 말미암아, 일반 공모시장에서 채권을 구입하는 투자자와 후순위 채권자들이 은행과 같은 선순위 채권자들의 신용연장과 대출만기 갱신을 회사의 실제 신용등급을 알려주는 신호로 간주하기가 상당히 어려워진 것이 사실이다. 이들 후순위 채권자들은 여러 신용위험 경감장치를 통해 선순위 부채의 신용위험이 언제 헤지된 것인지 알 수 없으므로, 선순위 채권자들이 보내는 대출갱신 또는 연장이 주는 신호효과는 실질적으로 거의 없는 것과 다름없게 되었다. 설사, 선순위 채권자들이 신용위험의 헤지를 통해서 신용위험이 전혀 없게 된 대출을 갱신해준들 그게 후순위 채권자들에게 무슨 대수란 말인가?

4.3.3 구조화금융기법의 활용

오늘날 기업들은 전통적인 방법에 의한 자본조달을 가급적 피하고 구조화금융을 통해 투자자금을 조달할 것이다. 이유는 유가증권의 구조화가 역선택과 도덕적 해이 문제를 완화시켜 역선택비용을 감소시켜 주기 때문이다.

프로젝트 금융, 무역 금융, 매출채권 유동화 등과 같은 구조화금융의 기본적 동기는 역선택비용의 경감에 있다. 적어도 두 가지 이유가 있다.

첫째는 구조화 과정 자체다. 구조화를 통한 자금조달은 일반적으로 자산유동화증권의 선순위 계층에 대한 AAA랩(wrap)과 같은 외부신용보강에 크게 의존한다. 외부신용보강을 제공하는 기관들은 또 하나의 새로운 "위탁감시" 기능을 수행한다. 정보와 능력이 뛰어난 적지 않은 수의 기관들이 기업분석을 담당함으로써, 레몬 문제의 발생 가능성은 그만큼 줄어들게 될 것이다. 물론, 회사가 신용위험이 높은 것들만 골라서 유동화시키는 **역체리피킹(reverse cherry picking)**의 가능성도 있다. 그러나, 이러한 도덕적 해이에 대한 걱정은 신용평가회사, 스왑 상대방, 보험회사 등과 같은 외부감시자들이 구조화 과정에 집중적으로 참여함에 따라 크게 완화될 수 있다.

구조화금융의 두 번째 동기는 기업 자산가치의 불확실성과 관련이 있다. 예컨대, 다양한 사업으로 구성된 위험자산 포트폴리오에 투자한 어떤 회사가 신규 투자사업을 위해 유가증권의 신규발행을 고려하고 있다 하자. 이 경우, 레몬 문제를 알고 있는 투자자들은 일단 회사 경영자(내부자)들이 신규 투자사업이 회사의 가치를 증가시키는 사업이 아닐 때만 외부 투자자금을 유치하는 것으로 생각하게 될 것이고, 그에 따른 할인을 요구하게 될 것이다.

이제 신규 사업자금을 프로젝트 금융을 통해서 조달한다고 생각해 보자. 신규 사업은 아주 투명한 특수목적기관 또는 법인(special purpose entity: SPE)이 보유하게 될 것이고, 특수목적기관 안에는 이 사업 하나만 존재한다. 그리고 프로젝트 금융 구조에서는 여러 등급의 청구권이 존재하고, 다수의 보증기관, 보험회사와 감시인, 신용공여기관과 유동성공급기관들이 존재한다. 이런 프로젝트 금융구조에 대한 투자자가, 전통적인 무담보채권에 투자할 때와 동일한 역선택 할인을 요구하겠는가?

물론, 특정 자산이나 사업을 이와 같은 구조화금융 구조로 분리시키는데 대한 이익은 기업의 전체 자산 포트폴리오를 구성하는 나머지 자산들의 성격에 달려 있다. 예컨대, 기업이 미국 국채들만 몽땅 가지고 있다면, 특정 신규사업을 분리시켜도 기업 전체의 차입비용은 감소되지 않을 것이다. 그러나, 주로 무형자산을 가지고 있을 경우에는 유형자산에 대한 투자사업을 분리시키면 분리 안된 기업 전체 자산의 위험을 부담하는 전통적인 무담보부채에 비해 역선택 할인을 상당한 정도까지 감소시키거나 아주 피할 수도 있을 것이다.

4.3.4 자본조달과 위험관리를 통합한 금융상품의 활용

기업은 가급적 위험관리와 자본조달이라는 두 가지 목표를 하나로 결합함으로써, 개별 사업의 위험보다는 기업 전체의 위험을 감소시키는 금융상품을 통한 자본조달 방법을 사용하는 것이 유리하다. 자본조달 순서이론의 주요 원칙의 하나는 기업이 위험도가 낮은 유가증권의 발행을 선호한다는 것이다. 이유는 위험이 작으므로, 투자사업의 질에 대한 실상이 나중에 알려졌을 때, 증권가격이 크게 하락할 가능성이 작고, 따라서 증권가격에 대해 투자자들이 요구하는 역선택 할인도 작을 것이기 때문이다.

뿐만 아니라, 정보의 비대칭 정도가 큰 기업일수록 이와 같이 두 가지 목적이 통합된 상품을 더 선호하게 될 것이다. 물론, 이들 통합 상품들 자체의 정보공개에 대한 개별적인 가격변동성이 반드시 작지는 않을 수도 있고, 따라서 순서이론 자체는 이런 유형의 유가증권 발행을 권장하지 않을 수도 있다. 그런 경우에도 이들 상품은 기업 전체 사업포트폴리오의 위험을 감소시킴으로써, 개별 사업의 성과가 기업 전체의 실적에 미치는 영향을 크게 감소시킨다. 이는 곧 기업이 위험도가 낮은 증권을 발행한 것과 동일한 효과를 가져온다. 따라서, 특정 투자사업의 실상에 관한 불리한 정보가 나중에 알려졌을 때, 해당 증권－두 가지 목적을 동시에 달성시키는－의 가격이 크게 영향을 받지 않게 될 것이다.

뿐만 아니라, 유가증권의 신규 발행에 따르는 역선택비용이 크면 클수록, 기업은 유동성 및 자본조달 위험관리에 더 주의하게 될 것이다. 특히, 무형자산과 실물옵션의 비중이 큰 기업일수록, 헤지나 조건부자본과 같은 손실 전(前) 위험재무구조(다음 장 참조)를 통한 기간당 순현금흐름의 관리에 더욱 주의하게 될 것이다.

Myers(1984)에 의하면, 경우에 따라서 기업들은 미래의 투자에 대비한 현금을 충분히 보유하고 있기 위해 위험이 작은 부채를 보유하는 경향이 있다. 그는 기업이 재무적 곤경으로 인한 기대비용을 최소화 하면서, 동시에 미래에 대비한 차입능력의 형태로 재정적 여유를 유지하려 한다고 가정한다. 다시 말해서, 비교적 위험이 작은 부채를 발행하거나 혹은 아예 부채를 발행하지 않음으로써, 기업은 후일 저위험 부채를 발행하는데 필요한 **기채능력**(debt capacity)을 유지한다는 것이다. 이와 같이, 기업이 재정적 여유를 유지하고 과소투자를 피하려 한다는 것은 곧 기업이 투자자본 조달이라는 목적 이외에 위험관리도 함께 고려함을 의미한다.

4.3.5 신호전달 수단의 활용

역선택 비용이 큰 기업일수록 신규발행에 따른 역선택 할인을 줄이기 위해서, 구조화금융이나 또는 정보가 많은 투자자들로부터의 차입하는 것 이외에도 기타 다른 신호전달 방법을 찾을 것이다.

경영자들이 내부자 정보를 투자자들에게 직접 알려주지 못하는 이유는 여러 가지가 있다. 예컨대, 경쟁자에게 유리한 정보라든지, 나중에 정보가 부정확한 것으로 판명 날 경우 투자자들로부터 소송을 당할 염려가 있다든지, 알리는 것이 불리하다고 생각하든지, 또는 정보를 숫자로 확인하기 어려운 경우 등이다. 이 경우, 투자자들은 간접적인 증거, 즉 경영자들이 택하는 여러 형태의 정보제공 결정들을 통해 실상을 파악할 수 밖에 없다. 이 정보를 알려주는 것을 **신호 (signals)**라 부르는데, 예컨대 기업의 투자, 자본조달유형, 배당, 액면분할, 내부자지분율 등이 이에 해당한다.

신호전달이론 (signaling) 또한 역선택이론과 같이 정보의 비대칭성을 전제하는 점에서는 일치한다. 차이는 역선택이론의 경우에서는 정보가 많은 쪽이 정보를 감추지만 신호이론에선 오히려 정보를 더 공개하려 한다는 점이다. 뿐만 아니라, 순서이론에서는 비대칭적 정보로 인해 과잉 또는 과소투자문제가 발생하고 (4.2.1), 기업의 자본구조는 이런 문제를 해결하는 하나의 방법이므로, 결과적으로는 순현금흐름이 기업의 자본구조를 결정한다. 이에 비해, 신호전달이론은 다같이 비대칭적 정보에서 출발하지만 기업의 실물투자와 순현금흐름을 주어진 것으로 가정하고, 투자의 실상 (實相)을 잘 모르는 투자자들에게 실물투자의 실상에 대한 신호를 보내는 수단으로서 자본구조가 이용된다. 그러나, 신호이론은 순서이론을 대체한다기 보다는 보완한다. 왜냐하면, 역선택도 경영자의 행동을 통해 전달되는 신호를 보고 그들이 가지고 있는 내부정보를 유추해내기 때문이다.

초기 신호전달이론의 하나인 릴런드와 파일 (Leland and Pyle, 1977)의 모형에서는 기업가 (소유경영자)의 정보가 많고 투자자들의 정보가 적을 때, 기업가는 부채가 아니라 지분 발행을 통해 투자자금을 조달한다. 투자자들은 투자의 실제 질 (예: 수익성)은 알 수 없지만, 이 사업에 대한 기업가의 투자금액은 볼 수 있다. 그리고, 이 기업이 발행하는 지분을 사는 외부 지분투자자들은 기업가의 투자금액이 크면 클수록 더 높은 가격을 지불하려 할 것이다. 왜냐하면, 기업가는 자신이 투자하는 사업의 수익성에 대한 정확한 정보를 갖고 있을 것이므로, 내부자의 투자결정이 실물투자의 수익성에 대한 "신호"를 외부 투자자들에게 보내기 때문이다.

한편, 로스 (Ross, 1977)의 신호전달모형에서는 차입비율이 높을수록 투자의 질 (quality)도 높다. 즉, 차입비율이 투자사업이나 실물투자자산의 위험도에 관한 신호가 된다. 직관적인 설명은 이렇다. 즉, 위험도가 높은 사업에 투자한 기업은 재무적 곤경에 처할 확률이 높아지므로 차입비율의 높고 낮음에 관계없이 재무적 곤경으로 인한 기대비용이 위험도가 낮은 사업에 투자한 기업보다 상대적으로 더 클 것이다. 그러므로, 만약 신호로 인한 역선택비용의 감소가 부채 증가에 따르는 재무적 곤경으로 인한 기대비용의 증가보다 더 크다면, 안전한 사업에 투자한 기업은 위험한 사업에 투자한 기업과 차별화를 위해 더 많은 부채를 발행할 수 있을 것이다. 그러나, 위험이 큰 사업에 투자한 기업은 이런 유형의 신호를 보낼 수 없다. 이런 기업은 파산의 가능성이 크므로 재무적 곤경으로 인한 기대비용이 매우 클 것이기 때문이다. 즉, 부채비율이 높은 기업은 부채비율이 낮은 기업보다 자산 포트폴리오의 위험도가 상대적으로 낮을 것이라는 말이다.

또한, 부채는 절세효과를 포함한 여러 이익이 있다. 단점이라면 재무적 곤경으로 인한 비용인데 이 문제에 대해 자유스럽다면 기업은 차입을 증가시킬 것이다. 따라서, 앞으로 영업활동에서 상당한 이익이 예상된다면 당연히 기업은 차입을 증가시킬 것이다. 그러므로, 차입의 증가는 시장의 투자자들에게 회사의 이익에 대한 좋은 신호를 보내는 것이다. 향후 현금흐름에 문제가 있을 것으로 예상하는 기업이 어떻게 앞으로 현금흐름문제를 더 악화시킬 수 있는 결정을 할 수 있겠는가[61]?

마지막으로, 아주 까다로운 것으로 알려진 투자자들에게 유가증권을 발행하는 것이다. 이는 시장의 다른 참여자들에게 해당 회사의 실물자산이나 특정 사업의 수익성에 대한 좋은 신호를 보내는 것이 될 것이다. 가령, "워렌 버펫(Warren Buffet)이 투자한 회사"라는 신호가 자본시장의 투자자들에게 미칠 영향을 생각해 보라.

4.3.6 절충이론과 순서이론의 비교

절충이론에서는 기업의 목표차입비율(target leverage ratio)이 존재한다. 따라서 (i) 실제 차입비율이 목표차입비율보다 높으면 기업은 주식을 발행한다. (ii) 실제 차입비율이 목표차입비율보다 낮으면 자사주를 매입하거나 배당을 지급한다. (iii) 주가는 신주발행 시 상승하거나 적어도 중립적이어야 한다. 실증적 자료는 이들 예측과 상당한 괴리가 있다(예: 신주발행 시 주가하락과 기업의 내부자금선호). 절충이론은 기존 주주와 신 주주가 기업가치에 대해 동일한 가치를 부여한다는 대전제하에 도출한 것이다.

그러나 정보가 비대칭적인 경우, 레몬 문제의 발생으로 기업은 주식이 고평가되어 있으면 주식을 발행하고 반대로 저평가되어 있으면 신주발행을 회피한다. 이는 곧 주식발행이 투자자들에게 "과대평가" 신호를 보내는 것을 의미한다. 그 결과 기업의 신주발행이 주가하락을 가져오게 되고, 부득이 저평가된 주식을 발행해야만 하는 경우 수익성 좋은 (NPV > 0)사업도 포기하게 된다.

특히, 순서이론에서는 내부자금이 여의치 않으면 부채를 발행해야 한다. (i) 그 결과 현금흐름이 증가하면 (또는 풍부하면) 부채를 발행할 필요가 없고 오히려 채무를 상환할 것이므로 차입비율이 하락한다 (그 반대도 성립한다). (ii) 차입비율은 자본조달 방법 선택의 누적효과를 반영한다. 따라서 차입비율은 목표비율을 계속 유지한다기 보다는 항상 변한다. (iii) 주식발행에 좋은 시점과 나쁜 시점이 있다. 정보의 비대칭성이 큰 경우에는 주식발행을 피해야 한다.

61 신호는 신뢰성의 원칙(**credibility principle**)을 충족시켜야 한다.

2부

전통적 위험관리: 이론과 수단

1부 (1–4장)에서는 전통적인 자본관리 이론의 주요 개념과 이론적 결과를 요약하면서 자본과 위험의 통합관리와 구조화금융의 이론적 배경을 정리하였다. 2부에서는 3부와 4부의 구조화금융에 관한 본격적인 논의에 앞서, 먼저 보험을 중심으로 한 위험관리이론의 주요 개념과 원칙을 정리하고 (5장), 금융/보험의 전통적인 위험관리 수단들을 요약함으로써 (6–8장) 3부와 4부를 논의하기 위한 준비작업을 마무리한다.

[본서의 구성과 체계도]

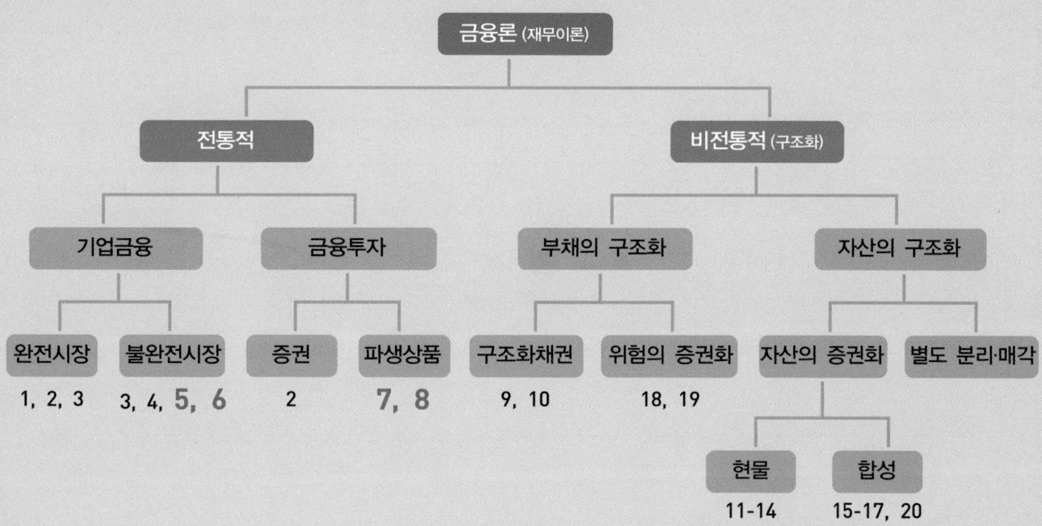

제 5 장

자본과 위험의 통합관리

위험관리(risk management)란 기업이 기업활동에서 발생하는 각종 위험을 분석하고 파생상품, 보험 및 기타 다양한 수단들을 통해서 평가/관리하는 일체의 활동을 말한다. 재무/보험이론에서 위험은 실로 오래된 주제이나 기업들이 기업활동과 관련된 각종 위험을 적극적으로 관리해야 한다는 생각을 하기 시작한 것은 오래 된 일이 아니지만, 글로벌 금융위기를 겪은 최근 그 중요성은 더 커지고 있다. 그것은 이자율이나 환율 등 시장변수들의 변동성이 커진 것도 한 이유가 되겠지만 또 다른 이유는 90년대에 시작된 금융, 특히 신용파생상품의 비약적인 발전으로 구조화금융 및 구조화보험 등, 위험관리 수단들이 크게 발전된 덕분이기도 하다.

그럼에도 불구하고, 전통적인 재무이론 교과서에서는 위험관리가 그렇게 중요한 비중을 차지하지 않았다. 기껏해야 파생상품을 이용한 환율이나 이자율 위험 등, 시장(또는 체계적)위험 관리에 관한 간단한 언급이 있을 뿐, '자본관리의 틀' 안에서 자본구조와 기업 전체 위험구조(risk profile)의 상호관계를 파악하는 분석은 거의 없었다. 가장 큰 원인은 전통적인 재무학계의 관심이 주로 M&M 무관련성 명제에서 비롯된 최적재무구조 분석에 있었을 뿐만 아니라, 분산투자를 전제하는 현대 포트폴리오 이론에서는 기업의 고유 위험은 문제가 되지 않는다는 데 있었다. 또, 완전자본시장을 전제하는 M&M 세계에서는 기업이 주주들을 대신해서 위험을 관리(또는 헤징) 해 줄 필요가 없다. M&M 세계에서는 기업이나 주주 모두 동일한 위험관리(헤징) 수단을 가지고 있으므로 기업이 할 수 있는 것은 모두 주주 스스로도 할 수 있기 때문에, 기업이 직면한 위험구조를 주어진 것으로 가정해도 전혀 문제가 없었다. 따라서, 기업가치는 기업의 위험관리와는 아무런 관련이 없었다(위험관리와 기업가치의 무관련성 명제가 성립한다)[62].

5장은 자본/위험의 통합관리와 구조화금융을 이해하는데 필수적인 위험관리 도구들에 대한 본격적인 설명에 앞서 이 책을 전통적인 재무이론서들과 구분 짓는 자본과 위험의 통합관리에 관한 이론적 배경을 기술한다. 그것은 바로 기업의 자본관리가 단순히 부채와 자기자본의 구성비율 문제 이상으로 다루어져야 하는 이유가 무엇인가라는 본질적 질문에 대한 대답이다. 우리는 먼저 일반적인 기업의 위험관리전략을 위험의 자기보유, 중립화, 전가(또는 이전)의 세 측면에서 검토하고, M&M가정들을 완화시켜 가면서 기업이 위험관리를 해야 하는 동기(動機)들을 설명한다. 마지막으로 5.3에서는 위험전가, 위험자본, 그리고 자본구조와의 상호관계를 구체적인 예를 통해서 살펴본다[63].

---

62 M&M 무관련성 명제는 원래 자본구조와 기업가치의 관계에 관한 것이었지만 그 보다 훨씬 보편적인 정리로서 기업재무정책 일반에 대해서도 적용할 수 있다. 예컨대, 고정이자율 차입 대 변동이자율 차입, 원화표시 채권 대 달러표시 채권 발행 등의 선택도 M&M 세계에서는 기업가치와 무관하다.

63 우리나라에서 특히 문제가 되고 있는 재벌의 순환출자 문제를 자본과 위험의 통합관리적 관점에서 이해할 수 있는 좋은 예의 하나이기도 하다.

5.1 위험관리 전략의 선택

1장에서 우리는 위험을 유형별로 구분한 바 있는데, 이렇게 위험을 유형별로 구분하는 주목적은 적절한 기업의 위험관리 전략을 선택하기 위함이다. <그림 5.1>은 기업이 사용할 수 있는 위험관리 전략과 위험관리 수단을 종합적으로 보이고 있다. 경험법칙에 의하면 핵심위험은 기업 스스로 보유하고, 비핵심위험은 전가하거나 헤지해야 한다. 또, 위험을 전가하는 경우에도 기업이 직면한 위험가운데 보험위험 (또는 순수위험)에 대해서는 보험으로 관리하는 것이 당연하다. 그러나, 적어도 현재까지는 보험이 구조화금융과는 직접적인 연관성이 그렇게 크지 않은 관계로 (관계가 큰 구조화보험의 일부는 본서에서 다루고 있다) 이 책에서는 비보험 위험인 재무위험과 재무위험관리 수단을 중심으로 논의를 전개한다. 그러나, 기업의 위험관리, 특히 자본과 위험의 통합관리라는 관점에서는 재무이론과 보험은 결코 별개의 분야라기 보다는 서로 공유하는 부분이 매우 큰 보완관계에 있다[64].

기업은 정상적인 기업활동에서 각종 위험 (핵심 또는 비핵심, 재무 또는 비재무)을 피할 수 없다. 그러므로, 기업은 이들 위험에 대해 우선, 스스로 부담할 것인가, 아니면 다른 사람이나 조직에게 전가(轉嫁) 또는 이전(移轉)시킬 것인가, 또, 각각의 범위와 크기는 어떻게 할 것인가 등의 문제를 결정해야 하는데, 이를 우리는 기업의 **위험보유결정 (risk retention decisions)**이라 부른다. 이론적으로는 모든 위험에 가격이 존재하므로 기업이 대가 (가령, 위험프리미엄 지불, 안전장치 설치, 위험분산, 심지어는 사업포기 등과 같은)를 지불하면 일체의 위험을 제거할 수도 있다. 그러나, 기업의 목표가 기업가치 극대화에 있는 한 위험보유결정 역시 무턱대고 제거하기 보다는 비용과 편익의 비교에 기초해야 함은 물론이다.

<그림 5.1>에서 보는 바와 같이, 기업의 위험보유결정은 기본적으로 위험의 자기보유 (retain), 중립화 (neutralize), 그리고 전가 (transfer)라는 세 가지 전략에 대한 선택이다. 위험의 자기보유는 그에 따르는 손실흡수 방식, 즉 자기보유 위험에 대한 위험재무 (risk finance)와 구분해서 논의 할 수 없으며, 기업의 위험관리전략은 위험의 유형에 따라, 그리고 위험사건 (risk event) 발생의 심도와 빈도(頻度)에 따라 다를 수 있다. 보다 정확한 이해를 위해, 하나씩 구체적으로 살펴 보기로 하자.

---

64 본서는 자본과 위험의 통합관리보다는 구조화금융의 이해에 더 큰 관심을 가지고 있으므로 그림의 하단(下端)에 표시된 일부 보험 및 구조화보험 상품/솔루션에 관한 깊은 논의는 피한다. 자본과 위험의 통합관리에 관한 완벽한 논의는 구조화보험 (structured insurance 또는 alternative insurance: ART)이 보완되어야 할 것이다.

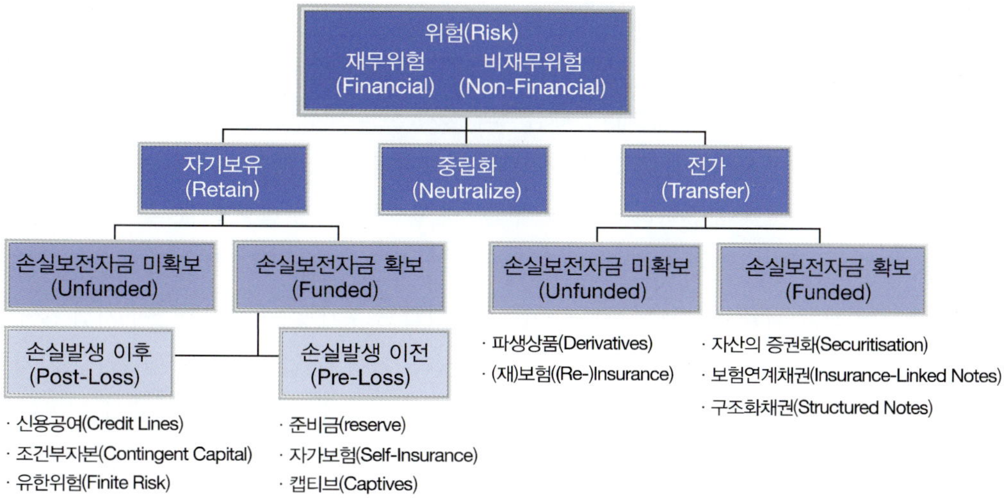

〈그림 5.1〉 위험관리 전략의 선택

5.1.1 위험의 자기보유

기업이 정상적인 영업활동 과정에서 각종 위험을 부담하고, 그로 인해 기업의 순자산가치(혹은 자본), 현금흐름 또는 이익이 영향을 받는 것은 지극히 자연스런 현상이다. **위험의 자기보유**(risk retention), 또는 **자기보유 위험**(retained risk)은 이들 위험 중, 기업이 자체 부담하기로 결정한 부분을 말한다. 자기보유 위험에는 계획된(planned) 부분과 계획되지 않은(unplanned) 부분이 있다. 계획된 자기보유 위험은 기업이 정상적인 영업활동의 일부로 간주하는 위험으로써 자신이 위험부담에 비교우위가 있다고 생각하는 위험이다. 계획되지 않은 자기보유 위험은 기업이 자신이 위험에 노출되어 있다는 사실을 전혀 몰랐거나, 알았어도 적절히 관리하지 못했을 경우 발생한다. 그러므로, 자기보유 위험이란 대개 '계획된' 보유를 의미한다.

'계획된' 위험의 자기 보유는 의도된 결정이다. 예컨대, 기업이 영업활동에서 반드시 직면할 수 밖에 없는 핵심위험이라든지, 도덕적 해이나 역선택 문제로 인한 자본조달 비용을 경감시킬 필요가 있는 경우다. 물론, 위험의 외부 전가비용이 자기보유비용을 훨씬 초과하는 경우에도 기업은 위험을 스스로 보유하기로 결정할 것이다.

자기보유 위험에 관한 결정은 기본적으로 주주들 몫으로서, 자기보유로 인한 기대이익과 비용을 비교해서 이익이 크면 위험을 자체 보유하기로 결정할 것이다. 여기서, 기대이익은 위험의 자기보유에서 오는 수익증가이고, 기대손실은 위험사건 발생으로 인한 잠재적 손해다. 보다 구체적으로 말해서, 위험의 자기보유는 흔히 보험료나 위험전가비용이 너무 크거나, 소액 손실이 자주 발생하지만 손실을 어느 정도 예측할 수 있거나, 최악의 경우라도 재정적으로 감당할 수 있거나, 또는 보험이 불가능한 경우에 발생한다. 또, 위험의 자기보유는 **부분보험**(partial insurance)에서도 볼 수 있다. 예컨대, 공제금액의 증가, 제외대상의 확대, 한도금액의 감소와 공동부담 증가 등은 모두 자기보유 위험의 증가를 가져온다.

기업이 위험을 스스로 보유한다는 것은 사실상 일종의 내부 보험으로 볼 수 있다. 기업이 발행한 자기자본과 부채, 즉 금융자본의 시장가치는 언제나 기업이 보유한 실물자산의 시장가치와 같다. 그러므로 금융자본(또는 자본구조)은 채권자와 주주와 같은 투자자들이 기업 자체에게 제공한 일종의 실물자산에 대한 보험으로 볼 수 있다. 가령, 기업이 보유한 실물자산 가치에 손실이 발생하면 그 손실을 누가 부담하게 되는가? 법적 주체 또는 법인체로서의 기업인가, 아니면 채권자와 주주 같은 투자자들인가? 당연히 후자이다. 왜냐하면 기업은 법이 정해 준 제도이지 실제로 인간이 아니기 때문이다!

5.1.2 위험재무

기업은 가능한 한, 기업의 순자산가치나 현금흐름, 또는 순이익 등의 급격한 변동을 피하고자 할 것이다. 그러므로 기업은 자체 보유하기로 결정한 위험에 대한 대비책이 있어야 한다. 이 대비책의 본질에 따라, 자기보유 위험(물론, 계획된)은 다시 '**손실보전(補塡)자금이 확보된 자기보유**(funded retention)'와 '**손실보전자금이 확보되지 않은 자기보유**(unfunded retention)'로 구분된다. 자금이 확보된 자기보유는 위험이 손실화되기 이전에 기업이 손실흡수를 위한 자금을 적립해 놓았거나, 또는 자금원(資金源)을 확보해 놓은 자기보유 위험을 말한다. 여기서 '확보'는 손실 전액 또는 일부를 모두 포함하는 의미로 사용한다.

이에 반해, 기업이 위험을 자체 보유하기로 결정했음에도 불구하고, 손실흡수 자금을 확보해 놓지 않는다는 것은 곧 손실이 발생하면 그때 가서 조달하겠다는 말이 된다. 기업이 준비해 놓은 현금적립금의 사용, 계획된 투자자금의 전용(轉用), 유가증권의 신규발행 등이 이때 동원되는 수단들이다. 이와 같이 기업이 자기보유 위험의 손실흡수에 활용하는 계약이나 구조를 모두 **위험재무**(risk finance) 또는 **손실재무**(loss finance)라 부른다. 그러나, 오늘날 순수한 의미의 위험재무만을 목적으로 하는 상품은 흔하지 않고, 대개는 위험전가적 요소를 포함한 상품들을 사용하고 있다.

한편, 자기보유 위험에 대한 손실흡수 자금의 확보도 시간적으로 손실발생 이전(pre loss)과 이후(post loss)로 구분할 수 있다. 이는 전적으로 '손실흡수 자금이 실제 현금으로 유입되는 시점'을 기준으로 하는 것이다. 이전확보(preloss funding)는 손실발생 이전에 현금유입이 이루어짐을 말하고, 이후확보(postloss funding)는 자금원과 사전교섭을 통해 손실흡수 자금은 확보해 놓은 상태지만, 현금유입은 손실발생 이후에 이루어짐을 말한다. 회사의 적립금 계정에 현금을 적립해 놓은 것이 앞의 예라면, 손실발생시 인출할 수 있는 신용공여(line of credit) 계약을 금융기관과 체결해 두는 것은 뒤의 예다(엄밀한 의미에서 신용위험이 여전히 존재한다고 볼 수 있다). 그러나, 두 경우 모두 손실은 결국 주주들의 지분에서 충당될 수 밖에 없다. 기업이 자기보유 위험사건 발생으로 인한 손실흡수 자금을 확보하든 안 하든, 또 확보가 손실발생 이전이든 이후이든, 이 사실은 변하지 않는다.

여기서 한 가지 주의할 점은 손실 후 위험재무는 자금이 확보되지 않은 위험의 자기보유와는 크게 다르다는 것이다. 위험의 자기보유는 말 그대로 기업이 보유하기로 결정한 모든 위험을 말하는 것이다. 만약 이 위험들이 손실화 되면 궁극적인 책임은 주주들 몫이다. 그러므로, 자금이 확보되지 않은 자기보유 위험의 경우, 손실이 발생하면 사전에 자금공급원이 확보되지 않은 상태이므로, 손실을 흡수할 현금이 전혀 없거나 부족하면, 기업은 유가증권을 새로 발행하든지 또는 유보이익으로 손실을 흡수할 수 밖에 없을 것이다. 이는 자금을 적립해 두었거나 자금공급자를 이미 확보해 놓은 '손실보전자금이 확보된 위험의 자기보유'와는 기본적으로 차이가 있다.

5.1.3 위험재무의 동기[65]

앞에서 우리는 자기보유 위험으로 인한 손실은 궁극적으로 주주들이 부담한다고 말한바 있다. 그렇다면, 자기보유위험에 대한 위험재무, 즉 손실흡수 자금을 확보해 두면 기업에 무슨 득(得)이 된단 말인가? 쉽게 이해되지 않을 것이다. 왜냐하면, 위험재무를 하더라도 손실발생 즉시 기업가치가 하락(주가 하락)하는 현상은 피할 수 없기 때문이다. 손실이 발생하면 그 경제적 효과는 자본시장에서 즉각 반영되어 주가하락으로 나타난다. 그러므로, 위험재무로 인한 이익이 있다면 그것은 위험재무가 기업의 미래 현금흐름이나 체계적 위험에 영향을 미치기 때문일 것이다. 이제 M&M가정들 가운데 하나, 혹은 그 이상이 성립되지 않는 경우, 즉, 현실세계에서 위험재무(위험관리의 한 방법)가 기업가치에 미치는 영향을 생각해 보자[66].

재무적 신축성의 유지: 손실 전이나 후에 관계없이, 기업이 위험재무를 하는 주된 이유는 위험

65 Culp(2006)

66 M&M 가정들이 모두 성립하는 세계에서는 기업이 위험을 보유하면서 손실 전 자금확보를 하든, 손실 후 자금확보를 하든 관계없다. 뿐만 아니라, 기업이 자금확보를 해놓든, 해놓지 않든, 이 또한 상관없다(Culp, 2006). 또 다른 재무정책 무관련성 명제의 좋은 예다.

재무를 통해서 기업이 이른바 **재무적 신축성**(financial flexibility)을 유지할 수 있기 때문이다. 재무적 신축성은 기본적으로 기업이 "만약의 경우"를 대비해 보유하는 여유(초과)현금이나 기채(起債)능력을 말한다. 기업, 특히 경영자는 손실흡수 자금이 확보되지 않은 자기보유위험으로 인한 예기치 않은 손실에 대비하거나, 또는 목표 배당의 지급이나 유지와 같은 구체적인 목표 달성을 위해 여유현금을 보유하고 싶어 한다.

뿐만 아니라, 위험재무를 통해서 기업은 기간별 현금흐름계획을 개선할 수 있다. 위험재무를 해두면, 예기치 않은 큰 손실이 발생하더라도 준비된 자금이 있으니 따로 유동성을 유지해야 할 필요가 없게 된다. 특히, 무형자산의 비중이 큰 기업의 경우, 차입에 의한 자금조달은 언제나 시간과 노력이 더 클 수 밖에 없다.

그러므로 이들 기업은 예상치 않았던 큰 손실이 발생해도 자본시장으로 달려가지 않을 수만 있다면, 응분의 대가를 지불할 충분한 용의가 있을 것이다. 실제로, 기업에게 재무적 신축성을 가져다 주는 각종 신용공급 계약에 들어가는 비용은 그렇게 크지 않다. 예컨대, 신용공여 계약의 비용은 약정수수료(commitment fee)나 표면이자율(coupon) – 선지급의 경우 – 의 형태로 지불하는 비용이 불과 몇 베이시스 포인트에 지나지 않는다[67]. 그러나, 위험재무의 목적이 재무적 신축성에만 국한된 것이라면, 기업들은 그에 대한 대가를 이마저도 지불하려 하지 않을지 모른다

역선택 비용의 경감과 신뢰성 제고: 재정적 손실이 발생하면 기업의 주식가치는 부채가치보다 더 크게 하락하므로 시장가치로 평가한 기업의 차입비율은 자동적으로 상승한다. 재무적 곤경이나 역선택 할인 등, 부채와 관련된 여러 비용을 감안할 때, 시장의 투자자들은 손실발생 직후의 신규부채 발행 공고와 그에 따른 부채비율 상승을 분명 "엄청나게 나쁜 소식"으로 받아들일 것이다.

그러나 만약 회사채 신규발행에 따른 역선택 비용의 회피가 목적이라면, 굳이 기업이 위험재무에 의존할 이유가 없다. 손실로 인해 자금이 필요한 경우, 사모(私募)발행과 같이, 회사의 사정에 대해 많은 정보를 가지고 있는 투자자들에게 채권을 발행하면 될 것이기 때문이다. 그러므로 역선택 비용을 줄이는 것만이 위험재무의 목표는 아니다.

회사는 항상 역선택 비용을 최소화시킬 뿐만 아니라, 가능한 한 시장의 투자자들에게 회사의 신뢰성을 알려줄 수 있는 방식으로 자본을 조달하려고 노력할 것이다. 신뢰도는 위험재무라는 말에서 '위험'이 위험재무 계약을 발효시키는 구속요건(拘束要件)이 될 때 더 높아진다. 흔히, 위험재무 거래에서는 자금조달(유입)이 위험사건 발효요건(risk trigger)의 효력발생과 계약상으

---

67 베이시스 포인트(basis point)는 이자율이나 수익률을 나타내는 기본단위로 1%의 1/100을 가리킨다. 즉 1 베이시스 포인트(bp)는 0.0001이다.

로 명확하게 관련되어 있다. 이는 단순히 현금을 준비금계정에 적립한다거나, 사용용도에 제한이 없거나 질권(質權) 설정이 되어있지 않은 신용공급한도 계약을 새로 체결하거나, 또는 특정 자금을 특정 손실의 보전에만 사용하겠다고 단순히 약속하는 것과는 전혀 다르다. 진정한 의미의 위험재무에서는 특정 위험손실 사건이 발생하기 이전에는 회사가 문제의 자금－이미 적립해 놓았던, 조건부던 관계없이－에 결코 접근할 수 없다.

그러므로, 위험재무는 특히 투자자들이 갖고 있는 신뢰도에 문제가 있는 기업들에게 더 유리하다. 이들 기업은 위험재무를 통해서 투자자들이 신뢰성을 갖는 현금준비금이나 조건부 준비금 또는 우발손실계정(contingent reserves)을 실제로 만드는 것이다. 위험재무가 이렇게 신뢰성을 담보하는 것은 위험사건의 종류와 인출금액의 크기 등, 회사가 자금에 손댈 수 있는 경우를 위험재무 계약에 명시하기 때문이다.

실제로, 신용한도나 특정 준비금계정이 진정한 위험재무 수단이 되지 않는 이유 중의 하나는 둘 다 계약상으로 위험사건의 발생에 의존하지 않기 때문이다. **손실준비금(loss reserves)**은 준비금계정을 만들게 된 원래 위험과는 전혀 관계없는 이유로 언제나 "없었던 일"로 될 수 있다. 마찬가지로, 신용한도도 언제나 회사가 마음대로 인출할 수 있다. 보유위험으로 인한 손실의 보전을 위해서만 인출해야 한다는 보장은 어디에도 없다. 오히려, 대부분의 신용한도 계약은 거꾸로 회사의 재무상태가 상당히 악화된 상황에서는 있던 신용한도도 인출할 수 없다는 조항을 포함하고 있다. 요컨대, 진정한 위험재무는 기업의 자금조달을 특정 위험사건의 발생에 확실하게 연계시킴으로써 자금조달에 따르는 역선택 비용을 경감시킨다.

과소투자 문제의 완화: 4장에서 우리는 새로운 사업이나 성장기회에 대한 투자자금의 내부조달이 어려우면 기업은 불가피하게 양(+)의 순현재가치를 갖는 사업도 포기할 수 밖에 없음을 보았다. 이와 같은 과소투자의 문제는, 특히 기업이 내부자금을 소진(消盡)한 직후, 즉 기업으로서는 상당히 어려운 시기에 투자가 필요한 경우 일어날 가능성이 더 크다.

과소투자는 또 재무적 곤경으로 인한 기대비용이 증가하는 경우, 발생할 가능성이 더 크다. 예컨대, 어떤 회사가 재무적으로 어려운 상황에 처하게 되면, 역선택 문제와 신용 위험에 대한 투자자들의 우려가 더욱 악화되어 자본비용을 크게 상승시키지 않고서는 회사채나 주식의 신규발행이 매우 어렵게 된다. 이는 다시 기업이 양의 NPV사업까지도 포기하도록 만들 것이다. 물론, 손실 전 손실보전자금 조달의 잠재적 이익이 기업이 재무적으로 어려운 상황에서 비싼 차입비용을 지불하면서 외부자금을 사용하지 않도록 하는데 있는 것은 사실이지만, 보다 더 큰 이익은 기업의 내부자금 고갈로 인한 외부자금 조달비용의 상승으로 기업가치를 증가시키는 투자조차 포기해야 하는 상황에서 발생한다.

예컨대, 어떤 화학제품회사가 있다 하자. 이 회사는 신제품과 관련된 상호 배타적인 세 개의 R&D사업을 검토하고 있는데, 투자비는 각각 1억 원, 2억 원, 4억 원이고, 기대현금흐름의 현재가치 총액은 각각 2억 원, 10 억 원, 4.5억 원이라 하자. [표 5.1]에서 보는 바와 같이, 이 회사는 투자비가 2억 원이고 NPV가 8 (= 10 − 2)억 원인 사업 2를 선호할 것이다.

이제, 이 회사의 당기 순이익, 감가상각비, 그리고 유보이익을 합한 잉여현금흐름이 2억 5천만 원인데, 이 회사는 화학약품 유출사고로 인한 배상책임 가능성이 있다고 하자. 만약, 유출사고가 발생하면, 회사는 1억 원을 손해배상책임으로 즉시 지급해야 한다. 그리고 유출사고 발생이 시장에 알려진 후에는 회사가 회사채나 주식을 신규로 발행할 수 없다고 가정하자.

[표 5.1] R&D투자사업 결정

단위: 억 원

	투자비	현금흐름의 현재가치	NPV
사업 1	1	2	1
사업 2	2	10	8
사업 3	4	4.5	0.5

[표 5.2]를 보면 회사가 최적 투자결정을 할 수 없음을 알 수 있다. 화약약품 유출 사고로 인한 손해배상 지급으로 내부자금이 고갈되어 회사는 8억 원의 기업가치 증가를 가져오는 투자를 포기할 수 밖에 없다. 1억 원 손해배상을 하면 1억 5천만 원이 남는데 투자비는 2억 원이 든다. 그러므로, 유출과 관련된 손해배상 위험에 대비한 위험재무는 이와 같은 과소투자 문제의 해결에 도움이 된다. 손실 전이던 후이던 상관없이 손해배상 예상금액 1억 원을 확보해 두었더라면, 회사는 양의 NPV사업을 추진하는데 아무런 어려움이 없었을 것이다. 물론, 위험재무로 인한 이익의 원천은 앞에서 언급한 여러 가지 이유로 손실발생 후에 기업이 시장가격으로 차입할 수 없다는데 있다.

[표 5.2] R&D 투자사업의 선택

단위: 억 원

시나리오	잉여현금흐름	사업선택	투자비	NPV
유출사고	1.5	1	1	1
무사고	2.5	2	2	8

5.1.4 위험의 중립화

기업이 외부의 도움을 받지 않고, 독자적으로 위험에 대한 노출을 감소 또는 제거시키는 것을 우리는 **위험의 중립화**(risk neutralization)라 부른다. 이 경우, 기업은 위험을 외부에 전가시키는 대신 스스로 보유하기로 결정한 것이 사실이지만, 그 밖의 다른 조치들을 취함으로써, 위험으로부터 발생하는 손실을 피하게 된다. 즉, 위험을 무력화시킨 것이다. 기업은 기본적으로 다음과 같은 두 가지 서로 '다른' 조치들을 취할 수 있다.

손실의 예방 및 통제: 기업이 통상적인 영업활동 과정에서 피할 수 없는 위험을 자체 부담하고 싶지 않을 경우, 언제나 취할 수 있는 한 가지 방법은 손실위험 자체를 경감시키는 것이다. **위험경감**(risk reduction)은 기업이 독자적으로 여러 가지 위험발생에 대한 예방 및 통제 활동을 통해, 예기치 않은 손실이 발생할 확률을 감소시키거나, 혹은 손실의 정도를 약화시키는 과정으로 정의할 수 있다. 예컨대, 스프링클러 설치는 화재로 인한 손실을 감소시킬 것이고, 투자적격 등급제한제도 같은 것은 연기금의 신용위험으로 인한 손실 위험을 감소시켜 줄 것이다. 손실예방/통제 방법은 위험의 유형과 잠재적 위협에 따라 다양한 형태를 취하지만 대개 초기 투자와 유지비용 부담이 발생한다. 예컨대, 스프링클러 시스템에 대한 초기 설치비용 지출과 직원교육 등이다.

위험의 통합: 여러 종류의 위험을 한 군데로 모아서 전체 위험을 감소시키는 것을 **위험의 통합**(risk consolidation)이라 부른다. 위험의 통합이 총위험을 감소시키는 이유는 통합에 따른 **위험 분산효과**(diversification effect) 때문이다. 예컨대, 농부가 가뭄에 강한 작물과 약한 작물을 같이 키우면, 여름내 날씨가 가물어도 가뭄으로 인한 손해는 작아 질 것이다.

설사 위험분산효과가 그리 크지는 않더라도, 위험의 통합은 기업에게 도움을 준다. 특히, 기업은 여러 사업의 포트폴리오라 볼 수 있다. 설사 개별사업의 손실확률분포가 정규분포(normal distribution)가 아니더라도, 사업의 수가 충분히 크면, **중심극한정리**(central limit theorem)에 의해 사업 포트폴리오의 기대손실은 정규분포를 따르게 된다. 따라서 기업 전체로 볼 때, 예측치의 불확실성이 감소되어, 위험관리, 투자결정, 보험료율 결정 등에 큰 도움을 주게 된다.

5.2 위험의 전가

5.2.1 위험전가 계약의 유형과 자기자본

위험전가(risk transfer)는 위험의 불리한 결과, 즉 손실을 기업의 주주로부터 하나 또는 여러 다른 기업의 개인이나 주주들에게 이전시키는 과정을 말한다. 이때, 이전되는 위험의 유형은 체계적 또는 비체계적, 재무 또는 비재무, 핵심 또는 비핵심 여부와 관계없이 계약 당사자들이 합의하는 모든 위험을 다 포함한다.

위험전가 계약의 유형: 위험전가 계약의 형태는 매우 다양하다. 가장 간단한 형태는 문제의 위험자산을 간단히 매각하거나 부채를 상환해버리는 것이다. 그러나, 자산을 매각하면 문제의 위험뿐만 아니라, 기타 다른 위험들과 수입도 동시에 자산 매입자에게 이전된다. 그러므로, 위험관리가 목표라면, 기업은 기업가치, 현금흐름, 이익 등이 감소하는 상황에서 그와 반대로 움직이는(증가하는) 계약을 가지고 있으면 될 것이다. 일반적으로 이런 유형의 위험전가 계약은 첫째, 실손배상(實損賠償)인가 또는 시장변수의 변화에 따르는가, 둘째, 책임한계(limitation of liability)는 무엇인가, 셋째, 손실흡수 자금이 확보된 것인가(funded) 또는 확보되지 않은 것인가(unfunded), 등의 차원에서 구분할 수 있다.

먼저, **실손배상계약**(indemnity contract)은 기업이 실제로 입은 경제적 손실만을 환불해주는 계약을 말한다. 실손배상계약은 대체로 분산이 가능한 기업 고유위험의 헤지수단으로 활용한다. **시장변수계약**(parametric contract)은 자산가격, 이자율, 환율, 지수 등 시장변수들의 변동에 따라 현금흐름이 결정되는 계약을 말한다. 시장변수계약은 흔히 분산이 불가능한 체계적 위험의 헤지수단으로 사용한다. 보험은 실손배상계약의 전형적인 예라 할 수 있고, 파생상품은 시장변수계약을 대표하는 계약이다.

둘째, 책임한계의 문제로서, 보험의 경우 기업은 원칙적으로 보험을 통해서 이익을 보아서는 안되지만, 새로운 채무를 발생시켜서도 안 된다. 손해배상계약의 최대지급액은 계약구입자의 실제 손실금액이므로, 최선의 결과는 손해도 이익도 없는 수지균형이다. 마찬가지로, 최소지급액은 영(零)이므로 계약 자체가 유한책임계약이어서, 계약의 구입자는 나중에 상대방에게 추가로 돈을 지불하지 않아도 된다. 그런 의미에서 보험은 옵션계약과 유사하다.

셋째, 손실흡수 자금이 완전히 확보된 위험전가 계약이란 상대방의 부도 또는 이의제기로 인한 채무불이행 위험으로부터 완전히 보호된 계약을 말한다. '완전히 확보되지 않은 위험전가' 계약은 **조건부지급계약**(contingent payment obligations)과 같이, 계약 이행이 계약 상대방의 의지와 능력에 의존하게 된다. (재)보험은 거의 대부분 손실흡수 자금이 확보되지 않은 계약이고, 파생상품은 일반적으로 확보되지 않았거나, 또는 담보나 기타 신용보강을 통해 부분적으로 확보된 계약이다. 완전히 확보된 위험전가계약은 구조화 채권(structured notes)이나 위험자산의 매각 등이다.

위험전가 계약(또는 솔루션)에 대한 손실흡수 자금확보 문제의 중요성은 단지 계약에 대한 신용위험 문제에만 국한되는 것이 아니다. 손실흡수 자금의 확보 여부는 위험전가자의 현금흐름과 자금계획 전체에 영향을 준다. 다음에 보게 되겠지만, 기업은 위험부담의 증가를 신규주식 발행 대신 손실흡수 자금이 확보되지 않은 위험전가를 통해서도 해결할 수 있다. 물론, 이 경우에는 신규 주식발행과 달리, 신규자본의 유입이 없으므로 기업의 자본구조에만 영향을 미칠 뿐, 유동성이나 자금조달계획에는 아무런 영향이 없다.

위험전가와 자기자본: 1990년대 초까지만 하더라도 기업경영자들은 위험관리는 대강 대규모 손실에 대비한 자기자본만 충분히 가지고 있으면 된다고 생각하고 또 그렇게 행동했다. 틀린 말은 아니다. 자기자본이 충분하다면 굳이 비용을 들여서 위험관리 시스템을 유지할 필요가 그렇게 절실하지 않을 수도 있다.

위험전가와 자기자본은 위험관리라는 측면에서는 기본적으로 별 차이가 없다. 기업의 자기자본비율이 높으면 그만큼 재정적인 어려움, 특히 대규모 손실로 인한 파산위험에 처할 가능성이 줄어들 것이고, 기업에게는 파산위험을 제3자에게 전가한 것과 별반 다를 게 없을 것이다. 그러나, 위험이 회사의 생사(生死)문제가 걸린 결정적인 것이 아니고, 정상적인 기업활동에서 일상적으로 발생하는 이익이나 현금흐름의 변동성 같은 경우는 어떤가? 이 경우에도, 신규 주식발행을 통해 값비싼 자기자본을 증가시키는 것이 도움이 될 것인가? 혹, 도움이 된다 하더라도 그 비용이 지나친 것은 아닐까?

이와 같이 위험을 경감시켜준다는 점에서 위험전가와 자기자본이 유사한 기능을 하는 것은 사실이지만, 위험전가는 본질적으로 신주발행(자기자본)보다 더 "외과수술"에 가깝다고 할 수 있다. 물론, 기업은 자기자본을 증가시켜 예상치 못한 손실을 흡수할 수 있다. 그러나, 이때 자기자본이 흡수 또는 보전(補塡)해 주는 손실은 위험의 크기나 본질－예컨대, 핵심 또는 비핵심－에 관계없이 그야말로 어떤 위험이던 관계없다. 이에 반해, 위험전가를 통해서 기업은 손실의 크기나 위험의 유형 등을 보다 구체적으로 선택할 수 있다. 요컨대, 기업은 파생상품이나 보험 등을 이용해서는 매우 선택적으로 위험을 전가할 수 있지만, 신규 지분투자자들에게는 그렇게 할 수 없다는 말이다.

5.2.2 위험전가의 동기[68]

앞에서 말했듯이, 자본시장이 완전한 경우 기업가치는 자본구조뿐만 아니라, 헤징이나 보험구입과 같은 위험관리와도 전혀 관련이 없다. 이유는 간단하다. 이 경우, 주주들은 기업을 통하지 않고서도 위험을 스스로 관리할 수 있기 때문이다. 가령 포항제철을 생각해 보자. 포철은 여러 종류의 철강제품을 생산하지만, 자동차회사(박판)와 조선회사(후판)는 포철의 주요고객이다. 포철의 주주들은 포철의 현금흐름과 자산가치가 박판(薄板)과 후판(厚板)의 가격에 직결되어 있음을 알고 있을 것이다. 판재류(板材類)가격이 상승하면 포철의 영업이익도 증가할 것이고 하락하면 감소할 것이다. 완전자본시장에서는 정보가 대칭적이므로, 주주들도 포철의 경영자와 다름없이 철강 판재류 가격의 변동이 포철의 현금흐름이나 이익, 또는 주가에 미치는 영향을 정확히 알고 있다. 또, 완전자본시장에서는 누구나 동일한 조건으로 거래할 수 있으므로, 포철의 주주들은 개인적으로도 자본시장에서 포철과 동일한 조건으로 거래할 수 있다.

완전자본시장에서는 실물투자결정이 일단 주어진 것으로 가정한다. 따라서, 포철의 주주들은 포철의 투자결정과 회사의 박판과 후판의 가격변동성 위험에 대한 노출을 보고 포철 주식을 투자포트폴리오에 포함시킬 것인가를 결정한다. 만약, 포철의 판재류 가격변동 위험에 대한 노출상태가 자기들 생각과 달리 너무 크다면, 그들은 자동차 주식과 조선회사 주식을 매입해서 포철의 주주로서 자신들이 부담하고 있는 판재류 가격변동 위험을 간단히 상쇄시킬 수 있을 것이다. 물론, 포철의 판재류 가격 위험에 대한 노출이 자신들의 생각과 같을 경우에는 계속 보유하면서 늘 해오던 대로 그들이 가지고 있는 포트폴리오의 고유위험만 분산시키면 된다. 어쨌든, 두 경우 모두 철강판재류 가격변동 위험의 관리는 주주들이 한 것임엔 틀림이 없다. 굳이, 포철이 주주들을 위해서 판재류 가격변동 위험을 관리해 줄 필요가 없다.

그러므로, 기업이 위험관리를 통해서 기업가치를 증가시킬 수 있는 것은, 하나 혹은 그 이상의 M&M 가정들이 성립하지 않는 경우다. 그러나, 그 경우에도 기업의 경영자가 기업가치극대화를 목표로 하는 한, 기업가치를 증가시키려면 위험이전이 기업의 기대현금흐름을 증가시키거나, 또는 자본비용을 감소시킬 수 있어야 함은 물론이다. 전자는 위험이전이 기업의 세금을 절약시켜 주든지, 투자결정에 영향을 주든지, 아니면 기업이 개별투자자들보다 더 작은 비용으로 위험이전을 수행할 수 있어야 함을 의미한다. 후자는 위험이전이 단순한 현금흐름의 불확실성 감소 자체가 아니라 체계적 위험의 감소에 있음을 의미한다.

한 가지 유의해야 할 점은 위험전가의 이익에 관한 논의에서는 위험관리의 이익을 극대화하려면 위험관리의 목표가 자본가치의 유지냐, 장부상의 이익이냐, 또는 현금흐름 (유동성)이냐에

68 Culp(2006)

따라 위험관리 전략도 달라진다는 것이다. 이를 염두에 두면서, 위험관리, 특히 위험 전가의 이익을 구체적으로 생각해 보자.

세금 절약: 법인세율이 누진적이어서 기업의 이익이 증가함에 따라 한계세율이 계속 상승하는 구조에서는 헤징을 통한 위험관리는 법인세 평균부담을 경감시켜 기업의 기대현금흐름을 증가시킨다. 이는 **젠센의 부등식 (Jensen's inequality)**에 의해 수식으로 간단히 증명되지만, 그 보다는 상식적인 설명이 더 쉽다[69]. Y축에 법인세, X축에 (세전)이익을 표시하고 법인세 함수를 보이는 아래로 볼록한 우상향(右上向) 곡선을 머리 속에 그려보자 (<그림 5.2> 참조). 그리고, 이익증가에 따른 법인세 증가를 생각해보자. 이익이 증가하면 법인세도 증가하고 이익이 감소하면 법인세도 감소한다. 이제, 동일한 액수의 이익 증가와 이익 감소를 함께 생각해 보자. 이익 증가에 따른 법인세 증가가 더 큰가, 아니면 이익 감소에 따른 법인세 감소가 더 큰가? 따라서, 동일한 액수의 이익이 증가하고 감소하는 경우, 기업의 평균적인 법인세 부담은 증가한다. 그렇다면 이익의 변동위험을 전가시켜 회사의 이익을 안정시키는 것이 법인세 증가를 피하는 길이 아닌가?

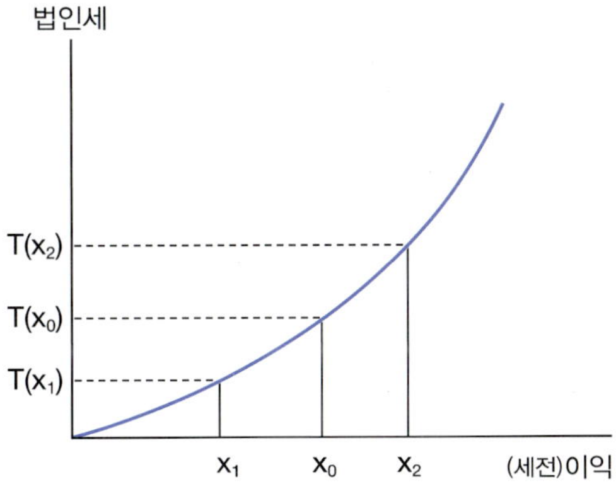

〈그림 5.2〉 법인세 함수와 (세전)이익

재무적 곤경으로 인한 기대비용의 감소: 기업이 재무적 곤경에 처하면 여러 가지 비용이 발생하게 되는 것은 앞에서 보았다. 따라서, 기업은 자신을 재무적으로 곤경에 처하게 하거나, 심지어는 파산에 이르게 할 수도 있는 거대손실 (catastrophic loss)에 대비해 헤징도 하고 보험도 구입함으로써 재무적 곤경에 처하게 될 가능성을 감소시킬 것이다. 특히, 파산위험을 줄이기

---

69 세전이익을 X_1, X_2 ($X_1 < X_2$)라 하고, X_1이 나타날 확률을 p라 하자. 기업이 비용 C로 헤지하면 이익을 $X^* = E(X) = pX_1 + (1-p)X_2$로 고정시킬 수 있다고 가정하자. 세금함수를 $T(X_j)$라 하고 $T(X) \geq 0$, $\frac{\partial T}{\partial X} > 0$, $\frac{\partial^2 T}{\partial X^2} > 0$, $\forall X$라 하자. 그러면, Jensen의 부등식에 의해, $T[pX_1 + (1-p)X_2] < pT(X_1) + (1-p)T(X_2)$다. 따라서, $-T(X^*) + E[T(X)] > C$인 한, 헤징은 기업가치를 증가시킨다.

위해 파산위험을 전가하는 기업은 핵심은 물론 비핵심 위험에 대한 노출까지도 관리할 것이다. 왜냐하면, 이 경우 위험전가의 목표가 자본가치 또는 순자산가치의 보호에 있기 때문이다.

과소투자의 완화: 예컨대, 양(+)의 순현재가치를 갖는 사업이 있다 하자. 위험관리체제를 갖추지 않은 기업은 이 사업을 기각하는데, 갖추고 있는 기업은 수락한다면 위험관리의 이익은 분명하다. 양(+)의 순현재가치를 갖는 사업을 기각하게 되는 이유들 가운데 하나는 Myers가 말하는 과잉채무(또는 과다부채)다. 기업의 부채가 과다한 경우, 주주는 순현재가치가 양인 사업을 기각할 수 있다. 이를 '과다부채로 인한 과소투자'라고도 부르는데, 이 과소투자의 문제는 헤징이나 보험을 통해 기업의 담채능력이 증가되고 실질적인 부채가 감소하면 상당히 완화될 수 있을 것이다.

과소투자는 또 신규투자를 위한 기업의 현금흐름이 고갈되고, 재무적 곤경으로 인한 비용이 너무 커서 유가증권(특히 부채)의 신규발행이 불가능한 경우에도 발생한다. 그러므로, 기업은 NPV가 양인 사업은 모두 수락할 수 있을 정도로 내부자금을 충분히 보유하기 위해 현금흐름 변동 위험을 헤지할 수도 있다.

자산대체 감시비용의 경감: 기업의 경영자가 채권자보다는 주주이익의 보호에 대한 관심이 더 크고, 채권의 여러 제약조항(bond covenants)과 같은 감시장치가 부실할 경우, 그들은 채권자들의 이익을 희생시켜 주주들의 이익을 증가시키는 고위험 투자사업을 추진할 가능성이 크다. 이 경우, 기업이 위험관리 체제의 구축을 통해 이미 고위험 사업의 순현금흐름 위험을 헤지하고 있다면, 경영자들이 채권자들의 희생을 통해 주주들이 이익을 보는 고위험 투자사업을 추진 할 동기가 그만큼 약화될 것이다.

경영자의 과도한 위험회피 성향 완화: 일반적으로, 전문경영자의 소득이 대부분 회사에서 받는 금전적인 보상에 달려있는 경우, 만약 경영자가 과도한 회사 의존에서 오는 위험을 독자적으로 분산시킬 수 없다면, 그가 내리는 투자결정은 자연히 보수적이 될 수 밖에 없을 것이다. 회사가 파산해선 안되므로 그는 설사 기업가치를 증가시키는 사업이라도 위험이 크면 기각하고 볼 것이다. 이는 또 다른 유형의 과소투자문제다. 이때, 기업이 헤징이나 **대재해위험보험(catastrophic risk insurance)** 등을 통해 파산의 위험을 전가시키면 전문 경영자에 의한 과소투자문제 해결에 도움이 될 것이다.

역선택비용의 경감: 기업은 유가증권을 발행할 때, 정보의 비대칭성과 그에 따른 역선택문제로 인해 흔히 할인된 가격으로 발행해야 한다. 기업이 이와 같은 역선택 비용을 감소시키는 최선의 방법은 아예 유가증권을 발행할 필요성 자체를 소멸 또는 감소시키는 것이다. 위험전가가

바로 그 해답이다(물론, 기업은 위험재무를 통해서도 같은 목적을 달성할 수 있다).

그 밖에 기업은 헤지나 보험을 통해 이전시킬 수 있는 위험으로 인해 발생하는 역선택비용은 헤지나 보험을 이용한 위험전가를 통해 감소시킴으로써 자본비용을 감소시킬 수 있다. 예컨대, 국내 건설사들이 이라크나 두바이 등 중동지역에 에너지개발사업을 위해 유가증권을 발행할 경우, 투자자들은 기후, 테러, 전쟁 등의 위험에 대한 걱정을 많이 하게 될 것이다. 이 경우, 건설회사는 이들 위험에 대한 보험을 구입하거나 헤징을 통해서 투자자들의 걱정을 덜어줄 수 있을 것이다.

뿐만 아니라, 헤징과 보험구입을 통해 기업은 재무적 곤경으로 인한 비용의 최소화를 위해 보유해야 하는 자기자본을 감소시킨다. 위험전가를 하지 않아서 자기자본이 그 만큼 더 필요하게 되고, 이를 유상증자를 통해 조달해야 한다면 기업은 역선택 비용을 지불할 수 밖에 없다.

비공개기업에 대한 합성위험분산: 비공개기업에서는 대부분의 경우, 주주들이 회사의 고유위험을 완벽하게 분산시킬 수 없다. 뿐만 아니라, 주주들은 재산의 대부분이 그 기업에 투자되어 있으므로, 개인적으로 잘 분산된 포트폴리오를 보유할 수도 없다. 기업의 헤징은 비공개기업의 주주들에 대한 고유위험의 영향과 자본비용을 감소시킬 수 있다. 기업이 주주들을 대신해서 위험을 분산시켜준다는 의미에서 이를 **합성위험분산**(synthetic diversification)이라 부른다.

위험자본보유 필요성의 감소: **위험자본**(risk capital)은 특정 위험에 대비하거나 특정 포트폴리오의 수익을 보장하기 위해 기업이 준비해 놓은 금융자본을 말한다. 즉, 위험자본은 특정 사업이나 자산 또는 부채포트폴리오의 가치감소에 대비해 손실준비금(loss reserves) 계정에 적립해 놓은 현금 등을 가리킨다.

위험자본과 위험자본의 배분은 금융사업을 하지 않는 기업에게는 그리 문제가 되지 않는다. 이들 기업은 일반적으로 금융기업과 달리 금융자본보다는 기업가치나 이익, 또는 현금흐름을 안정적으로 유지하는 것이 주요 관심사다. 그렇다 하더라도, 위험전가와 기업의 위험자본은 기업의 자본가치를 유지, 보호해 준다는 측면에서는 거의 같은 기능을 한다. 기업이 위험을 전가시켜 자기보유 위험을 감소시키면 기업의 위험자본 보유 필요성 또한 그만큼 감소할 것이기 때문이다.

5.3 자본 및 위험의 통합관리: 예

위험자본(risk capital)이란 무엇인가? 그것은 위험관리 또는 위험전가와는 어떤 관계인가?

위험전가와 위험자본은 금융자본의 가치를 유지한다는 측면에서 유사한 기능을 한다고 볼 수 있다. 이제, 기업이 자본관리와 위험관리를 분리할 수 없는 이유를 예를 통해서 이해해 보자.

A라는 투자회사는 파산위험이 전혀 없는 B은행의 100퍼센트 자회사다. A는 지금 채권시장에서 액면가 1억 원(또는 100백만 원)인 대출채권(債權)을 매입하려 한다. 이 채권의 남은 만기는 1년이고, 일년 후 원금과 20%의 이자를 지급한다. 그러므로, 만약 채무불이행 사태가 발생하지 않는다면, 일년 후, 투자회사 A는 120백만 원을 원리금으로 받는다. 그러나 이 대출채권은 차입자가 채무상환의무를 이행하지 못할(또는 하지 않을) 위험이 있는 위험채권(債權)이다. 이 대출채권의 시장가격이 100백만 원이고, 무위험 이자율은 연 10%라 하자. 대출채권의 회수는 전액회수, 전액회수불능, 그리고 75% 회수 등 세 가지 가능성이 있다고 하자[70].

5.3.1 신용위험의 외부 전가

투자회사 A가 무위험채권(債券)을 발행해서 대출채권을 매입한다고 하자. 무위험이자율이 10%이므로 1년 후, A는 원리금 상환을 위해 110백만 원이 필요하다. 무위험채권을 발행했으므로, A는 채권의 원리금상환을 보장해야 한다. 두 가지 방법이 있다. 하나는 매입한 대출채권에 대해 외부로부터 신용보험이나 금융보증을 구입하는 것(외부신용보강)이고, 다른 하나는 A의 모회사인 B은행이 보증하는 것(내부신용보강)이다.

[표 5.3] 투자회사 A의 회계적 재무상태표와 경제적 재무상태표: 외부신용보강

[a] 회계적 재무상태표

단위: 백만 원

자산		부채와 자기자본	
대출채권(債權)	₩ 100	무위험채권(債券)	₩ 100
보증	₩ 5	자기자본	₩ 5

[b] 경제적 재무상태표

단위: 백만 원

자산		부채와 자기자본	
대출채권(債權)	₩ 100	무위험채권(債券)	₩ 100
보증	₩ 5	자기자본	₩ 5

먼저, A가 신용보험(또는 금융보증)을 외부에서 구입하는 경우를 보자. 보험료가 5백만 원,

70 Culp(2006) 참조.

한도액이 110백만 원이라면, 매입한 대출채권과 신용보험이 함께 A가 발행한 무위험채권 투자자들에게 원리금상환을 전액 보장해 준다. [표 5.3]은 이 경우, A의 경제적 재무상태표와 회계적 재무상태표를 보이고 있다. 그림에서 보는 바와 같이, 이 경우 회계적 재무상태표와 경제적 재무상태표는 차이가 없다. 두 경우 모두 자산은 매입한 대출채권 100백만 원과 5백만 원 주고 매입한 신용보험의 보증이다. 부채는 100백만 원짜리 무위험채권이고 자기자본은 모회사인 B은행이 신용보험 구입을 위해 현금으로 출자한 지분 5백만 원이다.

[표 5.4]는 대출채권의 회수에 관한 세 가지 가정에 대해서, 일년 후 투자회사 A의 현금흐름을 보이고 있다. 보증부 대출채권(guaranteed loan)은 대출채권 120백만 원 가운데 상환이 보장된 원리금 상환액을 말한다. 채무불이행 사태가 발생하지 않으면, A는 120백만 원을 원리금으로 지급받는다. 여기서 110백만 원은 무위험채권 투자자들에게 지급하고 나머지 10백만 원은 유일한 주주인 모회사 B은행 몫이다. 전액 회수불능이나 부분회수, 두 경우 모두 금융보증회사는 110백만 원까지만 지급한다. 그러므로 A의 채권자는 전액 상환 받지만 주주 몫은 한 푼도 없다. 요컨대, 외부신용 보장자는 모든 신용위험을 부담하고, A의 유일한 주주인 B은행은 신용보장 구입비용만 부담한다.

[표 5.4] 1년 후 투자회사 A의 현금흐름: 외부신용보강

단위: 백만 원

	자산			부채와 자기자본	
시나리오	대출채권(債權)	보증	보증부 대출채권(債權)	무위험채권(債券)	자기자본
전액회수	₩ 120	₩ 0	₩ 120	₩ 110	₩ 10
부분회수	₩ 75	₩ 35	₩ 110	₩ 110	₩ 0
파산	₩ 0	₩ 110	₩ 110	₩ 110	₩ 0

5.3.2 신용위험의 모회사 보증

위에서처럼 투자회사 A는 시가 100백만 원인 대출채권을 액면가 100백만 원인 무위험채권(債券)을 발행해서 매입한다. A가 발행한 채권이 무위험채권이므로, A는 채권투자자에게 채권의 안전성을 보장해야 한다. 이 경우에는 A의 모회사인 B은행 (B은행은 파산위험이 전혀 없다)이 원리금상환을 보장해 준다. 즉, 모기업이 자회사에게 사실상의 보험을 제공하는 것이다. 이 경우, 신용위험의 부담은 모기업인 B은행 몫이다. 만약 대출채권 전액이 회수불능이 되던지, 혹은 부분회수만 이루어지면, B은행은 원리금 상환액 110백만 원과의 차액을 A에게 지급해줘야 한다.

[표 5.5]의 (a)에 표시된 회계적 재무상태표에는 모기업의 신용보강이 자산으로 기록되어

있지 않다. 그 이유는 이 경우에는 모기업이 현금으로 지분출자를 할 필요가 없기 때문이다. 서류상으로 보증해 주면 그 뿐이다. 그러나 [표 5.5]의 (b), A의 경제적 재무상태표에는 모기업의 보증이 양변에 모두 기록되어 있다. 보증이 경제적으로 회사의 자산으로 간주되는 것은 쉽게 이해 할 수 있다. 그러나, 기본적으로 신용보강을 일종의 자기자본으로 간주한다는 것은 쉽게 이해되지 않을 것이다. 직관적인 설명은 위험자산에 대한 신용보강은 신용위험을 흡수하는 자기자본 또는 위험자본의 필요성을 그 만큼 감소시킬 것이라는 데서 찾을 수 있다. 실제로, Merton과 Perold(1993)는 신용보강 또는 신용보증을 위험자본이라 부른다. 명칭이야 어쨌든 여기서 신용보강의 가치가 5백만 원이라는 것은 어떻게 알 수 있는가?

[표 5.6]의 각 유가증권 보유자들에 대한 현금흐름이 해답이다. 여기서, A의 유일한 주주인 B은행에 대한 수익을 말해주는 표의 맨 오른 쪽 열은 10백만 원, 0원, 0원으로 [표 5.4]의 외부신용보강의 경우와 같다. 외부신용보강의 경우 B는 5백만 원의 지분투자를 해서 신용보험을 구입했다. 따라서, B의 A에 대한 신용위험보증(또는 위험자본)의 가치는 5백만 원으로 볼 수 있다.

[표 5.5] 투자회사 A의 회계적 재무상태표와 경제적 재무상태표: 모회사의 내부신용보강

[a] 회계적 재무상태표

단위: 백만 원

자산		부채와 자기자본	
대출채권(債權)	₩ 100	무위험채권(債券)	₩ 100

[b] 경제적 재무상태표

단위: 백만 원

자산		부채와 자기자본	
대출채권	₩ 100	무위험채권	₩ 100
모회사보증	₩ 5	신용보강(자기자본)	₩ 5

[표 5.6] 1년 후 현금흐름: 내부신용보강

단위: 백만 원

	자산			부채와 자기자본	
시나리오	대출채권(債權)	보증	보증부 대출채권(債權)	무위험채권(債券)	자기자본
전액회수	₩ 120	₩ 0	₩ 120	₩ 110	₩ 10
부분회수	₩ 75	₩ 35	₩ 110	₩ 110	₩ 0
파산	₩ 0	₩ 110	₩ 110	₩ 110	₩ 0

5.3.3 채권투자자에 의한 신용보험

마지막으로, 투자회사 A가 시가 1억 원인 대출채권을 액면가 1억 원인 위험채권(債券)을 발행해서 매입한다. A가 발행한 채권이 위험채권이므로, A가 발행한 채권의 수익률은 무위험채권보다 더 높아야 한다. 그러므로, 이 채권의 발행가격 또는 시장가격은 액면가 이하이어야 할 것이다. 가령, 할인액을 D원이라 하자. 그러면, 채권발행으로 A는 대출채권 매입에 필요한 1억 원 보다 D원 적은 (1−D)억 원 만 조달할 수 있다. A가 부족한 금액 D원을 모회사인 B은행에게 신주발행을 인수시켜서 해결한다고 가정하자.

[표 5.7]은 채권회수와 관련된 세 경우에 대한 투자회사 A에 대한 채권자와 주주의 현금흐름을 보이고 있다. 예컨대, 부분회수의 경우, 대출채권의 회수금액이 7천 5백만 원이므로 채권자는 7천 5백만 원만 지급받을 수 밖에 없다. 주주들의 지분투자에 의한 신용보험도 없고 모회사의 보증도 없기 때문이다. 그러나, 이 7천 5백만 원을 A가 발행한 위험채권 투자자의 입장에서 1억1천만 원의 무위험채권과 A의 자산손실 3천 5백만 원에 대한 보험금지급의 결합으로 볼 수는 없는가? 그렇게 보면, 위험채권의 발행을 통한 자금조달의 경우는, 보험회사를 포함한 보증회사나 주주가 아니라, 채권자가 자산손실에 대한 보험을 제공한 셈이다. 즉, 이번에는 A의 위험채권을 매입한 투자자들이 신용위험을 부담한 것이 다를 뿐, A의 자산인 대출채권은 앞의 두 경우에서와 마찬가지로 항상 100퍼센트 신용위험으로부터 보장된다 (표들의 네 번째 열을 비교해 보라).

[표 5.7] 투자회사 A의 1년 후 현금흐름: 위험채권 발행

단위: 백만 원

시나리오	자산			부채와 자기자본	
	대출채권(債權)	보증	보증부 대출채권(債權)	위험채권	자기자본
전액회수	₩ 120	₩ 0	₩ 120	₩ 110	₩ 10
부분회수	₩ 75	₩ 35	₩ 110	₩ 75	₩ 0
파산	₩ 0	₩ 110	₩ 110	₩ 0	₩ 0

뿐만 아니라, [표 5.7]에서 A의 모회사에 대한 현금흐름은 신용보험 구입이나 모회사 재정보증의 경우와 정확히 일치한다 (표들의 마지막 열을 비교해 보라). 따라서, 이 경우에도 초기의 자기자본가치는 5백만 원이 될 수 밖에 없고, 채권의 가격은 9천 5백만 원이 된다. 채권의 만기수익률은 전액 회수시 1억 1천만 원을 받으므로 9천 5백만 원 대비 무위험수익률 10% 보다 높은 15.8% (= 110/95 − 1)가 될 것이다.

[표 5.8] 투자회사 A의 회계적 재무상태표와 경제적 재무상태표: 위험채권발행

[a] 회계적 재무상태표

자산		부채와 자기자본	
대출채권	₩ 100	위험채권	₩ 95
		자기자본	₩ 5

[b] 경제적 재무상태표

자산		부채와 자기자본	
대출채권	₩ 100	위험채권	₩ 100
보험	₩ 5	신용보강	₩ 5

[표 5.8]의 (b)에서 경제적 자산인 보험은 위험채권 투자자들이 제공한 A의 자산손실에 대한 보험이다. 그리고 채권은 장부가격이 9천 5백만 원인데 반해 경제적 가치는 1억 원이다. 이 차이는 기본적으로 채권자들이 회사에 매도한 자산보험, 즉 채권자들이 제공한 위험자본에 대해 채권자들이 요구하는 보험 프리미엄으로 보면 된다. 이 경우에도 채권자들이 제공한 신용보강은 일종의 자기자본으로 간주될 수 있음은 물론이다.

세 경우가 모두 자본과 위험에 관해 기본적으로 같은 결과를 보이고 있다. 회사의 자산은 항상 100% 담보된다. 차이라면 담보가 보험이나 파생상품 구입과 같이 위험을 외부로 전가시켰느냐 또는 내부적으로 회사의 투자자들에게 전가시켰느냐 하는 차이일 뿐이다.

제 6 장

신용보험과 금융보증

앞장에서는 일반론적인 관점에서 위험 일반에 대한 관리전략을 기술했다. 구조화금융에서는 신용위험이 가장 중요한 역할을 하게 되므로 신용위험과 신용위험관리는 기본 개념을 철저히 이해할 필요가 있다.

신용위험(credit risk)이란 기본적으로 약속한 금액을 지급하지 못하거나 약속한 상품을 인도하지 못하게 되는 채무불이행 위험(default risk)과, 채권등급의 변동(migration) 및 강등(downgrade), 그리고 채권스프레드 위험(spread risk)의 증가와 같이 투자자들에게 채무불이행 위험에 대한 우려를 증폭시켜서 자산 가치의 감소를 초래하는 위험을 말한다.

신용위험은 두 가지 측면에서 **신용보험**(credit insurance)이나 **금융보증**(financial guaranties)과 같은 재무계약의 가치에 영향을 미친다. 하나는 기초자산(underlying asset)으로서의 역할이다. 이는 신용보장 매입자에 대한 금융계약의 보장지급 시기와 지급금액의 크기가 신용사건의 발생에 의해 결정됨을 말한다. 다른 하나는 **상대방 위험**(counter party risk)을 가리키는 것으로서, 이 경우는 금융계약에 대한 신용보장 매도자의 채무불이행 위험을 뜻한다.

예컨대, '홍길동'이 '신 보험'으로부터 '임꺽정'의 채무불이행 위험에 대한 신용보장을 매입했다고 하자. 이 경우, 홍길동에 대한 '신 보험'의 보험금 지급액은 임꺽정의 채무불이행 위험에 달려있다. 그런 의미에서 신용위험을 파생상품의 가격을 결정하는 기초자산으로 볼 수 있다. 또한, 홍길동에 대한 신용보장 계약의 가치는 계약상대방인 '신 보험'의 지급능력과 의지, 즉 상대방 위험에도 의존한다.

신용위험의 관리, 즉 신용위험을 보장하는 상품에는 신용(재)보험상품 및 금융보증과 신용파생상품(credit derivatives)이 있다. 그러나, 신용파생상품은 현대 구조화금융의 핵심적 요소인 관계로 장을 달리하여 보다 구체적으로 설명하고, 이 장은 전통적인 신용(재)보험상품과 금융보증에 대해 간략하게 정리한다(전통적인 신용보험상품과 금융보증상품은 그 형태도 다양하지만 이름 또한 그 수가 적지 않다). 이들을 설명한 다음, 신용보험상품이나 금융보증과 직접 관련이 있긴 하지만 보험상품은 아닌 은행의 신용장에 대해 알아 본다. 마지막으로, 이들 상품을 이용한 신용위험 보장기법들을 비교, 검토하고 몇몇 상품들과 관련된 최근의 논란에 대해 간단히 언급한다.

6.1 신용보험상품

기업은 예기치 못한 태풍이나 지진으로 인한 재산손실과 같은 비재무적 위험을 보험이나 재보험을 통해 전가시킬 수 있는 것과 마찬가지로, 채무불이행과 지급지연(2–6개월)과 같은 신용위험도 이들 위험을 전문으로 하는 보험을 이용해서 전가시킬 수 있다. 신용위험을 전가시키는 신용보험 계약은 기본적으로 배상책임계약으로서, 공제(deductibles), 한도금액(policy limits), 대위권(subrogation right) 등 배상책임보험에서 발견할 수 있는 일반적인 특성들을 모두 가지고 있다[71]. 엄밀한 의미에서 보험이라고 말할 수는 없지만, 금융보증도 신용위험사건의 발생으로 인한 손해를 보전해 준다는 측면에서는 보험과 유사한 기능을 한다.

6.1.1 무역신용보험

기업간 상거래에서는 흔히 외상매출금과 같은 무역신용이 제공되고 – 불가피하다! 외상 없는 장사가 어디 있나? –, 이에 따라 금전적인 채무관계나 상품 및 용역의 인도(引渡) 의무가 발생한다(신용위험의 발생). 전통적으로 신용보험은 기업이 **무역신용(trade credit)**에서 발생하는 손실에 대한 위험을 부보(附保)하는 것이었다. 가령, 서울전자가 경기백화점에 오디오세트를 판매한다 하자. 만약, 경기백화점이 대금을 미리 지급하고 서울전자는 90일 이내에 상품을 인도하기로 계약한다면 이 경우, 서울전자는 **채무자(obligor)**이고 경기백화점은 **채권자(obligee)**다. 만약, 경기백화점이 서울전자가 상품을 인도하지 못할 경우를 염려한다면, 경기백화점은 인도받지 못하는 오디오세트를 대체하는데 드는 비용 전액, 또는 일부를 대신 지불해 주는 **무역신용보험(trade credit insurance)**을 구입하면 된다.

반대로, 서울전자가 오디오세트를 경기백화점에 즉시 인도하고 경기백화점은 90일 이내에 대금을 지급하기로 계약한다면, 이제는 서울전자가 채권자, 경기백화점이 채무자가 된다. 서울전자는 경기백화점의 채무불이행 위험을 담보하기 위해 무역신용보험을 구입하면 된다. 무역신용보험은 특히 유럽에서 많이 사용되고 있는 것으로. 무역신용보험에서는 채권자가 보험을 구입한다.

무역신용보험이 없다면, 기업은 결국 거래상대방에게 100% 선급(先給)을 요구하던지, 아니면 대가를 지불하더라도 신용위험을 대신 부담해 줄 대안들을 은행이나 자본시장에서 찾게 될 것이다. 그 대안들이 곧 신용장(은행)과 팩터링(은행 및 기타 금융기관)이고[72], 신용디폴트스왑(credit default swap: CDS)과 자산유동화기업어음(asset-backed commercial paper: ABCP) (자

71 손해배상 계약은 피보험자의 경제적 손실에 비례해서 보험금을 지급하는 보험이다. 따라서, 손실이 크면 지급액도 크고, 손실이 작으면, 지급액도 작다. 흔히 보험계약은 보험자에 대한 대위권(subrogation right) 부여를 인정한다. 손실이 발생했을 때, 피해자인 보험가입자는 가해자에 대한 손해배상 청구권을 갖는다. 대위권(代位權)이란, 이때 손해배상 청구권을 보험가입자로부터 보험자에게 이전하는 것을 말한다.

72 Factoring회사는 매입한 외상매출채권에 대한 신용보험을 구입하는 경우도 있으므로 엄밀히 말하면 경쟁이 아닌 보완관계에 있다고 할 수 있다.

본시장)이다. 신용보험은 상대방의 재무적 요인으로 인한 채무불이행 위험뿐만 아니라, 비록 프리미엄이 상승하긴 하지만 국제무역의 경우에는 환전불허, 전쟁/내란, 재산몰수/국유화 등, 정치적 위험사건의 발생으로 인한 채무불이행 위험까지도 포함시킬 수 있다. 보험료는 통상 매출채권 전체의 평균 신용도를 반영하여 월간 매출액이나 매출채권 잔액의 일정 비율로 계산하며 월별로 지불한다. 신용보험의 만기는 대개 1년 미만으로 통상 3개월에서 6개월 사이지만 수출신용보험공사와 같은 일부 국가기관의 경우는 5년까지 연장되는 경우도 있다. 한도금액은 대강 채권금액의 77%에서 95%까지로 보험의 유형에 따라 다소 차이가 있다. 신용보험은 또한 개별 고객 대상의 맞춤형이 많지만 일반 표준형과 중소기업 상대의 표준형도 있다.

<그림 6.1>은 일반적인 무역신용보험의 메커니즘을 보여주고 있다. 이 경우에는 수입업자가 채무자이고 수출업자가 채권자다. 수출업자는 수출대금을 받기 전에 상품을 인도한다. 수출업자는 수입업자가 상품을 인수한 후에 대금지급의무를 이행하지 못하는 것을 걱정한다. 따라서, 채권자인 수출업자는 보험회사에게 보험료를 지불하는 대신 수입업자의 채무불이행 위험을 전가한다.

무역신용보험은 공제, 한도금액과 같은 일반적인 보험의 특성을 모두 갖는다. 보험회사는 **대위권(代位權)**도 갖는다. 흔히 보험계약은 보험자에 대한 대위권(subrogation right) 부여를 인정한다. 손실이 발생했을 때, 피해자인 보험가입자는 가해자에 대한 손해배상 청구권을 갖는다. 대위권(代位權)이란, 이때 손해배상 청구권을 보험가입자로부터 보험자에게 이전하는 것을 말한다.

대위는 보험가입자가 하나의 손해에 대해 한번 이상 보상받는 것을 허용하지 않는 배상의 원칙을 집행하는데 도움을 준다. 만약, 화재보험을 가지고 있는 어떤 주택의 소유주가 방화로 인한 화재를 당했다 하자. 이 경우, 대위권에 의해 주택소유주가 아니라 보험회사가, 적어도 보험금 지급한도까지는 방화범에 대한 손해배상 청구권을 갖는다. 만약 대위권이 없다면, 주택소유주는 동일한 화재에 대해 한번은 보험회사, 또 한번은 방화범에 대한 법적 청구권을 통해 두 번 보상을 받을 수도 있다. 이 경우, 주택소유주에 의한 방화조장 내지는 묵인이라는 도덕적 해이(또는 위태)가 발생할 수 있다.

대위권 보유로 인해, 보험회사는 수입업자가 대금지불 의무를 이행하지 못할 경우, 손해액 전액을 수출업자에게 대신 지급하고, 수입업자에게 지급금액에 대한 청구권을 행사한다. 만약, 수입업자가 실제로 파산한 경우 보험회사는 파산절차 진행과정에서 수입업자의 잔여 자산에 대한 '비례적 청구권'을 행사한다. 만약, 수입업자가 수출업자에게 채무의 일부만 지급한 경우에는 보험회사는 수출업자에게 나머지 금액만 지급하며, 대위권도 지급금액에 대해서만 행사한다.

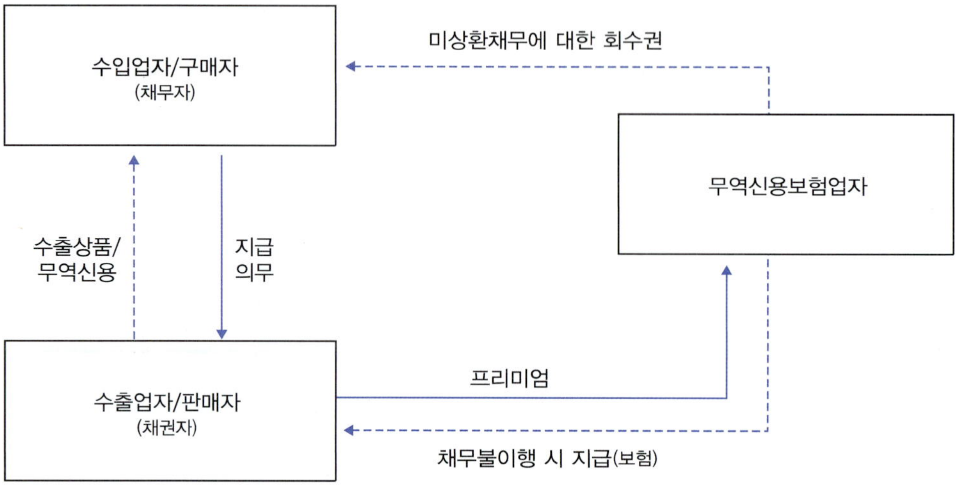

〈그림 6.1〉 무역신용보험

6.1.2 팩터링

앞에서 말한 대로, 무역신용보험은 미국보다는 유럽에서 널리 활용되고 있는 무역신용위험 관리방법이다. 미국 기업들은 신용위험관리 수단으로 **팩터링**(factoring)을 선호한다. 팩터링은 기본적으로 신용위험이 있는 외상매출채권을 제 3자인 팩터링회사(채권회수전문회사라고도 한다)에게 매각하는 금융거래를 말한다(신용위험의 완전한 전가). 팩터링회사는 매입한 외상매출채권 대금을 회수한다. 팩터링회사가 원래 외상매출채권의 소유자인 채권자에게 지불하는 가격은 외상매출채권 금액에서 채권회수비용을 포함한 채무불이행으로 인해 예상되는 기대회수불능금액 만큼 할인한 가격이다. 팩터링은 비용 측면에서 불리할 뿐(소액인 경우는 유리), 자금조달 측면에서는 3부에서 다룰 자산의 증권화와 구조적으로 큰 차이가 없다. <그림 6.2>는 팩터링의 일반적인 메커니즘을 보이고 있다.

팩터링에는 기본적으로 **할인팩터링**(discount factoring)과, **만기일 팩터링**(maturity factoring)이 있다. 전자는 **선지급 팩터링**(advance factoring)이라고도 하는데 그 이유는 채권보유자가 매출채권 매각시 매출채권 포트폴리오 전체의 평균만기일 이전에 각종 할인을 차감한 매입가격의 할인가격(매입가격의 70-85%)을 현금으로 선지급(advance)받기 때문이다. 팩터링회사는 평균일잔(日殘)에 대해 은행우대금리보다 2-3% 가산한 이자를 받는다(신용보험료보다 비싸다). 만기일 팩터링에서는 팩터링회사가 일체의 수금활동을 하고 평균만기일에 채권보유자에게 채권회수금을 전달한다. 이때 수수료는 대개 0.75%에서 2%사이다.

팩터링은 또 고지형(notification basis)과 불고지형(non-notification basis)이 있는데 고지형

(告知型)은 채권보유자가 매출채권의 매각사실을 원래 채무자에게 통지하고 팩터링회사가 채권 회수활동을 하도록 하는 형태다. 불고지형은 매각사실을 고지하지 않고 채권자가 채권을 매월 회수해서 팩터링회사에게 전달한다. 팩터링은 팩터링회사가 원래 채권매도자에 대해 회수불능 채권에 대한 상환청구권이 없는(nonrecourse) 것이 일반적이지만, 만약 상환청구권을 갖는 경우에는 실질적인 매각행위라 볼 수 없으므로 매출채권금융 또는 매출채권담보부대출로 이해해야 한다.

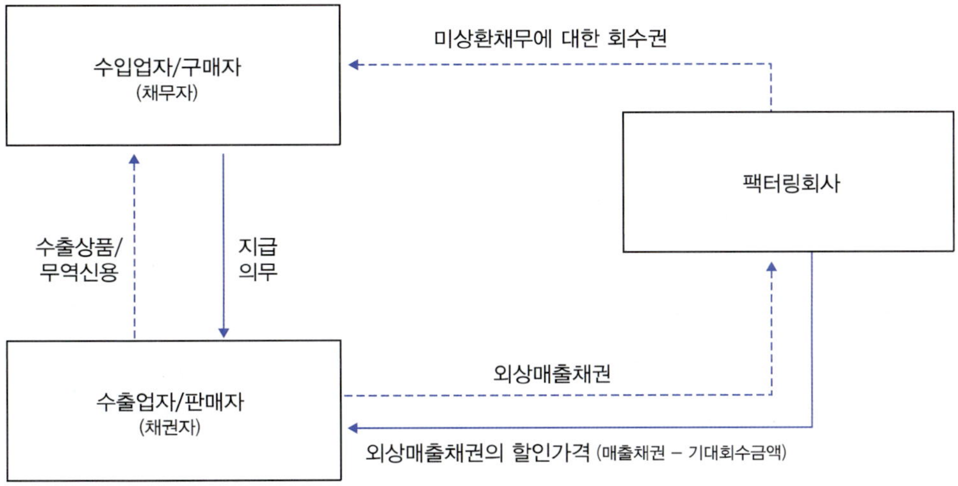

〈그림 6.2〉 외상매출채권의 팩터링

팩터링과 무역신용보험의 가장 큰 차이는 일반적으로 팩터링은 보험과 달리, 원래의 매출채권에 대한 채무불이행 사태가 발생한 이후에 이루어진다는 점이다. 다시 말해서, 팩터링은 진정한 의미에서 미래의 채무불이행 가능성에 대비하는 보험이 아니라는 것이다.

또, 팩터링은 채권의 매각을 통해 단기금융을 일으킨다는 의미에서는 은행대출과 유사한 기능을 한다. 그러나 은행대출과는 여러 가지로 다르다. 우선, 팩터링은 팩터링회사가 대출이 아니라 금융자산을 매입하는 것이고 금융자산의 하나인 매출채권의 가치가 중요한 요인이지만 은행대출의 경우 은행은 차입자 실물자산 포트폴리오 전체의 가치를 본다. 미국의 경우, 법률에 의해 상환청구권이 있는 경우는 담보부 대출로 보지만 상환청구권이 없는 경우, 팩터링회사는 신용위험을 부담하므로 채권보유자는 매출채권을 담보로 돈을 빌린 것이 아니라 매출채권을 매도한 것으로 본다.

팩터링의 이점은 채권자가 채무자로부터 채권대금을 회수하는 각종 비용과 번거로움을 피하는 것이다. 뿐만 아니라, 기대회수불능 금액만큼 할인해서 팩터링회사에게 매각함으로써, 채권자는 기대회수불능 금액 또는 기대회수가능 금액을 확정시킬 수 있다. 만약, 팩터링 회사의 실제회수불능 금액이 기대했던 것보다 더 크면 채권자가 매출채권에 대한 할인을 더 많이 해줘야 하겠지만, 할인가격에 이미 매각했으므로 채권자는 추가적인 손실위험을 피할 수 있게 된다. 반대로, 실제 회수하지 못한 금액이 기대치보다 작으면, 그 차액은 팩터링회사의 이익이 된다. 어떤 경우던, 채권자는 실제회수불능 금액과 기대회수불능 금액과의 차이에 대한 위험은 부담하지 않게 된다. 그러므로, 팩터링회사는 채무자의 채무불이행 위험에 대한 보험이 아니라, 실제회수불능 금액과 기대회수불능 금액과의 차이에 대한 보험을 채권자에게 제공한 셈이 된다 (Culp, 2006). 그 밖에도, 팩터링은 보험료를 지불하지 않아도 되며, 미수금 문제의 해결을 보험에 의존하지 않고, 문제화될 때까지 기다릴 수 있다는 이점이 있다.

6.1.3 금융보증

금융보증 (financial guaranty)은 일반적으로 대출채권(債權), 채권(債券), 현금지급 등, 금전적 채무 (financial obligation)에 대한 채무불이행 위험을 전액 또는 부분적으로 담보하는 채권자 (예: 은행)가 매입한 신용보험이라 말할 수 있다[73]. 금융보증에는 **순수금융보증(pure financial guaranty)**과 **랩 (wrap)**이라는 전혀 다른 두 유형이 존재하는데, 둘 다 시장에서 널리 사용되고 있다 (Culp, 2006).

순수금융보증: 몇 안 되는 예외가 있긴 하지만, 순수금융보증은 기본적으로 신용보장(보험)매입자가 보험의 수익자 (beneficiary)인 금융 또는 신용(재)보험이다. <그림 6.3>은 가장 단순한 형태의 금융보증에 대한 현금흐름을 보이고 있다. 여기서 금융보증의 준거자산 (reference asset)은 보험구입자 (여기서는 대출자)의 대출채권(債權)이다. 채무자가 원리금상환 의무를 이행하지 못하는 경우, 금융보증회사는 공제 및 한도 이내에서 채권자 (여기서는 대출자)에게 미상환원리금 잔액의 현재가치 만큼을 지급해준다.

전형적인 금융보증에서는 금융보증회사가 원래의 채무자에 대한 대위권을 보유한다. 채무불이행 상태가 발생해서 채권자가 보증회사에게 미상환채무의 지급을 청구하면 보증회사는 보증회사가 채권자에게 실제로 지급한 금액에 대해서만 회수권을 갖는다.

원래 순수금융보증은 청구금액을 즉시 지급하도록 되어 있지만, 보험업계에서 '즉시' 라는 말은 상대적인 의미로 사용된다. 일반적으로, 배상책임보험업계에서 보험금의 지급에 소요되는

73 기술적으로 guranty와 gurantee는 모두 보증으로 번역할 수 있다. 실무적으로 전자는 금융부채에 대한 보증이고 후자는 금전이 아닌 작업이나 제품품질 등에 관한 보증에 사용한다.

기간은 손해사정(損害査定)과정의 길이에 따라 다르긴 하지만, 대개 30일에서 90일까지 걸리는 것이 관행이다. 이에 반해 순수금융보증은 손해사정이나 조정과정이 없다. 그야 말로 "지급은 지금 하고, 소송은 나중에 하라(Pay now, sue later)"다. 그럼에도 불구하고, 순수금융보증은 지급청구가 접수된 이후 3 - 10 영업일 이내에 지급되는 것이 일반적이다. 만약, 금융보증 매입자가 그 보다 더 빠른 지급(예: 2일 이내)을 원한다면 어떻게 할 것인가?

보험회사가 2일 이내에 보험금을 현금으로 지급하는 데는 한계가 있다. 그러므로, 금융보증을 매입한 회사의 목적이 자기자본의 보존에 있다면 몰라도, 현금흐름(또는 유동성)관리와 같이 신속한 지급이 요구되는 경우라면 금융보증에 **뱅크랩(bank wrap)**을 포함시키는 것이 일반적이다. 이 경우, 금융보증을 발효시키는 손실사건이 발생하면 은행은 (재)보험회사로부터 지급책임의 이전을 인도받아서, 이를 담보로 보증매입자에 대한 단기대출을 즉시 제공한다. 수일 후 (재)보험계약이 결제되면 은행은 대출금을 상환 받는다.

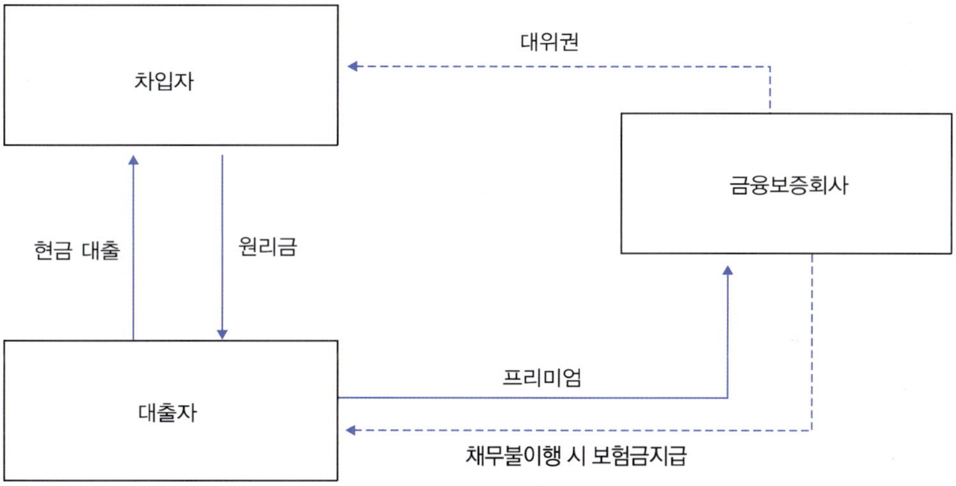

〈그림 6.3〉 금융보증

랩: **랩(wrap)**은 금융보증이긴 하지만 순수금융보증과 달리, 보험구입자가 보험의 수익자가 아닌 금융보증이다. 랩 구입자는 채권(債券)이나 기타 신용변화에 민감한 채무의 발행자인 경우가 일반적이다. 이들 발행자가 원리금 상환의무를 이행하지 못하는 경우, 랩은 채권보유자에게 잔여채무를 지급해 준다. 기본적으로, 랩은 어떤 경우에도 취소할 수 없는 취소불능 **금융채무이행보증(financial surety bond)**이다.

일반적으로 보증은 채무자가 채권자에게 재화나 용역을 인도해야 할 의무가 있으나, 채권자는 채무자를 믿을 수 없어서 채무자에게 채무이행에 대한 보증서 또는 의무이행보증을 요구하는 상황에서 필요하다. 채무자는 **보증전문회사**(surety) – 주로 다종(multiline)보험회사임 – 에게 보험료(수수료)를 지불하고 보증전문회사는 채권자에게 채무자가 채무를 이행하지 못할 경우 대신 지급할 것을 보장해 주는 증서가 다름아닌 금융보증이다(보험증서를 생각해 보라).

의무이행보증(surety bond)은 **수행보증**(performance bond)과 기능이 같은 것으로 이행의무자가 계약대로 이행의무(금융채무상환 의무가 아님)를 수행할 것을 제 3자가 보증하는 것이다(보증보험을 생각하면 된다). 이는 금융거래에서 발생하는 디폴트에 대한 금융보증과는 다르다. 예컨대 앞의 예 6.1.1에서 본 선지급 계약의 디폴트와 같이 일반 상거래에서 발생하는 계약불이행 위험에 대비한 이행보증 같은 것이 이에 해당한다. 또, 14장의 프로젝트 금융 건설프로젝트에서 시행사가 시공사에게 요구하는 공사이행보증서 같은 것도 이에 해당한다.

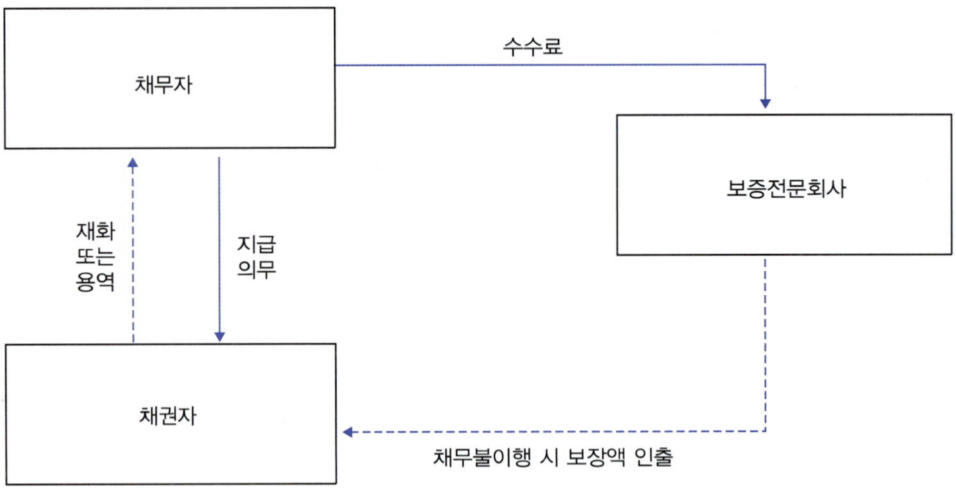

〈그림 6.4〉 랩

원래 랩은 건설업계에서 건설회사(시공사)와 개발회사(시행사)간에 많이 이용되었다. 건설업자가 프로젝트를 완성시키지 못하는 경우, 개발업자는 보증회사에서 자금을 인출해서 새로운 건설업자로 하여금 사업을 완성시키게 된다. 금융보증은 무역금융에서도 흔히 사용되고 있는데, 순수한 금융거래에서도 채권자가 채무자에게 보증서의 제출을 요구하는 경우가 있다. 이 보증서 또한 금융보증이라 부른다. **채권랩**(bond wrap)은 지급보증인이 보증전문회사이고 보증대상이 채권 원리금인 금융보증의 다른 이름이다. <그림 6.4>는 일반적인 랩의 구조를 보이는 것이다.

모노라인 랩: 모노라인 랩(monoline wrap)은 단일 업종에만 종사하는 모노라인 또는 단종(單種) 보험회사들이 채권(債券) 또는 대출에 대한 원리금지급을 담보하기 위해 발행하는 금융보증을

말한다. 채무불이행 사태가 발생하면 모노라인 보험사들이 채무자를 대신해서 채권자에게 잔여 원리금을 지급일정계획(schedule)대로 지불해 주거나, 그 현재가치를 즉시 지급해 준다. 그러므로, 모노라인 랩은 채권발행자의 신용등급을 사실상 모노라인 랩을 제공하는 보험사들의 수준(통상 AAA)으로 격상시켜준다.

뉴욕주 법에 의하면 금융보증(financial guaranty)은 Ambac, FSA, FGIC, Radian, MBIA같은 모노라인 보험회사들만 제공할 수 있다. 그리고 이들 모노라인 보험사들은 최근 비우량주택저당채권(subprime mortgage) 사태가 발생하기 전까지만 해도 AAA/aaa 등급을 유지하면서 상당한 규모의 랩을 발행했다. 그러나, 대부분의 채권발행사들에게 모노라인 랩은 신용보험을 대체하기 위한 것이 아니라, 차입비용의 감소를 위해 발행채권의 대외 신용등급을 격상시키는 신용보강이 목적이었다. 사실상, 모노라인 보험사들은 보험료를 받고 채권발행회사들에게 자신들의 재무상태표를 대여해준 셈이다.

특히, 모노라인 랩은 지방정부 채권과 구조화 증권의 신용보강에 많이 사용되었다. 실제로 지방채 보험업무는 과거 30여 년 동안 이들 모노라인들의 핵심사업이었다. 대부분의 지방채들은 등급이 없거나, 있어도 매우 낮았기 때문에 이들 채권을 판매하기 위해서는 랩이 필요했다.

구조화 증권에 대한 랩은 80년대 중반 모노라인인 FSA의 ABS에 대한 보증으로 처음 시작됐으나, 90년대 말까지는 그렇게 활발하지 못했었다. 그때까지는 대부분의 구조화금융 상품에 대한 신용보강은 주로 신용디폴트스왑(credit default swap: CDS)에 의존했다. 그러나 90년 대 말 이후 모노라인 랩이 급격히 활발해져, 2008년 11월 신용위기가 발생했을 때, 상당수의 모노라인들은 비우량주택저당채권(subprime RMBS)과 ABS CDO 위험에 크게 노출되어 있었으며,

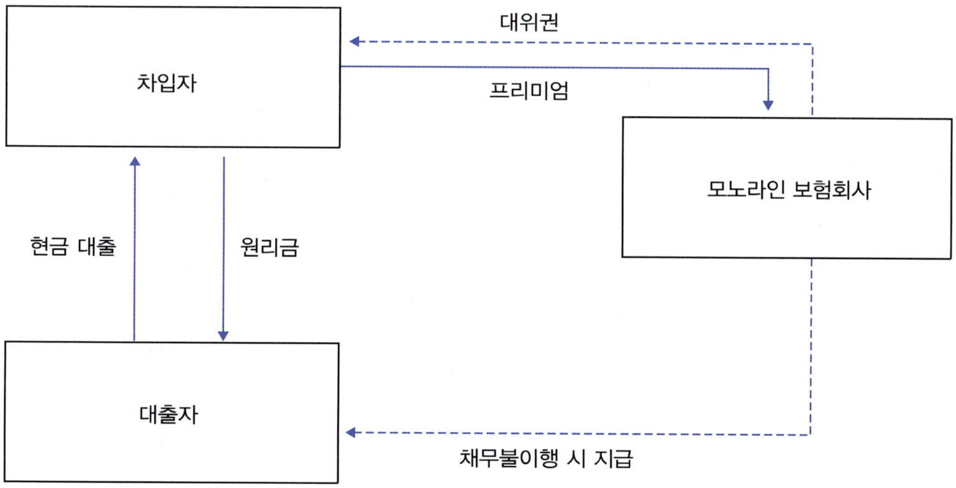

〈그림 6.5〉 모노라인 랩

실제 손실액만도 수십억 달러에 달했다. 결과적으로 몇몇 모노라인들은 파산했고 신용등급 또한 BB/B1/CCC로 하락했음은 물론이다. <그림 6.5>는 모노라인 랩의 메커니즘을 보이고 있는데, 금융보증(여기서는 랩)의 구입자만 다를 뿐, 금융보증을 보이는 <그림 6.3>과 기본적으로 구조가 같다.

6.1.4 신용장

모노라인 랩은 보험회사가 발행하는 금융보증인 반면, **신용장**(letter of credit: LOC 또는 L/C)은 은행이 발행하는 금융보증으로서, 신용보험을 대체하는 신용보장상품으로 널리 활용되고 있다. 신용장은 금전적 채무를 이행할 것을 보증하기 위해 채무자가 채권자에게 담보로 제시한다. 신용장은 국제간 무역금융에서 오랫동안 사용되어 왔으며, 채무불이행 사건이 발생하면 채권자는 신용장에 의거하여 L/C발행 은행으로부터 대금을 인출하게 된다. 예컨대, L/C발행 은행은 수입업자의 요청에 의해, 수입업자가 신용담보를 위해 수출업자에게 보낼 신용장을 수입업자에게 발행한다. 수입업자가 수입대금을 지불할 수 없는 경우, 수출업자는 수입업자의 신용장을 발행한 은행에서 수출대금을 인출한다. 그러므로, **취소불능 신용장**(irrevocable L/C)은 경제적으로나 기능면에서 금융보증이나 랩과 같다. <그림 6.6>은 전형적인 신용장에 대한 현금흐름 구조를 보이고 있다.

<그림 6.1>, <그림 6.3>, <그림 6.4>, 그리고 <그림 6.6>을 비교해 보면 채권자 또는 **권리보유자**(obligee)가 언제나 신용보장의 수익자(beneficiary)지만, 이들이 항상 보장매입 비용을 지불하는 것은 아니다. 전통적인 신용보험(<그림 6.1>)이나 순수 신용보증거래(<그림 6.3>)에서는 신용보장 매입자나 채권자(권리자)가 보장매도자나 보증제공자에게 프리미엄을 지불한다. 그러나, 랩(<그림 6.4>, <그림 6.5>)과 신용장(<그림 6.6>)같은 신용보증거래에서는 채무자 또는 의무자가 신용보장 제공자에게 프리미엄 또는 수수료를 지불한다. 그렇다면, 신용보장을 매입하는 입장에서 채무자가 비용을 지급하는 신용장이나 랩을 채무자에게 요구하지 않고, 자신이 비용을 지불해야 하는 신용보험이나 금융보증을 굳이 선택할 이유가 있는가? 결국, 어떻게 하든 채권자에게 돌아오는 수익은 같지 않는가?

무역신용보험은 보험구입자(채권자)의 수출총액에 대해서 신용위험을 담보하지만 신용장은 특정 채무자에 대한 단일 거래행위만을 담보하는 점에서 차이가 있다. 따라서, 신용장 이용 비용이 신용보험 비용보다 비싼 것이 일반적이다.

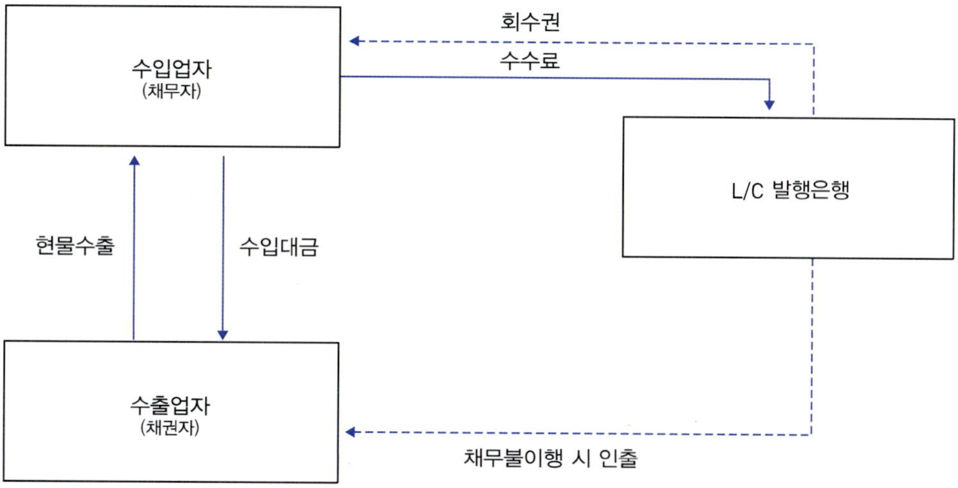

〈그림 6.6〉 신용장

6.2 신용보장 비용의 부담자

6.2.1 신용보장 비용의 지급자와 실제 부담자

단순히 신용보장 매도자에게 프리미엄에 해당하는 수표를 지급한다고 해서 그 사람이 반드시 실제로 신용보장 매입비용을 지불하는 사람일 필요는 없다. 실제 상거래에서의 관행은 채무 또는 의무이행에 대한 보장을 필요로 하는 측이 신용보장이나 신용보강에 소요되는 비용을 부담하는 것이 일반적이다. 그럼에도 불구하고, 만약 상대방이 보험이나 보증을 구입해서 신용보장을 달성하는 경우에는 프리미엄 증가는 채무자에 대한 이자율 상승으로 반영된다.

예컨대, 을이라는 회사가 갑이라는 은행으로부터 100만 원을 연 5%에 차입한다 하자. 연말에 가서 을은 갑에게 원금 100만 원과 이자 5만 원을 상환해야 한다. 그리고, 순수 금융보증이든 랩이든 갑에 대한 채무이행을 보장(을의 갑에 대한 신용위험보장)받는데 2만 원이 든다고 하자. 랩을 사용하는 경우에는 채무자인 을이 랩 프리미엄 2만 원을 지불하고 갑에게 원리금 105만 원을 지불한다. 그러므로 을의 자금조달비용은 모두 7만 원(이자 5만 원과 랩 프리미엄 2만 원)이다.

이제 은행 갑이 2만 원을 들여 순수 금융보증을 직접 매입했다 하자. 이 경우, 은행은 대출이자를 7%로 인상할 것이다. 따라서, 을은 갑에게 원금 100만 원, 정규이자 5만 원, 신용보장비용 환불액 2만 원, 모두 107만 원을 지불해야 한다. 을의 자금조달 비용은 역시 7만 원이고 갑의 이자수익도 역시 5만 원이다. 두 경우 모두, 을이 갑에게 신용위험을 초래했고, 그로 인한 신용보장 비용을 부담한다. 그러나, 신용위험을 초래하는 측이 언제나 신용보장 비용을 부담하는 것은 아니라는 점을 유의해야 한다. 다만, 어느 측이 신용보장 비용을 부담하든, 그 부담은 랩이냐 또는 순수 보증이냐라는 문제와는 전혀 관계없음을 말하는 것이다.

6.2.2 신용보장 비용의 부담자

현실적으로 신용보장 매입자와 채무자 가운데 누가 신용보장 비용을 부담할 것인가를 결정하는 일이 쉽진 않다. 예컨대, 다수의 랩에서는 랩에 대한 수수료를 채권투자자들이 부담한다. 만약, 채권을 사면서 채권에 대한 신용보강을 요구하는 경우, 그 비용은 채권매입자 측이 부담한다. 채권발행자는 보장매도자(guarantor)에게 수수료를 지불하지만 채권매입자(채권투자자)에게 지불하는 이자율 인하를 통해 비용을 회수한다. 이것은 위에서 본 예와는 정반대의 경우다.

현실적으로 신용보장 비용의 부담은 여러 가지 요인들을 고려해서 결정된다. 그 중 몇 개만 보면, 우선 채무자와 채권자간이 이해관계로 얽혀있지 않은 순수한 거래관계일 뿐인가, 또는 장기간 지속되어 온 소중한 관계인가의 문제다. 예컨대, 채권자와 다수의 사업을 하고 있는 은행의 경우는 사업을 계속하기 위해 채권자가 요구하는 신용보강에 들어가는 비용을 부담하려 할 것이다. 그러나 채권자가 한 번의 거래로 끝나는 채권(債券) 매입자였다면, 그렇게 하지 않을지도 모른다.

수요가 매우 큰 신상품 발행에서는 채무자 사이의 경쟁상황과 대체상품 유무(有無)도 신용보장비용의 부담에 영향을 미칠 것이다. 가령, 채무자 또는 발행자가 공급하는 상품이 매우 독특하고, 수요가 폭발적이라면 신용보장 비용은 채권자 몫이 될 가능성이 크다. 반대로 별 특성이 없는 그저 그런 상품이고 비슷한 대체상품들이 많다면, 발행자가 신용보장 비용을 부담하게 될 것이다. 기발하긴 하지만 아직 시장에서 입증되지 않은 상품의 경우 또한, 시장의 신뢰도 문제로 인해 신용보장 비용을 상품개발자 측에서 부담할 수 밖에 없을 것이다.

독자들은 여기서 하나의 패턴을 발견할 수 있을 것이다. 즉, 궁극적으로 신용보장 매입비용을 누가 부담하느냐는 문제는 주로 마케팅 문제로서, 채무자와 채권자 관계에서 교섭력(bargaining power)을 가진 측이 누가 신용보장 비용을 부담할 것이냐를 결정하게 될 것이다. 따라서, 만약 채무자가 협상에서 유리한 위치에 있으면 신용보장 비용은 채권자가 부담하게 되고, 그 반대의 경우에는 채무자가 부담하게 될 것이다.

6.3 신용보장 상품의 비교

신용(재)보험, 금융보증, 금융채무 이행보증, 랩, 그리고 취소불능 신용장은 모두 기능이 비슷하고 기본적으로 같은 목적으로 사용할 수 있다. 즉, 모두가 금융거래에서 채무자의 채무불이행 위험으로부터 채권자를 보호하는 것이다. 이와 같이 이들 상품들은 근본적으로 유사함에도 불구하고 시장에서 모두 널리 사용되고 있다. 그 이유는 아마도 개별 금융거래에 따라 특정 상품이 특별히 선호되는 몇 가지 중요한 차이점들이 있기 때문일 것이다.

6.3.1 신용보험과 금융보증

순수금융보증과 전통적인 보험계약간에는 한 가지 중요한 차이가 있다. 금융보증의 경우, 보증매입자가 프리미엄 지불 의무를 이행하고 보증매도자에 대한 사기행위가 발견되지 않는 한, 보증매도자는 지급청구 접수 즉시 보증금을 지급해야 한다. 또한, 순수 보증계약서류는 간결하고 요점중심으로 작성되어 있어 계약조항과 제약사항들 역시 복잡하지 않다.

더욱 중요한 것은 전통적인 보험에서 보험회사는 보험금을 지급하기 전, 실제 지급해야 할 금액을 산정하는 사정(査定) 과정을 거친다. 그러나 금융보증에는 전통적인 보험에 존재하는 손해사정 (adjustment) 과정이 없다. 보험회사가 청구금액을 일단 전액 지불한 다음, 청구금액에 문제가 있다고 생각하는 경우, 나중에 소송을 통해 환불 받는다.

이와 같이 금융보증은 청구금액을 아무 조건 없이, 그리고 신속하게 지불하기 때문에 많은 기업들이 신용보강과 실질적인 증자효과를 갖는 **합성자기자본**(synthetic equity capital)을 창출하는데 활용하고 있다. 뿐만 아니라, 신용등급이 높은 보험회사로부터 보증을 받았다는 사실 자체가 해당 회사가 재정적으로 튼튼하다는 일종의 신호이므로, 거래관계에 있는 다른 회사들에게 안도감을 더해 주게 될 것이다.

6.3.2 순수금융보증과 랩

순수금융보증과 랩은 사실상 동일하다. 위에서 말한 점들이 전통적인 보험과 조금 다를 뿐, 둘 다 금융보증이다. 그러므로, 순수보증, 랩, 그리고 **의무이행보증**(surety bond)간의 차이는 대체로 용어의 차이라 말할 수 있다. 앞에서 본 바와 같이 신용보장 비용을 누가 지급하느냐의 차이는 물론 있지만, 그게 그리 큰 문제는 아니다. 요컨대, 모든 금융보증 상품들이 다 같지는 않지만, 원칙 면에서 보면 거의 구분할 수 없을 만큼 차이가 없다는 것이다.

6.3.3 신용보험 상품과 신용장

신용보험, 금융보증, 의무이행보증, 그리고 랩은 모두 여러 면에서 서로 비슷하고, 동시에 모두가 보험회사가 발행하는 신용보장 상품들이다. 취소불능 신용장도 기본적으로 금융보증 상품들과 동일한 목적을 수행한다는 측면에서는 금융보증이나 랩의 가까운 사촌이라 볼 수 있지만 몇 가지 중요한 차이가 있다.

먼저, 신용장의 경우 채권자는 채무자의 채무변제 능력이나 의지에 대한 의심이 생길 때는 언제나 신용장에 의거, 자금을 일부 또는 전액 인출할 수 있다. 채무자는 사실상 채권자의 이런 행동을 저지할 수 있는 능력이 없다. 그러므로, 신용장은 기본적으로 채무자에게는 은행이 보증한 금융자본(이 경우는 부채)이고, 채권자에게는 실물자산(유가증권)이다. 그러므로, 경제적으로 신용장은 채무자의 차입능력(debt capacity)을 감소시킨다.

신용보험과 금융보증은 채무자의 금융부채가 아니라 보험회사(발행자)의 금융부채다. 이들은 채무자의 부채(금융자본의 하나인)가 아니다. 그러기 때문에, 신용장을 발행한 은행은 신용장 발행을 경제적으로 신용장을 요청한 기업에 대한 신용공여로 간주해서 해당회사의 차입능력을 감소시킨다.

또, 채권자는 신용장에서 자금을 항상 인출할 수 있다. 신용보험 상품들은 경우에 따라 손해사정과정을 거쳐야 한다. 이는 곧 보험금 청구에 대해 보험회사가 조사할 수 있음을 말한다. 앞에서 말한 대로 순수 금융보증은 바로 이런 문제들을 피해서 보증을 신용장과 동일한 신용보장을 하도록 하는데 그 목적이 있었다. 그러나, 모든 종류의 보증이 다 그렇지는 않다. 하물며 극히 단순한 형태의 신용보험은 더욱 그렇지 않다.

보험은 배상책임 상품이기 때문에 채권자(권리자)에게 손해액만큼만 담보해 준다. 신용장은 흔히 금액이 정해져 있고, 경우에 따라서는 채무불이행 금액의 일부에만 그칠 수도 있다. 그러므로 신용보장매입 측면에서는 신용장의 보장이 보험에 비해 불만족스럽다고 할 수 있다. 그러나 신용장은 취소불능이고 흔히 보험보다 덜 까다롭다.

6.4 보증의 문제점

마지막으로, 2001년 이후 금융보증시장에서 대두된 몇 가지 문제점들을 살펴 보고, 특히, 다국적 다종(multi-line)보험회사에 의존할 수 밖에 없는 우리나라 기업들에 대한 교훈을 생각해 보기로 한다. 문제가 된 것은 금융보증이 겉으로 보이는 것처럼 아무런 조건이 없는 진정한 의미에서의 보증이냐는 것이다. 특히, 몇몇 다종보험회사들이 앞서 말한 뉴욕주의 제한조항을 이유로 보증이나 담보의무를 이행하지 않았는데, 이들 사례를 통해서 우리는 중요한 교훈을 얻을 수 있다.

뉴욕주 법에서는 금융보증을 채무상환과는 관계가 없는 보험으로 정의한다. 예컨대, 리스보증(lease bond)은 임차인(賃借人)의 채무불이행 시 보험회사가 대신 지불할 것을 보증한다. 이는 곧 금융보증과 같고, 실제로 뉴욕주 보험국도 리스보증을 금융보증으로 간주한다고 말한 바 있다.

그러나, 금융보증과 관련된 가장 큰 논쟁은 **선지급보증계약(advance payment supply bond: APSB)**을 실제로 집행하는 과정에서 일어났다. 2001년, JP Morgan Chase(JPMC)는 **선지급선도계약(pre-paid forward purchase)**을 통해서 지금은 파산한 엔론(Enron)으로부터 대략 총 37억불에 이르는 원유와 천연가스를 구매했다. 엔론이 파산보호신청을 파산법원에 신청한 시점에 JPMC는 엔론에 대한 16억 불에 달하는 원유 및 가스에 대한 채권이 남아있었는데, 그 중 10억불가량이 APSB로 보장된 것이었다. 기채능력을 감소시키는 신용장 개설을 피하려는 엔론의 끈질긴 설득과 APSB발행 보험회사들의 "기능적으로 신용장과 동일한 효력을 가진다"는 보장을 받고, JPMC는 신용장을 APSB로 대체해 주었다. 보험회사들은 Liberty Mutual, Travelers Casualty & Surety, St. Paul Fire and Marine 등과 같은 다종 보험회사들로서 대부분이 뉴욕에 소재한 회사들이었다.

엔론이 파산보호신청을 법원에 제출한지 5일 후인 2001년 12월 7일, JPMC는 보험회사들에게 10억불에 달하는 보험금 청구서를 보냈으나 보험금지급을 거절당했다. 이유는 APSB가 선지급선도계약에 대한 상품인도의무 불이행 위험의 보증을 위장한, JPMC의 Enron에 대한 장기대출, 즉 순수한 금융부채에 대한 금융보증이라는 것이다. 만약 그런 사실을 알았더라면 애당초 APSB를 발행하지 않았을 것이며, 다종 보험회사들의 이와 같은 금융보증은 실제로 뉴욕주 보험업법에 의해서도 금지되어 있다는 것이다. 요컨대, 선지급선도계약은 상품인도계약이 아니라, 사실은 "그것을 가장한 장기부채(term debt in disguise)"라는 것이다. 오히려, JPMC가 보험회사들에게 사기를 쳤다는 것이다. 2003년 1월 2일, 이 분쟁은 11개 보험회사들이 60%, $6억 55백만(원래 손실액은 9억 65백만 달러)를 JPMC에게 지급하는 것으로 정리되었다.

제 7 장

파생상품이론의 기초

앞 장에서는 기업의 신용위험을 보장하는 상품 가운데서 보험시장을 통한 위험전가 수단인 신용보험상품과 금융보증을 논의했다. 이 장에서는 자본시장을 통한 위험전가 수단인 파생상품을 간단히 기술한다. 파생상품은 그 자체로서도 중요하지만 그 보다 더 중요한 것은 이 책에서 다루는 구조화금융과 자본 및 위험의 통합관리가 파생상품의 기초개념에 대한 이해 없이는 논의가 불가능하다는 데 있다.

이 장에서는 기업의 시장위험 관리수단으로 사용되는 전통적인 파생상품의 종류와 기능을 간략히 기술한다. 특히, 구조화금융과 자본 및 위험의 통합관리의 이해에 필수적인 것들만 기초개념 중심으로 설명하고, 신용위험의 관리에 활용되는 파생상품은 다음 장에서 보다 상세하게 기술한다.

7.1 파생상품이란 무엇인가?

흔히들 **파생상품**(derivatives)을 파생상품 계약의 대상인 상품이나 자산의 가격, 준거 이자율이나 환율(reference rate), 지수(index) 등, **기초자산**(underlying asset)에 의해 그 가치가 결정되는 쌍방 계약(bilateral contract)이라 정의한다. 틀린 말은 아니다. 왜냐하면, 파생상품의 미래 수익(payoff)은 기초자산의 미래 가격에 의해 결정되기 때문에, 차익거래 기회가 존재하지 않으려면 이들 기초자산과 파생상품의 현재가격간에 '일정한 관계'가 성립되어야 하기 때문이다.

그러나, 파생상품을 이렇게 정의하면 그 범위가 너무 넓어서 실제적으로는 별 의미가 없게 된다. 예컨대, 주식(또는 자기자본)의 가치는 부채가 일정한 경우 기업의 실물자산 가치가 증가하면 따라서 증가하고 감소하면 따라서 감소한다. 그렇다면, 주식도 기초자산이 기업의 실물자산인 콜옵션, 즉 파생상품의 하나로 볼 수 있으니 보통주를 파생상품으로 불러야 한다.

그러므로, 경제적 특성을 고려한 파생상품에 대한 보다 엄밀한 정의는 파생상품을 기초자산에 대한 일종의 가격보증(price guarantee)인 동시에, 시간적으로는 지금(now)이 아니고, 공간적으로는 여기(here)가 아닌 곳－반드시는 아니지만－에서 거래가 이루어지는 계약으로 보는 것이다. 이는 특정 계약의 이행을 보증하는 신용파생상품이나 강우량이나 온도 등을 보증하는 일기파생상품 등을 제외하면, 모든 파생상품에 적용된다(Culp, 2006).

특히, 파생상품의 중요한 특성은 (i) 파생상품 거래가 갖는 미래적인 요소다. 파생상품은 미래 특정 시점에 인도될 특정 자산을 지금 정한 가격으로 사거나 파는 의무 또는 권리이므로, 파생상품 거래는 거의 예외 없이 어느 정도의 미래성(futurity)을 포함한다. (ii) 모든 파생상품은 기초상품 또는 기초자산이 적어도 하나는 있어야 한다. 기초자산은 상품, 환율, 이자율, 또는 지수 등을 주로 가리키나 실제적으로는 일기, 온도, 신용 등 거의 제한이 없으며, 이들 기초자산의 가치는 파생상품의 가치를 결정하는 주요인이다.

파생상품은 기본적으로 두 가지 측면에서 구분할 수 있다. 하나는 계약이 체결되는 시장의 성격에 따라 거래소 이외의 장소에서 거래되는 **장외(over-the-counter: OTC) 상품**과, 거래소에서 거래되는 **거래소(exchange-traded) 상품**으로 구분하는 것이다. 다른 하나는 계약이 요구하는 책임의 성격에 따라, 사거나 파는 것이 의무(obligation)인 선도계약에 기초한(forward-based) 또는 **선도계약형 파생상품**과, 사거나 파는 것이 권리(right)인 옵션에 기초한(option-based) 또는 **옵션형 파생상품**으로 구분하는 것이다.

그러므로, 모든 파생상품을 구성하는 가장 기본적인 단위는 선도계약(forwards)과 옵션(option)이다. 즉, 모든 파생상품들이 이들 두 계약으로 구성될 수 있거나, 아니면 이 두 유형 중 하나라는 것이다. **선도계약**이란 미래 일정 시점에 어느 한쪽이 다른 한쪽에게 특정 자산이나 그 자산의 가격에 해당하는 현금을 지금 정한 가격으로 의무적으로 사거나 팔아야 하는 쌍방계약을 말한다. **옵션**은 계약의 매도자 또는 발행자(short)가 미래 일정 시점에 특정 자산을 지금 정한 가격에 사거나 팔 수 있는 권리를 대가를 받고 매입자 또는 보유자(long)에게 부여하는 쌍방계약이다. 이제, 이들 계약을 간단히 살펴보자.

7.2 선도계약과 선도계약형 파생상품

파생상품 가운데 가장 기본적인 것은 선도계약이다. 선도계약은 원유, 금, 채권, 외환 등과 같은 유형자산이나 자산의 현금가격을 계약 당시 정해진 가격으로 미래 일정 시점에, 매도자가 매입자에게 인도하겠다는 것을 약속한 쌍방계약이다. 그러므로, 계약 당시에는 기초자산에 대한 소유권 이전이 발생하지 않는다. 전통적인 선도계약에서는 매입자가 계약 당시에 정해진 기초자산의 인도 가격을 상품의 인도 시점에 매도자에게 지불하는 것이 일반적이나, 만약 계약 시점에 인도 가격의 현재가치를 지불하면 이를 **선지급선도계약(prepaid forwards)**이라 부른다.

전형적인 선도계약에서는 상품의 가격, 질(quality), 수량, 인도 장소와 시점 등, 거래 조건들이 계약 체결 시점에 명시되지만, 상품의 인도나 매도자에 대한 가격 지불은 상품의 인도시점에 이루어 진다. 선도계약은 매우 단순한 맞춤형 계약으로서 기업에서 헤징수단으로 많이 사용하기 때문에 그 자체로서도 중요하지만, 그 밖에 복잡한 기타 여러 금융상품들이 선도계약의 매도/매입 포지션을 결합한 것으로 분해될 수 있다는 점에서도 매우 중요한 의미를 갖는다. 앞에서 말한 선도계약에 기초한 파생상품들은 대체로 선도계약이나 여러 개의 선도계약으로 구성된 선도계약의 포트폴리오로 분해될 수 있는 경우가 일반적이다. 예를 보자.

ABC주식회사 주식 100주를 T시점에 선도가격인 주당 5만 원에 인도받는 선도계약을 생각해 보자. 만약 T시점에 주가가 4만 원으로 하락했다 하더라도 선도계약의 매입자는 100주에 대해 500만 원을 매도자에게 지급해야 한다. <그림 7.1>은 ABC주식 1주를 T시점에 인도받는 선도계약 매입자의 T시점에서의 수익을 보이고 있다.

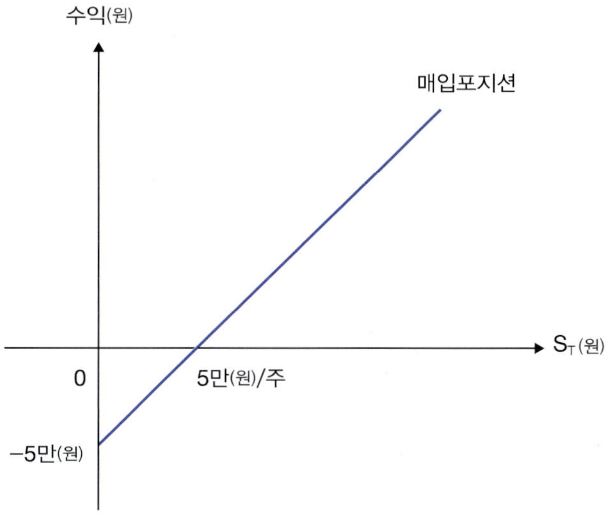

〈그림 7.1〉 선도계약 매입자의 수익

7.2.1 선물계약

선도계약에 기초한 파생상품 가운데 가장 대표적인 것이 **선물계약(futures contract)**이다. 선물계약 역시 선도계약과 마찬가지로 기초자산이 매우 다양하고, 결제방법 또한 현물이나 현금 모두 가능하다. 만기 시점에서의 선물계약의 수익은 선도계약과 동일하며, 선물계약과 선도계약의 가장 큰 경제적 차이는 선도계약이 주로 장외에서 거래되는데 반해, 선물계약은 거래소에서 거래된다는 점이다. 그러나 이 차이는 생각보다 매우 의미가 크다.

우선, 거래소에서 거래되려면 거래조건이 어느 정도 표준화되어야 한다. 즉, 계약 대상 상품인 기초자산에 대한 수량이나 질이 상당한 수준으로 표준화될 수 있어야 하는데, 이로 인해 **상쇄거래(offsetting transactions)**가 촉진될 수 있다. 상쇄거래란 계약의 매입자(매도자)가 동일한 계약에 대한 반대거래, 즉 매도(매입)거래를 통해 거래 포지션을 중립화시키는 과정을 말한다. 따라서, 표준화와 상쇄거래로 인해 거래소에서 이루어지는 선물거래는 쌍방의 합의에만 의존할 수 밖에 없는 장외거래보다 훨씬 원활하게 이루어 질 수 있다.

선물거래의 또 다른 특징은 거래의 손익을 매일 정산한다는 점이다. 이를 일일정산이라 하는데, **일일정산(daily settlement)**은 선물계약 시가의 전일 대비 손익을 거래소를 상대로 매일 매일 결산함으로써, 일일정산을 하지 않고 만기일에만 정산하는 선도계약에 비해 손실의 누적으로 인한 거래관련 신용위험을 크게 감소시킨다. 선물계약은 계약의 상대가 개인 또는 개별 기관이 아니라, 신용위험이 거의 완벽하게 보장된 거래소이므로, 개인 또는 개별 기관간의 쌍방거래인 선도계약에 비해 신용위험이 거의 없지만, 일일정산은 선물거래의 신용위험을 한층 더 감소시킨다.

7.2.2 금리선도계약

금리선도계약(forward rate agreement: FRA)은 금리위험을 헤지하는 장외상품으로서 미래 일정 기간 동안(예: 3개월 후부터 6개월 간) 일정 금액(계약금액)에 대해 일정 이자율(계약이자율)을 적용하기로 약정한 쌍방계약을 말한다(신용위험). FRA 매입자는 계약의 만기에 명목원금에 대해 계약된 고정이자를 지급하고 준거 이자율인 변동이자(대개 Libor나 Euribor)를 수취한다(금리 상승에 대한 헤지). 매도자는 고정 이자를 수취하고 변동이자를 지급한다(금리 하락에 대한 헤지). 이 계약의 발행자(또는 매도자 또는 대출자)는 계약 매입자(차입자)에게 특정 이자율로 미래에 대출을 약속한 것이다. 다만, 원금이 교환되지 않고 이자 차액만 교환된다는 것이 대출과 다른 점이다.

계약이자율(고정)은 원칙적으로 쌍방이 합의하는 것이지만 무엇이던 대개 계약시점에 FRA의 가치가 제로가 되도록 정한다. FRA는 2개의 무이표채권 포트폴리오로 볼 수 있다. 즉, 계약기간 시작 시점(계약일 이후 특정 시점)이 만기이고 원금이 계약금액의 현재가치(계약 이자율로 할인한)인 무이표채권의 매입과 계약기간 종료 시점이 만기이고 원금이 계약금액인 무이표채권의 매도로 분해된다. FRA는 결제가 만기에만 이루어진다는 점만 다를 뿐, 뒤에서 볼 금리스왑과 별반 다를 바 없다. 실제로 금리스왑은 일련의 FRA로 볼 수 있다.

7.2.3 스왑계약

선도계약형 파생상품 가운데 두 번째로 많은 것이 **스왑계약(swap contract)**이다. 스왑은 계약체결 시점에 확정된 지급방식으로 미래 특정 시점에 현금흐름이나 자산을 교환하기로 합의한 쌍방계약을 말한다. 전형적인 다기간 스왑계약의 현금흐름은 항상 선도계약 포트폴리오의 현금흐름으로 분해될 수 있다. 이는 곧 선도계약은 결제일이 하나인 1기간 스왑계약과 같다는 것을 의미한다[74]. 스왑의 기초자산 역시 각종 자산, 준거 이자율, 또는 지수 등, 다양하지만 그 가운데, 이자율(또는 금리)스왑과 통화스왑이 가장 많다.

이자율스왑(interest rate swap)에서 계약 당사자들은 일정 기간 동안 이자지급액을 주기적으로 교환해야 한다. 가장 보편적인 유형인 고정이자를 지급하고 변동이자를 수취하는(fixed-for-floating) **단순이자율스왑(plain-vanilla interest swap)**에서 한 쪽은 주기적으로(예: 3 또는 6개월마다) 재책정되는 변동이자를 지급하고 다른 쪽은 계약시점에 확정된 고정이자를 지급한다. 실제 교환되는 이자금액은 **명목원금(notional principal amount: NPA)**을 기준으로 계산하며, 명목원금은 교환하지 않는다.

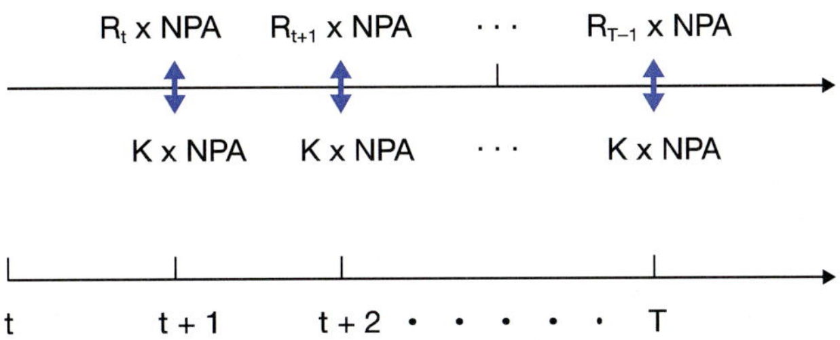

〈그림 7.2〉 고정이자지급 원화스왑

<그림 7.2>는 고정이자(통상 스왑금리라 한다)를 지급하고 변동이자(통상 준거금리라 한다)를 수취하는 전형적인 원화스왑의 현금흐름을 고정이자 지급자 측(통상 스왑 매입자라 부른다)에서 그린 것이다. 여기서, K는 계약 시점에 합의한 고정이자율, NPA는 명목원금, T는 최종결제일을 가리킨다. 스왑계약 기간(통상 3－10년) 동안, 매 결제일 또는 변동이자율 재책정일 마다 고정이자 지급자는 해당 시점에 적용되는 변동이자율(바로 전기의 준거금리)과 고정이자율 사이의 차액을 지불(또는 수취)한다. 그림에서 위로 향한 화살표는 현금유입, 아래로 향한 화살표는 현금유출을 나타낸다. 스왑금리는 계약시점에 스왑의 가치가 제로가 되도록 책정함으로써 계약시점에 현금이 교환되는 번거로움을 피한다.

전형적인 단순이자율스왑 매입(long) 포지션은 변동금리부채권(floating rate note: FRN) 매입과 고정금리채권(coupon bond) 매도(short) 포지션을 결합한 포트폴리오다(역시 그림을 그려보라). 물론, FRN이나 이표채는 모두 무이표채 포트폴리오로 분해될 수 있다. 마찬가지로, 단순이자율스왑 매도포지션은 이표채 매입과 FRN 매도포지션으로 분해될 수 있다.

---

74 스왑이 활성화된 주요 이유 가운데 하나는 스왑의 만기가 선도나 선물계약의 만기보다 길어서 이를 이용해 헤지하기가 더 편하다는 것이다.

이자율스왑은 주로 합성적인 방법으로 자산이나 부채를 만들어서 금리를 유리하게 만드는 데 활용된다. 가령, 변동이자를 지급하는 변동금리 대출을 고정금리지급/변동금리수취 금리스왑과 결합하면 고정금리대출이 된다(그림을 그려 보라). 고정이자를 지급하는 고정이자 대출을 변동이자지급/고정이자수취 이자율스왑과 결합하면 변동이자 대출이 된다.

통화스왑(currency swap)은 기본적으로 이자율스왑과 다를 바 없으나, 교환되는 이자지급액이 서로 다른 통화라는 점과, 명목상의 원금이 아니라 서로 다른 통화로 표시된 원금을 실제로 계약 발효시점에 교환하고, 종료 시점에 상환한다는 점이 다르다.

선도계약과 마찬 가지로, 스왑도 선지급이 가능하며, 이런 **선지급스왑**은 특히 **상품스왑**(commodity swap)에서 흔히 볼 수 있다. <그림 7.3>은 전통적인 상품스왑과 선지급스왑의 차이를 보이고 있다. 패널 (a)의 전통적인 상품스왑은 매입자가 스왑기간 동안 주기적으로 매 가격재책정 시점 (t + j)마다 가격이 달라지는 (S_{t+j}) 특정 상품을 Z 단위씩 인도받는 조건으로, 단위당 K원씩의 고정금액을 지불하고 있다.

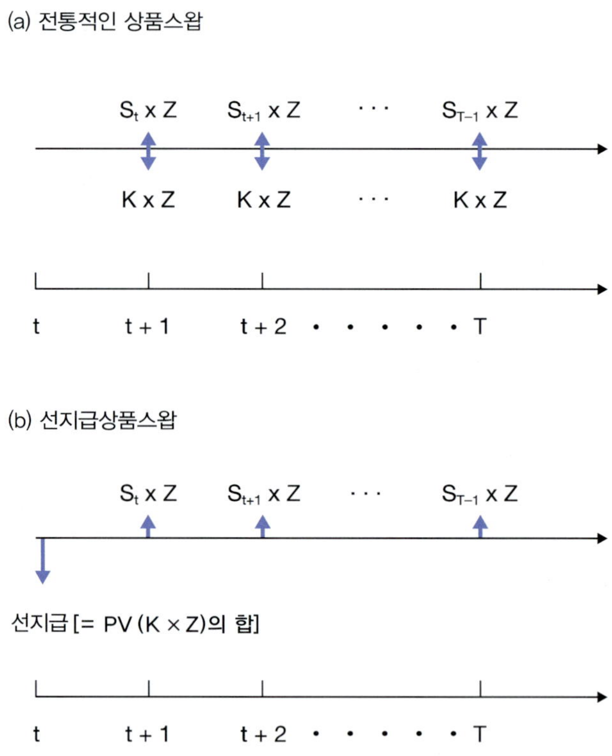

〈그림 7.3〉 전통적인 상품스왑과 선지급상품스왑

패널 (b)는 동일한 스왑으로서 매입자가 이번에는 미래에 인도되는 모든 상품에 대한 매입대금을 한꺼번에 계약 발효시점에 지불하는 점만 다르다. 이때, 선지급액은 전통적인 상품스왑에서 주기적으로 지불하는 고정지급액의 현재가치들을 모두 합한 금액이 될 것이다.

7.3 옵션

파생상품을 구성하는 두 번째 기본 단위는 옵션계약(option contract)이다. 옵션 역시 선도계약과 같이 미래 특정 시점에 특정 자산이나 해당 자산의 현금 가치를 정해진 가격으로 사거나 팔지만, 옵션은 선도계약과 달리 의무가 아니라 권리(right), 즉 선택(choice)이다. 옵션은 재무이론에서 보험의 역할을 하는 파생금융상품이다. 옵션의 기초자산 역시 선도계약과 마찬가지로 거의 제한이 없다.

7.3.1 옵션의 기본유형과 특성

콜옵션(call option)은 기초자산을 살 수 있는 권리로서, 옵션의 만기라 부르는 미래 특정시점에만 행사할 수 있는 권리를 **유럽형 콜옵션**(European call), 만기 이전에도 행사할 수 있는 권리를 **미국형 콜옵션**(American call)이라 부른다. **풋옵션**(put option)은 기초자산을 팔 수 있는 권리를 말하며, 풋 역시 유럽형과 미국형이 있다. 권리 행사 시 적용되는 지금 정해진 **기초자산**의 가격을 옵션의 **행사가격**(strike, striking, 또는 exercise price)이라 한다.

옵션은 의무가 아니라 권리이므로, 옵션 보유자는 자신에게 유리하면 권리를 행사하고 불리하면 권리를 포기한다. 그러므로, 옵션을 보유하면 어떤 경우에도 손해를 볼 수 없다. 반면에 옵션을 발행한 측은 보유자가 권리를 행사하면 계약을 이행해야 하는 의무만 있을 뿐, 어떤 경우에도 이익을 볼 수 없다. 즉, 옵션 발행자의 손익은 잘돼야 본전인 셈이다. 따라서, 옵션을 보유하기 위해서는 옵션 발행자에게 대가를 지불해야 한다. 이 대가를 **옵션 프리미엄**(option premium) 또는 옵션가격이라 부른다.

그러므로, 대가를 지불한 옵션 매입자의 입장에서는 최악의 경우, 권리 행사를 포기하면 이미 지불한 프리미엄을 잃어버리는 것으로 끝난다. 즉, 최대 손실이 프리미엄으로 한정되는 동시에 **옵션 수익**(payoffs)에서 옵션 프리미엄을 뺀 **옵션 이익**(option profit)은 콜의 경우 이론적으로 무한대에 이른다. 반면, 옵션의 발행자, 즉 매도자의 이익은 옵션 매입자와 정반대가 된다. 이익은 프리미엄으로 한정되는데 비해 손실은 기초자산의 가격이 제로에 이를 때까지 옵션보유자의 이익만큼 발생한다.

<그림 7.4>는 유럽형 콜과 풋의 만기 시점에서의 수익을 매도자와 매입자측에서 본 것이다. 그림에서 X는 옵션의 행사가격, S_T는 만기 시점에서의 기초자산 가격이다. 패널 (a)와 (b)에서 보는 바와 같이, 프리미엄을 고려하지 않은 풋옵션의 수익은 매입자와 매도자 사이에 완전히 대칭적이다. 즉, 매입자의 수익은 같은 크기의 매도자 손실이다. 풋옵션의 만기에 기초자산의 가격이 행사가격 X보다 큰 경우, 이 풋옵션은 **외가격**(out-of-the-money) 상태에 있으므로 풋옵션 보유자는 옵션을 행사하면 손실을 보게 되므로 권리를 행사하지 않을 것이다. 이 경우, 매도자는 프리미엄만 챙기면 그만일 뿐, 더 이상의 의무가 없다.

콜옵션을 보이는 패널 (c)와 (d)를 보자. 만약, 만기에 기초상품의 가격이 행사가격 X보다 높으면 콜매입자는 옵션이 **내가격**(in-the-money) 상태이므로 옵션을 행사해서 S_T-X 만큼의 수익을 얻게 될 것이다. 만약, 기초자산의 가격이 행사가격과 정확히 같을 경우, 옵션은 **등가격**(at-the-money) 상태에 있으나, 옵션의 행사가 옵션 보유자에게 이익을 가져다 준다는 보장은 없다. 옵션 매입자의 손익분기점은 기초자산의 가격이 행사가격에 프리미엄을 합한 금액이다.

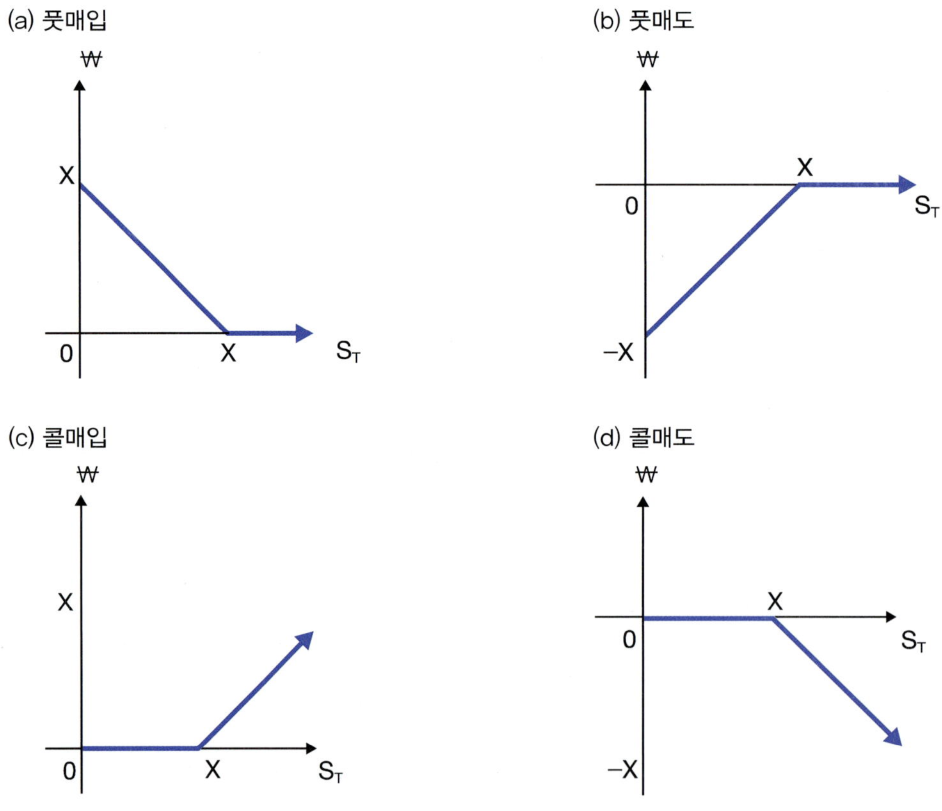

〈그림 7.4〉 유럽형 옵션의 수익

이상의 논의를 식으로 정리하면, 만기 시점에서의 옵션 매입자에 대한 유럽형 옵션의 가치는

$$C_T = \max(S_T - X,\ 0)$$
$$P_T = \max(X - S_T,\ 0)$$

이다.

한편, 옵션의 매도자는 옵션 매입자와 정반대 포지션을 가지고 있으므로, 이들에 대한 옵션의 가치는

$$-C_T = -\max(S_T - X,\ 0) = \min(X - S_T,\ 0)$$
$$-P_T = -\max(X - S_T,\ 0) = \min(S_T - X,\ 0)$$

가 된다.

$t < T$시점에 매입한 콜보유자의 만기 이익은

$$C_T - C_t = \max(S_T - X,\ 0) - C_t$$

이고 매도자의 이익은

$$C_t - C_T = C_t - \max(S_T - X,\ 0)$$

이므로 이들 양자의 이익의 합은 언제나 제로다 (옵션시장은 '제로 섬 게임'이다).

7.3.2 옵션의 시간가치와 내재가치

당장 옵션을 행사할 경우, 얻게 되는 수익을 **옵션의 내재가치 (intrinsic value)**라 한다. 그러므로, 유럽형 콜옵션의 경우 만기 시점의 콜옵션 가치는 내재가치인 현물가격 S_T와 행사가격 X의 차이다. 그렇지만, 만기 이전에 시장에서 결정되는 옵션 가격은 당장 행사하면 얻게 되는 수익인 내재가치보다 크다. 옵션의 시장가격과 내재가치의 차이를 **옵션의 시간가치 (time value)**라 부른다. 그러므로, 만기 이전에 시장에서 거래되는 옵션의 가격은 내재가치와 만기까지의 시간가치를 합한 것이다.

이와 같이, 옵션이 시간가치를 갖는 이유는 무엇인가? 그것은 특정 시점에 옵션의 내재가치가 얼마이든 그 내재가치는 옵션의 만기 이전에는 기초자산의 가격이 변함에 따라 얼마든지

또 변할 수 있기 때문이다. 물론, 기초자산의 가격은 옵션 보유자에게 유리하게 변할 수도 있고, 불리하게 변할 수도 있다. 그렇지만, 옵션 보유자는 최악의 경우, 이미 지불한 프리미엄만큼 손해 보고, 권리를 행사하지 않으면 그 뿐이다. 이미 지불한 프리미엄은 **매몰비용**(sunk cost)이므로 불리한 방향으로 기초자산의 가격이 변한다 한들 최대 손실은 제로다. 반면, 가격이 유리한 방향으로 변하면, 경우에 따라선 가격이 상승하는 만큼 이익이 증가될 수도 있다. 그리고, 이런 가능성, 즉 시간가치는 만기까지 남은 시간이 길면 길수록 더 클 것이다.

7.3.3 풋-콜 패리티(put-call parity)

복제포트폴리오(mimicking portfolio)란 복제 대상 포트폴리오나 상품과 동일한 손익구조를 가지고 있는 포트폴리오를 말한다. 복제포트폴리오는 복제 대상포트폴리오와 가치가 일치할 필요는 없다. **합성상품**(synthetic instrument)은 복제 대상 포트폴리오 또는 상품과 손익이 동일할 뿐만 아니라 가치도 일치한다.

가령, 어떤 무배당주식을 기초자산으로 하는 옵션을 생각해 보자. S_t를 만기 이전 t 시점의 기초자산 가격, R을 무위험 이자율, X를 행사가격, T를 만기라 하자. 그러면 t - 시점에서 유럽형 콜옵션 매입과 풋옵션 매도 포지션은 만기 T에 기초자산인 주식의 손익구조를 복제한다. 그러므로 여기에 옵션 행사가격의 현재가치, PV(X) 만큼의 무위험채권 투자를 추가하면 만기에 포트폴리오의 손익구조뿐만 아니라 가치가 주식과 완벽하게 일치하게 된다. 즉,

$$C_t - P_t + PV(X) = S_t$$

가 언제나 성립한다. 여기서, PV는 무위험 이자율 R로 할인한 T시점 1원의 현재가치를 말한다.

만약, 이들 세 상품으로 구성된 포트폴리오(합성주식)를 만기까지 보유할 경우, 만기 T에

$$C_T - P_T + X = S_T$$

가 성립한다.

이를 식으로 표시해 보면, 만기 T에 포트폴리오(콜 매입 + 풋 매도 + PV(X)원의 채권투자)의 가치

$$C_T - P_T + X = \max(S_T - X,\ 0) - \max(X - S_T,\ 0) + X$$

이다. 만기에 $S_T > X$면 콜옵션의 가치는 $S_T - X$이고 풋옵션의 가치는 제로이다. 따라서, 포트

폴리오의 가치는 $S_T - X + X = S_T$이다. 만약 $S_T < X$면 콜옵션의 가치는 제로이고 풋옵션의 가치는 $X - S_T$다. 풋옵션을 매도했으므로 포트폴리오의 가치는 역시 $S_T - X + X = S_T$이다. 이와 같이 포트폴리오의 가치와 주식의 가치가 완벽하게 일치하므로 이 포트폴리오는 **합성주식(synthetic stock)**에 다름 아니다.

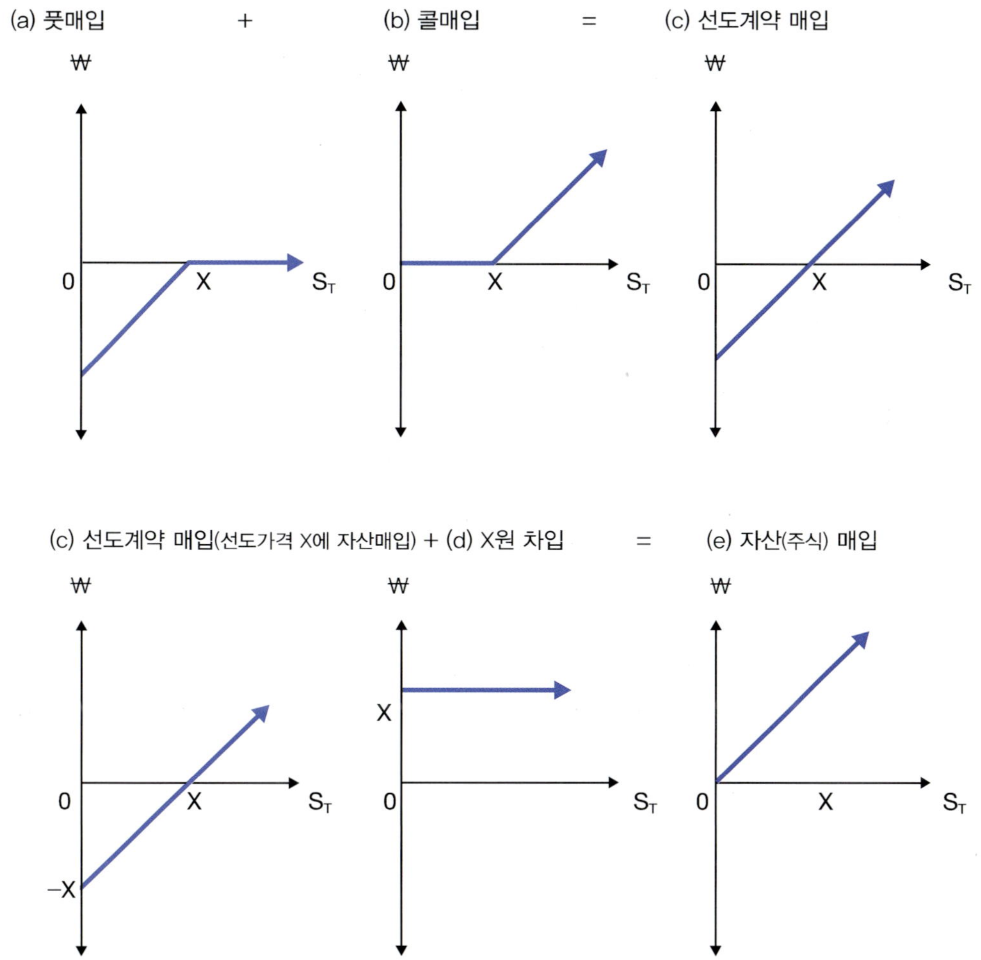

〈그림 7.5〉 풋–콜 패리티

우리는 이들 4개의 상품 중 3개만으로 4번째 상품을 언제든지 합성할 수 있다. 콜 매입, 주식매도, 무위험 채권 투자를 결합하면 풋옵션을 합성할 수 있는데 이들 네 상품간의 관계를 **풋-콜 패리티(put-call parity)**라 부른다.

<그림 7.5>는 만기의 풋-콜 패리티 관계를 그림으로 보이고 있다. 그림에서 보는 바와 같이

만기(T)에 채권(차입)과 옵션으로 구성된 포트폴리오의 가치는 주식의 가치와 같다. 그렇다면 이 포트폴리오의 시초(t) 가격, $C_t - P_t + PV(X)$는 주식의 가격, S_t와 같아야 할 것 아닌가!

7.3.3 이색옵션(exotic options)

이색옵션(exotic options)은 **표준형 옵션(plain vanilla options)**의 가치를 결정하는 기초자산 가격, 가격변동성, 행사가격, 만기, 무위험이자율 등 5가지 요인 중, 주로 앞의 네 변수를 변형시킨 옵션을 말한다. 예컨대, 행사가격을 만기까지의 기초자산 가격의 평균으로 하거나, 기초자산 가격의 변동성을 감소시키기 위해 기초자산 가격에 일정한 제한을 가하는 경우다.

이색옵션은 주로 옵션 행사시점의 기초자산 가격이나 행사가격을 산정하는 방법과 옵션의 발효시기 등과 같은 옵션거래조건의 변경 유형에 따라 **경로의존형 옵션(path-dependent options), 시간의존형 옵션(time-dependent options), 고정금액지급형 옵션(single payout options), 다중기초자산 옵션(multi-factor options)** 등으로 구분된다. 이와 같이, 이색옵션은 기본적으로 고객의 요구에 따라 표준형 옵션의 일부 조건들을 변경시킨 옵션이므로 그 종류가 매우 다양하지만, 여기서는 실제로 가장 많이 활용되고 있고, 또 이 책에서 다루는 구조화금융상품의 이해에 꼭 필요한 종류로 논의를 한정한다.

장애물옵션(barrier option): 장애물옵션은 기초자산의 가격이 옵션의 만기일 이전에 미리 정해진 수준(장애물)에 도달하느냐에 따라 무효(실격) 또는 유효(진입)하게 되는 옵션을 말하는 것으로 경로의존형 옵션의 하나다. 여기서 '장애물'은 표준형 옵션의 두 번째 행사가격과 유사한 개념으로서 옵션의 유, 무효 여부만 결정하고 옵션의 지급액, 또는 수익에는 영향을 미치지 않는다.

장애물옵션에는 **실격옵션(knock-out 또는 'out' option)**과 **진입옵션(knock-in 또는 'in' option)**이 있다. 실격옵션은 기초자산의 가격이 미리 정해진 가격(장애물)에 도달하면 무효가 되는 옵션이고, 반면에 진입옵션은 효력이 발생하는 옵션이다. 실격옵션은 다시 장애물 수준이 옵션 개시 때의 기초자산가격보다 높으냐 또는 낮으냐에 따라 **상향실격옵션(up-and-out)**과 **하향실격옵션(down-and-out)**으로 구분된다. 진입옵션도 마찬가지로 **상향진입옵션(up-and-in), 하향진입옵션(down-and-in)**으로 구분된다. 물론, 이와 같은 구분은 콜, 풋, 또는 **이원(binary)옵션**에 모두 적용된다.

예컨대, 어떤 투자자가 향후 기초자산의 가격변화의 방향을 매우 정확히 예측할 수 있다고 하자. 가령, 앞으로 자산가격이 상승할 것이라 예측한다면 그는 콜 옵션을 살 것이다. 그러나 만약 그가 만기일 전에 자산가격이 일정 수준(장애물 수준) 이상으로 상승하지는 않을 것으로 본다면 그는 그 수준 이상의 자산가격 상승에서 오는 이익은 기대하지 않을 것이므로, 그 이상(이론적으로는 무한대)의 잠재적 이익을 얻을 목적으로 옵션프리미엄을 지불하지는 않으려 할 것이다. 이 경우, 그는 자산가격이 장애물에 이르면 계약이 무효화되는 **상향실격 콜옵션(up-and-out call)**을 사면 된다. 왜냐하면, 상향실격옵션의 가격은 무한대의 잠재적 이익의 가능성이 있는 표준형 콜옵션 가격보다 쌀 것이기 때문이다. 만약, 그의 예측이 맞아서 자산가격이 장애물 수준에 미치지 않을 경우, 그는 통상적인 콜옵션의 수익인 자산가격과 행사가격의 차이만큼 지급받게 될 것이다.

반대로 자산가격 상승이 만기일 전에 장애물 수준을 초과할 것으로 본다면, 초과순간부터 효력을 발생시키는 **상향진입 콜옵션(up-and-in call)**을 사면 될 것이다. 자산가격의 하락이 예상되면 풋을 사야 하는데 이 경우에도 일정 수준(장애물 수준) 이하로 하락이 예상되면 **하향진입 풋옵션(down-and-in put)**을, 그럴 가능성이 없다고 생각되면 **하향실격 풋옵션(down-and-out put)**을 사면 된다.

<그림 7.6>의 (a)와 (b)는 상향진입 콜옵션과 하향진입 풋옵션의 만기 수익을 각각 보이고 있다. 그림에서 X는 행사가격, K는 장애물가격, S_T는 만기 시점의 자산가격을 각각 나타낸다. 굵은 선은 장애물옵션의 수익을 나타낸다. 그림에서 점선은 표준형 옵션의 수익을 표시하며, 장애물가격에서 수익곡선이 끊어지게 된다. 예컨대, (b)에서 S_T가 X보다 작은 경우, 표준형 풋옵션의 내재가치는 영보다 크지만, S_T가 K보다 작아지는 순간까지 옵션을 행사할 수 없다.

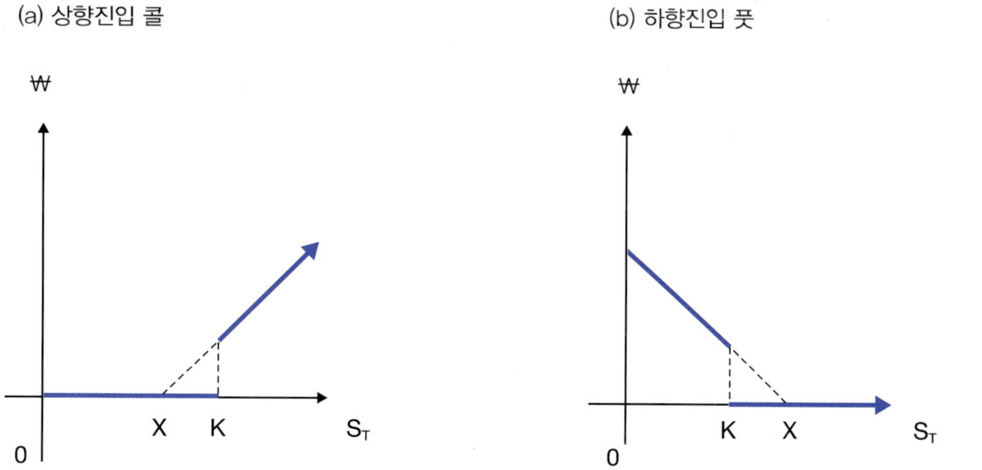

〈그림 7.6〉 진입옵션의 수익

S_T가 K보다 작아지는 순간 옵션은 행사되고 내재가치 $X-S_T$의 수익을 얻게 된다.

이렇게 표준형 옵션에 장애물을 추가하는 이유는 투자자가 원하는 수익과 위험의 조합에 맞추려는 금융공학적인 이유도 있겠지만, 주로 장애물의 도입으로 옵션매입자가 이익을 볼 수 있는 기회, 즉 매도자가 손실을 볼 수 있는 기회가 감소되므로, 표준형 옵션보다 옵션의 가격이 낮아지기 때문이다.

이원옵션 (binary 또는 digital option): 이원옵션은 옵션의 수익이 기초자산의 가격에 따라 연속적으로 변하는 표준형 옵션과 달리, 옵션 행사시 미리 정해진 금액이나 기초자산의 가치를 수취하는 고정금액지급 옵션의 하나다. 일정 금액이 Z, 행사가격이 X인 이원 콜옵션의 경우, 옵션수익

$$C_T = \max(0,\ Z)$$

이다. 즉, 옵션매입자는 옵션행사 시, 내재가치인 $S_T - X$를 받는 것이 아니라, 제로나 정해진 금액 Z만 받는다.

이원옵션 가운데 가장 흔한 유형은 **현금이원**(cash-or-nothing) **옵션**과 **자산이원**(asset-or-nothing) **옵션**으로서, 전자는 Z가 일정 현금이고 후자는 특정 자산의 일정 량이다. 그러므로 현금이원옵션의 수익은 고정된 반면, 자산이원옵션의 수익은 기초자산 가격에 따라 변한다.

<그림 7.7>의 (a)는 현금이원 콜옵션, (b)는 현금이원 풋옵션의 수익을 보이고 있다. 고정수익은 Z, 행사가격은 X다. 전통적인 현금이원 옵션이나 자산디지털옵션들은 콜이든 풋이든 내가격에 있을 때만 행사할 수 있으므로 만기까지 한번도 내가격 상태가 되지 않으면 행사할

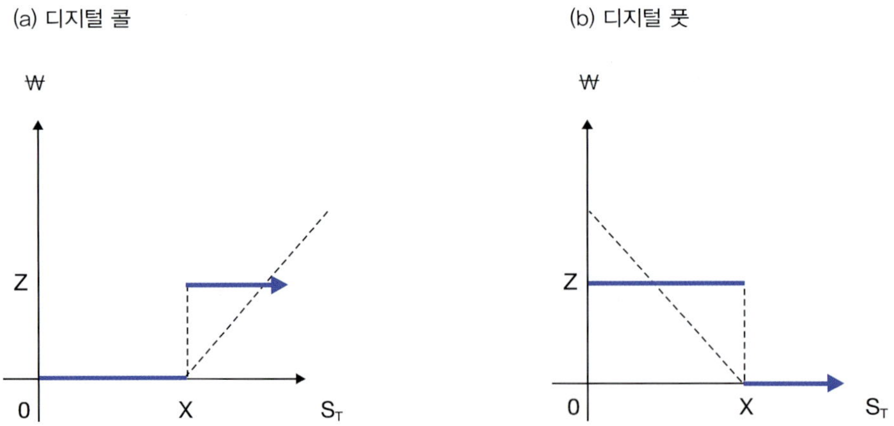

〈그림 7.7〉 현금이원 또는 디지털옵션의 수익

수 없고, 따라서 수익도 없다. 이에 반해 **원터치디지털**(one-touch) **옵션** 또는 **장애물디지털 옵션**은 일단 만기까지 언제든 한번 내가격 상태에 이르면 그 순간 일정금액을 지급받는다. 즉, 한번 내가격이면 그 이후 만기까지 내가격이라는 것이다.

평균가격/평균행사가격 옵션: 경로의존형 옵션은 옵션 행사시점의 옵션수익이 기초자산의 가격뿐만 아니라, 옵션기간 중 일정 기간에 발생한 기초자산의 가격변화 경로(path)에도 의존하는 옵션이다. 경로의존형 옵션 가운데 가장 많이 활용되는 것 중에 **아시아 옵션**(Asian option) 또는 **평균가격 옵션**과 **평균행사가격 옵션**이 있다[75]. 평균가격 옵션은 기초자산의 평균가격을 만기의 기초자산 가격으로 하는 옵션으로서, 평균가격 콜옵션의 만기 수익

$$C_T = \max[0,\ A(d1,\ d2) - X]$$

이다. 여기서, A(d1, d2)는 d1에서 d2에 이르는 기간 동안의 평균기초자산 가격을 말한다. 평균의 시작 시점과 끝나는 시점인 d1과 d2는 각각 옵션의 거래일과 만기, 또는 그 사이 어떤 시점도 가능하며, 평균 역시 산술 또는 기하평균 모두 가능하다. 아시아 풋옵션은 콜과 정반대다. 즉,

$$P_T = \max[0,\ X - A(d1,\ d2)]$$

이다.

유사한 형태의 아시아 옵션 가운데 평균행사가격 옵션은 기초자산의 평균가격을 행사가격으로 사용하는 옵션이다. 그러므로 평균행사가격 콜옵션의 수익

$$C_T = \max[0,\ S_T - A(d1,\ d2)]$$

이며, 평균행사가격 풋 옵션의 수익

$$P_T = \max[0,\ A(d1,\ d2) - S_T]$$

이다. 아시아 옵션은 수익의 변동성이 낮으므로 유럽형이나 미국형 옵션에 비해 프리미엄이 상대적으로 저렴하다.

---

75 아시아 옵션이라 부르는 이유는 Bankers Trust가 동경지점에서 처음 발행한 데 기인한다.

룩백옵션: 룩백옵션(lookback option)은 경로의존형 옵션 가운데 활용도가 큰 또 하나의 유형으로서 옵션기간 중이거나 또는 옵션기간 중 일정 기간의 기초자산 가격 가운데서 옵션보유자에게 가장 유리한 가격을 행사가격으로 결정하는 옵션이다. 옵션보유자에게 가장 유리한 행사가격이므로 콜옵션의 경우에는 기간 중 최저가격, 풋옵션의 경우에는 최고가격이 만기 시 룩백옵션의 수익을 결정하는 행사가격이 된다. 달리 말하면, 룩백옵션은 옵션 수익이 만기까지의 최고 또는 최저 가격에 의해 결정되는 옵션이다. 즉,

$$C_T = \max[0,\ S_T - \min(S_1, \cdots, S_T)]$$
$$P_T = \max[0,\ \max(S_1, \cdots, S_T) - S_T\ ]$$

다.

복합옵션: 복합옵션(compound option)은 기초자산이 옵션인 옵션이다. 따라서, 옵션을 행사하면, 옵션보유자는 자산, 상품 또는 현금 대신 옵션을 수취하게 된다. 복합옵션은 기초자산이 콜이냐 또는 풋이냐에 따라, 콜에 대한 콜, 풋에 대한 콜, 콜에 대한 풋, 풋에 대한 풋 등 네가지 유형으로 구분할 수 있으며, 2개의 행사가격과 2개의 만기일을 갖는다. 예컨대, 콜에 대한 콜의 경우, 첫 번째 옵션 행사일 T_1에 복합옵션 보유자는 첫 번째 행사가격 X_1을 지불하고 콜옵션을 수취할 권리를 갖는다. 이 콜옵션은 옵션보유자에게 두 번째 옵션 행사일 T_2에 행사가격 X_2를 지불하고 기초자산을 매입할 수 있는 권리다. 그러므로 복합옵션은 첫 번째 행사일 T_1에서 두 번째 옵션의 가치가 첫 번째 옵션의 행사가격 X_1보다 큰 경우에만 행사될 것이다.

교환옵션: 교환옵션(exchange option)은 한 자산을 다른 자산과 교환할 수 있는 권리다. 자산 2를 자산 1로 교환할 수 있는 유럽형 교환옵션의 만기 수익은

$$\max[0,\ S_{1,T} - S_{2,T}]$$

다. 여기서, $S_{1,T}$와 $S_{2,T}$는 각각 자산 1과 자산 2의 만기 가격이다.

교환옵션은 대개 두 개의 자산 가운데 한 자산에 대한 포지션과 결합해서 사용한다. 그 이유는 이 경우, 옵션매입자는 두 자산 가운데 좋은 것이나 또는 나쁜 것을 수취할 수 있기 때문이다. 예컨대, 두 자산 가운데 좋은 것을 수취하는 옵션의 만기 수익은

$$\max[S_{1,T},\ S_{2,T}] = S_{1,T} - \max[0,\ S_{1,T} - S_{2,T}]$$

이다. 위 식의 우변은 자산 1을 보유하면서 자산 2를 자산 1로 교환할 수 있는 유럽형 교환옵션

에 매도 포지션을 취한 것이다. 두 자산 가운데 나쁜 것을 수취하는 옵션의 만기 수익은

$$Min[S_{1,T},\ S_{2,T}] = S_{2,T} + max[0,\ S_{1,T} - S_{2,T}]$$

이다. 위 식의 우변은 자산 2를 보유하면서 자산 2를 자산 1로 교환할 수 있는 유럽형 교환옵션에 매입포지션을 취한 것이다.

무지개 옵션: **무지개 옵션**(rainbow option)은 **최고실적 옵션**(outperformance option)이라고도 부르는 것으로, 기초자산이 두 개 이상인 옵션 가운데 **바스켓 옵션**(basket option)과 더불어 대표적인 형태의 옵션이다. 무지개 콜옵션은 두 개 이상의 기초자산 가격 가운데서 가장 높은 가격이 옵션의 기초자산 가격이 되고 무지개 풋옵션은 가장 낮은 가격이 기초자산 가격이 된다. 무지개 콜과 풋의 만기수익은 각각

$$C_T = max[0,\ max(S_1,\ S_2,\ \cdots,S_n) - X]$$
$$P_T = max[0,\ X - min(S_1,\ S_2,\ \cdots,S_n)]$$

이다. 여기서, $S_1,\cdots,S_n$은 n개의 기초자산에 대한 만기일 가격을 말한다.

스왑션: **스왑션**(swaption)은 미래 특정 시점(스왑션 만기)에 금리스왑계약을 체결할 수 있는 권리를 말한다. 통상, 스왑션의 만기는 기초자산인 금리스왑의 첫 번째 이자율 재책정일과 일치한다. 풋스왑션의 경우 스왑션 매입자는 고정금리를 수취하고, 콜스왑션 매입자는 고정금리를 지급한다. 이때 스왑션의 행사가격은 고정이자율이 된다. 스왑션 매입자는 매도자에게 옵션 프리미엄을 매입 시점에 지급하거나 스왑금리에 포함시킬 수 있다.

FRN 투자자는 풋스왑션을 매입함으로써 금리가 하락할 때 변동금리를 고정금리로 전환시킬 수 있다. 최저금리가 보장된다는 점에서는 플로어(floor)와 비슷하지만 이 경우에는 변동금리부 자산을 고정금리부 자산으로 아예 전환시킨다는 점이 다르다. 물론, 일단 확정된 이자율이 앞으로 하락할 것으로 예상하는 투자자들은 이를 이용, 투기할 수도 있다.

금리캡과 금리플로어: **금리캡**(interest rate cap) 혹은 이자율캡은 변동금리채권의 이자율이 일정 수준(캡이자율) 이상으로 상승하는 것에 대한 헤지가 목적이다. 변동이자율은 준거이자율(예: LIBOR)에 대해 주기적으로 재책정된다. 만약 이 준거이자율이 캡이자율을 초과하면 캡이자율이 변동이자율이 된다. 따라서, 금리캡은 이자율이 캡금리를 초과하면 매입자에게 이익이 된다. **금리플로어**(interest rate floor)는 캡의 반대다. **콜러**(collar)는 캡 매입과 플로어 매도를 결합한 포지션으로 준거이자율이 두 개의 특정 이자율 사이를 벗어날 위험에 대한 보험이 목적이다.

제 8 장

신용파생상품

앞장에서는 전통적인 (시장)위험 전가 수단인 파생상품 일반에 관해 개념중심으로 살펴보았다. 이 장에서는 파생상품 가운데서 기초자산이 신용위험에 노출된 신용파생상품(信用派生商品)을 설명한다. 구체적으로, **신용파생상품(credit derivatives)**은 채권, 자산유동화증권, 대출 등 위험자산이나 특정 기업 및 국가의 신용위험을 계약 상대방에게 전가시키거나 또는 경감시켜주는 쌍방간 금융계약을 말한다.

여기서 말하는 신용위험 또는 신용디폴트란 엄밀한 의미에서 계약에 명시된 사항을 이행하지 못하는 일체의 상황을 말하지만, 굳이 이들을 구분하자면 **신용위험(credit risk)**은 채권과 같은 위험자산이 발행자의 원리금상환 능력의 감소로 인해 자산가치를 잃게 되는 상황을 말하고, **디폴트위험(default risk)**은 발행자가 실제로 원리금을 정해진 일정대로 지급하지 못할 가능성을 말한다.

신용파생상품은 1990년대 중반까지만 하더라도 사실상 존재하지 않았지만 1998년 러시아 디폴트 이후 폭발적인 인기를 얻어, 계약 총 잔액이 2004년에는 5조 달러, 2008년에는 33조 달러에까지 이르렀다. 특히, 신용디폴트스왑 시장은 감독과 규제가 거의 없고, 쌍방간 계약이라는 특수성으로 인해 비록 투명성이 크지는 않지만, 바로 그런 이유들 때문에 구조화금융, 구조화보험, 특히 SCDO를 포함한 구조화금융 시장(3 - 4부에서 논의함)에서 매우 중요한 역할을 한다. 따라서, 신용파생상품은 자본과 위험의 통합관리를 지향하는 현대 기업재무에서 그 자체로서도 중요하지만, 특히 2007 - 2008 글로벌 신용위기를 이해하는 데 필수적이다.

신용파생상품은 좁은 의미와 넓은 의미로 구분할 수 있다. 이 장에서는 좁은 의미의 순수 신용파생상품인 CDS, TRS, 신용스프레드옵션, EDS, CLN을 기술하고, 넓은 의미의 신용파생상품들인 CDO, SCDO 등, 신용파생상품을 내장한 자산유동화 상품들은 장을 달리하여 3 - 4부에서 보다 상세히 설명한다.

8.1 신용디폴트스왑(CDS)

8.1.1 단일발행자 신용디폴트스왑(single-name CDS)

투자자 A는 B사 발행, 5년 만기, 액면가 10억 원짜리 회사채를 보유하고 있다. 최근 B사의 부진한 영업실적에 A는 불안해 하고 있다. 당장 채권을 매도하기가 쉽지 않을 뿐더러, 설사 원매자가 나타난다 해도 상황이 상황인지라 큰 폭의 가격할인을 요구할게 뻔하다. 이 때 A가 C(보험회사나 은행 등)와 명목계약금액이 10억 원인 **신용디폴트스왑(credit default swap: CDS)** 계약을 체결하면 A는 B의 디폴트 위험에서 벗어날 수 있다. 즉, CDS의 스프레드(spread)가

400bp라면 A는 C에게 매 분기 10억 × .04 × .25 = 1,000만 원씩의 프레미엄을 신용사건(디폴트) 발생시까지 지불한다. 디폴트가 발생하면 C는 A에게 10억 원을 지급하고, A는 C에게 B회사 발행 회사채를 인도한다(실물결제의 경우). 만약, CDS계약이 현금결제계약이라면 A는 C로부터 10억 원에서 예상회수금액(대개 디폴트 발생 후의 채권가격)을 차감한 금액을 받는다. 어느 경우에도 A는 신용위험으로부터 자유롭다.

신용디폴트스왑은 원래 은행 등 금융기관들이 위험관리 차원에서 비교적 많은 정보를 가지고 있는 소수의 기업이나 산업에 대출을 집중함으로써 발생하는 **집중위험(concentration risk)** — 이를 **credit paradox**라 한다 — 을 최소화할 목적으로 개발한 상품이다. 특히 CDS는 TRS와 더불어 신용파생상품시장에서 가장 중요한 역할을 하는 상품으로서, 특정 국가나 기업과 같은 **준거주체(reference entity 또는 reference names)**나, 회사채나 대출채권과 같은 준거자산(reference asset)에 계약의 효력을 촉발(觸發)시키는 사건 — 이를 **트리거링 이벤트(triggering event)**라 한다 — 이 발생하면, 신용보장 매도자가 상대방인 신용보장 매입자에게 약정된 금액을 지급한다. 그러므로, CDS는 신용보증이나 신용보험과 매우 유사하지만, 신용보장 매입자에게 기초자산에 대한 피보험이익이 반드시 존재해야 할 필요가 없다는 점에서 보험과 구분된다. **피보험이익(insurable interest)**은 보험전문 용어로서 보험구입자 혹은 수익자(beneficiary)가 보험사건이 발생했을 때 실제 경제적으로 상당한 피해를 직접 입게 될 때 존재한다. 예컨대, 자금을 대출해 준 채권자는 대출의 회수와 관련된 피보험이익이 있다. 주택 소유주는 주택가격에 대한 피보험이익이 있다. 그러나, 대한항공은 아시아나항공의 항공기들에 대한 피보험 이익이 없다(아시아나 항공의 모든 항공기들이 전파된 상황이라면 몰라도).

위험관리의 측면에서 보면, 일반 파생상품은 채권이나 주식과 같은 유가증권이나 기타 상품의 가격 변동, 즉 시장위험(market risk)의 관리에 활용되지만, 신용파생상품은 채무자의 채무이행불능, 즉 신용위험의 관리가 목적이다. 또, 일반 파생상품은 '가격 보장'의 한 형태지만, 신용파생상품은 '의무나 채무이행 보장'의 한 유형이다.

신용파생상품도 계약상대방과 기초자산, 또는 준거자산이 존재한다. 신용파생상품의 기초자산(underlying asset)과 준거자산은 어떻게 다른가? 굳이 용어의 정확성을 기하자면 CDS 계약의 기초자산은 CDS계약을 통해 신용위험을 헤지하고자 하는 헤지대상 자산을 말하고, 준거자산은 계약에 명시되어 있는 신용보장의무 발생요건의 충족여부를 결정해주는 자산을 말한다. 그러므로 준거자산은 기초자산과 같을 수도 있지만 기초자산과 밀접한 관련이 있는 다른 자산(시장에서 거래되고 있는)이 될 수도 있다(본서에서는 기초자산과 준거자산을 혼용하기로 한다).

일반 파생상품들과 달리 신용파생상품의 가치는 준거자산 가격뿐만 아니라 **상대방 신용(counter party credit)**에도 의존한다. 예컨대, A은행이 B사의 회사채를 준거자산으로 C은행과

CDS 계약을 체결한다면 (A가 B에 대한 신용보장 매입자/신용위험 매도 또는 인도자/CDS 매입자이고 C는 신용보장 매도자/신용위험 매수 또는 인수자/CDS 매도자) 이 계약의 가치는 C의 신용위험(상대방 신용)과 신용사건 발생 후 B회사채의 가격(준거자산 가격)에 의존한다.

물론, 신용파생상품은 주로 채권자인 대출자 또는 자금공여자들이 신용위험의 보장을 위해 사용하는 상품이지만, 신용보장이 필요치 않은, 즉 신용위험에 노출되어 있지 않은 투기자나 차익거래자들도 사용할 수 있다. 예컨대, 채권발행자의 신용위험이 전혀 없다고 생각하는 투기자라면 신용보장 매도에 신경 쓸 필요 없이 CDS계약을 매도(신용위험 인수)하여 프리미엄 수입을 얻을 수 있다. 따라서, 신용파생상품은 단순한 신용보장상품으로만 볼 수는 없다. 즉, 신용파생상품은 신용위험이 거래되는 독립된 자체 시장을 제공한다는 측면에서, 특정 거래에 국한된 신용위험에 대한 보장을 제공하는 신용보증이나 신용장 등과 구별된다. 또한, CDS는 계약 당시 쌍방에 이익도 손해도 없도록 가격(프리미엄, 또는 스프레드라고도 한다)이 결정되는 까닭에 계약 당시 자금이 소요되지 않으므로 신용위험의 매도와 매입을 쉽게 해준다.

신용파생상품의 거래자들은 신용보장매도자(credit protection sellers) – 신용위험 매입(또는 인수)자 – 와 신용보장매입자(credit protection buyer) – 신용위험 매도(또는 인도)자 – 로 구분된다. 제3자인 준거자산의 발행자는 계약에 명시되어 있긴 하지만 실제 거래에서는 아무런 역할을 하지 않는다. 신용보장 매입자는 신용보장매도자에게 계약기간 동안 계약에 명시된 신용사건이 발생하지 않는 한 정기적으로 수수료를 지불하고, 그 대가로 보장매입자는 준거자산 또는 준거기업에게 채무이행불능 상태와 같은 신용사건이 발생했을 때 보장매도자로부터 보상을 받는다. 보장매도자는 자기자금부담 없이 수수료 수익을 얻는 대신 기초자산에 대한 신용위험을 인수하게 된다. 기초자산에 대한 시장위험과 소유권은 여전히 보장매입자에게 남아 있게 된다.

신용파생상품은 자산의 소유권을 이전하지 않고 신용위험만 분리/이전 가능한 데서 오는 이점이 있다. 예컨대, 신용파생상품 거래자들은 부외거래인 **유가증권계정(trading book)**을 통해 신용위험을 이전 또는 인수할 수 있지만 CDS를 이용해서 소유권을 유지한 채 신용위험만 이전할 수도 있다. 이 경우, 보유 채권의 매도나 이전처럼 일일이 기초자산의 원소유자(예: 차입자)에게 통고할 필요가 없을 뿐만 아니라, 보유자산의 장부가격이 매입가보다 하락한 경우에는, 더욱 유용성이 커진다. 왜냐하면, 이 경우 자산매각은 장부상의 손실을 초래하기 때문이다.

신용파생상품 중 가장 비중이 큰 상품은 **단일발행자 신용디폴트스왑(single-name credit default swap)**이다. 단일발행자 CDS시장은 거래소시장이 아닌 장외시장에서 거래되지만 비교적 유동성이 크다. 그 밖에 포트폴리오 또는 바스켓 신용디폴트스왑 상품, 각종 신용파생상품지수 상품과 신용파생상품지수를 위험도에 따라 개별증권화(또는 계층화)시킨 **(개별)신용지수상품(tranched credit products)**들도 있다. 여기서 단일발행자라 함은 준거자산이 하나거나 또는 발행주체가 단일 회사나 국가임을 말한다.

단일발행자 CDS는 스왑이라 부르긴 하지만, 기능면에서는 조건부(contingent) 옵션에 더 가까운 상품이다. 그 이유는 보장매도자가 신용사건이 발생하는 경우에만 보장을 지급하기 때문이다. CDS는 신용사건이 발생하지 않으면 지급의무가 없다. 또, 계약체결 후 신용위험이 변함에 따라 CDS프리미엄이 증가할 수는 있지만 신용사건이 발생하기 이전에 CDS계약이 실제로 내가격(in-the-money)일 가능성은 전혀 없으므로, CDS는 장애물옵션의 일종인 진입옵션으로 볼 수 있다.

8.1.2 단일발행자 CDS의 거래구조와 특성

전형적인 단일발행자 CDS는 기능면에서 앞장에서 본 신용보험이나 지급보증과 거의 동일하다. 즉, 신용보장(또는 CDS) 매입자는 보장매도자(또는 CDS 매도자)에게 고정금액을 일시에 지불하거나 또는 일정기간 동안(통상 1-5년) 일련의 고정금액(프리미엄)을 지불하고(통상분기별), 보장매도자(투자자라고도 한다)는 그 대가로 준거자산이라 부르는 특정채무(예: 채권 또는 대출채권)에 대한 채무이행불능 등 **신용사건(credit event)**이 발생하면 약정금액을 보장매입자에게 지급한다(보장매입자는 더 이상 프리미엄을 지급하지 않고 CDS계약은 종료된다). 차이가 있다면, 보증이나 신용보험은 신용사건이 발생하는 동시에(state-dependent), 보장매입자가 손해를 입어야만(outcome-dependent)하지만, CDS는 신용사건은 발생해야 하지만(state-dependent), 실제 보장매입자의 손해와는 관계없이 보장금액이 지급된다(outcome-independent). 여기서, 지급액은 준거자산의 계약 또는 **명목(par 또는 notional)금액**에서 **기대회수금액(expected recovery)**을 차감한 것이 된다(현금결제의 경우). 이와 같은 CDS거래구조를 그림으로 표시한 것이 <그림 8.1>이다.

여기서 '명목'은 신용보장의 매입을 위해 계약의 상대방이 대상 기초자산을 CDS발행자가 반드시 소유하고 있거나 또는 소유하지 않은 경우 매입할 필요가 없다는 의미를 내포한다. 준거자산은 CDS결제 시 인도할 현물자산(채권)의 우선순위를 표시하기 위함일 뿐이다. 따라서, CDS명목금액 및 만기와 준거자산의 명목금액 및 만기 등, 모든 조건은 반드시 일치할 필요가 없다(일반적으로 준거자산의 만기가 더 길다). 가령, 어떤 투자자가 특정 기업대출에 따르는 신용위험을 부담하고 싶은데, 실제로 대출은 내부 투자규정 등의 이유로 허용되지 않는다고 하자. 이 경우, 투자자는 대출대신 '유사한 위험도'와 '원하는 금액'의 대출채권에 대한 신용보장을 매도(신용위험의 매입 또는 인수)하고 현금으로 결제하는 CDS계약을 체결(매도)하면 될 것이다. 즉, 신용위험 부담에 관한 한 투자자는 실제로 자산(여기서는 대출채권)을 매입하지 않고서도 (따라서 매입자금이 필요 없다), 합성적인 자산매입을 통해서 신용위험을 보유(long)하게 된다. 보장매도자는 회사채나 대출채권을 실제로는 보유하고 있지는 않지만 신용위험 부담이라는 측면에서 보면 사실상 보유하고 있는 것과 같다(신용위험 매입/자산의 합성적 매입). 반대로, 보장매입자는 신용위험에 대해 걱정할 필요가 없으므로 채권이나 대출채권을 매각한 것과 같다(신용위험 매도/자산의 합성적 매도).

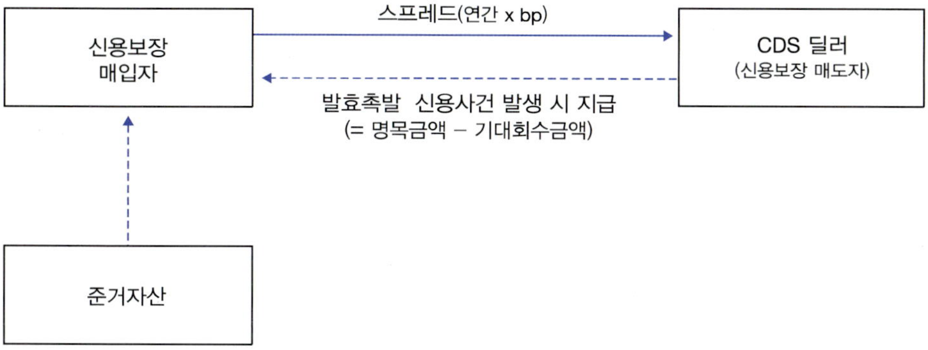

〈그림 8.1〉 단일발행자 CDS

조건부 채무와 결제방법: CDS계약은 현금과 실물의 두 가지 방법으로 결제된다. 그중 가장 일반적인 결제 방법은 현금결제로서, 현금결제는 신용사건발생 시 보장매도자가 매입자에게 준거자산의 액면가격에서 신용사건발생 후의 시장가격(회수가치)을 차감한 금액을 현금으로 지급한다. 현금결제 CDS가운데는, 디지털 CDS나 이원 CDS 같이 미리 정해진 일정금액을 지불하는 것도 있다. 디지털 CDS는 신용사건 발생 시 쌍방이 합의하는 가격을 찾기 힘든, 예컨대 유동성이 아주 낮은 준거자산에 주로 관련된 상품이다[76]. 실물결제 CDS에서는 신용보장매입자가 매도자에게 채무이행에 실패한 준거자산을 인도하면 매도자는 미리 약정된(계약) 금액(주로 준거자산의 액면가격)을 지급한다. 이때, 보장매입자는 준거자산과 우선순위가 동일한 회사채나 대출채권 가운데서 계약에 명시된 인도가능 채무(eligible obligation of the reference entity) 조건을 충족하는 가장 싼 것으로 인도한다.

신용사건 발생 시 준거자산에 대한 회수권은 항상 준거자산의 보유자가 가지며 준거자산에 대한 기대회수율은 준거자산의 시장가격에 반영된다. 현금결제 CDS에서 만약 CDS 매입자가 준거자산을 소유하고 있다면, 시장가격에 반영된 회수율보다 실제 더 많이 회수하려고 노력할 것이다. 그러나, 실물결제 CDS에서는 준거자산과 회수권이 모두 스왑딜러에게 인도된다. 그러므로, 보장매입자가 준거자산을 소유하고 있으면서 시장가격에 반영된 회수율 보다 회수율을

76 보험과 비교해 보면, 전통적인 현금결제 CDS가 준거자산에 대한 손해배상책임보험과 비교된다면, 디지털CDS는 정액신용보험계약(valued credit insurance contract)에 비교할 수 있다. 정액보험은 보험사건발생시 기초자산의 실제가치에 대해 보험자와 보험가입자간에 합의에 이르기 어려운 경우에 흔히 사용한다.

더 높일 수 있다고 생각하면 현금결제 CDS를 선택하는 것이 유리하다.

발효촉발사건: CDS시장의 참가자들은 CDS 계약을 발효시키는 신용디폴트 사건을 1999년 **국제 스왑 및 파생상품협회**(International Swaps and Derivatives Association: ISDA)가 발표한 표준계약서에 따라 정의한다. ISDA는 발효촉발사건의 기준을 준거기업의 도산(bankruptcy), 채무상환의 가속화(조기채무상환) 또는 기한이익상실(obligation acceleration), 채무불이행(obligation default), 지급실패(failure to meet payment obligation when due), 지급유예/지급거절(moratorium/repudiation), 채무재조정(restructuring) 등 매우 신축적으로 정의하고 있다. 그 밖에도 준거자산이나 기업의 신용등급하락이나 연쇄채무불이행(cross-default) 등과, 경우에 따라서는 중요성요건(materiality condition)을 포함시켜 금액이 소액인 경우에는 지급불이행 사건에서 제외시키기도 한다.

거래상대방 위험(counter party risk): 거래상대방 위험이란 CDS계약에서 준거자산이 아닌 거래상대방의 신용위험과 관련된 위험을 말한다. 예컨대, 거래상대방이 당초 약정한 계약상 의무를 이행하지 못하거나, 또는 거래상대방의 신용도가 신용파생상품의 신용위험에 영향을 미치는 경우다.

거래상대방 위험은 보장매입자냐 또는 매도자냐에 따라 다를 것이다. 보장매입자의 입장에서는 거래상대방 위험이 신용사건 발생시 보장매도자가 보장지급 의무를 이행하지 못할 위험인데, 이는 CDS대신 CLN과 같이 현금을 받고 증권을 매각하는 증권발행자금이 유입된(funded) 구조로 해결할 수 있다. 보장매도자의 경우는 상대방 위험이 스왑프리미엄이나 CLN의 원리금을 지급받지 못하게 될 위험인데, 이는 스왑프리미엄이나 이자 선급구조를 활용하거나, 또는 자산보유자의 파산으로부터 절연된 SPV를 활용해 해결할 수 있을 것이다.

그러나, 금융시장 전체에 미치는 CDS의 상대방 위험은 실상에 비해 크게 과장된 측면이 있다. 상대방 위험에 대한 실제 노출 정도는 계약금액보다 훨씬 작다는 말이다. 우선, 특정 시점의 상대방 위험에 대한 실제 노출은 계약금액이 아니라 CDS의 현재가치다. 그런데, 계약 당시 신규계약의 가치는 언제나 제로가 되도록 CDS 스프레드가 책정되므로 쌍방 모두에게 CDS 위험에 대한 노출은 제로다. 물론, 기초자산의 신용이 변함에 따라 CDS의 가치도 변할 것이다. 가령, 계약체결 후 기초자산의 신용이 악화되어 보장매도자에 대한 CDS의 가치가 계약금액인 100만 원으로부터 100만 원의 1%인 1만 원 하락했다면 보장매입자에게는 CDS가치가 1만 원 증가한 셈이 된다. 따라서, 보장매도자가 계약을 이행하지 않을 경우, 매입자의 손실은 100만 원이 아니라 1만 원이다. 보장매입자의 상대방 위험에 대한 노출이 1만 원이란 말인데 이는 계약금액 100만 원 보다 훨씬 작지 않은가! 둘째, 보장매입자의 상대방 위험에 대한 노출을 경감시켜 줄 각종 장치가 현실적으로 존재한다. 가장 널리 활용되는 수단이 보장매입자의 보장매도자에 대한 담보 요구다. 앞의 예에서 보장매입자는 CDS가치 증가분 1만 원 전액이나 또는 일부에 해당하는 담보를 보장매도자에게 요구함으로써 실질적인 상대방 위험을 제로에 가깝게 만들 것이다.

8.1.3 CDS의 가격결정

CDS계약(매입)을 통한 보장매입은 신용위험이 헤지된다는 면에서 현물 채권을 매도(신용위험 인도) 하는 것과 흡사하고, 보장매도는 보장매입자의 신용위험을 인수한다는 측면에서 채권매입과 유사하지만 CDS 계약체결이 채권투자와 전적으로 동일하다고는 볼 수 없다. 가령, 고정 이표를 지급하는 회사채를 매입하는 경우, 이자율 위험(이자율이 상승하면 증권가격 하락)과 자금조달 위험(차입에 의한 회사채 매입) 이 따른다. 그러나, CDS계약은 초기투자가 필요 없으므로 이자율 위험이 없고 차입할 필요도 없으므로 자금조달 위험도 없다. 오로지 신용위험만 존재한다. 따라서, CDS는 자산의 신용위험만을 분리해서 타인에게 이전시키는 계약이다.

CDS의 시장가격은 금리스왑의 가격이 준거금리의 변화에 따라 변하듯 준거자산의 가격이나 상대방 신용의 변화에 따라서 변한다. CDS 스프레드는 기본적으로 디폴트 시 발생할 손실과 디폴트 가능성을 반영하여(예상손실액) 시장에서 결정되는 것으로서 신용위험의 이론적 가격과 다를 바 없다. 그런데, 우리는 CDS가 신용위험만을 분리해서 타인에게 이전시키는 계약임을 알고 있다. 그러므로 신용위험은 물론 자금조달 위험과 이자율 위험까지 포함하고 있는 고정이자 지급채권(또는 대출채권)을 자산스왑 (asset swap)을 통해 변동이자부 채권(FRN)으로 바꾼 다음(이자율위험 제거), 자금조달 비용(예컨대 LIBOR)을 차감하면(자금조달 위험 제거) – 신용위험만 남는다 – 신용보장에 대한 이론적 가격을 구할 수 있을 것이다.

그러나, 이보다 더 이해하기 쉬운 방법은 CDS매도를 '차입에 의한 채권매입 포지션'으로 보는 것이다. CDS는 보장매입자가 수수료를 지불하는 대신 신용사건이 발생하면 계약(액면) 금액과 시장가격과의 차이를 지급받는다는 점에서, 경제적으로는 '차입에 의한 채권매입 포지션(financed bond position)'과 같다. 그러므로, 준거자산 수익률이 LIBOR 플러스 50bp이고, 레포(repo)시장에서 LIBOR에 자금을 조달해서 준거자산과 동일한 수익률(LIBOR 플러스 50bp)을 발생시키는 채권을 매입한다면, CDS 스프레드는 대략 차입에 의한 채권매입 포지션의 순스프레드인 50bp가 될 것이다[77].

77 그러나, 실제로 CDS와 채권은 몇 가지 점에서 중요한 차이가 있으며, 이 차이점이 차입에 의한 채권매입 포지션을 이용해서 CDS 프리미엄을 계산할 때 약간의 문제를 발생시킨다. CDS 스프레드는 차입에 의한 채권매입포지션의 순스프레드 보다 약간 큰 것이 일반적이다.

8.1.4 CDS채권 베이시스 거래

CDS 스프레드와 관련해서 최근 신용위기 시 문제된 것이 **네거티브 CDS 베이시스 거래 (negative basis trading)**다. **베이시스(basis)**는 동일한 발행자의 (액면가)위험채권에 대한 CDS 스프레드에서 (액면가)위험채권의 스프레드를 차감한 것을 말한다. 무위험 차익이 존재하지 않으려면 동일한 발행자와 동일한 만기를 갖는 CDS 스프레드와 위험채권의 스프레드는 같아야 한다. 왜냐하면 위험채권 CDS의 현금흐름은 위험채권 매도와 무위험채권 매입 포지션의 현금흐름과 같기 때문이다(그림 8.2 참조)[78]. 베이시스가 네거티브라면 CDS 스프레드가 채권스프레드 보다 작다는 것을 말하고 이는 곧 신용위험의 가격에 관한 한 채권이 CDS보다 싸다는 것을 의미한다(이자율과 채권가격은 역관계에 있다). 따라서 투자자들은 채권을 매입하고 매입한 신용위험을 헤지하기 위해 CDS시장에서 신용보장을 매입(신용위험 매도)하게 될 것이다(이를 네거티브 CDS베이시스 거래라 한다). 반대로, 포지티브 베이시스 상황에서는 CDS가 채권보다 값이 싸므로 채권을 매도하고 CDS시장에서 신용보장을 매도하게 될 것이다.

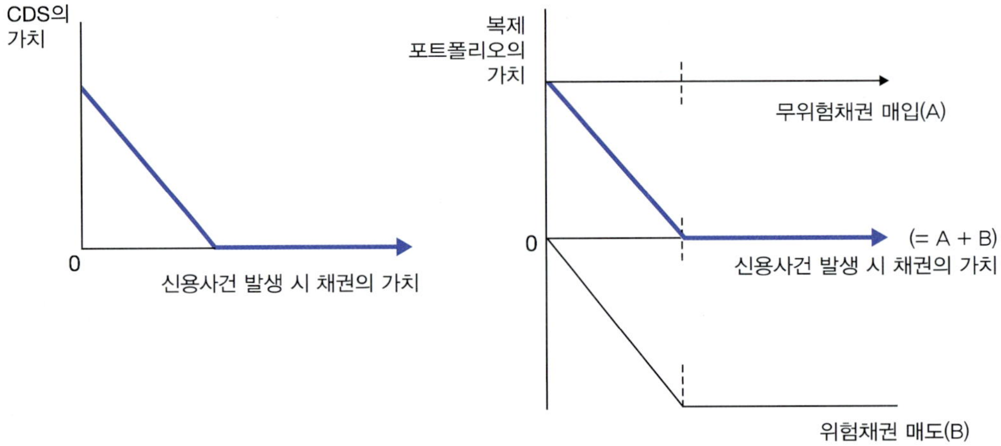

〈그림 8.2〉 CDS와 복제포트폴리오(위험채권 매도 + 무위험채권 매입)

물론, 베이시스 거래에는 채권과 관련해서는 디폴트, 매입자금조달, 유동성, 이자율 위험 등이 있고, CDS와 관련해서는 디폴트 위험과 거래상대방 위험이 따른다. 다시 말해서, 베이시스 거래는 현실적으로 무위험 차익거래와 유사할 뿐 정확히 일치하지는 않는다. 따라서, CDS 스프레드와 CDS의 현금흐름을 복제하는 복제포트폴리오(위험채권 매도 + 무위험채권 매입)의 위험채권 스프레드가 같아야 한다는 원칙이 현실적으로 항상 성립하는 것은 아니다.

78 R. Jarrow(2011), The economics of credit default swaps, Annual Review of Financial Economics, 3, 2.1 - 2.23.

8.1.5 고정지급 CDS와 고정만기 CDS

전형적인 단일발행자 CDS에서는 신용보장 매도자에 대한 수수료가 계약기간 동안 지속적으로 (통상 분기별) 지급되긴 하지만 지급액 총액은 일정하다. 이와 같은 **고정지급 CDS** (fixed CDS)를 변형시킨 여러 상품 가운데서, 비교적 최근에 개발된 **고정만기 CDS** (constant 또는 fixed maturity CDS: CMCDS)라는 상품은 프리미엄을 계약 기간 동안 지급하지만, 매 지급일에 지급되는 프리미엄을 계약에 명시하는 특정 고정지급 CDS − 지급되는 시점에서 사전에 합의 한 만기 (예: 10년)를 갖는 동일 기초자산에 대한 고정지급 CDS − 의 CDS 프리미엄에 연동시켜, 6개월 또는 1년 단위와 같이 주기적으로 재책정한다 (그런 이유로 "고정만기" CDS라 한다). 따라서, 보장매입자가 지급하는 CDS 스프레드만 매 지급일 달라질 뿐, 준거자산, 결제방법, 신용사건 발생 후 계약 종료 등 나머지는 일반 CDS와 다를 바 없다. CDS 프리미엄 총액은 원래 기준이 되는 특정 고정지급 CDS에 대한 배수 (multiple)로서 이를 계약에 명시한다 (대개 1보다 작다). 보장매입자의 입장에서는 앞으로 CDS 프리미엄이 상승할 것으로 예상하는 경우 흔히 이 계약을 사용한다.

8.1.6 신용스프레드옵션

신용스프레드옵션 (credit spread option: CS option)은 옵션의 기초자산이 신용위험자산이거나 특정 차입자의 신용스프레드라는 점만 다를 뿐, 일반 옵션과 다를 바 없다. 유럽형 콜인 경우, 만기에 준거 신용스프레드가 행사 신용스프레드보다 크면 옵션매도자는 계약금액 × (신용스프레드 − 행사 신용스프레드)를 보장매입자에게 지급한다. 옵션 (보장)매도자는 프리미엄 수익을 올릴 수 있고 은행 등 금융기관은 신용스프레드옵션을 매입함으로써 신용위험을 헤지하거나 향후 신용스프레드 변동에 대한 투기도 할 수 있다.

기본적으로 CS옵션은 신용사건이 '스프레드 상승'인 CDS계약이다. 그러므로, CDS와 달리 CS옵션에서는 신용사건이 명확하게 지정될 필요가 없고, 신용스프레드 변동의 이유와 관계없이 보장매도자의 지급이 이루어 진다. 가령, 채권을 매입한 투자자가 채권의 신용도가 하락할 것을 걱정한다면 (따라서 채권의 신용스프레드가 상승) CS옵션을 매입하면 된다. 행사 스프레드가 현재 신용스프레드보다 크면 클수록 옵션 프리미엄은 작아질 것이므로 CS옵션은 CDS와 더 유사해질 것이다.

8.2 복수발행자 신용디폴트스왑

복수발행자 신용디폴트스왑(multi-name CDS) 또는 **포트폴리오 신용디폴트스왑**(portfolio CDS)은 준거자산이나 준거기업이 하나가 아니라 다수인 CDS를 말한다. 대개 시장 전체의 신용스프레드에 대한 노출에 유용한 수단이다. 단일발행자 CDS는 전세계적으로, 특히 유럽에서 인기가 있는데 비해 포트폴리오 CDS는 북미지역에서 많이 거래되고 있다. 이 단원에서는 포트폴리오 CDS가운데 중요한 한 두 개만 기술한다.

8.2.1 포트폴리오 CDS와 바스켓 CDS

복수발행자 신용디폴트스왑은 흔히 포트폴리오 CDS 또는 **바스켓 CDS (basket CDS)**라고도 부르는데, 이 둘은 약간 다르다. 바스켓 CDS는 포트폴리오 CDS (40 - 100개 준거자산) 중 CDS의 개수가 적고(3 - 20 준거자산) 신용사건이 N-번째 디폴트(손실금액이 아니다)로 정의되는 CDS를 말한다. 포트폴리오 CDS는 위험을 계층화시킬 때 위험의 재분배가 바스켓 CDS와 같이 준거자산의 개수가 아니라 포트폴리오 손실로 표시된다.

바스켓 CDS는 준거자산이 다수인(multi-name) 신용보장 상품이므로 보장대상인 준거자산은 바스켓 안의 준거기업들이 발행한 기초자산의 일부 혹은 전부가 될 수 있다. 그러므로, 이론적으로는 준거자산 모두를 포함할 수 있지만 이 경우 비용이 너무 크게 되므로, 보통은 포트폴리오를 구성하고 있는 준거자산 중 사전에 약정한 순서의 신용사건에 대해서만 손실을 보장하고 계약이 종결된다. 문제는 어느 것이냐에 있다.

바스켓 CDS에 포함된 준거기업의 수가 많으면 신용사건 발생가능성이 그만큼 커지므로 바스켓 CDS의 스프레드도 커진다. 그 밖에 바스켓에 포함된 개별 준거자산의 신용도, 회수율, 상관관계도 바스켓 CDS의 스프레드에 영향을 미친다. 가령, 바스켓을 구성하는 개별 자산들의 상관성이 완벽하다면 바스켓 CDS의 스프레드는 가장 위험도가 큰 자산에 대한 CDS 스프레드와 같게 될 것이고, 반대로 디폴트가 독립적이라면 바스켓 CDS의 스프레드는 개별 자산CDS 스프레드의 합이 될 것이다. 상관관계가 불완전한 경우, 상관성이 증가함에 따라 **첫번째 디폴트(first-to-default: FTD) 바스켓스왑**의 디폴트발생 가능성은 감소할 것이므로 FTD 바스켓 CDS의 스프레드도 감소할 것이다.

첫번째 디폴트가 발생하면 보장매입자는 보상을 받고 계약은 종료되므로 첫번째 디폴트 바스켓스왑 매입자 입장에서는 최소한 계약 기간 중 바스켓 안에 있는 모든 자산에 대해 신용보장을 매입한 셈이지만(최소비용 헤지다!) 실제 보상은 자산 전체가 아니라 한 개의 자산에 대해서만 받게 된다. 그러므로, 보장매입자는 내심 바스켓 안의 한 자산이 디폴트될 때 다른 자산들도 동시에 디폴트될 확률이 크지 않다고 보는 것이다(불완전 헤지다!). 따라서 바스켓을 구성하는 자산들이 서로 상관관계가 전혀 없거나 있더라도 아주 낮아야만 바스켓 CDS는 의미가 있게 될 것이다.

한편, FTD 바스켓 CDS 보장매도자의 입장에서는 바스켓 전체에 대해 보장을 제공했지만 실제로는 하나의 자산에 대해서만 부담한다(마치 지분투자자와 같다). 가령, 준거자산이 5개인 바스켓의 경우, 보장매도자는 5개 자산의 신용위험에 노출되어 있으므로 개별 자산에 대한 CDS보다 높은 프리미엄을 받지만 디폴트 발생시 매도자의 최대 부담은 단일 자산의 명목금액으로 한정된다(엄청난 레버리지다!).

N-번째 디폴트 바스켓 CDS : N-번째 디폴트 바스켓 CDS는 포트폴리오 안에 포함된 자산 중 계약에 명시된 요건을 충족시키는 N-번째 디폴트 또는 신용사건이 발생하면 보장매도자가 보장매입자에게 손실금액을 지불하고 계약이 종료된다. 가령 준거자산 포트폴리오를 구성하는 준거 기업이 100개라 하자. 첫 번째 디폴트 바스켓 CDS는 바스켓 안의 준거자산 가운데 어느 것이 되던 계약에 명시된 요건을 충족시키는 첫 번째 신용사건이 발생하면 보장매도자가 보장매입자에게 손실금액을 지불하고 계약이 종료된다. 이 때, 어느 자산 또는 어느 회사에 첫 번째 디폴트가 발생했느냐는 문제가 되지 않는다. 2-번째 디폴트 CDS의 경우, 준거 포트폴리오에 두 번째 디폴트가 발생하면, 보장매도자는 손실금액을 지급하고 계약은 종료된다. 첫 번째 디폴트에 대해서는 전혀 손실보상이 없다.

바스켓 CDS의 프리미엄은 준거자산의 질, 디폴트의 상관관계, 준거자산 수 등, 여러 요인에 의해 결정된다. 상관관계가 크면 클수록 복수(複數) 디폴트 가능성이 크고, 따라서 보장매입자에 대한 보장의 가치가 감소할 것이므로 프리미엄 또한 작을 것이다. 반면, 디폴트 상관관계가 작을수록 보장 매도자가 갖는 레버리지 효과(조그만 부담으로 많은 위험자산에 대한 신용보장을 말함)는 더 클 것이고, 보장매입자가 갖는 신용위험 헤지는 더 효과적일 것이다. 상관관계가 일정하다면 자산 수가 크면 클수록 바스켓 프리미엄은 증가될 것이다. 왜냐하면, 자산의 수가 늘어날수록 첫 번째 디폴트 발생확률이 증가될 것이므로 보장매도자가 요구하는 보상도 커질 것이기 때문이다.

8.2.2 선순위 바스켓 CDS와 후순위 바스켓 CDS

바스켓 CDS가운데는 신용사건 촉발요인과 보장매도자의 손실지급이 복수인 형태의 CDS도 있다. 그 가운데서 가장 인기 있는 상품이 **선순위 바스켓 CDS** (senior basket CDS)와 **후순위**

바스켓 CDS(subordinated basket CDS)를 합친 것이다.

예컨대, 준거 포트폴리오가 10개의 기업으로 구성된 바스켓 CDS를 생각해 보자. 각 기업이 발행한 채무가 각각 100만 원씩이라 하자. 그리고, 처음 여섯 번의 디폴트는 준거 바스켓의 후순위 채무들에서 발생하고, 다음 네 개의 디폴트는 선순위 채무에서 발생한다고 하자. 이 경우, 처음 여섯 개까지는 모두 후순위 바스켓 CDS가 손실을 지급할 것이고, 선순위 바스켓 CDS는 나머지 여섯 번째부터 열 번째까지만 지급할 것이다.

손실보장한도와 계층간 접점: 보험의 예와 같이, 바스켓 CDS도 종종 계약에 공제와 계층간 접점들을 명시한다. 앞에서 본 포트폴리오는 기본적으로 신용위험이 두 개의 계층으로 이루어진 것으로 볼 수 있다. 하나는 ₩6 XS ₩0 (0초과 6까지)의 후순위 계층과 다른 하나는 ₩4 XS ₩6 (6초과10까지)의 선순위 계층이다. 뿐만 아니라, 보험에서와 같이 각 계층에 공제금액과 지급한도를 도입할 수도 있다. 실제로, 많은 경우의 바스켓 CDS에서 우리는 포트폴리오의 **최초손실 분(first-loss position)** – 예컨대, 준거 포트폴리오의 처음 1% 채무이행불능 – 을 보게 되는데, 이는 곧 보험의 공제금액에 해당하는 것이다.

또, N-번째 디폴트 CDS와 선, 후순위 바스켓 CDS에는 흔히 한도(limit) 또는 **2차 한도(sublimit)**가 존재한다. 이들 계약은 디폴트 금액의 크기가 아니라 디폴트가 발생하는 순서에 의해 계약이 발효되므로, 디폴트에 대해 개별적으로나 전체적으로 1차 또는 2차로 손실지급액을 제한할 수 있다. 위의 예에서는 후순위 바스켓 CDS의 지급한도를 백만 원으로 제한할 수 있다.

나아가서, 선순위 바스켓 CDS를 **계층간 접점(attachment points)** – 손실부담 개시수준과 종료수준 – 만으로도 정의할 수 있다. 예컨대, 준거 기업 10개 중에서 마지막 4개의 디폴트를 담보하는 선순위 바스켓 CDS라 말하는 대신 공제금액이 2백만 원이고 ₩4 XS ₩6계층을 담보하는 선순위 바스켓 CDS라고 말해도 된다.

상관관계: 바스켓 CDS 상품들에 대한 가치평가에서는 준거 포트폴리오를 구성하고 있는 준거자산들 사이의 상관관계(correlation)가 매우 중요하다. 가령, 준거 발행기업들의 디폴트가 서로 아무런 관련이 없다면, N-번째 디폴트 CDS는 연간 기준으로 볼 때 N이 3개 이상인 경우, 손실지급 가능성이 거의 없다. 이는 곧 채무발행 기업들이 서로 관련성이 전혀 없을 경우, 세 번째 또는 그 이상의 디폴트가 발생할 가능성은 거의 없다는 것을 의미한다. 그러나, 반대로 서로 완벽하게 관련되어 있다면, N-번째 디폴트 CDS는 첫 번째 디폴트 CDS와 다를 바 없다. 왜냐하면, 이 경우에는 어느 한 기업이 디폴트되면 다른 기업도 동시에 디폴트되기 때문이다. 따라서 이 경우에는 N-번째 디폴트 CDS나 첫 번째 디폴트 CDS나 CDS 스프레드는 같게 된다.

8.2.3 신용디폴트스왑(CDS)지수 스왑

신용위기 직전까지 가장 인기가 높았던 신용파생상품 가운데는 포트폴리오 스왑의 하나인 CDS지수 **스왑 (CDS index swap)**이 있다. 이들은 은행이나 헤지펀드의 트레이딩 데스크, 신용파생상품 차익거래 데스크, 대출 포트폴리오 관리자, 구조화금융팀 등에서 신용위험 포트폴리오에 투자하거나 거래 포지션의 헤지에 주로 활용한다. CDS지수는 지역별, 업종별 등 공통 특성을 보이는 준거기업을 그룹화하여 해당 준거기업의 CDS 프리미엄을 기초로 만든 지수이다.

CDS지수 스왑은 쌍방간 계약(OTC거래)인 단일발행자 CDS나 바스켓 CDS와 달리 선물과 같이 지수의 작성, 거래 및 관리가 투명하고 완전히 표준화된 신용파생상품으로서 유동성이 크고 매도-매수호가 차이가 작다. 따라서, 다양하게 분산된 채권발행자 집단에 대한 신용위험을 매입(신용보장 매도)하거나 또는 매도하는데, CDS지수를 매입하거나 매도하는 것이 다수의 CDS계약을 활용하는 것보다 훨씬 효율적이다. 예컨대 125개 회사가 발행한 회사채를 각 1억원씩 125억 원어치 매입한 투자회사는 매입한 신용위험을 헤지하기 위해 125개의 CDS계약을 통해 신용보장을 매입하는 대신, CDS지수 스왑을 통해서 신용위험을 매도(신용보장 매입)하는 것이 유리하다.

CDS지수는 원래 월가(Wall Street)의 딜러들과 다우존스가 합작으로 채권 포트폴리오 투자의 대용상품으로 개발한 합성채권 포트폴리오 상품으로서 **상장지수펀드(ETF)**와 유사하다. 이런 이유로 CDS지수는 신용 CPPI나 CPDO 등 구조화 신용상품 발전에 크게 기여했다(17장 참조). 특히, 기업 CDS로 구성된 CDS지수는 현물채권의 유통량이나 유동성에 구애 받지 않고 CDS지수를 준거자산으로 하는 CDS계약 체결을 통한 직접 거래가 가능하다는 것이 큰 강점이다.

CDS지수는 CDX와 iTraxx지수들로 양분되는데 CDX는 북미와 신흥시장 투자등급 기업들이고 iTraxx는 그 이외 지역 기업들이다. 예컨대, DJ iTraxx Europe CDS지수는 지수의 표면이자를 유럽지역에서 발행된 125개의 CDS 스프레드를 산술평균해서 산출한다. 대표적인 지수로는 북미 투자등급 기업 125개의 CDS를 기초로 하는 CDX.NA.IG가 있고, 이 중 높은 변동성을 보이는 30개 기업의 CDS를 기초로 하는 CDX.NA.IG.HVOL, 북미의 고수익 CDS 100개를 기초로 하는 CDX.NA.HY 등이 있다.

이들 지수는 지수에 포함된 CDS들의 비율과 만기가 고정(동일가중치)되어 있으며, 매 6개월마다 지수산정 포트폴리오에 포함된 CDS들을 갱신(update)해서 새로운 지수를 발행한다. 지수작성 시점에 지수가 지급하는 표면이자(coupon)는 평균 CDS 프리미엄과 비슷한 수준이고 가격은 시장에서 결정된다. 지수에 포함된 CDS 가운데 신용사건이 발생하는 경우 CDS의 거래 당사자는 신용사건이 발생한 기업에 대해서만 정산하며 계약의 명목금액은 1/n만큼 감소된다. 바스켓 스왑과 달리 보장매입자는 감소된 명목금액에 대한 CDX 표면이자를 보장매도자에게 계속 지불한다. 한편, CDS 스프레드가 변하면 CDS지수의 시장가격도 변하므로 CDS지수의 표면이자와 시장가격의 차이를 반영하는 선지급이 거래시 이루어진다[79]. 가령, 지수의 표면이자가 시장 스프레드보다 크면 보장매도자 (스왑매입자)는 보장매입자 (스왑매도자)에게 선지급을 통해 보상해줘야 한다.

CDS지수는 최근 런던에 있는 CDS지수 회사인 Markit (www.markit.com)가 작성, 관리하며, 대개 포트폴리오에 포함된 기초자산의 유형에 따라, 일반 회사채는 CDX, 주택지분담보는 ABX, 차입대출은 LCDX, CMBS는 CMBX 등으로 부른다. CDS지수는 또 기초자산의 발행지역이나, 신용등급에 따라서 별도의 **부지수(sub-indices)**도 존재한다. 예를 들면, 유럽과 아시아의 iTraxx지수와 미국의 신흥시장 CDX 지수, 미국 CDX IG (투자등급)지수와 유럽 iTraxx IG (투자등급)지수가 있다.

8.2.4 CDS지수의 개별증권화: 계층화지수 상품

신용파생상품 시장에서는 CDS지수를 손실부담 순위에 따라 계층화 (또는 개별 증권화)시킨 – 이를 tranched CDS index 또는 tranche CDS index라 한다 – **계층화지수 상품**들이 거래된다. 예컨대, 125개의 투자등급 회사채 CDS로 구성된 CDX는 0 - 3% (지분계층), 3 - 7%, 7 - 10%, 10 - 15%, 15 - 30% (선순위 계층)의 5개로 계층화되어 딜러들간에 활발히 거래되고 있다. 물론, 순위가 높을수록 신용위험이 낮으므로 스프레드 역시 작다. 스프레드 차이를 보면, 2,000 bps (지분층)에서 8bps (최선순위층)까지 매우 크다.

이론적으로 CDS 스프레드는 기대손실액과 같아야 하지만, 포트폴리오 CDS에서는 단순한 기대손실이 아니라 CDS 포트폴리오 전체의 손실분포에 의존한다. 기대손실이 같다 하더라도 손실분포의 변동성이 크다면 이는 지분계층에 유리할 것이다. 왜냐하면, 변동성이 크다는 것은 포트폴리오 전체의 손실이 작을 가능성을 높여줄 것이기 때문이다. 반면, 손실금액이 커질 확률도 증가되므로 10 - 30% 손실을 부담하는 메자닌 계층에게는 불리하다 (기대값이 같은 두 개의 손실확률분포를 그려보라).

한편, 포트폴리오 손실액의 변동성은 포트폴리오를 구성하는 개별 CDS간의 상관관계 (correlation)에 의존한다. 상관관계가 클수록 손실분포는 끝부분이 두터워질 것이다 (fat tail). 왜냐하면, 상관관계가 크면 동시에 디폴트해서 대규모 손실을 초래하거나 동시에 디폴트하지 않아서 소규모 손실을 초래할 가능성이 크기 때문이다. 극단적으로, 모든 CDS가 서로 완벽하

79 선지급은 (시장스프레드 – 표면이자) × 듀레이션 × 명목금액

게 연관되어 있는 경우, 포트폴리오 손실은 영이거나 전액이 될 것이다(회수가능성이 전혀 없다면). 그러므로, 개별 CDS간의 상관관계가 강할수록 지분계층의 스프레드는 축소될 것이고, 메자닌 계층의 스프레드는 확대될 것이다. 그 밖의 다른 CDS지수 상품으로 서브프라임 ABS의 CDS지수인 ABX와 ABX를 계층화시킨 TABX를 들 수 있다. 이들은 특히 신용위기의 확산과정과 관련이 있으므로 장을 달리 해 17장에서 설명한다.

8.3 주식디폴트스왑(EDS)

주식디폴트스왑(equity default swap: EDS)은 변형된 단일발행자 CDS의 하나로서 보장매입자가 일정 수수료를 지급하는 대가로 준거자산인 개별 주식의 가치가 원래 가격의 70%까지 하락하는 등, 당사자간 약정된 조건에 의한 주식사건(equity event)이 발생하는 경우, 보장매도자로부터 손실분을 지급받는 금융거래 계약이다[80]. EDS는 신용파생상품으로 분류되기는 하지만 기본적으로 주식에 대한 심외가격 풋옵션(deeply out-of-the-money equity put)과 다르지 않다.

EDS는 CDS의 신용사건이 EDS에서는 주식사건으로 대체되었을 뿐 CDS와 상품구조가 매우 유사하다. EDS는 신용파생상품의 하나이긴 하지만 신용위험의 보장이라기 보다는 시장위험을 보장하는 상품이다. 그러나, 몇 가지 차이점도 있다. 우선, 주식사건의 발생가능성은 신용사건 발생 가능성보다 더 크다. 가령, CDS의 신용사건이 발생하면 주식가치는 거의 휴지조각이 되지만 EDS의 주식사건에서는 대개 최초 주식가격의 70% 등으로 정의되기 때문이다. 따라서, EDS의 스프레드는 CDS의 스프레드보다 상대적으로 크다.

둘째, EDS의 손실보전금액은 사전에 약정을 통해 확정될 수 있다. EDS의 손실보전금액은 대개 기초자산의 초기가치 대비 30% 하락이라든가 혹은 기초자산의 최종가격에 대한 일정 비율－하향진입 풋옵션－등으로 약정된다. 어떤 경우에는 EDS의 계약금액에 사전에 약정한 회수율을 차감한 비율인 (1－회수율)을 곱한 금액을 사전에 확정하기도 한다. 따라서, 회수율에 대한 불확실성이 존재하지 않는 반면, CDS의 손실보전액은 사전에 확정할 수 없다.

주식사건이 발생해서 손실금 지급이 완료되면 EDS 계약도 종료된다. 그 전까지 보장매입자는 매도자에게 수수료를 주기적(통상 분기별)으로 지불해야 한다. <그림 8.3>은 표준형 EDS 구조를 보이고 있다.

가령, 투자자 A가 스왑딜러 B와 만기가 2년인 EDS계약을 체결했다고 하자. A는 보장매입자이고 B는 보장매도자이다. 준거자산은 C회사 주식이고, 계약시점에서의 시장 가격은 주당

80 또 다른 유형인 자산디폴트스왑(**asset default swap: ADS**)은 자산유동화증권(ABS)에 대한 단일발행자 CDS와 다르지 않다.

1만 원이라 하자. 또, 주식사건을 계약시점 가격의 75%, 회수율은 40%, 계약 금액은 10억 원이라 하자. 이 경우, 앞으로 2년 동안 어느 시점이 되건 C 회사의 주가가 7,500원 또는 그 이하로 하락하면 보장매도자 B가 6억 원 (10억 원× (1 − .4))을 보장매입자 A에게 지급하고 계약은 종료된다. CDS에서와 마찬가지로, EDS에서도 보장매입자에게 피보험이익이 반드시 존재할 필요는 없다.

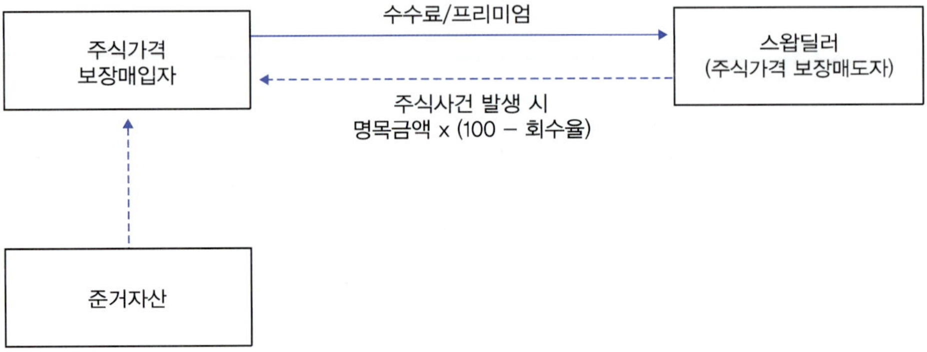

〈그림 8.3〉 **표준형 EDS스왑**

8.4 총수익스왑 (TRS)

총수익스왑 (total return swap: TRS) 혹은 **총수익률스왑** (total rate of return swap: TRORS)은 신용파생상품 가운데서 CDS와 함께 가장 많이 활용되는 상품으로서, 특히 차입 (또는 대출)수단으로 헤지펀드들과 상업은행 및 투자은행 간에 많이 이용된다[81].

총수익지급자 (보장매입자)는 총수익수취자 (보장매도자 또는 투자자)에게 준거자산에서 발생하는 모든 이자수익은 물론 준거자산의 가격변동으로 인한 자본손익 등 총수익을 지급한다. 그 대신 보장매도자는 매입자에게 LIBOR에 약정(約定) 스프레드를 가산한 금액을 지급한다[82].

총수익수취자에게 TRS는 마치 LIBOR 플러스 스프레드에 차입해서 준거자산 (회사채)을 매입한 것과 같다. 그리고, TRS는 실제로 자산을 소유하고 있지 않으면서도 소유한 것처럼 (합성적 소유) 모든 경제적 효과를 누린다는 점에서 투자비 부담이 없는 차입수단 (financing

81 총수익률스왑이라 부르는 이유는 준거자산에서 발생하는 현금흐름이 보장매도자의 수익률수취와 타이밍이 반드시 일치할 필요가 없기 때문이다. 예컨대, 준거자산은 이자가 분기별 수취인데, 매도자에 대한 지급은 반기 별로 이루어질 수 있다.

82 총수익 수취자 (투자자)를 자동차 리스를 한 사람으로 생각하면 자동차 리스계약과 유사하다 (Tavakoli, 2001, p.18). 고정프리미엄 (fixed rate)을 지급할 수도 있다.

tool)의 하나로 볼 수 있다. 그런 이유로 TRS를 신용파생상품으로 볼 수 없다거나 흔히 레포와 비교하는 사람도 있다. 예컨대, 증권매도자가 매입자에게 지불하는 레포금리(repo rate)는 TRS 수취자가 TRS지급자에게 지불하는 LIBOR 플러스 스프레드와 같다. 차이라면 TRS의 경우, 만기에 준거자산을 약정된 가격에 매입할 의무가 없다는 점이다(Tavakoli, 2001, p.24).

총수익수취자는 준거자산의 신용위험뿐만 아니라 금리 및 환율변동으로 인한 시장위험도 부담하게 된다. 총수익지급자가 이들 위험을 총수익수취자에게 전가한 것이다. 특히, CDS는 계약에 명시된 채무불이행 사건으로 인한 손실에 대해서만 보장해주지만, TRS는 그 밖에 계약에 명시되어 있지 않은 신용등급의 하락이나, 기타 불리한 신용사건으로 인한 준거자산 가치의 하락도 보장해 준다.

총수익스왑의 준거자산은 하나일 수도 있고, 여럿일 수도 있으며, 계약의 만기는 준거자산의 만기와 반드시 일치할 필요가 없다. 준거자산의 형태 역시 각종 지수(index), 채권, 주식, 대출채권, 미수금 등 실질적으로 제한이 없다. TRS의 실제 현금흐름을 결정하는 계약(혹은 명목)금액 역시 준거 포트폴리오의 액면가격과 일치할 필요가 없다. 만약 계약금액이 준거 포트폴리오의 액면가치보다 작으면, 그것은 경제적으로는 보장매입자가 준거 포트폴리오의 일부를 보장매도자에게 '합성으로 매도하는 것(synthetic sale)'과 같다. 반대로, 계약금액이 준거 포트폴리오의 액면금액보다 크면, 차입을 증가시킨 것이 된다.

TRS의 준거자산은 총수익지급자에게는 재무상태표상의 자산 항목이지만 총수익수취자에게는 부외거래로서 총수익수취자는 준거자산에 대한 '합성적'인 소유자 – 또는 실제로 소유하진 않았지만 경제적으로는 소유한 것과 같다는 의미에서 합성자산(synthetic asset)의 소유자 – 일 뿐이다. TRS 계약이 발효되면 TRS 계약서에 적시된 방법으로 준거 포트폴리오의 시장가치를 주기적으로 계산한다. 계산 담당자는 두 당사자들 가운데 하나일 수도 있고, 제 3기관 또는 특정 지수

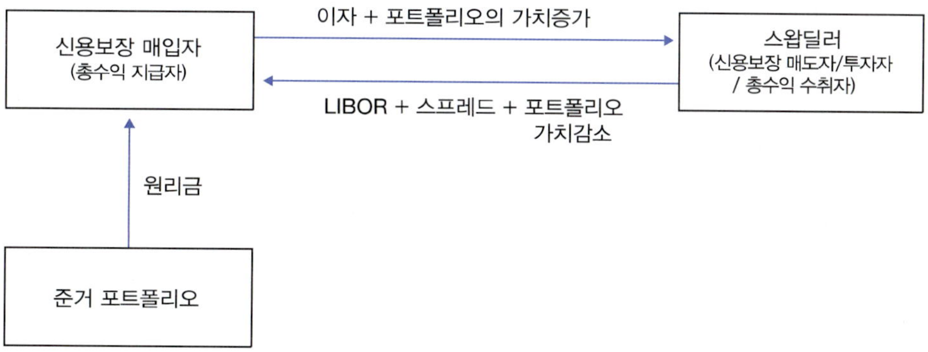

〈그림 8.4〉 총수익스왑(TRS)

(예: Citibank 대출지수)를 이용할 수도 있다. 만약, 만기 이전에 준거자산의 디폴트가 발생할 경우에는 총수익수취자가 총수익지급자에게 시장 및 신용위험으로 인한 손실을 보전해 주고 계약이 종료되는 것이 보통이지만 반드시 그럴 필요는 없다. <그림 8.4>은 가장 단순한 형태의 TRS를 보여주고 있다.

8.4.1 총수익스왑의 스프레드

TRS의 표준화된 가격결정모형은 없다. 다만, 은행의 관점에서 TRS는 자산을 매입한 다음, 자산에서 발생하는 일체의 수익을 TRS 상대방에게 지급하고 그 대가로 매기간 LIBOR에 스프레드를 가산한 수수료를 받는 일종의 자금대출계약이다. 그러므로, 스프레드의 하한선은 대략 해당 은행이 동일한 상대방에게 동일한 만기를 갖는 회전대출계약(unfunded revolver)을 제공할 때 적용하는 이자율로 보는 것이 합리적이다. 상한선은 물론, 시장에서 형성되는 최고이자율이 될 것이다. 예컨대, 3개월 내지 5년 만기 우량주택저당채권에 대한 TRS 스프레드는 LIBOR에 10 내지 25 bps가산한 것이고, 3년 만기 미만, BBB 채권에 대한 TRS 스프레드는 LIBOR에 25 내지 50 bps가산한 것으로 일반화가 매우 어렵다(Tavakoli, 2008, p.74).

8.4.2 총수익스왑과 헤지펀드

앞서 말한 바와 같이 TRS는 주로 높은 레버리지 비율을 선호하는 헤지펀드들이 차입투자수단으로 많이 활용했다. 그 이유는 무엇인가? [표 8.1]은 차입에 따른 TRS의 순수익률을 보이고 있다. 표에서 준거자산은 신용등급이 BB-이고 표면이자가 LIBOR + 250bps, 수익률이 8.30%다. 세 투자자들 가운데 둘은 헤지펀드이고 나머지 하나는 뮤추얼펀드다. 자금조달비용은 LIBOR + 100bps다. 뮤추얼펀드는 자산매입(투자)에 현금을 투입해야 한다. TRS에서는 일반적으로 총수익지급자(통상 은행)가 요구하는 신용담보율이 5%에서 10%인데, 헤지펀드 A는 5%, B는 10%의 현금담보를 제공해야 한다. 담보에 대한 이자율은 LIBOR다.

레버리지 비율이 20:1인 헤지펀드 A의 자금조달비용을 차감한 TRS를 이용한 순투자수익률은 35.8%인데 레버리지 비율이 10:1인 B의 순투자수익률은 20.8%다. TRS를 이용하지 않은 뮤추얼펀드는 채권현물투자에서 8.3%의 수익률을 올리는데 자금조달비용을 LIBOR로 가정하면 순투자수익률은 겨우 2.5% (= 8.3 − 5.8)에 불과하다

[표 8.1] 레버리지와 총수익스왑 투자수익률

	헤지펀드 A	헤지펀드 B	현금투자자
자산수익률 (1)	8.30%	8.30%	8.30%
LIBOR (2)	5.80%	5.80%	
순자산수익률스프레드 (3)=(1)-(2)	2.50%	2.50%	
LIBOR에 대한 스프레드 (4)	-1.00%	-1.00%	
순스왑스프레드 (5)=(3)+(4)	1.50%	1.50%	
담보 (6)	5%	10%	
레버리지 (7)=100%/(6)	20대 1	10대 1	1대 1
차입스왑수익률 (8)=(5)×(7)	30%	15%	
담보에 대한 이자 (9)=(2)	5.80%	5.80%	
순수익률 (10)=(8)+(9)	**35.80%**	**20.80%**	**8.30%**

자료: Tavakoli(2001, p.26)에서 작성

8.4.3 총수익스왑과 자산스왑

총수익스왑과 유사한 것으로 **자산스왑(asset swap)**이 있다. 자산스왑은 간단히 말해서 쌍방이 자산에 대한 수익(또는 현금흐름)을 교환하는 계약을 말한다. 가령, 어떤 신용위험 자산보유자가 신용위험 보장을 원하는 경우, 그는 신용보장매도자와 자산스왑계약을 체결함으로써 디폴트 발생 시 해당 자산을 매도자에게 인도하고 매도자는 대신 최저위험 자산을 매입자에게 인도한다. 디폴트가 발생하지 않으면 보장매도자는 위험자산에 대한 이자와 신용디폴트 스프레드를 매입자로부터 수취한다. 이와 같이 매입자 역시 매도자로부터 이자를 받긴 하지만 위험이 매우 낮으므로 이자율 역시 낮을 수 밖에 없다.

8.5 신용연계채권

지금까지 본 보험 및 파생상품을 이용한 솔루션들은 손실보전자금이 확보되어 있지 않은 (unfunded) 위험전가 기법들이었다. 다시 말해서, 보장매도자는 신용사건이 발생하면, 약정금액을 지급할 것을 약속 했지만 그에 대비해서 소요 자금을 별도로 지정해 두거나 예치해 두지 않았다. 예컨대, CDS 계약에서 신용보장 매입자는 보장매도자에 대한 신용위험을 부담하는 수 밖에 없었다.

신용연계채권(credit-linked note: CLN)은 **손실보전자금이 완전히 확보된**(fully funded) 신용보장상품 가운데 대표적인 상품으로서 발행자에 대한 상환청구권이 있는 채권이다. 기본적으로 CLN은 신용보장매도자가 보장매입자가 발행한 채권의 매입을 통해서 신용사건으로 인한 손실을 손실발생 이전에 이미 지불한 것으로서, CDS가 내장된 구조화채권(structured notes)이나 현금이 담보된 담보부CDS로 볼 수 있다.

가장 단순한 형태의 CLN 구조는 준거 포트폴리오에 대한 신용보장 매입자가 투자자를 상대로 단일등급의 유가증권(채권)을 액면금액으로 직접 발행한다. 이때 발행된 증권에서 발생하는 현금흐름은 약정된 준거포트폴리오에 대한 손실액에 반비례한다. 준거 포트폴리오에 약정된 신용사건이 발생하지 않으면, CLN 발행자는 투자자에게 약정된 원금과 이자를 정기적으로 지급한다. 그러나, 준거 포트폴리오에 디폴트가 발생하면, CLN발행자는 손실보전을 위해 이자는 물론, 필요한 경우 원금의 일부 혹은 전액에 대한 지불을 정지할 수 있다. 이런 위험을 부담하는 대가로 투자자는 신용디폴트가 발생하기 전에는 시장이자율보다 높은 수준의 보상을 받는다. 즉, CLN은 채권에 대한 투자자 수익(이자지급 및 원금상환)이 준거자산(채무)과 발행자의 신용위험과 관련된 실적에 따라 달라지는 채권이다.

발행자의 입장에서 보면, CLN은 정상적인 채권의 발행과 채권투자자와의 CDS계약에 의한 신용보장 매입이라는 두 거래를 동시에 한 것과 경제적으로 동일한 것이다. 이 때, 채권의 명목금액을 CDS의 최대지급금액과 같게 함으로써, CLN발행자는 최악의 경우가 발생하더라도 손실액 전액에 대한 보상을 사전에 지급받은 것이 되며, 발행자 또한 CLN매입자에게 추가로 현금지급을 요구할 수 없게 된다. 여기서, 투자자가 받는 시장이자율을 초과하는 보상은 채권에 대한 이자율과 CDS 스프레드의 합이다.

비록 CLN매입자에 대한 현금흐름이 기초자산과 CDS계약에 의해 담보되긴 했지만, CLN은 여전히 발행자에 대한 상환청구권이 있는 채권이기 때문에 투자자는 채권발행자의 신용위험을 피할 수 없다[83]. 또한, 다른 신용파생상품의 경우와 마찬가지로, CLN 발행자는 준거자산 또는 포트폴리오를 반드시 보유하고 있거나 또는 권리를 가지고 있을 필요가 없다.

<그림 8.5>는 단순한 형태의 CLN구조를 보이고 있다. 간단히 말해서, 투자자들은 액면가격을 선지급하고 CLN을 매입한다. 준거 포트폴리오에 디폴트가 발생하지 않으면 투자자들은 기본이자(예: 국채수익률이나 레포이자율)와 매입한 신용보장의 가치를 반영하는 CDS 스프레드를 받다가 만기에 원금을 회수한다. 만약, 준거자산에 디폴트가 발생하면, CLN 발행자들은

---

83 SPE를 통해서 발행하는 CLN은 투자자들의 자산보유자에 대한 소구권 또는 상환청구권이 없지만, SPE를 통해 신용보장을 매도하는 것이 다를 뿐 기본적으로 자산보유자가 직접 발행하는 CLN과 동일하다.

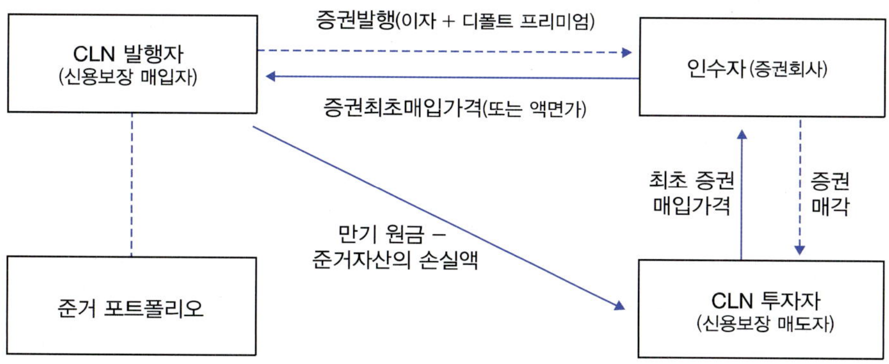

〈그림 8.5〉 상환청구권이 있는 신용연계채권(CLN)

준거자산의 액면금액에서 예상회수금액을 차감한 금액을 CLN 투자자에게 지급한다.

CDS와 CLN의 가장 큰 차이는 신용사건의 발생으로 인한 손실을 보전하는 자금이 손실발생 이전에 확보되어있느냐에 있다. CDS는 손실보전자금이 사전에 확보되지 않은 관계로 신용보장매입자가 매도자의 신용위험에 노출되지만, CLN에서는 그렇지 않다. CLN은 손실보전자금이 사전에 확보되어 있는 CDS다. 즉, CLN 발행을 통한 자금조달로 보장매도자의 보장지급 의무 이행에 대한 위험이 제거됨으로써 특히 신용도가 낮은 투자자의 신용파생상품시장 참여 기회를 확대시킬 수 있다.

그러나, CLN은 기본적으로 채권(bond)이므로 채권으로서 매매된다. 그러므로, 투자자들이 채권이 가지고 있는 다양한 특성－예컨대, 등급과 같은－을 요구할 경우, CLN의 구조가 복잡하게 된다. 이런 문제들은 물론 해결할 수 있는 것들이긴 하지만 그에 따르는 비용이 발행자에게 추가로 발생하게 된다.

8.6 신용파생상품과 글로벌 신용위기

완전자본시장에서는 기존 금융상품들을 이용하여 필요한 경우 어떤 신용파생상품들도 만들어낼 수 있으므로 신용파생상품이 별도로 존재할 이유가 없다(3장). 그러나, 이 장에서 본 바와 같이 불완전자본시장에서 CDS는 (i) 채권이나 대출채권과 같은 채무상품의 공매도(short selling)를 용이하게 함으로써 자본시장의 효율성을 제고시킨다. 효율적인 자본배분은 다시 경제성장을 촉진시킨다(Jarrow, 2011a). (ii) 비대칭적 정보로 인해 기업의 자본비용이 상승할 수 밖에 없는데(4장), CDS는 신용위험을 헤지하고 경우에 따라서는 자본을 대체 내지는 크게 절약시킴으로써 자본비용을 감소시킨다(자본과 위험의 통합관리!). (iii) 그럼에도 불구하고, 다소 과장된 측면이 있긴 해도(8.1.2) CDS는 신용보장 자금이 확보되지 않은(unfunded) 위험관리 수단이므로 담보(collateral)나 자기자본의 뒷받침이 충분치 않은 CDS의 오·남용은 최근의 신용위기에서 보는 것처럼 큰 재앙을 초래할 잠재성이 있다(기초자산의 신용악화가 너무 커서 보장매도자에 대한 CDS의 가치 손실이 계약금액 전액에 가까울 정도거나 보장매도자가 매입자의 담보 보충 요구를 들어줄 수 없는 상황이다).

특히, 그 동안 언론/방송 미디어를 중심으로 미국의 주택가격 폭등과, 이어진 글로벌 신용위기 과정에서 CDS의 부정적 역할이 크게 강조되어온 관계로, 오늘날 CDS는 정·관계는 물론 일부이긴 하지만 심지어 금융전문가들에게 까지도 공포의 대상이거나 있어서는 안 될 골치덩이로 인식되고 있다.

현상 또는 사실만 보면 크게 틀린 것은 아니다. 보험회사(예: AIG), 모노라인(또는 단종) 보험회사, 파생상품회사(DPs) 등, 많은 금융기관들이 충분한 담보나 자기자본 제공 없이 CDS를 발행한 것은 사실이다. 그러나, CDS는 자본과 위험을 통합·관리할 수 있는 최신 금융수단 또는 도구일 뿐이다. 불충분한 담보와 부족한 자기자본을 CDS가 어떻게 책임지란 말인가 교통사고가 모두 자동차 잘못인가? 물론, 자동차가 없었다면 교통사고는 없었겠지만 도로의 정비나 운전자의 잘못이 더 크지 않을까? 글로벌 신용위기는 마지막 장에서 논의한다.

3부

초기의 구조화금융

3부는 초기형태의 구조화금융을 논의한다. 넓은 의미에서 구조화금융은 은행차입 또는 회사채나 주식발행 등, 전통적인 재무관리 교과서에서 논의하는 단순한 금융기법들 보다 더 복잡한 금융기법을 말한다.

9장은 구조화금융의 일반적인 기법, 진행절차, 주요 수단을 개관한 다음, 구조화금융과 자산의 증권화를 개념 중심으로 비교·설명한다. 10장에서는 초기 형태의 구조화금융인 구조화 증권을 기술하고, 11장은 구조화금융과 거의 같은 뜻으로 사용되는 자산의 증권화(또는 유동화)를 구체적으로 논의한다. 12장에서는 글로벌 신용위기와 연관된 저당대출채권유동화증권(MBS)과 자산유동화기업어음(ABCP)을 중심으로 초기 증권화(또는 자산유동화) 상품을 설명한다. 13장은 발전된 형태의 자산유동화 상품의 하나인 부채담보부증권을 기술한다. 14장은 증권화 대상 자산이 미래현금흐름이거나 사업전체인 초기 형태의 프로젝트 금융을 설명한다.

[본서의 구성과 체계도]

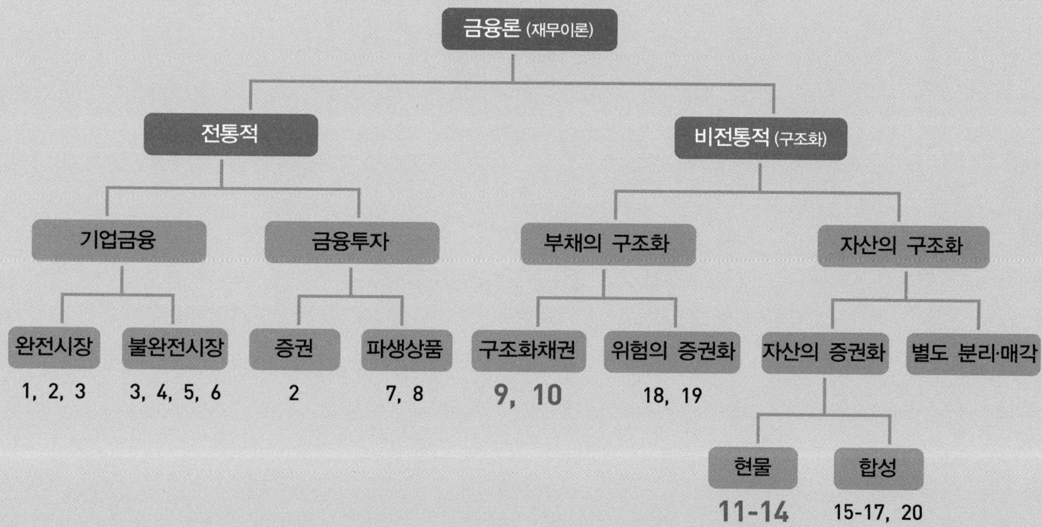

제 9 장

구조화금융과 자산의 증권화

전통적인 재무이론에서는 기업의 자본조달과 위험배분이 부채(차입이나 회사채 발행)와 자기자본(주식)의 발행을 통해 이루어 진다. 이때, 부채는 특정 자산이 담보로 설정되어 있지는 않으며, 필요한 경우 기업이 보유하고 있는 자산을 모두 처분해서라도 상환해야만 한다. 즉, '담보는 없지만 상환청구권은 있는' **무담보 상환청구권부부채(unsecured recourse debt)**이다.

자기자본 또는 지분(持分)은 부채를 상환한 후 남는 회사의 자산에 대한 청구권을 말한다. 기업의 부채와 자기자본은 기업이라는 법적 주체(legal entity)에 대한 **무담보 청구권(unsecured claims)**이며, 기업은 **무담보 상환청구권부회사채** 투자자와 주주(통상 보통주 주주들을 말함)들로부터 조달한 금융자본(자금)으로 실물자산을 구입한다. 따라서, 기업이 보유하고 있는 실물자산 전체가 채권투자자들과 지분투자자들을 총괄적으로 담보해주며, 기업의 자본비용은 기업이 보유하고 있는 실물자산이 창출하는 현금흐름의 전반적인 (또는 평균) 위험수준이나 (자기자본의 경우) 기업의 전반적인 (또는 평균) 신용상태 (부채의 경우)에 의존한다. 예컨대, SK텔레콤이 발행한 회사채나 주식의 시장가격은 SK텔레콤 전체의 신용상태나 현금흐름의 위험도를 각각 반영한다.

이 장에서는 먼저 구조화금융을 정의하고 구조화금융기법의 주요 형태를 이익과 비용의 측면에서 살펴본 다음, 자산의 증권화를 간단히 설명하고, 자산의 증권화 과정에서 매우 중요한 부분을 차지하는 복수증권구조화－또는 계층화(tranching)－와 (후)순위화(subordination), 그리고 이들과 기업자본구조의 관계를 설명한다.

9.1 구조화금융

9.1.1 구조화금융이란?

구조화금융(structured finance)을 한 마디로 정의하기는 쉽지 않다. 흔히 구조화금융을 좁은 의미로 정의해서 '자산의 증권화(또는 유동화)'로 이해하는 경우가 보통이지만 엄밀한 의미에서 이들은 구분되는 개념이다(자산의 증권화는 9.2.1 참조). 아주 넓은 의미의 구조화금융은 기업의 비전통적인 (대개 고급 금융기법을 사용하거나 자산의 증권화 기법을 사용한다) 방법에 의한 일체의 자본조달과정을 말하는 것으로서, 보다 적절한 정의는 회사가 보유하고 있는 자산의 전반적인 위험수준이나 신용상태와 관계없이 이루어지는 기업의 자본조달과정을 말한다. 통상적인 의미의 구조화금융 상품은 부채담보부증권(collateralized debt obligation: CDO)과 각종 전통적인 자산유동화증권(asset-backed securities: ABS)을 포함한 복수증권화구조(tranched)의 자산유동화증권을 말한다[84].

84 Committee on the Global Financial System (2005), The role of ratings in structured finance: issues and implications, p.3. 자산유동화를 이용한 최초의 구조화금융 상품은 1977년 Bank of America가 발행한 부동산저당채권담보부증권(MBS)이다.

기업이 구조화금융을 하는 목적은 적절한 위험/자본관리를 통해 기업전체의 위험수준이나 신용상태에 구애받지 않고 기업의 자본조달 비용을 최소화시키는데 있다. 예컨대, 구조화금융 기법을 사용하면, 설사 회사의 전체적인 신용등급이 그저 그런 수준(예: BBB)이라 하더라도 특정 회사채만은 최우선 신용등급인 AAA수준(위험관리)의 가격으로 발행할 수 있다(자본조달). 따라서, 구조화금융은 위험관리와 자본조달이라는 두 가지 목표를 하나로 묶어서 동시에 진행한다. 구체적으로, 금융기관이나 기업(주로 대기업)은 이런 저런 이유로 전통적인 방법으로는 자금을 조달할 수 없거나, 설사 있더라도 조달비용이 너무 비싼 경우 필요한 상품을 아예 새로 개발하거나 또는 기존 금융자산과 각종 파생상품을 결합하여 전통적인 금융상품을 합성적으로 복제한다. 이들이 곧 구조화금융 상품이고 구조화 솔루션(solution)이다.

그러므로 구조화금융은 기본적으로 특정자본공급자(위험인수자 = 투자자)와 자본수요자(위험전가자 = 차입자 = 기업)의 요구를 일치시킬 수 있도록 현금흐름의 구조를 설계한다(대개 자산의 증권화와 파생상품의 결합). 즉, 구조화금융상품이나 솔루션들은 차입자들의 자본/위험관리와 투자자들의 위험-보상 조합에 대한 요구를 충족시키는 것을 목표로 설계된다. 이것은 곧 구조화금융상품이나 기법들이 표준화 보다는 맞춤형이 될 수 밖에 없다는 것을 의미한다. "맞춤형"이라는 말은 곧 구조화금융상품이나 솔루션의 형태, 만기구조, 위험 - 수익률 조합이 매우 다양하고 복잡하다는 말과 크게 다르지 않다. 이는 또 구조화금융상품 관련 정보의 수집 및 공급 등, 정보관리가 결코 쉽지 않은 과제라는 것을 의미하기도 한다.

<그림 9.1>은 '전통적인' 재무이론에서 보는 기업의 (경제적)재무상태표다. 1장에서 본 바와 같이, 기업의 자본(또는 재무)구조는 단순히 기업의 자금조달 행태만을 보이는 것이 아니라, 기업의 실물자산과 관련된 일체의 위험이 '법인체'인 기업으로부터 기업의 소유주와 채권자들

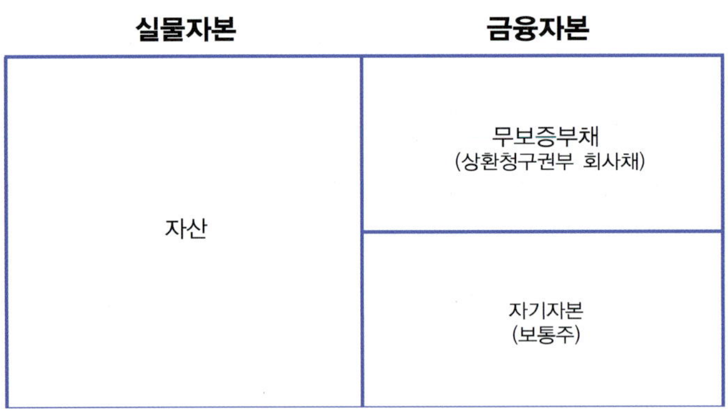

〈그림 9.1〉 전통적 재무이론에서의 (경제적)재무상태표

에게 완전히 이전되었음을 말해 준다[85].

'전통적인' 구조화금융은 자금조달과 위험관리라는 두 가지 목표를 동시에 달성하기 위해 재무상태표의 오른쪽에 기록되는 기업의 부채를 금융공학적으로 재설계하는 과정이었는데 (다음 장에서 논의한다), 그 후 이것만으로는 부족해서 부채뿐만 아니라 자산도 재구성 (repackaging) 하는 쪽으로 발전되었다. 구체적으로 어떤 유형의 구조화를 택할 것인가는 구조화금융을 추진하는 기업의 목적이 정확히 무엇이냐에 달려 있다. 이 장에서는 자산재구성을 중심으로 하는 현대적 구조화금융의 유형들을 살펴본다.

9.1.2 담보부부채

가장 단순한 형태의 자산재구성을 통한 구조화금융은 특정자산을 담보로 하는 **담보부부채** **(secured debt)**를 발행하는 것이다. 담보부부채는 채권자에게 기업에 대한 상환청구권 – 소구권(遡求權)이라고도 한다 – 이 없지만 (nonrecourse liabilities), 기업이 채무를 변제하지 못할 경우 채권자가 담보자산에 대해서 처분권을 행사할 수 있는 부채를 말한다.

<그림 9.2>에서 보는 바와 같이, 기업은 특정 담보부청구권에 대한 원리금 지급을 보장하기 위해 특정 자산을 담보로 하는 **담보부청구권 (secured claims)**을 발행할 수 있다. 이 경우, 담보부청구권 보유자, 즉 담보부채권 보유자는 기업이 채무상환을 이행하지 못할 경우, 담보자산을 처분해서 채권을 회수하게 된다. 담보부채권 보유자만이 해당 담보자산에 대한 배타적(排他的) 청구권을 가지며 다른 채권자들은 담보자산에 대한 권리가 없다.

기업이 이와 같이 자산을 재구성 또는 재포장 (asset repackaging) 하는 주된 이유는 채권(債權)에 대한 신용보강에 있다. 이를 통해, 해당 담보자산에 대해 채권자들은 기존 청구권자들의 선·후 순위구조에서 열외(列外)가 된다. M&M 가정이 성립하는 세계에서는 이것이 아무런 도움이 안 되지만, 현실 세계에서는 이와 같은 담보부채권의 발행이 기업에게 비용측면에서 유리하거나, 또는 신규부채 발행의 유일한 수단이 될 수도 있다. 몇 가지 예를 들어 보자.

(i) 일상적인 상거래 활동에서 거래 당사자들은 정보의 비대칭성으로 인해, 특히 인도일(引渡日)이 많이 남은 선도매매 계약이나 스왑 계약 같은 장기성 계약에 대한 상대방의 계약이행 의지와 능력을 감시·감독하고 증명하는 것이 현실적으로 쉬운 일이 아니다. 이럴 때, 기업은 해당 자산을 채무이행을 보장하는 담보로 설정할 수 있다.

(ii) 기업의 자산 가운데는 자산가치 평가가 상당히 어려워서 역선택비용이 매우 큰 것 들이

85 보험의 관점에서 보면, 기업은 보유자산에 대한 합성신용보험 (**synthetic credit insurance**) – 실제로 신용보험을 구입한 것이 아님 – 을 투자자들로부터 구입한 것으로 볼 수 있다.

있다. 이 경우, 기업은 이들 자산을 자산담보부증권의 담보로 분리시킴으로써 자산가치 평가에 대한 불확실성을 감소시킬 수 있다. 이때, 분리의 대상이 되는 자산은 자산가치 자체가 매우 불확실한 자산일 수도 있고, 반대로 자산가치가 비교적 쉽게 파악되는 자산일 수도 있다. 어떤 경우이던 자산의 분리가 자산포트폴리오 전체의 투명성을 향상시킴으로써 기업전체 (자산포트폴리오)의 가치는 보다 정확하게 평가될 것이다.

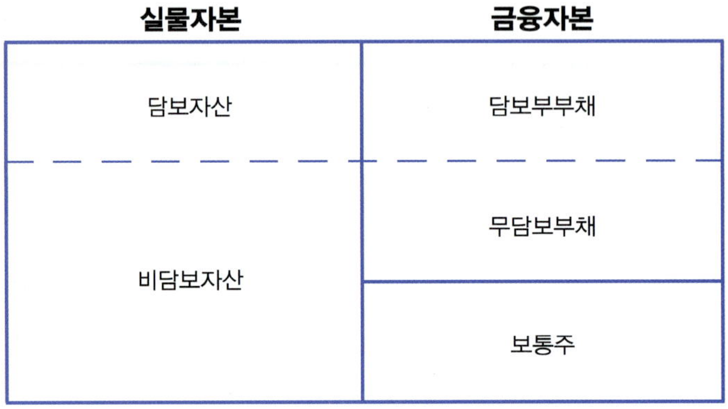

〈그림 9.2〉 담보부부채의 발행과 경제적 재무상태표

(iii) 특정 투자자의 투자성향이 특정 자산이 담보하는 채권을 원할 경우가 있다. 이 경우, 회사는 투자자들의 요구를 따름으로써, 평균자본비용을 감소시키거나 자금조달원(源)의 다변화를 기할 수 있다. 극단적인 경우이긴 하지만, 연·기금(年·基金)과 같은 기관투자자들은 내부적으로 부문별 투자한도가 설정되어 있을 수 있다. 예컨대, 자동차부문에 대한 투자한도 초과로 자동차회사채에 대한 투자를 더 이상 할 수 없는 경우가 있을 수 있다. 이 때, 자동차회사가 자금조달활동을 세분화시켜 담보부회사채를 발행한다면 신규발행 채권이 이제는 자동차부문이 아니라, 담보부채권을 포함한 '금융부문'으로 간주되어 연기금의 투자가 가능하게 될 수도 있다.

그러나, 기업의 재무상태표에 기록되는 담보부부채를 앞으로 논의하게 될 증권화상품(securitized productss)과 혼동해서는 안 된다. 경우에 따라, 두 상품은 외견상으로도 매우 유사할 뿐만 아니라, 자산을 분리하는 동기 또한 같을 수 있지만, 이들 두 상품은 구조적으로 전혀 다르다.

9.1.3 특정자산의 별도분리

자산재구성의 두 번째 형태는 특정 자산, 혹은 회사의 특정사업부문 전체를 별도의 조직으로 분리시키는 것이다. 분리된 사업체의 형태는 모회사의 자회사도 될 수 있고, 외부투자자들이 일부 또는 전액투자한 회사일 수도 있다. 어떤 경우던 이런 유형의 자산 재구성은 주로 해당 자산의 경제적 이익을 보호하기 위해 그것을 회사의 다른 부문과 별도로 분리시키는데 그 목적이 있다.

예컨대, 모회사가 상당한 지분을 보유하므로 자회사가 법적으로는 독립된 조직이지만 모회사의 경제적 재무상태표에 계속 잔류하는 경우라면, 새로운 자회사는 분리되면서 인수한 자산을 담보로 신규부채를 발행한다[86]. 이와 같은 **링펜싱 (ring-fencing)**은 여러 경우에 편리하다[87]. 몇 가지 예를들어보면,

(i) 어떤 회사가 특정 위험에 노출된 자산을 보유하고 있다고 하자. 그런데, 이 회사가 해당 자산의 처분을 원치않고, 모회사와 **파산으로부터 절연된 기업 (bankruptcy-remote enterprise)**에 보유시키고 싶다면, 이들 자산을 **별도분리 (ring-fence)**하면 된다.

(ii) 회사가 추진 중인 특정사업이 기존 회사 전체의 신용도보다 더 높은 신용도를 요구한다고 하자. 이 경우, 회사는 해당 사업부문을 새로운 자회사로 분리시키고 자본금을 확충함으로써, 모회사보다 더 높은 신용등급을 획득하도록 만들 수 있다. 2007 - 2008년 글로벌 신용위기 이전 미국의 여러 투자은행들이 보유하고 있던 파생상품전문자회사들이 그 예다.

(iii) 어떤 회사가 특정 사업부문이나 투자 포트폴리오에서 퇴출하기로 결정하고 퇴출전략을 관리하는 경우, 퇴출대상 사업을 별도 분리된 자회사에 이전하면 퇴출이 보다 쉬워질 것이다.

(iv) 어떤 회사가 대규모 자본집약적 사업을 추진한다 하자. 이 회사는 무보증부채를 신규로 발행하는 것보다는 해당 사업의 자산을 담보로 자본을 조달하는 편이 훨씬 수월할 것이다. 즉, 해당사업을 모회사와 파산으로부터 절연된 자회사에 별도 분리시킴으로써 모회사와 관계없이 필요한 자본을 조달할 수 있다.

(v) 회사의 특정자산에 대한 외부 투자자들의 감시와 감독이 어려운 경우, 자본조달에 따르는 역선택비용이 매우 클 것이다. 이 경우, 회사는 해당 자산을 별도로 분리시켜 투명성을 증가시킴으로써, 투자자들의 감시, 감독을 보다 쉽게 만들 수 있다. 그 결과, 무보증 부채를 발행할 경우 역선택비용이 줄어 자본비용도 감소될 것이다.

---

86 97년 IMF사태 직후 우리나라의 기업구조조정 과정에서 유행했던 **분사화 (spin-offs)**나 **분리매각 (carve-outs)**도 이에 해당한다.

87 Ring-fencing을 글자 그대로 "담쌓기", "보호막 세우기" 등으로 번역하는데, 이 책에서는 "별도분리"로 표기한다.

(vi) 기업은 규제, 회계, 공시 또는 세금문제로 인해 부득이 특정자산을 모회사와 파산으로부터 절연된 독립법인으로 별도 분리하는 경우도 있다[88].

9.1.4 구조화 증권

기업은 기업활동에서 직면하게 되는 시장, 유동성, 신용 및 기타 위험들을 관리하기 위해 재무상태표 상의 부채구조를 의도적으로 설계할 수 있다. 다음 장에서 보게 되겠지만, 기업은 언제든지 외부로 위험을 전가하는 대신 이와 같은 **부채의 구조화**(liability structuring)를 통해 실질적으로 같은 효과를 얻을 수 있다[89]. 여러 가지 이유로 기업에게는 구조화 증권 발행이 전통적인 방법에 의한 위험증권 발행이나 위험전가(예: 보험이나 파생상품)보다 더 유리할 수 있다.

가령 대한항공에 투자한 채권자와 주주들은 원유가격의 상승 가능성에 대해 관심이 많을 것이고, 대한항공이 원유가 상승 위험을 헤지해 주길 바랄 것이다. 그러나 투자자들이 대한항공이 실제로 헤지를 정확히 하고 있는가를 감시, 감독하는 것이 쉬운 일이 아니다. 그러므로, 대한항공은 무보증 회사채를 발행하고 헤지 목적으로 원유에 대한 선물이나 콜옵션을 매입하는 대신, 원리금이 원유가격과 반대 방향으로 움직이는 구조화 증권을 발행하면 될 것이다. 원유가격이 상승하면 구조화 증권에 대한 자금조달비용이 하락하게 되는 것은 투자자들이 쉽게 확인할 수 있으므로, 기업에게는 콜옵션이나 선물매입을 하면서 무보증채권을 발행할 때보다 역선택 비용이 적게 들 것이다(4장을 참조하시오).

9.1.5 구조화 과정

구조화금융의 첫 단계는 구조화 과정 또는 절차다. 앞으로 여러 형태의 구조화금융에 대해 상세하게 기술하게 될 것이므로, 여기서는 모든 자산 또는 부채의 구조화(증권화가 아니다)에 적용될 수 있는 일반적인 과정들과 각 과정을 구성하는 여러 단계들에 대해 간략하게 기술한다[90].

---

88 기업이 손실위험재무 프로그램을 갖추고 있다는 사실을 투자자들에게 알리고 싶다고 하자. 그러나, 그 프로그램이 재무상태표상의 준비금 계정을 통해서 할 수 없는 것이라면 별도의 자회사 설립을 통해서 그 목적을 달성할 수 있다. **보험자회사(captives)**가 한 예다.

89 부채의 유동화(securitization)가 아니라 구조화(structuring)다. 생명보험이나 연금은 가입자에 대한 부채다. 이 경우 진정한 매도는 가입자에게 손해를 끼칠 수 있으므로 유동화의 전제조건인 진정한 매도가 불가능하다. 그러므로 생명보험이나 연금 같은 보험회사 부채의 유동화는 기술적으로는 통상적인 의미의 유동화가 아니지만 관행적으로 유동화(좁은 의미의 구조화금융)라고 부른다. 여기서는 단순히 발행자 재무상태표상의 오른쪽에 기록되는 증권에 파생상품을 결합한다는 뜻이다. 흔히 말하는 자산의 증권화 또는 유동화는 발행자의 재무상태표에 기록되지 않는 부외자산이다.

90 Culp(2006)

전체 구조화 과정은 많은 요소들을 포함하지만, 각 요소들의 복잡성과 중요성은 구조화 문제의 본질에 따라 달라진다. 예컨대, 구조화의 목적이 투자수익률이 높은 새로운 투자상품을 제공하는데 있느냐, 아니면 자산의 별도분리에 있느냐에 따라, 전체 과정 자체도 달라지겠지만 과정의 중요성이나 복잡성 또한 다를 것이다. 따라서, 다음에 기술하는 여러 과정들이 특별한 순서에 따라 진행될 필요 또한 없다.

(i) 구조화를 하는 경제적 동기를 분명히 이해하는 과정이다. 이는 구조화에 소요되는 비용의 타당성과 선택한 구조화 방법의 적합성을 판단하기 위해서 필요한 과정이다. 우선, 구조화의 유형에 따라 비용의 형태와 금액이 결정된다. 예컨대, 무담보부채에 콜옵션을 내장시키는 경우는 매출채권을 증권화시키는 경우보다 비용이 훨씬 저렴하다. 또, 구조화의 동기를 이해하면 구조화 방법은 자연히 나오게 마련이다. 특히, 유의해야 할 점은 구조화는 경제적 또는 상업적으로 이익이 있어야 한다는 것이다. 물론, 여러 이유 가운데 세금, 회계, 규제, 또는 법률적인 문제들이 있을 수는 있으나, 이들만으로는 부족하다.

(ii) **추정현금흐름모형(preliminary cash flow model)**을 작성하는 과정이다. 구조화에 수반되는 현금흐름과 **순차적 현금지급 총괄계획(cash flow waterfalls)**작성은 **순차적 이자지급계획(interest waterfall)**과 **순차적 원금상환계획(principal waterfall)**으로 구분해서, 담보자산에서 발생하는 이자와 원금수입을 구조화 과정에 소요되는 비용과 발행증권의 원리금상환에 배분해야 한다. 통상 초기의 추정작업은 일반적으로 간단하지만, 프로젝트 금융, 전사업, 또는 미래현금흐름의 증권화와 같은 경우는 초기라도 결코 만만한 작업이 아니다.

(iii) 구조화 과정을 전담해서 추진할 주간사(arranger)를 지정해야 한다. 구조화 전문기관이나 전문가는 구조화 과정을 설계하는 초기에 반드시 필요하다. 이들은 구조화 과정을 조직하고 모형화하는데 필요한 전문회사들은 물론, 신용상품시장, 증권설계, 위험재무 또는 위험전가에 대한 전문지식과 정보를 갖춰야 한다. 대개, 자산유동화기업어음(ABCP)은 은행, 차익거래 CDO는 자산운용회사, 투자은행, 증권회사, 투자자문회사, 법률회사, 그리고 각종 위험보장이 필요한 프로젝트 금융의 경우는 보험회사들이 주간사가 된다.

(iv) 투자자 성향을 파악해야 한다. 무엇보다 위임된 구조화 전문가는 발행할 증권에 대한 수요가 있느냐를 파악해야 한다. 이를 위해 발행증권을 인수해서 판매할 능력이 있는 조직과 인력을 갖춘 유능한 투자은행의 초기 참여는 거의 필수적이다.

(v) 구조화 과정을 수행할 여러 기구나 기관은 물론, 구조화 작업 참여기관간의 계약구조를 설계해야 한다. 이 과정에 따라, 발행되는 구조화 상품의 설계에도 커다란 차이가 발생한다. 예컨대, 어떤 구조화금융은 구조화금융을 원활히 하기 위한 **특수목적주체(special purpose entity: SPE)** 또는 **특수목적기구(special purpose vehicle: SPV)**라 부르는 새로운 회사의 설립을 요구할

수도 있다. SPE나 SPV는 대개 법인형태와 신탁(trust)형태로 구분할 수 있는데, SPC, 마스터 신탁(master trust), **발행자신탁**(owner trust), **그랜터신탁**(grantor trust), **투자신탁**(investment trust) 등이 있다. SPC는 **특수목적법인**(special purpose corporation)으로 유동화 증권을 발행하는 법인이나 보험회사가 설립한 유동화전문 금융자회사다[91].

어느 경우에도 SPV를 활용하는 목적은 원래의 자산유동화증권 발행기업과 파산으로부터 절연된 조직을 통해 증권을 발행하기 위한 것임을 잊지 말아야 한다. 또, 과도한 구조화(overstructuring)는 피해야 한다. 회사의 진정한 재정상태를 호도(糊塗)하거나, 부실자산을 은닉(隱匿)하려는 목적이라면 더욱 불가하다. 그러므로, 부득이한 경우라도 관련 사항들은 반드시 명확하게 공시해야 한다.

(vi) 가장 어려운 과정은 SPV가 발행할 증권의 설계다. 발행할 증권의 구조는 원래 발행자의 경제적 동기와 투자자의 요구가 일치하도록 설계해야 한다. 증권을 여러 종류(또는 계층)로 발행할 경우, 각 증권의 만기구조는 담보자산의 성격이나 구조화 자체에 크게 영향을 받는다. 예컨대, 담보자산이 매출채권인 경우에는 발행 증권의 만기가 단기지만, 프로젝트 금융 대출이거나 자산유동화증권(ABS)일 경우에는 20 내지 30년이 될 수도 있다.

발행 증권의 설계과정에서 가장 중요하고 어려운 문제는 증권의 선·후순위(先·後順位) 구조와 복수증권구조화 또는 **계층화**(tranching)다. 이는 발행자(SPV를 말함)의 부채구조를 설계할 때, 투자자들이 담보자산에 대해 '**동등한 순위**(paripassu)'의 청구권을 갖는 단일등급 또는 단일증권(계층)구조로 할 것이냐, 또는 상이한 순위를 갖는 **복수증권구조**, 즉 두 개 이상의 **다등급**(multiclass)구조로 갈 것이냐의 문제이다. 복수증권구조에서는 두 개, 또는 그 이상의 계층(layers)과, 담보자산의 현금흐름을 개별 증권에 배분하는 계층별 순차적 현금지급 총괄계획을 작성해야 한다[92].

(vii) 목표 신용등급과, 필요한 경우 신용보강 방법을 결정하는 과정이다. 신용평가회사들은 각자 등급별 최소기준을 가지고 있다. 그러므로, 각 계층에 대해 목표하는 신용등급이 결정되면 이들 최소기준을 순차적 현금지급 총괄계획에 반영시켜야 한다. 일단 목표하는 자본구조, 신용등급, 추정현금흐름계획표가 준비되면, 비로소 발행자, 투자자, 그리고 신용평가회사들을 모두

---

91 **마스터신탁**은 유동화 증권을 여러 차례의 시리즈(multiple series)로 발행할 수 있는 자격이 부여된 신탁으로서, 담보자산 풀을 장기간 계속 대체해 나갈 때 활용된다. 발행자신탁은 유동화 증권을 한번만 발행하는 신탁이다. 그랜터신탁은 자동차할부 대출채권 담보부증권이나 REMICS와 같이 단일등급(single class)증권, 또는 선·후순위 패쓰스루(pass-through)를 발행할 수 있는 절세(節稅)를 위한 신탁이다. 투자신탁은 부동산투자신탁(real estate investment trust: REITS)을 포함하며, 담보자산으로는 주택저당대출채권, 타회사 발행 회사채, 패쓰스루, REMIC 등이 가능하다(12장 참조).

92 담보자산이 저당채권이나 대출채권이면 순차적 현금지급 총괄계획을 원금과 이자지급 등, 두 개로 분리하는 것이 일반적이다.

만족시키기 위해, 신용과 유동성에 대한 보강이 필요한지 여부를 판단할 수 있다.

(viii) 마지막 과정은 구조화 거래(deal)의 실행과 발진(發進)을 위한 최종준비다. 지금까지의 과정을 통해 작성된 구조화 작업에 관한 최종 결과물들을 참가자들이 모두 검토하고 나면, 남는 문제는 실행에 옮기는 일이다. 그러나, 구조화 작업 종료시점에서도 딜(deal)이 즉시 완전한 상태로 실행될 수 있도록 모든 준비가 완전히 끝나지 않았을 경우도 있다. 예컨대, 필요한 자산의 재구성이나 자산의 매각 또는 이전이 아직 끝나지 않았을 수 있다. 이런 문제를 해결하는데 도움을 주기 위해 구조화 과정에는 통상 **최종유예**(또는 **준비**)**기간**이 포함된다. 자산 소유권의 이전에 따르는 명의변경만 필요한 경우는 이 기간이 짧지만, 증권발행 수입으로 담보자산을 매입하는 경우에는 상당히 길어질 수도 있다.

9.2 자산의 증권화

자산의 증권화(asset securitization)는 1970년대, 패니 매(Fannie Mae), 지니 매(Ginnie Mae), 프레디 맥(Freddie Mac) 등, 미국의 주택금융 확대를 위해 설립된 정부후원기업(GSEs)들이 모기지대출채권(mortgage loan)을 증권화시키는 데서 시작되었다. 증권화를 통해 투자자들은 유동성이 매우 큰 우량증권(AAA)에 투자할 수 있는 기회를 얻게 되었으며, 모기지 대출 금융기관들은 현금화가 어려운 위험자산인 모기지 대출채권을 현금화 함으로써 유동성을 증가시키고 새로운 모기지 대출을 일으킬 수 있었다. 이후 증권화는 1980년대 중반에 유동화 자산풀(pool)이 모기지에서 자동차 매입자금 대출, 신용카드 대출, 학자금대출 등으로 확대되고, 80년대말 최초의 CDO가 발행됨으로써 본격적인 자산유동화증권 시대로 이행된다.

우리나라에서는 자산의 증권화를 흔히 자산의 유동화라고 부르는데, 틀린 말은 아니지만 그렇다고 정확한 말은 아니다. 자산보유자가 증권화를 통해 대체로 유동성이 낮은 자산을 현금화 시킨다거나 신규자금이 유입되는 경우에는 자산유동화 또는 유동자산화라고 할 수 있다. 그러나, 유동화 또는 현금화는 가령 '양자간 단순 매각'이나 **대출채권분할매각**(**loan participation**)과 같이 반드시 증권화가 아니더라도 가능하다[93]. 따라서, 증권화 과정 자체는 **자산의 증권화**, 증권화 과정에서 발행된 증권은 **자산유동화증권**(자산증권화증권?), 그리고 기타 자산의 매각 및 재구성(repackaging)을 포함하는 넓은 의미의 현금화를 의미하는 경우에는 **자산의 유동화**라는 용어를

93 대출채권 분할매각은 대출채권 유동화방법의 하나로서 금융기관이 대출채권의 전부 또는 일부를 타인(=참가자=매입자)에게 매각하면서 원리금 수취권만을 양도한다. 따라서, 채권을 처분한 대출금융기관이 여전히 계약상의 채권자로 남아 있지만 대출채권에 대한 위험은 참가자(=매입자)가 부담하게 된다. 대출채권 분할매각은 채무자에게 대출채권 분할매각 사실을 통지하지 않아도 되는 장점이 있다.

사용하기로 한다[94].

9.2.1 자산의 증권화란?

자산의 증권화(asset securitization)란 특정 금융자산들을 함께 모은 다음, 이들 자산 풀이 창출하는 현금흐름이 원리금 지급을 담보해 주는 금융청구권, 즉 자본시장에서 매매 가능한 유가증권으로 전환시키는 과정을 말한다. 초기에는 주로 상업은행, 금융회사, 투자회사 및 (대)기업들이 무수익 또는 비현금성 자산을 처분(현금화)하거나, 또는 신규부채나 지분을 발행하지 않고 특정 자산을 담보로 자본을 조달하는(자본관리)수단으로 증권화를 활용했다. 이로 인해 증권화는 신용위험은 물론 이자율 및 유동성 위험의 감소(위험관리)와 더불어, 경제적 및 요구규제자본 등의 이유로 보유해야 할 자본을 감소시킴으로써 자본관리의 효율성을 높일 수 있었다.

구체적으로, 자산의 증권화란 특정 자산이나 또는 자산포트폴리오 – 자산집단, 또는 자산풀(pool)이라고도 한다 – 를 증권화 업무만을 전담하기 위해 설립된 별도 기관, 또는 조직인 **특수**(또는 **특정**)**목적기구**(special purpose vehicle: SPV) – **특수목적사업체**(special purpose entity: SPE)라고도 함 – 에게 현금을 받고 양도(또는 매각) 하거나 또는 신탁(信託)하고, 특수목적기구는 인수한 자산에서 발생하는 현금흐름을 담보로 유가증권(주로 채권)을 발행하는 일련의 과정을 말한다. 여기서 특정 자산이나 자산포트폴리오(유동화 자산)는 현재 보유하고 있는 자산은 물론이고, 미래에 발생하게 될 현금흐름이나 특정사업 전체 등을 모두 포함하는 포괄적인 개념이다.

이와 같이, 자산증권화의 핵심은 자산보유자가 (i) 다양한 형태의 자산을 **집단화**(pooling)해서, (ii) 자산풀의 신용위험을 자산보유자의 신용위험으로부터 **분리**(delink) 시키고(자산보유자로부터 독립된 SPV에게 자산 풀을 매각 또는 양도) (iii) SPV가 매입 또는 양수한 자산과 자산에서 발생하는 현금흐름을 담보로 트란취 또는 트랑쉐(tranche) – 불어의 조각(slice)을 의미함 – 라고 부르는 우선순위(priority structure)가 다른 (따라서 수익 - 위험 조합이 다른) 여러 종류의 증권을 발행하는 **복수증권구조화** 또는 **계층화**(tranching)에 있다 (Coval, Jurek, and Stafford, 2009)[95].

유동화 자산을 자산보유자와 분리 또는 절연(絶緣)시키는 것은 첫째, 구조화금융을 담보부 차입화(secured borrowing) 함으로써 자산보유자와 투자자 모두에게 이익이 되기 때문이다. 다

---

94 국내의 자산 증권화는 1998년 9월 "자산유동화에 관한 법률" 제정으로 그 제도적 뒷받침이 마련되었다. 특징은 자산보유자의 자격을 각종 금융기관과 금융감독위원회가 인정하는 법인과 대통령령이 정하는 법인으로 제한하는 반면, 증권화 대상 자산은 채권, 부동산 및 기타 재산권으로 상당히 포괄적으로 규정하고 있는 점이다. 우리나라에서 자산유동화증권을 발행할 수 있는 특수목적기구는 자산유동화법에 근거한 유동화전문회사, 신탁회사, 자산유동화전업 외국법인 등 세 가지로 구분되었다.

95 여기서 우선순위는 채권의 원금상환과 이자지급에 대한 서열(序列)을 의미한다.

만, 전통적인 담보부 차입과 달리, 증권화 구조에서는 발행된 증권에 대한 원리금 지급이 원래 자산보유자와는 상관없이 담보자산 풀의 실적에만 의존한다. 둘째, 담보자산의 분리로 인해 자산보유자가 파산하더라도 자산보유자의 채권자들이 담보자산 풀에 대해 채권을 행사할 수 없으므로, 유동화증권 투자자는 자산보유자의 파산과 상관없이 담보자산 풀의 실적에 의해 원리금을 지급받게 된다(자산의 집단화와 복수증권구조화에 대해서는 9.2.4에서 논의한다).

결국, 자산의 증권화는 투자자들의 구체적인 요구를 충족시켜줄 수 있도록 금융상품의 구조를 설계하는 과정이라 볼 수 있고, 흔히 구조화금융을 좁은 의미로 해석해서 자산의 증권화와 혼용하는 이유도 여기에 있다(구조화금융의 가장 큰 특성은 트랜칭에 있으므로, 전통적인 패쓰스루 구조의 증권화는 정통 구조화금융으로 보기 어렵다). 이 과정에서 SPV가 발행한 유가증권이 **자산유동화증권**(asset-backed securities: ABS) 또는 **자산담보부증권**이다. 따라서, 자산보유자는 자산의 증권화(또는 유동화)를 통해서 자본조달과 신용위험전가라는 두 가지 목적을 동시에 달성한다. 즉, 자산매각 대가로 현금이 유입되고, 자산매각으로 인해 신용위험은 일단 자산을 매입한 자산유동화전문기구(SPV)로 이전된다. 자산을 매입한 SPV는 이를 담보로 증권(부채)을 발행함으로써, 결국 인수한 위험을 증권투자자에게 최종적으로 전가한다.

자산유동화증권은 일반적으로 최초의 자산보유자 또는 실질적인 자산유동화증권 발행자에 대한 상환청구권이 없는 증권이다. 즉, 전통적인 의미의 회사채가 발행회사(무보증채의 경우)나 신용보증기관(보증채의 경우)의 신용이나 원리금 상환능력을 기초로 발행되는 데 반해, 자산유동화증권은 자산보유자로부터 '진정으로 매각된(true sale)' 유동화자산에서 발생하는 현금흐름을 원리금 상환의 재원(財源)으로 발행된다(asset-backed securities (ABS)라 부르는 이유다). 이렇게 함으로써 기업은 기업의 전반적인 위험수준과는 관계없이 해당 유동화 자산(또는 사업)의 위험수준(또는 신용등급)에만 적용되는 비용으로 필요한 자본을 조달할 수 있게 된다.

증권화 과정에서 집단화와 복수증권화(계층화) 못지 않게 중요한 것(특히 글로벌금융위기와 관련된)이 **만기변환**(maturity transformation)이다. 만기변환이란 전통적인 은행업에서 보듯 (초)단기성 차입으로 장기성 자산에 투자(예: 장기대출)하는 것을 말한다. 증권화 과정에서 발행된 자산유동화증권(ABS)은 일반 투자자들도 매입하지만, 흔히 대형 은행들이 설립한 구조화투자전문회사(SIVs)나 콘딧(conduits) 등이 만기가 수일 또는 수주에 불과한(따라서 환매를 자주 해야하는) 자산유동화기업어음(ABCPs) 발행 자금으로 매입하거나, 헤지펀드와 투자은행(IBs)들이 만기가 하루인 레포(repurchase agreement: RPs 또는 Repo) - 환매채권이라고도 부른다 - 발행자금으로 매입한다. 이들 투자자들을 한데 묶어 **그림자은행제도**(shadow banking system)라 부르는데, 이들은 전통적인 상업은행들이 단기예금을 장기대출에 사용(투자)하는 것과 마찬가지로 ABCP발행이나 레포 등 단기성 청구권 발행 자금을 모기지나 자동차대출과 같은 장기대출채권을 담보로 발행된 유동화증권 매입에 사용한다 (Gorton and Metrick, 2009a). 단기차입에 의한 장기투자, 즉 만기변환이다.

9.2.2 자산의 증권화와 담보부부채

자산의 증권화과정에서 제 3자 (SPV를 말함)에 의해 발행되는 증권은 매입한 담보자산 풀에 대해서만 권리가 있고, 모회사가 가지고 있는 나머지 자산에 대해서는 "**상환청구권이 없는 담보부부채** (secured non-recourse liabilities)"이다[96]. 따라서, 자산의 증권화는 구조화금융의 중요한 부분일 뿐, 자산유동화증권은 전통적인 담보부부채로 볼 수 없으며 자산의 증권화 역시 구조화금융과 동일한 개념이 아니다 (증권화는 구조화금융 기법의 하나다).

자산의 증권화는 통상 회사의 실물자산 풀 (pool)이 매각 (또는 양도)되는 구조화금융의 한 형태이다. 이때, 매각된 자산들을 매입하는 회사 (SPV)는, 매입한 담보자산 풀에서 발생하는 수익으로 원리금을 상환하는 신규 유가증권을 발행해서 매입자금을 조달한다. <그림 9.3>은 자산의 증권화를 경제적 재무상태표를 이용해서 보여주고 있다. 이 예에서는 자산을 증권화시킨 회사가 자산의 일부를 제 3자에게 매각해서 수취한 현금수입을 동일한 금액의 부채를 상환하는데 사용했다고 가정하고 있다. 그래서 자산매각 후, 원래 회사의 재무상태표에서 자산과 부채가 동일한 액수로 감소되었지만 반드시 그럴 필요는 없다.

앞에서 말한 특정자산이나 자산풀을 담보로 담보부부채를 직접 발행하는 것 (<그림 9.2>)은 결국 동일한 자산(풀)을 현금을 받고 매각하고, 자산의 매입자가 매입한 자산(풀)을 담보로 신규 증권을 발행하는 것 (<그림 9.3>)과 원칙적으로 다를 바 없다. 즉, 자산의 증권화 (자산유동화증권의 발행)와 회사가 직접 발행하는 담보부부채는 경제적 동기면에서 매우 유사하다고 볼 수 있다. 그러나, 회사가 자산담보부 부채를 직접 발행하는 것과 유동화증권을 발행하는 것은 여러 면에서 매우 중요한 차이점들이 있다. 몇 가지만 보자.

우선, 담보부채권자는 무담보채권자보다 채권회수에 유리하지만 (배타적인 담보자산처분권을 가지고 있으므로) 부도시 파산소송 절차를 따르는 시간적 비용을 감수해야 한다. 그러나 유동화증권투자자는 SPV가 법적으로 독립된 관계로 자산보유자의 파산과 상관없다. 또, 담보부채권자에 대한 원리금 상환자금은 회사 전체의 영업이익에서 나오는 것이 일반적이지만, 유동화증권에 대한 원리금상환은 자산보유자와는 상관없이 반드시 담보자산에서만 나온다.

96 이를 '부분적으로 상환청구권이 있는' 구조라고도 한다.

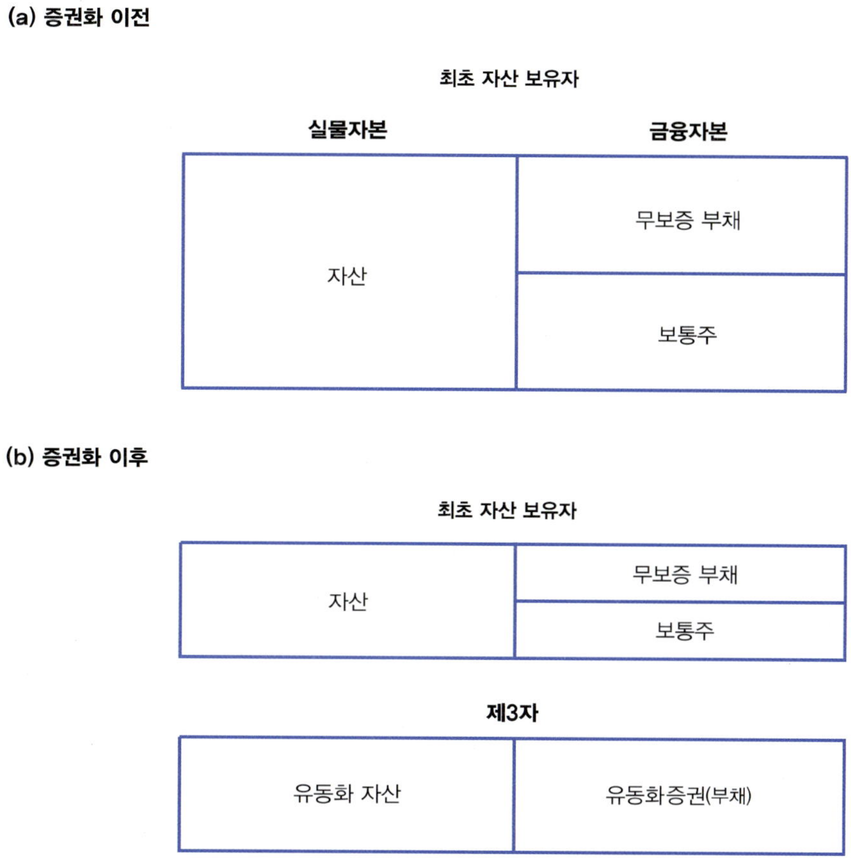

〈그림 9.3〉 자산의 증권화와 경제적 재무상태표

둘째, 원래 자산보유자가 세금 및 회계적 이유로 해당 자산 풀의 **진정한 매각**(true sale)을 원하거나, 매각까지는 아니더라도 해당 자산이 회사의 나머지 다른 자산의 파산과는 전혀 관계없게 되기(bankruptcy remoteness of the assets)를 원한다고 하자. 이 경우, 단순히 해당 자산을 담보부부채에 대한 담보로 설정한다면, 그 담보자산은 회사의 재무상태표(경제적 또는 회계적)에 계속 남아있게 될 것이므로, 당초의 목적을 이룰 수 없게 된다. 또, 설사 특정 자산으로 담보된 부채를 발행하더라도, 해당 자산이 매각되어 재무상태표에서 완전히 제거되지 않는 한, 담보부부채를 회사의 전체적인 신용위험과 신용등급으로부터 분리해내는 것이 어려울 수도 있다. 예컨대, 재무상태표상의 수 많은 부채 가운데, 어느 것이 담보가 있는 것인지 쉽게 알 수 있겠는가?

셋째, 원래 자산증권화의 시작은 회사의 재무상태표를 축소시키거나, 차입비율을 하락시키거나, 기채능력(또는 담채능력)을 증가시키거나, 또는 경우에 따라서 규제자본 요구액을 감소시킬 목적으로 금융기관들이 도입한 것이다. 단순히 특정 자산을 특정 부채에 대한 담보로 하는 경우에는 이러한 목적들을 달성할 수 없다. 그러므로, 만약 재산을 재구성하는 목적이 특정 자산풀 또는 집단에 대한 투명성과 변별력(辨別力)의 향상에 있거나 또는 특정 자산들을 재구성해서 새로운 사업을 하는 경우에는 해당자산을 제 3자에게 매각해서 원래 회사의 재무상태표에서 완전히 제거하는 것이 언제나 최선이다.

9.2.3 자산증권화의 경제적 동기

기업의 목표는 기업가치 극대화에 있고 기업가치는 기대현금흐름의 현재가치의 합이다. 따라서, 증권화의 경제적 동기는 기본적으로 기대현금흐름을 증가시키거나 자본비용의 최소화(또는 둘 다)에 있어야 한다. 그런데, 전통적인 재무이론에 의하면 완전한 자본시장을 가정하는 M&M 세계에서는 기업가치가 투자(또는 현금흐름의 규모, 시점, 위험)에 의해 결정될 뿐, 증권화 같은 현금흐름에 대한 청구권의 분할과는 아무런 상관이 없다. 하물며, 증권화에는 상당한 비용이 따르지 않던가! 따라서, 우리는 증권화의 존재이유를 자본시장을 불완전하게 만드는 요인들, 예컨대, 거래비용, 재무적 곤경비용, 대리인비용, 세금, 비대칭적 정보, 시장분할, 규제 등에서 찾을 수 밖에 없다.

초기 증권화(전통적 ABS를 말함)의 목적은 기본적으로 고위험·불량자산이나 유동성·수익성이 낮은 자산의 매각·현금화를 통해 재무상태표에서 이들을 제거시키고(재무상태표 관리 및 위험전가) 신규 투자자본을 자본시장으로부터 조달하는 데 있었다(모기지 패쓰스루는 1970년 초, CMO는 1983년 시작됨). 특히, 금융기관의 경우에는 자산에 대한 보유규제자본 비율이 동일하므로 수익률이 높은 고위험 자산은 보유하고 수익률이 낮은 저위험·우량자산을 증권화시키는 것이 유리했다(규제자본 차익거래는 재무상태표 CDO와 함께 13장에서 더 논의한다). 따라서, 증권화는 재무상태표의 건전성 제고(재무상태표 관리), 수익성·유동성지표 개선, 신용위험 전가, 보유규제자본 축소 등, 매우 비용 효율적이며 신축적인 자본조달·위험관리 기법이었다(예컨대, 은행의 경우, 증권화는 예금보험 비용을 발생시키지 않을 뿐만 아니라 지불준비금도 필요치 않다).

그 후, CDS 등 파생상품 및 증권화 기법의 획기적인 발전에 따라 증권화의 동기나 목적도 재무상태표 및 위험의 관리와 자본조달이라는 초기 목표와 더불어 점차 다양화·구체화 되었다. 예컨대, 자산의 집단화/단일등급증권 구조(예:패쓰스루와 ABCP)와 집단화/선·후순위(트랜치) 구조(예: CDO), 재무상태표 CDO와 차익거래 CDO는 동기나 목표에 근본적인 차이가 있다. 그러므로, 발전된 형태의 증권화에 대한 동기나 목표는 13장으로 미루고, 여기서는 초기 형태의 증권화를 중심으로 증권화의 일반적인 동기를 기술한다. 그러나 이들 동기는 13장에서 논의하는 동기들과 중요성의 차이일 뿐, 서로 배타적이 아니라 보완적이다.

증권화의 동기는 첫째, 자산의 현금화(monetization of assets), 또는 자본조달이다. 물론, 신용위험관리가 증권화의 중요한 성과 중의 하나이고, 주요 목적 가운데 하나임은 부인할 수 없다. 그렇지만, 자산 매각을 통한 자산의 현금화를 통해 자산보유자는 위험관리와 자본조달 목표를 동시에 달성할 수 있다(자본과 위험의 통합관리). 뿐만 아니라, 증권화를 통한 자산의 현금화를 통해 자산보유자는 유동성 확보와 재무상태표 축소, 담채능력 유지 등, 부수적인 목표들도 달성할 수 있다.

둘째, 증권화는 은행 등 금융기관의 투자위험을 분산시킨다. 증권화는 보유자산 관련 투자위험을 은행 등의 금융기관에 집중시키는 대신, 시장거래를 통해 특정 위험의 관리에 비교우위가 있는 투자자들에게 위험을 분담시킬 뿐만 아니라(투자위험관리) 금융기관의 자산-부채관리에도 도움을 준다. 가령, 은행의 경우, 대개 부채(예:예금)는 단기인 반면 자산(예:모기지대출)은 장기인 것이 일반적이다(이자율 위험). 그러나, 증권화를 통해서 은행은 모기지를 만기까지 보유하지 않게 되어 이자율 위험에 대한 걱정없이 유입된 신규자금으로 모기지 대출을 계속할 수 있게 됨으로써 결국 대출금리를 하락시킬 수 있을 것이다.

셋째, 자산유동화는 투자포트폴리오의 효율성을 증가시키고, 거래비용을 감소시킬 수 있다. 유동화증권은 투자자들에게 위험-보상 조합이 기존 금융상품들과 다른 '새로운 상품'이다. 예컨대, 대재해채권(18장)은 위험을 증권화시킨 새로운 상품일 뿐만 아니라, 체계적(또는 시장) 위험과의 상관관계가 비교적 낮아서 이를 포함시키면 투자포트폴리오의 위험을 더욱 분산시킬 수 있다. 또, 자동차할부대출 ABS가 개발되기 이전에는 이 분야에 투자하려면 GM과 같은 자동차회사 주식의 매입을 통해 간접적으로 원하는 비율의 투자를 할 수 밖에 없었는데, 그러면 투자자는 자동차할부대출업 뿐만 아니라 GM사업 전체의 위험에 노출된다. 그러므로, 자산유동화는 **완성시장(complete market)**을 만드는데 기여함으로써(완성시장은 투자자들이 기존 금융상품을 결합해서 원하는 유형의 현금흐름을 무엇이든 만들 수 있는 이상적인 시장쯤으로 이해하자) 투자포트폴리오의 효율성을 증가시킨다.

뿐만 아니라, 유동화증권은 차입자, 산업, 지역적으로 분산된 자산 포트폴리오를 증권화한 것이다. 따라서, 증권화는 단 한 번의 투자로 분산투자를 가능하게 함으로써 투자자의 거래비용을 감소시킬 수 있다(개별 증권에 직접 투자한다고 생각해 보라). 또, 비단 신상품이 아니더라도 유동화증권은 유통시장에서 매매가 쉽지 않은 일반 기업채무에 비해 유동성이 크고, 따라서 투자 포트폴리오 조정 시 거래비용을 감소시킨다. 실제로, 투자자들이 잘 알지 못하거나 또는 전혀 모를 수도 있는 개별 기업에 대한 대출채권에 투자하기란 쉽지 않은 일이다(이들을 찾는 일도 쉽지 않다). 더구나, 증권화 상품이 아니면 엄청난 거래비용 때문에 투자가 사실상 불가능한 경우도 있다. 예컨대, 뮤추얼펀드나 연·기금 등은 주택담보대출채권에 직접 투자할 수 없지만, 이들 채권을 증권화시키면(RMBS) 문제는 달라진다.

넷째, 자본조달원(源)의 다변화다. 은행이나 기업 등, 자산보유자는 증권화를 통해 연·기금, 헤지펀드, 투자회사(특히 broker-dealers), 보험회사 등 새로운 투자자들을 갖게 되었다. 증권화로 인해 독자적으로 채권발행이 어려운 중소기업들도 자본시장에 접근하기가 한결 쉬워졌다(증권화의 동기는 13장에서 더 논의한다).

9.2.4 자산의 집단화와 증권의 계층화(복수증권구조화)

증권화의 요체(要諦)는 아무래도 자산의 집단화(pooling)와 발행증권의 계층화(tranching) – 복수증권구조화 – 에 있다. 이유는 무엇인가? 흔히 자산의 집단화에 따르는 이익의 하나인 포트폴리오의 위험분산효과와 복수증권구조의 계층간 신용보강효과에 대해서는 잘 이해하고 있지만(앞 단원) 개별 자산을 한데 묶어서 여기서 발생하는 현금흐름에 대한 청구권을 우선 순위가 다른 여러 종류의 증권으로 발행하는 복수증권화 또는 계층화의 경제적 효과에 대해서는 분명히 이해하기가 어렵다. 예를 들어, 담보 포트폴리오 또는 증권화자산 집단을 구성하는 자산의 수와 선·후 순위 증권(계층)의 비율 간에는 어떤 관계가 있는가? 이제 간단한 통계이론을 이용해서 그 의미를 확실하게 이해해 보자[97].

먼저, SPE가 **원리금이체(패쓰스루)증권**과 같이 단일계층 증권을 발행하는 경우를 보자. 이 경우, 담보자산 포트폴리오의 기대손실액은 포트폴리오를 구성하는 개별 담보자산의 평균기대손실액과 같을 것이다. 따라서, 담보자산 포트폴리오의 신용등급은 포트폴리오를 구성하고 있는 개별 담보자산들의 평균신용등급과 같을 것이다. 단일등급 패쓰스루 증권들은 담보자산 포트폴리오에 대한 청구권이므로 이들의 신용등급 역시 담보자산 포트폴리오의 신용등급이나 개별자산들의 평균 신용등급과 같을 수 밖에 없다. 요컨대, 패쓰스루와 같은 단일등급 증권발행구조에서는 증권의 계층간 신용보강 효과는 기대할 수 없다.

이제, 동일한 담보자산 집단(풀)에 대해 단일등급이 아니라 선·후순위 구조를 갖는 두 종류의 채권을 발행한다고 하자. 이 두 채권의 우선순위는 담보자산 풀에서 발생하는 손실을 부담하는 순서에 따른다. 예컨대, 선순위채권의 손실부담은 후순위 증권의 손실부담이 끝난 다음에야 비로서 시작된다. 이는 곧 선순위채권의 신용등급이 담보자산 풀의 평균신용등급보다 높다는 것을 의미한다. 이와 같이 선순위채권의 신용등급 결정에는 후순위채권에 의한 신용보강의 크기가 결정적인 역할을 하는데 그 이유는 그만큼의 손실이 발생한 이후에 비로소 선순위채권의 손실부담이 시작되기 때문이다.

---

97 이 예는 Joshua Coval, Jakub Jurek, and Erik Stafford (2009)를 약간 변형시킨 것임.

이와 같은 자산의 집단화와 복수증권 구조의 증권발행 효과는 2-자산 케이스로 쉽게 설명할 수 있다. 가령, 두 개의 동일한 회사채가 있다고 하자. 이들의 부도(default) 확률이 똑같이 P_D이고, 만약 부도가 나는 경우에는 지급액이 전혀 없고(회수액 = 0), 부도가 나지 않으면 만기에 100만 원을 지급한다 하자. 이들 두 채권으로 명목금액 총액이 200만 원인 포트폴리오(또는 펀드)를 구성하고, 이 포트폴리오를 담보로 만기에 각각 100만 원을 지급하는 선·후 순위, 두 종류의 채권을 발행한다고 가정하자.

후순위채권은 포트폴리오의 첫 번째 손실 100만 원을 부담한다. 따라서 후순위채권은 담보자산 포트폴리오의 두 회사채가 모두 부도가 나지 않았을 때 100만 원을 지급하고, 어느 하나만이라도 부도가 나는 경우에는 지급액이 제로다. 선순위채권은 후순위채권이 손실부담을 하고 난 이후에야 손실을 부담한다. 따라서, 선순위채권은 두 채권 모두 부도가 나지 않거나, 둘 중 하나만 부도가 나는 경우 100만 원을 지급한다. 두 채권이 모두 부도가 나는 경우에는 선순위채권도 부도가 난다(지급액이 제로). 그러므로, 각 채권의 기대현금흐름(또는 부도확률)을 계산하기 위해서는 두 채권이 동시에 부도가 날 확률을 알아야 한다. 동시에 부도가 날 확률을 P_{DD}라 하면, $Corr = (P_{DD} - P_D^2)/P_D(1 - P_D)$식을 이용하여 우리는 P_{DD}를 구할 수 있다[98].

이 예에서, 만약 두 채권의 부도 확률의 상관관계가 같은 방향으로 완벽하지 않다면($-1 < Corr < 1$), 선순위채권 역시 개별 채권과 마찬가지로 100만 원을 지급하거나 또는 전혀 지급하지 않을 것이다. 다만 선순위채권의 부도 확률이 담보자산 포트폴리오를 구성하고 있는 개별 채권의 부도 확률보다는 낮을 뿐이다. 가령, $P_D = 0.1$, $Corr = 0$ 라면, $P_{DD} = 0.01$, 즉 선순위채권이 디폴트할 확률은 1%로서 10%보다 훨씬 작다. 이 예가 주는 교훈은 이와 같이 상당히 위험도가 높은 자산들을 포트폴리오로 재구성해서 이를 담보로 선·후순위 증권을 발행함으로써 상당히 안전한 증권을 발행할 수 있게 된다는 것이다.

구조화금융에서 발견할 수 있는 가장 중요한 통찰력은 담보자산 포트폴리오의 채권 수를 증가시키면 증가시킬수록, 담보채권들의 상관관계가 완벽하지 않는 한(상관계수가 1이 아닌 한) 담보자산 풀의 평균신용등급보다 높은 신용등급을 갖는 증권의 발행비율을 증가시킬 수 있다는 것이다. 가령, 위의 예에서 100만 원짜리 채권의 개수를 3개로 증가시켜 보자. 이제는 3-채권 포트폴리오를 담보로 후, 중, 선, 3개의 순위가 다른 액면 100만 원짜리 채권을 발행한다. 3개의 담보채권 중 어느 하나만 부도가 나면 후순위채권, 3개 중 2개 이상이 부도가 나면 중순위채권, 3개 모두 부도가 나면 마지막 선순위채권이 부도가 난다. 위에서와 같이 P_D가 10%이고, 채권들의 부도확률이 서로 관련성이 없다면(상관계수가 0) 선순위채권이 부도가 날

98 두 자산(1과 2)의 디폴트 확률이 서로 다른 경우 일반식은 $Corr_{1,2} = (P_{1,2} - P_1P_2)/[P_1(1 - P_1)P_2(1 - P_2)]^{1/2}$

확률은 0.1%, 중순위는 2.8%, 후순위는 27.1%다. 다시 말해서 포트폴리오의 채권수를 3개로 증가시키면 자본구조의 2/3를 담보자산의 평균위험보다 덜 위험하도록 증권을 발행할 수 있다(선순위와 중순위채권이 모두 부도 확률이 10%보다 낮다)[99].

신용등급이 높은 채권의 발행비율을 높이는 방법은 또 있다. 같은 증권화 방법을 후순위채권들에게 또 한번 적용하는 것이다. 첫 번째 예에서 후순위채권이 부도가 날 확률은 19% (= 0.1 + 0.1 − 0.01)다. 만약, 이 후순위채권(ABS)을 동일한 과정에서 발행된 또 다른 액면 100만 원짜리 후순위채권(ABS)과 결합해서 포트폴리오를 만든 다음, 이를 담보로 액면 100만 원짜리 선·후순위채권(ABS)을 발행한다 하자. 담보채권들이 서로 관련이 없다면 2차 증권화 과정에서 발행된 선순위채권이 부도가 날 확률은 3.6 (= 0.19 × 0.19)%로 19%보다 훨씬 낮다[100]. 15장에서 논의하는 CDO^2 구조가 바로 이 원리를 적용한 것이다.

지금까지 본 바와 같이, 포트폴리오를 구성해서 담보자산보다 안전한 증권을 발행할 수 있느냐는 문제는 결국 담보자산의 부도확률이 서로 얼마나 연관되어 있느냐와 후순위 증권의 손실분담 규모에 달려있다. 모든 자산들이 동시에 부도날 가능성은 실제로 크지 않을 것이다. 부도의 상관성이 낮으면 낮을수록 모든 자산이 동시에 부도날 가능성이 낮아질 것이고, 따라서 선순위 증권이 손실을 부담하게 될 확률도 낮아질 것이다. 반대로, 부도의 상관도(또는 상관계수)가 크면 클수록, 후순위 증권의 손실부담액은 작아질 것이고 선순위 증권의 손실 위험도는 커진다. 극단적인 경우, 2-개 자산 포트폴리오에서 디폴트 상관계수가 1.0 (같은 방향으로 완전상관관계)이라면 두 채권이 동시에 부도가 나던지 또는 나지 않던지 하게 될 것이므로 선순위 증권에 대한 신용보강효과는 전무하다(트랜칭의 원리는 모든 증권이 동시에 부도가 나지는 않는다는 데 있다). 앞의 예에서 선순위채권의 부도 확률이 1%였던 것은 담보자산의 부도가 서로 관련이 없다고 가정했기 때문이지 만약 완벽하게 관련되었다고 가정했다면 담보자산의 부도확률과 같은 10%였을 것이다(후순위 채권의 부도 확률도 선순위와 같은 10%다). 부도 상관계수가 그 중간인 경우라면 선순위채권의 부도 확률은 1%에서 10%사이일 것이다.

이 문제는 구조화금융, 특히 증권화를 이해하는데 매우 중요한 의미를 갖는다. 자산을 집단화해서 우선순위가 다른 여러 종류의 증권을 발행하는 것은 사실상 손실이 체계적 위험에 의해서만 영향을 받는 증권을 발행하는 것과 같다. 왜냐하면, 자산의 집단화를 통해 분산 가능한 위험은 모두 제거되고 체계적인 위험만 남았기 때문이다. 따라서, 이를 담보로 발행된 여러

99 n자산 포트폴리오에서 부도의 수가 k보다 같거나 작을 확률은 부도의 상관계수가 제로인 경우 누적이항확률분포함수 $P(X \le k)=\sum_{i=0}^{k} n!/k!(n-k)!p^k(1-p)^{n-k}$ 에 의해 결정된다(p = 자산의 부도 확률).

100 왜냐하면 2개의 담보 풀에서 각각 적어도 하나의 채권이 부도가 나면 두 번째 증권화에서 선순위 증권이 부도나기 때문이다.

종류의 증권은 마치 이자율, 경제성장률, 또는 주가지수와 같은 거시경제변수를 기초자산으로 하는 파생상품과 유사하다.

증권화는 또 투자자들이 경제 전체의 대규모 경기침체에 대한 보험을 제공한 것으로 이해할 수도 있다. 경제 전체 또는 시장 전체가 침체되면 CDO의 선순위채권 투자자들이 크게 손해 볼 확률이 증가하므로 이들은 엄청난 시장위험을 부담한다. 따라서, 자산 증권화 과정의 선순위 채권 투자자들은 동급의 일반 회사채 투자자들보다 다소 높은 수익률에 그저 희희락락할 일만은 아니다. 그들이 부담하는 위험과 그들이 발행한 보험의 본질을 이해하면 결코 그럴 일이 아니라는 말이다(Coval, Jurek, and Stafford, 2009, p.18).

한편, 선·후순위 증권화 구조는 8장에서 본 첫 번째 부도 바스켓 CDS 구조와 매우 유사하다. 신용보장 매도자는 CBO나 CLO등 복수증권(다계층)화 구조의 후순위 증권을 매입한 것과 같다. 왜냐 하면 신용보장 매도자는 증권화 구조의 첫 번째 손실을 흡수하게 될 위험에 노출되어 있기 때문이다. 바스켓 CDS의 나머지 CDS들은 선순위 증권들과 흡사하다. 왜냐하면, 첫 번째 손실은 신용보장 매도자가 부담할 것이고 신용보장 매도자는 바로 후순위 증권투자자와 같기 때문이다.

그러나, 이들 간에는 몇 가지 매우 중요한 차이점도 있다. 우선, 첫 번째 부도 부담 바스켓 CDS의 보장매도자가 부담하는 위험은 부외계정 항목인데 반해, 후순위 채권보유 위험은 부내 항목이다. 뿐만 아니라, 후순위 채권 투자자와 달리 바스켓 CDS의 보장매도자는 초기 투자 없이 수수료 수입을 올린다.

9.2.5 복수증권구조화, 우선순위 및 보험

앞에서 본 증권의 선·후순위화 또는 복수증권구조화 문제는 기본적으로 담보자산의 위험에 대한 재보험설계와 동일한 문제다. 기업의 채권자들은 본질적으로 기업에 대한 합성자산 보험을 제공한 것으로 볼 수 있다. 물론, 이들이 실제로 보험을 파고 산 것은 아니다. 그런 이유로 '보험'의 앞에 '합성(synthetic)'이라는 단어를 붙인 것이지만, 경제적으로는 보험과 크게 다를 바 없다. 그러므로, 기업의 자본구조에 후순위증권을 증가시킬수록, 합성자산보험의 구조 또한 더 다양해 질 것임은 당연하다. 이는 선순위 채권자는 자산보험을 회사에게 매도한 것이고, 후순위 채권자는 선순위 채권자에게 자산보험을 매도하는 것이라는 논리를 계속 연장해 보면 쉽게 이해될 것이다.

실제로 증권의 우선순위와 복수증권구조 결정은 자산재보험에서 재보험회사 사이의 **손실분담접점**(attachment points)을 결정하는 것과 크게 다를 바 없다. 여기서, 손실분담접점은 각 재보험회사의 손실분담이 시작되는 손실금액들을 가리키는 것으로 이해하면 된다[101].

자산에 대한 위험은 매우 다양하지만, 여기서는 신용위험만 있다고 가정한다. 이렇게 자산가치에 영향을 미치는 다양한 요인들을 배제함으로써, 신용위험이 계층간 또는 투자자들간에 어떻게 배분되는가를 더 명확하게 볼 수 있다 (물론, 투자자들은 신용위험뿐만 아니라, 여기서 제외된 모든 위험까지 부담한다).

1-2장에서 본 바와 같이, 기업이 발행한 주식과 채권, 즉 금융자본의 시장가치는 항상 기업의 실물자본의 가치와 일치한다. 그런 의미에서, 기업의 주식과 채권에 투자한 투자자들은 기업에게 보험을 매도한 것과 같다. 왜냐하면, 기업이 보유한 실물자산 가치의 하락, 즉 자산가치의 손실은 이들 투자자들이 부담하는 것이지, 법인체인 기업자체가 부담하는 것이 아니기 때문이다. 그러므로, 기업이 발행하는 금융청구권, 즉 채권과 주식에 대한 우선순위는 곧 다양한 투자자들이 기업의 자산손실을 부담하는 순서 (sequence)를 결정하는 것과 같다.

예를 들어 보자. 가령, 어떤 기업이 두 종류의 채권, 즉 선순위채권과 후순위채권을 발행한다고 하자. 이들 부채는 모두 무이표채권 (zero-coupon bond)이고, 액면가격이 각각 3억 원과 5억 원이라 하자. 기업은 또, 2억 원의 주식도 발행한다. 만약, 선·후순위부채의 만기가 모두 같으며, 만기에 기업은 자산을 매각해서 투자자들에게 배분하고 기업을 청산한다고 하자.

<그림 9.4>는 각 그룹의 투자자들이 회사에게 제공하고 있는 "보험"을 보여주고 있다. 총자산 손실을 왼편 축(軸)에, 그리고 잔여자산의 처분가치를 오른편 축에 표시하자. 지분계층은 최초의 손실을 2억 원까지 부담한다. 그 후, 총 자산손실이 7억 원 될 때까지는 후순위 채권자들이 부담하므로, 후순위 채권자들은 공제 2억 원, 한도금액 5억원의 보험을 기업에게 제공하는 셈이다. 마지막으로, 선순위 채권자들은 나머지 3억 원의 보험을 제공한다.

그러므로, 회사가 발행한 유가증권 투자자들 전체는 회사의 자산 전체에 대한 보험을 제공해 주었을 뿐만 아니라, 각 계층의 증권보유자들은 기본적으로 자기보다 상위 계층 투자자들에게 보험 또는 신용보강을 제공하는 셈이다[102]. 이 예에서는 선순위 채권자들은 7억 원에 달하는 신용보장을 후순위채권자와 주주로부터 받은 셈이다. 그러므로, 후순위 채권자와 주주의 자산손실이 7억 원에 이르기 전까지는 선순위 채권자들에게는 손실부담이 전혀 없다 (Culp, 2006).

---

101 예컨대, 3-종류(계층)의 증권을 발행하는 CLO의 경우, 손실부담접점은 0-5, 5-15, 15-100퍼센트다. 회사채 CDS지수를 준거자산으로 하는 CDO의 경우, 각 계층에 두 종류씩 — 후순위 (0-3과 3-7%), 중순위 (7-10과 10-15%), 선순위 (15-30과 30-100%) — 총 6종류의 증권을 발행한다. RMBS지수를 준거자산으로 하는 CDO역시 발행증권의 종류가 많다. 각 계층에 두 종류씩 — 후순위 (0-3과 3-7%), 중순위 (7-12과 12-20%), 선순위 (20-35와 35-100%) — 총 6종류의 증권을 발행한다 (Joshua Coval, Jakub Jurek, and Erik Stafford, 2009, p. 10).

102 부채를 수직옵션스프레드 (vertical option spread)로 분할할 수 있다.

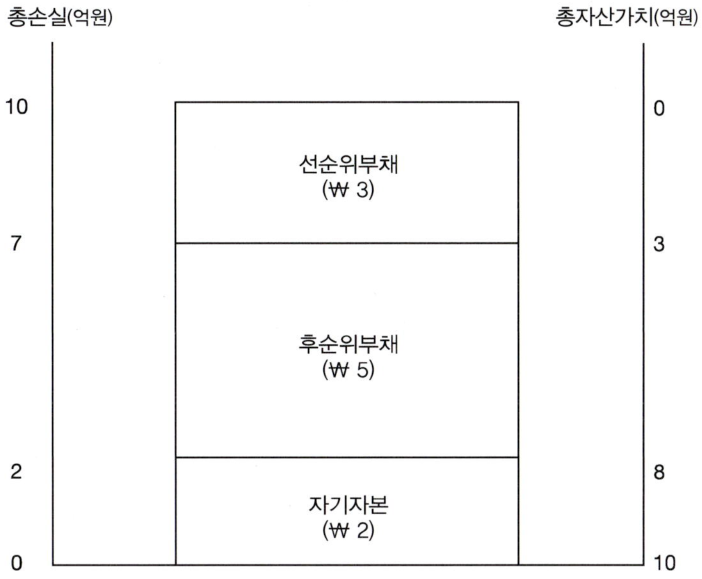

〈그림 9.4〉 기업의 투자자와 자산보험

제 10 장

구조화 증권

구조화 증권(structured securities)은 기업 자본구조(재무상태표의 오른쪽)의 일부로 기업이 직접 발행하는 상환청구권이 있는 금융상품으로서 실제로 이들과 회사채나 주식 등, 전통적인 금융자본을 구분하는 주요 특성은 이들이 자본조달과 위험전가를 동시에 달성하려는 기업의 목표와 투자자들의 위험 - 보상조합에 대한 다양한 요구를 일치시키도록 '금융공학적'으로 설계된다는 것이다(부채의 구조화)[103].

구조화 증권은 기본적으로 세 유형으로 구분된다. 첫째는 **구조화채권**(structured notes)으로서, 특정 위험의 전가를 위해 설계된, 파생상품이 내장(embedded)된 회사채다. 이들은 뒤에 논의하게 될 자산유동화증권과 달리 발행 기업에 대해 상환청구권을 갖는 **무담보 상환청구권부 금융상품**(unsecured recourse instruments)이다.

둘째는 **혼합증권**(hybrids)과 **전환증권**(convertibles)으로서, 채권과 주식의 성격을 동시에 보유하고 있는 유가증권이다. 이들 역시 특정 위험의 전가를 위해 설계된다. 셋째는 **조건부자본**(contingent capital)으로서, 이는 채권이나 주식, 혹은 구조화 증권을 발행할 수 있는 권리, 즉 옵션을 말한다.

혼합증권과 전환증권의 가치는 전적으로 발행자와 관련된 위험에 달려있지만, 구조화채권과 조건부자본의 가치는 파생상품이 내장되어 있는 까닭에, 이자율, 환율, 상품가격 등과 같이 발행회사가 직접 통제할 수 없는, 적어도 하나 또는 그 이상의 시장변수에 의존한다(시장위험에 노출).

이 장에서는 구조화채권과 혼합증권을 논의하고, 조건부자본은 장을 달리 하여 4부에서 보다 상세하게 설명한다.

10.1 구조화채권의 구조와 특성

일반적으로, 구조화채권은 채권에 내장된 파생상품계약의 기초자산에 따라, 이자율연계 채권, 통화연계 채권, 상품연계 채권, 주식연계 채권 등으로 구분할 수 있다[104]. 그러나 구조화채권이 일반 채권과 Call, Cap, Floor 등 옵션을 결합한 혼합상품인 이상 구조화채권을 이해하기 위해서는 먼저 채권에 대한 이해가 필수적이다.

---

103 이자율관련 구조화채권은 국내에서는 2001년 이후 발행되기 시작했으며 신종증권 또는 구조설계채권이라고도 한다.

104 구조화채권에는 좁게는 CB, BW와 같은 주식연계채권이 있으며, 넓게는 이자율연계채권, 신용연계채권, 통화연계채권, 실물연계채권 등이 있으나 우리나라에서는 특히 전환사채(CB) 또는 신주인수권부사채(BW) 등 주식연계채권의 발행과 유통이 활발하다.

10.1.1 무이표채와 이표채

무이표채권(zero coupon bond)은 만기에 액면가격을 지불하고 만기까지 표면이자를 지급하지 않는 채권이다. 따라서, 화폐의 시간가치를 고려하면 투자자들은 무이표채를 액면가격보다 낮은 가격에 살 수 밖에 없다. 무이표채를 **할인채**(discounted bond)라고 부르는 이유다. 또한, 다음에 보는 바와 같이 모든 채권은 무이표채의 결합으로 볼 수 있다. 무이표채를 모든 채권의 기본으로 보는 이유다.

복리계산 방식에 따라 무이표채의 투자수익은

$$(1 + S(T))^T \times P(T) = 1 \tag{10.1}$$

또는

$$P(T) \times e^{r(T)T} = 1 \tag{10.2}$$

로 표시할 수 있다. 여기서, P(T)는 만기까지 T년 남은 무이표채권 액면가격(1원이라 하자)의 현재가치, S(T)는 연복리이자율(1년에 1번씩 복리계산), r(T)는 연속복리연이자율(연속적으로 복리계산)이다[105].

가령, 만기가 10년, P(T = 10) = 0.3855원이라면 식 (10.1)과 (10.2)에 의해 연복리이자율 S(T = 10) = 10%, 연속복리연이자율 r(T = 10) = 9.53%가 될 것이다. 반대로, 만약 이자율을 안다면 T년 만기 무이표채의 시장가격, 즉 T년 후 1원의 현재가치 P(T)가 자동적으로 결정된다.

이표채권(coupon bond)은 일반적으로 **고정이자지급채권**(fixed coupon bond)을 말하는 것으로 만기까지 정기적으로 약정된 이표(또는 이자) – 통상 액면가의 일정 퍼센트 – 를 지급하고 만기에 원금을 지급하는 채권이다. 이표율은 시장이자율 S(T)나 r(T)와 다르다.

모든 이표채권은 무이표채권의 포트폴리오로 볼 수 있다. 가령, 만기가 2년, 액면가격(face value)이 10,000원, 명목이자율 S(T)가 8%, 반기별(6개월마다) 이표지급인 이표채권을 보자. 만기까지 반기별 이표지급액은 400원(10,000원의 8/2 %), 2년 후 원금상환액은 10,000원이다. 따라서, 이표채는 만기 0.5년, 액면가 400원인 무이표채권; 만기 1년, 액면가 400원인 무이표채권; 만기 1.5년, 액면가 400원인 무이표채권; 만기 2년, 액면가 10,400원인 무이표채권 등, 총 4개의 무이표채권으로 구성된 포트폴리오로 볼 수 있다. 왜냐하면, 이표채의 현금흐름과 무이표채 포트폴리오의 현금흐름이 같기 때문이다.

105 무이표채의 이자율은 만기가 동일하더라도 채권발행자의 디폴트위험에 따라 달라질 것이다.

이와 같이 이표채를 무이표채의 결합으로 이해하면 이표채를 이해하는데 큰 도움이 된다. 가령, 이표채의 가격은 무이표채 가격의 합과 같을 것이다. 즉, 이표채의 현재가치(가격) = 400 × P(0.5) + 400 × P(1.0) + 400 × P(1.5) + 10,400 × P(2.0)이다. 여기서 P(T)는 액면가 1원, 만기 T인 무이표채권의 현재가치(가격)이다[106].

10.1.2 구조화채권의 구조

원래 구조화채권의 기본 아이디어는 매우 단순했다. 이론적으로 주식은 투자수익의 잠재성에 상한이 없고 채권은 손실이 원금으로 제한된다. 한마디로 주식과 채권의 특성만을 결합한 투자상품을 만드는 것이었다(전환사채와 조기상환권부채권이 원조 구조화채권들이다). 물론, 구조화채권을 통해서 투자자는 특정 자산을 실제 보유하지는 않으면서도 보유하는 경제적 효과를 갖게 된다.

구조화채권은 기본적으로 전통적인 회사채에다 주식, 주가지수, 이자율, 상품, 통화 등을 기초자산으로 하는 파생상품(주로 장외)을 단일 상품으로 결합한 것이다. 그런 면에서 구조화채권은 전환증권(예: 전환사채)과 유사하다고 말할 수 있다. 다만, 전환증권과 달리 많은 경우 내장된 파생상품의 기초자산이 채권발행회사의 증권이 아니다[107].

구조화채권은 원금보장형(principal-protected) 상품이 많다[108]. 기본적으로 투자 원본을 만기에 전액 또는 일부 보장하는 동시에 투자수익은 옵션부분으로 달성하는 구조다(대개 원금보장의 크기와 투자수익은 상충관계에 있다). 원금(또는 원본)보장은 대개 무이표채권을 활용하고 추가수익 달성은 옵션부분이 담당한다. 즉, 원금보장형 구조화채권의 기본구조는

$$R_T = FV + k \times FV \times Max(S_T - S_0,\ 0) \tag{10.3}$$

이다. 여기서 R_T는 채권 만기의 지급액이고, FV는 채권의 액면가(원금), S_T는 기초자산의 만기가격(예: 만기의 이자율), S_0는 기초자산의 최초가격(예: 초기의 이자율), k는 기초자산 실적에 대한 **참여율**(participation rate)이다.

---

106 조기상환권부 고정금리채권(**callable fixed rate note**)은 구조화채권의 원조로서 발행자에게 정해진 가격(통상 액면가격)에 만기 이전(대개 발행 후 일정기간 지난 다음)에 원금을 상환할 수 있는 권리를 부여한 채권으로 투자자의 입장에선 고정금리채권을 매입하고 이를 기초자산으로 한 콜옵션을 매도한 것과 같다.

107 구조화채권은 일부 거래소에 상장/거래되는 경우도 있지만 대개 사모형식으로 발행/거래된다.

108 원금의 일부 또는 전액상환을 보장하는 변액원금상환부(**Variable Principal Redemption**)채권이 전체 발행규모의 30~50% 정도를 차지하고 있으며 나머지는 Step-up, Step-down, Range, Inverse, Dual Currency, Dual Index 등이다.

이와 같이 구조화채권은 전통적인 채권과 표준형 콜옵션의 결합이라는 매우 단순한 구조로 출발했으나, 최근에는 다양한 고객의 요구를 반영하기 위해 기초자산은 물론 옵션부분의 변형을 통해 각종 이색옵션과 차입(leverage)을 결합하는 경우가 많다. 그 결과 '맞춤성'은 커졌지만 '복잡성'도 증가되어 일반 투자자들은 물론 금융전문가들에게도 난해한 상품들이 많고, 특히 차입은 상품관련 각종 위험을 증가시킬 뿐만 아니라 가격 평가 또한 어렵게 하고 있다.

구조화채권은 또 채권에 내장된 옵션뿐만 아니라 많은 경우 발행자가 조기상환권(call provision)을 갖는 구조다. 이로 인해 투자자들은 채권가격의 산정은 물론 각종 수수료의 적정성 판단이 매우 어렵게 된다. 발행자는 정해진 콜가격보다 채권의 가치가 높을 때만 채권의 조기상환권을 행사할 것이므로 투자자는 채권의 현재 가격은 물론, 잔여 만기, 이자율의 수준 및 변동성 등을 고려해야 한다. 쉬운 일이 아니다.

구조화채권 또는 구조화 상품은 뒤에 논의하게 될 **구조화금융 상품(structured finance products)**, 특히 **자산유동화증권(asset backed securities)**과는 구조적으로 구별된다. 구조화채권은 발행기업이 직접 발행한 채권으로 발행기업의 부채인데 반해, 구조화금융 상품으로서의 자산유동화증권은 발행기업이 직접 발행하지 않고 제3자를 통해서 발행한다. 따라서 발행된 자산유동화증권은 발행기업의 부채로 기록되지 않고 자산유동화증권을 발행한 제3자의 부채로 기록된다.

10.1.3 구조화채권의 특성

대개 구조화채권은 다양한 투자자의 위험-보상조합 요구에 따라 실제 결합비율만 다를 뿐(맞춤형), 기본구조는 무이표채권과 옵션을 결합한다. 따라서, 구조화채권은 전통적인 채권과 파생상품 거래, 즉 두 개의 거래를 결합함으로써 합성적으로(synthetically) 복제될 수 있다. 예컨대, 구조화채권을 발행하는 대신 회사채를 발행하는 동시에 파생상품계약을 체결하면 일반적으로 구조화채권을 발행한 것과 동일한 경제적 효과를 보게 된다. 그 이유는 이 경우, 합성으로 복제된 포트폴리오의 현금흐름 구조가 원래 복제대상인 구조화채권의 현금흐름 구조와 정확하게 일치하기 때문이다.

구조화채권은 또한 기업이 특정위험의 전가를 자본조달 및 위험이전 과정(채권발행을 말함)에 통합시키는 수단으로 활용하는 금융상품이다. 기업이 증권을 발행하면 자금의 유입뿐만 아니라, 아직 헤지되지 않았거나, 보험으로 담보되지 않은 위험을 증권을 매입하는 투자자들에게 전가하게 된다. 그러므로, 특정위험을 전가시키는 장치(옵션)를 채권에 내장시키는 것(구조화채권 발행을 말함)은 곧 자본 및 위험관리의 통합을 의미하는 것이다.

세 번째 특성은 위험분산이다. 우선, 기초자산이 다양한 구조화채권은 한번의 채권매입을 통해 어떤 이유로든 기존 상품들만으로서는 불가능했던 새로운 투자자산에 투자할 수 있게 된다. 뿐만 아니라 차입비율과 참여율의 다양한 조정을 통해 투자자는 투자포트폴리오의 위험을 효과적으로 분산시킬 수 있다.

그러나 구조화채권의 가장 중요한 매력은 비용절감일 것이다. 수익률 제고와 위험관리를 위해 늘 하던 대로 기초 자산과 옵션에 개별적으로 투자하는 것(합성적인 방법에 의한 복제)보다 구조화채권에 투자하면 관련 개별 상품에 대한 전문지식의 필요성도 적고 실제로 기초자산을 보유하지 않아도 되므로 거래비용도 절약할 수 있을 것이다(기관투자자들을 생각해 보라)[109]. 뿐만 아니라, 이자율 스왑이나 기타 장외파생상품 거래에서 있을 수 있는 거래 상대방에 대한 신용위험관리의 필요성 또한 감소된다(구조화채권은 주로 대형 금융/투자기관과 대기업이 발행한다). 따라서, 구조화채권은 맞춤형이라는 측면에서 복잡한 투자전략을 활용하는 기관투자자들에게 유리하다.

10.1.4 구조화채권과 구조화금융상품

앞에서 본 바와 같이 구조화채권과 구조화금융 상품, 특히 자산유동화증권은 다르다. 그렇다면, 구조화채권은 구조화금융 상품이 아닌가? 앞장에서 우리는 구조화금융을 비전통적인 방식에 의한 '맞춤형' 자본조달과정으로서 회사가 보유하고 있는 자산의 전반적인 위험이나 신용상태와 무관한 모든 기업자본 조달과정이라 정의한 바 있다(9.1.1 참조). 따라서, 구조화채권은 구조화금융 상품이긴 하지만 자산유동화증권은 아니다. 자산유동화증권과 달리 구조화채권은 제 3자 발행도 아니고 담보자산이 없는 상환청구권부 부채다. 한편, 구조화채권은 합성적으로 만들어 진 자산유동화증권(ABS), 즉 **합성자산유동화증권(synthetic asset backed securities)**으로는 볼 수 있다. 구조화채권은 자산유동화증권의 담보자산풀을 구성하는 자산인 준거자산에 연계되어있기 때문에 일종의 합성자산투자로 볼 수 있다. 실제 ABS는 아니지만 담보자산가치에 의존한다는 측면에서는 ABS로도 볼 수 있으므로 합성자산유동화증권은 구조화금융상품으로 볼 수 있다. 그렇다면 구조화채권도 구조화금융상품으로 볼 수 있지 않은가. 그러나 SPE의 존재여부로만 따지면 구조화채권은 협의의 구조화금융 상품(= 자산유동화증권)은 아니다.

---

109 반드시 그렇진 않을 수도 있다. 중개수수료가 적지 않고(1.5%~2%) 발행자에게도 0.5 - 1%를 지불해야 한다. 중간에 매도할 경우, 원금보장도 되지 않고 유동성이 낮아 할인판매(1% 정도)가 불가피할 수도 있다.

10.2 금리연계 채권

금리연계 채권(interest rate-indexed debt)은 원금 또는 표면이자가 준거(準據)이자율의 변동에 따라 같이 변하는 구조화채권을 말한다. 구조화채권은 일반채권과 같이 이표 또는 표면이자 –흔히 이자라고 함–를 정기적으로 지불하는데, 이때 표면이자는 기준으로 정한 변동이자율(준거이자율)에 연계되어 있다. 경우에 따라서는 원금까지도 연동하는 수도 있으나, 대개는 표면이자만 **준거이자율**(reference rate)에 연동한다. 이자율연계 채권 가운데 대표적인 것이 **변동금리채권**(floating-rate note: FRN)이다[110].

10.2.1 변동금리채권(FRN)

식 (10.4)는 변동금리채권(FRN 또는 floater)의 표면이자 계산식이다. 즉,

$$C_t = Z \times \max(R_t - K,\ 0) \tag{10.4}$$

여기서 Z는 액면가격(또는 명목원금), K는 상수(%), R_t는 준거이자율이고, 최소 표면이자는 제로가 일반적이다.

FRN은 명목원금(notional principal)이 고정되어 있으며, 통상 6개월마다 지급하는 이자는 LIBOR와 같은 변동이자율이나 이자율지수에 연계되어 있다. 따라서, 채권발행 시점에서는 지급이자를 알 수 없으며, 매 6개월마다 이자 지급일에 사전에 정해진 방식에 의해 이자율이 재확정(또는 재조정)된다. 결제는 "한 기간 후(in arrears)"에 발생한다. 즉, 표면이자 지급일 t에 지급되는 이자는 t-1일 시점의 준거(또는 기준) 이자율에 연계된 이자율이다. 예컨대, 반년마다 이자를 지급하는 FRN이 12월 달에 지급하는 이자는 같은 해 6월 달의 6개월 만기 LIBOR에 연계–통상 LIBOR에 스프레드 가산–된다.

FRN발행자는 FRN매입자로부터 자금을 차입한 것이고 변동이자를 지급해야 하므로, 발행자의 입장에서는 다음과 같은 거래를 통해서 기준이자율에 연계된 FRN의 현금흐름–주기적인 변동이자 지급–과 관련된 이자율 위험을 헤지 할 수 있다. 이는 곧 FRN의 현금흐름이 FRN을 복제하는 헤지포트폴리오의 현금흐름과 정확히 일치해야 함을 의미하고, 이는 다시 FRN이

110 변동이자율채권, 금리연동부사채, 또는 변동금리부채권이라고도 한다. 흔히 영어의 variable rate역시 변동금리로 번역하지만 엄밀한 의미에서는 같지 않다. FRN은 원금이 만기에 상환되지만 variable rate 모기지나 대출에서는 원금의 일부를 매월 지급하는 이자에 포함시킨다.

합성적으로 완벽하게 복제될 수 있음을 의미하는 것이기도 하다. 그러면, 헤지 포트폴리오는 어떻게 구성하는가?

<그림 10.1>은 FRN의 현금흐름을 정확히 복제하는 두 거래를 보이고 있다. 그림에서 아래쪽을 향한 화살표는 현금유출, 그리고 위 쪽을 향한 화살표는 현금유입을 가리킨다. FRN에 대한 헤지포트폴리오는 FRN의 현금흐름과 정반대 방향의 현금흐름을 가져오는 포트폴리오다. 헤지포트폴리오는

- 액면가 Z원 (명목 또는 계약금액을 말함), 표면이자 K × Z원인 T－t기간 고정 (표면)이자지급 채권을 매입한다.
- 고정이자 지급/변동이자 수취 금리스왑 계약을 체결한다[111]. 여기서, 고정이자율은 K이고, 변동이자율 R은 LIBOR에 신용위험 스프레드를 가산한 것이다.

이와 같은 헤지로 인한 매기의 순현금흐름은 정확하게 $R_{t+j} \times Z$원이고, 이는 FRN발행자의 이자지급 의무를 정확히 상쇄시킨다. 즉, 고정이자 지급채권 매입에서 발생하는 고정이자 수입이 이자율스왑의 고정이자 지급을 정확히 상쇄시킴으로써, 변동금리채권 발행으로 인해 매기 지급해야 하는 이자는 이자율스왑의 이자수입으로 충당할 수 있게 된다.

이와 같이, FRN의 발행을 통한 차입과, '고정이자 지급채권 발행과 고정이자수취/변동이자 지급스왑 체결 (헤지포트폴리오를 말함)'에 의한 차입이 경제적으로 동일한 것이라는 사실은 구조화채권의 가치평가와 헤징에 매우 중요한 의미를 갖는다. 먼저, FRN의 가격이 고정이자수취/변동이자지급 금리스왑과 고정이자지급 채권으로 이루어진 포트폴리오의 가치와 정확하게 일치하지 않으면 차익거래 기회가 발생한다. 즉, 변동금리로 차입하는 경우, FRN을 발행하는 것보다 고정이자율 채권을 발행하고 고정이자수취/변동이자지급 스왑계약을 체결하는 편이 더 유리할 수도 있다는 말이다.

둘째, 일반적으로 스왑, 또는 기타 파생상품 이용이 가능한 경우, 채권 발행자는 특정 투자자가 대체로 선호하는 유형의 채권을 발행한 다음, 스왑계약을 이용하면 동일한 목적을 달성할 수 있다. 예컨대, 고정이자 채권을 발행하는 대신 FRN을 발행하고 고정이자지급/변동이자수취 스왑계약을 체결하면 "합성적" 인 방법이긴 하지만 고정이자율로 차입하는 것과 같은 결과를 얻게 된다.

한편, FRN은 액면가격이 FRN의 원금과 다음 기 표면이자의 합인 할인채 (무이표채)로 볼

---

111 이자율스왑은 고정이자를 지급하고 변동이자를 수취하는 것을 말한다. 그러므로 이자율스왑 매입자는 고정이자를 지급하고 변동이자를 수취한다. 반대로, 스왑 매도자는 고정이자를 수취하고 변동이자를 지급한다.

수도 있다. 예컨대, 액면가격이 100원인 FRN은 액면가격이 100원 플러스 다음 기의 이표인 무이표채권과 그 가치가 같다. 왜 그런가? 만기가 2년이고 반년마다 이표를 지불하는 FRN의 경우, 만기 6개월 전인 1.5년이 지난 시점에서 이표를 지급받은 직후 할증/할인이 없는 FRN의 가격은 2년 후(만기)에 받을 원금(100원이라 하자)과 이표의 현재가치(1.5년 후 현재)일 것이다. 2년 후에 받는 6개월 이표율을 c_2, 1.5년 후 시점의 이자율을 $r_{1.5}$라 하면 FRN현금흐름의 1.5년 후 시점의 현재가치는 $100(1 + c_2)/(1 + r_{1.5})$인데, 이표율이 바로 전기($t = 1.5$)의 이자율, $r_{1.5}$와 같으므로 그 값이 100원(원금)이 된다. 1년 후 시점의 FRN의 현재가치는 어떤가? $100(1 + c_{1.5} + c_2)/(1 + r_1)$인데 r_1은 알고 있으므로 $c_{1.5}(= r_1)$는 문제없지만 $r_{1.5}$는 1년 후 시점에서 알 수 없으므로 $c_2(= r_{1.5})$ 역시 알 수 없다. 그러므로 1년 후 시점의 FRN가치도 알 수 없다.

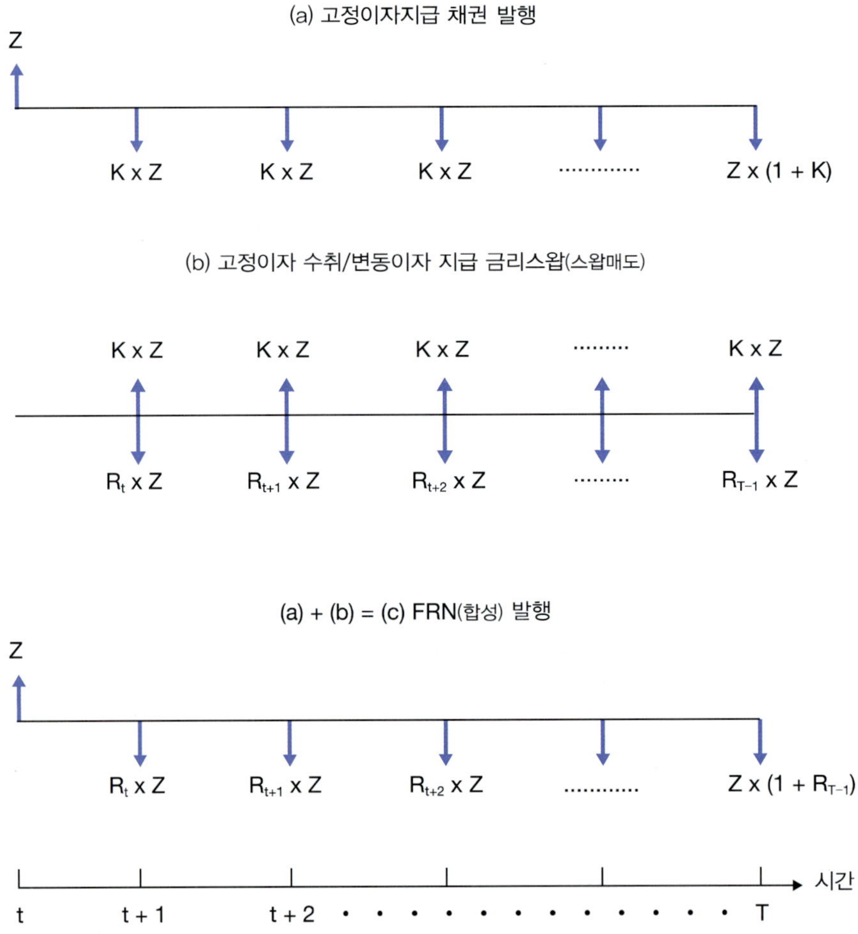

〈그림 10.1〉 변동금리채권(FRN)

그런데 $r_{1.5}$를 꼭 알아야 할 필요가 있을까? 1년 후 시점에서 c_2를 포함한 1.5년 후 시점의 FRN가격은 100원임을 이미 안다. 따라서, 1.5년 후 시점에 받게 될 이표, $c_{1.5}$만 알면 되는데 $c_{1.5} = r_1$이고 r_1은 1년 후 시점에서 이미 알고 있다. 따라서 1년 후 FRN의 가격은 $100(1 + c_{1.5})/(1 + r_1) = 100$원이다. 같은 논리로 현재 (t = 0) 시점의 FRN가치는 액면가격이 FRN의 원금 (100원)과 다음 기(t = 0.5년) 표면이자의 합인 할인채 (무이표채) 가치로 볼 수 있다.

10.2.2 역변동금리부채권 (inverse FRN)

역변동금리부채권 (inverse floating rate note: inverse FRN)은 FRN과 마찬가지로 표면이자가 이자율에 연동되어 변하는 채권이다. FRN이 이자율과 같은 방향으로 변하는데 반해 역FRN은 반대 방향으로 변하는 것이 다를 뿐이다. 즉, 매기 표면이자는 일정 상수에서 준거이자율, 또는 준거이자율의 일정 배수(倍數)를 차감해서 계산한다. 이자율과 채권가격은 반대 방향으로 움직이므로 향후 이자율이 하락할(채권가격의 상승) 것으로 예상하는 투자자는 역FRN을 매입할 것이다. 역FRN을 **강세변동금리부채권 (bull floater)**이라고 부르기도 하는 이유다.

식 (10.5)는 inverse floater의 표면이자 계산식이다. 즉, 매기의 표면이자

$$C_t = Z \times \max(K - R_t,\ 0) \qquad (10.5)$$

여기서 Z는 액면가격 (또는 명목원금), K는 상수(%), R_t는 준거이자율이고, 최소표면이자는 제로가 일반적이다.

<그림 10.2>에서 보는 바와 같이, 역FRN도 발행자의 입장에서 현금흐름을 복제하는 포트폴리오를 구성할 수 있다. 즉, Inverse FRN은 변동금리채권에 이자율스왑과 캡이라는 파생상품이 결합된 구조로 볼 수 있다. 예컨대, 발행자는 액면가 Z원인 FRN을 발행하고 준거이자율이 R_t, 만기가 T, 고정이자(0.5K)지급/변동이자수취 이자율 스왑을 2 계약 스왑딜러와 체결한다. 따라서, 매기 FRN에 대해 R_t를 지급하고 이자율스왑에서는 $2R_t$를 받는 대신 K를 지급한다. 그러므로, 포트폴리오 전체의 순현금흐름은 $R_t - K$다. 동시에 표면이자가 마이너스가 되면 안되므로 역FRN발행자 입장에서는 최고변동이자율이 행사이자율 K와 같은 외가격 이자율 캡 (cap)을 발행한다[112].

112 이자율캡 매입자의 수익은 Max(0, R-K)이다. 여기서 R은 준거이자율, K는 정해진 행사가격, 즉 최고이자율이다. 캡매입자는 기준이자율이 최고이자율을 상회하면 그 만큼 보상을 받으므로 이자율 상승위험으로부터 보호된다.

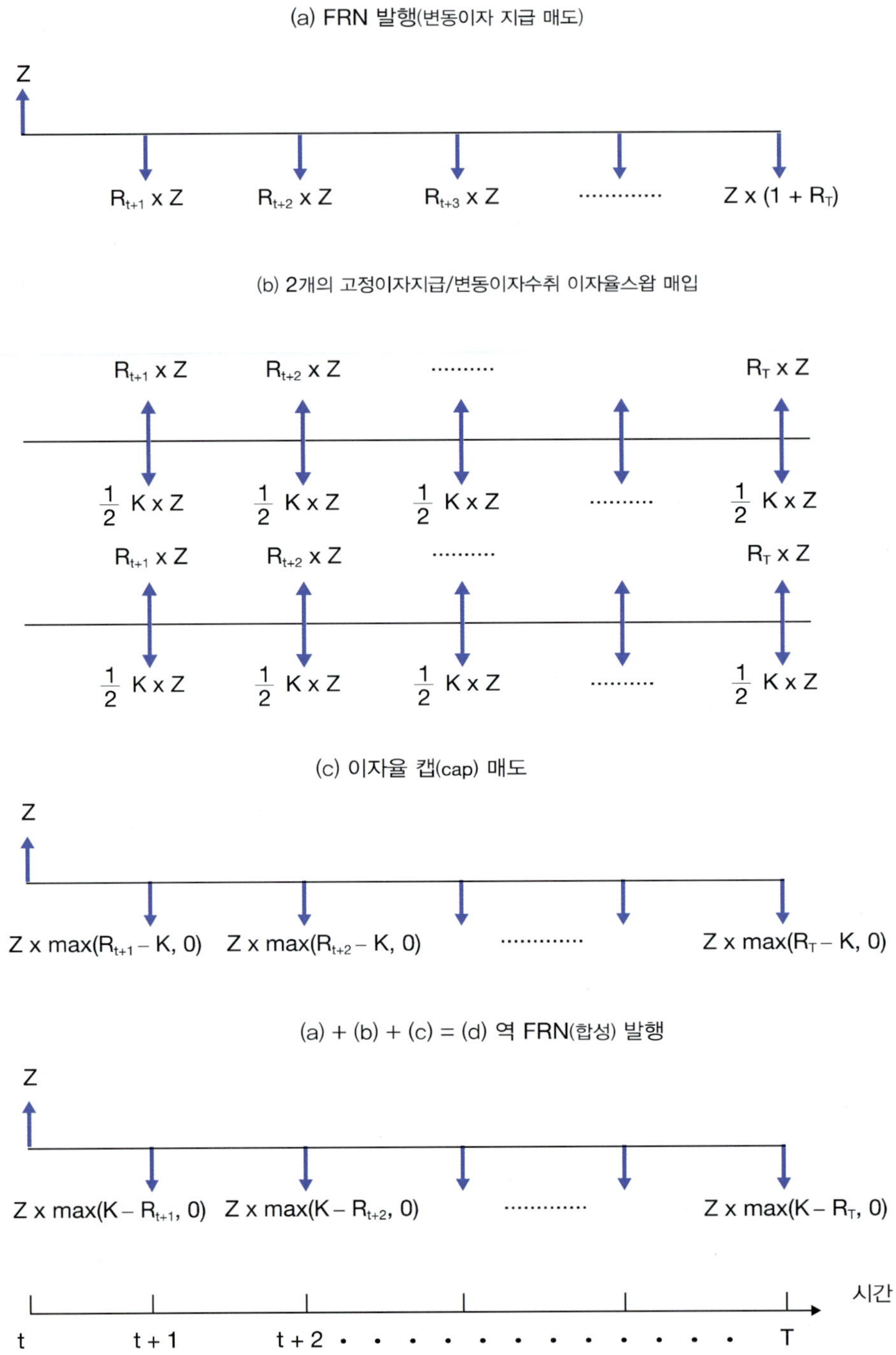

〈그림 10.2〉 역변동금리부채권(역 FRN)

10.2.3 기타 금리연계 채권

FRN은 이색옵션의 종류만큼이나 다양하다. 예컨대, FRN에 대한 이표는 기준이자율의 배수일 수도 있고, 상한, 또는 상/하한이 공존할 수도 있다. 그 중 몇 개만 보면:

차입변동금리채권(leveraged FRN): 차입변동금리채는 이표가 기초자산 값(이자율, 지수 등)의 1보다 큰 배수(multiple)로 변하는 FRN을 말한다. 투자자로서는 단순히 시장지수의 배수가 1보다 큰 FRN을 매입하는 것이다.

역차입변동금리채권(deleveraged FRN): 역차입변동금리채는 이표가 기초자산 값(이자율, 지수 등)의 1보다 작은 배수(multiple)로 변하는 FRN을 말한다. 투자자로서는 단순히 시장지수의 배수가 1보다 작은 FRN을 매입하는 것이다.

금리상한부변동금리채권(Capped FRN): Capped FRN은 기초자산의 값(이자율, 지수 등)에 따라 변하는 이표에 상한이 존재하는 FRN을 말한다. 투자자로서는 FRN을 매입하고 이자율에 대한 캡옵션을 매도한 것과 같다.

금리상/하한부변동금리채권(Collared FRN): Collared FRN은 이표에 상한과 하한이 동시에 존재하는 FRN을 말한다. 이자율이 상 또는 하한선에 달하면 고정금리채권이 되고 그 중간에서는 통상적인 FRN이 되는 채권이다. 투자자로서는 FRN매입 + 기초자산(금리)에 대한 상한부옵션 매도 + 하한부옵션 매입과 같다.

이중지표변동금리채권(Dual Index FRN): 이자가 '장기금리 – 단기금리' 등 2개의 시장지표의 스프레드에 연동되어 있는 채권이다. 투자자로서는 고정이자지급채권을 매입하고 두 지수에 대한 스왑계약을 체결하는 것과 같다.

Range채권(Range note): 이표금리 재확정 시 시장지수(예: 이자율)가 정해진 구간에 있으면 높은 이표금리, 그 밖의 구간에 존재하면 낮은 표면금리를 받는 구조다. 투자자로서는 고정이자지급채권을 매입하고 구간의 상한과 하한을 행사가격으로 하는 이항상한부옵션과 이항하한부옵션을 매도한 것과 같다.

10.3 통화연계 채권

통화연계 채권(currency-linked debt)은 채권의 가치가 통화(또는 통화 바스켓)의 상대가격, 즉 환율과 연동된 구조화(혼합)채권이다. 그 중 가장 전형적인 것들로는 이중통화채권, 기초환율연계증권(principal exchange rate linked securities: PERLS), 역기초환율연계증권(reverse PERLS) 등이 있다.

10.3.1 이중통화채권

이중통화채권(Dual Currency Bond)은 이자지급과 원금상환에 사용하는 통화가 다르다. 표면이자 지급에 사용되는 통화는 통상 투자자 측의 통화이고 원금은 발행자 측의 통화로 지불된다. 예컨대, 삼성전자가 미국 시장에서 이중통화채권을 발행한다고 하자. 채권의 액면가격은 Y원이고 표면이자는 R달러, 미국 시장에서의 청약가격은 F달러라 하자. <그림 10.3>에서 보는 바와 같이, 미국 투자자의 입장에서 이 이중통화채권은 액면 가격이 F달러인 달러화 표시 고정이자지급 채권을 매입하고 Y원을 F달러에 사는 선도계약을 매입한 포트폴리오로 볼 수 있다 (이자 무시).

역이중통화채권(Reverse Dual-Currency Bond)은 원금은 투자자 측의 통화로 지급하고, 이자는 타국통화로 지급하는 형태이다. 위의 예에서 미국 투자자가 원금은 달러로 지급받고 이표는 원화로 지급받는 경우이다. 이때 미국 투자자는 원금에 대한 환 위험은 없지만 지급받은 이표는 환 위험에 노출되게 된다. 따라서 원화가치가 하락하면 미국 투자자는 손해를 보게 된다.

10.3.2 기초환율연계증권(PERLS)과 역PERLS(reverse PERLS)

기초환율연계증권(PERLS)은 이중통화채권과 유사하지만, 차이점은 표면이자 지급과 원금상환이 모두 단일 통화로 이루어 진다는 것이다. 그러나, 만기의 채권원금 상환액은 외국통화가치에 연동된다. 만약 외국 통화의 가치가 채권의 원리금 상환에 적용되는 통화에 비해 상대적으로 상승하면, 투자자가 수취하는 원금상환액은 액면가보다 크게 된다. 그러므로, PERLS는 고정이자지급 채권과 준거통화에 대한 선도계약 매입을 합한 것과 같다. 역PERLS (reverse PERLS)는 원금상환액이 외국 통화가치 상승에 따라 감소하는 구조화채권이다.

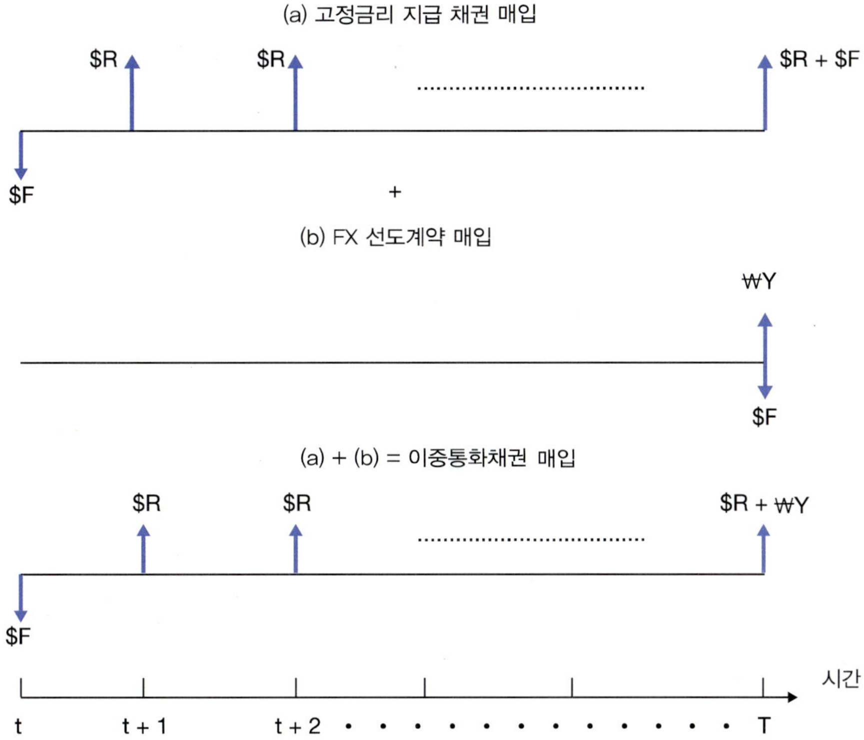

〈그림 10.3〉 이중통화채권 (Dual Currency Bond)

10.4 상품연계 채권

상품연계 채권 (commodity linked debt)은 채권과 상품파생상품 (commodity derivatives)을 결합한 구조화채권이다. 이들 채권은 일종의 "재무상태표 헤지 (statement of financial position hedge)"의 수단인 것이 일반적이다. 즉, 이들 상품에 내장된 상품가격 위험은 회사가 보유하고 있는 자산의 가격변동 (위험)에 의해 상쇄된다 (Culp, 2006).

이와 같은 재무상태표 헤지는 신용위험이나 담채능력 문제가 심각한 기업에 특히 도움이 된다. 이 경우, 투자자들은 기업 발행 채권의 원리금상환 능력에 대해 우려하게 될 것이다. 만약, 회사가 표면이자 지급을 상품가격에 연동시킨 채권을 발행하면, 채권 발행자의 원리금상환 부담이 기업의 현금흐름과 같은 방향으로 움직이기 때문에 이런 걱정을 다소 완화시킬 수 있다.

예컨대, Pegasus Gold Corporation은 1986년도에 채권과 분리 가능한 금워런트 (gold warrant)가 포함되어 있는 채권을 발행했다 (Culp, 2006). <그림 10.4>에서 보는 바와 같이 이 채권은 고정금리지급 채권으로서 금워런트는 채권의 만기에 연동되었다. 즉, 워런트를 기본적으로 원금상환을 채권발행 시의 금가격, S(0)에 대한 채권 만기 시의 금가격, S(N) 비율에 연동시켰다. 워런트는 등가격이었지만 반드시 그럴 필요는 없다. 워런트 발행으로 인한 수수료 수입은 채권의 고정이자율을 훨씬 낮출 수 있었다. 만약, 금가격이 상승하면 Pegasus의 이익도 증가할 것이다. 투자자들은 워런트를 행사해서 실질적인 원금상환액도 증가할 것이다.

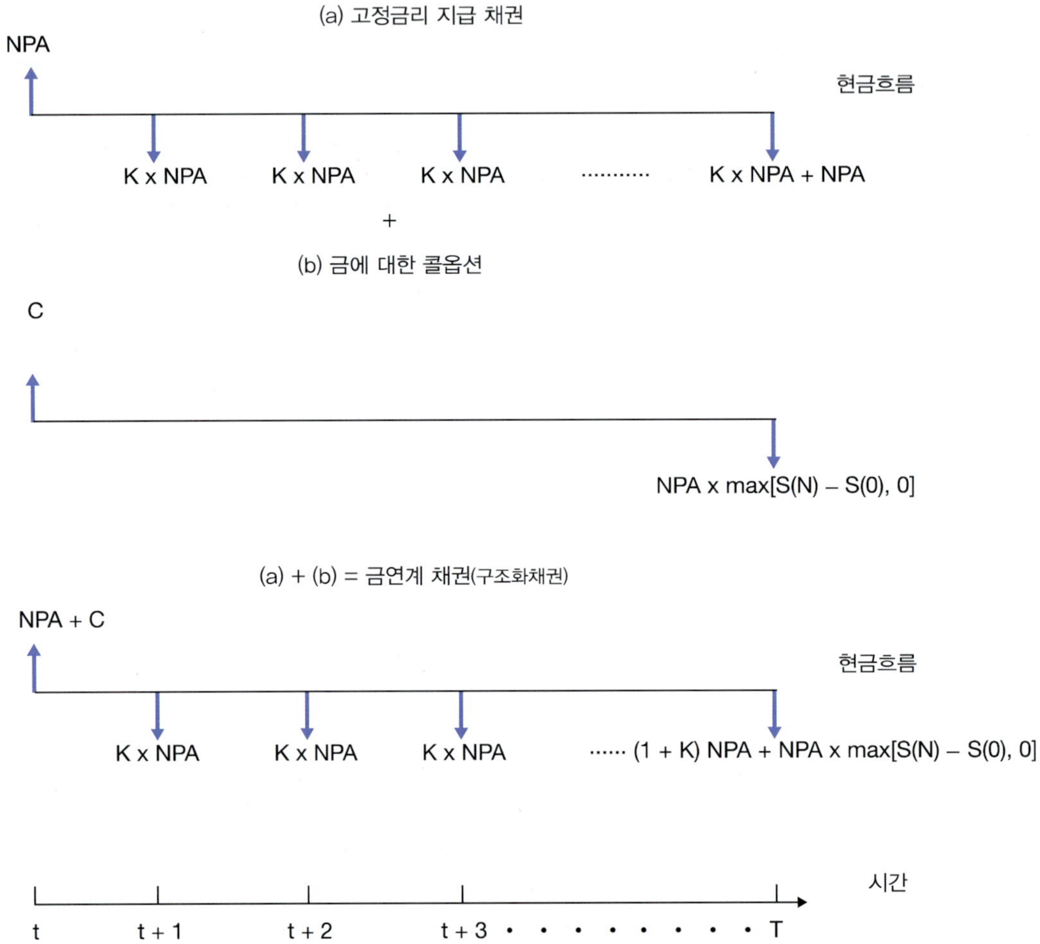

〈그림 10.4〉 상품연계 채권: Pegasus **금채권**

10.5 주가연계 증권

주가연계 증권(equity-linked securities: ELS)은 기업이 발행하는 회사채나 주식 등, 전통적인 금융자본에 주식의 가격, 지수, 또는 바스켓을 기초자산으로 하는 파생상품을 내장시킨 금융상품으로서, 내장시키는 방법은 주식을 기초상품으로 하는 파생상품의 종류만큼이나 그 형태가 다양하다.

10.5.1 교환사채

가장 단순한 형태의 주식연동 증권상품은 아마도 **교환사채**(exchangeable debt)일 것이다. 교환사채는 한 가지 점만 다를 뿐, 전환사채(convertible bond)와 동일하다. 교환사채는 전환사채와 달리, 사채 발행회사의 주식이 아닌 다른 회사의 주식으로 교환된다. 전환사채가 합성이라는 측면에서 순수한 채권에 파생상품인 워런트를 결합한 것과 같다면, 교환사채는 순수 회사채에 파생상품인 타회사 주식에 대한 미국형 콜옵션을 결합한 것과 같다.

교환사채는 역선택 문제가 심각한 기업에게 특히 유리할 수 있다. 가령, 투자자들이 채권발행기업이 동종산업의 다른 기업들에 비해 낭비성 투자가 많고 경영이 비효율적이라는 의구심을 가지고 있을 때, 발행 기업이 아닌 다른 기업의 주식으로 전환할 수 있는 권리, 즉 전환권이 첨가된 채권을 발행하면, 투자자들의 걱정을 상당부분 해소시킬 수 있을 것이다. 그러나, 불리한 점은 교환사채 발행에 필요한 타기업 발행 주식을 기초자산으로 하는 옵션의 매입을 위해 비용을 지불해야 하고, 경우에 따라서는 경쟁자에게 지분을 빼앗길지도 모른다는 점이다.

10.5.2 주가연동 CD

주가연동 CD(equity-linked CD)는 만기에 투자자에게 표면이자는 지급하지 않지만 지분에 대한 참여권을 준다는 점에서 통상 다음에 보게 되는 SIGN과 그 구조가 유사하다. 즉, 주가연동 CD는 주가지수 옵션에 대한 프리미엄을 지급하기 위해 표면이자를 포기한다. 지분참여율이 표면이자를 지급하는 주가연계 채권에 비해 상대적으로 높은 것은 사실이지만 그래도 대부분 주가지수 참여율이 100%까지는 되지 않는다. 예컨대, Citibank의 주가지수담보계정(Stock Index Insured Account)은 CD의 만기가 5년이고 통상적인 이자를 지급하지 않는다. CD는 만기에 S&P500 지수가 CD구입 시에 비해 하락했으면 원금을 상환하지만, 상승했으면 원금과 평균상승율의 2배를 합한 금액을 지급한다. 그러므로 Citibank CD의 현금흐름은 순수할인채

(FDIC보험 가산한)와 2개의 S&P500 지수에 대한 평균등가격옵션을 결합한 것과 같다.

10.5.3 지분강세증권

콜옵션을 첨가시키는 방법으로 표면이자나 원금을 특정 주식의 지수나 가격에 연동시키는 **중기채권**(medium-term notes: MTNs)은 그 수도 많고 이름 또한 다양하다. 우리는 이런 유형의 구조화채권을 한데 묶어 **지분강세증권**(equity bull notes)이라 부르기로 한다.

가장 단순한 형태인 **무보장강세증권**(plain vanilla unprotected bull note)의 만기 시 투자수익은 $FV(1 + \alpha R_{t,T}) = FV[1 + \alpha\{(V_T - V_t)/V_t\}]$이다. 여기서, FV = 증권의 액면가격, α = 배분율(또는 참여율), $R_{t,T}$ = 지수에 대한 수익률(% 증가), V_t = 증권 발행시점 t에서의 지수, V_T = 증권 만기시점 T에서의 지수다.

상수 α는 배분율 또는 참여율로서 주가나 지수변동에 대한 투자자 몫을 말해준다. 가령, α가 1이면 준거(또는 기준)주식의 가격변동에 따르는 수익률과 위험이 100 퍼센트 투자자 몫이고, α가 0.8이면 80%가 투자자 몫이다. 그러므로, 무보장강세증권은 경제적으로 무이표채권에 α×주식선도계약을 합한 것과 같다.

강세증권은 또 참여율은 그대로 두고, 투자자들의 출발 시 수익(내가격, 혹은 외가격), 즉 베이스(base)만 지정해 주는 경우도 있다. 이 베이스를 b라 하면, 만기의 수익은 $FV[1 + \alpha\{(V_T - bV_t)/V_t\}]$이고, 베이스가 낮은, 즉 1보다 작은 강세증권의 경우, 투자자는 내가격(in-the-money)에서 시작할 수 있다. 이제 투자자들은 지수가 변하지 않더라도 $\alpha FV(1-b)$를 받을 수 있게 되지만, 보통은 배분율을 낮춤으로써, 그 대가를 지불해야 한다.

10.5.4 보장강세증권

무보장강세증권은 투자원금에 대한 위험이 있다. 따라서, 이들 상품에 투자할 수 있는 투자자들의 범위가 크게 제한될 수 밖에 없었다. 이를 개선하고자 한 상품이 바로 최저수익을 보장해 주는 **보장강세증권**(protected bull notes)이다.

최저수익 X가 보장된 강세증권의 수익은 $FV(1 + \alpha R_{t,T}) = FV[1 + \max\{F, \alpha\{(V_T - V_t)/V_t\}\}]$이다. 이 증권은 경제적으로 무이표할인채와 선도계약 대신 무이표할인채와 콜옵션매입을 결합한 것과 같다.

구체적인 예는 Goldman Sachs가 개발하고 1991년 오스트리아 정부가 처음 발행한 **주가지수성장증권**(Stock Index Growth Notes: SIGNs)이다. SIGN은 5년 만기 MTN으로, 이표는 지급되지 않고 만기에 지급되는 이자가 S&P500 지수에 연계된 증권이다. 즉, 만기에 S&P500 지수가 증권구입시에 비해 하락했으면 액면 가격을, 만기까지 상승했으면 S&P500 지수 상승률에 증권의 액면가격을 곱한 금액을 지불한다. 그러므로, 투자자 입장에서 SIGN은 무이표할인채에 배분율 α가 1인, S&P 500지수에 대한 등가격 콜옵션매입을 내장시킨 것과 같다.

주식연계 증권이 표면이자를 지급하는 경우도 있다. 예컨대, 1986년 샐로먼브라더즈(Salomon Brothers)가 발행한 **SPIN (Standard and Poor's 500 Indexed Subordinated Note)**을 보자. 이 증권은 만기가 4년, 액면가격이 1억 달러, 반기 표면이자가 2%인데, 만기에 투자자는 원금과 마지막 표면이자 이외에 증권발행 시 S&P 500지수의 108.5%를 초과하는 부분에 대해 92.2%를 추가로 받는다.

SPIN은 SIGN과 세 가지 면에서 차이가 있다. SIGN과 달리 SPIN은 표면이자를 지급한다. SIGN은 S&P 500지수 증가분에 대해 투자자의 참여율이 100%지만 SPIN은 92.2%다. SPIN은 S&P 500지수가 8.5%이상 상승해야 투자자가 참여할 수 있지만 SIGN은 상승하기만 하면 참여한다. 콜옵션 측면에서 보면 SIGN은 무이표채권에 등가격 콜옵션을 결합한 것이지만 SPIN은 이자지급채권에 외가격 콜옵션의 일정 비율을 결합한 것과 같다[113].

10.6 혼합증권과 전환증권

혼합증권이나 전환증권은 회사의 자본구조를 구성하는 유가증권들의 결합(혼합증권)이거나, 경우에 따라서는 같은 회사가 발행한 증권을 기초자산으로 하는 파생상품과 나머지 증권들과의 결합(예: 전환증권)이다. 어떤 경우든 결합하는 증권과 파생상품이 동일한 회사에 대한 것이 일반적이다. 요컨대, 혼합증권은 전통적인 회사채나 주식 이외의 모든 증권을 말한다고도 볼 수 있다.

구체적으로, **혼합증권(hybrid securities)**은 기업의 자본구조를 구성하는 여러 증권들 가운데 일부를 통합하거나 또는 한데 묶어서, 하나의 금융자본 상품으로 만든 것을 말한다. **전환증권(convertible securities)**은 혼합증권 가운데서 우선주나 보통주로 전환시킬 수 있는 것들을 말한다.

혼합증권은 통상 두 가지 유형이 있다. 하나는 **선도계약내장형(forward-based hybrids)**이고, 다른 하나는 **옵션내장형(option-based hybrids)**이다. 전자는 현금흐름이 일반 증권(채권이나 주식)과 선도나 스왑계약과 같은 선도계약형 파생상품으로 분해될 수 있는 증권을 말하고, 후자는 일반 증권과 옵션형 파생상품으로 분해될 수 있는 증권을 말한다.

---

113 SIGN과 유사한 상품들의 경우 참여율이 100%보다 낮을 수도 있고, 콜옵션 역시 반드시 등가격일 필요가 없다.

혼합증권과 전환증권의 발행에는 그렇게 복잡한 전담기구나 조직이 필요치 않다. 그저, 금융공학전문가와 변호사가 증권의 지급액, 지급시기와 지급방법, 우선순위 구조, 그리고 기타 특수한 사항과 제약조건 등에 대해 합의하면 된다.

10.6.1 메자닌 금융

메자닌 금융(mezzanine finance)은 후순위 부채의 일종으로, 흔히 기업의 **경영자매입**(management buy-outs)이나 **인수**(acquisitions), 또는 프로젝트 금융에서 활용된다. 메자닌 부채는 또한 가격이나 수익률 등, 경제적 특성이 선순위 부채보다는 자기자본에 더 가까운 후후순위(junior subordinated) 부채이기도 하다.

메자닌 금융은 1970년대와 80년대에 크게 유행한 것으로서, 주로 창업초기 성장기업의 **종자자본**(seed capital) 용도로 많이 활용되었다. 특히, 자본구조의 자기자본비율이 너무 낮아, 은행과 같이 상대적으로 보수적인 선순위 채권자들을 유치하기 어려운 경우에 메자닌 부채를 발행하는 것이 도움이 된다. 은행이나 보험회사들은 전통적으로 신용평가 시 메자닌 금융을 혼합증권이나 자기자본과 유사한 금융청구권으로 간주해 왔다. 거기에는 그럴만한 이유가 있다. 우선, 메자닌 금융의 이자율은 통상 선순위부채 보다는 자기자본 수익률에 가깝다. 둘째, 메자닌 채권은 종종 분리가 가능한 워런트와 병행해서 발행된다. 마지막으로, 메자닌 금융은 경우에 따라, 채권이 아닌 우선주의 형태로 발행된다. 이런 이유들로 메자닌 채권을 흔히 혼합증권이라 부르는 것이다.

10.6.2 신탁우선증권

신탁우선증권(redeemable Trust-Preferred Security: TruPS)은 미국의 연준(Federal Reserve)이 처음으로 은행지주회사(bank holding company: BHC)가 보유해야 하는 **1종자본**(Tier I Capital)의 일부로 인정한 1966년에 크게 유행하게 된 혼합증권의 하나다.

<그림 10.5>에서 보는 TruPS는 회사채와 주식, 두 유가증권의 장점만 취합한 것으로, TruPS 발행은 별개인 두 단계로 이루어진다. 먼저, 은행지주회사(BHC)의 100퍼센트 자회사인 **특수목적신탁회사**(special purpose trust)를 설립한다. 이 회사가 TruPS를 투자자들에게 발행·판매한다. 다음, 특수목적신탁은 TruPS판매수입으로 BHC로부터 후순위 채권(subordinated debenture)을 구입한다. 후순위채의 조건은 TruPS와 동일하며, TruPS는 후순위채에 대한 원리금 지급이 끝나면 강제로 상환된다.

TruPs의 유리한 점은 무엇인가? TruPs 발행구조에서 후순위채 발행자(BHC)는 신탁에 지불하는 이자에 대한 세금공제 혜택을 받는다. 또, 후순위채 발행자는 신탁과 연결재무상태표를 만들어, 부채(후순위채권)를 회사간 대출로, TruPs발행은 **자회사출자(minority interest)**로 처리할 수 있다. 따라서, 후순위채 발행자는 우선주에 대해서 세금계산에서는 부채로 처리하게 되고, 신용평가 회사들은 등급평가 시 일정 부분 증자와 같이 취급해 준다. 특히, TruPS는 이를 절세효과가 가장 큰 1종자본 증가 수단으로 본 은행들 간에 크게 유행하게 되었다. 자본 확충을 하려고 하는 금융기관으로서는 예컨대 세법상 우선주 증자는 세후소득으로 발행 시 약속한 배당금을 지급해야 하는 반면, TruPS의 경우 채권으로 간주, 이자 상환 비용이 세금 공제되는 이점이 있었다.

그러나 최근 회계규칙의 변화로 TruPS에 관한 사정도 크게 변화되었다. FIN46R에서는 더 이상 후순위채 발행자와 TruPS발행자인 신탁이 연결재무상태표를 작성할 수 없게 되었다. 그 결과, 허다한 금융기관들이 신탁들을 분리해야 했으며, 후순위채는 자회사인 신탁의 재무상태표상에 부채로 기록되게 되었다.

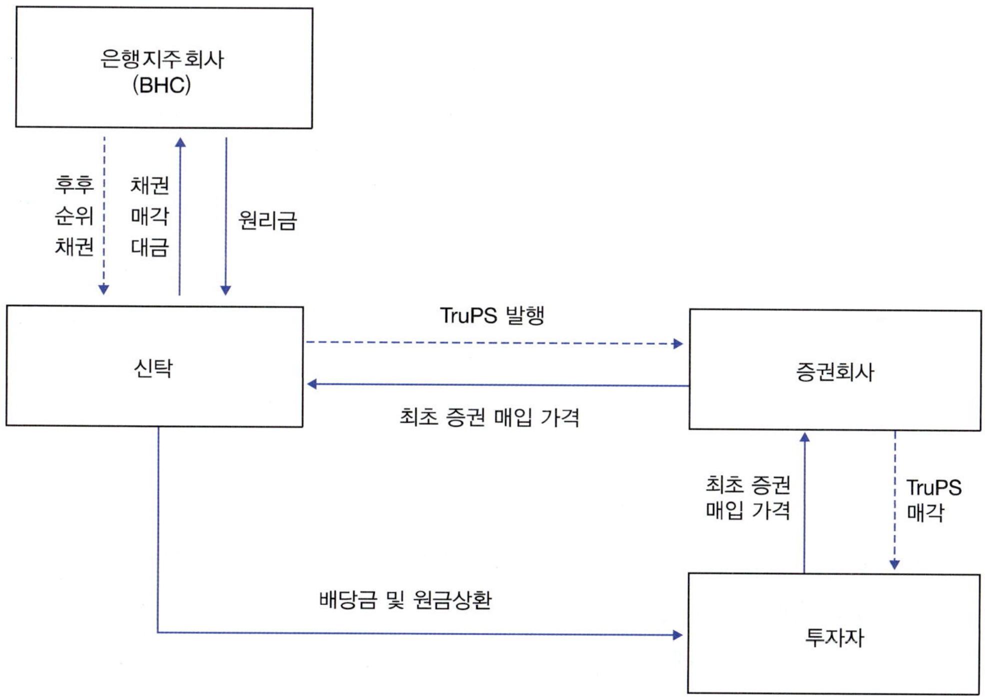

〈그림 10.5〉 신탁우선증권(TruPS)

그럼에도 불구하고, 연준은 TruPS가 Tier I 자본에서 전적으로 배제되어서는 안 된다고 보았다. 따라서, 2005년 3월 1일, TruPS의 자본처리에 대한 최종 결정에서는 은행지주회사가 TruPS를 Tier I자본 총액의 25%에 해당하는 제한자본(restricted capital)의 일부로 간주하는 것을 허용하고 있다. 여기서 CDO가 이를 매입해주지 않으면 TruPS 발행이 힘들기 대문에 발행자는 통상 순수히 TruPS 발행만을 목적으로 CDO를 조성하는데, 이런 관행이 2007-2008년 신용위기 때 투자은행을 비롯한 금융기관들에게 문제가 되었다.

10.6.3 전환증권

전환증권 혹은 전환사채는 1885년 미국 철도산업의 부호 J.J. Hill이 처음 발행했다. 당시 그는 철도사업의 위험을 지분투자자들이 계속해서 과대평가하고 있다고 생각했다. 그리고 필요한 장기투자자금의 조달과 동시에 투자자들의 비대칭적 정보로 인한 역선택 비용을 감소시키는 방안으로(이론과 실제의 아름다운 결합!!) 힐은 전환사채를 선택했던 것이다.

전환사채(convertible bond)는 채권투자자들이 보유채권을 채권발행회사의 주식으로 전환시킬 수 있는 권리가 첨가된 채권이다. 이들 채권의 만기는 통상 7년에서 최장 10년까지이며, 발행자에 의한 **강제상환**(forced redemption) 가능성을 제약하는 **콜보호조항**(call protection)을 포함하고 있다. 강제상환을 완전히 금지시키는 콜보호를 **완전보호**(hard protection), 채권가격이 일정수준 변한 이후에만 강제상환을 허용하는 보호를 **부분보호**(soft protection)라고 한다. **전환권**(conversion privilege)은 전환가격(conversion price), 또는 비율을 말하는 것으로서, 예컨대, 액면가 1,000원인 회사채 하나에 대한 주식수를 말한다. 주식으로 전화시키기 전에 투자자들이 받는 표면이자율 또는 이표율은 일반적으로 전환권이 없는 회사채보다 300-400 bps 작고, 보통주 배당수익률 보다는 400-600 bps 크다.

합성이라는 측면에서 보면, 전환사채는 회사채에 워런트를 결합한 것과 같은 것으로서, 비교적 역사가 오래된 구조화채권의 하나다. 특히, 전환사채는 회사의 위험과 신용도에 대해 내부경영자와 외부투자자들의 평가가 다를 때, 그로 인한 역선택문제의 해결에 유용하다. 그리고, 전환사채의 가격은 발행자에 대한 위험 추정치의 변화에 비교적 민감하지 않다(Brennan and Schwartz, 1988). 왜냐 하면, 전환사채의 두 요소, 즉 채권과 주식에 대한 콜옵션의 가치는 위험이 증가하는 경우, 정반대 방향으로 영향을 받기 때문이다. 일례로, 투자자들이 회사의 현금흐름의 변동성이 증가할 것으로 예상하면 채권가치는 하락하겠지만, 콜옵션의 가치는 상승할 것이다.

이런 이유로 이익의 변동성이 큰 소규모, 고성장 기업들은 전환사채를 많이 사용하게 된다.

이들에 대한 전통적인 부채에 대한 이자율은 매우 높을 수 밖에 없으므로, 전환사채의 낮은 이자율이 재무적 곤경으로 인한 비용의 경감에 효과적일 것이다. 뿐만 아니라, 내부 경영자들은 채권자의 이익을 주주의 이익으로 전환시키는 이른바 **자산대체**(asset substitution) 또는 위험이전의 문제를 발생시킬 수 있다. 가령, 위험성이 큰 사업에 투자를 하거나, 또는 수익성 있는 자산을 분리, 매각할 수도 있다. 내부 경영자들은 또 신규부채를 대량 발행함으로써, 청구권의 가치를 희석시킬 수도 있다. 이 모든 경우에 기존의 채권가치는 하락될 것이다. 물론, 채권에 여러 가지 제약조건들을 명시함으로써, 이런 가능성들을 어느 정도 방지할 수는 있다. 그러나 완벽하게 방지할 수 없는 경우, 채권투자자들은 채권의 매입가격을 할인하려 할 것이다. 이로 인한 비용과, 기타 계약서를 작성하고 감시, 집행하는 일체의 비용이 곧 부채의 대리인비용이다.

일반적으로, 전환사채와 같은 구조화채권은 채권자와 주주의 이익을 대변하는 경영자－특히 소유경영자(owner-manager)의 경우－사이의 이해상충을 완화시킴으로써 대리인비용을 경감시켜 준다. 가령, 채권을 발행 회사에게 다시 인수시킬 수 있다면, 자산대체와 과소투자 가능성도 상당히 감소될 것이다. 채권자가 주주가 될 수 있다면, 그래서 이익을 공유하게 된다면, "채권자의 희생을 통한 주주의 이익"이 갖는 의미가 크게 감소할 것이기 때문이다. 물론, 기업은 구조화채권을 발행하지 않고, 일반 채권을 발행하고 파생상품을 이용해서 같은 목적을 달성할 수도 있다. 그러나, 그 경우, 채권자는 차입자의 헤징활동을 감시·감독하는 비용을 훨씬 더 많이 지불해야 한다. 이에 비해, 구조화채권은 처음부터 차입자가 차입의 한 조건으로서 헤징할 것을 사전에 약속하게 함으로써, 채권자의 감시·감독비용을 감소시킨다.

LYON : 1985년 Merrill Lynch에 의해 개발된 **Liquid Yield Option Note** (LYONs)는 앞서 말한 정보의 비대칭 현상으로 인해 발생하는 대리인비용을 감소시키는 목적으로 개발된 구조화 상품으로, 특히 전환증권 가운데 가장 대표적인 형태로서, 전형적인 전환사채에다 두 가지 중요한 특징을 더한 것이다. LYON은 할인이 큰, 장기(15 내지 20년) 무이표할인채로서, 행사가격이 최초 발행가격에 발생이자를 합친 금액인 풋옵션을 추가한 것이다. LYON은 흔히, 발행가격이 액면가의 20-40%이고, 평균 수익률(YTM)이 4-7%에 이르며, 최초 5년간은 조기상환 콜이 금지된다. 따라서, LYON은 투자자들에게 풋 행사일까지의 수익률을 최저수익률로 보장하는 셈이다.

LYON은 특히 내부 경영자에 의한 자산대체 문제를 해결하는데 효과적이다. 즉, LYON매입자들은 내부경영자가 회사의 위험을 증가시킬 경우, 이중으로 보호된다. 상황이 불리하면, 채권을 발행자에게 돌려주면 되고, 상황이 유리하면 채권을 주식으로 전환시키면 된다. 그러므로, 위험도가 높은 사업이거나, 투자자들이 그리 탐탁지 않게 생각하는 회사들이 주로 LYON

을 이용한다.

합성상품의 측면에서 보면, LYON은 실질적으로 5년 만기 무이표채권(또는 할인채)에 5년 만기 주식 콜 옵션을 결합한 것과 같다. 명시된 만기가 15~20년인데 왜 만기가 5년인가? 그 이유는, 만약 이자율이 상승하고 주식 가격이 하락하면 풋옵션이 있으므로 투자자는 채권을 회수하려 할 것이다. 반대로 만약 이자율이 하락하면 발행자는 채권을 콜하고 재융자(refinance)할 것이다. 그러므로 어떤 경우든, LYON은 사실상 5년 이상 존재하지 않게 될 것이다.

하한무제한/상한제한 주식상환 우선주(PERCS): 하한무제한/상한제한 주식상환 우선주(preferred equity redemption cumulative stock: PERCS)는 보통주보다 높은 배당을 받는 대신 만기 시점에 강제로 보통주로 전환됨으로써 주가상승으로 인한 시세차익에 제한을 받는(상한제한), 풋매도와 유사한 전환가능 혼합증권이다. 전형적인 특징은 강제로 보통주로 전환되기까지 평균 3년에서 5년이 소요되고, 최대 가치상승이 약 30%로 제한된다. 또한, 주식 가격이 하락하면 발행자는 콜 할 수 있는 옵션을 가지며, 투자자의 손실에 대한 최저선은 없다(하한무제한). 또, 만기까지 매 분기 우선 배당이 누적적으로 지급된다(우선주).

경제적으로 PERCS는 투자자에게는 보통주 1주를 매입하고, 30% 정도 외가격에 있는 3년 만기 콜옵션을 PERCS 발행자에게 매도한 것(채권매입과 풋옵션 매도)과 같다. 즉 방비콜(covered call)을 단일 금융상품화 한 것이다. 투자수익은 매 분기 배당으로 회수되는 콜옵션매도 프리미엄 때문에 보통주에 비해 3-4퍼센트 높다. 즉, 실질적인 풋매도(하한무제한/상한제한)에 대한 보상으로 3-4퍼센트 높은 수익을 얻는 것이다. 발행 기업의 입장에서는 투자자로부터 주가상승으로 인한 시세차익의 상한을 구입하는 형태(콜옵션 매입)의 증권발행이다.

역전환사채(reverse convertibles): 역전환사채는 독일과 스위스에서 매우 활발하게 거래되는 혼합증권의 일종으로서, 증권 발행 당시에 정한 조건이 충족되면 주식으로 자동 전환되는 채권이다. 합성상품의 관점에서 보면 투자자는 발행회사로부터 채권을 매입하고 행사가격을 발행 시 주가로 하는 풋옵션을 매도한 것과 같다. 이 경우 발행회사는 채권의 만기일(3개월에서 2년) 이전에 채권을 주식으로 전환할 수 없다(풋옵션을 행사할 수 없다). 그러나, 채권의 만기일에 발행자의 주식 가격이 미리 약정된 행사가격(발행 시 주가) 이하로 하락한 경우, 채권은 발행자 주식으로 상환된다. 그러므로, 역전환사채는 조건부자본의 일종으로 볼 수 있다.

일반적으로 역전환사채의 표면이자율은 주식가격 하락으로 인한 투자자들의 손실위험을 보상하기 위해 상당히 높다(7-40%). 표면이자율을 낮게 하는 대신 투자자의 손실위험을 한정시키기 위해 2차 발효요건(second trigger)을 포함시키는 경우도 있다. 하향진입역전환사채(down-and-in reverse convertible)가 바로 그런 종류의 채권이다. 그 경우에도, 1차 발효요건과 마찬가지로 2차 발효요건도 동일한 주식의 가격에 적용됨으로써, 내장된 풋옵션이 진입장애물 풋옵션(knock-in barrier put option)과 같게 된다.

예를 들어보자. 가령, **하향진입역전환사채(down-and-in reverse convertible)**의 액면가격이 10만 원, 행사가격이 주당 10만 원(등가격), 장애물 가격이 주당 8만 원이라 하자. 만약, 발행회사의 주가가 만기일에 6만 원이라면, 주가가 장애물 가격 이하로 떨어졌으므로 발행회사가 풋옵션을 행사하여 투자자는 액면가격보다 4만 원 작은 6만 원에 상당하는 주식을 받는다. 그러나 발행회사의 주식의 가격이 채권의 만기일에 9만 원이라면, 주가가 장애물 가격 이하가 아니므로 역전환사채의 매입자는 채권의 액면가 10만 원을 현금으로 상환 받는다. 만약, 하향진입이 아닌 일반적인 역전환사채였다면, 이 경우 풋옵션 행사가 가능하므로 액면가보다 1만 원 작은 9만 원에 해당하는 주식을 상환 받는다. 이렇게 하향진입역전환사채는 등가격 옵션의 행사가격(10만 원)보다 주가가 낮은 경우에도 장애물 가격보다는 높다면 액면가를 상환 받을 수 있으므로, 일반 역전환사채보다 표면이자율이 낮다.

이와 같이 역전환사채는 기업의 자본구조를 변경시킨다는 의미에서는 조건부자본으로 볼 수 있지만, 앞으로 보게 될 일반적인 조건부자본과는 다르다. 우선, 2차 발효요건이 1차 발효요건의 대상인 주식가격 이외의 다른 위험이 아니라는 점과, 자본구조만 바뀔 뿐, 이로 인해 신규자본이 유입되지 않는다는 점이다.

제 11 장

자산의 증권화

9장에서 본 바와 같이 기업의 자산과 부채를 구조화하는 방법은 적어도 네 가지가 있다(9.1 참조). 그 중 하나인 부채의 구조화, 즉 기업이 직접 발행하는 맞춤형 구조화 증권은 앞장에서 논의 했다. 이들 구조화 증권은 자본조달과 위험관리를 통합시킨 구조화금융의 초기 형태로 이들이 전가하는 위험의 유형은 재무적 위험뿐만 아니라, 보험위험과 같은 비재무적 위험도 포함한다.

이 장에서는 자산의 구조화 가운데서 9장에서 간단하게 소개한 자산의 증권화(또는 유동화)를 깊이 있게 논의한다. 자산의 증권화는 구조화금융과 동의어로 사용될 만큼 구조화금융에서 차지하는 비중이 크다. 그러나 구조화 증권과 달리, 자산의 증권화는 주로 신용위험의 전가를 자본조달과 통합한 형태의 구조화금융이다. 따라서 구조화 대상 자산도 신용위험에 노출된 자산, 예컨대 대출채권(債權)이나 채권(債券) 포트폴리오다.

2007년 중·후반에 시작된 신용위기 이전까지는 자산의 증권화는 기업의 새로운 자금조달 수단 또는 기법으로서는 물론 금융시스템의 안정적 발전에 크게 기여하는 혁신적 금융상품 및 기법으로 높이 평가되고 있었다. 특히, 미국을 비롯한 선진금융시장은 물론, 수출에 크게 의존하는 신흥국의 기업과 은행들도 자산증권화(이 경우는 수출수입의 증권화)를 많이 활용했었다. 그러나 신용위기 이후에는 비록 일부이긴 하지만 정반대로 증권화가 금융시스템의 안정을 파괴함으로써 미국발 신용위기와 지금까지 지속되는 세계적 불황의 주 원인제공자로 지목되고 있다.

자산의 증권화 과정은 기본적으로 세 과정으로 이루어 진다. 첫 번째 과정은 증권화 대상(또는 담보) 자산을 모집 또는 집단화하는 자산의 집단화(pooling) 과정이고, 두 번째는 담보자산(또는 SPV발행증권)의 신용위험을 원래 자산보유자의 신용위험과 분리시키기 위해 자산보유자로부터 독립된 주체로 설립된 특수목적기구(SPV)에게 유동화자산(담보자산)을 매도(또는 양도)하는 과정이다[114]. 마지막은 특수목적기구가 이들 담보자산이나 자산에서 발생하는 현금흐름으로 원리금을 지급하는 우선순위(또는 신용등급)가 다른 여러 종류의 증권들을 발행하는 복수증권구조화 또는 계층화(tranching)과정이다[115]. 이들 증권이 곧 자산유동화증권, 또는 자산담보부증권인데, 9장에서 언급한 바대로 자산증권화의 핵심은 자산의 집단화와 우선순위가 다른 발행증권의 계층화를 통해(담보)자산집단의 평균신용등급보다 높은 선순위 증권을 많이 발행할 수 있는 데 있다.

---

114 유동화자산 및 유동화자산으로부터의 현금흐름에 대해 유동화전문회사가 배타적 권리를 행사하기 위해서는 유동화(또는 담보)자산에 대한 진정한 양도가 전제되어야 한다. 진정한 양도가 성립하려면 (i) 양도가 매매 또는 교환에 의해 이루어져야 하고, (ii) 양수인이 유동화자산에 대한 수익권 및 처분권을 소유해야 하며, (iii) 양도인은 유동화자산에 대한 반환청구권을 소유하지 않아야 하고, (iv) 양수인이 양수한 자산에 관한 위험을 인수해야 한다.

115 우리나라의 경우, 유동화증권은 출자증권, 회사채, 기업어음, 수익증권 등을 포함한다.

11.1 증권화의 기본구조와 SPE

11.1.1 기본구조

자산을 증권화시키는 과정은 기본적으로 여러 단계를 거치는 작업이므로 다수의 분야별 전문기관들에 의한 공동작업이 필요하다. 그러나, 실제로 참여하는 기관이나 전문가 그룹의 규모는 증권화 작업의 성격에 따라 다소 차이가 있을 것이다. <그림 11.1>은 모든 참여자들이 포함된 가장 기본적인 증권화 과정을 보이고 있다.

자산보유자(originator)/자산양도자(transferor): 매각(또는 양도)을 통해서 특정 자산을 재무상태표에서 분리, 제거함으로써, 신용위험에 노출된 자산을 감소시키고 현금화하고자 하는 금융기관이나 일반 기업을 말한다[116].

증권화 주관회사(deal arranger)/SPE설립자(sponsor)/구조화설계자(structurer): SPE설립자는 증권화 프로세스를 시작하고 주관하는 기관으로 흔히 자산보유자와 동일인인 경우(특히 금융기관의 경우)가 많지만 반드시 그럴 필요는 없다. 증권화 주관사는 수수료를 받고 구조화 프로그램을 설계하는 구조화 전문가(structuring agent)일 수도 있으나, 대개는 일반 상업은행, 보험회사, 헤지펀드, 또는 투자은행과 같이 구조화 상품을 투자자에게 매각해 주는 증권인수기관(underwriters)들인 경우가 많다. 특히, 일반 상업은행이 자산보유자일 경우에는 자신들이 주관기관이 되는 경우가 많으며, 이 경우 그들은 흔히 유동화증권의 일부를 보유한다.

특수목적기구(SPV 또는 SPE)/유동화전문회사/유동화자산매수인(asset purchaser)/자산양수인(transferee): 자산 매각자의 상대방인 증권화 자산의 매수인(또는 양수인)을 말한다. 자산보유자와 투자자들 사이에 개입해서 자산 매입과 유동화증권의 발행을 전담함으로써 전 유동화 과정을 원활하게 진행시켜주는 역할을 하는 법인이나 신탁, 일반 금융회사 등, 증권화 전문기구나 도관체(conduit)를 말한다[117].

업무수탁자(trustee): 투자자를 대신해서 출자금, 유동화증권 납입금, 유동화자산의 관리/운용/처분, 특히 담보자산에 대한 저당권을 설정하는 등, 자산으로부터 발생하는 현금흐름과 전체

116 특히, 은행은 동일한 증권화 딜에서 자산보유자, 자산관리자, 신용보강기관, 증권화 주관사, 투자자 등, 통상 하나 이상의 역할을 한다.

117 우리나라의 경우, 자산유동화법상의 유동화전문회사는 상법상의 유한회사로서, 통상 1개의 유동화계획의 등록만 가능하고 목적달성 후에는 해산하게 된다.

거래과정을 감시 감독한다. 각종 비용의 지출과 유동화증권 투자자에 대한 원리금지급 대행, 각종 계약서의 이행여부 및 자산관리자의 업무에 대한 감시·감독 등, 기본적으로 SPV의 업무를 대행하는 대리인이다.

관재인(custodian)/자산관리인(servicer) : SPE 또는 SPV는 '서류상의 회사(paper company)'에 불과하므로 자산관리인은 SPV(또는 업무수탁자)를 대신해서 채권추심과 자산으로부터 발생하는 이자, 배당 등 현금흐름을 수납한다. 자산관리인이 자산을 매각한 자산보유자일 경우에는 매각 후에도 계속 관리하면서 SPV를 대신하는 수탁기관에게 현금흐름을 배분한다. 자산관리인에 대한 수수료는 수탁기관이 정기적으로 지급한다. 많은 경우 업무수탁자와 자산관리인은 동일한 기관이다. 기본적으로 자산관리인의 역할은 차입자, SPV, ABS투자자(대출채권의 실소유주)들을 연결해 주는 것이다.

구조화 전문기관(structuring agent) : 유동화증권에 대한 계층화/등급화, 만기일 구조, 목표 신용등급 등에 대한 설계는 물론, 유동화증권에 대한 이자 및 원금에 대한 순차적 현금지급 총괄계획 작성, 그 밖에 유동화증권의 계층별 신용보강 및 위험관리 계획 등을 담당한다.

유동화증권 인수기관(underwriter) : 자산의 증권화가 이루어지려면 SPE가 발행하는 자산유동화증권을 인수, 판매하는 기관(주로 투자은행)이 적어도 하나는 존재해야 한다. 유동화증권을 인수하는 방법은 일반 주식이나 채권의 경우와 다를 바 없다. 인수기관은 대개 증권화 주관기관과 일치한다.

법무법인(law firm) : 구조화 작업과 세금문제, 자산의 "진정한 매각"에 관련된 실무적인 자문 등을 수행한다. 비용이 좀 많이 들더라도 최고의 법률서비스를 선택하는 것이 오히려 나중에 더 큰 낭패를 피하는 길이다.

신용평가기관(rating agencies) : SPE와 SPE가 발행한 자산유동화증권에 대한 신용평가기관으로서, 이른바 "big three"라고 불리는 Standard & Poor's, Moody's, Fitch 등이 국제적인 평가기관들이고, 우리나라에서는 한신평, 한기평 등이 있다.

규제/감독기관(regulators) : 산하 금융기관들이 자산보유자나 발행자일 경우, 감독기관의 적극적인 개입은 불가피하다.

외부 위험전가 및 위험재무의 상대방 : 자산의 증권화는 증권화되는 자산의 신용위험을 유동화증권 투자자들에게 전가하기도 하지만, 증권화 과정 자체가 새로운 위험을 초래하기도 한다.

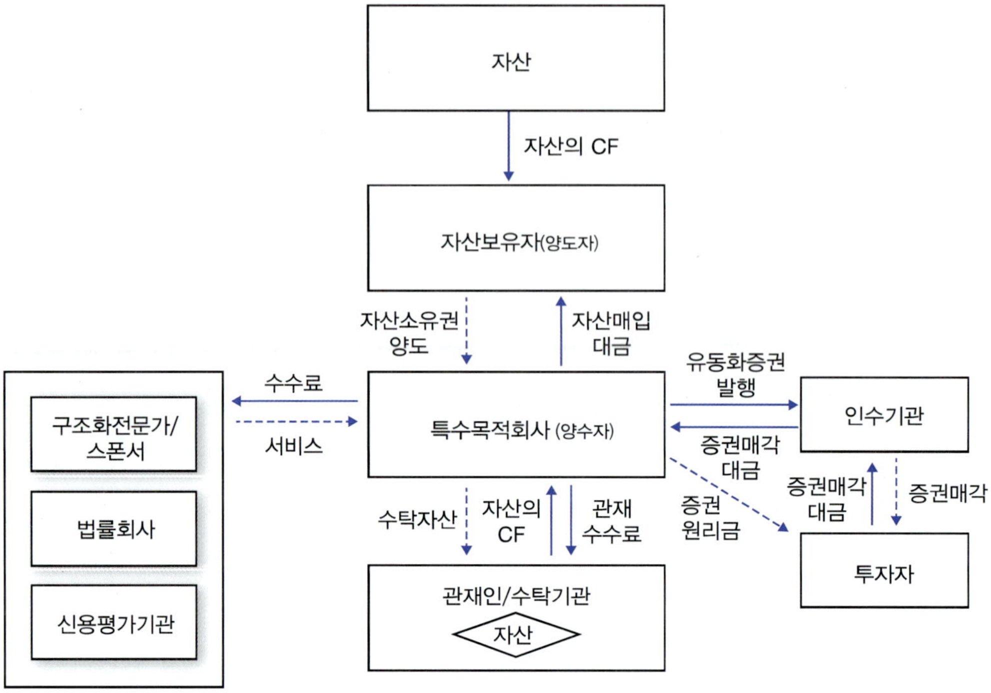

〈그림 11.1〉 **자산증권화의 기본구조**

그러므로 구조화 설계과정에서 구조화 전문가나 주관기관이 외부 위험재무나 위험전가가 반드시 필요하다고 결론을 내리는 경우, 당연히 관련 상대방 기관들도 증권화 과정에 참여할 필요가 있다. 증권화 작업에서 위험관리의 중요성은 너무 크기 때문에 좀 더 자세히 다룰 필요가 있다[118].

11.1.2 SPE의 설립 동기

자산의 증권화 과정에서 가장 중요한 것은 원래 자산보유자(또는 자산양도자)에게 상환청구권이 없도록 자금조달이 이루어 지는 것이다. 이는 곧 자산보유자의 파산이 SPE 매입자산의 현금흐름에 대한 투자자들의 청구권(SPE의 부채)에 영향을 미칠 수 없음을 말한다. 거꾸로, SPE 매입 자산의 파산이 원래 자산보유자의 재무상태표에 영향을 미쳐서도 안 된다. 자산보유자는 또한 회계적으로 매도자산이 재무상태표에서 완전히 제거됨으로써 차후 SPE와 연결재무제표를 작성하지 않게 되기를 원한다. 이 두 조건을 만족시키려면 자산의 매각이 형식뿐만

118 그림에는 나와있지 않지만 유동성 공급자(liquidity provider)와 외부 신용보강 제공자(credit enhancer)가 있을 수 있다. 전자는 일시적인 유동성 부족 사태에 대비한 것으로 대체로 은행 등 금융기관이나 자산보유자가 맡고, 후자는 은행, 증권회사, 보험회사 등이 맡는다.

아니라 실질적으로도 완벽한 '**진정한 매각(true sale at law)**'이 되어야 한다.

진정한 (또는 실질적) 매각의 판단기준은 무엇인가? 무엇보다 매도자가 매도 후 발생한 자산의 파산 위험을 일부라도 부담하느냐다. 거래의 목적이 매입자(SPV를 말함)의 자산보유자에 대한 담보부대출이 아니라 진정한 매각이었다면 그 위험은 당연히 매입자 몫이었을 것이기 때문이다. 즉, 매각 후에 발생하는 모든 자산관련 손실은 매입자가 부담해야 한다. 뿐만 아니라, 자산보유자는 매도 후에 발생하는 일체의 자산관련 이익에 대한 소유권을 행사할 수 없어야 한다. 자산보유자는 또 매도 후 자산을 재매입하거나 대체할 수 없으며 SPV역시 매입 후 발생한 자본이득의 일부를 매도자에게 이전해야 할 의무가 없다.

파산으로부터의 절연과 연결재무제표 문제는 '진정한 매각'을 통해서 해결한다 해도, 자산매각에 따르는 자본이득에 대한 세금문제는 이와는 별개의 문제다. 그러나, SPE에 대한 자산매각을 간단히 자산보유자의 차입(자본조달)행위로 처리하면 자산매각에 따르는 복잡한 세금문제는 피할 수 있다(debt-for-tax). SPE의 형태, 개수(個數) 및 설립지는 이와 같은 여러 문제들을 고려하여 결정된다. 미국의 경우, 매출채권을 증권화 하는 경우, 자산매각에 대한 연방세금을 피하고 부외자금조달과 파산으로부터의 절연문제를 해결하려면 두 개의 SPE가 필요하다. 첫 번째 SPE(SPE1이라 하자)는 자산매각회사의 100% 자회사로서 진정한 매각을 통해 모회사로부터 자산을 양도받는다. 따라서, 이 SPE의 자산은 모회사의 파산과 모회사의 채권자들로부터 절연된다. SPE1은 100% 자회사이고 연방세법상 모회사와 연결재무제표를 작성해야 하므로 자산매각은 모회사의 차입이 된다. 두 번째 SPE(SPE2)는 ABS를 발행하고 자산보유자와는 전적으로 독립된 회사다. SPE2는 SPE1으로부터 진정한 매각을 통해 자산을 매입한다. 자산은 모기업의 장부에서 완전히 제거되었고 차입에 의한 자금조달로 매각에 대한 세금도 발생하지 않는다(Tavakoli, 2008, p.8).

11.1.3 SPE의 유형과 오용(誤用)

유동화증권 발행의 세부적인 절차는 SPE가 신탁이냐 또는 법인이냐에 따라 다소 차이가 있으며, 이 결정은 주로 세금, 회계정보 공개 의무, 파산, 및 법률적 고려에 의해 이루어진다. 예컨대, **그랜터신탁(grantor trust)**은 패쓰스루 구조에서 패쓰스루의 선·후순위 지분증서를 발행하므로 신탁 차원에서는 세금을 유발하지 않는다. ABS발행 구조에서 가장 중요한 비중을 차지하고 있는 **마스터신탁(master trust)**은 특히, 단기성 신용카드 매출채권의 증권화와 유럽의 MBS 등에 많이 활용되고 있다. 특징은 동일한 SPE(마스터신탁)의 전체 자산 풀을 담보로 다양한 증권을 시리즈로 계속 발행할 수 있다는 점이다.

SPE가 법인일 경우, 법인(corporation)은 외형상일 뿐이고 내용은 서류상의 회사다. 따라서, 실제 SPE 업무는 수탁기관과 관재인이 수행한다. SPE의 자기자본 부분은 SPE를 자산보유자의 파산위험으로부터 절연(bankruptcy-remote)시키고 자산의 진정한 매각(true sale of assets)을 달성할 정도로만 아주 최소한으로 유지한다. '파산위험으로부터 절연'이 갖는 의미는 원래 자산보유자가 파산해도 양도한 자산을 되돌려갈 수 없으며, SPE는 실제로 파산할 수 없다는 것이다(만약, 담보자산으로부터의 현금흐름 유입이 ABS의 원리금 지급에 부족하면 ABS를 조기 상환하면 된다).

위에서 본 이유들로 인해 SPE는 구조화금융에서 없어서는 안될 존재임에도 불구하고 실제로 오용될 가능성 또한 크다. 무엇보다 SPE는 국내에 설립할 수도 있지만 대개는 국외에 설립한다. 게다가 SPE는 부외존재일 뿐만 아니라 소유구조도 공개되지 않고 모기업의 파산으로부터 절연된 서류상의 회사이기 때문에 비합법적인 목적에 사용될 가능성이 있다. 예컨대, 부정한 자금을 세탁하거나 또는 이익을 부풀리기 위해 상계(相計)거래의 대출을 매출액으로 회계처리한다던가(엔론의 경우), 손실의 은닉, 자금유용, 장부의 허위기재(최근 우리나라의 저축은행) 등, 헤아릴 수 없이 많다. 더욱이, SPE는 모든 의사결정이 형식적으로는 이사회에서 이루어지지만 사실상 설립자에 의해 이루어진다.

11.1.4 SPE와 SPV

SPE와 SPV는 둘 다 구조화 작업을 전담하는 목적에서 설립된 조직을 가리키는 것으로 혼용할 수 있지만, 이들의 대표적 유형인 신탁과 **특수목적회사(special purpose company: SPC)**는 구분해서 사용해야 한다. 미국에서는 세금문제로 인해 신탁형태의 SPE가 주로 사용되지만 미국 이외의 지역에서는 SPC형태가 많다. 어떤 경우에도 세금에 관한 고려가 중요함은 말할 것도 없다. SPE의 설립에 소요되는 시간은 4주에서 3개월까지 일률적이지 않으며 비용 또한 선지급 비용만 25만 달러에서 50만 달러로 차이가 크다. 담보자산 풀의 크기가 최소 1억 달러임을 감안하면 결코 작은 액수가 아니다.

11.1.5 SPE와 MIEs

SPE는 매입자산 풀을 담보로 단일계층(또는 단일 종류)의 증권을 발행하기도 하지만 나중에 보는 바와 같이 우선순위가 다른 여러 계층(종류)의 증권을 발행하는 경우가 많다. 이를 **복수증권 발행체(multiple issuance entities: MIEs)**라 부른다. SPE가 복수증권 발행체인 경우에는 각 증권(계층)별로 특정 등급의 채권을 담보하는 준거자산이 정해져 있는 구조다. 즉, 신용등급이

다른 각 계층의 채권이 각자 담보자산을 보유한다는 말이다. 따라서 채권투자자들은 각자 보유한 채권에 한정된 담보자산에 대해서만 상환청구권을 갖고, SPE의 다른 담보자산에 대해서는 상환청구권을 갖지 않는다. 이를 **제한적 상환청구권(limited recourse)**이라 부른다.

이 구조에서는 SPE의 자산 풀이 계층에 따라 매입자금의 출처가 다르며, 각 계층은 다른 계층에 영향을 미치는 신용 또는 시장 사건이 발생하더라도 아무런 상관이 없다(15장의 합성담보부증권 구조에서 흔히 볼 수 있다). 각 계층은 각자의 스왑계약이 있고 독자적인 계약해지 트리거(trigger)도 가질 수 있다(ring-fencing이다). 그러므로, 투자자들은 SPE가 MIE인 구조에서는 증권화 과정(특히, 담보자산의 선택과 그에 대한 보상)에서 이익보호를 위해 상당한 정도의 영향력을 발휘할 수 있고 또 해야 한다.

11.1.6 SPE와 콘딧(conduits)

콘딧(conduit) – 도관체(導管體) 또는 기구(器具)라 번역한다 – 은 신용평가기관의 신용등급이 부여된 SPE의 한 유형으로 자산매입자금이 완전히 조달된(fully funded) SPE 구조다. **복수매도자 콘딧(multiseller conduits)**은 다수의 자산매도자로부터 자산(대개 매출채권)을 구입해서 자산 풀을 구성한 다음, 이를 담보로 주로 **자산유동화 기업어음(asset backed commercial paper: ABCP)**과 같은 채권자들의 우선순위가 동등한 단기성 **미분할채권(indivisible obligations)** – 또는 단일 종류의 채권 – 을 발행한다(물론, 여러 종류의 채권 발행도 가능하다). 신용카드회사를 소유하고 있는 은행이나 기타 금융회사들처럼 매출채권의 규모가 클 때는 독자적인 **단일매도자 콘딧(singleseller conduit)**을 설립하는 경우도 있지만 그렇지 않은 경우에는 여러 기관이 공동으로 설립하는 것이 비용효율적이다(12.2 참조).

11.2 유동성위험 관리

자산매입자인 SPE의 관점에서 볼 때, 증권화 과정에서 직면하게 되는 주요 위험은 신용위험(credit risk), 유동성 위험(liquidity risk), 그리고 이자율 위험(interest risk) 등, 세 가지로 볼 수 있다. 물론, SPE는 이들 위험을 유동화증권 투자자들에게 직접 전가시킬 수도 있다. 그러나, 전통적인 무보증 회사채나 주식과 달리, SPE가 발행하는 유동화증권은 많은 경우, 투자자들의 요구를 충족시키는 것을 주목적으로 하는 맞춤형 상품이다. 따라서, 증권화 과정의 가장 중요한 부분은 유동화증권의 신용등급을 투자자들이 요구하는 수준으로 유지하는 일이다. 그러므로 위험관리는 증권화 과정에서 무엇보다 중요란 과제다.

유동성 위험은 대부분의 증권화 구조에서 아주 공통적으로 만나는 위험 가운데 하나다. 유동성 위험이란 SPE가 발행하는 유동화증권(asset-backed securities: ABS)의 담보자산이 창출하는 현금수익이 발행된 ABS의 원리금 상환액에 일시적으로라도 미치지 못하게 될 위험을 가리킨다. 그러므로, 유동성 위험은 기본적으로, 담보자산이 반드시 신용 디폴트 상태에 있지는 않더라도 원리금 상환이 연체되거나, 또는 원리금 수급상의 기간 불일치와 같은 구조적인 이유로 발생한다.

증권화 과정에서의 유동성 문제를 이해하려면, 먼저 **순차적 현금지급 총괄계획**(cash flow waterfall)을 이해하는 것이 중요하다. 자산유동화 과정에서는 일반적으로 **순차적 이자지급 계획**(interest waterfall)과 **순차적 원금상환 계획**(principal waterfall)을 각각 분리한다. 이들 순차적현금지급 계획에서는 SPE의 담보자산에서 유입되는 현금흐름이, 유동화증권의 우선순위에 따라서, 원금과 이자지급에 각각 순차적으로 배분된다. 그런 이유로 이를 **순차적 현금지급 계획**(waterfall) 이라 부르는 것이다. 증권화 구조에서 유동성 위험의 관리란 결국 ABS의 목표 신용등급과 원리금 상환에 충분한 현금흐름이 확보될 수 있도록, 유동화 구조의 내부 또는 외부로부터의 유동성지원 수단을 활용하는 과정이라 할 수 있다.

유동성 보강수단의 선택에서는 신용평가기관의 평가기준이 중요한 역할을 한다. 구조화 담당기관과 발행자가 ABS의 목표 신용등급을 일단 결정하면, 유동성 보강은 단순히 목표 신용등급 기준을 충족시키는 작업이 된다. 대부분의 신용평가회사들은 유동성지원의 기준으로 최소한 담보자산가치 전액에 대한 유동성지원을 요구한다.

이때 유동성지원을 제공하는 기관은 유동화증권의 목표신용등급 이상의 등급을 유지하고 있어야 한다. 뿐만 아니라, 신용평가기관들은 여러 가지 형태의 검증을 통해 유동성지원의 적정성을 지속적으로 점검하는 것이 일반적이다. 예컨대, 예정된 이자지급에 문제가 없는가를 보기 위해서, 순차적 이자지급 계획에 대한 **이자보상비율**(interest coverage: IC), 또는 **I/C 테스트**를 실시한다.

순차적 원리금상환에 충분한 유동성지원이 확보되어 있는가를 보기 위해서는, **초과담보**(overcollateralization: O/C) 테스트를 통해서 초과담보 상태를 지속적으로 평가한다. 순차적 현금지급 총괄계획의 **부채상환비율**(debt service coverage ratio: DSCR)은 유동성지원의 적정성을 현금흐름 O/C를 통해서 보여준다. DSCR은 배수(multiple)로서 현금 베이시스의 O/C를 퍼센트로 말해 준다.

현금흐름 CDO(13장)의 경우 담보자산에서 발생하는 원리금(손실도 포함)은 CDO 프로스펙트에 명시된 서열대로 각 트랜치에 배분된다. 이렇게 원리금(손실도 포함한) 배분에 적용되는 순서에 관한 규칙(rule)을 순차적 현금지급 총괄계획(cash flow waterfall: CF waterfall), 또는 간단히 워터폴(waterfall)이라 부른다. CF waterfall은 다시 순차적 이자지급 계획(interest waterfall)과 순차적 원금상환 계획(principal waterfall)으로 구분된다. CDO 담보자산 풀의 자산은 CMBS, ABS, REIT, RMBS 등 다양하며, 발행 CDO는 신용등급이 Aaa/AAA (Moody's / S&P)인 선순위(클래스 A) 증권이 대개 85~90 퍼센트이고 담보자산의 90%는 신용등급이 Baa3(무디스) 또는 BBB-(S&P) 이상이어야 한다.

담보자산 이자수입은 맨 처음 선순위 비용인 수수료, 세금, 등록비 등 CDO 관련 제경비와, 수탁인, 자산운용자 및 헤지비용 지급에 사용한다. 나머지는 우선 순위에 따라 선순위 증권부터 폭포수가 위에서 아래로 떨어지듯 순차적으로 투자자들에게 지급한다(waterfall의 의미). 이 과정에서 watefall에 명시된 집행지침의 준수여부를 판단하는 초과담보비율 및 이자보상비율과 같은 **보상비율 검사**(coverage test)가 중요한 역할을 한다. 왜냐하면 선순위 증권에 대한 이들 검사 기준이 충족되지 못하면 충족될 때까지 모든 현금흐름이 선순위 증권의 원금상환에 전용되고 그 다음 순위 증권에 대한 이자지급이 집행될 수 없기 때문이다(이자금액만큼 원금 증가). 이 결과 맨 나중에 남는 현금흐름은 잔여지분 보유자 몫이다.

11.2.1 내부 유동성 지원

자산증권화 과정에서의 유동성 지원은 유동화 구조 내부적으로도 할 수 있고 외부적으로도 할 수 있다. 내부 유동성지원은 대개 두 가지 유형이 있다. 하나는 유동화증권의 만기구조이고, 다른 하나는 유동성 준비금이다.

만기구조: 앞장에서 우리는 증권의 우선순위 구조를 통해서 신용위험을 투자자들 사이에 배분할 수 있음을 보았다. 유동성 위험의 관리에서도 이와 유사한 방법을 사용할 수 있다. 다만, 여기서는 우선순위 구조를 변경시키는 대신 증권의 **만기구조**(maturity structure)를 설계하는 것이 다를 뿐이다.

유동성 위험의 관리가 목적이라면, 담보자산 풀에서 유입되는 현금흐름이 확정적인 경우, 채권의 만기구조 설계작업은 단순히 자산과 부채의 만기구조를 일치시키는 것으로 충분할 수도 있다. 가령, 현금의 유입시점과 유출시점이 달라서 유동성 위험이 구조적으로 발생할 수밖에 없는 경우라면, 유동화증권의 만기구조를 재조정해서 문제를 원천적으로 없애버릴 수 있다. 예컨대, 담보자산 풀에서 이자수입은 반년마다 발생하는데, 발행한 유동화증권에 대한 이자는 분기별로 지급해야 하는 경우, 유동화증권의 이자지급을 반년마다 하는 것으로 바꾸면 될 것이다. 그러나, 문제는 언제나 그렇게 할 수는 없다는 데 있다. 애당초 채권의 이자지급을 분기별로 한 이유가 무엇이겠는가? 아마도, 투자자들이 그것을 원한다고 생각했기 때문일 것이다. 그 밖에, 담보자산에 대한 원리금 상환이 지연되어 순차적 현금지급 총괄계획상에 예상치 못한 문제가 발생할 수도 있다.

이런 문제점을 시장에서는 어떤 방법으로 해결하고 있는가? 하나의 방법은 SPE가 **유동성 보강채권**(liquidity enhancement notes), **유동성보장채권**(secured liquidity notes), 혹은 **조기상환권 부채권**(callable notes) 등, 다양한 이름으로 부르는 새로운 형태의 증권을 발행하는 것이다. 이들을 한데 묶어, **만기연장가능 채권**(extendable notes: EN)이라 부르자.

만기연장가능 채권은 SPE의 2종부채, 즉 후순위 부채로서, 만기일 연장이 가능하다. 첫 번째 만기일을 중간 만기일(interim maturity date)이라 부르는데, 만약 중간 만기일에 상환이 될 수 없으면, 만기일은 두 번째 만기일인 최종 만기일(final maturity date)－통상 364일 이후－로 자동 연장된다. 연장 여부는 중간 만기일 현재, EN보다 선순위에 있는 채권에 대한 순차적 현금지급 총괄계획들이 각종 검사지표들을 통과하느냐에 있다. 만약 통과하지 못하면 EN은 상환될 수 없고, 최종만기일까지 기다려야 한다. 그러나, EN이 중간 만기일에 꼭 상환되지 않아도 됨으로, 신용평가기관들은 EN에 대해서는 유동성 지원을 요구하지 않는다. 그렇지만 연장될 경우, 신용평가기관들은 **분할상환기간**(amortization period)이라 부르는 중간 만기일과 최종 만기일 사이의 기간에, 최종 만기일의 상환에 충분한 현금이 확보될 수 있도록 자산을 매각 또는 청산하는 도관체나 전담기구의 설립을 요구한다.

경우에 따라서는 최종 만기일의 상환에 대한 추가적인 보증이 소망스러운 때도 있다. 두 가지 해결 방안이 사용되고 있는데, 하나는 EN 발행자가 신용등급이 매우 높은 상대방으로부터 특정 담보자산이나, 또는 이를 보증하는 새로운 기업어음(CP)에 대한 풋옵션을 매입하는 것이다. 이는 EN의 상환을 확실히 보장하는 것이 된다. 또 다른 방법은 신용등급이 매우 높은 상대방과 스왑계약을 맺는다. 이때 상대방은 담보자산을 시장가격 이하로 매각할 경우, 현금 부족을 보전해 주기로 한다.

유동성준비금(liquidity reserves): 유동성준비금은 기본적으로 신용평가기관들이 지속적으로 수행하는 여러 검증 기준을 충족시킬 수 있을 만큼의 현금이 순차적 현금지급 총괄계획에 항상 확보될 수 있도록, SPE가 별도로 적립한 현금계정이다. 이 현금 준비금은 주관기관이나 발행자가 초기에 현금을 적립할 수도 있지만, 대개는 초과스프레드를 전입시키는데, 각종 평가기준검사 기준에 대비해, I/C 준비금, 현금 O/C준비금 등과 같이 개별적으로 분리해서 보유한다.

11.2.2 외부 유동성 지원

순수한 의미의 유동성 지원은 신용지원과 상당한 차이가 있다. 외부에서 유동성을 공급해주는 기관들은 흔히 회계적인 이유로 보증이나 기타 형태의 신용보장 제공을 원하지 않는다[119]. 따라서, 외부 신용지원 구조들은 진정한 의미의 신용위험 전가를 초래하지 않으면서 유동성만 제공하도록 설계된다(외부신용보강은 순수한 위험재무일 뿐, 위험전가는 아니다).

상환청구권부 신용장(letter of credit with recourse): 여러 가지 외부 유동성지원 수단 가운데서 가장 오래 되고 또 많이 사용된 방법은 인출된 금액에 대한 상환청구권을 발행은행이 갖는 상환청구권부 신용장이다. 일반적으로, 신용장을 신용지원이 아니라 유동성 지원으로 사용할 경우, 신용장 발행은행은 자산보유자나 자산유동화증권 발행자에 대한 상환청구권을 보유한다. 특히, 초기 바젤협약에서는 만기가 365일 미만인 신용장에 대해서는 발행은행이 자기자본을 보유할 필요도 없었다.

<그림 11.2>는 상환청구권부 신용장을 이용한 자산유동화증권에 대한 유동성 지원구조를 보이고 있다. 담보자산에 대한 원리금 상환이 지연되거나 기타 유동성을 악화시키는 사건이 발행할 경우, SPE(또는 수탁기관 혹은 담보자산 운용자)는 단기유동성 제공을 위해 신용장의 한도 금액까지 인출한다. 그러나, 금융보증으로 사용되는 신용장과 달리, 이 경우는 인출기관의 부채가 아니라 은행이 상환청구권을 가지고 있는 기관(흔히 자산보유자)의 부채다.

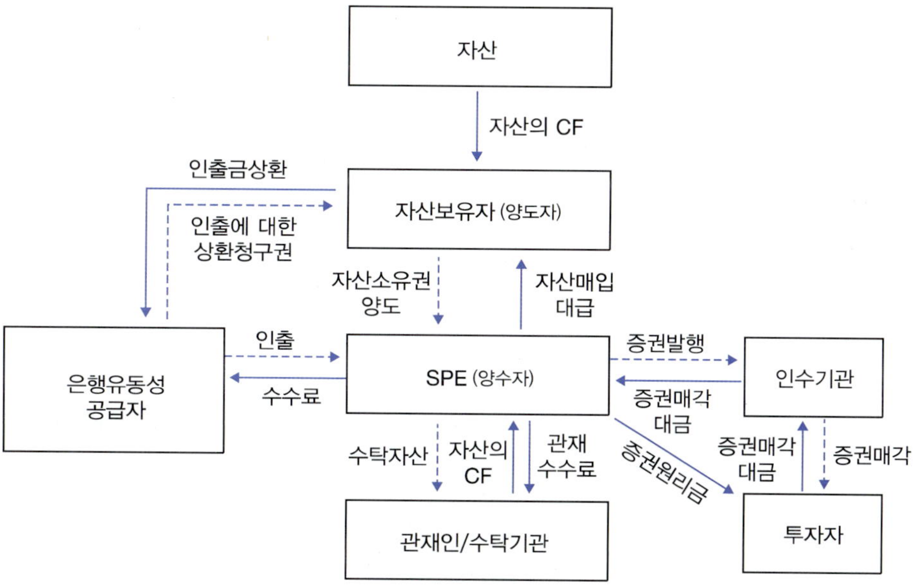

〈그림 11.2〉 은행발행 신용장을 이용한 유동성 지원

119 동일 회사가 신용지원과 유동성 지원을 동시에 하는 경우 재무제표를 통합해야 하는 경우가 발생한다. 은행은 신용지원에 대해서는 유동성 지원보다 규제자본 보유요구액이 크다.

그러나, 근래에는 구조화금융에서 이 같은 신용장의 활용도가 크게 줄었다. 무엇보다, 바젤 II에서는 단기유동성 제공용 신용장에 대해서도 은행에게 자기자본 보유를 요구하고 있고, 새로운 회계기준에 의해 자산보유자에게 상환청구권이 있는 경우, 증권화 구조의 대전제조건의 하나인 SPE와 자산보유자간의 독립성이 위협받을 수도 있기 때문이다.

자산스왑(asset swap) : 자산스왑은 흔히 채권에 대한 고정이자 지급을 LIBOR와 같은 변동이자 지급으로 전환시키는 데 사용한다. 자산스왑은 그 밖에도 가령, 분기별 변동이자 지급을 반기별 고정이자 지급으로 바꾸는 것과 같이, 현금흐름의 시점을 바꾸는데도 사용한다. 기업은 자산스왑과 같은 파생상품의 활용을 통해 ALM과 유동성을 종합적으로 관리할 수 있다.

<그림 11.3>에서 SPE는 담보자산에서 발생하는 고정이자를 수취 즉시 스왑딜러에게 지급한다. 딜러는 그 대신 SPE가 발행한 유동화증권에 대한 원리금을 정해진 일정에 맞춰 지급할 수 있도록 변액 원리금을 SPE에게 지급한다. 그러나, 신용지원이 아닌 유동성 지원이라는 조건을 충족시켜야 하므로 스왑 담보자산 풀의 일부가 디폴트 할 경우, 디폴트 된 자산은 스왑의 명목원금(notional principal)에서 제외된다. 따라서, 이런 유형의 자산스왑은 스왑딜러에 대한 신용위험은 보증해 주지만 SPE에게 신용위험을 보증해 주는 것은 아니다. 그래서 이를 수익스왑(income swap)이라고도 부른다.

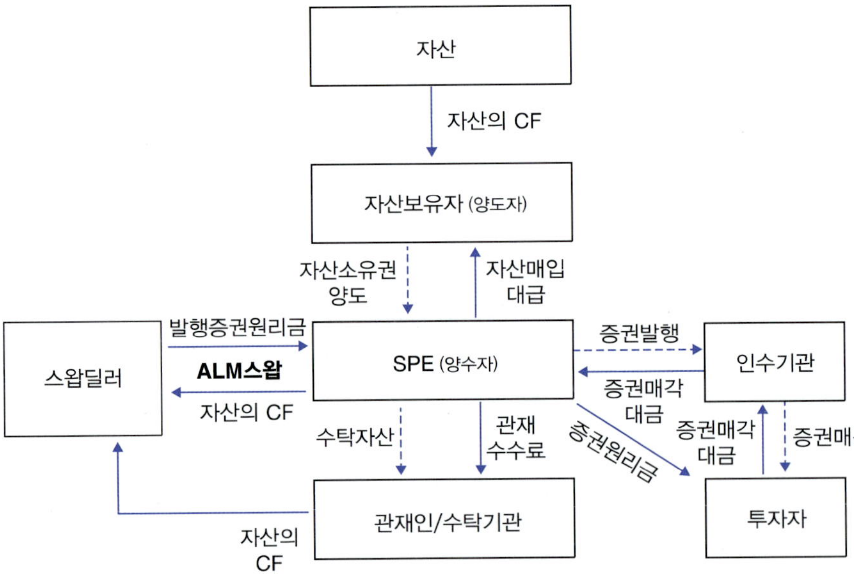

〈그림 11.3〉 자산스왑을 통한 유동성지원

그렇다면, SPE의 입장에서 신용위험관리 목적으로 어떤 유형의 스왑을 사용할 것인가? 8장에서 본 총수익스왑을 사용하면 된다. 그렇지만, 이 경우에도 스왑딜러는 비록 현재가치로는 액수가 같더라도 담보자산 풀에 대한 이자 발생속도가 유동화증권에 대한 지급이자 발생 속도에 비해 너무 느려서 발생하는 유동성 위험은 부담할 수 밖에 없다.

11.3 신용위험 관리

증권화 과정에서 발생하는 신용위험이란 SPE가 매입한 담보자산의 디폴트나 무수익 자산화를 말하는 것이다. 따라서, 유동화증권에 대한 신용보강은 구조화 과정에서 가장 중요한 부분의 하나로서, 주로 기초담보자산 풀에 대한 신용위험을 SPE가 발행하는 유동화증권을 매입하는 투자자들에게 배분하는 작업을 말한다. 신용보강은 유동성 지원과 마찬가지로 구조화 참여자들 간에 이루어지는 내부 신용보강과 외부기관을 통한 외부 신용보강으로 구분할 수 있다.

11.3.1 내부 신용보강

내부 신용보강(internal credit enhancement)은 증권화 구조 내부자들 가운데 하나, 예컨대 최초 자산보유자/위험전가자나 SPE가 발행한 증권의 매입자, 즉 투자자들이 제공하는 신용보강을 말한다. 물론, 발행증권의 우선순위 구조를 여러 계층으로 만드는 증권의 계층화(복수증권 구조화)도 그 가운데 하나다. 발행증권의 우선순위 구조는 초과담보와 함께 투자자가 제공하는 내부 신용보강 수단의 하나다. 그 이유는 순위구조가 달라짐으로써 담보자산의 총 위험이 유동화증권 투자자들 사이에 배분되는 상태가 달라지기 때문이다. 그러나 이 경우 선순위 증권의 신용보강은 후순위 증권의 희생에 의한 것일 뿐, 유동화증권 전체의 신용위험은 담보자산 전체의 신용위험과 같으므로 종전과 다름 없다.

SPE 발행증권의 우선순위 구조 이외에도, 가장 많이 사용하는 내부 신용보강 수단의 하나는 **초과담보(over-collateralization: O/C)**다. 초과담보란 담보자산의 가치가 고정부채(발행증권)의 가치보다 큰 상황을 가리킨다. 그러므로, O/C는 자산보유자가 제공하는 내부 신용보강으로서, 증권화 구조의 자기자본을 증가시키는 한 방법으로 볼 수 있다[120]. SPE의 자기자본을 증가시키면, 자산보유자의 위험부담 증가분만큼 SPE의 지분계층보다 선순위에 있는 증권들 전체의 신용이 보강된다. 이제, 초과담보를 만드는 수단들을 구체적으로 살펴보자.

120 후순위채권을 자산보유자가 소유하는 경우 포함

주식발행: 단순하게 생각하면 전체 증권화 구조를 O/C 상태로 만드는 가장 확실한 방법은 SPE가 채권을 담보자산의 장부, 또는 액면가치보다 작게 발행하는 것이다. 문제는, 그렇게 하면 담보자산을 매입할 수 있는 자금이 부족하게 되는데 있다. 가령, 매입하는 담보자산이 100억 원인데 채권은 70억 원어치만 발행한다면, 30억 원의 O/C는 발생하지만 그 30억 원은 어디서 나올 것인가? 한 가지 방법은 30억 원어치 주식을 외부 투자자에게 발행하는 것이다. 물론, 그렇게 하면 되지만, 그것은 현실적인 대안이 될 수 없다. 대다수의 증권화 거래(딜)에서 지분계층(equity tranche)에 대한 투자자들의 태도는 대체로 환영한다기 보다는 유보적이다.

다른 방법은 30억 원의 지분을 모회사, 즉 최초의 자산보유자 또는 신용위험 전가자에게 발행하는 것이다. 이 또한 문제가 있다. 자산증권화에서는 SPE와 자산보유자/발행자 관계가 서로 독립적이어야 하는데, 이 경우 발행자는 SPE의 30% 지분 보유자가 되고, 만약 담보자산이 디폴트되면 처음 30억 원까지의 손실을 부담해야 한다. 이는 곧 증권화 구조에서 요구하는 회계 및 공시목적을 충족시키는 데 필요한 진정한 매각 요건을 충족시키지 못하게 될 수 있음을 의미한다. SPE와 연결재무제표를 작성해야 한다면, 그래서 매각자산이 다시 자산보유자의 재무상태표에 기록된다면, 증권화의 당초 목적은 어떻게 될 것인가? 발행자가 O/C를 만들어 줄 수 있는 기타 다른 방법은 없는가?

홀드백(holdback): 여러 가지 복잡한 문제를 발생시키지 않으면서 O/C를 만드는 가장 쉬운 방법은 자산보유자가 홀드백(또는 할인매각)을 통해 O/C를 제공하는 것이다. 담보자산의 액면가격과 SPE가 지불하는 할인한 매입가격과의 차이를 **홀드백**(자산보유자가 제공하는 할인이라 볼 수 있다)이라 하는데, 통상 담보자산 풀의 역사적 손실액의 배수로 정의된다. 따라서, 홀드백은 증권화 구조의 내부자들 가운데 하나인 최초 자산보유자가 SPE에게 제공하는 신용보강 수단이다(Culp, 2006). 홀드백은 우리 말로 하면 자산보유자에 의한 할인매각(깍아주는 것)인 셈이다.

현금담보계정(cash collateral account: CCA): 자산보유자는 할인판매 대신 현금을 현금담보계정에 직접 적립시킴으로써, O/C를 만들 수도 있다. CCA는 담보자산의 손실에 대한 현금준비금(cash reserves)의 역할을 하는 동시에 SPE가 발행한 자산유동화증권 전체에 대한 신용을 보강해 준다. 그러므로, 홀드백과 자산보유자에 의한 CCA는 상호대체적인 관계에 있다. 그러나, 두 방법 모두 발행자 부담임은 물론이다.

초과스프레드(excess spread): 초과스프레드는 담보자산에서 발생하는 이자수입과 SPE가 발행한 자산유동화증권에 대한 이자지급의 차액을 가리킨다. SPE는 이 차액에서 증권화 과정에서 우선적으로 지급해야 하는 비용을 공제하는데 이를 **순초과스프레드(net excess spread)**라 부른다.

초과스프레드는 증권화 구조의 유보이윤에 해당하는 현금흐름이다. 일반 기업에서는 이와 같은 초과스프레드는 일부 또는 전액 주주에게 배당의 형태로 지급되겠지만, 증권화 구조에서는 CCA에 적립되었다가 현금흐름이 유동화증권의 원리금 상환에 미치지 못 할 경우, 부채상환에 전용된다.

11.3.2 외부 신용보강

이제 제 3자에 의한 **외부 신용보강**(external C/E)을 보자. 외부 신용보강은 SPE가 신용위험을 다른 기관으로 전가시키는 것을 말한다. 우리는 이미 8장에서 신용위험을 제 3자에게 전가시키는 수단들을 보았다. 이제, 이들 수단이 증권화 과정에서 어떻게 활용되는가를 보자. 예컨대, SPE가 시가 100억 원인 자산을 담보로 선순위 80억 원, 후순위 20억 원인 무이표 채권을 발행한다고 가정하자.

랩, 보험 및 보증: 6장에서 본 바와 같이, SPE는 보유 담보자산에 대한 금융보증(금융회사)이나 발행한 유동화증권들에 대한 랩(보험회사)을 매입할 수 있다. 두 경우 모두, 담보자산에서 발생하는 현금수익이 SPE가 발행한 자산유동화증권에 대한 원리금 지급에 충분치 않은 경우, 신용보장 매도자가 부족분을 보전해 줄 것이다.

먼저, 랩을 보자. 가령, SPE가 80억 원어치 채권의 원리금 지급에 대한 랩을 매입했다고 하자. 만약, 담보자산의 시가가 80억 원에 미치지 못하는 경우, 랩 매도자가 차액에 대해 책임을 지게 될 것이므로, 선순위 채권자는 원리금 전액을 상환 받게 된다.

랩 대신 금융보증을 통해서도 같은 목적을 달성할 수 있다. 즉, SPE는 공제가 20억 원, 한도가 100억 원인, 100억 원어치 담보자산에 대한 금융보증을 매입하면 된다. 그리고, 두 경우 모두 선순위 채권은 금융보증 제공자의 신용등급과 같은 등급을 받게 될 것이다.

은행발행 신용장: 은행이 발행하는 신용장은 신용보험 상품을 대신할 수 있다. SPE는 이 경우, 은행으로부터 80억 원에 해당하는 신용장을 인수받는다. 담보자산의 손실이 20억 원을 초과하는 경우, SPE는 신용을 인출할 것이고, 따라서 선순위 채권자들은 원리금을 전액 지급받게 될 것이다.

신용디폴트스왑: SPE는 100억 원어치 담보자산을 준거 포트폴리오로 하는, 공제가 20억 원인 신용디폴트스왑 계약을 체결해도 된다. 담보자산의 손실이 20억 원 이상인 경우, 이번에는 CDS가 SPE에 대한 완벽한 신용보험을 제공하게 될 것이다. 첫 번째 20억 원 손실은 후순위채

권자가 부담하든지, 아니면 내부신용보강으로 해결될 것이다. 어떤 경우라도, 담보자산 중 최소한 80억 원은 보장됨으로써, 선순위채권은 신용위험이 전혀 없다.

자산에 대한 풋옵션(환매권): 외부 신용보강의 마지막 형태는 담보자산에 대한 풋옵션이다. 최초 자산보유자로부터 풋을 매입한 SPE는 담보자산을 자산보유자에게 다시 행사가격에 매도할 수 있다. 그러므로, 신용사건이 발생해서 담보자산 가치가 행사가격 이하로 하락할 경우, SPE는 풋을 행사해서 담보자산을 정해진 가격에 자산보유자에게 매도할 것이다. 이 경우, 만약 풋이 등가격풋이었다면, 옵션행사로 원래 담보자산의 액면가격에 해당하는 현금흐름이 유입될 것이다(물론 이렇게 되면 진정한 매각요건을 충족시키지 못할 수도 있다).

11.3.3 이자율 위험

이자율 위험이란 담보자산으로부터는 고정이자 수입인데 유동화증권에 대한 이자는 변동금리를 지급하는 경우와 같이 자산과 부채간에 이자율 베이시스의 불일치에서 오는 위험을 말한다. 증권화 과정에서의 이자율 위험은 특히 유동화증권의 설계에 큰 영향을 미친다.

유동화증권을 담보하는 담보자산 풀의 이자지급 행태는 고정이든 변동이든 이미 확정되어 있을 것이다. 그렇지만 유동화증권의 이자지급 행태가 담보자산 풀의 이자지급 행태와 반드시 일치할 이유는 없다. 고정 또는 변동이자지급 모두 가능하며, 그 결정은 기본적으로 증권화 구조의 설계자와 발행자가 하지만, 그 과정에서 투자자들의 선호도를 반영하는 것이 일반적이다.

담보자산 풀과 유동화증권의 이자지급 패턴간에 있을 수 있는 불일치는 기본적으로 이자율 스왑을 통해서 해결한다. 이자율 위험은 또한 자산과 부채의 만기 불일치에서도 발생한다. 자산과 부채의 만기가 서로 다른 경우, 이자율이 변하면 자산 증권화 구조의 순스프레드가 불리해지게 된다.

최근 유동성 위험관리에 은행의 신용장을 대신해서 자산스왑이 널리 사용되는 이유의 하나도 따지고 보면 자산스왑을 통해서 일반적인 이자율 위험관리 문제는 상당히 해결되기 때문이다. 그래도 부족한 경우에는 **선도이자율계약(forward rate agreement: FRA)**이나 통상적인 금리스왑 등과 같은 금리파생상품을 이용해서 헤지하면 된다.

11.4 합성신용재보험과 증권화

위험관리의 관점에서 보면, 신용위험이 있는 자산을 SPE에 매각함으로써, 위험자산 보유자는 실질적으로 위험자산에 대한 신용위험 보험이나 신용보증을 구입한 것과 같은 효과를 얻는다. 그런데, 앞에서 본 바와 같이, SPE가 매입자산의 현금흐름에 대한 청구권인 유동화증권을 발행하는 것은 마치 SPE가 **초과손실액 신용보험**(excess of loss credit insurance)을 구입하는 것과 같다. 이 둘을 결합하면, SPE가 자산보유자로부터 신용위험 자산을 매입하고, 그것을 담보로 증권을 발행하는 것은 곧 **초과손실액 신용재보험**(excess of loss credit reinsurance)과 같은 효과를 갖는다는 것을 말해 준다. 그런 의미에서 우리는 **합성신용재보험**(synthetic credit reinsurance)을 만들어 낸 것이다.

요컨대, 기업이 상환청구권부 부채와 자기자본을 발행하는 것을 소유 자산에 대한 신용보험을 합성으로 만들어 낸 것으로 볼 수 있다면, 자산의 증권화는 SPE가 자산유동화증권 투자자들로부터 합성신용재보험을 구입한 것으로 볼 수 있다. 즉, 최초의 자산 매각은 최초 자산보유자에 의한 SPE로부터의 신용보험 구입이고, SPE가 발행한 유동화증권의 매각은 SPE의 재보험 구입이다. 다만, 차이라면 여기서는 일반보험과 달리 자금수수가 이루어진, 즉 손실보전자금이 전액 유입된(funded) 위험전가라는 점이다.

구체적인 예를 들어 보자(Culp, 2006). 가령, 어떤 기업이 신용위험이 있는 자산으로 이루어진 100억 원 상당의 자산포트폴리오를 가지고 있다 하자. 이 위험자산 포트폴리오의 보유자(자산 보유자)는 이를 SPE에 매각함으로써 자산을 유동화시킨다. SPE는 매입한 자산으로부터 발생하는 현금흐름을 담보로 유가증권을 발행, 매각함으로써 매입자금 100억 원을 조달한다. 구체적인 증권화 구조를 보면, 우선 1억 원의 SPE 지분계층(자기자본)은 최초 자산보유자가 보유한다. 또한, 자산보유자는 내부 신용보강 수단으로 홀드백과 CCA의 형태로 10억 원을 지급한다. 그리고 SPE는 후순위 채권과 선순위 채권을 79억 원, 20억 원씩 각각 발행한다. 마지막으로, 10억 원의 신용보강은 순차적 현금지급 총괄계획상 지분계층과 후순위 채권 사이에 적용된다. 이 말은 곧 담보자산의 손실이 11억 원 이상이 되어야 비로소 후순위 채권자들이 손실을 보기 시작한다는 뜻이다.

이제 누적손실이 여러 유동화증권 보유자들에게 미치는 영향을 생각해 보자. <그림 11.4>는 **초과손실액**(XOL) **신용재보험**의 관점에서 자산증권화 구조의 신용위험이 투자자들간에 어떻게 배분되는가를 보이고 있다. 최초 11억 원어치 담보자산의 손실은 SPE에 대한 지분투자와 신용보강을 해 준 자산보유자가 부담한다. 그 다음 79억 원의 손실은 후순위채권 투자자들이 부담한다. 마지막으로, 선순위 채권투자자들은 투자액 20억 원 중 10억 원에 대해서만 손해 볼 가능성이 있지만, 그것도 10억 XS 90억(90억 초과 100억 원 미만)원 계층의 담보자산에까지 손실이 발생해야만 한다.

특히, 그림에서 선순위 채권 계층 위의 반인 10억 XS 100억 계층은 전혀 손실의 위험이 없다. 담보자산의 가치가 100억 원이고 10억 원의 신용보강으로 선순위 채권자들은 최악의 경우라도 투자원금의 절반인 10억 원 이상의 손해를 볼 수 없다. 결국, 이 구조는 선순위 채권자들에 대해서는 90퍼센트 신용보강이 된 것이다. 즉, 80퍼센트는 후순위화－79억 원 후순위 채권과 1억 원 지분투자－이고, 나머지 10 퍼센트는 내부신용보강이다.

자산보유자의 손실가능 금액 11억 원은 SPE가 자산보유자에게 매각한 원신용보험의 공제금액으로 볼 수 있다. 그러므로, 자산보유자가 위험자산을 매각한 것은 사실이지만, 여전히 최초 11억 원 상당의 손실 가능성은 남아있다. 보험의 공제금액으로 이해하던지, 아니면 5장에서 말한 '계획된 위험의 자기보유(planned retention)'로 간주하면 될 것이다.

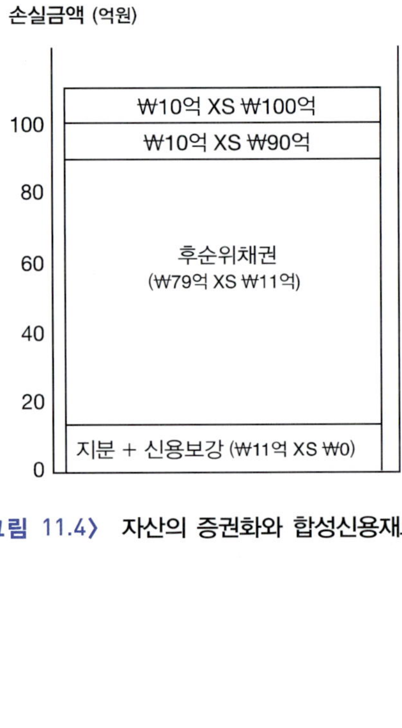

〈그림 11.4〉 자산의 증권화와 합성신용재보험

제 12 장

자산유동화증권: RMBS와 ABCP

자산유동화증권(ABS)은 여러 각도에서 분류할 수 있다. 먼저, 담보로 사용된 기초자산의 유형에 따라 구분해 보면, 유동화증권의 기초자산은 주택저당 대출채권(또는 모기지), 상용부동산 담보 대출채권 등 부동산 담보대출채권, 자동차 할부금융, 수출 등의 일반 대출, 리스(자동차, 장비, 자본재 등에 대한), 학자금 대출채권, 회사채나 기존 ABS 등과 같은 유가증권, 그리고 신용카드매출채권 등이 있다.

ABS는 또 원금회수(또는 원금상환)의 우선순위, 만기, 이자지급 등, 유동화 자산이 담보하는 발행증권의 특성에 따라서도 구분할 수 있다. 발행증권의 원금회수 선·후 순서나 **순위구조(priority)**를 구분하는 클래스(또는 등급)의 수에 따라서 구분하면, 단일 클래스(single class)인 초기 패쓰스루(pass-through) MBS 구조를 제외하면 복수 클래스(multi-class) 구조가 일반적이다.

만기(maturity)에 따라서도 장기, 중기, 단기로 구분하지만 ABS는 대부분 10년 내외의 중기채권(medium-term notes: MTNs)이고, ABS에 대한 표면이자 지급은 고정 또는 변동이자 둘 중 하나지만 고정금리가 일반적이다. ABS는 또 대부분 공모 아닌 사모(private placements)를 통해 거래된다.

ABS 발행 구조에서 SPE는 양수한 증권화 대상 자산이 채무불이행 상태가 되거나 완전히 상환된 경우, SPE가 발행한 유동화증권에 대한 원리금도 완전히 상환되고 종료된다. 다시 말해서, 대부분의 ABS구조는 스스로 종료되는 것이 원칙이고, 원래 증권화 대상자산의 수명(대개 2~5년)과 함께 종료되는 것이 일반적이지만, 자산을 계속 보충하거나 또는 새로운 자산을 계속 투입하는 **자활형(self-sustaining)** 구조도 간혹 발견할 수 있다.

이 장에서는 ABS가운데서 기초자산이 주택저당 대출채권인 **주택저당대출채권유동화증권(residential mortgage backed securities: RMBS)**과, 기초자산이 신용카드매출, 무역신용, 자동차 할부금융, 컴퓨터나 자동차 리스 등, 다양한 매출채권(債權)인 **자산유동화기업어음(asset backed commercial paper: ABCP)**을 중심으로 전통적인 1세대 ABS를 기술한다. 이들은 모두 2007 - 2008 글로벌 신용위기와 크게 관련되어 있다고 지적되는 초기 자산유동화증권이다[121].

---

121 유럽과 달리 미국에서는 (부동산)**저당대출채권유동화증권(mortgage backed securities: MBS)**을 ABS에 포함시키지 않는다. 이유는 MBS가 초창기 미국의 구조화금융 시장에 대한 지배력이 너무 커서 독자적인 영역을 확보했기 때문일 것이다(Tavakoli, 2008, p.126). 글로벌 신용위기에서 중요한 역할을 한 또 하나의 상품은 RMBS와 구조가 유사한 ABS CDO인데 이는 16.2.3에서 설명한다.

12.1 모기지와 RMBS

12.1.1 모기지의 유형

주택구입자는 통상 구입대상 주택을 담보로(또는 저당해서) 은행 등 주택구입자금 대출전문 금융기관으로부터 대출을 받아 주택을 구입한다. 은행은 이 대출자금의 상환을 보장받기 위하여 구입한 주택에 담보권(또는 저당권)을 설정하는데 이 저당권이 설정된 저당권부상환권(抵當權附償還權)을 **주택저당대출채권(住宅抵當貸出債權)** – **주택저당권** 또는 **모기지(mortgage)** – 이라 부르고 재무상태표의 왼쪽에 자산으로 기록한다. 그러므로, 모기지란 특정대출(이 경우엔 주택구입자금 대출)에 붙인 하나의 이름에 불과하지만, 경제적으로는 일종의 채무증서(IOU)나 수익증권, 혹은 담보부채권(債權)으로 볼 수 있다. 왜냐하면, 모기지는 주택구입자가 주택구입을 위해 현재 차입한 자금을 앞으로 은행에게 정해진 조건으로 상환하기로 한 약정이기 때문이다[122].

담보부채권이긴 하지만 은행으로선 모기지를 환수하는데 여러 위험이 따른다. 우선, 차입자에 대한 신용위험이다. 대개 주택자금대출은 특정 지역에 편중될 수 있다. 서울 거주자가 부산지역 은행에서 대출받을 가능성은 그리 크지 않다. 따라서, 차입자들의 경제사정이 동시에 나빠질 가능성이 크다(예: 어촌, 관광특수지역 등). 둘째, 모기지는 차입자에 의한 조기상환 가능성이 있다. 이자율이 하락하면 차입자는 낮은 금리로 모기지를 조기 상환하는 것이 유리하게 될 것이고, 은행은 상환 받은 자금을 낮은 금리에 투자해야 한다. 셋째, 모기지 대출은 대개 고정금리, 10~30년 상환의 장기투자다. 이는 그 만큼 이자율 위험이 크다는 것을 의미한다. 뿐만 아니라, 단기성 예금으로 장기성 주택구입자금을 대출하는 데는 유동성 위험이 항상 따르게 마련이다.

부동산저당대출채권(不動産貸出抵當債權), 즉 모기지의 위험은 **저당대출상환액비율(payment to income ratio: PTI ratio)**, **총부채상환액비율(debt-to-income ratio: DTI ratio)**, **담보가치인정비율(loan-to-value ratio: LTV ratio)**, 대출규모(size of the loan) 등에 의해 결정된다. PTI 비율은 월별 소득에 대한 월별 저당대출상환액(부동산세 포함) 비율, DTI 비율은 월별 소득에 대한 월별 총부채상환액 비율, LTV 비율은 주택가격에 대한 저당대출액(선순위 대출액 포함) 비율이다.

이들 비율에 대한 일정 기준은 없다. 차입자의 신용도는 그 밖의 다른 요인, 예컨대 신용실적 등도 고려해야 하기 때문이다. 경험에 입각한 지표가 있다면 미국의 경우 적격 비율은 PTI는 25%, DTI는 36%, LTV는 80%로 이러한 비율이 높을수록 신용도는 낮아진다. 건당 대출규모는 매년 달라지지만, 1가구 주택의 경우 최대 42만 달러다(2007년).

---

122 **역모기지(reverse mortgage)**도 있다. 역모기지는 주택의 시가와 모기지 잔액의 차(差)인 **주택지분(home equity)**을 담보로 자금을 차입하는 것으로서, 모기지처럼 매달 은행에게 일정금액을 지불하는 것이 아니라, 일정금액을 수취하거나 또는 신용공여를 받는 것을 말한다. 은행으로선 일종의 투자다.

모기지의 위험은 담보물의 특성에 따라서도 달라진다. 일반적으로 모기지 가운데 **패니 매**(Federal National Mortgage Association: FNMA 또는 Fannie Mae)와 **프레디 맥**(Federal Home Loan Mortgage Corporation: FHLMC 또는 Freddie Mac) 등 **정부후원기업**(government sponsored enterprises: GSE)들이 매입하는 모기지를 **적격모기지**(conforming mortgage)라 부른다. 모기지의 구체적인 유형을 보면, 우선 FICO 평점(FICO Score)이 700 이상이고 LTV가 65%-80%인 **프라임 적격**(prime conforming)과 **점보**(jumbo) 모기지가 있고, 그 다음은 각종 증빙자료는 부족하지만 FICO 평점이 700 내외, LTV가 70%~100%로 거의 적격모기지 수준인 **알트-에이**(Alt-A), 그리고 마지막으로는 최근 글로벌 금융위기의 도화선으로 지목 받고 있는 **비우량 모기지**(subprime mortgage)가 있다[123].

서브프라임 모기지는 FICO평점이 650 또는 640 이하, LTV가 60%~100% (보통은 80% 이상), 총부채상환액비율이 40% 이상, 그리고 차입자의 신용실적이 나쁜 모기지를 말한다. FICO평점이 650 미만인 차입자는 대개 전체의 27%정도이고 12%에서 20%가 서브프라임 대출로 추정된다.

모기지는 또 지급 금리에 따라 **고정금리 모기지**(fixed-rate mortgage)와 **변동금리 모기지**(adjustable-rate mortgage: ARMs)로 구분할 수 있지만 (간혹 이들 둘을 결합한 형태도 있다), 고정금리 모기지가 대부분이다(변동금리 모기지는 12.1.5에서 더 설명한다).

모기지 시장은 발행시장과 유통시장으로 구분된다. 발행시장에서는 주택구입자금 차입자와 대출자간에 신규 모기지가 발행되고 유통시장에서는 발행된 모기지들에 대한 매매거래가 이루어진다. 모기지의 성격상(장기성) 역사적으로 유통시장은 규모도 작고 활동도 비교적 미미한 편이었다. 그러던 것이 미국의 경우에는 GSE, 우리나라에서는 한국주택금융공사의 설립으로 유통시장이 활성화 되었다.

12.1.2 주택저당대출채권유동화증권(RMBS)

1980년대 이전까지 미국의 주택담보대출 기관들은 영업모형이 소요 자금을 주로 예금을 통해서 조달하는 **모기지 보유형**(lend and hold: LAH)이었다. 즉, 주택저당 대출채권을 은행 재무상태표의 자산 항목에 만기까지 보유함으로써 수익을 발생시키는 영업방식이었다. 1980년대에 들어와서 금융파생상품의 급속한 발전과 금융규제의 완화로 인한 수익성 악화 등으로 은행들은 모기지와 같은 신용자산을 만기까지 보유하지 않고 조기에 증권화시키는 **모기지 증권**

123 FICO평점이란 미국의 개인 신용평가회사인 **Fair Isaac Corporation**(FICO)의 수리모형에 입각한 개인의 대출상환 연체확률 평가점수를 말한다. 높을수록 신용도가 높다.

화형 **(originate-to-distribute: OTD)** 영업모형으로 전환하게 되었다. 이는 모기지관련 금융기관들의 수익성 향상은 물론 미국 주택금융시장의 모습을 완전히 바꿔놓는 계기가 되었다.

무엇보다, 금융기관들은 보유 자산인 개별 주택저당채권, 즉 모기지들을 하나로 모아서(pooling) 여기서 나오는 현금흐름(원리금)을 담보로 시장에서 거래되는 증권을 발행함으로써(자산유동화), 유동성이 낮은 자산을 현금화시킴(자금조달)은 물론, 개별 모기지들의 고유위험을 분산시키는(위험분산) 동시에 신용위험도 자본시장의 투자자들에게 이전시킬 수 있었다(신용위험 전가). **부동산저당채권유동화증권** **(mortgage backed securities: MBS)**은 이 과정에서 발행된 증권을 가리킨다[124]. 글로벌 신용위기 때 문제가 된 RMBS는 **상용부동산저당대출채권유동화증권** **(commercial mortgage backed securities: CMBS)**과 더불어 MBS에 포함되는 개념이지만 주택담보대출임을 명시했을 뿐, MBS와 같은 개념으로 보면 된다.

투자자들은 이들 MBS 또는 RMBS는 디폴트 위험이 거의 없는 것으로 본다. 시장에서 거래되는 RMBS의 대부분이 **지니 매** **(Government National Mortgage Association: GNMA)**, 프레디 맥, 패니 매들이 발행한 것들인데,[125] 지니 매는 당초부터 정부기관으로 설립된 것이고, GSE인 프레디 맥과 패니 매는 일단 민영화 되었었지만 정부후원 기업이었고 2008년 9월 이후에는 정부가 법적 보호자(conservatorship)가 되었기 때문이다.

그러나 대부분 비우량 주택저당 대출채권(서브프라임 모기지)이 담보자산인 민간부문 MBS들은 신용등급이 AAA수준인 GSE 발행 MBS들과 경쟁할 수 없었다[126]. 후일 MBS가 단순 패쓰스루 구조로부터 **페이스루** **(pay-through)** 구조로 이행하게 된 데는 물론, 패쓰스루 구조의 조기상환위험 문제도 있었지만 저당채권유동화증권의 신용등급을 높이기 위한 목적이 더 컸다. 페이스루는 모기지 풀을 몇 개의 계층으로 나누어서 만기와 원리금 지급의 우선순위를 다르게 함으로써 계층간 조기상환 위험을 분산시키는 동시에 AAA 등급 증권을 많이 발행할 수 있는 구조다 (9.4, 9.5 참조).

페이스루 증권은 만기와 원금(간혹 이자지급까지도)의 지급 우선순위가 다른 최소 2개 이상의 클래스를 만들어 원금상환을 순차적으로(sequential) 지급하는 것이 일반적인데, 그 대표적인 예가 1983년 프레디 맥이 최초로 발행한 복수클래스 **부동산저당채권담보부증권** **(collateralized mortgage obligations: CMO)**이다. CMOs는 이 후 REMIC을 거쳐 1987년에는 CDO로 발전하

124 주택담보대출유동화증권, 주택저당증권, 주택저당채권담보부증권, 주택담보대출채권유동화증권 등으로 부른다. 이들은 SPE(우리나라의 경우, 한국주택금융공사의 자기신탁)를 통해서 수익증권 형태로 발행된다. 한국주택금융공사가 신탁 설정 없이 직접 발행한 채권형은 주택저당담보부채권(**mortgage backed bond: MBB**)이라 한다. 엄밀히 말해서는 주택저당대출채권유동화증권(RMBS) 이다.

125 엄격한 의미에선 이들이 인정한 개별 금융기관들이 발행한다.

126 민간기관으로서는 1977년 BOA가 처음 패쓰스루 RMBS를 발행했다.

게 된다. 이들은 모두 초기 MBS인 패쓰스루 증권을 변형시키거나 패쓰스루를 기초자산으로 한 복수클래스 또는 다계층 증권들이다.

미국의 경우, 상업은행, 모기지전문 금융기관 및 투자은행 등 민간부문에 의한 RMBS 발행은 2005년도에 이르러 GSE 발행을 추월할 만큼 성장한다. RMBS 또는 MBS는 일반 ABS와 어떻게 다른가? 크게 다를 바 없다. 다만, 원금상환이 분할상환 방식이라는 것과 모기지 조기상환 가능성으로 인해 만기가 최장 모기지 수명인 30년보다 실제 수명이 2~5년으로 훨씬 짧다는 것이 다를 뿐이다.

12.1.3 단일클래스 패쓰스루 RMBS

GSE발행 **단일클래스 패쓰스루 주택저당대출채권유동화증권(single-class pass-through agency RMBS)**은 ABS가운데서도 가장 먼저 발행되었을 뿐만 아니라, 미국 주택시장의 주요 자금공급원 역할을 하는 초기 자산유동화증권의 하나다[127]. 단일클래스 패쓰스루 RMBS는 기초 자산이 개별 주택저당대출채권 또는 주택 모기지이거나 모기지 포트폴리오인 단일클래스 증권(single-class securities)을 말하는데, 단일 클래스란 증권의 종류가 하나로서, 단일종(單一種)이므로 증권의 소유자들이 모두 우선순위가 동일하고 모기지 자산에서 발생하는 현금흐름에 대해 **소유비율(pro rata)**만큼의 권한을 갖는다는 것을 가리킨다. 주택이 아닌 일반 상용부동산 모기지인 경우는 **상용부동산저당대출채권유동화증권(commercial mortgage backed securities: CMBS)**이라 부르는데 이 둘을 합쳐서 통상 **부동산저당대출채권유동화증권**, **저당대출채권유동화증권**, **모기지유동화증권**, 또는 **모기지증권(mortgage-backed security: MBS)**이라 부른다.

RMBS의 발행은 1970년 지니 매의 보증을 시작으로, 1년 후에는 프레디 맥, 그리고 1981년에는 패니 매가 뒤를 이었다. 이들 세 기관 중 뒤의 두 기관을 통상 **정부후원기업(government sponsored enterprise: GSE)**이라 부르는데, 이들 GSE들은 모기지 매입을 주로 하고, 지니 매는 모기지관련 채권들에 대한 보증을 주로 담당한다. 정부후원기업이란 미국 의회에 의해 설립된 금융서비스 회사를 말하는 것으로, 모두 국영기업이 아니라 민간기업이지만 규제가 적고 정부의 금융지원을 받는다.

이들 GSE들은 자산증권화 과정에서 자산양수인 역할을 한다. 즉, 자산보유자들로부터 모기지를 매입해서 모기지 풀을 만들고, 이를 담보로 투자자들에게 발행한 패쓰스루 증권에 대한 원리금을 지급한다. 패쓰스루 RMBS나 패쓰스루 MBS는 모기지 풀에 대한 공동소유권 또는 **미분할지분(undivided interest)**을 나타낸다. 즉, RMBS를 매도한 기관이 아니라 투자자들이 모

127 **주택저당채권원리금자동이체증권** 또는 **주택저당채권지분이전증권**이라고도 한다.

기지 풀의 소유자인 것이다. 따라서 모기지 대출을 받은 사람들이 이자나 원금을 상환하면 RMBS를 매도한 기관이 자산관리 수수료나 보증료 등 일정 비용만 공제하고 나머지를 그대로 투자자한테 전달(pass-through)해 주는 증권이다. 즉, 패쓰스루 RMBS는 증권의 소유자가 자산과 자산에서 발생하는 현금흐름에 대한 권리를 모두 보유하는 **지분형 증권**이다. GSE는 모기지 대출이 디폴트할 경우 원리금지급의 보증을 위해 그랜터신탁에 모기지 대출채권을 맡기고 대신 그랜터신탁은 대출채권의 원리금 지급을 보증한다[128].

<그림 12.1>은 전형적인 단일클래스 패쓰스루 MBS의 증권화 구조를 보이고 있다. 은행 등 모기지 대출기관은 구입하는 주택을 담보로 주택구입자에게 모기지 대출을 제공한다. 주택담보대출에 대한 원리금상환은 민간 모기지 보험회사나 VA (Veterans Administration)와 같은 정부기관에 부보(附保)할 수도 있다. 대출기관은 저당대출채권을 GSE에게 MBS (또는 신탁수익증서)를 받고 양도하고, 받은 MBS를 인수기관을 통해서 투자자들에게 매각한다.

패쓰스루 MBS에서는 투자자들에게 담보자산에 대한 진정한 양도가 이루어지므로 대출금융기관은 기초자산을 부외자산으로 회계처리 한다. 패쓰스루 MBS는 일반적으로 단일등급 구조로 발행되며, 수수료 및 보증료를 제외하면 기초자산의 전체 현금흐름과 MBS의 현금흐름이 일치하므로 MBS 투자자는 매월 투자비율에 따라 원리금을 수취하게 된다.

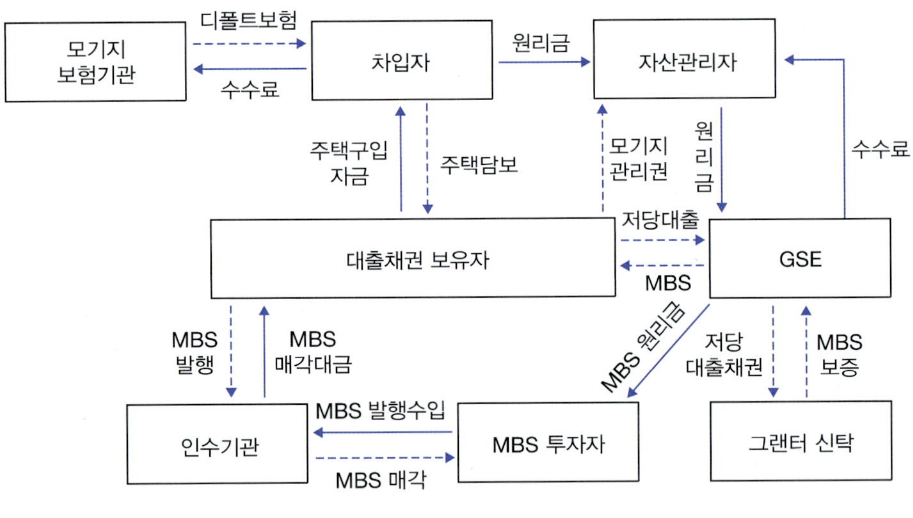

〈그림 12.1〉 단일클래스 패쓰스루 MBS

128 자산에 대한 소유권을 증권 발행기관인 SPE가 갖고 자산에서 발생하는 현금흐름에 대한 청구권은 증권 소유자가 갖는 형태의 MBS는 **페이스루 MBS(pay-through MBS)** — 저당대출채권원리금이체증권이라고도 부른다 — 라 하는데 다음 단원에서 논의한다.

이때, 대부분의 GSE들은 어떤 형태로든 투자자들에게 패쓰스루 MBS의 원리금 지급에 대한 보증을 제공한다[129]. 즉, GSE들은 패쓰스루 MBS에 대한 일차적 신용지원자의 역할을 하며, 이들의 높은 신용도(AAA)로 말미암아 패쓰스루 MBS 투자자들의 신용위험은 최소한에 그친다. 실제로, MBS는 "신용시장"상품으로 간주되지 않는 것이 일반적이며, 기타 ABS와는 구분해서 독자적인 자산유동화증권으로 분류된다. 그럼에도 불구하고, 패쓰스루 MBS 투자자들도 기초자산과 관련된 다른 종류의 위험, 예컨대 원금의 조기상환 위험이나 이자율 위험 등은 피할 수 없다.

12.1.4 복수클래스 RMBS와 REMICs

패쓰스루 MBS 투자자들이 부담하는 위험가운데서 원금의 조기상환(早期償還) 위험은 투자자들에게 매우 중요한 의미를 갖는다. 왜냐하면, 가령 장기투자를 목적으로 매입한 채권이 만기 이전에 조기 상환될 경우, 투자자는 당초의 목적이 달성되지 않을 뿐만 아니라, 조기상환은 이자율이 하락한 경우에 이루어지는 것이 일반적이므로 조기상환액의 재투자수익률 또한 낮을 수 밖에 없게 된다[130]. 따라서, 패쓰스루는 81년부터 본격적으로 발행되었지만 대부분이 AAA 등급을 획득했음에도 불구하고, 일반 AAA회사채들보다 수익률이 높은 한편(가격이 싸다), 투자상품으로서의 인기 역시 한계가 있었다. 이런 이유로, 단일등급 패쓰스루 구조는 결국 페이스루구조와 복수클래스 MBS구조로 발전된다.

페이스루 구조는 원금의 조기상환과 관계없이 MBS에 대한 원리금 지급을 일반 회사채와 유사하게 함으로써, 투자자에 대한 조기상환 위험을 감소시키고 현금흐름의 안정성을 증가시킨다. 이를 위해 조기상환에 대한 수리모형을 만들고 이를 이용해서 모기지 풀의 만기를 단기, 중기, 장기 등 기간별로 분류하여, 각각 만기 및 수익률이 상이한 여러 종류의 채권을 만들어 냈다. 이것이 **복수클래스 RMBS** 또는 **복수클래스 MBS**이다.

복수클래스 MBS의 기초자산은 개별 대출, 패쓰스루 MBS 및 기타 복수클래스 채권 등, 매우 다양하다. 복수클래스 MBS 중에서 가장 많은 비중을 차지하는 것들이 **모기지담보부증권** 또는 **저당대출채권담보부증권**(collateralized mortgage obligations: CMOs)과 **부동산저당채권투자**

129 패쓰스루에는 **일반 패쓰스루**(straight pass-through)와 **수정 패쓰스루**(fully modified pass-through)가 있는데 일반 패쓰스루는 신탁이 차입자로부터 실제로 받은 금액만을 투자자가 수취할 수 있는 것을 말하며, 수정 패쓰스루는 지니 매나 GSE의 보증으로 차입자의 채무지급 이행과는 관계없이 이자와 원금을 지급받는 패쓰스루를 말한다.

130 이자율 하락시 조기상환으로 인해 패쓰스루 MBS 가격 상승이 일반 채권보다 작고(negative convexity) [낮은 이자율에 재투자하는 위험과 함께 이를 **수축위험**(contraction risk)라 한다], 이자율 상승 시 조기상환 지연으로 인해 고금리 투자기회를 잃게 되어 MBS 가격 하락 폭이 더 크다[이를 **팽창위험**(expansion risk)이라 한다]. 따라서 조기상환 위험은 이 둘을 다 포함한다.

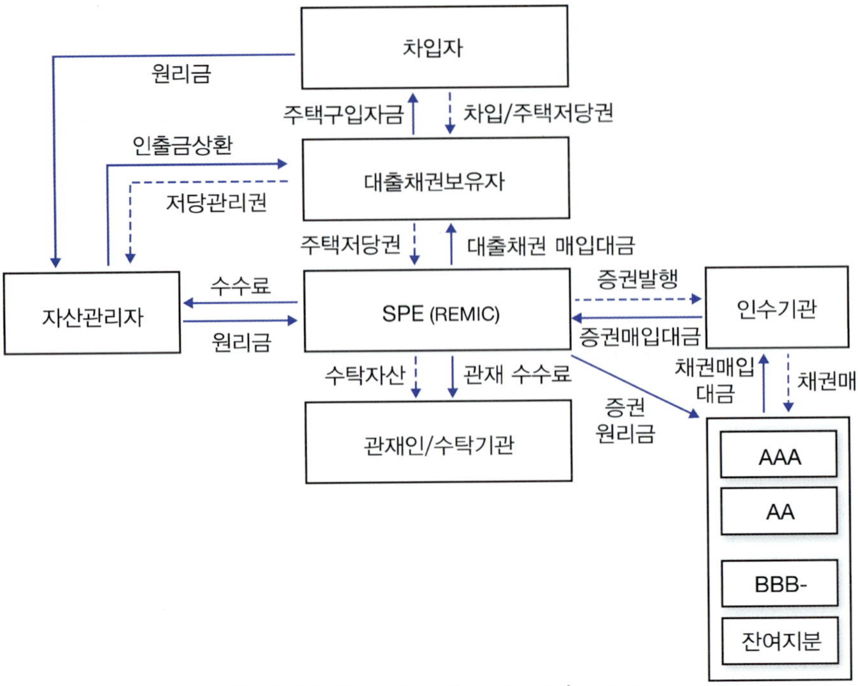

〈그림 12.2〉 복수클래스 RMBS와 REMICs

증권(real estate mortgage investment conduits: REMICs)이다. CMOs나 REMICs에서는 저당대출채권 풀의 현금흐름은 투자자에게 이전되지만, 저당대출채권에 대한 소유권은 증권발행기관이 보유한다. REMICs와 CMOs는 거의 비슷하지만 REMICs가 CMOs의 단점들을 개선한 것이므로, 여기서는 REMICs를 중심으로 복수클래스 RMBS를 설명한다[131].

REMICs구조에서는 실물자산, 특히 부동산이 담보하는 자산 풀을 파산으로부터 절연된 특수목적기구(REMICs신탁, 법인 등 다양함)에 양도한 다음, 특수목적기구가 만기가 다른 복수클래스의 패쓰스루 증서, 또는 MBS를 발행한다. REMICs는 만기가 있는 구조로서 CMO에서와 같이 현금흐름지급의 규모와 시점을 포함한 모든 증권화(계층화) 기법을 사용할 수 있다. 그럼에도 불구하고, 패쓰스루 구조에서와 같이 REMICs 차원의 세금도 면제되고, 증권매각을 통한 자본조달은 소득세법에서 부채로 간주된다.

GSE의 디폴트위험이 무시할 정도이므로, 각 계층별(tranches) – 여러 종류의 증권 – 위험은 주로 원금의 조기상환에 대한 위험이다. 그러므로 REMICs의 공통된 구조는 신용위험의 계층간 배분보다는 원리금지급 시점의 배분을 통해 **조기상환 위험**(prepayment risk)을 투자자의 요구에 맞도록 여러 클래스에 배분하는 데 있다고 보면 된다. 만약 세 클래스의 증권을 발행한다

131 REMICs는 1986년 Tax Reform Act에 의해 설립할 수 있게 되었다.

면 30년 모기지의 현금흐름이 세 개의 순차적 지급 구조로 바꾸는 것이다(어떤 클래스는 담보자산의 평균수명보다 길고 어떤 클래스는 짧을 것이다).

만기에 따른 **순차적 지급(sequential pay)** 구조를 가진 전형적인 GSE 발행 REMICs(plain vanilla REMICs)의 경우, 담보자산 포트폴리오(통상 최소한 1억불, 1천건 이상)에서 발생하는 현금흐름은 여러 계층에 만기가 짧은 계층부터 순차적으로 배분된다. 실제 원금상환은 계층별(만기별) 우선순위에 따라 지급되고, 선순위 증권(대강 담보 풀의 80%)에 대한 원금이 완전히 지급되기 전에는 후순위 증권에 대한 원금지급은 없고 정해진 이자만 지급된다.

REMICs는 결국 모기지 풀에서 나오는 현금흐름을 이자와 원금지급에 배분하는 규칙들의 집합이므로 실제 REMICs의 클래스 구조는 매우 다양하다. 순차적 지급 이외에 소유비율에 의한(pro rata) 지급 구조도 있다. 소유비율에 의한 지급은 발행증권의 잔액 비율대로 회수된 원금을 모든 증권에 배분하는 것이다. **계획분할상환(planned amortization class: PACs) 클래스**는 이자율 하락으로 조기상환이 목표원금상환 일정보다 더 빠를 때, 투자자 보호를 위해 원금의 우선 배분권을 부여하는 채권이다. **목표분할상환(target amortization class: TACs) 클래스**는 이자율 상승으로 조기상환이 목표원금상환 일정보다 더 느릴 때, 투자자 보호를 위해 원금의 우선 배분권을 부여하는 채권이다. 그 밖에도 이들과 함께 실제 조기상환율의 변동성을 흡수해 주는 **보조(support)클래스**, 심지어는 만기까지 이자지급이 원금에 누적되는 **Z클래스** 등, 클래스의 수도 많을 뿐 아니라, PACs와 같이 개별 클래스가 여러 개인 REMICs도 있을 수 있다. 그러므로, REMICs는 간단히 담보자산이 패쓰스루 증권인 일종의 "재증권화(resecuritization)"상품으로 볼 수도 있지만, 모기지에서 발생하는 현금흐름을 사실상 아무런 제한 없이 여러 가지 방법으로 분배할 수 있는 관계로 상당한 투자지식이 요구되는 상품이다.

12.1.5 서브프라임 모기지

서브프라임 모기지 대출은 1996년만 하더라도 1,000억 달러 미만(약 970억 달러)이었으나 2006년에는 6,000억 달러(그 해 전체 모기지 대출 잔액의 22%)로 급속히 증가했다. 이들 서브프라임 모기지들은 GSE가 매입할 수 없으므로 월가(Wall street)의 투자금융회사나 기타 민간 자산증권화 전문기관들에게 매각되어 MBS형태로 증권화 되었는데, 문제는 이들 증권의 디폴트 확률이 이중적으로 높아질 수 밖에 없다는 데 있었다. 우선, 차입자의 신용상태가 불량한 것은 물론이고, 모기지가 지역적으로 편중되어 있거나 발행시기가 특정 기간에 집중되어서 집단화된 모기지들의 디폴트 상관관계가 매우 높을 수 밖에 없다. 게다가, 상당수의 서브프라임

RMBS들이 CMO의 형태로 재증권화 되었는데 이는 사실상 CDO^2에 다름 아니다[132]. CDO^2는 특별히 디폴트 확률, 회수율, 디폴트 상관관계 등의 추정오차에 매우 민감하다 (15장에서 더 상세하게 논의한다).

서브프라임 모기지의 전형적인 특성은 대부분이 2/28이나 3/27과 같은 **변동금리 모기지 (adjustable rate mortgages: ARMs)**이다. 2/28, 3/27이라 함은 모기지 만기가 30년일 경우, 처음 2 또는 3년 동안은 이른바 **티저금리 (teaser rate)** – **유인(誘因)금리**라고도 함 – 라는 낮은 금리로 고정되어 있다가, 그 후 28 또는 27년 동안은 LIBOR나 기타 변동 금리에 **가산스프레드 (step-up spread)**를 합한 금리를 적용시키는 것을 의미한다. 이와 같은 가산스프레드로 말미암아, 대출비용이 급격히 상승하게 됨에 따라 (거의 6개월에 1%씩), 주택자금 차입자들은 2~3년 후 가산스프레드를 포함한 높은 이자율로 이자가 재조정되는 시점에 **재융자** 또는 **재금융 (refinancing)**을 하는 것이 아주 유리하게 된다. 더구나 프라임 모기지와 달리, 서브프라임 모기지는 80퍼센트 정도가 조기상환에 대한 수수료 조항이 있으므로 그 이전에 재융자하는 것은 손해다. 그러므로, 프라임 모기지에서는 차입자가 장기주택대출에 대한 조기상환권을 가지고 있지만, 서브프라임 모기지는 자금공급자가 대출에 대한 연장권을 가지고 있는 단기 모기지라 할 수 있다. 따라서, 주택가격이 하락해서 차입자의 지분이 마이너스가 되면 주택금융업체들은 당연히 기존 대출금에 대한 재금융을 기피하게 될 것이다.

12.1.6 서브프라임 복수클래스 RMBS

전형적인 **서브프라임 RMBS**의 특성은 우선, REMICs처럼 선·후순위 구조이며[133], 초과담보 (overcollater-alization: O/C)가 초과스프레드의 전용 (적립)을 통해서 증가한다. 그러므로, 신용보강은 주로 선·후 순위 구조에 의해 이루어 진다. 특히, 메자닌 클래스 (신용등급이 AA에서 B사이)에 대해서는 딜 (deal)이 종료된 후 얼마 동안 (대개 3년)은 원금조기상환액을 사용할 수 없다가 – 이를 **전용금지기간 (lockout period)**이라 한다 – 그 후에는 여러 가지 검사기준 (performance tests)을 충족시키면 허용된다.

O/C검사기준을 충족시키지 못하면 종전과 같이 조기상환은 오로지 선순위 채권부터 순차적으로 이루어진다. 선순위 채권의 원금이 상환됨에 따라 선순위 클래스의 전체 딜에서 차지하

132 CDO^2는 2차 CDO라고 할 수 있는데 쉽게 말해서 여러 1차 CDO들을 모아 그것을 기초자산으로 하여 다시 새로운 계층 (tranches)의 증권을 발행한 것이다.

133 통상 AAA (80% 내외), AA (6.5% 내외), A (5.5% 내외), BBB (2.5% 내외), O/C (2% 내외)다. Alt-A MBS의 경우는 AAA (93% 내외), AA (2.5% 내외), A (2% 내외), BBB (1.2% 내외), BB (1% 내외), O/C (0.8% 내외)로 AAA비중이 크다.

는 비중은 초기 2~3년 동안 상대적으로 점차 감소된다. 이는 곧 선순위에 대한 후순위비율의 상승으로 인해. 선순위 클래스에 대한 신용보강이 강화됨을 의미한다.

뿐만 아니라, 조기상환이 빠르게 진행되는 기간에는 모든 등급의 증권들이 목표 O/C 비율을 달성하게 될 것이므로 서브프라임 RMBS에 대한 신용보강은 이 구조에 유입되는 원금의 조기상환과 재금융으로 인한 현금유입(특히 초기의)에 큰 영향을 받게 된다.

그러므로, 서브프라임 RMBS는 유동화하는 과정에서 단순한 선·후 순위구조에 비해 보다 복잡한 초과스프레드/초과담보 구조를 가지고 있다. 즉, 고정된 초과스프레드/초과담보 구조를 갖는 일반적 증권화 과정과는 달리, 서브프라임 RMBS의 초과스프레드/초과담보 구조는 시간이 흐름에 따라 변한다. 이로 인해 약간의 주택가격 하락도 서브프라임 모기지대출 시장에는 큰 영향을 미치게 된다.

주택저당대출에 대한 조기상환은 대출에 대한 재금융 가능성에 달려 있다. 그런데, 재금융은 주택가격에 달려 있다. 즉, 주택가격이 상승해서 차입자의 지분이 증가하면 재금융은 어렵지 않을 것이다. 그러나, 주택가격이 하락한 경우에는 서브프라임 RMBS의 순차적 현금지급 총괄계획에 유입되는 현금흐름도 감소될 것이고, 이는 다시 모든 계층의 신용보강을 약화시키게 될 것이나, 특히 선순위 증권의 신용보강을 더 약화시킬 것이다. 그리하여, 2007년 말에 S&P는 1천 7억 불의 RMBS 등급을 하향 조정했다. <그림 12.3>은 전형적인 서브프라임 RMBS의 구조를 보이고 있다.

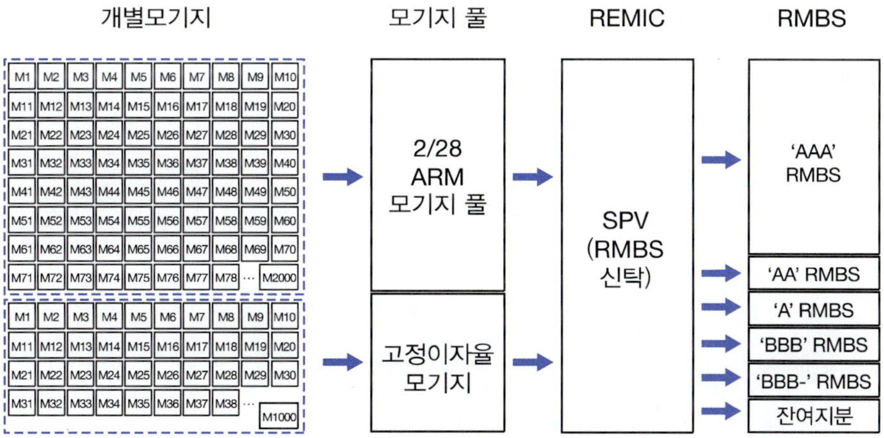

〈그림 12.3〉 전형적인 서브프라임 RMBS의 구조

12.2 자산유동화기업어음 (ABCP)

상업어음은 발행기관을 기준으로 기업어음, 금융어음, 자산유동화어음 또는 자산유동화 CP 등으로 구분할 수 있다. 기업어음과 금융어음은 담보자산이 없는 무보증채권이지만 발행기관의 파산시 청구권의 서열상 후순위 채권이 아니다. 이들 무담보 상업어음들은 글로벌 신용위기 발생 이전 T-bill과 더불어 미국의 단기금융시장에서 양대 축을 이루고 있었다(각각 1조 달러씩).

이들과 달리, **자산유동화기업어음**(asset-backed commercial paper: ABCPs) – **자산담보부기업어음**이라고도 부른다 – 은 미국에서 1980년대 초, 기업의 신용수요 증가에 따라 개발된 자산담보부 증권의 하나다. ABCP는 CP의 일종이지만 신용을 근거로 발행되는 일반 **상업어음**(commercial paper: CP)과 달리, 신용이 아니라 자산을 담보로 발행되는 기업어음이다. ABCP의 담보자산은 주로 신용카드매출 채권, 무역신용 채권, 자동차할부금융 채권, 그리고 컴퓨터나 자동차리스 채권 등이다.

ABCP는 기본적으로 6장에서 본 팩토링과 매우 유사하다. 다만, 팩토링은 고객에 대한 기업의 매출채권을 고객에게 다시 파는 것이고, 다시 파는 시점이 통상 채권회수에 불리한 신용사건이 발생한 이후인 점이 다를 뿐이다. <그림 12.4>는 담보자산 매도자가 다수인 ABCP발행 구조를 보이고 있다.

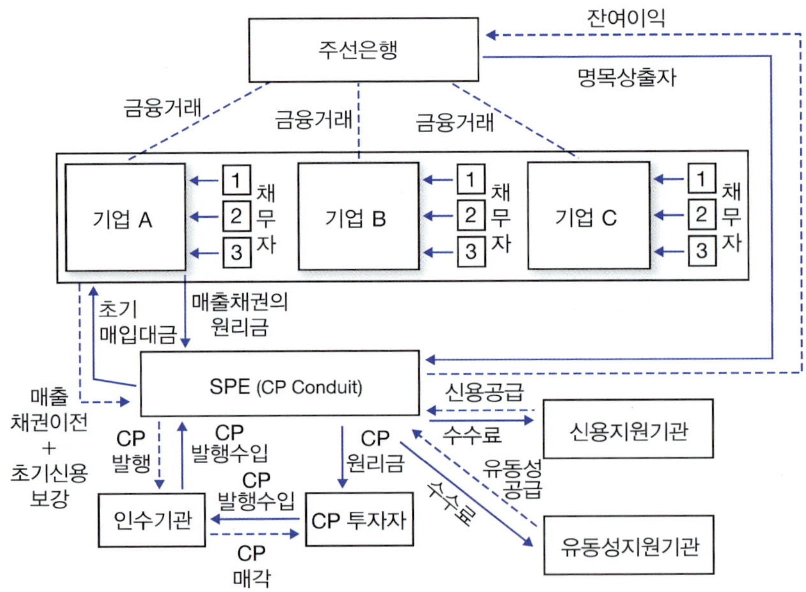

〈그림 12.4〉 담보자산 매도자가 다수인 ABCP

12.2.1 ABCP의 주요 특성

그런 이유로 인해 ABCP는 처음 은행의 고객인 기업이, 은행을 전적으로 배제하지 않으면서 CP시장으로부터 유리한 조건으로 차입할 수 있게 하기 위해 은행이 만든 일종의 팩토링 프로그램이었다. 전통적인 ABCP는 다음과 같은 특성이 있다. 즉,

(i) 만기와 수익이 확정된 단일 등급, 단기증권으로서, 만기는 통상 30일에서 60일 사이이며, ABS와 달리 유통시장에서 활발히 거래되지 않는다. ABCP 투자자들은 대개 만기까지 보유한다.

(ii) 한번의 자산양도로 종료되는 ABS와 달리, ABCP프로그램의 담보자산 풀은 신규 CP 발행수입에 의한 신규 자산의 매입이 계속 추가되는 구조로서, 최초 담보자산 풀의 원리금상환이 완전히 끝났거나 만기가 되었다고 SPE도 자동적으로 종료되지 않는다. 따라서, 기 발행 CP도 계속 **차환**(roll-over)된다[134].

(iii) 일반 ABS는 주로 기초자산에서 발생하는 현금흐름을 발행채권의 이자 및 원금상환자금에 사용하는 반면, ABCP 프로그램은 이를 추가 자산매입에 사용하고, 기 발행 ABCP의 상환자금은 추가적으로 ABCP를 차환 발행하여 충당한다.

(iv) 내부 신용보강은 홀드백에 의한 초과담보가 일반적이며, 이때 홀드백 액수는 신용평가기관의 아주 세부적인 지침에 따라 담보 풀의 역사적 손실액의 배수로 계산된다.

(v) 외부 신용보강은 질권이 설정된 은행의 신용공여약정(pledged LOCs)으로서, 담보자산 원리금의 환수불능 금액이 내부 신용보강 금액보다 클 경우, SPE는 CP에 대한 원리금 지급을 위해 은행으로부터 자금을 인출한다. 물론, 신용을 제공한 은행은 나머지 담보자산에 대한 상환 청구권을 보유한다.

(vi) SPE가 발행자인 ABCP 투자자는 주로 잘 분산된 담보자산 포트폴리오의 위험(시장위험)에 노출된 반면(특히, 자산매도자가 다수인 구조의 경우), 일반 무담보 CP투자자는 발행자의 고유위험 및 신용위험에 대한 노출이 크다.

12.2.2 ABCP와 은행

고객들을 위해 이 프로그램을 주선하는 은행은 SPE를 설립하고 투자하지만 출자 금액이

134 ABCP 콘딧(또는 증권화 중개기구) 역시 ABS를 발행하는 일반 증권화 전문회사와 마찬가지로 서류상의 회사다. 단지 다른 점은 증권화 전문회사의 경우 증권화 기간이 끝난 후 일단 수명을 다하지만, ABCP 콘딧은 '주식회사'이기 때문에 특정 기초자산의 증권화기간이 끝나더라도 여타 다른 기초자산을 지속적으로 매입하는 과정을 반복한다.

단순히 명목상이고 최소한에 그치기 때문에, 흔히 자선을 목적으로 하는 신탁에 증여하는 경우가 많다. 이유는 출자비율이 큰 경우, 감독당국이 모회사인 설립은행과 SPE의 연결재무제표를 요구하기 때문이다. 따라서, ABCP 콘딧의 대부분은 자산운용사가 설립한 은행의 파산으로부터 절연된 독립된 조직이다.

ABCP 프로그램을 은행이 개발하게 된 이유는 바로 기업 고객들에게 은행이 완전히 배제되지 않으면서도, 은행의 재무상태표상에는 나타나지 않는 새로운 자금조달/위험관리 수단을 고객에게 제공하는 것이었다(물론, ABCP는 은행에게도 부외거래이므로 규제자본 차익거래 목적도 있었다). 그러나, 발행은행은 결국 이 프로그램의 주 신용공여자, ALM 스왑의 상대방, 그리고 유동성 공급자의 역할을 모두 하게 된다. 더구나, 바젤 II는 ABCP구조를 지원하는데 대해서도 은행에게 규제자본 보유를 요구한다.

12.2.3 유동성 위험과 ALM 위험

ABCP는 특히 유동성과 ALM 불일치 위험에 대한 노출이 크다. 담보자산들은 대개 고정금리인데 반해 발행된 CP는 변동금리가 일반적이며, 신용카드매출 채권이나 자동차리스 채권 등과 같이 흔히 담보로 이용되는 자산들의 만기가 고정되어 있지 않고, 원금에 대한 조기상환 위험 또한 크다. 또, ABCP 담보 풀에 대한 "지속적인 양도(continuous conveyance)" 혹은 "재충전(recharging)"으로 인해 단기 CP 발행을 뒷받침해 주는 담보 풀이 끊임없이 변하게 된다.

더구나, 새로운 CP를 발행해서 만기가 도래하는 CP를 상환하는 것은 자금이 확보되지 않은(unfunded) 자본조달 방법이므로 위험이 크다. 따라서, 신용평가기관들은 ABCP에 대한 유동성 지원방안을 매우 중요하게 본다. 그러므로 이 프로그램의 담보 풀 전액이 적어도 CP 이상의 신용등급을 가진 기관이 제공하는 유동성 지원에 의해 담보되지 않으면 안 된다.

역사적으로 가장 많이 사용된 유동성 지원형태는 SPE에 대한 은행발행 신용공여약정 또는 신용장이었다. 예컨대, 기존 CP에 대한 원리금 지급에 필요한 현금이 부족한 경우, ABCP발행 콘딧은 손실 후 위험재무의 한 수단으로서 신용공여 약정을 이용한다. 과거 바젤 협약은 사용하지 않은 은행신용 공여라인에 대해서는 규제자본보유를 요구하지 않았다. 그래서 은행들은 자본비용 부과를 피하기 위해 364일 신용장(364-day LOCs)을 사용했다. 그러나 바젤 II에서는 미사용 LOC에 대한 규제자본이 요구된다. 그러므로, 364일 신용장은 더 이상 효용이 없게 되었다.

그러면, 최근에 ABCP 프로그램에서 활용되는 유동성 지원 메커니즘은 어떤 것들이 있는가? 먼저, 풋옵션이 있다. ABCP발행 콘딧은 신용등급이 매우 높은 거래상대방이 발행하는 특정 담보자산이나 신규발행 CP를 기초자산으로 하는 풋옵션을 매입한다. 이는 곧 만기연장가능 채권들이 예정대로 상환될 것임을 보장하는 것이 된다. 둘째, 신용등급이 높은 기관과 시장가격보장 스왑계약을 체결한다. 이 역시 시장가격 이하에 담보자산을 매각할 경우 그 차액을 보전해 준다. 셋째, **만기연장가능 채권**(extendable notes: ENs)을 발행한다. EN은 평균 만기(expected maturity)는 90일이지만, 최종 만기는 270일인 단기채권으로서, 만약 채권이 중간 만기일에 상환되지 못하면 만기가 자동적으로 최종 만기일로 연기된다. 중간 만기에 상환할 의무가 없으므로 신용평가기관들은 이들에 대한 유동성지원책을 요구하지 않는다. 중간 만기일과 최종 만기일간의 기간을 EN의 **분할상환기간**(amortization period)이라 부르며, 신용평가기관들은 최종 만기일의 상환에 필요한 현금확보를 위해 자산을 매각 또는 청산할 것을 ABCP 발행 콘딧에게 요구한다. 그 밖에, 대부분 콘딧들은 EN 전액을 은행신용라인으로 지원한다.

12.2.4 만기연장가능 채권

만기연장가능 채권은 **유동성담보부 채권**(secured liquidity notes), **유동성보강 채권**(liquidity enhancement notes), 또는 **중도상환가능 채권**(callable notes) 등 여러 이름으로 불리는 채권들을 통칭하는 이름으로서, SPE의 2종 부채를 말한다. 이들 채권은 매출채권의 유동화 과정에서 발생할 가능성이 큰 유동성 위험을 관리할 목적으로 개발된 일종의 구조적인 해법이라 할 수 있다.

이들은 기본적으로 CP와 유사하지만 CP와 달리 만기일 연기가 가능하다. 첫 번째 만기일을 중간(interim) 만기일이라 부르는데, 만약 중간 만기일에 채권이 상환될 수 없으면 만기일은 두 번째 "최종(final)"만기일 – 통상 364일 이후 – 로 자동 연기된다. 상환에 대한 결정은 중간 만기일에 EN보다 선순위에 있는 부채들에 대한 원리금 상환에 충분한 현금흐름이 존재하느냐에 달려있다. EN이 중간 만기일에 반드시 상환되지 않아도 됨으로 신용평가기관들은 EN에 대해서는 유동성 지원을 요구하지 않는다.

12.2.5 중도상환가능 채권

중도상환가능 채권 – 일명 **"역 EN(reverse ENs)"** – 에는 두 개의 중요한 날짜가 있다. 하나는 콜하는 날(D1)이고, 다른 하나는 만기일(D2)이다. 만약, ABCP 발행전문 기구가 D1에 채권을 상환할 수 있으면 채권을 콜 할 것이고, 그렇지 못하면 채권을 만기일 D2까지 내버려 둘 것이다.

기본적으로는 EN과 다를 바 없지만 다만 차이라면 투자자들이 갖는 특정 제약조건들을 수용해 준다는 것이다. 예컨대, 많은 투자자들은 "강요된" 만기일 연장을 좋아하지 않으며, 경우에 따라서는 만기일 연장을 강요할 수 있는 채권 보유를 금하는 정책을 갖고 있을 수도 있다. 콜하는 날, D1을 첫 번째 만기일, D2를 최종만기일로 생각하면, EN 발행이나 마찬가지 효과를 갖지만, 외견상 유연성이 더 있어 보이게 된다.

12.3 자산유동화증권과 글로벌 신용위기

ABS는 오래 전부터 존재해온 자본과 위험을 하나로 묶어서 관리하는 여러 수단들 가운데 하나다. 예컨대, RMBS는 부동산저당대출채권이라는 위험자산의 대부분을 AAA급 안전자산으로 만드는 첨단 금융상품이었다. 적어도 서브프라임 글로벌 신용위기 이전까지는 거의 모두가 그렇게 믿었다. 그러나, '위기' 이후 많은 사람들이 "과연?"이라는 질문을 하고 있다. 글로벌 신용위기 때 특히 문제된 ABS가 RMBS와 ABCP다.

12.3.1 RMBS와 글로벌 신용위기

RMBS는 ABS이고 ABS는 구조화금융이다. 그리고, 불완전 자본시장에서 구조화금융의 필요성은 이 책에서 지금까지 논의해 왔다. 직관적으로도 ABS는 완성시장(complete market)을 만드는 데 도움을 주는 금융상품이다. **완성시장**－'원하는 형태의 현금흐름(위험-수익 조합)은 무엇이든 다 가능한 시장' 정도로 이해하자－은 자본시장의 효율성을 향상시킨다. 현실적으로, 많은 투자자들이 여러 이유로 인해 원하는 대로 투자하지 못한다. 예컨대, 은행을 제외한 보험사나 연기금 등, 대부분의 금융기관이나 투자펀드는 은행에 비해 비용이 많이 드는 주택모기지 대출시장에 직접 뛰어들기는 어렵지만, 주택대출채권을 유동화 시킨 RMBS에는 투자할 수 있다. 즉, RMBS는 간접적으로 투자자들이 원하는 투자(주택대출)를 가능하게 한다.

뿐만 아니라. RMBS는 실물경제 활동을 촉진시킨다. RMBS는 주택시장에서 주택대출 자금 공급을 증가시켜서 실물경제의 성장을 촉진시킨다. RMBS뿐만 아니라, 전통적인 ABS는 자본조달비용을 감소시킴으로써 기초자산에 따라 신용카드 대출은 유통산업(모든 산업?), 학자금 대출은 교육 부문, 자동차 할부금 대출은 자동차 산업 등, 해당 산업 또는 분야의 성장을 돕는다.

그렇다면, 글로벌 신용위기와 관련 RMBS가 비난을 받아야 할 이유는 무엇인가? 우선, 위기 발생 이전, 특히 2,000년 초부터 위기 직전까지 전통적인 RMBS 시장의 급속한 성장이 주택시장을 포함한 건설산업 전체의 경기를 호황으로 이끌고, 주택수요를 증가시켜 주택가격을 '거품'이라 할 만큼 크게 상승시킨 것은 사실이다. 그리고 RMBS 발행에 의한 주택구입자금 공급 증가로 인해 서브프라임 모기지 대출이 획기적으로 증가한 것도 사실이다. 이와 같은 서브프라임 모기지 대출의 증가는 대출과정의 인센티브 시스템이 모기지 대출 심사기준을 크게 완화시킨 측면도 있지만, ABS CDO나 CDO^2 등, 2~3차 증권화 과정에서 RMBS가 담보자산으로 많이 활용됨으로써 모기지 대출 채권에 대한 초과수요가 발생한 탓도 있다[135].

ABS가 시장을 완성시키는 데 도움을 준다는 것은 RMBS (서브프라임이 아니다!)가 미국이나 한국 모두의 주택금융시장에서 꼭 필요한 상품인 것만 보아도 알 수 있다. 한국의 경우, 주택금융공사가 발행하는 주택저당증권(RMBS)이 대출 규제완화 등, 정부의 부동산 활성화 대책의 영향으로 2014년말까지 월별 발행이 적어도 1조원을 넘을 것(평소의 2배 이상)으로 보인다(매경 2014.09.02). 최근 미국에서도 신용위기 이후로 크게 위축된 RMBS 시장의 활성화를 위해 RMBS의 사촌격인 **카버드본드(covered bond)**까지 도입한다고 한다[136]. 그러나 카버드본드는 RMBS가 아니다. 얼핏 보면 RMBS와 경제적 기능이 비슷한 것 같지만 부동산담보대출을 담보로 발행된 채권이라는 점만 같을 뿐, 이들은 사과와 귤처럼 서로 다른 상품이다. 그러므로, 'RMBS 대신 카버드본드'는 마치 사과를 먹고 싶은 사람에게 귤을 권하는 것과 다를 바 없다.

이들은 어떻게 다른가? RMBS와 같은 ABS는 부외거래이므로 발행자에 대한 상환청구권이 없지만, 카버드본드는 발행자 재무상태표상의 부채이므로 발행자에 대한 상환청구권이 있다. 카버드본드는 또 **카버풀(cover pool)**이라는 담보자산에 질권(質權)이 설정되어 있지만, 원리금 상환자금은 카버풀과 관계없이 발행자의 현금흐름에서 나온다. 무엇보다, 카버드본드는 RMBS와 같이 우선순위가 있는 복수증권구조(tranching)가 아닌 보증채(secured bond)다. 그러므로 카버드본드는 구조화금융이 아니며, 구조화금융 상품으로서 선·후순위가 있는 RMBS에 비해 경우에 따라서는 안전성이 크다고 볼 수는 있다. 그렇다고 모든 투자자들이 RMBS보다 카버드본드를 선호할 것인가? 원래, ABS라는 구조화금융의 목적이 단순히 안전자산의 창출인가?

신용위기 시 문제된 RMBS는 서브프라임 RMBS와 ABS CDO나 CDO^2의 기초자산인 후순위 RMBS들이다. 전통적인 ABS나 프라임모기지 RMBS는 큰 문제가 없었고 지금도 활발하게 발행·거래되고 있다. 이는 곧 RMBS, 나아가서 전통적인 ABS의 문제는 크게 보아 증권화

---

135 금융기관 및 투자펀드 관리자들에 대한 성과보상 제도가 단기실적 중심이고, 신용평가기관들이 평가대상 기관들로부터 보상을 받는 구조를 말한다.

136 굳이 우리 말로 하자면 카버드본드(covered bond)는 (신용)위험이 카버된 채권이라는 의미에서 방비채권(防備債券)이라 번역할 수 있겠다(옵션에서 covered call option을 방비 콜옵션이라 번역하는 것처럼).

또는 유동화라는 근본적인 개념의 문제라기 보다는 비우량 담보자산의 사용이나 이들 담보자산의 2~3차 증권화 등, ABS 개념의 부적절한 활용에 있다는 것을 말해준다(15장과 20장에서 더 논의한다). 최신형 BMW가 가로수를 들이받았다. 자동차의 문제인가, 아니면 운전자의 잘못인가? 사고를 방지하려면 어떻게 해야 하겠는가?

12.3.2 ABCP와 글로벌 신용위기

미국의 경우, 글로벌 신용위기 이후 ABCP발행은 직전인 2006년에 비해 크게 줄고, 만기도 초단기(하루 저녁)인 익일물(翌日物)이 대부분이었지만 최근에는 상당히 회복된 상태다. 특히, 문제된 ABCP는 대부분 SIV와 **만기연장가능 CP프로그램**(extendible CP programs)이 발행한 것들이고, 고객 기업들의 운전자본 지원을 위해 은행이 설립한 전통적인 복수발행자 ABCP가 아니다.

전통적인 ABCP 프로그램과 SIV 및 만기연장 CP프로그램은 구조적으로 상당한 차이가 있다. 전통적인 ABCP는 차환발행이 여의치 않아 유동성에 문제가 생기면 금융기관(주로 설립은행)으로부터 적어도 잔액의 백 퍼센트에 해당하는 유동성을 지원받는 구조다. 반면, SIV는 주로 담보자산을 매각해서 유동성을 확보하는 구조이고(16장 참조), 만기연장 CP프로그램은 채권의 만기를 1년 남짓 연장해서 프로그램의 유동성 문제를 해결하는 구조다. 문제는 글로벌 신용위기 때처럼 금융시장 전체에 위기가 발생할 경우에는 이들 해결책만으로는 부족하다는 것이다. 이런 구조적 결함으로 인해 이들 SIV나 만기연장 CP프로그램은 글로벌 신용위기를 넘기지 못하고 말았지만, 비용최소화 자금조달 수단의 하나로서 ABCP구조 전체에 문제가 있는 것은 아니다(서브프라임 모기지는 전체 모기지 시장의 10%이내다).

제 13 장

부채담보부증권(CDO)

부채담보부증권(collateralized debt obligation: CDO)은 ABS의 변형이므로 ABS와 구조적으로 크게 다를 바 없다. 즉, 전통적인 ABS나 CMO와 마찬가지로 유동화 추진 주체는 대출채권이나 회사채, 또는 이미 발행된 유동화증권 등과 같은 채무증서(debt instruments)들을 한데 모아서, 유동화 추진 주체(CDO SPE 설립자를 말함)로부터 독립된 (CDO)SPE에게 양도한 다음(채무증서들이 SPE의 자산이 됨), SPE는 양수한 채무증서들을 담보로 트랜치(tranche)라고 하는 선후순위가 있는 여러 종류의 증권(SPE의 부채를 말함)을 투자자들에게 발행한다[137].

CDO는 90년대 초까지 전 세계 발행액이 연 1,000억 달러 정도로(이 때까지 CDO는 대체로 은행 대출채권이 담보자산인 CLO형태) 그렇게 활발한 편은 아니었다. 1997년에 이르러 CDO들이 ABS, CMBS, RMBS, TruPS, 심지어는 다른 CDO가 발행한 CDO 트랜치 등, 다양한 형태의 금융자산들을 담보자산 풀에 편입하기 시작했다[138]. 그러다가 2002년부터 CDO는 빠른 성장을 보이기 시작하였고, 가장 활발했던 2007년경에는 연간 발행액이 약 5,000억 달러에 달했다. CDO의 유형도 2005 - 2008년 사이에는 비우량(예:서브프라임) RMBS 등을 포함한 기발행 유동화증권 및 CDS를 담보자산으로 하는 CDO(합성 CDO)가 전체 CDO의 60% 가까이 차지했다. 이로 인해 CDO는 글로벌 신용위기 과정에서 중심적 역할 – 이론적으로 전혀 예상할 수 없었던 – 을 하게 된다

구체적으로, 2009년까지 AAA CDO 트랜치의 1/3이 등급하락을 경험하고(그 중 상당수는 디폴트) CDO와 CDO^2를 보유하고 있던 미국 금융기관들이 설립한 투자 및 헤지 펀드나 기업 및 정부가 운영하는 연·기금 등의 자산가치가 폭락했다(2007-2009년 초까지 미국 금융기관 전체의 손실액 1조 달러의 절반 가량이 CDO관련 손실이다). CDO는 최근 회복세가 뚜렷하긴 하지만 종전에 비하면 극히 저조하다. 설상가상으로 투자회사들에 대한 각종 소송이 잇따르고(예: SEC 대 Goldman Sachs), CDO에 대한 대대적인 규제 움직임이 세계적인 추세다(예: 미국의 Dodd-Frank Act).

그럼에도 불구하고 CDO의 구조와 기능을 철저히 이해하는 것은 몇 가지 이유에서 매우 중요하다. 우선 CDO를 이해하면 전통적인 재무이론과 현대 금융경제이론을 종합적으로 완벽하게 이해할 수 있고 글로벌 금융의 미래를 가늠할 수 있다. 둘째, 이 책에서 다루는 구조화금융에 관한 구체적 논의는 기본적으로 CDO 및 그 변형인 상품/솔루션이 아니면 적어도 CDO와 관련된 것들이 대부분이다. 셋째, 글로벌 신용위기의 원인과 해결 및 개선 방안의 올바른 이해

137 다만, CMO 등 전통적인 ABS들의 유동화 자산들이 형태가 단순하고 비교적 동질적(同質的)이며 다수인데 비해(예: 주택지분대출, 신용카드대출, 자동차할부금융 등) CDO의 유동화자산들은 이질적(異質的)이고 형태가 다양하다.

138 최초의 CDO는 1988년 불량채권(junk bond)으로 유명한 Michael Milken이 개발하고 Moody's가 신용등급을 평가한 Drexel Burnham Lambert의 Long Run Bond다.

를 위해서는 CDO 구조에 대한 정확한 이해가 필수적이다.

CDO는 기본적으로 현물 CDO와 합성 CDO로 구분되며, 각각에 대해 다시 재무상태표 CDO와 차익거래 CDO, 그리고 현금흐름 CDO와 시장가치 CDO로 더 나눌 수 있다. 이 장에서는 먼저 현물 CDO를 경제적 목적에 따라서 재무상태표 CDO와 차익거래 CDO로 구분하여 논의한 다음, 현물 CDO의 문제점과 글로벌 신용위기 과정에서의 역할을 검토한다. 신용파생상품과 결합된 구조의 CDO인 합성 CDO는 장을 달리 하여 16장에서 논의한다[139].

13.1 CDO의 유형

CDO는 담보자산의 형태, 또는 특성에 따라 각기 다른 이름으로 불리기도 한다. 예컨대, 담보자산이 금융기관의 대출채권이면, 이를 담보로 발행된 CDO를 **대출채권담보부증권**(collateralized loan obligations: CLO), 채권(債券)이면 **채권담보부증권**(collateralized bond obligations: CBO), 펀드이면 **펀드담보부증권**(collateralized fund obligations: CFO), 그리고 구조화금융 상품이면 **구조화금융상품담보부증권**(structured finance CDO: SFCDO) 또는 **재유동화 증권**(resecuritization) – 유동화증권의 유동화라는 의미로 – 이라 부른다.

CDO는 또 설립의 경제적 목적(또는 담보자산의 출처)에 따라 재무상태표 CDO (balance sheet CDO)와 **차익거래 CDO** (arbitrage CDO)로 구분된다[140]. 재무상태표 CDO는 은행 등 금융기관이 자산소유자인 경우로 신용위험관리, 자금조달, 재무상태표 관리, 담채능력의 유지 등 다양한 이유로 보유자산 포트폴리오의 일부 또는 전부를 분리 또는 매각하고 싶을 때 활용한다 (따라서, 재무상태표 CDO의 담보자산은 자산보유자의 재무상태표에서 나온다).

차익거래 CDO는 주로 투자관리 수단의 하나로 활용된다. 다시 말해서, 차익거래 CDO는 주목적이 자금조달이 아니라, 담보자산 풀의 운용자와 구조화 설계 팀이 투자자들에게 보다

---

139 역사적으로 보면 CDO는 구조, 담보자산의 형태, 특성 등이 다양한 형태로 발전되어 왔다. 그런 의미에서 CDO는 상품(product)이라기 보다는 기법(technology) 또는 과정(process)이라 볼 수 있다.

140 영어로는 arbitrage CDO인데, arbitrage는 재정이익(裁定利益) 또는 무위험 차익(差益)을 추구하는 거래 행위를 의미한다. 따라서, arbitrage CDO는 차익거래 CDO나 무위험차익CDO, 또는 차익(추구)형 CDO나 무위험차익(추구)형 CDO 정도로 번역할 수 있겠으나. 이 책에서는 arbitrage에 대한 우리나라에서의 관행을 따라 '차익거래 CDO'라고 부른다.
Balance Sheet CDO의 원래 목적은 유동화 대상 자산을 재무상태표에서 제거시킴으로써 재무상태표 상의 자산 관련 위험을 감소시켜서 감독당국이 요구하는 최소보유자본을 감소시키는 것이었다. 따라서, 재무상태표 CDO 나 재무상태표 관리(목적) CDO, 신용위험전가형 CDO, 또는 위험관리형 CDO 정도로 번역할 수 있겠으나 용어의 단순화 차원에서 'B/S CDO' 또는 '재무상태표 CDO'라 부르기로 한다. 재무상태표 CDO는 유동성이 낮은 자산의 현금화를 통한 신규자금 조달 목적도 있다(자본조달형이라 해도 무방하다).

수익성 좋은 투자상품을 제공하기 위해서 자산관리 기법과 금융공학을 결합한 결과라 볼 수 있다. 따라서, 차익거래 CDO의 담보자산은 자산보유자의 재무상태표에서 나온 것이 아니라 주로 자본시장에서 구입한 것이다. 차익거래 CDO는 초기인 90년대 말 에는 전체 CDO 가운데 절반 정도였으나 전성기인 신용위기 직전(2006년)에는 90%이상으로 CDO시장의 대부분을 차지했다.

CDO는 또 발행증권(유동화증권)에 대한 원리금 상환자금이 어디서 나오느냐, 즉, 재원(財源)이 무엇이냐에 따라, **현금흐름 CDO (cash flow CDO)**과 **시장가치 CDO (market value CDO)**로 분류할 수 있다. 현금흐름 CDO의 원리금 상환재원은 기본적으로 유동화자산으로부터 회수되는 현금흐름(이자와 원금)이다. 시장가치 CDO에서는 유동화증권의 상환재원이 담보자산의 원리금이 아니라 담보자산의 시장가치(즉 담보자산 매각대금)다.

그러나, 이와 같은 분류는 학문적으로는 의미가 있을지 모르지만 실무적으로는 큰 의미가 없고, 보다 근본적인 구분은 구조적, 또는 위험전가 방법에 의한 분류다. 구조적으로 CDO는 현물 CDO와 합성 CDO라는 다른 두 개의 유형으로 구분할 수 있다. **현물 CDO (cash CDO)**는 자산보유자가 현금을 받고 현물인 채무(증서) 풀(CDO 발행 증권의 담보자산)을 SPV에게 완전히(또는 실질적으로) 매각함으로써, 담보자산(유동화자산)을 증권화(유동화)시키는(또는 위험을 전가하는) 구조다.

합성 CDO (synthetic CDO: SCDO)는 현물 담보자산의 진정한 매각이 아니라, CDS나 TRS 등 파생상품을 이용한 합성자산의 매각을 통하여 담보자산에 대한 신용위험만 SPV에게 전가하는 구조다. 즉, 합성 CDO의 담보자산 풀은 실물자산이 아니라 CDS라는 합성자산 풀이고, SCDO는 현물 CDO와 같이 실물자산을 SPE에게 매도하는 것이 아니라 CDS라는 **합성자산 (synthetic asset)**을 매도하는 구조다('합성'적으로 만든 CDO다)[141].

Cash CDO를 '현물 CDO'라 부르는 이유는 회사채(會社債), 대출채권, 우선주, 모기지, CDO 트랜치 등과 같은 실물(實物) 채무증서, 즉 현물(cash)이 특수목적기구(SPV)에 매도되기 때문이다. 간혹, cash CDO를 '현금 CDO' 또는 '현금흐름 CDO (cash flow CDO)'라 번역, 혹은 사용되는 경우를 보는 데, 우선 cash CDO와 cash flow CDO는 개념적으로 다르다 (외국에서도 혼동하는 경우가 적지 않다). 그리고, Cash CDO는 합성 CDO와 비교하는 의미에서 '현금' CDO가 아니라 '현물' CDO로 번역하는 것이 옳다. 왜냐하면, SPV가 담보자산을 인수하는 데 현금을 지불하느냐는 관점보다는 인수자산이 실물이냐, 아니면 합성자산이냐로 구분하는 것이 더

141 CDS가 왜 합성자산인가? 예컨대, 현물 CDO에서 자산보유자의 SPE에 대한 채권 매도는 현금흐름 측면에서 보면 무위험 국채를 매도하고 CDS를 매입(신용위험 매도)한 것과 같고, SPV 입장에서는 국채를 매입하고 CDS를 발행한 것과 같다. 즉, 채권을 보유하는 것이나 CDS를 매도하고 국채를 보유하는 것이나 같다는 말이다.

합리적이기 때문이다.

SCDO는 또 준거포트폴리오에 대해 증권을 발행(매각)해서 자금이 유입된(funded) 구조와 발행하지 않아서 자금이 유입되지 않은(unfunded) 구조로 구분되는데, 전자는 현물 CDO와 거의 동일한 구조다. 그러나 대부분의 SCDO는 준거포트폴리오의 일부에 대해서만 증권을 발행해서 부분적으로만 자금이 유입된(partially funded) 구조거나 CDO 증권을 발행하지 않아서 자금이 유입되지 않은(unfunded) 구조다(15장에서 상세히 논의한다).

13.2 재무상태표 CDO

재무상태표 CDO(B/S CDO)의 목적은 주로 자산보유자의 재무상태표 관리에 있으므로 자산의 매도자, 즉 담보자산의 소유자는 주로 재무상태표상의 특정 자산을 증권화하거나 규제자본 보유액을 감소시키고 싶은 상업은행 및 기타 금융기관이다. 특히, B/S CDO는 대출기관이 아닌 일반 CDO 투자자들에게도 사실상 일반 상업은행과 같이 대출채권에 대한 투자를 가능하게 한다[142]. 그 밖에도 B/S CDO는 증권화 자산의 부외처리로 은행에게 신용(또는 부도) 위험 감소와 비현금성 자산의 현금화 등을 통한 담채능력 증가나 부채비율 하락, 재무적 곤경으로 인한 비용의 감소 등과 같은 여러 가지 이익을 가져다 준다.

초기의 B/S CDO는 위험자산을 완전히 매각하는(일부 지분만 보유) 현물 CDO 구조로서 보험이나 신용파생상품계약 등과 달리, 자산보유자 입장에서는 증권매각대금이 전액 유입된(fully funded) 구조였다. 따라서 현물 B/S CDO는 자산보유자에게는 투자자에 대한 상대방 위험(counter party risk)으로부터 완전히 보호된 위험전가수단이다.

CDO는 법률적으로는 자의에서든 타의에서든 도산이 불가능하다. 왜냐하면, CDO는 발행 시점에 이미 담보자산에서 창출되는 현금흐름의 각 발행증권에 대한 배분순서가 확정되어 있으므로 후순위 증권이 설사 이자와 원금 배분을 못 받는 사태가 발생한다 하더라도 이는 계약 위반이 아니고 현금흐름의 배분이 계약상 순서대로 계속 집행되기 때문이다(파산신청의 필요성이 원천적으로 존재하지 않는다).

142 CDO 또는 CDO SPE는 법적 주체(legal entity)지만, 간혹 CDO가 발행한 자산유동화증권도 CDO라고 부름으로써 CDO가 CDO를 발행한다고 말하는 경우도 있다.

13.2.1 재무상태표 CDO의 구조적 특성

CDO는 자산에서 발생하는 현금흐름을 담보로 증권, 즉 부채와 지분을 발행한다는 점에서 일반 회사와 조직 면에서 크게 다를 바 없다. 따라서 CDO의 구조적 특성을 말하려면 CDO의 자산과 부채의 구조적 특성을 보아야 한다. B/S CDO는 일반적으로 발행자의 담보자산에 대한 소유권이 SPV에 완전히 양도되며, SPE 재무상태표의 우변이 다수(5개 내외)의 선·후순위 채권과 잔여지분(출자증권이라고도 부른다)으로 구성된 구조다[143].

전형적인 B/S CDO 발행증권의 우선순위 구조는 선순위 계층(senior tranche), 중순위 계층(mezzanine tranche), 후순위 계층(subordinated tranche), 그리고 최하위 잔여지분 계층(residual or equity tranche) 등으로 구성되고, 각 계층은 상위 계층의 신용을 보강해 준다. 따라서, CDO 기초 (또는 담보)자산의 손실에 대한 부담은 우선순위의 반대방향, 즉 지분계층에서 시작해서 최종적으로는 선순위 CDO 투자자 순서로 배분된다(자산의 원소유자는 통상 지분계층을 보유하고, 현금담보계정에 현금을 직접 적립해서 자기 스스로 신용을 보강하기도 한다).

<그림 13.1>은 전형적인 초기 B/S CDO의 예로서 1996년 미국 National Westminster Bank (NatWest)에 의한 R.O.S.E. (Repeat Offering Securitization Entity) CDO이다. 로즈 CDO의 담보자산 풀은 50억 달러에 달하는 200개의 대출채권으로 구성된 대출채권 포트폴리오이고, 발행된 채권의 종류는 선·후 순위의 두 클래스, 투자자들은 세계 여러 나라(17개국)에 분포되어 있다.

로즈 CDO는 NatWest가 대출채권에 대한 법률적 소유권을 유지하고 있으면서 대출채권의 전매(轉賣) 또는 **대출채권 분할매각(loan subparticipation)**형태로 대출채권의 신용위험만 SPV에게 양도했다는 점에서 진정한 매각이 아닌 초기의 원시적 CDO 구조다. 대출채권 분할매각이란 대출채권 매도자가 법률적 소유권과 모든 권한을 보유하면서 원래 차주(借主)에게 매매사실을 통보할 필요도 없고 채권양수인이 상환청구권도 가지지 않는 형태의 매매거래다. 전대차(轉貸借) 또는 서브리스(sublease)계약과 유사하다고 보면 된다. 그러므로 이 거래는 SPE가 NatWest의 파산으로부터 절연된 거래가 아니라 파산과 연관된 거래다.

따라서 SPE인 ROSE Funding이 발행한 증권의 신용등급 역시 NatWest의 최고 신용등급보다 높을 수 없었다. NatWest의 신용등급이 AA이었으므로 당연히 AAA 등급은 있을 수 없었고 AA 계층이 전체의 95.9%였다. 만약 이 거래가 전형적인 파산으로부터 절연된 '진정한

143 B/S CDO는 주요 목적이 재무상태표 관리에 있으므로, B/S CDO의 담보자산은 대체로 자산 소유자(주로 은행)가 단독으로 선정하며, 차익거래 CDO와 달리 적극적으로 자산을 운용하지 않는 대출채권 담보부증권(CLO)이 대부분이다. 따라서, B/S CDO는 독립적인 담보자산 운용자가 없는 구조다. CLO의 담보자산 포트폴리오는 대개 200-400개 정도의 대출채권으로 구성되며, 금액으로는 약 10 - 40억 달러에 이른다.

매각' 구조였다면 AA 계층이 2%, AAA가 94%는 되었을 것이다. 따라서, 비용 측면에서는 전혀 효율적이지 않다는 것이 이 구조의 최대 약점이었다. 다만, 규제자본 측면에서는 상당한 효과가 있었다. CDO 발행으로 BIS I에 의해 규제자본 보유액이 1억 달러(대출채권 총액이 50억 달러 × 지분2% × 위험가중치 100%)로 축소되어, 종전의 4억 달러(= 50억 달러의 8%)보다 3억 달러만큼 대폭 감소되었다.

B/S CDO는 발행증권의 선·후순위구조, 자산소유자에 의한 현금담보계정(CCA), 그리고 초과스프레드(excess spread) 등을 이용하여, 내부적으로 신용을 보강한다. 초과스프레드는 담보자산의 이자수입에서 잔여지분 계층을 제외한 나머지 CDO 전 계층(채권)에 대한 지급이자와 각종 수수료 및 비용을 차감한 것으로서, 말하자면 CDO의 순이익과 같은 것이다[144].

CDO의 재무구조, 즉 CDO 트랜치의 순위는 재무구조상의 **손실부담 시발점(attachment points)**으로 표시되는데, 손실부담 시발점은 해당 트랜치 보유자들의 손실부담이 시작되는 담보자산 풀의 최대손실율을 말한다. 예컨대, 특정 트랜치의 손실부담 시발점이 5%라면 담보자산 손실율이 5%미만인 경우에는 해당 트랜치보다 후순위 투자자들이 손실을 본다는 말이다.

CDO 재무구조는 담보자산 수익률의 변동성에 의존한다. 담보자산 수익률의 변동성이 작으면 수익률의 안정성이 크므로 특정 트랜치가 목표 신용등급을 유지하기 위해 필요한 신용보강도 작을 것이다. 따라서, 담보자산의 신용등급이 낮은 CDO일수록 선순위 트랜치의 비율은 낮고 CDO 트랜치들의 손실부담 시발점은 높다.

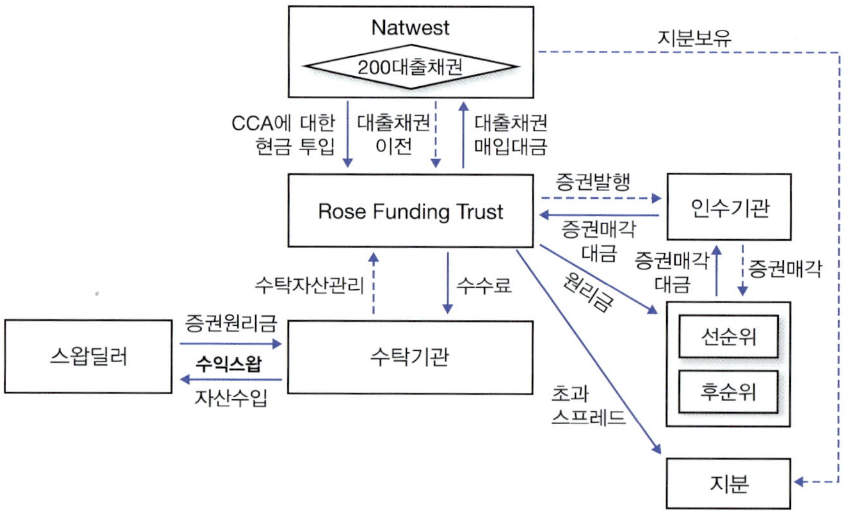

〈그림 13.1〉 재무상태표 CDO(R.O.S.E. 펀딩)

144 초과스프레드는 운(運)좋은 해에는 평균 연 50 bps 정도로 잔여지분 계층의 보유자 또는 담보자산 매도자에게 귀속되나, 운이 나쁜 해에는 CDO 트랜치(부채 계층)들에게 우선순위에 따라 배분된다.

CDO 채권, 또는 유동화증권의 금리(쿠폰)는 원칙적으로 고정금리나 변동금리 모두 가능하지만 변동금리가 일반적이다. 따라서, 유동화증권의 지급금리와 기초, 또는 담보자산 지급금리의 만기구조가 다를 수 있는데, 만기구조를 일치시키기 위해 SPE는 금리(또는 이자율)스왑을 이용한다. 예컨대, SPE 발행 유동화증권의 일부 또는 전부가 변동금리를 지급하는 구조라면 SPE는 신탁을 통해 고정금리지급/변동금리수취 금리스왑을 스왑딜러와 체결한다.

이와 같은 CDO의 위험배분 방식(후순위 계층이 선순위 계층의 손실위험을 부담해 주는)은 담보자산 포트폴리오에 대한 대부분의 예상, 또는 기대손실을 상대적으로 비중이 작은 CDO의 잔여지분 계층(5% 미만)에 집중시키고 선순위 계층의 기대손실을 감소시킨다. 그렇지만, 비기대손실(unexpected loss)은 대부분 선순위 계층의 몫이다. 선·후순위 구조로 인해 CDO 투자자(채권 및 지분투자자)들은 담보자산에 직접 투자하는 것 보다 손익이 확대되는 레버리지(손익확대) 효과를 보게 되어(효과의 강도는 트랜치의 우선 순위와 크기에 달려있다) 원하는 수익-위험 조합을 보다 효율적으로 선택할 수 있게 된다[145].

CDO는 자산간 상관관계가 완벽하지 않는 한(상관계수가 1보다 작은 한) 담보자산의 집단화(pooling)를 통해 담보자산 포트폴리오의 비체계적, 또는 고유위험을 분산시키므로 CDO 트랜치들의 위험은 대부분이 전국적인 주택가격 상승이나 이자율 상승 같은 체계적 위험이다. 이는 곧 CDO 투자는 분산 가능한 고유위험을 포함하는 일반 회사채 투자에 비해 위험이 더 크다는 것을 의미한다.

동일한 신용등급의 CDO 트랜치와 일반 회사채 포트폴리오의 투자위험은 어느 것이 더 큰가? 일반 회사채와 CDO 트랜치의 가장 큰 차이는 전자는 개별 기업의 자산 포트폴리오가 담보하는 선순위 채권이고, 후자는 회사채(채권) 포트폴리오가 담보하고, 선·후순위가 있다는 점이다. CDO 트랜치는 트랜칭으로 인해 트랜치 간은 물론, CDO 트랜치와 채권 포트폴리오 간에는 설사 기대손실은 같더라도 손실에 대한 불확실성(통상 손실분포의 변동성으로 측정한다)과 발생시점에 대해 상당한 차이가 있다. 극단적으로, 후순위 트랜치는 담보자산 풀의 손실이 아주 큰 경우, 트랜치 전액을 잃을 수도 있다. 일반 회사채 포트폴리오에서는 회수율이 제로가 아닌 한 이런 일은 결코 발생할 수 없다. 따라서, 후순위 트랜치는 설사 기대손실이 같거나 디폴트 확률이 같더라도 일반 채권 포트폴리오보다 비기대손실이 더 크다. 그러므로 신용등급을 기대손실이나 디폴트 확률만 가지고 평가하는 경우, 구조화금융 상품인 CDO 트랜치는 동일한 등급의 일반 채권 포트폴리오에 비해 투자위험이 더 크다.

트랜치의 손실위험은 우선 순위와 트랜치의 두께에 달려있다. 우선순위가 낮을수록 손실보

145 Andreas A. Jobst, A PRIMER ON STRUCTURED FINANCE, Working Paper, http://ssrn.com/abstract=832184

장 수준이 낮으므로 트랜치의 손실 위험이 더 큰 것은 당연하다. 이해가 어려운 것은 손실부담 시발점과 손실부담 종료점 간의 거리인 트랜치의 두께(thickness)다. 트랜치의 두께를 담보 포트폴리오 전체에 대한 트랜치의 비율로 측정하면 트랜치의 두께는 일종의 조건부 레버리지로 볼 수 있다. 왜냐하면, 트랜치의 두께가 얇으면 얇을수록(손실부담접점간의 거리가 짧으면 짧을수록) 트랜치의 손실분포는 최빈수(mode)가 2개인 **이봉분포(bimodal distribution)**가 됨으로써, 포트폴리오 전체의 손실분포와 차이가 더 커지고 손실발생의 불확실성(손실분포의 변동성으로 측정한)이 더 커지기 때문이다.

한편, 담보 포트폴리오의 자산간 상관관계가 매우 큰 경우에는(예: 상관계수가 1.0에 가까운), 아무리 선순위 CDO 트랜치라도 손실위험으로부터 자유스러울 수 없게 된다. 즉, 경미한 체계적 위험의 변화라도 선순위 트랜치 수익에 미치는 효과가 매우 크다. 이유는 자산간 상관관계가 크면, 체계적 위험이 변할 때 다수의 채무자들이 동시에 디폴트하거나 동시에 디폴트하지 않을 가능성이 커져서, 포트폴리오 전체의 손실이 아주 크거나 아주 작을 가능성이 커지기 때문이다. 그러므로 선순위 CDO 트랜치 투자자들은 담보 포트폴리오의 상관관계가 큰 경우에는 높은 우선순위에도 불구하고 후순위 채권에 비해 상대적으로 투자위험이 증가한다는 점에 유의할 필요가 있다. 즉. 선순위 트랜치는 글로벌 신용위기처럼 전국적인 주택가격 하락과 같은 체계적 위험이 크게 증가할 경우 급격한 가치하락을 보인다[146].

재무상태표 CDO는 '신용위험보장 자금이 전액 유입된(또는 신용위험이 완전히 보장된) 신용위험전가(funded credit risk transfer)' 수단이다. SPE에게 자산을 양도할 때, 자산보유자는 현금을 수취한다. 현금을 받고 자산을 양도했으므로, 신용보장을 매도한(신용위험 매입) 상대방(SPE를 말함)의 채무불이행 위험이 없다. 이를 전통적인 보험계약이나 신용파생상품(신용연계 채권은 제외)에 의한 신용위험 보장과 비교해 보라(이들 계약은 손실사건이 발생해서야 자금이 유입된다).

13.2.2 재무상태표 CDO의 신용등급 평가

CDO에 투자하기 위해서는 CDO 담보자산 풀의 신용위험, 즉 담보자산 풀의 질(quality)에 대한 정보가 필요한데 기본적으로 자산보유자, 또는 CDO 스폰서(설립자)와 CDO 투자자 사이에는 정보의 비대칭성이 존재한다. 게다가, 투자자들은 전문성도 부족할 뿐만 아니라, 개별적으로 정보를 수집하는 것은 경제성이 없는 반면, 수집된 정보를 알리는 데는 큰 비용이 필요치 않다. 바로 이 점이 CDO 트랜치들의 신용등급을 평가해 주는 신용평가기관의 존재이유가 된다.

뿐만 아니라, 각종 금융기관들의 규제자기자본 보유액(regulatory capital)은 보유자산의 신

146 이른바 **절벽효과(cliff effect)**다.

용등급뿐만 아니라, 각종 규제에 의해서 결정된다. 예컨대, CDO에 대한 주요 투자자들인 MMF나 연기금은 **견실투자원칙 (prudent man rule)**에 의해 투자등급 (BBB 이상)의 금융자산에만 투자할 수 있다. 특히, CDO의 부채구조는 CDO 증권의 목표신용 등급과 직결되어 있고 (예:선순위 트랜치 신용등급이 AAA가 되도록 선순위 트랜치의 비율을 결정), 채권 발행 시 적어도 하나 이상 (통상 둘)의 평가기관에 의한 신용등급 평가가 필수적이다. 더구나, 발행 이후에도 평가기관들은 CDO 구조의 위험을 지속적으로 평가하여 필요시 신용등급에 반영시킨다.

CDO에 대한 신용평가는 일반 채권에 대한 평가에 비해 기술적으로 더 어렵다. 우선, 일반 회사채는 평가 대상이 해당 회사 자산 (또는 현금흐름) 하나인 반면, CDO의 담보자산은 다수의 이질적인 채권 포트폴리오다. 따라서 개별 채권의 디폴트 확률과 디폴트 시의 채권회수율은 물론, 채권들 사이의 상관관계를 고려해야 하고, 특히 CDO 담보자산이 RMBS 같은 유동화증권인 경우 RMBS는 물론 그 담보자산인 개별 저당대출채권들의 상관관계까지 고려해야 한다. 뿐만 아니라, CDO 구조에서는 각종 약정과 관련된 정확한 해석 및 법률적 문제와 더불어 순차적 현금흐름 지급계획 (waterfall)과 같이 담보자산 포트폴리오의 디폴트와는 직접적인 관계가 없지만, CDO 트랜치에 대한 현금흐름 배분에 영향을 미치는 '디폴트 외적 (nondefault)' 요소도 종합적으로 고려해야 한다. 이 모두 투자자가 개별적으로 감당하기는 불가능에 가까운 것들이다[147].

신용평가 시장은 S&P, Moody's, Fitch (크기 순) 등이 90-95%를 점하고 있는데, S&P와 Fitch는 담보자산의 기대 (또는 예상) 부도확률 (probability of default), Moody's는 기대손실을 기준으로 CDO 채권의 신용등급을 평가한다 (그러나, 투자자들이나 규제 당국은 이들 기관의 신용등급을 거의 같이 취급한다)[148].

신용평가기관들의 CDO 트랜치 신용등급 평가 과정에서는 수리모형이 중요한 역할을 담당하는데 세부적인 면에서는 평가사별로 다소 차이가 있지만 신용평가 절차는 기본적으로 두 단계로 구성된다[149]. 먼저, 개별 담보자산의 부도확률, 부도 시 최소회수율, 부도상관계수 (default correlations) 등에 관한 가정이 설정되면 신용평가기관들은 몬테칼로 시뮬레이션 (Monte Carlo simulation) 분석을 통해 CDO 담보자산 풀의 현금흐름(손실)에 대한 확률분포도를 만든다 (현금흐름 또는 손실의 규모별 발생확률 분석).

수리모형 분석에 투입되는 데이터 중에서도 부도 상관계수에 대한 가정은 매우 중요하다.

147 Benmelech and Dlugosz(2009)는 단일 신용평가기관으로부터 신용평가를 받는 경우 등급하락 가능성이 더 크고, Coval, Jurek, and Stafford(2009a)는 신용평가모형들이 투입변수 추정치의 오차에 대한 민감도가 커서 신뢰도가 매우 낮다고 말한다.

148 부도확률을 PD, 기대손실을 EDL, 최소회수율을 RC라 하면, EDL = PD × (1 − RC)이므로 최소회수율이 하나일 경우, 두 방법에 의한 신용등급은 일치하게 될 것이다.

149 Douglas J. Lucas, Laurie S. Goodman, and Frank J. Fabozzi(2006)과 Ingo Fender & John Kiff (2004) 참조.

가령, 담보자산들의 부도가 대강 서로 관련됨이 없이 독립적으로 발생한다면, 시뮬레이션 결과 담보 포트폴리오의 손실은 기대손실을 크게 벗어나지 않을 것이다. 반대로 부도의 동시발생 가능성이 크다고 하면, 포트폴리오 손실의 확률분포는 꼬리부분이 두터워지는 모습을 보임으로써 체계적 위험이 급격히 증가할 경우 기대손실을 크게 초과하게 될 것이다.

원래 개별 담보자산의 현금흐름에 대한 확률분포는 이항분포 (부도냐 부도가 아니냐)이므로 이항분포를 활용한 확률분석에서는 담보자산 풀에 발생할 수 있는 모든 경우를 추출하여 각 경우의 현금흐름 (손실)에 해당하는 확률을 근거로 **확률분포도**를 만들어야 한다. 그러나 자산의 수가 많아지면 자산간 상관관계를 반영하기가 어렵고, 고려해야 하는 경우의 수가 기하급수적으로 증가한다 (2^n). 이와 같은 현실적인 문제를 해결하는 것이 **몬테칼로 시뮬레이션 (Monte Carlo Simulation)**이다. Monte Carlo Simulation은 **무작위표본추출 (random sampling)**을 통해 담보자산 현금흐름에 대한 확률 분포도를 만들어 그 확률 분포도가 모든 경우를 추출하여 만든 확률 분포도와 현실적으로 같을 것이라고 가정한다. 최근에는 자산간 상관관계를 가우시언 (또는 정규) 코퓰라 (Gaussian coupla) 함수로 가정하는 Gaussian Coupla based Monte Carlo simulation모형을 사용한다.

CDO의 디폴트 손실확률분포도가 작성되면 신용평가기관들은 과거 경험에 입각한 일반채권의 예상 디폴트율에 해당하는 CDO 디폴트율을 찾아서 각 신용등급 및 디폴트 발생기간에 해당하는 트랜치의 크기를 결정한다. 가령 디폴트 기간이 5년이내인 AAA 트랜치의 크기를 결정하는 경우 (S&P의 예), 역사적 디폴트율이 0.118% (99.882% 디폴트하지 않는다)인데, CDO 손실확률분포도에서 손실액이 전체 딜 1천만 달러에서 2백만 달러를 초과할 확률이 0.118%이라면 AAA 트랜치는 800만 달러가 될 것이다[150].

Monte Carlo Simulation 모형을 이용한 현금흐름분석은 CDO의 요구(목표) 신용등급에 상응하는 담보자산 풀의 총 부실자산규모를 산출하기 위한 것이다. 그러나, CDO 트랜치별 총 현금흐름 (또는 트랜치별 실제 신용등급)은 부도 가능성 이외에, 부도시 최소회수율 및 회수금의 재투자수익, 담보자산의 이자수입, SPE의 각종 비용, CDO 트랜치 간 신용보강 구조 등 일체의 CDO 관련 현금흐름 배분이 모두 고려되어야 한다[151]. 이것이 신용평가의 두 번째 단계인 CDO 구조 (또는 현금흐름 시뮬레이션) 분석이다. 마지막으로, 개별 트랜치의 규모 및 신용등급은 CDO 구조 분석의 결과에 따라 신용등급 결정위원회에서 최종적으로 결정한다[152].

---

150 John Crawford(2010)

151 일반적으로 AAA 등급을 받으려면 기대손실의 5배에 달하는 신용보강이 있어야 한다.

152 신용평가기관들은 이와 같은 정량분석 (quantitative analysis) 이외에도 자산관리자 (servicer), 자산운용기관 (asset manager), 업무수탁자 (trustee) 등의 전문성과 평판 등, 정성분석(qualitative analyses)도 동시에 수행한다.

이와 같이 신용등급 평가는 실제로 매우 어렵고 비용이 많이 드는 작업이다. 뿐만 아니라, 신용평가기관과 CDO 발행자간의 이해상충문제도 있고 (발행자가 평가비용을 지불하는 관계로 신용등급의 인플레 현상이 발생할 수 있다) 신용평가기법에 대한 이론적인 문제점도 있다. 일례로, CDO 트랜치의 위험은 대부분이 체계적 위험이다 (특히 자산간 상관계수가 매우 큰 경우). 그럼에도 불구하고 평가기관들의 신용등급은 체계적 위험에 대한 민감도의 차이보다는 일반 채권처럼 비체계적 위험을 포함한 총위험 (계약상 지급의무의 이행 여부)이 결정하므로 지금과 같이 투자자들 (특히 선순위 CDO)이 신용등급을 CDO 트랜치의 가치를 평가하는 지표로 활용하는 것은 현대재무이론의 관점에서 분명히 문제가 있다 (Brennan, et al. 2009).

한편, CDO가 발행 시의 신용등급을 계속 유지하기 위해서는 보상비율 또는 커버리지 (coverage) 테스트를 충족시켜야 한다[153]. 만약 이들 중 하나라도 충족시키지 못하면 충족될 때까지 해당 계층보다 후순위 계층의 현금흐름을 해당 계층으로 전용해야 하고, 원금을 상환함으로써 CDO를 조기에 종료해야 한다[154]. 우선, 초과담보 검사 (O/C test)를 통과해야 한다. 각 계층에서의 초과담보비율이 해당 계층의 최소 초과담보비율보다 높아야 한다. 여기서, 각 계층의 **초과담보비율**은 해당 계층에 배분된 담보자산의 원금 (collateral principal) – 신용보강 (C/E)도 포함 – 을 해당 계층보다 선순위에 있는 모든 계층들의 채권 원금(액면가) 총액으로 나눈 비율이다. 예컨대, A - D 4계층 CDO 구조에서 맨 마지막 계층인 D계층의 O/C 비율은 D계층에 배분된 담보자산의 원금을 A, B, C계층 채권 원금의 합으로 나눈 비율이다.

뿐만 아니라, 이자보상비율 검사도 통과해야 하는데, 이 비율 역시 초과담보비율과 마찬가지로 정의하고 (이자수입의 해당 계층 및 선순위 계층에 대한 이자지급 비율), 역시 해당 계층의 최소기준을 충족시켜야 한다. 특히, 계층 당 만기일이 두 개인 CDO 구조에서는 장기 채권은 이 구조의 존속기간 중, 앞서 말한 테스트들을 모두 통과하는 경우에만 표시된 만기일까지 존속하게 될 것이다 (CDO 트랜치에 대한 신용등급 평가에 관해서는 13.3.4 신용평가기관의 평가에서 더 논의한다).

13.2.3 재무상태표 CDO의 동기

자산을 매각함으로써, 매도자는 자산으로부터 앞으로 발생하게 될 일체의 이익도 함께 포기하게 된다[155]. 물론, 자산 매도자는 CDO 구조가 앞서 말한 모든 검사기준들을 통과하기만

153 Moody's(2002) 참조.

154 두 가지 결과가 발생한다. 조기상환 위험이 선순위 증권에 집중된다. 원금상환이 선순위에 집중됨으로 고위험, 고이자 계층인 후순위 증권의 비중이 커져서 지분투자자 몫인 초과스프레드가 감소한다.

155 재무상태표 CDO는 결국 신용위험이 있는 자산 풀을 여러 계층으로 구성된 자본구조, 즉 여러 종류의 우선순위가 다른 증권으로 만든 것이다. 즉, CDO는 일종의 **자산분리매각 (asset divestiture)**인 셈이다.

하면 초과스프레드를 수취하게 되지만, 매도자는 통상 CDO의 잔여지분 또는 유동화자산 포트폴리오의 최후순위 계층을 보유할 뿐만 아니라, 현금담보계정 (보험의 공제와 같은 역할을 한다)에 현금을 적립해야 한다. 그럼에도 불구하고, 은행들이 재무상태표 관리를 목적으로 CDO를 활용하는 이유는 무엇인가?

재무상태표 CDO는 원래 은행들이 비용 효율적인 자본조달, 보유규제자본 축소, 그리고 위험관리를 위해 시작한 것이다. CDO가 ABS의 한 유형인 이상 B/S CDO의 동기는 ABS의 일반적인 동기와 크게 다를 바 없다 (9장 참조). 다만 B/S CDO는 단일등급 증권발행 구조를 포함하는 일반 ABS와 달리 우선순위가 다른 여러 등급의 증권을 발행하는 트랜칭 구조라는 점과, 목적이 재무상태표 관리라는 점이 고려될 뿐이다.

재무상태표 CDO의 동기를 정리해 보면 다음과 같다. 첫째, 자산보유자와 외부 투자자간에 존재하는 정보의 비대칭성으로 인한 역선택 문제를 완화시킴으로써 기업의 자본조달 비용을 감소시킬 수 있다 (DeMarzo, 2005). 자산보유자가 더 많은 정보를 가지고 있으므로 투자자들은 유동화증권에 대해 가격할인을 요구한다 (4장의 역선택 할인). 증권화는 자산의 집단화와 복수증권화 (pooling and tranching)를 통해 비대칭적 정보로 인한 역선택 문제가 거의 없는 (즉, 불리한 정보의 공개에 민감하지 않는) 선순위 증권을 많이 발행하고 (대개 70% - 85%), 역선택 할인이 큰 (불리한 정보의 공개에 민감한) 후순위 증권을 적게 발행함으로써 (5 - 10%) 자본조달 비용을 최소화시키고 발행증권 전체의 가치를 극대화 시킬 수 있다 (이때, 자산보유자는 흔히 후순위증권 보유를 통해 신용위험의 상당 부분을 부담함으로써 자산의 질에 대한 신호를 보낸다)[156].

한편, 유동화증권 투자자 측에서도 투자분석에는 전문지식과 비용이 따른다. 특히 복잡한 구조의 CDO는 현금흐름 및 순차적 현금지급계획의 분석에 상당한 수준의 전문성이 요구된다. 사실 아무리 기관투자자라 해도 투자자들이 독자적으로 특정 자산 (예: 자동차 할부대출)이나 포트폴리오 전체의 신용등급을 평가하기는 기술적으로나 비용 측면에서 쉬운 일이 아니지만, 다수의 구조화 과정 참여자들에 의한 감시·감독과정을 통과한 선순위 자산유동화증권 (예: AAA)이거나, 설사 선순위 트랜치가 아니더라도 포트폴리오의 한 조각(slice)에 불과한 개별 트랜치라면 이것이 그리 어려운 문제가 되지 않을 수도 있을 것이다 (물론 집단화와 계층화에 별 문제가 없다면). 게다가 신용까지 보강되니, 역선택 비용이 감소될 것은 당연하지 않겠는가! (그리고 이것은 당연히 SPE에 양도하는 자산의 가격에 반영될 것이다) 그리하여 일반 투자자들은 시간과 노력을 크게 투입하지 않고 (예: 신용평가기관의 평가에 의존) 신용위험이 거의 없는 선순위 트랜치 (통상 AAA)를 매입하고, 고위험·후순위 트랜치는 투자전문가들에게 맡기면 발행자

---

156 BB와 AAA 등급의 이자율 차이는 수(數) 퍼센트에 달한다.

와 투자자 모두에게 득(得)이 될 수 있다.

여기서 중요한 것은 담보자산 포트폴리오의 트랜칭이다. 트랜칭이 없고 모든 증권에 현금흐름이 비율적(pro rata)으로 배분되는 증권화 구조에서는 (예: 패쓰스루) 역선택(레몬) 문제가 여전히 남아 있게 된다. 즉 레몬 문제를 방지하려면 손실을 흡수할 최소한 하나의 트랜치가 존재해야 한다는 것이다. 왜 그런가? 수백, 수천 개의 자산으로 구성된 포트폴리오라면 일부 자산의 디폴트는 발생하게 마련이다. 따라서, 여기서 발생하는 현금흐름을 그대로 넘겨주는 (패쓰스루) 구조라면 신용등급이 당연히 '디폴트 가능'이 될 것이므로 레몬 문제가 해소되지 않을 것이다. 포트폴리오를 쪼개긴 했지만 우선순위가 없다면 어느 조각의 디폴트 위험이 얼마인지 어떻게 알 수 있겠는가? 만약, 증권매도자가 포트폴리오의 일부를 보유한다면 문제가 해결될 것인가? 반면, 우선순위가 있게 포트폴리오를 조각 내는 '트랜칭'의 경우에는 투자자들이 비록 포트폴리오 전체의 신용위험 평가는 어려워도 디폴트 확률이나 손실이 특정 선을 넘지는 않을 것이라고 확신할 정도로 충분한 정보는 가지고 있을 수 있다.

둘째, 대리인비용의 경감이다. 각종 유인 및 감시제도가 활용되긴 하지만 그래도 해결되지 않는 대리인비용이 현실적으로 존재하기 마련이다. 투자자들은 이를 자본비용에 반영할 것이고, 이 문제는 특히 사업구조가 복잡하고 영업지역이 넓게 분포된 거대 다국적 기업집단들(금융산업에 많다)에게 더 심각할 것이다(경영자에 대한 감시·감독이 더 어렵다). 증권화는 특정 지역의 특정 사업 또는 특정 자산을 모기업의 여타 자산에서 분리시켜 SPV에 매각함으로써, 투자자들의 대리인비용 문제에 대한 걱정을 덜어줄 수 있다. SPE는 증권화 전담 기구(회사)로서 담보자산 이외의 다른 자산을 보유하거나 증권화 이외의 사업을 하지 않으므로 투명성이 커서 대리인 문제가 상대적으로 그렇게 크지 않을 것이다. 더구나 자산유동화증권들은 우선순위가 다를 뿐만 아니라 외부신용 보강도 있지 않은가?

셋째, 시장분할이다. 투자자들은 각기 위험 - 보상 조합에 대한 취향이 다를 수 있고 내부 투자지침이나 각종 규제로 인해 '안전(safe)' 자산(채권을 말함)에만 투자하는 경우가 있다. 또, 파생상품이나 레포(repo)거래에서는 안전자산을 담보로 요구한다. 그럼에도 불구하고 미국 국채나 AAA 등급 회사채로서는 공급이 턱없이 부족했으므로, 증권화에 의한 AAA 트랜치 공급은 안전자산에 대한 초과수요를 충족시키는 역할이 컸다.

넷째, 그러나 재무상태표 CDO를 하게 되는 가장 큰 동기는 적어도 최근의 Basel II이전까지는 아무래도 바젤 협약이 요구하는 규제자본금액을 감소시켜 은행의 ROE를 개선하는 **규제자본 차익거래(regulatory capital arbitrage)**에 있다고 볼 수 있다. 원래 바젤협약 I에서 요구하는 규제자본 금액은 은행의 경우, 위험도에 차이를 두지 않고 무조건 대출채권은 8%였다[157].

157 유럽은 2008년, 미국은 2012년부터 바젤 II 적용. 바젤 II에서는 자산의 위험도에 따라 자기자본보유액이 달라진다.

가령, 어떤 은행의 재무상태표상에 계상되어 있는 대출채권이 100억 원이고 평균이자율은 LIBOR + 125bps, 자금조달비용은 LIBOR + 25bps라 하자. 그러므로, 은행 손익계산서상의 순이자소득, 또는 순스프레드(net spread)는 100bps다. 이 경우, 바젤 협약이 요구하는 규제자본은 100억 원에 대한 8%, 즉 8억 원이다. 따라서, 이 은행의 ROE = 12.5%(= 1% 순스프레드 / 8억 원 자본비용 = 1/8 = 12.5%)다.

이제, 이 은행이 100억 원의 대출채권을 CDO를 통해 매각한다고 가정하자. 이때, CDO의 제비용과 수수료가 25 bps라면, SPE에 매도한 대출채권의 자금조달비용은 LIBOR + 50bps이고, 순스프레드는 75bps (= 125 − 50)가 된다. 이때, 은행이 CDO 자산의 2% (또는 2억 원)를 잔여지분으로 보유한다고 가정하자. 따라서 자본비용은 2억 원이 되고, ROE = 37.5% (= 0.75% 순스프레드 / 2억 원 자본비용 = .75/2 = 37.5%)가 된다. 결국, 은행은 CDO 발행을 통해 2억 원 투자로 100억 원의 신규 대출자금을 확보한 셈이다(엄청난 차입투자다!).

재무상태표 CDO라고 차익거래 기회가 전혀 없는 것은 아니다. Basel I에서는 대출채권의 위험도에 따른 차이가 없이 최소자기자본보유액이 8%이므로 저위험·저수익 자산(대개 투자등급)을 증권화시키고, 대출채권의 위험도에 따라 차등율이 적용되는 Basel II에서는 고위험·고수익 자산의 증권화(고등급·저위험 자산은 보유)를 통해 차익을 실현할 수도 있을 것이다[158].

13.3 차익거래 CDO

차익거래 CDO (arbitrage CDO)의 목표는 무위험차익거래 기회(arbitrage opportunities)를 활용해서 차익을 실현하는 데 있다. 차익거래 CDO는 기본적으로 CDO의 담보자산이 되는 유가증권을 구입하는데 들어가는 비용보다 작은 비용으로 자금을 재조달하는 것이다.

그러므로 차익거래 CDO는 자산운용회사(asset manager), 금융기관(특히 투자은행), 헷지펀드, 상업은행, 자산가 등 지분 투자자들이 함께 만든 일종의 차입투자회사(leveraged investment company)로 볼 수 있다. 차익거래 CDO는 최소한 최근의 글로벌 신용위기 이전까지는 신규발행과 발행잔액 면에서 모두 CDO 시장의 대부분을 차지하고 있었다[159].

---

158 AAA 채권에 대해 Basel I에서는 위험가중치가 1.0이므로 자기자본을 8% 보유해야 하는데, Basel II에서는 위험가중치가 7%이므로 7% x 8% = 5.6%로 자기자본 보유가 감소한다.

159 Securities Industry and Financial Markets Association (SIFMA)은 2006년 CDO 발행 총액 5,500억 달러 중 4,710억 달러를 차익거래 CDO로 분류했다.

13.3.1 차익거래 CDO의 구조적 특성

현물 차익거래 CDO의 구조는 대체로 현물B/S CDO와 크게 다르지 않지만, 몇 가지 다른 점도 있다. 우선, SPE의 설립자(sponsor) 또는 발행자가 자산소유자가 아니라, **담보자산 운용자(collateral manager)**라 불리는 전문 포트폴리오 운용회사다. 그리고 구조화 설계자나 SPV설립자가 자산소유자와 함께 담보자산을 선택하는 B/S CDO와 달리, 담보자산운용자가 CDO에 양도할 담보자산을 선택하고 운용한다. 담보자산 운용자들은 투자은행이나 자산운용회사, 또는 (재)보험사의 자산운용전문가들이 대부분이다.

자산운용회사는 채권 유통시장에서 대출채권이 아닌, 회사채나 채권을 주로 매입한다. 일단 자산구입이 끝나면 자산운용회사는 매입한 자산을 SPV에게 현금을 받고 매도하고, SPV는 이들 자산을 SPV가 발행한 증권을 매입하는 투자자들을 위해 수탁기관에 예탁한다. SPV가 발행한 유동화증권에 대한 원리금 지급은 담보자산 풀에서 발생하는 원리금과, 통상적인 신용보강 및 유동성 지원에 의해 담보된다.

역사적으로 차익거래 CDO는 대체로 CLO가 아니라 CBO이었으며, 자산의 매도자도 다수였다. 통상 담보 포트폴리오를 구성하는 채권의 수는 20 - 100개, 평균금액은 1억 5천만 달러에 이르며, 흔히 담보자산의 형태에 따라 전문화된다. 예컨대, 상당수의 차익거래 CDO가 고수익채권(high yield bond)에 집중하고 있으며, 그 밖에 신흥시장(emerging market)채권, 국채(sovereign bond) 등에 집중하는 CDO도 있다. 차익거래 CDO의 자산운용은 정태적(즉, 포트폴리오를 고정시켜 시간이 흐름에 따라 상환함)인 경우도 있지만, 보통은 소극적 또는 적극적으로 관리한다.

<그림 13.2>에서 보는 바와 같이, 차익거래 CDO 구조에서는 B/S CDO와 달리, 경제적 유인의 이유로 최하위 잔여지분 계층을 반드시 CDO 구조의 내부자들이 보유할 필요가 없다. 특히, 자산소유자가 잔여지분 계층을 보유하지 않아도 된다. 그렇지만, 담보자산이 자산소유자로부터 매입한 것이면 도덕적 해이와 역선택 문제가 있을 수 있으므로, 홀드백이나 CCA에 대한 강제 현금예치 조치 등과 같은 신용보강 장치들을 통해 문제를 해결한다. 전형적인 차익거래 CDO에서는 잔여지분을 시장에서 매각하든지, 아니면 담보자산 운용자가 자신의 포트폴리오에 포함시킨다[160].

160 SIFMA, January 2008. http://archives1.sifma.org/assets/files/SIFMACDOIssuanceData2007q1.pdf 통상 AA의 수익률은 libor + 45～90 bps, 만기는 8-12년, 설정기간은 3-4개월이 소요된다.

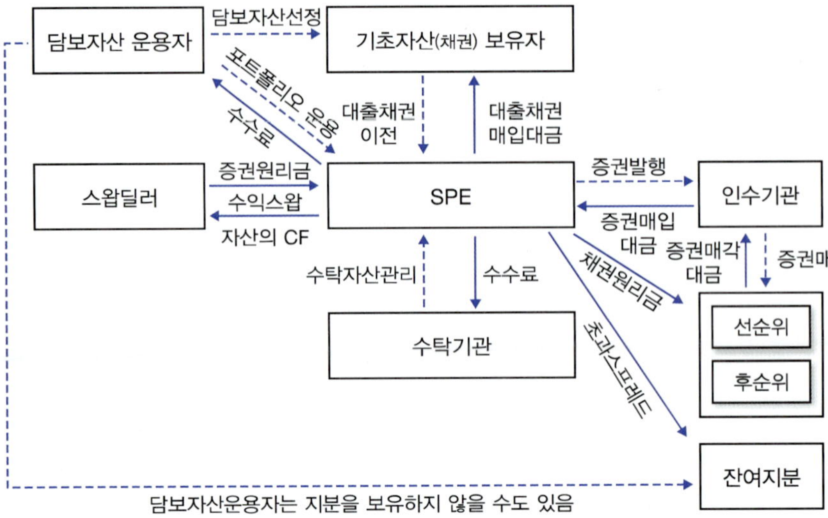

〈그림 13.2〉 차익거래 CDO

13.3.2 차익거래 CDO의 동기

차익거래 CDO의 절대적인 목표는 이익추구에 있다. 9장에서 본 바와 같이 CDO는 기본적으로 후순위 담보자산을 모아서(pooling) 다수의 선순위 트랜치를 만드는(tranching) 과정이므로, 선순위 트랜치에 일반 회사채보다 높은 이자를 지급함에도 불구하고 정상적인 차익거래 CDO라면 CDO 설립 자체가 초과스프레드를 보장해야 한다. 한편, 투자자 입장에서는 CDO 트랜치들이 일반 회사채보다 유동성이 작고 레버리지로 인한 가격변동성이 크므로 선순위 트랜치 수익률은 동급의 일반 회사채 수익률보다 높아야 한다(예: AAA 등급도 LIBOR + 알파).

특히, 고위험·후순위 CDO 트랜치의 수익률은 자금조달 비용과의 차이, 즉 **펀딩갭(funding gap)** – 초과 스프레드의 다른 말 – 에 달려있다. 전체적으로 펀딩갭이 크면 후순위 채권에 대한 이자율과 지분 층(또는 출자증권)에 대한 기대수익률도 상승될 수 있을 것이다(통상 10-20%). 그러므로, 흔히 CDO 지분 트랜치의 20 - 30%를 보유하는 차익거래 CDO 운용자들의 최대관심사는 CDO 펀딩갭에 있고, 잔여지분 투자자들의 관심을 더 끌기 위해서는 가능한 한 수익성이 큰 담보자산을 지속적으로 찾아내야 한다[161].

한편, 투자은행들과 자산운용회사들도 차익거래 CDO 발행에 적극적일 수 밖에 없다. 투자은행들은 CDO 구조의 복잡성으로 인해 일반 회사채 발행에 비해 CDO 발행·인수 관련 수입

161 국내의 차익거래 CDO는 대개 지분 계층(또는 출자증권)이 없는 구조다.

이 훨씬 더 컸다. 실제로 차익거래 CDO가 특히 활발했던 시기는 2005년에서 2007년 글로벌 신용위기 직전까지였고 (글로벌 신용위기 후 골드만삭스를 제외한 월스트리트 투자은행들이 모두 문을 닫았다), 자산운용회사들 역시 선순위 수수료 수입 이외에 후순위 수수료와 지분 트랜치 인수 수입을 포함하면 CDO관련 수입이 매우 컸다[162].

차익거래 CDO의 동기로 흔히 지적되는 것이 규제자본 차익거래이다. 규제자본 차익거래가 여기서는 B/S CDO의 동기 (9.2.3 참조)와는 다른 의미로 사용되고 있다. 하나는 신용평가와 관련된 것이고, 다른 하나는 선순위 트랜치 발행과 관련된 것이다. 신용평가기관들은 RMBS의 신용평가에서 모기지의 신용위험이 변할 때 이를 RMBS 신용등급에 즉시 반영하지 않고 상당한 시간이 흐른 후 반영할 뿐만 아니라, RMBS를 담보자산으로 하는 CDO의 디폴트 확률에는 RMBS의 신용등급을 반영한다. 따라서, CDO 발행자는 되도록 동일한 등급 중에서 가장 싼 RMBS를 매입하게 되고 그 결과 발행된 CDO의 신용등급은 과대평가된다는 주장이다. 이와 같은 '감춰진' 위험 (hidden risk)을 이용해서 CDO를 통해 불량채권을 모아 우량채권을 만든다는 설명은 평가기관이나 투자자들의 부정직한 행위 내지 무능에 의존하는 설명이라 설득력이 크지 않다.

같은 '감춰진' 위험을 이용한 설명이긴 하지만 보다 더 설득력 있는 것은 선순위 트랜치의 "꼬리 위험 (tail risk)에 의한 설명이다. 꼬리 위험이란 선순위 CDO 증권의 손실분포가 양쪽 꼬리 부분의 빈도가 높아서 보통 때는 큰 손실이 없다가 발생확률은 낮지만 경제 전체에 위기가 오면 대규모 손실이 발생한다는 것이다. 자산운용자들은 이를 알면서도 그들의 성과급 구조가 단기실적 위주이므로 고수익을 취하기 위해 기꺼이 위험을 감수한다는 것이다.

마지막으로, 선순위 CDO 발행은 경제적 자본과 보유 규제자본 사이의 차이를 더 크게 함으로써 이를 이용한 차익거래를 가능하게 한다. 자산보유자의 입장에서는 선순위 트랜치를 매도하는 것이 사실상 손실캡 (loss cap)을 매입하는 것과 같다. 캡의 매입으로 담보 포트폴리오에 대한 비기대손실의 대부분이 제거된다 (대부분의 비기대 손실은 선순위 트랜치가 부담한다). 따라서, 포트폴리오의 손실에 대비해 경제적으로 보유해야 할 자본이 감소함으로써 요구 규제자본과의 차이가 더 커지게 될 것이고, 이는 다시 차익거래를 추구하는 CDO의 발행을 증가시킬 것이다.

13.3.3 현금흐름차익거래 CDO와 시장가치차익거래 CDO

현금흐름차익거래 CDO (cash flow arbitrage CDO)는 차익거래 CDO의 대부분을 차지하는

162 담보자산이 후순위 MBS이고 발행규모가 5억불 내외인 CDO의 경우 연 75만 - 150만 달러 정도다. 선순위 MBS는 이보다 작다. 신용평가기관들의 평가비용은 25만 - 50만 달러다.

것으로서, CDO가 발행한 유동화증권의 원리금을, 담보자산을 매각하지 않고 담보자산에서 발생하는 원리금만으로 지급하는 형태의 CDO를 말한다. 전문가들 가운데서도 흔히 현금흐름 CDO를 현물 CDO (cash CDO)와 혼동하는 수가 있다. 앞서 본 바와 같이, 현물 CDO는 SPE가 현물 담보자산을 현금을 지불하고 매입하는 CDO 구조를 말하는 것이다.

시장가치차익거래 CDO (market value arbitrage CDO)는 담보자산에서 발생하는 원리금 수입이 아니라, 담보자산을 시장에서 매각해서 CDO가 발행한 유동화증권의 원리금을 지급하는 CDO 구조를 말한다. 시장가치차익거래 CDO는 최근 CDO시장에서 그 세가 크게 위축되었다.

현금흐름차익거래 CDO와 시장가치차익거래 CDO는 주로 CDO의 존속 기간 중 신용등급 변화의 발생을 촉발하는 발효요건 (trigger)을 감시, 감독, 유지하며, 실제 집행하는 방법에서 큰 차이가 있다. 무슨 뜻인가?

첫째, 전형적인 현금흐름형은 만기일이 여럿인 채권발행을 통해서 재투자 기간을 실질적으로 연장할 수가 있다. 가령, CDO가 A~D (여기서 A는 선순위이고 D는 최하위인 잔여지분 계층), 4종류의 증권을 발행한다 하자. 그리고 계층마다 3년 만기와 5년 만기 증권들이 각각 반반씩으로 구성되어 있다고 가정하자. 현금흐름 CDO에서는 현금흐름 측면에서 I/C와 O/C 테스트에 실패하면 증권 신용등급의 하향조정이 발효된다.

각 만기일에 대해서 재투자 기간은 유동화 증권의 만기일 1년 전에 종료된다. 그러므로, 0 ~ 2년 중, 담보자산에 대한 원금 회수금액은 전액(100%) 재투자한다. 2~4년 기간에는, 담보자산의 원금회수금액 가운데 50%는 받는 즉시, 3년 만기 채권에 대한 만기 일시지급 (eventual bullet payment)을 위해 현금준비금 계정에 적립한다. 나머지 50%는 5년 만기 채권의 원금상환을 위해 신규 담보자산 매입에 재투자된다. 가령 3년 만기 짜리만 발행했다면 재 투자기간은 2년일 것이다. 3년, 5년을 반반씩 발행하면 5년짜리의 재 투자기간은 4년이므로 2~4년 사이에는 담보자산 원금 상환금액의 반이 재투자되어 재투자기간은 2년에서 4년으로 연장된다. 트리거들을 유지하기 위해서는 일반적으로 초과스프레드를 현금준비금 계정으로 이체시켜서 현금준비금 수준과 부채상환부담비율 (debt service coverage ratios: DSCRs)을 유지해야 한다.

둘째, 시장가치 차익거래 CDO의 기본 아이디어는 현금흐름차익거래 CDO와 다를 바 없다. 다만, 신용등급의 변화를 초래하는 발효요인과 순차적 현금지급 총괄계획이 이제는 담보 자산에서 발생하는 현금흐름이 아니라, 시장가치에 기초해서 이루어 질 뿐이다. 예컨대. 담보증권의 시장가치에 **어드밴스율 (advance rate)**을 곱한 것이 부채의 장부가치를 초과하지 않으면 안 된다. 그러므로, 어드밴스율은 시장 위험에 대비해 일종의 안전 장치로 가지고 있는 담보자산의 시장가치에 대한 할인 (haircut) 또는 조정율 (adjustment)을 말한다. 이와 같이 할인을 반영한 담보자산의 시장가치가 부채의 장부가치를 초과해야 한다는 조건을 충족시키게 함으로써, 초과담보를 시장가치 CDO 구조에 내장시켜준 것이다. 따라서, 이 조건을 충족시키지 못하면, CDO 운용자는 즉시 자산을 처분해서라도 O/C를 최소요구 수준으로 회복시켜야 한다. 시장가치 CDO는 최근 대중성이 크게 약화되어 이제는 신규 발행이 거의 없는 상태다.

13.3.4 신용평가기관의 평가

신용평가기관들은 재무상태표 CDO와 차익거래 CDO에 대한 담보자산의 질이나 보상비율 평가에서 비슷한 문제들에 주목하고, 기준 역시 큰 차이가 없다. 그러나, 같은 차익거래 CDO라 하더라도 시장가치차익거래 CDO에 대한 보상비율 평가는 현금흐름 CDO와는 다르다. 주요한 차이는 I/C와 O/C 테스트에 대한 정의, 계산 및 실행에서 발견된다. 특히, 시장가치 CDO의 I/C와 O/C 테스트에서는 담보자산을 시장에서 손해보지 않으면서 신속하게 처리할 수 있는 자산운용자의 능력을 중요하게 고려한다.

뿐만 아니라, 시장가치 CDO에서는 시장 및 유동성 위험상태를 반영시키기 위해 단순한 담보자산의 시장가치가 아니라, 어드밴스율이나 할인을 담보자산가치에 적용시킨다.
어드밴스율은 목표 등급 하에서 유동화 증권을 담보자산 시가의 몇 배까지 발행할 수 있느냐를 말해 주는 비율이고, **헤어컷(haircut)**은 담보자산 처분시 있을 수 있는 시장의 유동성 부족 상황을 감안해 주는 자산가격 할인율이다. 즉, 시장가치 CDO의 I/C나 O/C 테스트에서는 단순한 담보자산의 시장가치가 아니라 할인된 값을 적용한다.

이 모든 평가는 결국 증권 발행기관이 원리금 상환과 같은 미래 금융채무를 이행할 수 있는 능력을 판단하기 위함이다. 평가기관에 따라 디폴트 가능성만 보거나 혹은 디폴트 가능성과 디폴트시 손해액을 같이 보는 등 평가기준은 다소 차이가 날 수 있으나, 신용등급은 결국 특정 증권의 기대현금흐름을 말해주는 지표라 볼 수 있다. 놀라운 사실은 일반 회사채의 경우, 이른바 투자등급(BBB- 이상 AAA까지)까지는 무려 10등급으로 구분되는데 과거 10년간 연평균 디폴트율은 0.02% (AAA)에서 0.75% (BBB-)로 그렇게 큰 차이를 보이고 있지 않다는 점이다. 반면, 투기등급(BB + 이하 C까지)은 10등급으로 구분되지만 연평균디폴트율이 1.07% (BB +)에서 29.96%(C)까지 변동폭이 매우 크다. 이는 곧 투자등급 회사채의 신용등급 결정에서 디폴트율에 대한 정확도가 매우 중요하다는 것을 말해 준다[163].

그러나, 앞서 본 바와 같이 CDO 구조를 통한 증권화에서는 자산의 집단화와 발행증권의 계층화가 무엇보다 중요하다. 그런데, 자산의 집단화 과정에서 개별 자산의 자산고유 위험들은 분산되지만 '분산 불가능한' 체계적 위험들은 그대로 남게 된다. 이로 말미암아, CDO와 같은

163 Joshua Coval, Jakub Jurek, and Erik Stafford(2009, p.8)

구조화 증권들이 극심한 경제적 위기를 견뎌낼 가능성은 같은 신용등급의 일반 회사채에 비해 크게 줄어들게 된다. 또, 후순위 채권들의 신용보강에 크게 의존하는 선순위 채권들의 디폴트 위험이 경제 전체적으로 어려울 때 집중되게 되므로 이들 구조화 증권의 선순위 계층 투자자들은 동급의 회사채 투자자들보다 더 큰 위험프리미엄을 요구해야 할 것이다.

13.3.5 차익거래 CDO의 자산운용

대다수의 CDO들, 특히 재무상태표 CDO의 경우에는, 설계 및 구조화 단계에서 담보자산 풀을 한번 선정한 다음, 별 다른 후속 조치를 취하지 않고 그냥 시간의 흐름에 맡긴다.

담보자산의 만기가 도래하든가, 또는 발행 유동화 증권을 전액 상환해버리면 CDO 구조는 종료된다. 그러나 차익거래 CDO는 담보자산 포트폴리오를 어느 정도 지속적으로 관리(운용)하는 것이 일반적이다. 담보자산의 운용은 정태적(static), 소극적(lightly), 그리고 적극적(actively managed)운용의 세 유형이 있다.

예컨대, 담보자산 운용자가 문제가 있는 포지션을 정리하기 위해 재량으로 자산을 처리하는 경우가 소극적 운용에 해당한다. 따라서, 소극적 자산운용자는 부도가 예상되면 그 회사의 회사채를 부도가 나기 전에 매각할 수 있지만, 정태적 CDO의 자산운용자는 걱정스럽게 지켜만 볼 수밖에 없다. 적극적인 자산운용자는 거의 아무런 제약이 없이 자산을 운용할 수 있으며, 흔히 주기적으로 담보자산 풀의 자산을 교체하기도 하고, 보충해 넣기도 한다.

전형적인 차익거래 CDO의 일생은 추가 자산매입기간(ramp-up period), 재투자기간(reinvestment period), 분할상환기간(amortization period) 등, 3기간으로 나눌 수 있다. 또한, 차익거래 CDO는 재무상태표 CDO와는 달리, 정도의 차이는 있지만, 어떤 형태로든 자산관리자에 의한 자산운용이 개입된다.

자산관리자는 CDO설립 준비기간 종료(또는 CDO 개시) 몇 주전부터 앞으로 설립될 SPV에 인도할 자산을 매입하기 시작한다. 아직 유동화 증권이 발행되기 이전이므로 매입자금은 CDO 설립 금융기관의 브릿지 대출(bridge facility)이다. 모든 CDO들이 CDO설립 준비작업 종료 후 처음 3개월에서 6개월 정도의 **추가 자산매입기간(ramp-up period)**[164]을 갖는다. 이 기간 중 담보자산 운용자는 SPV가 발행한 자산유동화증권 매각대금을 사용해서 담보자산을 구입한다. 담보자산 포트폴리오의 규모가 크면 클수록, 자산구성이 복잡하면 복잡할수록 이 기간은 길어진다.

164 Managed CDO 구조에서 증권화 개시 후 기초자산 추가 편입에 소요되는 기간을 의미한다. 이 기간 동안은 O/C 검사 등 일부 자산관리 운용기준의 제약을 받지 않으므로 **기준적용 유예기간**이라고도 한다.

그 다음 3-5년 간의 회전(revolving) 또는 **재투자기간(reinvestment period)**은 주로 적극적 관리형 CDO에 적용되는 것으로, 이 기간 중에 발생하는 담보자산에 대한 이자소득은 주로 CDO 발행 유동화증권에 대한 이자지급에 사용된다. 그러나 담보자산에 대한 원금상환은 기 발행된 유동화증권의 원금상환이 아니라, 신규 담보자산의 구입에 사용한다. 그러므로, CDO가 발행하는 유동화증권의 만기는 재투자기간보다 1년 정도 길어야 한다. 마지막 **분할상환기간(amortization period)**은 짧게는 5년(고수익 CDO), 길게는 30년(ABS/MBS CDOs)인데 담보자산의 원금상환은 더 이상 신규담보자산 매입에 사용할 수 없고, 현금준비금계정(cash reserve account)에 넣었다가 기발행 CDO 증권에 대한 원금의 **일시상환(bullet payment)**에 사용한다. 전형적인 차익거래 CDO에서는 최초 담보자산 매입 기간 중에는 손실 발생이 정상이다. 그리고, 정상적인 CDO는 준비기간 종료시 자금조달이 완전히 끝난 상태(fully funded)에 있다. 즉, CDO 구조 내부에 자금이 전액 유입되었다는 말이다. 이는 곧 유동화증권 발행으로 조달한 순현금수입이 목표 포트폴리오 확보에 충분하다는 것을 말하는 것이기도 하다. 그러나, 그렇다고 목표한 포트폴리오가 전액 실제로 매입되었다는 것을 의미하는 것은 아니다. 자산운용자는 준비 종료시점과 CDO 발효일 사이에 담보자산을 계속 매입할 것이고, 따라서 증권발행으로 조달된 자금은 그 동안 할일 없이 단기자금시장에 묶여 있게 된다. 따라서, 최초(또는 추가) 매입 기간 중의 순 이자손실은 경우에 따라서는 상당한 수준이 될 수도 있다.

13.3.6 ABS와 CDO

CDO도 ABS의 하나이긴 하지만 몇 가지 차이점이 있다. (i) ABS의 담보자산 풀은 시장에서 잘 거래되지 않고, 비교적 동질적인(homogeneous) 다수의 자산(예: 모기지, 가계대출, 신용카드대출, 자동차 혹은 스마트폰 할부금융 등)들이다. CDO의 담보자산 풀은 ABS와 달리 기업대출이나 회사채 등, 시장에서 매매되는 소수의 이질적(heterogeneous)인 기업 관련 채무들이다(복잡하다). 따라서, ABS 포트폴리오의 신용위험(예: 기대손실) 예측은 보험에서와 같이 대수의 법칙에 입각한 통계기법을 사용할 수 있지만 CDO는 이 기법을 활용할 수 없다[165].

(ii) ABS는 제 3자에 의한 외부 신용보강과 함께 복수계층 또는 우선순위 구조(tranching)와 같은 내부신용보강 수단을 통해 신용보강을 하는데 반해, CDO는 외부 신용보강보다는 주로 선순위 증권에 대한 예상손실을 추정한 다음 선순위 증권계층의 크기를 결정하는 내부신용보강에 의존한다. 따라서, 통상 선·후순위 두 계층만 있는 전통적인 ABS에 비해 우선순위별

165 차익거래 CDO는 기초자산이 대개 70-90개인 것이 일반적이지만 마스터신탁 CDO의 경우는 자산 풀이 200-300개나 되지만 ABS에는 훨씬 못 미친다.

트랜치 수가 많다.

(iii) ABS에 비해 CDO가 더 복잡해서 가치평가가 더 어렵다. ABS는 담보자산 풀의 현금흐름을 전용(轉用)시키는 트리거 (trigger)들이 여럿인 복수 트리거 구조가 많아서 순차적 현금지급 총괄계획 (cash flow waterfall)이 복잡하다. 게다가 표준화된 waterfall 모형이 없으므로 ABS마다 맞춤형 waterfall을 만들어야 한다. 하물며, CDO의 담보 포트폴리오는 100여 개의 ABS고, ABS마다 1,000여 개의 담보자산이 있다. CDO의 담보자산 풀의 현금흐름모형을 만들기 위해서는 100여 개의 ABS 현금흐름모형을 만들어야 한다 (적어도 이론적으로는). 모형이 끝이 아니다. 모형을 검증할 데이터는 있는가?

13.3.7 우리나라의 CDO

우리나라에서 CDO는 1997년 IMF사태 직후인 2000년에 처음으로 발행되었으며, 유형은 현물/재무상태표/현금흐름 CDO이다. 투신업계의 구조조정을 위해 발행된 유통시장 (secondary) CDO와, 중소기업의 자금난 해소를 위한 신용보증기금과 중소기업진흥공단 주도의 발행시장 (primary) CDO가 주종을 이루었다[166].

국내 CDO 시장은 투신업계와 은행부문의 부실채권 처리, 중소기업 및 벤처기업에 대한 자금지원 등과 같은 정책적인 목적에서 시작되었다. 따라서, 외부 신용보강이 매우 큰 역할을 하게 되어 잔여지분 계층이 없고 선·후순위 채권만으로 구성된 구조가 대부분이다.

차익거래 CDO는 2004년에 신용카드채권을 담보자산으로 발행된 이후 회사채 이외에도 ABS나 신용연계증권(CLN) 등으로 담보 자산을 다양화하면서 현재까지 지속적으로 발행되고 있으며, 은행권을 중심으로 재무상태표 CDO가 발행되기도 하였다(2003년). 그러나, 아직까지 국내 CDO 시장에는 외국처럼 다양한 구조가 존재하지 않고 있다. 자산운용을 담당할 자산운용사들도 양적 질적으로 충분치 않고 교체매매를 가능하게 하는 기초자산 역시 충분치 않기 때문이다. 이런 이유들로 국내 CDO의 대부분은 CDO의 발행시점에서 기초자산이 확정된 후 CDO의 만기까지 새로운 자산의 편입이 없는 정태적 CDO 이고 만기도 주로 3년 내외로 짧다.

166 프라이머리 CDO라는 명칭은 신규 발행 채권이 담보자산의 대부분을 차지해, 기초자산이 발행시장 (primary market)에서 확보된 회사채라는 말이다.

제 14 장

프로젝트 금융[167]

167 이 장과 17장 구조화 프로젝트 금융은 성균관대 김양렬교수께서 의견을 보태주시고 손수 편집까지 해 주셨다. 감사드린다.

유전개발이나 사회간접자본과 같은 투자사업에는 대규모 자본이 필요하다. 또한 이러한 사업에서는 매출수익이 발생하기 훨씬 이전에 막대한 사업비가 지출되어 사업위험이 크다. 그러므로 사업시행자가 자기신용으로 소요 자금을 조달하기가 쉽지 않다. **프로젝트 금융(project finance, PF)**은 이 경우 특정 투자사업에 대한 신용을 공여받거나 자금을 조달하기 위한 금융기법으로 프로젝트 자체에서 발생하는 미래의 현금흐름이나 사업에 투입된 자산만을 담보로 대출이 이루어 진다. 이 방법은 특정 사업만을 대상으로 설립된 특수목적법인(SPC)에 대한 금융이므로 사업주에 대한 **소구권(遡求權)** – 상환청구권이라고도 한다 – 이 없거나 또는 제한된다.

역사적으로 PF는 유럽과 미국에서 유전개발이나 발전소 건설과 같은 사업자금 조달 방법으로 시작되었다. 그러다가 90년대 중반 개발도상국 인프라 개발에 선진국 자본이 유입되는 과정에서 본격적으로 성장하였으며 우리나라에서는 90년대 중반 도입이래 꾸준히 증가하여 2010년에는 주선 금액 기준으로 7조 7천억 원 수준으로 성장하였다. 현재 PF 금융기법은 운송, 텔레콤 같은 사회간접자본형성 사업이나 발전, 전력송출시스템, 유전 및 가스 탐사나 정유 등과 같은 에너지 사업, 수자원 개발 및 처리, 환경오염 제거, 자원관리와 같은 환경관련 사업, 그리고 R&D, 지적 자산과 같은 '**잠재적 자산(latent assets)**' 투자 등 다양한 분야에서 활용되고 있다.

개발사업이나 사회간접자본투자가 아닌 단순히 규모만 큰 자본투자사업의 경우 기업이나 투자회사에서는 이를 **프린시펄 금융(principal finance)**이라 부른다. 예컨대, 투자은행에서는 공공부문이나 개발도상국의 사회간접자본 투자는 프로젝트 금융이라 하고, 고수익형 사모채권시장과 관련된 기업금융은 프린시펄 금융으로 구분한다.[168] 둘 다 특정 사업관련 자산의 가치와 사업에서 발생하는 현금흐름을 담보로 투자자금을 조달한다는 점은 동일하다. 다만, 실무적으로 프린시펄 금융은 벤처, M&A, R&D, 또는 기타 잠재적 자산과 관련된 대출을 말하는 것이 일반적이다. 따라서, 그 구조나 대출유형이 별 차이가 없으므로, 본 서에서는 이들을 구분하지 않고 같은 의미로 사용하기로 한다.

전통적인 프로젝트 금융은 최신 형태의 구조화금융이라기 보다는 초기 구조화금융의 한 유형이다. 이 장에서는 먼저 전통적인 프로젝트 금융의 대상이 되는 프로젝트의 위험을 프로젝트 진행 단계별로 살펴 본 다음, 프로젝트 금융의 프로세스를 기술한다. 글로벌 신용위기 이후 세계적으로 더욱 큰 발전이 기대되는 최신 구조화 프로젝트 금융과 관련된 구조화 기법의 활용은 장을 달리하여 4부에서 실례를 중심으로 소개한다.

168 최근 우리나라에서 문제가 된 저축은행의 이른바 PF금융은 엄밀한 의미에서 프린시펄 금융에 가깝다.

14.1 프로젝트 위험

14.1.1 프로젝트의 진행단계

대규모 자본집약적 프로젝트는 프로젝트의 설계, 개발, 착공 및 완공, 검사, 운영 및 유지 등 다섯 단계로 진행된다. 프로젝트의 위험은 프로젝트의 단계에 따라 서로 다르며, 이는 다시 프로젝트 금융에 대한 자금공급자의 유형과 가용가능성에 영향을 미친다.

설계단계(project design): 설계단계에서 사업주는 필요한 경우, 프로젝트 자문기관의 도움을 받아 사업에 대한 경제성 분석을 통해 사업을 선정하고, 선정된 사업의 추진방식을 결정한다. 예컨대, 사업을 단독으로 추진할 것인지, 모회사와 분리시키는 형태로 할 것인지, 또는 프로젝트 금융 기법을 동원할 것인지 등을 이 단계에서 결정한다.

개발단계(project development): 사업개발 단계에서는 설계단계를 거친 프로젝트에 대한 추정 수익 및 현금흐름 모형이 수립되고, 필요한 경우 제 3자에 의한 경제적 및 기술적 사업타당성 분석을 포함한 일체의 정밀분석이 이루어 진다.

이 단계에서는 사업주를 대표해 사업의 소유권을 보유하는 사업관리 또는 추진팀이 구성되는 것이 일반적이다. 사업관리팀의 일차적 임무는 사업시행사를 선정하는 것이다. 사업시행사는 선정평가기준 결정, 사업계획서 접수, 우선협상자 선정, 실시협약체결의 순서로 진행된다.

사업시행사가 선정되면 선정된 시행사와 함께 주요 작업에 대한 계약자 및 하도급 업체의 선정과 소요 투입물 및 공급자를 결정한다. 개발단계의 마지막 작업은 사업 추진을 위한 소요 자금을 확보하는 것이다.

착공 및 프로젝트 완료: 이 단계에 이르러 비로소 사업이 가시적으로 진행된다. 프로젝트의 위치를 선정하고, 준비작업과 건설활동이 이 단계의 주요 작업이 된다. 일반적으로 시간과 자금이 가장 많이 투입되는 단계라 볼 수 있다. 사업자금이 원활하게 공급되지 못하면 사업은 지연되거나 중단되는 위험에 직면하게 된다.

검사(testing): 프로젝트가 완성되면 일차적으로 전문가 위주로 구성된 평가단을 중심으로 주요 기능을 검사한 다음, 고객을 포함한 관련 당사자들이 함께 한 실제 상황에서 2차 검사를 실시한다. 이는 프로젝트가 건설단계에서 실제 활용단계로 넘어가기 위한 과정의 일부다. 또한, 이 단계에서는 설계, 사용된 설비, 건설과 조립 등, 가장 작은 부분에서부터 전체에 이르기까지 프로젝트가 사업주의 요구를 완벽하게 만족시키는가를 다시 한번 점검한다. 프로젝트와 관련된 인허가, 준공검사 및 각종 규제조항에 대한 감독기관의 승인, 세무절차 등도 이 단계에서 이루어 진다. 이 단계의 마지막 작업은 실제 영업활동에 투입하기 위한 시운전(start-up)이다.

운영 및 관리(operation & maintenance: O&M): 이 단계에 이르러 프로젝트는 실제로 영업활동이 일어나고 처음으로 수익이 발생된다. 사업 추진을 위해 동원된 자금의 상환이나 배당도 진행된다.

14.1.2 프로젝트 위험

대규모 프로젝트의 추진에는 프로젝트의 본질상 다양한 위험요인이 따른다. 건설비용이 예상을 초과할 수 있고, 원부자재 확보가 여의치 않을 수도 있으며, 생산물이 계획대로 팔리지 않을 수도 있다. 뿐만 아니라, 예기치 않게 판매가격이 하락할 수도 있고, 그 밖에 기술상의 어려움이나, 해외 사업의 경우에는 정치적 위험도 있다.

프로젝트 관련 위험의 본질은 대체로 프로젝트의 단계에 따라 다르다. 특히, O&M 단계의 위험은 그 이전 4단계들에서 보는 위험들과 크게 다르므로, 프로젝트 위험을 프로젝트 완료위험(project completion risk)과 O&M 위험으로 구분해서 위험의 유형과 관리방법을 검토할 필요가 있다.

프로젝트 완료위험: 우선 프로젝트가 완료되기 전의 처음 네 단계에서 발생할 수 있는 위험만 보더라도 산재보상(産災報償), 근로자, 시공사/또는 환경관련 배상책임, 투자비 초과, 설계변경, 공기지연, 약정 손해배상금이나 벌금 등 헤아릴 수 없이 많다.

(i) 프로젝트가 중도에서 영구적으로 폐기되는 경우: 한 푼의 매출도 발생시키지 못하는

최악의 상황이다.

(ii) 기간 내에 완성되지 못하는 경우: 수익발생이 지연됨은 물론, 최악의 경우, 수익이 예상보다 작거나 또는 각종 벌칙금(罰則金)을 수반한다.

(iii) 기간 내에 완성은 되었으되, 해당 국가나 국제적 법규 또는 기준을 충족시키지 못하는 경우: 기대수준 이하의 생산물과 각종 벌칙금 지불이나 예상 밖의 생산비 증가 등이 발생한다.

(iv) 기간 내에 완성되고 국내외 법규 또는 기준을 충족시켰으나 책정된 예산을 크게 초과하는 경우: 사업주는 추가적인 자금 부담은 물론 자금조달 상의 애로가 발생할 수도 있다.

운영 및 관리(O&M) 위험: 위에서 본 프로젝트 완성까지의 위험 이외에도 O&M 단계에서도 프로젝트는 많은 위험에 직면한다. 예컨대, 예상치 않았던 프로젝트 생산물에 대한 수요나 공급의 변화로 인한 매출수입 감소, 영업비용 증가, 자산감액으로 인한 손실, 또는 지적 재산(intellectual property: IP) 보호의 소홀, 정치적 위험, 자본통제 등과 같은 재산권 보장의 부실 같은 것들이다.

프로젝트 위험의 관리: 앞서 말한 바와 같이 프로젝트의 단계에 따라 위험의 유형이 다르다. 그러므로 위험의 유형에 따라 그 관리 방법 또한 조금씩 다를 수는 있지만, 원칙 면에서는 크게 다를 바 없다. 다음은 위험을 관리하기 위해 동원할 수 있는 수단들이다.

(i) 가능하다면 널리 인정된 기술을 사용하라.

(ii) 계약서, 특히 운영 및 유지 계약은 어떤 경우에도 문제가 없도록 정확하고 확실하게 작성하라.

(iii) 관련 당사자들과의 모든 계약에 대해 신용위험이 없는 기관의 이행보증을 활용하라.

(iv) 무엇보다 해당 분야에서 가장 유능한 전문가를 참여시키라.

(v) 손실발생 전 위험재무적 차원에서 항상 유동성 부족에 대비한 준비금을 보유하거나 자금공급처를 확보하라.

(vi) 대출기관의 위험 경감을 위해 프로젝트 생산물 구입자와는 **무조건지급 계약(take-or-pay contract)**, 원재료 공급자와는 **공급보증(put-or-pay)** 방식과 같은 계약구조를 활용하라.

14.2 프로젝트 금융 프로세스

상당한 위험이 내재되어 있는 대규모 사업을 추진하기 위한 자금을 동원하기 위해서는 사업 위험을 적절히 통제할 필요가 있다. 현재 검토중인 사업과 다른 연관 사업을 분리하고, 프로젝트완료 위험을 완화하기 위한 보장장치도 필요하다. 이 단원에서는 프로젝트 금융의 일반적 구조와 참여자들을 살펴본다.

14.2.1 프로젝트 금융의 일반적 구조

PF에서 대상으로 하는 사업은 통상 규모가 크고 장기간에 걸쳐 진행되므로 불확실성이 크다. 그러므로 사업추진 과정의 위험을 줄이기 위해 여러 분야에서 다양한 기관들이 참여하는 것이 일반적이다. 그러나 이들 기관의 수나 유형은 사업의 규모나 내용, 사업 위험의 성격, 최종 생산물의 특성에 따라 다양하므로, 아래에 열거된 기관들이 모든 사업에 다 참여하는 것은 아니다. 프로젝트 금융에서는 프로젝트의 위험을 일반 기업의 경우처럼 채권자와 주주와 같은 투자자들만 부담하는 것이 아니다. <그림 14.1>은 전형적인 프로젝트 금융의 구조를 보여준다.

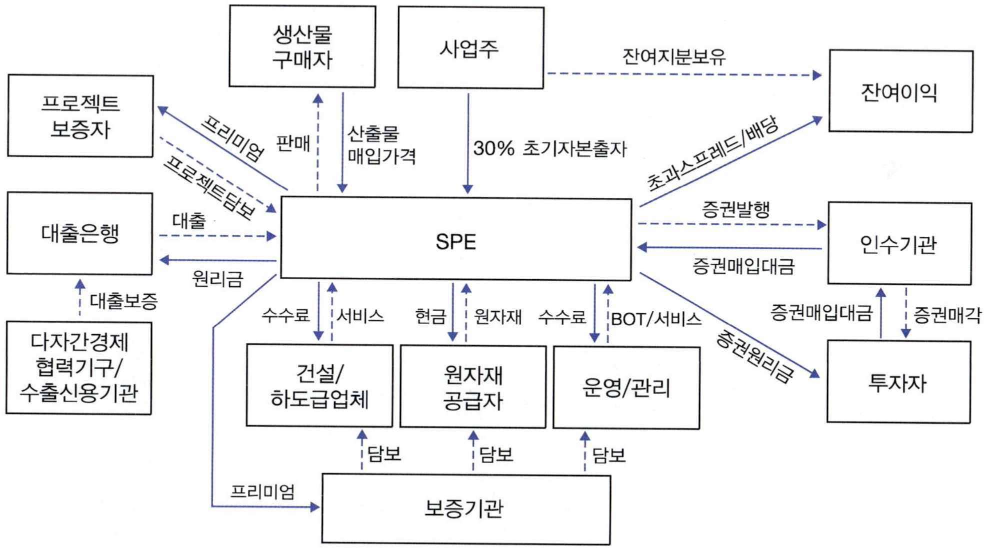

〈그림 14.1〉 프로젝트 금융의 구조

사업주(project sponsor): 사업을 발주(發注)한 사업의 실질적 주체이다. 통상 사업주는 프로젝트 또는 특수목적사업체(SPE)에 대한 상당 수준의 지분을 보유한 지분투자자, 즉 출자자이며 프로젝트를 실질적으로 소유하는 회사나 개인, 또는 그들로 구성된 **컨소시엄**(consortium) – 사업단이라고도 한다 – 을 말한다.

사업주는 전체 사업을 자체 소유하고, 소요자금도 직접 조달하기를 선호할 수 있다. 그러나 구조화금융을 다루는 장들에서 기술한 여러 가지 이유로 사업주가 100% 상환책임을 지는 무보증부채를 통해서 사업자금을 조달하는 것이 소망스럽지 않을 수도 있고, 실제로 가능하지 않을 수도 있다. 따라서, 대규모 프로젝트에서는 프로젝트 관련자들이 사업단, 즉 컨소시엄을 구성하는 것이 일반적이다.

구조화 전문기관(structuring agent) **및 기타 전문가 집단**: 프로젝트 위험의 배분과 자금조달에 관한 전체 구조를 책임지고 금융구조를 설계하는 기관이나 개인을 말한다. 대개, 구조화 전문가, 투자은행 및 기타 금융기관, 재보험회사 등이 구조화 전문기관이다. 이들 이외에도 프로젝트 금융에서는 프로젝트에 대한 기술적 타당성 검토, 자금조달계획의 수립, 대출약정서 및 담보계약서 작성 등을 위해 기술전문가, 금융전문가, 법률가 등 다수의 전문가 그룹이 참여하게 되며, 이들의 역할 또한, 프로젝트 성공에 중요한 영향을 미친다.

프로젝트 시행사(project SPE): 프로젝트를 추진하는 경제적 및 법적 주체로서 통상 프로젝트의 추진을 위해 설립된 특수목적사업체(또는 기구)를 말하며, **프로젝트 시행사**(project company)라고도 한다. SPE의 법적 형태나 소재지 등은 정부의 법률 및 규제나 조세제도 등에 의해 영향을 받는다. 많은 경우, SPE는 프로젝트 금융의 차주(borrower)가 되지만 반드시 그럴 필요는 없다.

PF에서 SPE는 반드시 사업주와 '파산으로부터 절연되어야(bankruptcy remote)'하지만, 분리/매각이 필수적인 자산유동화에서처럼 사업주와 회계장부상으로 반드시 독립되어야 할 필요는 없다. 경우에 따라, 사업주는 SPE를 기꺼이 자신의 재무상태표에 포함시킬 수도 있다. 프로젝트 금융 구조에서 중요한 것은 SPE가 발행한 증권이 사업주에 대한 상환청구권 또는 소구권이 없다는 것이지, 회계장부상의 독립이 아니다. 즉, 사업주의 신용위험으로부터 프로젝트가 보호되어 사업주의 도산으로 인한 연쇄도산이 일어나지 않기만 하면 된다. 그러나, 프로젝트 금융에서 SPE를 활용하는 목적이 SPE의 차입금을 사업주의 재무상태표에 차입금으로 계상(計上)하지 않는데 있으므로, 대부분의 경우 SPE의 차입금은 사업주의 재무상태표에 부채로 기록되지 않는다.

국내에서는 SPE 구조를 주로 활용하며, SPE는 출자자가 유한책임을 지는 유한회사나 주식

회사 형태가 많다. 또한, 완전한 의미의 비소구(非遡求) 방식이 아니라 사업주가 여신위험의 일부를 부담하는 **제한소구(limited recourse)** 형태가 일반적이다.

주계약자(prime/general contractor) : 건설관련 프로젝트에서는 흔히 **시공사**라고도 하는데, 프로젝트를 실제로 수행하고 진행과정을 관리, 감독하는 주체로서 통상 사업의 일차적 운영자가 되기도 한다. 주계약자는 필요한 경우 하청업자를 고용하며 사업관련 자산을 관리한다. 주계약자는 또 프로젝트에 대해 직접 출자하거나, 직접 출자하지는 않았더라도 출자자와 유사한 방식으로 보상을 받는 경우가 많다. 프로젝트가 프로젝트를 완성해서 일정 기간의 시운전기간을 거친 후 사업주에게 인도하는 **BOT(build-operate-transfer)** 조건인 경우, 주계약자는 운영자를 겸하는 것이 일반적이다.

하도급업체(contractors) 및 기타 사업참여자 : 건설업체, 장비공급자, 원자재공급자, 생산물구입자, 운영회사 등, 프로젝트에 관련된 계약 베이시스의 참여자들을 말한다. 이들 계약자들은 대개 시행회사인 SPE가 선정하는데, 보상이 확정된 확정금액지급 계약자들이므로, 프로젝트 위험의 상당 부분은 이들이 계약을 이행하지 않는 데서 초래될 수 있다.

한편, 프로젝트 금융에서는 프로젝트 대출에 대한 담보가 주로 프로젝트에서 발생하는 현금흐름이므로 대출기관이 생산물 판매에 대한 확실한 보장을 요구하는 것이 일반적이다. 따라서, SPE는 사전에 생산물 구매자와 구매계약을 체결할 필요가 있다. 구매계약 조건은 구매자가 생산물을 실제로 인수한 금액과 관계없이 일정기간 동안 일정 금액을 무조건 지급하겠다는 조건인 **무조건지급(take-or-pay)** 방식이 일반적이다. 경우에 따라서는, 일정부분은 무조건지급 방식으로 지급하고, 나머지 부분은 실제 인수금액만 지급하는 **인수도지급(take-and-pay)** 방식으로 지급되기도 한다.

프로젝트의 성공을 위해서는 원자재의 원활한 공급도 필요하다. 따라서, 프로젝트 건설 전에 원자재 공급자와 공급량, 가격, 운송시점 등을 확실하게 계약할 필요가 있는데, 이 경우 공급에 차질이 발생하는 경우 공급자가 대체조달 비용과의 차액을 부담해 주는 **공급보증(put-or-pay)** 방식이 일반적이다.

한편, 프로젝트 금융에서는 담보관리의 목적상 별도의 담보관리 수탁인을 두는 것이 일반적이다. 담보관리 수탁인은 담보관리의 편의상 프로젝트 소재지의 현지 금융기관이 되는 것이 보통이며, 프로젝트에서 발생하는 수입의 입금과 운영비, 대출원리금상환 등이 지출되는 **결제위탁계정(escrow account)**의 관리도 담보관리 수탁인의 주요업무 중의 하나이다.

대출기관 및 투자자 : 프로젝트 금융의 대상이 되는 사업들은 대부분 사업의 추진 기간이 길고,

투자규모가 크며, 현금흐름에 대한 예측이 매우 어렵다. 따라서, 외부 차입은 프로젝트 금융의 가장 중요한 부분인데, 여러 이유로 대출은 **대주단**(consortium)에 대한 신디케이트(syndicate) 방식으로 이루어 진다. 신디케이트 대주단(貸主團)에 참여하는 금융기관은 수출 금융기관, 국제 개발금융기구, 일반상업은행, 리스회사, 보험회사 등이다.

투자자들과 대출기관들을 포함한 외부자금 제공자들은 프로젝트에 대한 자금을 공급하고 사업관련 위험도 비례적으로 부담한다. 각 투자자들이 실제 부담하는 사업위험의 크기는 프로젝트 부채구조, 프로젝트에 참여한 다른 참여자들과의 위험분담 구조, 그리고 내부 또는 외부 신용보강장치에 달려있다.

(재)보험회사: 현실적으로, 주요 프로젝트를 (재)보험회사의 참여 없이 추진하는 사례는 거의 볼 수 없다. 사업추진에는 재무적이건 비재무적이건 위험이 따르게 마련이므로, 일정 부분 위험의 외부 전가를 수반하지 않고 소요 자금을 조달하는 것은 거의 불가능에 가깝다. 실제로, 어떤 경우에는 보험회사들의 역할이 너무 커져서 프로젝트에 대한 실질적 또는 공식적인 공동 사업주가 되어 프로젝트의 이익 배분에 참여하는 경우도 있다. 예컨대, <그림 14.1>에서 보는 바와 같이, 앞서 말한 다양한 계약자들의 계약 이행을 보증해 주거나, 사업추진 과정에서 필요한 운전자금에 대한 유동성 공급자로서의 역할들이다.

정부 및 다자간경제협력기구(multilateral agencies: MLAs): 프로젝트 금융은 흔히 준공공사업(quasi-government projects)에서 많으며, 대개 여러 나라의 정부가 참여하게 된다. 경우에 따라서는 정부기관이 사업의 발주자가 되거나 혹은 완성된 프로젝트의 구입자가 되기도 한다.

또한, 세계은행(World Bank), 국제금융공사(International Finance Corporation: IFC), 아시아 개발은행(Asia Development Bank: ADB) 등과 같은 다자간경제협력기구나 수출신용기관(export credit agencies: ECAs)이 참여하는 경우도 있다. 이들은 주로 신용보증이나 프로젝트의 생산물 구입, 각종 인허가와 규제 및 세금과 관련이 있지만, 구체적인 역할은 프로젝트의 유형과 성격에 따라 조금씩 다르다.

14.2.2 프로젝트 금융의 자금조달

전형적인 프로젝트 금융에서는 대개 프로젝트 소요자금의 30%까지는 사업주가 사업에 대한 지분권을 갖는 조건으로 자금을 제공한다. 그 밖에, 상업은행들은 프로젝트 대출을 통해 자본을 제공하고, 자본시장의 투자자들은 자산유동화증권의 매입을 통해, 재보험회사들은 프로젝트 관리자나 투자자로 사업에 자금을 제공한다.

프로젝트 자금의 원천은 자금의 성격에 따라, 크게 사업지원적 성격의 조달원(調達源)과 일반 상업적 자금제공자로 구분할 수 있다. 전자는 국제경제협력기관, 현지 중앙정부 및 지방정부, 수출입 금융 및 정책 금융기관 등과 같은 제도권 금융이다. 그 밖에, 토지 소유주, 자재 및 설비 공급자, 상품 및 서비스의 구매자, 건설회사 등과 같은 프로젝트 참여자 등을 통한 금융도 있다. 상업적 자금제공자로는 일반 상업은행과 기관투자가, 보험/리스회사, 창업투자회사 및 투자 자문회사(주로 해외) 등이 있다.

14.2.3 구조화 프로젝트 금융

프로젝트 금융의 가장 큰 특징은 사업자체의 위험이 크거나 사업주의 신용도가 낮아 사업진행을 위한 자금조달이 어려운 경우에도 보증기관의 신용보증으로 금융을 가능하게 해준다는 점일 것이다. 물론 여기에는 비용이 수반되어야 하므로 금융비용의 부담이 증가한다는 단점을 피할 수 없다. 또한 위험분담을 위해 다양한 참여주체가 계약을 통해 금융이 이루어지므로 절차의 복잡성에 따른 사업지연이 초래될 수 있으며, 이해 당사자간의 의견 조정이 어려워 계약을 성사시키는 시간이 오래 걸려 추가 비용이 발생할 수 있다.

그러나 앞에서 본 구조화금융 기법을 프로젝트 금융에 활용하면 프로젝트 금융을 보다 쉽고 실제적이며, 경우에 따라서는 비용을 적게 들여 수행할 수 있다. Finnerty(1996)는 **구조화 프로젝트 금융**(**structured PF**)의 장점을 다음과 같이 요약하고 있다(구조화금융 기법을 활용한 프로젝트 금융의 구체적인 사례들은 17장에서 다룬다).

사업주의 기채능력 증대와 과소투자 문제의 완화: 4장에서 우리는 차입이 과다한 경우, 주주는 신규사업에서 오는 이익의 대부분은 채권자들에게 돌아가고, 자기들은 위험만 부담하게 될 가능성 때문에 수익성 있는 사업도 포기할 수 있음을 보았다(과소투자문제). 구조화금융의 SPE는 특정 사업의 추진을 전담하는 목적으로 모회사와 분리, 설립된 서류상의 회사다. 그러므로 SPE의 채권자와 주주간의 관계는 일반 회사들 보다 더 밀접하게 연결되어 양자의 이해가 충돌할 가능성 역시 그렇게 크지 않을 것이다. 그러므로, 구조화 프로젝트 금융을 이용하면, 부채 총액을 고려한 투자결정에서 있을 수 있는 과소투자로 인한 손실을 최소화 할 수 있을 것이다.

같은 이유로, 프로젝트를 모회사에서 분리시키면 사업주인 모회사의 기채능력을 증가시킬 수 있다. 가령, 해당 프로젝트를 모회사의 자산으로 보유하는 경우, 부채가 너무 많아 더 이상 신규 부채를 감당할 수 없게 된다 하자. 특히, 해당 프로젝트가 정보의 비대칭성이 큰 경우라면, 이를 모회사의 장부에 포함시켜 기존 자산들과 섞지 말고 분리시킴으로써, 모회사의 기채능력을 증가시킬 수 있다. 물론, 프로젝트 금융의 목적이 모회사의 기채능력 증대에만 있다면, 당연히 프로젝트를 연결재무제표에 포함시켜서는 안 된다. 따라서, 이 경우 SPE는 단순히 '모기업의 파산위험으로부터 절연'된 것만으로는 부족하고, '진정한 매각'조건까지 만족시켜야 한다.

은행의 대출여력 증대: 프로젝트 금융의 대상 프로젝트는 대부분 규모가 방대하여 대규모 자금이 요구된다. 뿐만 아니라, 위험 또한 크기 때문에 어느 특정 금융기관이 단독으로 소요자금을 조달하고 위험을 전적으로 부담하기 보다는 다수의 금융기관이 대주단을 구성해서 신디케이트 방식으로 자금을 제공하는 것이 일반적이다.

그렇다 하더라도 프로젝트의 소요자금은 대부분 은행들이 공급한다. 그런데 은행은 장기간이 소요되는 프로젝트 대출자금을 주로 단기성 자본으로 충당한다. 따라서, 은행이 어떤 형태로든 계속해서 재금융을 할 수 없다면, 은행은 이와 같은 자금의 만기불일치 문제에 대처하기 위해 상당한 규모의 자금을 항상 준비해 놓고 있어야 한다. 이렇게 묶인 자금에 대한 비용은 결국 차주(借主)의 부담일 수 밖에 없으므로 차입비용이 크게 증가할 수 밖에 없다.

그러나, 은행이 구조화금융 기법을 활용하면, 재금융을 통하지 않고도 재금융을 한 것과 동일한 효과를 얻을 수 있다. 그런 이유로 이를 **합성재금융**(synthetic refinancing)이라고 부른다. 따라서, 은행은 자산/부채관리 측면에서 장기 대출인 프로젝트 대출을 단기대출같이 취급할 수 있고, 차주에게 높은 대출이자를 부과하지 않아도 된다. 그리고, 이는 결국 은행들의 프로젝트 금융 참여도를 높이게 될 것이다.

위험분산 효과: 은행이 해당 프로젝트 산업에 대한 여신한도의 제약을 받고 있는 경우, 구조화 프로젝트 금융은 프로젝트 위험을 여러 프로젝트 참여자들과 일반 투자자들에게 분산시킴으로써, 은행의 프로젝트 대출 위험을 감소시킬 수 있다.

자금조달원의 다변화: 프로젝트 금융은 자금조달원을 여러 부문으로 다변화 시킴으로써, 차입자의 은행에 대한 과도한 신용집중을 피할 수 있게 한다. 자금공급자의 다변화는 또한 은행이 대주단의 일원으로 프로젝트에 참여할 수 있도록 한다.

대리인비용과 역선택 비용의 경감: 프로젝트 금융은 기본적으로 프로젝트에서 발생하는 현금흐름이나 프로젝트 관련 자산을 담보로 하는 금융이다. 따라서, 모기업인 사업주에 대한 상환청구권이 없는 경우가 대부분이므로, 대주와 출자자들은 사업 자체에 대한 여러 가지 제약조건들의 준수를 프로젝트 관리자에게 요구한다. 이로 인해 사업이 지연될 경우도 있고, 또 너무 세세한 부분까지 간섭함에 따른 부작용이 있을 수 있지만, 그보다도 더 중요한 문제가 발생할 수 있다. 예컨대, 은행들은 대체로 프로젝트의 수익성이 추정치를 조금만 벗어나도 과민하게 반응하는 것이 일반적인 경향이다. 장기간을 요하는 프로젝트 금융의 성격상 이는 곧 은행에 대한 과도한 의존은 사업이 '너무 빨리' 중지될 수도 있다는 말이 된다.

뿐만 아니라, 여러 대주들이 이런 저런 금지 또는 제약조건들을 각기 요구하게 되면 이로 인해 대주단 자체 내에서도 이해가 충돌할 가능성이 크다. 구조화금융 구조의 도입은 이러한 제약조건들의 준수에 크게 의존하는 은행대출 대신 신용등급과 같이 관찰 가능한 지표에 의존하는 비은행 부채를 통한 자금조달 방법이다.

신용보강과 보증: 모기업과 분리된 프로젝트는 모기업의 자산과 혼합되어 있는 경우에 비해 신용보강이 용이할 수 있다. 13장에서 우리는 CDO 기법을 이용해서 자산의 신용위험을 위험도가 다른 여러 계층의 증권을 발행함으로써 투자자들에게 분담시킬 수 있음을 보았다. 그리고, 그 과정에서 각종 내부 또는 외부 신용보강을 활용할 수 있었다. 프로젝트 금융에서는 다수의 금융보증과 이행보증이 요구되는 것이 일반적이다. 프로젝트 금융 관련 신용위험도 CDO와 유사한 도관체, 즉 특수목적기구를 이용해서 재구성하면 각종 보증의 획득은 물론, 고객이 원하는 형태의 증권발행이 가능할 것이다.

4부

신용파생상품과 구조화금융

3부에서는 초기의 구조화금융을 자산의 증권화를 중심으로 기술했다. 4부는 초기 증권화 기법과 신용파생상품을 결합한 형태의 현대 구조화금융을 논의한다.

15장은 CDO 구조에 신용파생상품을 도입한 SCDO를 소개한다. 16장은 글로벌 신용위기를 이해하는데 필수적인 합성신용구조화증권들을 기술한다. 17장은 SCDO기법의 프로젝트 금융 활용을 소개한다. 18장은 위험의 증권화, 19장은 조건부자본을 케이스 위주로 기술한 다음, 마지막 20장은 이 모든 논의를 정리하는 관점에서 최근 글로벌 신용위기를 분석한다.

[본서의 구성과 체계도]

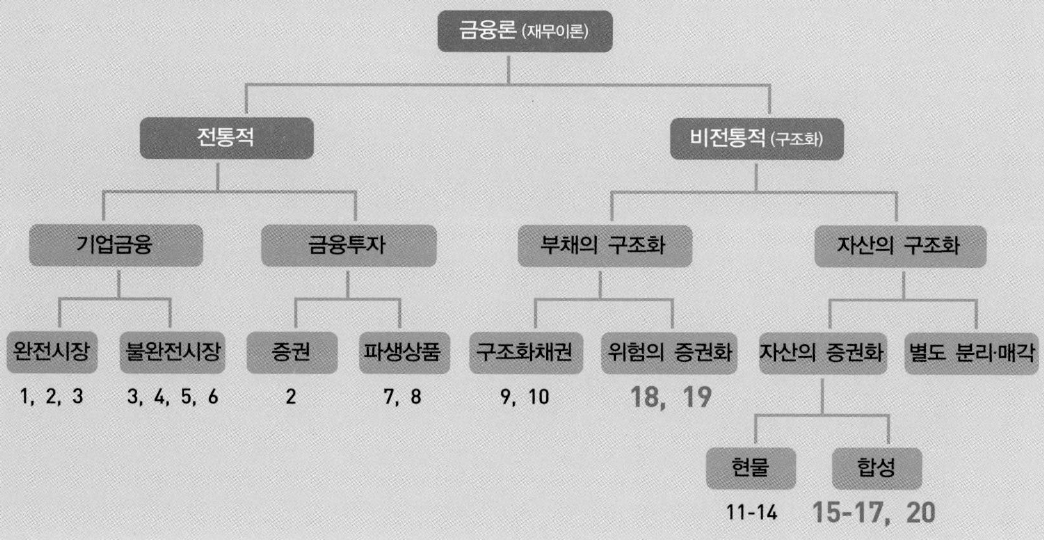

제 15 장

합성부채담보부증권(SCDO)

13장에서 논의한 CDO는 자산보유자가 SPE라는 법률적 및 경제적으로 독립된 자산유동화 전문기구에게 대출채권이나 회사채 등의 보유자산을 현금을 받고 매도(신용위험 양도)하고, 이들 자산의 매입(또는 양수)자인 SPE가 이를 담보로 발행한 우선순위와 신용등급이 다른 여러 종류의 증권이다(이를 현물 CDO라 불러야 하지만 편의상 'CDO'라 부른다).

합성부채담보부증권 또는 **합성부채담보부채권**(synthetic collateralized debt obligation: SCDO)은 CDO와 달리 신용위험보장 매입자(반드시 자산을 소유할 필요가 없다)가 SPE에게 실물자산을 실제로 매도하지 않고, 대신 신용파생상품(예: 신용디폴트스왑)과 같은 합성자산을 매도함으로써 기초자산의 신용위험만 양도한다[169]. SCDO에서는 보장매입자 또는 자산보유자가 신용위험만 양도(신용보장 매입)함으로써 자산에 대한 법률적 소유권은 실제로 양도하지 않으면서 현물 CDO와 같은 신용위험전가 효과를 발생시킨다. 따라서, SCDO의 기초자산 포트폴리오는 CDO와 같은 현물자산이 아니라 합성자산인 CDS와 같은 신용파생상품이다. 특히, SCDO 구조의 자산보유자는 자산을 매각할 필요가 없으므로 실제로 자산을 보유하지 않아도 된다(따라서, CDO와의 비교를 위해 자산보유자라는 용어를 같이 사용하지만 신용위험보장 매입자가 보다 더 정확하다).

SCDO의 자산보유자 입장에서 보면, 실제 현금 유입이 일어나지 않는다는 점이 당장 현금이 유입되는 CDO와 다르지만, 신용위험을 투자자들에게 이전시킨다는 점에서는 CDO와 다를 바 없다. 즉, 자산보유자의 입장에서 SCDO는 자금조달 수단이라기 보다는 신용위험관리 수단으로서의 유용성이 더 크다고 볼 수 있다(차익거래 SCDO는 차익이다!). 이렇게 준거자산포트폴리오를 진정한 매각에 의하지 않고, 이를 기초자산으로 하는 신용파생상품 매각을 통해 "합성적으로(synthetically)" 증권화한다는 의미에서, 또는 현물자산이 아닌 CDS라는 합성자산을 증권화한다는 의미에서 **합성 CDO**, **SCDO**, 또는 **합성증권화**(synthetic securitization)라 부르는 것이다[170].

SCDO는 1990년대 말 처음 등장한 상품으로서, 길지 않은 역사에도 불구하고, 형태나 구조면에서 그동안 엄청난 발전을 이루어, 2007-2008년 글로벌 신용위기 발생 이전까지는 90년대 말 당시와는 전혀 다른 모습으로 전체 CDO시장을 지배하고 있었다. 그러나, 불행히도 오늘날 SCDO는 신용위기와 관련 가장 큰 비난의 표적이 되고 있는 상품이기도 하다. 이 장에서는 먼저 90년대 말 SCDO시장의 출현을 가져 온 초기(1-세대) SCDO 구조를 살펴본다. 우리는 SCDO의 구조는 어떻게 이루어졌으며 이 상품이 그렇게 크게 성공할 수 있었던 이유는 무엇인

---

169 SCDO를 **CSO** (collateralized swap obligations)라고도 부르는 이유다.

170 회사채는 국채매입과 CDS매도를 결합한 것이므로 회사채 풀은 국채와 CDS의 풀로 볼 수 있다. 실제로 SCDO는 CDS를 준거자산 풀로 하고 채권매각 수입은 국채 등 저위험 담보자산에 투자한다.

가를 묻게 될 것이다. 그런 다음, 보다 최근, 특히 2004년 이후 돌풍을 일으켰던 "1-세대 SCDO" 이후의 여러 유형들을 검토하게 될 것이다. SCDO에서 진화된 구조화금융 상품들 가운데서 특히 2007년 서브프라임 모기지위기 과정에서 큰 역할을 한 것으로 알려진 **합성신용구조화상품** 또는 **구조화합성혼합상품**들은 다음 장에서 논의한다.

15.1 합성부채담보부증권(SCDO)의 구조적 특성

SCDO는 ABS(12장)와 신용파생상품(8장)의 여러 특성을 하나의 구조로 통합한 복합 구조화금융 상품이다. 따라서, 보장매입자, 투자자, SPE(발행자), 등 기본적인 시장참여자들은 13장의 CDO와 별로 다를 바 없지만 기타 세부적인 면에서는 상당한 차이도 있다.

(i) SCDO에서는 자산보유자 또는 보장매입자가 기초자산(또는 유동화자산)을 소유할 필요가 없다. 보장매입자는 기초자산 대신 기초자산을 준거자산(대개 신용등급이 있는 30-40개의 회사채나 유동화증권)으로 하는 신용파생상품(CDS 또는 TRS)을 SCDO SPE에게 발행 또는 매도한다(SPE가 없는 구조에서는 투자자들에게 신용파생상품을 직접 매도한다). 준거자산에 신용사건이 발생하면 SCDO SPE(SPE가 없는 경우는 투자자)는 보장매입자에게 손실을 보상해 주고, 그 대가로 보장매입자로부터 스왑 프리미엄을 받는다. 그러므로, SCDO는 기초자산이 ABS CDS라는 신용파생상품인 ABS로 볼 수 있다.

(ii) SCDO 투자자들은 두 가지 유형이 있다. SCDO 유동화증권(예: CLN)을 현금을 주고 매입(long)하는 투자자들과(funded investors), SCDO 유동화증권을 매입하지 않고(현금지급이 없다) SCDO 발행 CDS를 매입(long)하는 투자자들이다(unfunded investors). 전자는 준거 포트폴리오에 신용사건이 발생하지 않으면 투자자들이 높은 이자수입과 원금회수를 기대할 수 있지만, 신용사건이 발생하면 **최선순위 트랜치**(**super senior tranche**) 투자자들보다 먼저 손실을 부담한다. 후자는 투자자들이 최선순위 트랜치를 현금지급 없이 매입함으로써, 실질적으로 SCDO(또는 SPE)로부터 CDS를 매입(신용위험 매입/신용보장 매도)하는 셈이다. 따라서 운이 좋으면 스왑 프리미엄 수입으로 끝나지만 만약 신용사건 발생으로 인한 손실이 너무 커서 유동화증권을 매입한 투자자들까지로는 부족할 경우, 초과손실을 보상해줘야 한다.

(iii) 위험관리의 관점에서 보면 SCDO가 준거 포트폴리오의 신용위험을 투자자들에게 전가하는 방법에는 두 가지가 있다. 하나는 유동화증권(CDO)을 매도하는 방법(funded)이고, 다른 하나는 CDS를 매도하는 방법(unfunded)이다. 이를 SCDO 또는 CDS의 손실(또는 신용위험) 보장자금 확보 또는 유입 여부라는 관점에서 보면(이렇게 보는 것이 더 합리적이다), SCDO는

구조적으로 신용위험보장 자금이 확보 또는 유입된(funded) 구조와 신용위험보장 자금이 미확보 또는 미유입된(unfunded) 구조로 구분할 수 있다.

신용위험보장 자금이 유입된 구조에서는 SPE가 채권발행 수입으로 국채나 예금 등의 저위험·우량 자산을 구입함으로써 보장매도를 담보한다. 그리고, 자본구조는 현물 CDO와 마찬가지로 대개 후순위, 메자닌, 선순위 등 세 계층의 부채와 지분(후순위가 지분인 경우가 일반적이다)으로 구성된다. 신용보장 자금이 미유입된 구조에서는 신용사건이 발생할 때마다 보장매도자가 손실을 부담한다. 즉, SPE가 단순 보장매도자인 경우에는 SPE, SPE가 보장매입자가 되어 개별 투자자나 또 다른 유동화 전문회사와 CDS계약을 체결한 경우에는 해당 투자자들이 궁극적으로 준거 포트폴리오의 손실을 부담한다.

(iv) 신용위험보장 자금이 부분적으로 유입된 일반적인 SCDO 구조에서는 손실이 발생할 경우, 이 손실은 먼저 최후순위 지분투자자가 부담하고, 다음으로 메자닌(중간 순위) 투자자, 선순위 투자자, 마지막으로 최선순위 투자자가 부담한다. 지분과 메자닌 채권의 발행액이 자본구조에서 차지하는 비중이 매우 작은 점을 감안하면 이는 곧 신용위험의 대부분을 후순위 투자자들인 지분 및 메자닌 투자자들이 부담함을 의미한다. 일반적으로 보장매입자는 CDO 증권의 최후순위 또는 지분을 보유하든지, 또는 SPE와의 CDS계약에 **최초손실매입자부담(buyer first loss)** 조항을 설정함으로써 준거 포트폴리오의 손실을 제일 먼저 부담한다. 통상 지분계층은 0-5%, 그 다음 메자닌 층은 5-15%, 최선순위 층은 15%를 초과하는 손실을 흡수한다.

(v) SPE는 보장매입자(자산보유자)와 CDS계약을 체결하는 당사자(상대방)이므로 일단 보장매도자라고 볼 수도 있지만, SPE가 채권발행을 통해 손실보전자금을 조달하는 funded 구조인 경우 SPE는 실질적인 보장매도자인 CDO 투자자와 보장매입자를 중개하는 역할을 한다고 볼 수도 있다. SPE의 자산/부채 구조를 보면, CDO와 달리 SCDO에서는 자산이 현물이 아니라 CDS라는 합성자산이고, 부채 역시 대부분(85% 내외)이 **최선순위 층(super senior piece)**이라는 **합성부채(synthetic liability)**다. 최선순위 층은 지분 층, 메자닌 층 및 AAA층으로는 부족할 때 손실을 부담하는 층이므로 실제로 최선순위 층이 손실을 부담할 가능성은 거의 제로에 가깝다(따라서 스프레드 역시 AAA층보다도 작다). SCDO 증권에 대한 원리금은 보장매입자가 SPE에게 지불하는 CDS 프리미엄과 저위험·우량 담보자산으로부터 발생하는 수입에서 지급한다. 만약 준거 포트폴리오에 신용사건이 발생하면 부족한 경우 이 저위험 담보자산의 매각 등을 통해서라도 보장매입자에 대한 CDS 계약을 우선적으로 이행해야 한다. 만기 시점까지 계약에 명시된 신용사건이 발생하지 않은 경우, 만기 시점에 남아 있는 담보자산을 매각한 자금으로 SCDO 원금을 최종적으로 지불한다. 담보자산 매각시 직면할 수 있는 시장위험을 헤지하기 위해서는 담보자산의 만기를 CDS 만기와 일치시키든지, 또는 담보자산의 만기가 CDS 만기보

다 긴 경우에는 자산보유자에 대해 행사가격이 액면가인 풋옵션을 행사할 수 있도록 계약한다. 그래도 준거 포트폴리오 손실이 담보자산 잔액보다 클 경우 그 차액은 최선순위채권 투자자들이 부담한다.

(vi) SCDO 구조에서는 자산 매각이 필요 없으므로 동일한 자산포트폴리오를 기초자산으로 여러 CDO가 유동화증권을 발행할 수 있다. 이는 곧 SCDO 트랜치들 간의 상관관계가 깊어져서 트랜치들의 수익률이 평균적으로 같은 방향으로 움직이는 경향이 심화됨을 의미한다.

(vii) 그 밖에, SCDO의 특성으로는 표준형(예: STCDO)도 있지만 자본구조가 맞춤형인 것이 많다; 만기가 비교적 짧고 자산/부채의 만기가 비교적 일치한다; 순차적 현금지급 총괄계획이 비교적 단순하고, 트랜치에 대한 이자를 손실이 차감된 잔액에 대해서 지급한다; 준거자산 풀의 운용이 투자자들이 누구냐에 따라 정태적일 수도 있고 (예: 투자은행) 적극적일 수도 있다 (예: 헤지펀드); 규제자본 경감효과는 있지만 자산을 매도하는 CDO보다는 약하다 등이 있다 (15.3에서 더 논의한다).

15.2 신용위험보장 자금이 전액 유입된 SCDO

SCDO는 구조적으로 준거자산에 대한 신용보장 자금이 전액 확보 또는 유입되어 있거나, 부분적으로 유입되어 있거나, 또는 전혀 유입되어 있지 않은 세 가지 형태가 있다. '신용보장자금이 전액 유입되어 있다'는 말은 유가증권 발행으로 조달된 자금이 신용위험에 노출된 준거 포트폴리오의 손실을, 금액의 크기에 관계없이 전액 보장해 줄 수 있다는 것을 말한다.

신용위험보장 자금이 전액 유입되어 있는 SCDO에서는 SPE의 증권발행 수입이, CDS계약의 매입을 통한 신용보장 매도로 인해 SPE가 보장해야 할 최대금액과 같아야 한다. 이런 상황은 준거 포트폴리오 전체가 디폴트되는 최악의 경우이므로, 증권발행 수입이 준거 포트폴리오 전체의 액면 금액과 일치해야 한다는 것을 의미하고, 이는 곧 준거 포트폴리오에 대한 신용위험이 완전히 보장되었음을 의미한다. 그러나 신용위험만 보장되었을 뿐, 준거자산의 매각이 없었으므로 현물 CDO와 같이 보장자금이 보장매입자 손에 유입된 것은 아니다.

구체적인 예를 통해 차이를 비교해 보자. 가령, 준거 포트폴리오가 100억 원의 대출채권이라 하자. 동일한 준거 포트폴리오에 대해서, 어떤 기업이 100억 원의 CLN을 발행하는 것과, 특정 금융기관과 CDS계약을 통해 100억 원 상당의 신용보장을 매입하는 것의 차이는 무엇인가? 또, 만약 그 회사가 SCDO 구조를 통해 100억 원어치 증권을 발행한 SPE로부터 CDS를 매입한다면 대답이 어떻게 달라지는가? 단순한 형태의 CDS계약에서는 준거 포트폴리오의 신용위험으로 인한 손실을 보전해 줄 자금을 보장매입자가 실제로 확보하고 있는 것은 아니다 (물론, 계약상으로는 확보되어있지만).

반면, CLN 발행의 경우와, 증권발행 금액과 준거 포트폴리오의 액면금액이 일치하는 SCDO 구조와의 CDS계약 체결은 신용위험보장 자금이 실제로 전액 확보되어 있다 (보장매도자에 대한 상대방 위험이 없다). 앞으로 보게 되는 바와 같이, 일반적인 SCDO 구조에서는 이들 두 경우의 중간 정도에 위치한 신용보장자금이 부분적으로만 조달되어 있는 구조가 매우 중요한 역할을 하고 있다.

신용보장자금이 전액 조달된 SCDO도 현물 CDO와 마찬가지로 재무상태표 관리와 차익거래라는 두 가지 동기에 의해, 재무상태표 SCDO와 차익거래 SCDO로 구분해서 이해할 필요가 있다.

15.2.1 재무상태표 SCDO

전형적인 재무상태표 SCDO에서는 자산보유자 (주로 은행 등 금융기관)가 SPE와의 CDS계약에 의해 회사채나 대출채권 등 재무상태표 상에 기록된 보유자산으로 구성된 준거 포트폴리오 전체에 대한 신용보장을 매입함으로써, SPE에게 일차적으로 신용위험을 전가한다 (차익거래 CDO에서는 제3자의 자산에 대한 신용보장 매입). 그리고 SPE는 인수한 신용위험을 증권발행을 통해 궁극적으로는 투자자들에게 전가한다. 전형적인 현물 CDO에서와 같이, SCDO에서도 자산보유자는 SPE의 잔여지분 계층 (residual layer)을 보험의 공제나 자기보유처럼 자체 보유한다 (<그림 15.1>을 보라).

SCDO 구조에서도 전통적인 현물 CDO에서와 마찬가지로, 스왑 딜러는 저위험·우량담보자산으로부터의 원리금 수입과 SPE 발행 증권에 대한 원리금 지급을 교환하는 자산스왑을 통해 SPE의 일상적인 ALM 위험관리와 유동성 관리기능을 수행한다.

B/S SCDO를 통해 은행은 채권의 매각이 필요한 CDO와 달리, 고객과의 관계를 유지하면서 재무상태표의 신용위험을 보다 효율적으로 관리할 수 있고, 동시에 경제적 및 요구규제자본을 경감시켜 자본비용을 감소시킬 수 있다 (따라서, 재무상태표 SCDO는 차익거래 SCDO와 달리 준거 포트폴리오를 관리할 필요가 거의 없다).

재무상태표 SCDO 구조에서 바젤협약이 요구하는 **합성매도자 (synthetic seller)** – 자산을 실제로 매도하지는 않았지만 매도한 것처럼 신용위험을 전가했으므로 합성매도자라 부른다 – 즉, 신용보장 매입자에 대한 자본비용 (capital charge)은, 보유 잔여지분 전액(100%)과 CDS 계약에 대해서 바젤협약이 요구하는 규제자본의 합이다. 그런데, 바젤협약에 의해 은행이 CDS에 할당해야

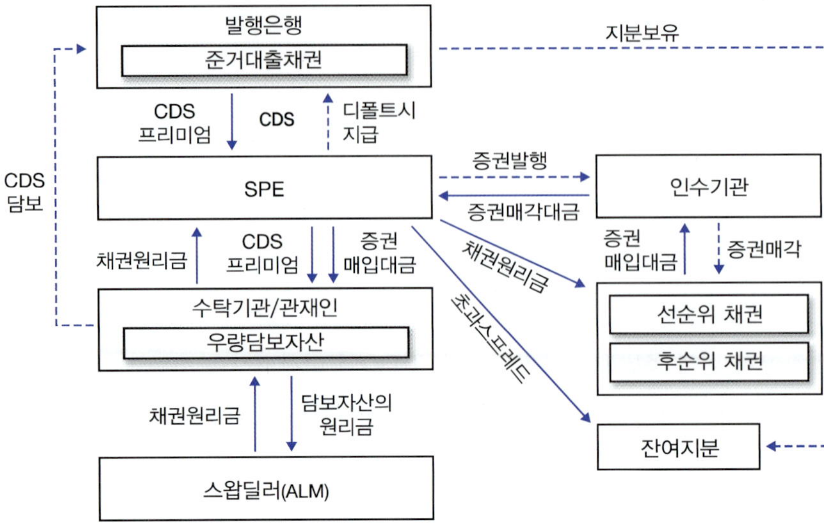

〈그림 15.1〉 신용위험보장 자금이 전액 유입된 재무상태표 SCDO

하는 규제자본 금액은 CDS를 담보하는 담보자산의 위험도(신용도)에 의존한다. 예컨대, 수탁기관이 스왑계약을 담보하기 위해 매입한 자산에 대한 위험가중치(risk weight)를 보면, 미국 국채는 0%이고 AAA 등급의 회사채는 100%다.

가령, 1% 잔여지분 계층을 보유하고 있는 은행이 CDS 계약의 저위험 담보자산이 미국 국채인 SPE와 CDS계약을 맺는 경우, 미국 국채의 위험가중치는 0%이므로 총자본비용은 잔여지분만 고려되어 1%다. 그러나, 동일한 은행이 CDS 계약의 저위험 담보자산이 AAA 등급의 회사채인 SPE와 CDS계약을 맺는 경우, 총자본비용은 잔여지분 전액(1%)과 위험가중치가 100%인 AAA채권이 담보하는 스왑에 대한 규제자본 8%를 합한 9%다. 스왑에 대한 규제자본이 8%인 것은 원래 SPE 발행 스왑계약에 대한 규제자본 8%에, 스왑의 담보자산인 AAA 채권에 대한 위험가중치 100%를 곱해주어야 하기 때문이다.

다른 방법은, 미국 국채 같은 수익률 낮은 무위험 자산을 담보자산으로 하는 대신, 보유자산의 평균 신용도가 높아 위험가중치가 낮은 금융기관과 스왑계약을 체결하는 것이다. 예컨대, 바젤협약에서 요구하는 OECD 은행들의 위험가중치는 20%다. 그러면 수탁기관은 미국 국채보다는 수익률이 조금 높은 자산을 스왑의 담보자산으로 보유할 수도 있게 될 것이다.

예컨대, SPE와 신용보장 매입자 사이에 OECD 은행을 프론팅(fronting) – 중간개입자라 이해해도 좋다 – 신용보장 매도자로 개입시키는 경우를 보자(실제로, 소수의 OECD 은행들이 프론팅 SPE로 활동한다). 이 경우, 동일한 AAA회사채가 SPE의 담보자산이라 하더라도 스왑에 대한 자본비용은 중간 가입자인 OECD 은행의 위험가중치가 20%이므로 8%의 100%인 8%가 아니라, 8%의 20%, 즉 1.6%가 된다. 따라서 총자본비용은 9%에서 2.6% (1% 지분과 OECD 은행 위험가중치 20% × 스왑에 대한 규제자본 8%)로 감소된다.

이 경우에도 증권발행자는 여전히 SPE이지 중간에 있는 OECD 은행이 아니다. 기술적으로 보면, OECD 은행은 신용보장 매입자와 SPE사이에 끼어들어 일종의 중간신용보장 공여자의 역할을 한다. 즉, OECD 은행은 CDS형태로 신용보장을 매도했는데, 이 경우 OECD 은행이 매도한 CDS에 대한 담보는 은행 자체, 즉 OECD 은행의 재무상태표가 된다. OECD 은행은 이번에는 원래의 SPE가 보장매도자가 되는 스왑 계약을 통해 동일한 신용보장을 매입한다. SPE는 여전히 채권매각 대금을 담보자산에 투자하지만, 이번에는 원래 자산보유자가 아닌 프론팅 OECD 은행에게 담보에 대한 질권을 설정한다.

15.2.2 차익거래 SCDO

차익거래 SCDO는 차익거래 CDO와 마찬가지로 이익추구가 목적이므로 초과스프레드, 즉 SPE가 보장매입자로부터 수취하는 CDS 프리미엄과 투자자들에게 지급하는 스프레드 (자산운용비 및 제경비 포함)의 차이가 문제다. 따라서, 여기서는 재무상태표 SCDO와 달리 담보자산 운용자의 역할이 매우 중요하다.

SPE는 자산관리자와 함께 CDS의 기초자산이 될 준거자산 포트폴리오를 선정한다. 이 경우, 자산보유자들은 실제 자산을 소유하고 있는 기관은 물론, CDS딜러나 헤지펀드와 같이 자산을 소유하고 있지 않은 순수 신용위험보장 매입자들에 이르기까지 아무런 제약이 없다. 준거 포트폴리오를 선정한 다음, 자산보유자는 SPE로부터 신용보장을 매입 (CDS매도) 함으로써, 준거 포트폴리오는 자산의 진정한 매각에 의하지 않고, 합성적으로 증권화된다.

차익거래 CDO의 자본구조도 신용위험 부담에 우선순위가 있는 복수증권 (tranches) 구조라는 점에서는 CDO의 자본구조와 다를 바 없다. 차익거래 SCDO의 잔여지분 계층은 재무상태표 SCDO와 달리, 가능하다면 시장에서 일반 투자자들에게 매각하거나 또는 자산운용자 자신이 보유한다. 그러나, 차익거래 SCDO에서는 신용보장 매입자가 지분계층을 반드시 보유할 이유가 없다. 보장매입자가 반드시 자산소유자가 아닐 수도 있을 뿐만 아니라, CDS와 같은 파생상품은 보장매입자에 의한 역선택이나 도덕적 해이가 크게 문제되지 않기 때문이다. 어떤 구조에서는 지분층이 아예 없는 대신 초과스프레드가 특정 수준까지 손실을 부담함으로써 지분층 역할을 하기도 한다.

차익거래 SCDO에서 담보자산의 운용은 원칙적으로는 정태적이거나 동태적일 수 있지만 대부분이 정태적이다. 여기서 동태적 SCDO거래는 사전에 정해진 자산운용 지침에 따라 자산

운용자나 투자자문역이 준거자산 풀을 헤징 및 교체매매 등을 통해 소극적 또는 적극적으로 운용하는 것을 말한다. 차익거래 SCDO가 적극적으로 운용되는 경우에는 신용등급평가와 위험관리에 대한 특별한 고려가 필요하다. <그림 15.2>는 신용위험보장 자금이 전액 유입된 차익거래 SCDO를 보이고 있다.

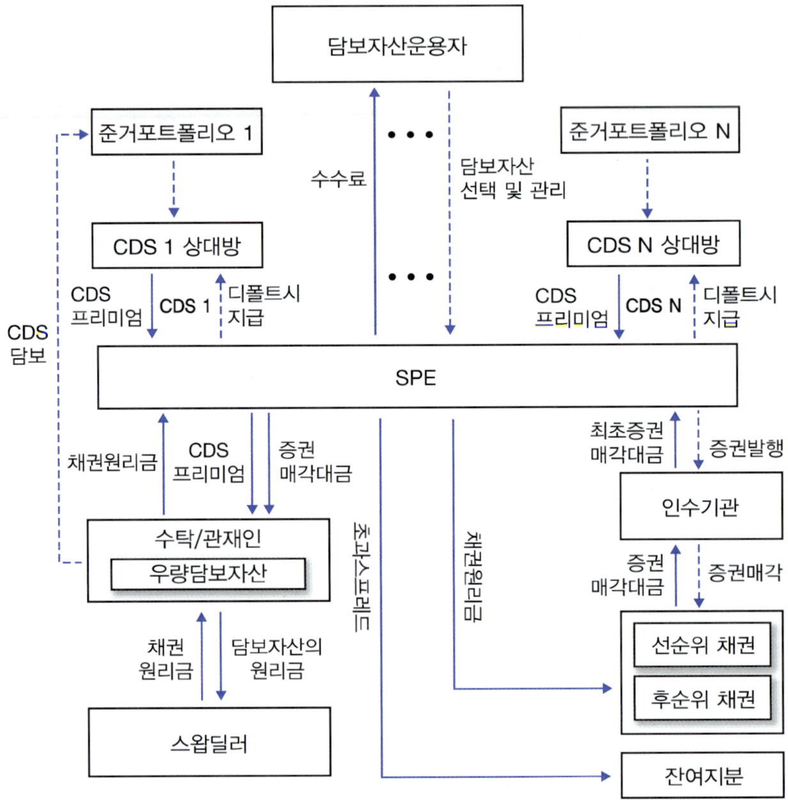

〈그림 15.2〉 신용위험보장 자금이 전액 유입된 차익거래 SCDO

<그림 15.2>는 신용위험보장 자금이 전액 유입된 경우지만 오히려 부분적으로 유입된 구조가 차익거래 SCDO에게는 더 유리하다. 우선, 이 SCDO 구조의 최선순위층에 대해서는 증권을 발행하지 않아도 되고, 최선순위층으로 인해 자산을 추가 매입하는 자산추가매입(ramp-up) 기간도 짧아짐으로 CDO 딜 작업이 훨씬 쉽다. 뿐만 아니라, 준거 포트폴리오를 구성하는 자산도 CDO와 같이 매입할 필요 없이, 합성자산인 CDS (예: ABS CDS나 MBS CCDS)로 대체함으로써 (CDS매입) 비용을 크게 절약할 수 있다.

만약 SPE가 발행한 증권의 총액이 준거 포트폴리오의 액면금액보다 작으면 그 SCDO는 신용보장 자금이 일부만 조달되어 있다고 말한다. 일반적으로 CDS의 계약금액은 SPE의 채권

발행 총액과 같다. 이 경우 CDS는 신용보장 자금이 전액 확보되었다고 볼 수 있다. 그러나 여기서는 이 금액이 준거 포트폴리오 금액보다 작다. 그러므로, 이 CDS는 사실상 선·후 순위 구조의 CDS로서, 전체 준거 포트폴리오에 대한 손실위험을 이 CDS가 보장해 주는 계약임에는 틀림없지만, 전체 준거 포트폴리오의 일부인 특정 계층(분리된 발행증권의 담보 계층)만이 부도로 인한 손실위험으로부터 보장받을 뿐이다. JP Morgan은 1997년 12월 **Broad Index Secured Trust Offering**(BISTRO)의 발행을 통해서 이와 같은 신용보장 자금이 부분적으로만 유입된 재무상태표 SCDO분야를 개척했다.

15.3 신용위험보장 자금이 일부만 조달된 SCDO

SCDO중에서 준거 포트폴리오에 대한 신용보장 자금이 전액 유입된, 따라서 준거 포트폴리오에 대한 신용위험이 완전히 보장된 SCDO는 전에도 없었고 지금도 없다. 그렇게 하기 위해서는 구조화 작업도 작업이지만 엄청난 시간과 비용이 소요됨은 물론, SPE 재무상태표의 오른쪽에 있는 증권들 전체, 즉 SPE 자본구조 자체를 매도해야 하고, 이는 곧 위험선호 성향이 서로 다른 다수의 투자자들을 반드시 찾아내야 함을 의미한다.

하물며, SCDO의 초과스프레드(또는 funding gap)가 계속 축소되고 있는 상황에서 이는 SCDO 발행자에게 너무 큰 부담이고, 또 그렇게 부담이 큰 만큼 매력적인 수익률이 나오는 것도 아니었다. 그래서, 준거 자산 포트폴리오의 일부에 대해서만 신용보장 자금이 조달된 SCDO를 통해서 신용위험을 전가하고, 나머지 부분은 발행자가 자체적으로 보유하거나 또는 별개의 CDS에 대한 준거 포트폴리오로 사용하는 '신용위험보장 자금이 일부만 유입된' SCDO가 출현하게 된 것이다.

이 구조의 SCDO에서는 전체 준거 포트폴리오 중 신용보장 자금이 유입된 부분(funded part)에 대해서는 선순위 계층의 등급이 AAA가 되도록 발행증권의 우선순위 구조를 설계한다. 그리고, 준거 포트폴리오 중 지분 층을 제외한 신용보장 자금이 전혀 유입되지 않은 부분은 준거 포트폴리오의 우선 순위 구조상 신용보장 자금이 유입된 부분보다 더 선순위에 있는 나머지 자산들로서 이 계층을 **최선순위층**(**super senior piece**)이라 부른다. 이는 곧 준거 포트폴리오의 지분층과 최선순위층을 제외한 중간 순위층에 대해서만 증권발행을 통해 신용위험을 보장받는다는 뜻이다.

SCDO의 발행자는 이 준거 포트폴리오의 최선순위층에 대해 별도의 **최선순위 CDS** (**super-senior CDS**)를 통해 신용보장을 매입하는데, 이 CDS를 담보해 줄 증권의 발행이 없기 때문에, 이 경우 SPE가 매도한 신용보장은 신용위험보장 자금이 전혀 유입되어 있지 않다. 이는 신용보장 자금이 부분적으로 유입된 재무상태표 SCDO 구조에서 흔히 있는 일이다. 이와 같은 SCDO 구조에서는 일반적으로, 발행 CDS를 포함한 SPE의 총부채잔액 중에서 증권발행액은 준거 포트폴리오 총액의 5 - 15%에 불과하며, 발행증권의 준거 포트폴리오는 대개 100여 개 정도의 투자적격등급 자산으로 구성된다.

이렇게 함으로써 SCDO 발행자는 보장자금이 전액 유입된 구조보다 비용을 크게 절약할 수 있다. 전액 유입된(funded) 구조에서는 저/무위험담보자산 수익률과 그 보다 높은 지급 이자율 차이를 보상하기 위해 발행자는 높은 프리미엄을 SPE에게 지불해야 한다. 그런데 최선순위층에 대해서는 이자지급이 없으므로 SPE에게 낮은 프리미엄만 지급해도 된다. 따라서 발행자의 SPE에 대한 평균 프리미엄은 낮아질 것이다.

보장자금이 일부만 유입된 SCDO 구조의 구체적인 절차는 먼저, 자산보유자는 준거 포트폴리오를 선정해서 최초손실(후순위), 중간순위, 최상위 등으로 계층화 한 다음, 자산을 보유한 채 신용위험만을 전가해야 한다. 개별 자산에 대해 개별적으로 CDS 매도자를 찾는 것이 쉽지도 않겠지만 설사 찾는다 하더라도 비용이 많이 들게 되므로 자산보유자/보장매입자(또는 arranger라고 하는 증권화 주관사)는 전담 SPE를 설립하고 SPE와 SPE를 보장매도자로 하는 CDS 계약을 맺는다.

이 때 CDS계약은 준거 포트폴리오 총액의 5 - 15%에 해당하는 메자닌 계층이다. 이 경우의 CDS는 **저순위 손실층(lower loss layer)**에 대한 것이기 때문에, **주니어 CDS** 또는 **후순위 CDS**라 부른다. 준거 포트폴리오의 **최초 손실층(first loss layer)**은 SCDO 자본구조에서 잔여지분계층(0 - 5%) 보유자가 부담하는데, 잔여지분 계층은 대개 자산보유자/보장매입자 몫이다. 그러므로, 이 후순위 CDS 보장매도자의 손실부담이 시작되는 최저손실 수준은 보장매입자가 보유하는 잔여지분 계층(5%)을 초과하는 수준이 될 것이다.

SPE는 준거 포트폴리오의 5 - 15% 부분에 대한 CDS 포트폴리오를 담보로 한(제한적 상환청구권부)증권의 발행을 통하여 조달한 자금을 (저위험)우량증권에 투자한다. **제한적 상환청구권**이란 SPE 발행증권들이 준거 포트폴리오 전체가 아니라 5 - 15%에 해당하는 중간층에 대해서만 상환청구권을 갖기 때문이다. SPE는 신용등급이 다른 여러 종류(계층)의 증권을 발행하며, 이들 채권은 담보자산(우량증권)에 대한 이자수입과 CDS 프리미엄을 합한 데서 CDS에 대한 지급(만약 있으면)을 공제한 부분을 이자로 지급받는다. 발행증권의 선순위 계층(senior tranche)은 비록 준거 포트폴리오는 저순위였지만 트랜칭으로 인해 신용이 보강되어 AAA 등급을 유지하는 것이 일반적이다.

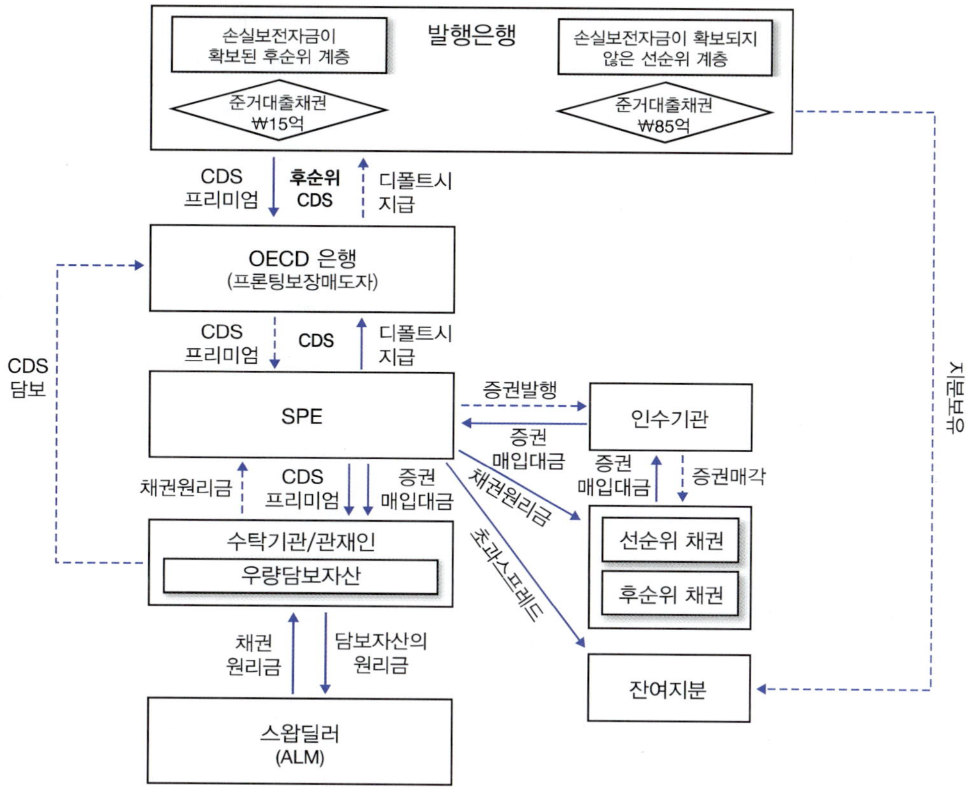

〈그림 15.3〉 신용위험보장 자금이 일부만 유입된 SCDO

준거 포트폴리오의 **최선순위층**(super senior tranche)은 우량자산으로서 대개 전체 준거자산의 15%까지 디폴트한 이후라야 영향을 받는다. 자산보유자/보장매입자는 최선순위 CDS를 통해 최선순위층의 디폴트에 대한 신용위험을 담보하는데 (물론 <그림 15.3>에서와 같이 자산보유자가 자체 보유할 수도 있다), 최선순위 CDS는 5-15 bps 정도 비용이 들지만, 순수 AAA 수준의 신용보장에 지불하는 가격(50bp정도)보다는 훨씬 저렴하다. 그래서 많은 사람들은 최선순위층을 "AAAA"층이라 부른다. 물론, 최선순위 층은 AAA증권의 신용보강을 받으므로 신용위험이 거의 없는 것은 사실이지만 그래도 최선순위 스왑의 '상대방 위험'은 존재하므로 스왑 상대는 대개 신용등급이 높은 모노라인 보험사나 프라임 브로커들이다.

<그림 15.3>은 신용위험보장 자금이 일부만 유입되어 있는 SCDO의 일반적인 구조를 보이고 있다(OECD fronting은행 가정). 그림에서 전체 준거 포트폴리오의 가치는 100억 원이고, 그 중 신용보장 자금이 확보되어 있는 후순위 손실 계층이 15억 원, 신용보장 자금이 확보되어 있지 않은 최선순위 계층은 나머지 85억 원이다. 이는 곧 준거 포트폴리오의 가치는 100억 원이고, SPE 발행증권의 선순위 트랜치가 AAA 등급을 유지하려면 15억 원 정도의 신용보강

이 필요하다는 것을 의미한다. 준거 포트폴리오와 발행증권의 차이는 물론 최선순위층이다. 바젤협약 하에서 신용보장 자금이 부분적으로만 조달된 재무상태표 SCDO에 대한 규제자본 요구액은 신용보장 자금이 전액 확보되어있는 부분에 대해서는 전과 동일하다. 프론팅 OECD 은행과의 후순위 CDS에 대해서는 20%의 8%, SPE와의 직접 후순위 CDS는 CDS 담보자산의 위험가중치, 그리고 지분 층에 대해서는 100%다.

최상위 계층은 최선순위 CDS의 상대방이 OECD 은행이 아니더라도, 신용보장 자금이 전혀 유입되어있지 않은 선순위 계층이 AAA 등급이면 20%를 적용한다. 예를 들어 보자. 가령 손실보장 자금이 전액 유입된 부분이 포트폴리오의 15%, 스왑의 상대방이 SPE인 주니어 CDS의 담보자산이 미국 국채, 최선순위 층이 OECD 은행과의 CDS에 의해 신용이 보강되고, 최하위 층인 지분이 1%라 하자. 이 경우, 신용보장 자금이 전액 조달된 부분에 대한 자본비용은 0.15 × 8% × 0% = 0%다. 최선순위 계층에 대한 자본비용은 0.85 × 8% × 20% = 1.36%다. 지분에 대한 자본비용은 1%이므로 총자본비용은 2.36%가 된다.

15.4 SCDO의 장점과 단점

SCDO는 CDO의 발전된 형태로 볼 수 있고, 기본 구조상 CDO와 큰 차이가 없다. 그러므로, SCDO의 좋은 점은 고유한 것도 일부 있지만 상당 부분은 자연히 CDO의 불편한 점을 개선한 것이다. 따라서, CDO와 SCDO를 함께 묶어서 장·단점을 논의한다.

15.4.1 SCDO의 장점

원래 SCDO가 1990년대 말에 출현하게 된 이유는 은행이 신용위험 관리를 함에 있어 전통적으로 사용해 온 재무상태표 CDO에 대한 대안으로서였다. 그랬던 것이 당초 목적인 포트폴리오 위험관리뿐만 아니라, 차익거래 CDO에서도 크게 활용되게 된 것은 신용 파생상품시장의 성장과 깊은 관련이 있다. 적어도 신용위기 이전까지는 합성 CDO는 발행자나 자산보유자는 물론, 투자자들 모두에게 가장 매력적인 금융상품의 하나였고, 바로 그런 이유로 CDO와 함께 최근에 있었던 글로벌 신용위기의 주범으로까지 지적되기도 한다.

SCDO가 그렇게 성장할 수 있었던 요인은 무엇인가? SCDO의 매력은 다음과 같다.

(i) 운영의 편의성이다. 예컨대, 전통적인 CDO에서 은행이 대출채권을 매각하려면 구비서류, 채무자 동의 등, 여러 가지 제약조건이 따르며, 대출채권에 대한 재판관할권이 서로 다른

경우, 조세, 회계, 각종 규제는 물론, '진정한 매각'에 대한 기준 역시 다를 수 있다. 또, 신디케이트 대출채권의 경우, 신디케이트 안의 개별 대출채권이나 신디케이트 참여분의 매각에는 제약이 너무 많아서 전통적인 CDO를 통한 유동화가 쉽지 않다. SCDO는 자산을 실제로 매각하지 않으므로, 이와 같은 문제점들을 피하면서 동일한 경제적 효과를 달성할 수 있다.

(ii) 포트폴리오 설계의 유연성과 포트폴리오 신용위험의 분산이다. 일반적으로, 원하는 포트폴리오를 만드는 데는, 합성적으로 만드는 것이 실제 현물 포트폴리오를 분리하는 것보다 훨씬 효율적이다. CDS는 발행한 채권만 있다면 발행기관이나 국가에 관계없이 원하는 금액으로 얼마든 발행할 수 있으므로 CDS를 이용하면 다양한 형태의 신용위험을 창출할 수 있다. 특히, 대출 포트폴리오가 자동차, 전자, 텔레콤 등 소수의 특정 산업부문이나 특정 지역에 집중되어 있는 은행의 경우, SCDO의 다양한 트랜치들을 활용하면 CDO에 비해 신용위험이 더 균형되고 분산된 자산 포트폴리오를 만들 수 있다.

(iii) SCDO는 선택적인 위험전가와 함께 정보의 비대칭성 문제를 완화시킨다. 자산과 관련된 위험은 비단 신용위험에 그치지 않고, 시장, 국가, 정치, 통화 위험 등 매우 다양하다. 투자자들은 이들 위험 가운데서 '순수 신용위험' 부분을 분리해 준다는 점에서 합성 CDO 구조를 선호한다. 실제로 SCDO 발행자들은 대출채권에 대한 신용위험만 문제될 뿐, 통화위험과 같은 비신용위험의 부담에 대해서는 비교우위가 있다고 생각할 수도 있다. 이 경우, 대출채권의 매각을 통한 자산의 증권화로서는 선택적인 위험전가를 달성할 수 없는데 반해, 자산매각이 없는 SCDO 구조는 가능하다.

(iv) SCDO를 통해 보장매입자는 준거 포트폴리오의 신용위험을 보다 효율적으로 이전시킬 수 있다. 물론 바스켓 디폴트 스왑이나 포트폴리오 디폴트 스왑 등을 활용해서도 보장매입자는 준거자산의 신용위험을 원하는 수준만큼 이전할 수 있다. 예컨대, 3개의 트랜치로 발행되는 CDO를 생각해 보자. 만약 바스켓 스왑을 활용한다면 "첫 번째 디폴트(first-to-default: FTD)", "두 번째 디폴트(second-to-default: STD)", "세 번째 디폴트(third-to-default: TTD)" 바스켓 스왑 등을 순차적으로 이용하여 준거 포트폴리오의 신용위험을 원하는 수준까지 전가할 수는 있다. 포트폴리오 스왑을 이용해서도 "첫 번째 5% 손실(first loss piece of 5%)", "두 번째 10% 손실(second loss piece of 10%)", "세 번째 15% 손실(third loss piece of 15%)" 포트폴리오 스왑 등, 복수의 스왑 거래를 통해 마찬가지 효과를 얻을 수 있다. 그러나 이들 경우에는 여러 개의 스왑 거래를 설계하고 계약을 체결해야 하는 시간 및 금전적 비용이 발생한다.

(v) 신용위험전가 수단으로서 SCDO가 바스켓 디폴트 스왑이나 포트폴리오 디폴트 스왑 등 단순 신용파생상품과 구별되는 가장 큰 차이점은 보장매입자와 궁극적인 보장매도자인 투자자 사이에 SPE가 개입됨으로써, 보장매입자의 입장에서 매도자에 대한 상대방 위험을 줄일

수 있다는 점이다. 그러나, SCDO가 CLN이 아니고, CDS와 같은 일반적인 신용 파생상품을 발행하는 경우에는 보장매도자의 위험보장 자금이 SCDO 구조에 유입되지 않으므로 최근의 서브프라임 신용위기에서 보듯 SCDO를 통한 신용위험 전가를 진정한 의미의 위험전가로 보기 어려울 수도 있다.

(vi) 전통적인 CDO는 준거자산의 평균 신용등급이 BBB- (고수익자산비율이 10-15%)인데 비해 SCDO는 BBB로 투자적격이다. 따라서 지분계층의 비율이 1.5%~4.5%로서 8%~20%인 CDO에 비해 작다. 이는 곧 SCDO의 레버리지 비율이 CDO보다 높다는 것을 의미한다 (물론 높은 것이 좋은것만은 아니다).

(vii) SCDO 구조를 통해 기업은 자본비용을 감소시킬 수 있다. 전통적인 CDO 구조에서는 최선순위 계층이 SPE의 자본구조로 보면 선순위 채권 (senior tranche)이다. 그리고, 자산보유자의 입장에서 최선은 그 선순위 채권의 신용등급이 AAA를 받아 LIBOR 플러스 35-75 bps의 이자를 지불하는 것이었다. 이제 자산보유자는 SCDO 구조를 이용함으로써, 평균자본비용을 LIBOR 플러스 8-10 bps로 감소시킬 수 있다. 그 이유는 이 구조가 최선순위 계층을 통해 (AAA가 작고 최선순위층이 크다) 적어도 준거 포트폴리오의 일부 (funded부분을 말함)에 대해서는 AAA 등급 이상 등급의 낮은 이자율로 자금을 조달할 수 있기 때문이다 (최선순위 계층에 대한 신용등급이 실제로는 존재하지 않지만 만약 있다면 AAAA 등급일 것이라는 점을 상기하라). 그러므로, SCDO는 은행이나 기타 자산보유기관들이 당시의 신용평가 제도하에서 AAA이상의 낮은 금리로 자금을 조달할 수 있는 가장 효과적인 수단이었다.

15.4.2 SCDO의 문제점

글로벌 신용위기로 인해 2조 달러에 달하던 CDO 시장의 붕괴는 물론 CDO (SCDO를 포함한)는 각계로부터 비판의 표적이 되어왔다. 미국 주택시장의 거품, 서브프라임 위기와 연이은 경제불황 과정에서 CDO의 책임이 크다는 것이다. 그러나, CDO를 포함한 자산유동화라는 금융기법이 과연 이번 신용위기의 원인제공자인지, 그렇다면 이번 한번으로 끝나는 것인지, 아니면 CDO가 앞으로도 지속적으로 금융시스템 전체에 심각한 위험요인으로 작용할 것인지 아직 명쾌한 해답이 없다. 분명한 사실은 CDO나 SCDO의 문제점을 정확히 이해하려면 CDO 자체의 구조적 결함으로 인한 위험과 남·오용(濫·誤用)으로 인한 위험을 구분해야 한다는 점이다. 모든 교통사고의 원인을 자동차의 기계 결함으로만 볼 수 없는 것과 같은 이치다.

(i) 수없이 많은 비판 중에서 가장 객관성 있는 것은 CDO, 특히 SCDO는 근본적으로 위험한 상품 또는 금융기법이라는 주장이다. 우리는 CDO를 포함한 자산증권화 기법이 체계적 위

험(경제 전체에 영향을 미치는 사건을 말한다)에 대한 민감도가 매우 커서 경제 전체에 영향을 미치는 초대형 충격(shock)에 매우 취약한 구조라는 것을 말한 바 있다(9.2.4 및 13.2.1 참조). 왜냐하면, CDO 트랜치들의 위험은 자산의 집단화를 통해 분산 가능한 위험은 모두 제거되고 전국적인 주택가격 상승이나 이자율 상승 같은 체계적인 위험만 남게 되어 이들 위험을 기초자산으로 발행된 CDO 트랜치들은 마치 이자율, 경제성장률, 또는 주가지수와 같은 거시경제변수를 준거자산으로 하는 신용파생상품과 유사하기 때문이다(9.2.4).

뿐만 아니라, 트랜치의 두께가 얇으면 얇을수록(손실부담 접점간의 거리가 짧으면 짧을수록) 트랜치 손실분포의 꼬리 부분이 두터워져 이른바 **꼬리위험(tail risk)**이 커지고, 메자닌 층과 지분 층의 비기대위험이 포트폴리오 전체의 비기대위험보다 커지게 된다. 그리고 이 같은 현상은 증권화의 회수가 증가함에 따라 더 증폭될 것이고, 결과적으로 CDO 트랜치들의 체계적 위험에 대한 민감도와 손실 발생률의 '급격한 상승'이 초래될 것이다. 이른바, **절벽효과(cliff effect)**다. 즉, 꼬리위험과 절벽효과는 후순위증권의 수와 증권화의 횟수가 많아질수록 더 커진다(13.2.1). 그리고 포트폴리오를 구성하는 개별 채권들의 디폴트 확률과 이들의 상관관계가 커질수록 재증권화된 CDO 트랜치들에 미치는 영향도 더 커지게 될 것이다. 이 모두가 틀린 말은 아니다. 그러나, 위의 설명에 포함된 한정구(限定句)에 주목할 필요가 있다. 그것들만 조심하거나, 또는 피하면 괜찮다는 말이 아니겠는가? 비나 눈이 온다고 자동차를 타지 않는가?

(ii) 위와 관련된 비판으로 복수증권 구조(multi-layered security designs)와 다양한 원금상환 스케쥴 및 위험보장에 대한 자금조달 형태 등, CDO/SCDO의 구조적 유연성 및 복잡성이 실제 위험을 감춰줄 뿐만 아니라, 다수의 신용위험 거래 상대방들이 서로 얽혀있는 관계로 위험이 쉽게 금융제도 전체로 확산된다는 주장이다. 또, CDO/SCDO의 구조적 유연성은 유동화증권 구조를 한층 더 유연하고 복잡한 구조로 만들어 객관적인 분석을 더 어렵게 만든다는 주장도 있다. 모두, 일리가 있는 주장들이지만 역시 CDO/SCDO의 결정적인 결함으로 지적하기에는 미흡하다.

(iii) 특히, SCDO나 CDO^2에 적용되는 비판으로 트랜치들의 상관관계가 현실적으로 클 수 밖에 없는 구조라는 것이다. SCDO는 현물매입이 없으므로 동일한 ABS(예: RMBS)가 다수의(이론적으로는 무한) CDO 준거자산으로 중복 사용됨으로써, CDO 트랜치들의 상관관계를 증가시킨다는 주장이다. CDO^2은 CDO의 CDO이므로 이 역시 같은 ABS가 여러 CDO의 준거자산이 되는 구조다(예: 써브프라임 모기지). 이는 (i)에서 지적된 문제들과 깊이 관련되어 있으므로 대답 역시 같을 수 밖에 없다.

(iv) SCDO의 선순위/최선순위 층이 사실은 그렇게 위험이 거의 없는 안전한 증권이 아니라 그와는 정반대이기 때문에 요구수익률이 이보다 훨씬 높아야 한다는 지적이다[171]. Moody's,

S&P, Fitch 모두 AAA가 최고등급이고 AAAA 또는 최선순위 등급은 없다. 그러므로, SCDO에서 최선순위 계층은 결국 현물 CDO의 AAA 계층(예: 87.9%)을 어떻게 쪼개느냐의 문제일 뿐 달리 특별한 기준이 없다. 가령, SCDO가 AAA 계층을 5%만 발행한다면 최선순위 계층은 자동적으로 82.9% 발행하게 된다. 7%를 발행하면 최선순위층은 82.9%, 3%이면 84.9%가 된다. 더 큰 문제는 SCDO에서는 AAA선순위층이 그 보다 상급인 최선순위 층의 신용을 보강해 주는 계층이라는 데 있다. 따라서, 동일한 AAA선순위 증권이라 하더라도 위험사건의 발생으로 AAA선순위 투자자들이 손실을 보게 될 가능성은 SCDO가 더 크다는 것이다. 이 역시 틀린 지적은 아니지만, 그런 줄 알고 투자하란 말 이상으로 CDO나 SCDO 자체의 근본적인 문제점을 지적한 것이라고는 말할 수 없다.

(v) 글로벌 신용위기 과정에서의 CDO/SCDO의 역할과 관련된 비판이다. 미국 주택시장의 거품, 써브프라임 모기지 위기 및 불황은 CDO/SCDO가 아니었으면 결코 발생할 수 없었을 것이라는 주장이다. 우선, CDO가 모기지 **과당매매**(churning)를 통해서 주택가격을 폭등시킴으로써 주택시장의 거품현상이 발생했다는 것이다. 게다가, CDO는 모기지 대출업자들이 모기지 대출 위험을 자본시장에 전가시키도록 함으로써 이들이 모기지의 질보다는 수익성 좋은 CDO 발행에만 열중하도록 만들었다는 것이다. 한마디로 이들 두 요인들로 인해 모기지대출 시장은 이미 화약고가 되어있었는데 써브프라임 모기지가 불을 붙였다는 것이다(이 문제는 다음 절에서 더 논의한다).

15.5 SCDO와 글로벌 신용위기

SCDO는 신용위기 직전까지 여러 형태로 변형을 거듭하며 발전해 왔다. 이 절에서는 그 중에서 신용위기 당시의 SCDO들 가운데서 역할이 큰 것으로 지적되고 있는 STCDO와 CDO^2을 먼저 기술한 다음, 일반적인 CDO/SDO와 신용위기의 관계를 논의한다.

15.5.1 STCDO와 CLN

2000년대 중반이래 가장 인기 있는 CDO는 **투자자 맞춤형** 또는 **주문형** CDO (bespoke CDO)라고도 부르는 단일등급, 또는 **단일계층 차익** CDO (single-tranche arbitrage CDO: STCDO)이다

171 Tavakoli는 BBB^-(Baa3)인 자산포트폴리오를 기초로 현물 CDO와 합성 CDO 구조의 증권발행 구조를 통해서 SCDO 최선순위 증권의 문제점을 보여주고 있다(Tavakoli, 2008, pp.333-335).

(SCDO 발행의 약 90%를 차지함). STCDO는 준거 포트폴리오의 한 계층 – 주로 중간순위 층(mezzanine layer) – 에 대해서만 해당 계층의 자산총액과 일치하는 액수의 현금이 유입되는 단일등급의 증권을 발행하는 구조를 말한다. 다시 말해서, STCDO는 SPE를 통해 여러 계층의 증권을 발행해서 준거 포트폴리오의 신용위험 전체를 투자자들에게 전가시키는 초기 SCDO들과 달리, 준거 포트폴리오의 전체 신용위험 중 투자자가 요구하는 특정 부분만을 단일 증권 발행을 통해 이 증권을 요구한 특정 투자자에게 이전시킨다.

이 때, 투자자가 인수하는 준거 포트폴리오에 대한 손실흡수(부담)의 크기와 신용보강 수준의 결정은 SPE 자본구조에서 발행증권의 **손실흡수** (또는 **부담**) **시작점** (attachment point: AP)과 **손실흡수**(또는 **부담**) **종료점** (detachment point: DP)이라는 개념을 적용하여 이루어지는 것이 실무적 관행이다. 즉, AP는 해당 단일등급 STCDO가 손실을 흡수하기 시작하는 준거 포트폴리오의 손실 수준, 곧 해당 단일등급 CDO에 대한 신용보강수준을 의미한다. AP가 높으면 높을수록 준거 포트폴리오의 최초손실 계층이 커져서 발행된 STCDO에 대한 신용보강 수준 또한 높아지기 때문이다.

반면, DP는 해당 단일등급 STCDO가 부담하는 준거 포트폴리오의 최대 손실수준을 의미한다. 예컨대, 전체 준거 포트폴리오의 액면금액이 100억 원이고, STCDO의 AP가 2%, DP가 8%라면, 단일등급 STCDO가 부담하는 손실부담의 크기는 6(= 8 – 2)억 원이 될 것이다. 이 구조에서는 전체 준거 포트폴리오의 손실이 2억 원을 초과할 때부터 해당 단일등급 STCDO 투자자가 손실을 부담하기 시작해서 포트폴리오 손실이 8억 원에 이를 때까지 부담하게 된다는 의미이다. 2억 원 이하, 또는 8억 원 이상의 손실은 이 증권의 매입자들이 부담하지 않는다.

한편, STCDO 구조에서 자산보유자인 **주선은행** (sponsor bank)은 증권발행을 통한 자금유입이 없는 최선순위 층 이외에도, 대규모의 최초손실층 또는 지분층을 처음에는 스스로 보유하면서, 이들을 매각하거나 또는 달리 처분할 때까지 CDS나 repo 등을 이용해서 이들의 신용위험을 동태적 헤징 (dynamic hedging)을 통해 관리하는 것이 일반적이다[172].

이와 같이, STCDO는 일반적으로 투자자들의 요구를 충족시키기 위해 만들어진 것이다.

---

172 실제로, 발행자/주관자 (대개 딜러들임)가 STCDO를 고객에게 매도 (보장매입)할 때마다 준거 포트폴리오를 구성하는 모든 채권 포지션을 위험중립적으로 만드는 CDS 헤지포트폴리오를 계산해야 한다. 이때, 준거 포트폴리오 스프레드 변화 분에 대한 트랜치 가치변화 비율을 말해주는 헤지비율, 즉 델타는 개별 채권에 대한 디폴트 프리미엄, 트랜치의 두께(크기) 및 포지션, 만기, 상관관계 및 회수율 등에 관한 가정에 의존한다 (수리모형 이용). 채권의 스프레드가 변하고 만기도 점차 짧아지므로 델타는 개별 채권과 트랜치에 따라 다르고 시간이 지남에 따라서도 달라진다. 따라서, 딜러는 헤지비율을 동태적으로 조정해야 한다. 가령, 준거 자산의 신용위험이 증가 (스프레드 상승)하면 신용보장의 가치도 증가한다. 델타는 보통 5-10인데, 이는 준거 포트폴리오를 위험중립적으로 만들려면 트랜치 가치의 5-10배의 CDS를 발행 (신용보장 매도)해야 한다는 것을 의미한다. 이유는 준거 포트폴리오가 후순위 채권이므로 신용위험이 이 계층에 집중되었기 때문이다. 대개 메자닌 층 투자자들은 포트폴리오의 6-10% 손실이 발생하면 투자액 전액을 잃는다.

즉, 투자자가 발행자, 포트폴리오 매니저, 또는 구조화 설계자 등을 먼저 접촉해서, 특정 유형의 현금흐름과 신용위험을 갖는 단일등급 채권의 발행을 요청한다. 이들의 요구를 받은 발행자는 통상 50 - 100개의 투자적격 신용등급 증권으로 산업간 분산이 잘 되어 있는 준거 포트폴리오를 구성하고, 하나 또는 그 이상의 CDS를 활용하여 합성적으로 SCDO와 유사한 구조를 만든 다음, 투자자가 원하는 신용위험을 갖는 단일등급 채권을 발행한다[173]. 이런 이유로 STCDO를 **'역문의 거래(逆問議 去來; reverse-inquiry deal)'**이라고도 부른다.

STCDO는 기본적으로 투자자와 주선 증권사간의 장외(OTC) 쌍방계약 관계만 있으므로, 증권발행자금이 유입된(funded) 구조에서 SPE가 여러 등급의 증권을 발행하는 일반적인 초기 SCDO와 달리, 채권투자자들간의 이해상충 문제를 피할 수 있고, 준거 포트폴리오 전체에 대한 투자자를 모집하지 않고 투자자 한 사람 만에 의해서도 거래를 신속히 종료시킬 수 있으므로 발행자에 의한 역선택 문제를 완화시킬 수 있다. 또, 투자자 입장에서는 투자시점, 준거 포트폴리오 및 전체적인 딜의 구조 등을 원하는 대로 만들 수 있다는 이점도 있다.

한편, 발행자가 보유하는 포트폴리오의 최초 손실 부분과 최선순위 부분은 모두 증권 발행을 통한 자금이 SPE에 유입되지 않았으므로, STCDO 구조에서 준거 포트폴리오의 중간순위 계층에 대해 발행된 단일등급 채권은 실질적으로 CLN과 다를 바 없다. CLN은 반드시 SPE에 의해 발행될 필요가 없으므로, 이 경우 STCDO 발행은행은 투자자로부터 역문의(逆問議)를 받아 SPE를 개입시키지 않고 채권을 직접 발행할 수도 있다.

15.5.2 CDO^2와 ST-CDO^2

"CDO의 CDO" 또는 CDO^2은 준거자산이 다른 SCDO 구조에서 발행된 단일등급 증권(STCDO)이거나 SCDO 구조에서 발행된 CLN들로만 구성된 SCDO로서[174] **합성재증권화(synthetic resecuritization)**의 한 형태를 말한다. 이와 같은 유형의 CDO는 일단 한번 유동화된 증권을 합성적으로 재유동화시킨 증권으로서 우선순위가 비교적 낮은 등급의 CDO 투자자들이 보다 높은 수익률 차익을 추구하는 데서 비롯되었다.

일반적으로 CDO의 중간순위 계층은 수익률 스프레드가 커서 투자자들로부터 환영을 받긴 했지만, 이들의 신용등급이 투자적격 등급 바로 아래인 관계로 위험도가 높은 것이 흠이었다. 그런 이유로, 2000년대 초부터 전통적인 복수등급 CDO(multi-class CDO)의 메자닌 계층들을

---

173 투자은행을 중심으로 한 STCDO 거래에서는 준거 포트폴리오로 iTraxx나 CDX 등 표준화된 지수 트랜치(index tranche)를 주로 사용한다(표준화의 이점을 생각해 보라).

174 업계나 신용평가기관들은 CLN자체가 합성증권 이므로 CDO^2을 합성증권으로 간주한다.

집단화(pooling)하거나, 또는 포트폴리오화한 CDO^2 구조가 시작되었던 것이다. CDO^2은 또 잘 팔리지 않는 지분계층 때문에 골머리를 앓고 있던 CDO 매니저, 특히 차익거래 CDO 매니저들한테 좋은 탈출구가 되었다.

CDO^2은 1세대 SCDO와 준거 포트폴리오만 다를 뿐이므로, 도입된 경제적인 이유도 초기 SCDO와 같은 이유, 즉 자본 확충, 특정 투자자 요구충족, 신용등급 차익거래 등이다. 그러나, CDO^2과 같은 합성재증권화에 이르면 보험과 파생상품을 구분하는 경계선(그나마 애매하긴 해도)이 거의 없어지는 상황에 이르게 된다.

보통 **내부 CDO (inner CDO)**라고 부르는 CDO^2의 준거 포트폴리오는 대개 서넛 이상 20개 미만의 투자적격 단일계층 CDO (STCDO)로 구성되는데, 위험분산 목적으로 여기에 간혹 신용등급이 높은 ABS를 포함하기도 한다. 또한, CDO^2의 내부 CDO를 구성하는 개별 STCDO들은 각기 상이(相異)한 준거 포트폴리오에 대한 상이한 AP와 DP들을 가지고 있다. 따라서, 내부 CDO를 구성하는 개별 STCDO들의 준거 포트폴리오를 구성하는 자산들간, 그리고 내부 CDO를 구성하는 개별 STCDO들간의 관계를 말해주는 **상관관계 위험**(correlation risk)이 중요한 역할을 한다[175].

특히 유럽에서는 다수의 CDO^2 들이 담보 포트폴리오가 다른 CDO의 단일등급 증권(STCDO)일 뿐만 아니라, 그들 자신 또한 단일등급 구조인데, 이를 **ST-** CDO^2이라 부른다. ST-CDO^2은 준거 포트폴리오가 다수인 경우, 투자자의 요구에 맞도록 각 포트폴리오의 AP들을 조절할 수 있는 신축성이 크긴 하지만 그 구조가 매우 복잡하여 위험 및 수익 구조분석 또한 어렵다. 왜냐하면, ST-CDO^2의 단일계층 증권을 매입한 투자자들에 대한 실질적인 신용보강 정도는 ST-CDO^2 준거 포트폴리오를 구성하는 STCDO들의 AP들과 신용등급에 의존하기 때문이다. 특히, 서브프라임 모기지가 담보자산인 증권의 재증권화인 CDO^2의 경우, 최초 모기지의 디폴트 확률이나 상관계수 추정치에 대한 오차가 재증권화 과정에서 크게 증폭되어 최선순위 등급도 신용도가 심각히 훼손될 수 있다[176].

15.5.3 CDO/SCDO와 글로벌 신용위기

앞 단원에서 CDO/SCDO의 문제점들을 대강 짚어보았으므로 여기서는 글로벌 신용위기와 직접적인 관련성을 찾아보기로 한다. CDO/SCDO가 없었으면 신용위기도 없었을 것이라고

175 CDO^2은 기본적으로는 합성적으로 이루어진 증권의 재증권화이긴 하지만 모든 재증권화가 다 CDO^2은 아니다. 재증권화는 전통적인 ABS나, RMBS, CMBS, REIT, CLN 등을 이용해서도 할 수 있다.

176 Joshua Coval, Jakub Jurek, and Erik Stafford, 2009, p. 20.

주장하는 이들이 지적하는 CDO/SCDO 구조의 문제점은 무엇인가?

(i) CDO 구조의 복잡성으로 인한 대규모 정보의 실패(informational failure)라는 주장이다. 다양한 기초자산들의 디폴트 가능성과 동시디폴트 가능성, 트랜칭 및 순차적 현금지급 총괄계획 등에 관한 정보 자체가 구하기 어려운 것은 물론이고, 설사 그런 정보를 구할 수 있다 하더라도 모기지 차입자나 투자자가 이를 분석할 만한 기술적 능력이 충분치 않다는 것이다. 실제로 차입자나 투자자들이 이들의 정확한 실상을 판단할 수 없다는 것인데 자본시장은 반드시 참여자 모두가 다 정보를 갖고 필요한 분석 능력을 갖출 필요는 없다. 결국 전형적인 정보의 비대칭성 문제일 뿐이다.

(ii) 서브프라임 모기지 신용위기와 관련해서는 서브프라임 모기지가 기초자산인 서브프라임 RMBS와 이들 RMBS가 기초자산인 서브프라임 ABS CDO가 특히 문제로 지적되고 있다(특히 2004년 이후 많이 발행됨)[177]. 왜냐하면 이 경우 모기지 대출자 대신 자본시장의 투자자들이 모기지 위험을 부담하게 되므로 모기지 대출의 기준 악화와 도덕적 해이로 인해 서브프라임 모기지 대출이 확대·생산되었다는 것이다. ABS 또는 CDO가 개발된 가장 중요한 이유 가운데 하나가 레몬 문제였는데(4장 참조), CDO가 레몬 문제를 해결하기는커녕 오히려 CDO 자체가 레몬이라는 말이다. 그러나, 대부분의 중고차가 레몬이라고 중고차시장이 없어지진 않았음을 상기할 필요가 있다.

(iii) CDO의 신용등급(특히 AAA)은 실제 위험을 감추는 등 본질적으로 문제가 있었는데 결국 시장이 이를 나중에 알게 되어 신용위기가 촉발 또는 적어도 악화되었다는 주장이다. 이는 신용평가기관의 문제라기 보다는 CDO의 구조적 문제라는 것이다. 9장(9.2.4)에서 본 바와 같이 CDO는 기초자산들의 디폴트가 동시에 발생할 가능성이 크지 않다는 가정에 기초한 것이다. 그러면, 기초자산 포트폴리오가 메자닌 채권일지라도 트랜칭을 통해서 AAA 등급의 채권을 80%까지도 발행할 수 있는 것이다. 이 논리를 적용하여 증권화를 연속적으로 한다면, 2 번째(예: CDO^2)는 20% 후순위의 80%, 3 번째(예: CDO^3) 증권화에서는 20% × 80% × 20% 후순위의 80%가 AAA 등급을 받게 될 것이다(이 과정을 반복하면 이론적으로 AAA채권 총액이 모기지 포트폴리오 금액에 접근한다). 게다가, SCDO는 특정 RMBS를 준거자산으로 하는 CDS 포트폴리오가 기초자산이므로 AAA 채권 발행액이 RMBS 포트폴리오 가치보다 클 수도 있을 것이다. 틀린 말은 아니나 이 평범한 사실을 CDO 시장 참여자들이 깨닫는데 그렇게 오랜 시간이 걸렸다는 것 역시 이해하기 힘들다.

177 ABS CDO에 씨티그룹은 340억 달러, 메릴린치는 260억 달러, UBS는 220억 달러, AIG는 330억 달러의 손실을 각각 기록했다 (Benmelech and Dlugosz, 2009).

앞의 지적들이 부분적으로는 일리가 있더라도 CDO의 근본적인 문제점으로는 볼 수 없다. 분명한 사실은 적절히 사용할 경우 증권화 기법은 분명히 자본 및 위험의 통합관리와 정보의 비대칭 문제를 해결하는 효율적이고 실제적인 수단이라는 데는 거의 모든 경제학자들이 동의하고 있다는 점이다. 가장 좋은 예가 자동차 할부금융 ABS/CDO이다[178]. 물론, CDO^2와 같은 반복적인 자산유동화나 동일한 자산에 대한 신용파생상품을 준거자산으로 하는 SCDO의 중복 발행, 또는 신용위험보장 자금이 유입되지 않은 SCDO는 문제가 있다. 그러나 이는 비단 CDO의 문제가 아니라 파생상품 일반의 문제, 즉 전형적인 '양날의 칼(double edged sword)'의 문제다.

178 자동차회사들은 퇴직연금, 건강보험, 환경부담금 등 부채가 많아서 회사채를 직접 발행하기 보다는 SPE를 이용한 ABS 발행이 경제적이다.

제 16 장

합성신용구조화증권

우리는 자산 증권화에서 기초자산이 여러 가지 유형임을 보았다. 이 장에서는 기초 자산이 펀드나 포트폴리오, 또는 지수로서 글로벌 신용위기 이전까지 월가(Wall Street)를 지배했던 이른바 후기(신세대) 자산증권화 상품들 가운데 글로벌 신용위기와 관련성이 큰 것들을 소개한다. 이들 상품들은 대개 신용파생상품은 물론 레버리지(leverage)와 결합되어 있는 경우가 많아서 **구조화합성 혼합상품**(**structured synthetic hybrids**), **신용구조화 상품**, 또는 **합성신용구조화 증권**이라고도 부른다. 특히, 이들 상품의 대부분이 차입(신용)투자와 혼합되어 있는 관계로 구조화금융과 글로벌 신용위기의 연관성을 이해하는데 필수적인 것들이다. 그러므로 개별 상품/솔루션을 상세히 이해하는 것보다는 다양하다 못해 현란한 금융공학 기법의 활용과 그에 따른 문제점들의 이해에 더 큰 관심을 가져야 한다. 신용위기 이후, 경제학(또는 재무론) 교과서를 다시 써야 한다는 일부 지적이 있었던 것은 상당 부분 바로 기존 교과서들이 이들 상품을 소홀히 했던 데 기인한다고 볼 수 있다.

16.1 펀드의 증권화와 원본보장형 상품

116.1.1 펀드의 증권화

여러 가지 증권화 담보자산 가운데 가장 최근의 유형은 **헤지펀드**(**hedge fund**), **사모펀드**(**private equity fund: PE**), 지수펀드(ETF), **모태펀드**(**fund of funds**), 또는 **펀드지수**(**index of funds**) 등과 같이 적극적으로 운용되는 **간접투자기구**(**펀드를 말함**)들이 있는데, 이들의 증권화 과정이 대체로 전통적인 CDO와 큰 차이가 없으므로, 이들을 한데 묶어서 **펀드담보부 증권**(**collateralized fund obligation: CFO**)이라 부른다.

기본적으로 헤지펀드나 사모펀드는 그 자체가 모두 주식이나 채권 등과 다를 바 없는 투자수단들의 일부다. 그렇다면, 투자수단(또는 자산)들의 집합체인 펀드들을 새로운 형태의 증권으로 재포장, 또는 재구성(증권화)한다고 해서 과연 투자자들에게 새로운 투자기회가 창출된다고 볼 수 있는가? 이에 대한 대답은 사모펀드와 헤지펀드들의 특수성에서 찾을 수 있다.

사모(私募)펀드란 금융기관, 투자은행, 연기금, 보험사, 대학의 기금, 거액자산가 등 소수의 투자자들로부터 사모방식으로 자금을 모아, 금융감독당국의 통상적인 감독과 규제를 받지 않고, 주식이나 지분투자 등을 통해 매우 자유롭게 운용하는 간접투자기구를 말한다.

창업기업이나 중소기업들은 역선택 문제로 인해 공모(公募)보다는 사모를 통해 소요자본을 조달하는 것이 일반적인데, 사모는 대개 사모투자전문회사 또는 사모펀드들의 투자를 통해 이루어진다. 그런데, 이들 사모펀드들은 **무한책임 파트너**(**general partner: GP**)가 펀드의 운용을 책임지고, **유한책임 파트너**(limited partner: LP)들이 일부 자본투자를 일정 기간 – 대개 5년에서 10년 – 책임지며, 무한책임 파트너의 허락이 있어야만 펀드 지분의 이전이 가능한 구조인 **조합(partnership)** 형태가 일반적이다.

헤지펀드는 전통적인 뮤츄얼펀드(mutual fund)와 달리, 거액의 개인투자자나 기관투자자들을 대상으로 고위험/고수익 전략(비록 헤지라는 용어를 사용하지만)을 주로 사용하며, 투자자들은 이에 대해 통상적인 펀드수수료 (투자금액의 1-2%) 이외에 추가로 성과보수 (투자이익의 20%까지)를 지급하는 간접투자기구를 가리킨다. 헤지펀드 역시 조합형태이므로 이에 대한 투자는 통상 유한책임 파트너의 지분참여 형태로 행해지고 일반 투자자들을 상대로 공개된 자본시장에서 이루어지지 않는다. 이는 곧 유한책임 파트너가 펀드에서 탈퇴하는 경우, 무한책임 파트너에 대해 상당한 시간적인 여유를 두고 사전 통지를 해주거나, 또는 일정 기간 동안 유한책임 파트너 자격을 유지해야 함을 의미한다. 게다가, 헤지펀드에 대한 투자는 항상 투자원금 손실 위험이 있으므로, 연기금 등과 같은 기관투자자들은 헤지펀드에 직접 투자할 수 없는 것이 특징이다[179].

이러한 특수성으로 인해 결국 헤지펀드는 자본구조, 즉 증권발행의 형태가 제한될 수 밖에 없고, 바로 이 때문에 증권화가 필요하게 된다. 예컨대, 헤지펀드에 대한 투자는 대개 무한책임이나 유한책임 등과 같이 각종 제약이 따르는 지분참여 형태이므로, 펀드 투자자들은 각자의 투자비율대로 펀드 전체의 위험을 분담할 수 밖에 없다. 왜냐하면, 이와 같은 구조에서는 펀드가 투자자들이 원하는 선택적인 위험전가가 가능하도록 (예: 부채의 우선순위 구조) 증권구조를 설계하는 것이 쉬운 일이 아니기 때문이다.

초기의 펀드 증권화 상품들은 대개 투자자들에게 헤지펀드나 사모펀드와 같은 펀드에 대한 투자를 가능하게 해주는 동시에, 투자원금의 손실위험을 보장해 주는 단일등급 원금보장형 채권이었다. **단일등급 원금보장형 채권**(single-tranche capital-protected note: ST- CPN)은 채권의 등급이 하나 밖에 없는 단일계층이고 SPE의 전체 자본구조에 대한 증권발행자금이 전액 유입된 형태다. 따라서, 이들 상품은 구조상 순수 CDO보다는 CLN이나 구조화채권들과 매우 유사하다.

이들 상품은 준거 펀드의 수익에 대한 투자자의 참여 방법과 투자원금의 보장 방법에 따라 구조상 다소 차이가 있다. 투자자들의 준거펀드 수익에 대한 참여방법은 기본적으로 직접 투자

179 정확한 것은 아니지만 2007년 현재 9,000에서 11,000개, 2조 달러 이상의 헤지펀드가 세계적으로 존재하는 것으로 파악되고 있다. 연기금, 뮤추얼펀드, 보험회사 및 은행 등이 관리하는 펀드의 약 1.5%로 규모 자체는 그리 크지 않지만 특정 시장, 예컨대 부실채권, 차입대출 및 일부 신용파생상품시장에서의 거래비중이 높다. 특히, 프라임 브로커들의 헤지펀드 의존도가 커서 2006년 말 현재 모건스탠리, 베어스턴즈, 골드만삭스 등 10대 브로커들이 헤지펀드 시장의 80%이상을 점하고 있다. 또한, 헤지펀드들은 현금 차입자로서 대형 상업은행 및 투자은행들에게는 레포 거래의 주 고객이며, 일부는 이들 금융기관들의 자회사이기도 하다. 이 모든 관계들이 글로벌 신용위기의 확산에 기여하게 된다.

하는 방법과 파생상품을 이용해서 합성적으로 참여하는 두 가지 방법이 있다.

펀드에 대한 직접투자: 투자자들의 펀드 투자금액은 보장 원금의 크기에 의존한다. 예컨대, SPE가 액면가 X원의 CPN을 발행했다고 하자. 이 경우, SPE는 X원의 현재가치를 무이표 할인국채에 투자해야 채권의 만기일에 X원의 원금을 회수할 수 있게 될 것이다. 따라서, 펀드에 대한 SPE의 직접 투자는 X원 - X원의 현재가치가 될 것이다. <그림 16.1>은 이 구조를 보이고 있다.

옵션을 이용한 합성적 투자: 특정 헤지펀드나 PE펀드를 기초자산으로 하는 옵션을 이용한 합성적 투자는 1990년 말경부터 파생상품 딜러들과 재보험회사들을 중심으로 시작되었다. 이들 2세대 펀드 유동화증권들은 구조적으로 초기 상품들과 별로 다를 바 없다. 다만, 이 경우에는 원금보장 이후 잔여 금액을 펀드에 투자함에 있어 펀드의 지분을 직접 사는 대신 펀드지분에 대한 옵션을 매입함으로써 투자자들은 레버리지(차입)를 활용할 수 있게 된다. 특히, 프리미엄이 작은 외가격 옵션의 매입이나 아시아형 옵션을 활용하면, 투자자들은 펀드 참여비율을 더욱 증가시킬 수 있을 것이다.

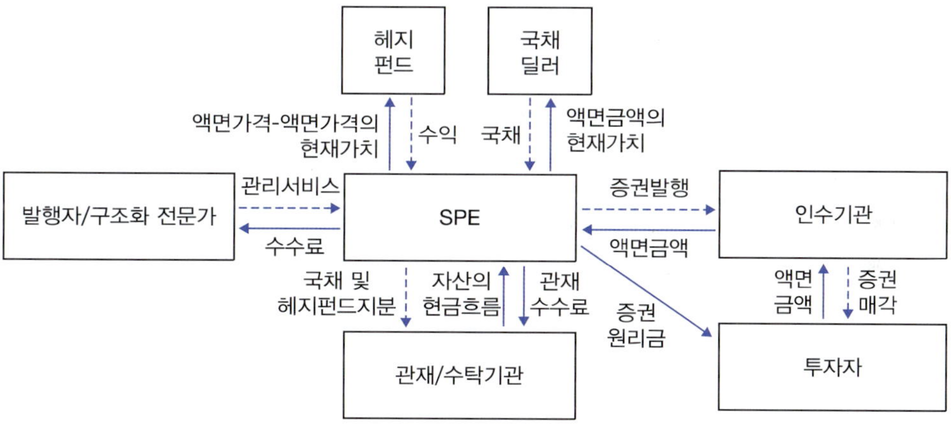

〈그림 16.1〉 펀드의 증권화

16.1.2 신용 CPPI

신용 CPPI (credit constant proportion portfolio insurance: CCPPI), **차입 CPPI**, 또는 **고정차입비율 원금보장 포트폴리오보험**을 이해하기 위해서는 1986년 Fisher Black과 Robert Jones가 도입한 **고정차입비율 원금보장 포트폴리오보험**(constant proportion portfolio insurance: CPPI)을

이해해야 하는데, CPPI는 위험의 **정태적 포트폴리오 헤지**(static portfolio hedge)의 변형이므로 정태적 포트폴리오 헤지를 먼저 이해해야 한다.

정태적 포트폴리오 헤지는 만기 시점에 포트폴리오의 목표금액을 확실하게 보장할 수 있도록 투자시점에 포트폴리오의 일부를 국채와 같은 위험이 없고 표면금리가 없는 **무위험 무이표채권**(risk-free, zero-coupon bond)에, 나머지는 수익률이 높은 위험자산에 투자하고 만기까지 보유하는 전략을 말한다(앞 단원의 펀드의 증권화와 다를 바 없다). 그러므로, 정태적 헤지는 행사가격이 목표금액인 포트폴리오에 대한 유럽형 풋옵션을 매입하는 것과 같다. 이 전략의 문제는 무위험 이자율이 비교적 낮은 경우에는 무위험 자산에 대한 투자가 커져서 수익률이 높은 위험자산에 대한 투자가 상대적으로 작아짐으로써, 전체 포트폴리오의 수익률이 낮아진다는 점이다. 이 문제를 개선한 것이 일정한 원칙을 따르는 투자전략인 CPPI다.

CPPI는 매우 단순한 아이디어에서 출발한다. 가령, 어떤 포트폴리오 투자자의 투자금액이 100만 원인데 투자 만기에 원금을 보장받고 싶어 한다고 하자. 그렇다면, 그는 투자기간 동안 어느 순간에도 만기에 100만 원이 될 수 있는 무위험채권을 구입할 수 있는 만큼의 자금을 확보해야 할 것이다. 이 금액을 **최소무위험투자금액**(bond floor)이라 부른다. 이 금액을 제외한 포트폴리오의 나머지 금액은 위험자산에 투자함으로써, 그는 투자기간 동안 전체 포트폴리오의 수익률 극대화를 위해 무위험자산과 위험자산의 투자비율을 계속 조정해 나갈 것이다. 그리고 이 비율은 무위험이자율, 위험자산의 가치, 그리고 만기까지 남은 기간에 따라 계속 변하게 될 것이다. 이를 **동태적 헤징**(dynamic hedging)이라 한다.

전체 포트폴리오 가치에서 최소무위험투자금액을 차감한 금액을 **쿠션**(cushion) 또는 **유보금**(reserves)이라 부르는데, 위의 예에서는 초기 투자금액 100만 원에서 무위험이자율로 할인한 100만 원의 현재가치를 차감한 금액이다. 이 유보금은 주식, 헤지 펀드, 또는 신용상품 등과 같은 위험자산에 투자하게 되는데, CPPI에서 실제 투자금액은 통상 이 유보금에 일정 배수를 곱한 금액이 된다. 이 배수를 **차입배수**(gearing factor)라 하고, 이 배수의 크기에 따라 차입규모가 결정된다. CPPI의 고정비율은 바로 투자기간 동안 차입배수를 일정하게 유지한다는 의미다. 차입배수를 G라 하면, CPPI의 위험자산 투자 = G × 쿠션 = G × (포트폴리오 시장가치 - 원금보장 무위험투자 금액)이다.

CPPI에서 이렇게 쿠션보다 큰 금액을 위험자산에 투자할 수 있는 이유는 무엇인가? 만약, 무위험 이자율이 1%이고 투자기간이 5년이라면, 지금 951,500원만 무위험자산에 투자하면 5년 후 100만 원이 확보되므로 48,500원이 지금 위험자산에 투자할 수 있는 쿠션이 된다. 그러나, 만약 5년 동안 위험자산의 예상되는 최대 손실율이 20%라면 48,500원의 5배인 242,500원을 위험자산에 투자하고 757,500원을 무위험자산에 투자해도 5년 후 100만 원이 될 것이다. 무위험자산은 5년 후 796,000원이 되고 위험자산은 242,500원에서 20% 감소된 194,000원이 되어 합계 100만 원(오차 때문에 정확히 일치하지 않음)이 되기 때문이다.

이와 같이, CPPI에서는 위험자산에 대한 투자가 차입배수와 쿠션에 의해 결정된다. 따라서, 차입배수가 정해지면 위험자산투자는 결국 쿠션에 의해 결정된다. 그런데, 쿠션은 어떤 이유로든 포트폴리오 가치가 변하면 따라서 변한다. 그러므로 위험자산의 가치가 증가되어 전체 포트폴리오의 가치가 증가하면 쿠션이 증가되어 위험자산에 대한 투자도 같이 증가하고, 그 반대도 성립한다.

한편, 쿠션이 확정된 경우, 위험자산 투자는 차입배수에 의존하게 되는데, 차입이 크면 클수록 위험자산투자와 잠재적인 포트폴리오 수익률은 증가한다. 그러나, 차입이 크면 위험자산의 가치가 너무 빠르게 감소해서 투자자가 포트폴리오의 자산배분을 조정할 시간적 여유가 없는 경우가 발생할 위험 또한 증가한다. 흔한 일은 아니지만, 경우에 따라서는 포트폴리오 가치가 최소무위험투자금액 이하로 감소할 수도 있다. 그러므로 CPPI 전략이 그 명칭에 있는 '보험'이 의미하듯 투자원본 보장을 위한 '완벽한 헤지'가 되는 것은 아니다.

CPPI의 가장 큰 문제는 투명성이 부족하다는 것이다. 투자자들은 투자원본은 항상 회수할 수 있다고 믿지만 실제는 그렇지 않다. 가령, 위험투자자산 포트폴리오를 구성하면서 CPPI 주선자(sponsor)의 각종 위험자산들을 처분하는 덤핑장으로 이용할 수도 있겠고, 만기 이전에 투자를 청산하고 싶을 때, 흔히 여러 이유로 투자원본의 상당한 손실을 감수해야 한다. 또, 설사 만기에 투자원본을 회수한다 하더라도 투자의 기회비용을 고려해야 한다. 미국 국채에 만기까지 투자했을 경우 유동성을 보유하면서도 이보다 더 높은 수익률을 기록할 순 없었겠는가?

신용 CPPI는 SCDO에 CPPI기법을 활용한 것으로 볼 수 있다. 즉, 신용 CPPI 채권의 발행자 또는 주선기관은 SPE를 통해 투자자에게 증권을 발행하고, 매각대금으로 현금이나 국채와 같은 무위험 자산을 매입, 수탁기관이나 TRS계약 상대방(대개 주선기관)의 현금계정에 예치한다. 그리고, SPE와 TRS계약을 체결함으로써, CDS지수나 맞춤형 위험자산 포트폴리오와 같은 준거 포트폴리오에 대한 신용위험을 SPE에게 매도(보장매입)한다. 따라서, 신용 CPPI의 주요 위험은 위험자산의 디폴트로 인한 손실과 신용 스프레드 증가로 인한 포트폴리오 가치의 하락이다. 이들 위험은 신용 CPPI의 위험포트폴리오를 구성하는 자산인 CDS나 CDS지수의 지분계층과 같은 신용상품들에서 비롯되며, 이들 신용상품은 계약시 자금의 유출이 필요없으므로 SPE의 레버리지를 증가시킨다. <그림 16.2>는 신용 CPPI의 구조를 보이고 있다.

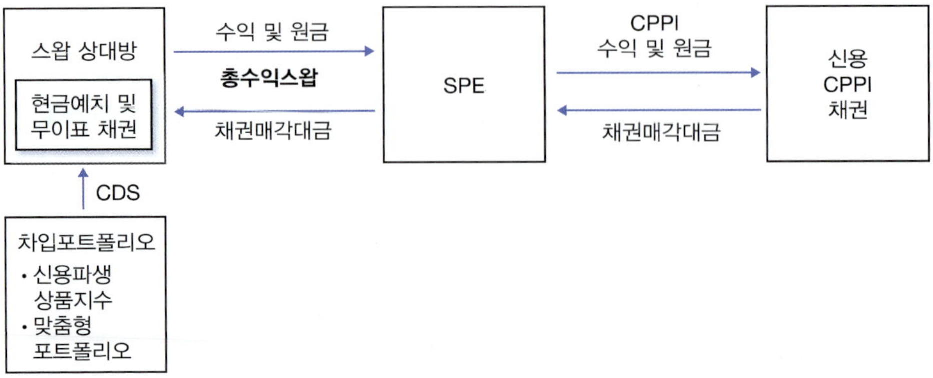

〈그림 16.2〉 신용(또는 차입)CPPI

16.1.3 고정차입비율부채 담보부증권(CPDO)

고정차입비율 부채담보부증권(constant proportion debt obligation: CPDO)은 차입규모를 지속적으로 조정하면서 투자등급 위험자산 포트폴리오에 대한 신용보장 매도를 통해 발행증권에 대해 높은 표면이자(LIBOR플러스 100 - 200bp)를 지급하는 **동태적 차입신용상품 투자전략(dynamically leveraged credit trading strategy)**이다[180].

CPDO는 신용 CPPI의 변형으로서, 신용 CPPI와 마찬가지로 SCDO에 CPPI 기법을 혼합한 것으로 볼 수 있다. CPDO는 2006년 여름에 "수익률은 정크본드 수준, 위험도는 미국 국채 수준"이라고 소개되면서 신용상품시장에서 큰 관심을 끌었는데[181], 당시는 신용상품시장의 호조로 신용스프레드가 축소되면서 투자자들이 고수익 상품을 추구할 때였다.

CPDO는 증권발행 자금이 전액 유입된 **차입구조화신용상품(leveraged structured credit products)**으로서, 한 마디로 말하면 차입을 이용한 신용파생상품지수 스프레드에 대한 '내기'라 할 수 있다. "내기"인만큼 투자원본손실 가능성이 상당히 큰 투자전략이다. CPDO에서는 구조화가 SPE 재무상태표의 오른 쪽에서 증권의 계층화를 통해 이루어지는 CDO와 달리, 차입규모의 변동을 통해 재무상태표의 왼쪽에서 이루어지는 것이 다르다. CPDO는 그 복잡성이나 시장변동성에 대한 취약성 등의 측면에서 가히 신용상품시장에서 그 동안 진행된 금융공학의 과도한 '남용'을 보여주는 단적인 예라 말하는 이들도 있다.

---

180 Rama CONT and Cathrine JESSEN, Constant Proportion Debt Obligations (CPDOs): Modeling and Risk Analysis, Financial Engineering Report No. 2009-01 Center for Financial Engineering, Columbia University Electronic copy available at: http://ssrn.com/abstract = 1372414

181 최초의 CPDO는 2006년 ABN-AMRO가 주선한 Surf로서 표면이자율이 Libor보다 2%나 높았지만 S&P로부터 AAA/Aaa 등급을 받았다. Risk Magazine은 2007년 1월 "Deal of the Year"상을 수여했다.

CPPI가 원금보장메커니즘을 가지면서 초과수익을 추구하는 전략을 구사하는 반면, CPDO 구조는 원금이 보장되지 않고 정해진 수익 이상의 초과수익도 발생하지 않는다. 차입비율 역시 CPPI에서는 최초에 정해진 배수로 유지되지만, CPDO에서는 포트폴리오의 시장가치와 시장이자율, 거래관련 변수에 따라 지속적으로 변한다.

구조적으로 CPDO는 신용 CPPI와 크게 다를 바 없다. 발행자인 SPE는 CPDO채권(통상 단일 등급의 변동이자율)을 발행하고, 발행대금을 SPE의 신용보장매도에 대한 담보로 사용하기 위해 신용파생상품(예: TRS) 거래상대방(대개 주선은행이다)의 현금계정에 예치한다. 그런 다음, SPE는 이를 담보로 CDX 나 iTraxx와 같은 CDS지수를 준거자산으로 하는 TRS를 스왑상대방(주선은행)과 체결한다. 이때 준거 포트폴리오인 CDS지수는 투자등급 이상의 준거자산으로 구성되었으며 6개월마다 갱신(roll-over)된다.

갱신시 신용등급이 투자등급에서 투자부적격 등급으로 하락한 기업은 퇴출된다. 이는 신용등급 하락 가능 기간을 6개월로 제한함으로써 극히 이례적인 경우를 제외하면(예: 2007-2008 글로벌 신용위기), 준거기업의 부도위험을 구조적으로 감소시키는 것이다. SPE는 TRS에 투자하면서 차입을 이용하는데, 이 점이 다음에 보게 될 LSSN 투자자들과 유사하다. 차입은 최초 발행 시점에는 현금담보자산(CPDO채권 발행액)의 약 10 - 15배로 높게 정해져 있으나 이후 SPE의 부채와 자산가치의 차이에 따라 주기적으로 조정된다. 그러므로, CPDO에서 말하는 "고정비율"은 차입비율이 다음 조정시까지는 고정된다는 의미다.

CPDO 구조는 신용 CPPI 구조와 몇 가지 다른 점도 있다. 그 중 하나가 CPDO는 '최소무위험투자금액'이라는 개념을 적용하여 포트폴리오의 가치를 감시하지 않는다는 것이다. 게다가 신용스프레드의 증가로 포트폴리오의 순자산가치가 CPDO 액면의 일정 수준(예: 10~20%) 이하로 하락할 경우(예: 2007 - 2008 글로벌신용위기), CPDO 딜이 해지되도록 구조화하는 것이 일반적인데, 이 경우 투자원금의 전액이 손실될 가능성이 상당히 크다.

CPDO는 위험자산투자 비율을 결정하는 방식에 있어서도 신용 CPPI 구조와 차이가 있다. 신용 CPPI 구조에서는 쿠션을 기준으로 차입투자 금액이 결정되지만, CPDO 구조에서는 포트폴리오의 순자산가치, 즉 현금계정에 예치된 예치금액과 위험자산투자(TRS계약) 시가총액의 합을 CPDO 원리금의 현재가치에서 차감한 값 − 부족분 또는 숏폴(shortfall)이라 부름 − 에 의해서 차입투자 금액이 결정되기 때문이다. 즉, 목표차입투자 = m × (PV(장래의 채무) − NAV)/(CDS 지수 스프레드 × 잔여만기))이다. 여기서, m은 차입배수, PV는 현재가치, 그리고 NAV는 순자산가치다.

CPDO 구조의 차입투자금액은 CPDO 원리금 상환을 위한 재원의 확보를 위해 지속적인 조정과정을 거치게 되는데, 그 과정에서 CPDO는 신용 CPPI와 정반대의 투자전략을 취하게 된다. 즉, 포트폴리오의 시가평가 결과, 스프레드 상승이나 자산가치 하락 등으로 포트폴리오의 성과가 좋지 못한 경우[182], 신용 CPPI 구조에서는 원금보장을 위해 차입이 줄고 위험자산 투자가 축소되지만, CPDO 구조에서는 순자산가치 부족분의 증가를 보충하기 위해 차입이 증가되고 위험자산 투자가 오히려 증가하게 된다.

예컨대, CPDO증권 발행액이 100억 원, 초기의 차입배수가 15, 준거 지수의 남은 만기가 4.3년, 초기 지수스프레드가 30bp라 하자. 거래비용을 무시하면, 초기의 NAV(순자산가치)는 100억 원일 것이다. 만약, 지수 스프레드가 30bp에서 45bp로 15bp 상승했다면, 발행 후 포트폴리오의 시장가치는 (30 − 45) × 4.3 × 15 × 100억 원= −9.67억 원 만큼 감소되어 총 90.33억 원(약 10% 감소)가 될 것이다.

SPE와 TRS스왑 상대방(주선은행) 사이의 정산은 6개월마다 돌아오는 CDS지수의 갱신 시점에 이루어지는데, 이때 스왑 상대방은 프리미엄과 TRS의 일부 또는 전부 해지에 따른 수익을 SPE에 지급하고 SPE는 준거 자산에서의 신용사건 발생이나 TRS해지에 따른 손실을 스왑 상대방에게 지급한다. 그 결과 SPE에 이익이 발생하는 경우 SPE는 자산이 증가하게 되고 그 반대의 경우는 감소하게 된다. 예컨대, CPDO 준거 CDS지수를 구성하는 CDS(회사채에 대한)가 250개, 차입배수가 15인데 그 중 한 회사채가 부도났다면, 회수율을 40%라 가정할 경우 NAV는 3.6(= (1 − .4) × 15/250)% 감소된다.

일단 설립된 CPDO는 3가지 형태로 진행될 수 있다. 첫 번째는 CPDO만기 이전에 목표차입이 음수가 되는, 즉 자산가치가 부채의 현재가치를 초과하는 경우(목표차입이 제로인 경우 포함)로, 이 상황에서는 TRS를 모두 해지하고 해지대금을 차후 원리금 지급에 대비해 현금 등 무위험자산에 예치하게 된다. 이를 "**현금화 사건**(cash-in event)"이라고 하는데, 이 경우 CPDO투자자는 아무런 손실부담 없이 정해진 원리금을 안전하게 지급받을 수 있다.

두 번째 경우는, 차입투자의 특성상 순자산가치가 크게 하락하는 경우로, 이 경우에는 SPE가 보유한 담보로 TRS 스왑 상대방에 대한 손실지급액을 충당하지 못하게 될 위험이 있다. 따라서, CPDO에서는 순자산가치가 일정 수준(통상 CPDO 명목원금의 10 - 20%) 이하로 하락하는 때를 "**해지사건**(unwind event)" 또는 **청산사건**(cash-out event)으로 규정하여 모든 TRS를 해지하고 스왑 상대방에게 손실을 지급하도록 하고 있다. 이때, 투자자는 스왑 상대방과 정산 이후 잔여금액을 배분 받게 되는데 최대 회수금액이 명목원금의 10 - 20%이므로 이 경우 매우 큰 손실을 입게 된다.

---

182 시장 전체(체계적)의 신용위험이 증가하거나 개별 기업 고유의 신용위험이 증가할 수 있다. 전자의 경우는 6개월 마다 지수가 갱신되므로 스프레드 상승으로 갱신 후 이익을 보는 측면도 있지만, 후자의 경우는 갱신시 새 지수에서 탈락하게 되어 그럴 가능성이 없다.

마지막으로, 현금화 사건이나 해지사건이 만기까지 일어나지 않는 경우가 있다. 이때 목표 차입은 만기까지 양의 값을 가진 채로 지속되게 되는데, 투자자는 이자를 만기까지 정해진 대로 지급받게 되나 원금부분에서 소폭의 손실을 입게 된다.

16.1.4 차입최선순위채권 (LSSN)

차입최선순위채권 (leveraged super senior notes: LSSN)은 STCDO와 매우 유사한 구조로서, STCDO보다 더높은 수익률을 요구하는 투자자들을 대상으로 발행하는 고위험/고수익 단일등급채권이다[183]. 더 구체적으로 말해서, LSSN은 STCDO 구조에서 채권보유자들이 준거 포트폴리오에서 증권발행을 통해 신용위험이 보장되지 않은 선순위 계층의 일부에 대한 신용보장을 STCDO를 주선한 은행에게 매도한 STCDO에 다름 아니다.

STCDO 구조에서는 단일등급의 STCDO 증권발행으로 준거 포트폴리오의 메자닌 계층의 신용위험이 보장되었지만, 나머지 지분층과 최선순위 계층은 증권을 발행하지 않았으므로 손실위험보장 자금이 확보되지 않은 상태에서 주선은행이 보유하고 있었다. 그러므로, 만약 메자닌 층의 손실위험보장을 제공한 STCDO 증권보유자들이 지분층을 제외한 준거 포트폴리오 전체 (이를 선순위 층이라 하자)에 대한 신용보장을 스왑계약을 통해 STCDO 주선은행에게 매도한다면 투자자들은 스왑프리미엄 수입으로 인해 실제 투자액에 대한 투자수익률의 몇 배에 해당하는 큰 투자수익을 올릴 수 있게 될 것이다. LSSN은 바로 이때 발행된 채권을 말하는 것이다[184]. 즉, 이를 통해 LSSN 투자자들은 보장매입자인 주선은행에 대한 보장매도를 이행하기 위해 투입하는 자금은 LSSN의 액면가치로 한정하는 반면, 선순위 계층을 기준으로 산출한 위험프리미엄에 상응하는 수준의 프리미엄 수취가 가능하게 된다.

여기서 LSSN 발행구조에서 LSSN 발행의 주선자와 SPE 사이의 (최)선순위 스왑과 SPE가 발행하는 차입최선순위채권과의 관계를 확실하게 구분할 필요가 있다[185]. 선순위 스왑은 준거 포트폴리오 가운데서 지분층을 제외한 나머지 선순위 계층을 전액 보장한다. 이에 비해, LSSN은 선순위 계층 가운데서 LSSN의 액면금액에 해당하는 일부 (LSS계층이라 한다)에 대해서만 보장한다. 바로 그 때문에 차입 (= 선순위 계층 액면금액 / LSSN 액면금액)이 필요한 것이다 (<그림 16.3> 참조). LSSN은 대개 신용등급이 AAA이고 만기는 5－7 년, 차입배수는 10－15배, 준거자산은 100－200개이다.

183 앞 단원에서 본 CPDO와도 매우 유사하다.

184 LSSN은 SCDO 구조에서 SPE가 발행한 CLN으로 볼 수도 있다.

185 LSSN구조에서의 최선순위 스왑과 지분 층, 메자닌 층, 최선순위 층 구조의 전형적인 최선순위 CDS 스왑은 차이가 있다.

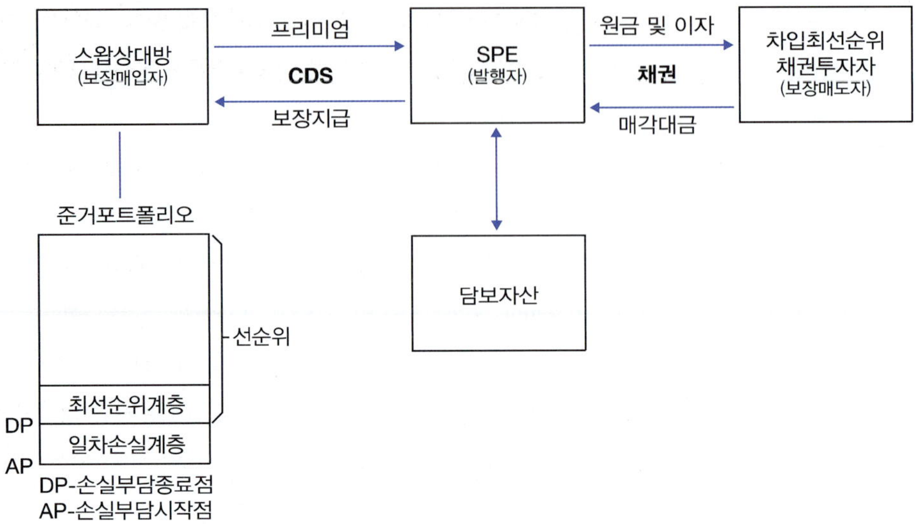

〈그림 16.3〉 차입최선순위채권(LSSN)

LSSN구조에서 CDS를 발효시키는 촉발사건은 포트폴리오 디폴트에 따른 손실액, 준거 CDS 포트폴리오의 평균스프레드, 또는 시장가치 등으로 정의되는데, 이들은 모두 차입최선순위 계층의 다양한 시장위험을 반영한다. 따라서 LSSN은 전형적인 최선순위 CDS와 달리, 신용위험뿐만 아니라 시장가치 위험도 가지고 있다. CDS 발효요건을 충족시키는 사건이 발생하면 투자자는 차입비율을 낮추기 위해 추가담보를 제공하든지 아니면 차입을 강제로 줄이는 딜의 해지절차에 돌입할 수 밖에 없다. 이 경우, 투자자는 담보자산에서 손실액을 차감한 금액(만약 있다면)을 받게 된다.

예를 들어 보자. 전체 포트폴리오의 액면가격이 100억 원, 전체 포트폴리오의 처음 10%를 지분 층, 나머지 90%가 선순위 층, 선순위 층 90억 원 가운데 처음 6억 원이 채권발행자금이 유입된 LSS계층이라 하자. CDS 스왑의 프리미엄이 연 5bps라면 LSSN 투자자들은 투자대비 연 75bps의 수익을 올리게 된다. 왜냐하면, 90억 원에 대한 연 5bps 프리미엄은 결국 투자액 6억 원에 대해서는 5 × (90/6) = 5 × 15 = 75bps와 같기 때문이다.

이와 같이, LSSN이 보장매도자에게 고수익임이 틀림없다면, 보장매입자는 무슨 이유로 손해 보는 거래를 하겠는가? 답은 손해 보는 거래가 아니라는 것이다. 차입최선순위 거래에서 보장매입자는 보장매도자, 즉 LSSN투자자에게 신용위험뿐만 아니라 시장가치 위험도 전가한다. 보장매입자의 입장에서는 차입최선순위채권 구조가 해지되는 시점에서는 전체 준거 포트폴리오에 대한 시가평가가 이루어지게 될 것이고 그 결과에 따라 손실을 보전받게 될 것이다. 이는 곧 비록 일부에 대해서만 손실보전 자금이 확보되었지만 실질적으로는 전체 선순위 계층에 대해 손실위험을 헤지한 것과 같음을 의미한다.

16.2 CDS 및 CDS지수관련 구조화상품

앞장에서 본 SCDO와 CDO^2, STCDO 등 글로벌 신용위기와 연관된 신용구조화 상품들은 ABCDS, ABX 등 CDS와 CDS지수의 발전에 힘입은 바 크다.

16.2.1 자산담보부 신용디폴트스왑(ABCDS)

자산담보부 신용디폴트스왑(asset-backed credit default swap: ABCDS 또는 ABS CDS)은 준거자산이 ABS인 CDS를 말한다. ABCDS의 준거자산은 통상 특정 ABS 시리즈나 ABS의 여러 계층들 가운데 하나로서, 일반 회사채가 준거자산인 회사채 CDS(corporate CDS)와 달리 CDS 발효사건의 정의가 쉽지 않아서 2005년 이전에는 그다지 인기가 높지 않았던 상품이다.

ABCDS는 몇 가지 이유에서 SCDO의 발전과 관계가 깊다. 우선, CDO의 담보자산이 될 현물 ABS가 부족했다. ABCDS는 기초자산이 ABS인 CDS이므로 현물 ABS를 대체하는 합성 ABS 또는 합성자산이다. 나쁜 점은 이로 인해 서브프라임 모기지 디폴트의 영향이 경제 전체로 파급되는 역효과가 발생했다는 것이다. 둘째, ABCDS의 사용으로 담보자산 풀을 만드는데 자본이 절약되어 SCDO의 급속한 성장을 가져 왔다. 2006 - 2007년 획기적인 SCDO 증가는 ABCDS의 도움이 컸다. 셋째, ABCDS지수의 개발로 추정이 어렵던 담보 포트폴리오 자산간 상관관계를 유추할 수 있어서 CDO 트랜치들의 투명성, 유동성 및 위험관리가 향상되었다.

ABCDS구조에서 발효사건(triggering event)의 정의가 쉽지 않다는 말의 의미는 무엇인가? ABS는 일반 회사채와 달리, 발행자가 SPE이므로 자산보유자인 회사에 대한 상환청구권이 없고, SPE자체는 사실상 파산할 수 없다. 따라서, 설사 ABS에 대한 이자가 약속한 지급일에 지급되지 못한다 하더라도 이를 곧 ABS의 디폴트로 간주하기는 어렵다.

ABCDS는 2005년 6월 ISDA가 종전의 회사채 CDS를 발효시키는 신용사건을 ABS/MBS에 맞도록 수정한 'ABCDS 마스터협약 템플릿(template)'을 도입함으로써 활성화 되었다. 여기서는 종전의 회사채 CDS의 신용사건과 같이 단 한번의 결제가 아니라 일정 기간 중의 현금흐름을 기준으로 하는 **부과식 결제방식(pay-as-you-go: PAUG)**이 도입되었다.

PAUG은 ABS CDS의 결제방식을 말하는 것으로 PAUG 결제란 한번의 신용사건 발생으로 손실지급이 완료되는 일반 회사채 CDS와 달리(이를 시장가치 기준제도라 한다) CDS 계약기간 동안 항상 **양방향 지급**(two-way payments)이 가능한 결제제도를 말한다. 양방향 지급이란 가령, 정해진 기간 중 준거 ABS에 대한 원금이나 이자지급 부족사태가 발생할 경우, 보장매도자는 보장매입자에게 부족분을 즉시 지급해 주고, 나중에 준거 ABS에서 이자부족분이 보충되면 보장매입자가 보장매도자에게 환급해 주는 방식을 말한다.

PAUG HEL ABCDS: 서브프라임 모기지 위기 때까지 가장 인기있던 ABCDS는 **주택지분대출 ABS (home equity loan: HEL ABS)**, 또는 HEL ABS에 대한 CDS였다. **HEL ABS**는 서브프라임 주택모기지, 2차 모기지 또는 2순위 주택저당 대출, **주택지분 신용라인(home equity lines of credit: HELOCs)**, 그밖에 LTV 비율이 높은 주택저당 대출채권 등으로 구성된 포트폴리오의 현금흐름을 담보로 발행된 ABS를 말한다.

HEL ABS에 대한 ABCDS는 일반적으로 장기(기초자산인 HEL ABS 자체가 장기증권임)이고, CDS의 발효사건은 준거자산의 디폴트 상태인 일반 회사채 CDS와 달리, 준거 자산의 현금흐름에 영향을 미치는 비(非)디폴트 사건(non-default events)들이다. 이들 HEL ABCDS의 발효사건들을 **유동금액지급 신용사건(floating amount event)**이라 부르는데, 원금의 감액/삭감(writedown)이나 또는 탕감(reductions)처분과 원금이나 이자의 지급실패 등을 포함한다.

16.2.2 ABX와 TABX

Markit ABX.HE: MBS나 CDO 등, 서브프라임 관련 증권들은 발행시장만 있을 뿐, 유통시장은 존재하지 않는다. 그러나, 2006년에 들어와 서브프라임 저당대출채권 증권화 시장이 급격히 성장함에 따라 몇 개의 서브프라임 저당대출 관련 지수들이 등장하게 되는데, 그 중의 하나가 2006년 1월 19일 주요 CDS 딜러은행들의 컨소시엄에 의해 거래가 시작된 ABX.HE(줄여서 ABX라고도 한다)지수다.

ABX.HE 지수는 유동성이 가장 큰 20개의 HEL ABS (RMBS)들에 대한 ABCDS 프리미엄을 산술평균한 지수로서, 신규발행 지수(vintage)의 만기는 6개월이고, 매 6개월마다 (1월 19일과 7월 19일) 바로 전 6개월 동안 거래된 ABS (RMBS)가 기초자산인 CDS 딜 가운데 사전에 정해진 조건을 충족시키는 20개를 신규로 선정해서 지수를 갱신한다 (2008년 1월까지 4번 갱신되었지만 그 이후로는 신용위기로 인해 중단됨)[186]. ABX.HE 지수는 실제로 AAA, AA, A, BBB, BBB- 등, 5개의 개별 지수－또는 부지수(副指數; subindex)라고도 함－로 구성되는데, 개별 부지

186 조건은 CDO딜의 규모가 5억 달러 이상이고, 각 트랜치의 평균 수명이 4-6년, AAA 트랜치의 가중평균 수명이 5년 이상, 동일한 발행자의 딜이 4번 이상 포함될 수 없음 등이다.

수는 부지수 등급과 동일한 등급을 갖는 20개 RMBS CDS의 단순평균이다. ABX의 거래는 가격을 단위로 이루어 지는데, 각 지수의 액면가격에 대한 백분율로 표시한다. 따라서, ABX에 편입된 개별 CDS의 프리미엄과 만기 등 기타 조건들이 확정된 상태에서 ABX가격은 기초자산인 서브프라임 모기지 대출채권의 신용위험에 대한 투자자들의 견해를 반영하여 액면가에 대한 할인 또는 할증으로 거래되고, 이 금액은 ABX 거래시 선(先)지급된다. 즉, ABX의 가격 = 100 + PV (쿠폰) − PV (지수평가손, 이자 부족분)이다. 특정 ABX지수 발표 이후, 저당대출채권의 신용이 악화되어 지수가격(지수가 아님)이 100에서 97.05로 하락했다면 ABX거래시 보장매입자는 매도자에게 2.95%를 선지급한다.

ABX.HE의 신용사건은 앞에서 본 PAUG ABCDS의 신용사건과 같다. 예컨대, ABX.HE 지수관련 상품 중 ABX.HE-BBB-06-1 지수(2006년 1기 발행)는 투자 등급 중 가장 낮은 신용등급(BBB)을 갖는 RMBS들로 구성된 지수인데, 2007년 신용위기 때 동 지수는 서브프라임 모기지 채권에 대한 신용상태를 반영하여 약 70% 하락한 바 있다.

2006년 1월 이후, 투자자들은 ABX.HE지수를 통해서 서브프라임 모기지 위험에 대한 신용보장을 매입하거나 매도할 수 있게 되었다. 더욱이, ABX.HE지수의 등장은 서브프라임 모기지 위험에 대한 객관적인 시장의 가치평가가 비로소 가능해졌다는 점에서 매우 중요한 의미를 갖는다(Gorton, 2009). 그 이전까지는 서브프라임 모기지관련 RMBS나 CDO 등에 대한 장내거래가 존재하지 않았기 때문에 서브프라임 모기지 위험에 대한 객관적 평가가 어려웠다.

신용사건이 발생하면 보장매도자는 손실액을 매입자에게 지급하고 프리미엄은 감소한다. 예컨대, ABX.HE BBB 준거 포트폴리오를 구성하는 20개 CDS 중 한 ABS CDS에 신용사건이 발생하여 전체 포트폴리오 가치에 1% 평가손이 발생했다고 하자. 그리고 현재 전체 포트폴리오 가치가 30% 감소되어서 처음의 70% 밖에 안 된다면, 계약금액이 10억 달러인 경우 ABX 매도자(신용보장 매도자)는 10억 × 70% × (1/20) = 0.35억 달러를 ABX매입자(신용보장 매입자)에게 지급해야 한다. 보장매입자가 매도자에게 앞으로 지급하는 CDS 프리미엄은 7억 달러에서 0.20(= 1% × (1/20))% 감소된 6.98(= 7억 − 0.02)억 달러에 대해서만 계산한다.

TABX와 계층화지수 상품: Markit TABX.HE는 BBB와 BBB− Markit ABX.HE에 편입된 CDS들로 작성된다. TABX는 ABX를 손실부담 우선순위에 따라 증권화 또는 계층화한, 즉 ABX의 개별 증권화에 다름 아니다. 그러므로 TABX의 개별 계층(tranche)들은 SCDO 구조에서 손실부담 개시수준과 손실부담 종료수준들과 기능적으로 동일하다고 볼 수 있다.

16.2.3 ABS CDO

ABS CDO는 준거자산이 ABS인 CDO로서 서브프라임 신용위기 이전까지는 일반적으로 서브프라임 모기지 위험에 대한 노출이 매우 컸었다. ABS CDO의 유형은 서브프라임 RMBS나 ABS를 기초자산으로 하는 현물 CDO, ABCDS나 ABX 매입과 신용보장을 매도하는 합성 CDO, 그리고 이 둘을 혼합한 복합 CDO 등으로 구분할 수 있다. 이들 가운데 가장 인기가 있던 상품은 기초자산인 ABS의 신용등급이 BBB- 또는 그 이하로서 투자부적격인 메자닌 ABS CDO (예: CDO^2)다.

베이시스 거래와 차익거래: ABS CDO 구조에서 대부분의 담보자산 운용자들은 적극적인 담보자산관리와 매입대상 신용파생상품의 선택을 통해 높은 초과 수익률을 올릴 수 있다는 것(베이시스 거래)이 일반적인 생각이었다. 그리고, 대부분의 ABS CDO들은 특정 ABS에 대한 ABCDS 거래를 통해 신용보장을 매도했다. 이에 비해, 헤지펀드 운용자들은 개별 ABS에 대한 CDS보다는 포트폴리오나 스프레드 거래(차익거래)를 선호하는 관계로 ABX와 TABX를 선택했다.

합성 ABS CDO (synthetic ABS CDO) : 합성 ABS CDO는 현물 ABS를 매도하지 않고 대부분 (80-100%)의 ABS에 대한 신용위험만을 합성적으로 CDOSPE에게 매도(신용보장 매입)한다. 대개, CDO 주선은행은 현물 ABS를 매입한 다음, 전체 ABS 포트폴리오에 대한 CDS를 CDO로부터 매입함으로써 신용보장을 매입한다. CDO의 스왑 상대방인 주선은행은 매입한 ABS에 대한 스프레드를 CDOSPE에게 CDS프리미엄으로 지급한다. 이와 같은 네거티브 베이시스 거래를 통해 CDO는 ABS를 직접 매입하지 않고도 ABS에 대한 신용위험을 합성적으로 매입하게 된다. 여기서 **베이시스(basis)**는 CDS 스프레드에서 채권(ABS) 스프레드를 차감한 것을 말하며, 베이시스가 네거티브이면 투자자가 상대적으로 싼 ABS를 매입(신용위험 매입)하고, 합성 CDO의 SPE를 통해 비싼 ABCDS계약을 매도(신용보장 매입, 신용위험 매도)해서 차익을 얻게 된다(8.1.4 CDS-채권 베이시스 거래 참조).

16.3 신디케이트 대출, CLO, 차입대출

16.3.1 신디케이트 대출과 CLO

신디케이트 대출 또는 **협조대출**(syndicated loan)이란 둘 이상(대개 다수)의 대출자가 차관단을 구성해서 차주(借主)에게 융자해 주는 대출방식을 말한다. 신디케이트 대출시장은 차입자의 신용등급을 기준으로 투자적격 대출과 차입대출 등으로 구분되고 있다. 신디케이션의 형태는 두 가지가 있다.

총액인수(firm commitment) 방식은 주간은행(들)이 발행액(대출액) 전액을 인수한 다음, 이를 다시 다른 투자자들에게 매도하는 방식을 말한다. 만약, 마감일자까지 신디케이션이 불가능하면 보증한 대로 주간은행은 일단 대출총액을 조달한 다음, 매도하지 못한 부분은 자기 장부에 가지고 있다가 나중에 매도한다. **모집주선**(best-efforts) 방식은 만약 신디케이션 노력이 실패할 경우, 주간 은행은 대출자금의 조달을 거부하던지, 또는 딜 전체의 구조를 크게 재조정하는 것을 말한다. 1980년 대부터 1990년대 중반까지는 대부분의 차입대출이 대출액 부담비율에 따라 투자자들에게 배분되었다. 그러다가 1990년대 중반부터 은행들이 대출채권을 증권화시키는 영업방식을 시작했다. 즉, 주간사들은 전체 차입대출 금액 중 작은 비율(대개 15% 내외)만 보유하고, 나머지를 은행대출 투자전문 뮤츄얼펀드 (**프라임 펀드**라 부르기도 한다)와 CLO 등에 매도했다.

차입신디케이트 대출(leveraged syndicated loan)의 유형은 **수시 인출/상환 형**(revolvers), 신용장, **중/장기**(또는 **기간**)**대출**(term loans), **브리지대출**(bridge loans), 등이 있다. **리볼버**는 (i) 약정수수료는 전체 대출금에 대해서 부담하지만 이자는 실제 인출한 부분에 대해서만 부담한다, (ii) 원금은 수시 상환할 수 있으며, 차후 다시 인출할 수 있다, (iii) 통상 **보증부 선순위대출**(senior secured loan)이거나 차입자의 외상매출채권이나 재고자산이 담보된 자산담보부 대출이다. 중/장기 대출은 (i) 확정 만기(통상 대출승인 후 6 -7년), (ii) 보증부 선순위채권, (iii) 대출승인 후 인출가능하고 조기상환에는 벌과금이 없으나 재인출 불가능, (iv) A형은 적극적인 원금분할상환, B형은 비교적 표준화 된 것으로 원금분할상환에 매우 소극적이다. 브리지 대출은 단기(1년)이고 대출액은 고수익채권 발행으로 상환한다.

CLO는 CDO 구조 가운데서 가장 초기의, 가장 기본적인 유형으로서 기초자산이 대출채권인 CDO다. 따라서, CLO에도 CDO에서와 마찬가지로 현물과 합성, 그리고 재무상태표와 차익거래 CLO가 있다. 원래 CLO의 기초자산인 대출채권(loan)은 대개 신용등급이 투자적격이었으나 이자율과 신용스프레드가 지속적으로 하락함에 따라, 2004년 무렵부터 **"차입대출**

(leveraged loans)"로 바뀌기 시작했다. 더욱이, CLO는 고객의 신분이 노출되지 않는 것이 특히 중요하므로 대출채권의 매각이 필요 없는 합성 CLO구조가 더 유리하다. 합성 CLO가 시장에서 활성화된 것은 대출채권에 대한 신용디폴트 스왑이 활성화된 이후다.

대출채권 신용부도스왑(loan credit default swap: LCDS)은 2006년, ISDA가 LCDS에 대한 표준계약 실무자료를 도입한 이래 대부분의 합성 CLO에서 SPE의 신용보장 매도(신용위험 매입)수단으로 사용하기 시작함에 따라 활성화 되었다. 물론, CDS 대신 TRS를 사용해서 대출채권에 대한 신용위험을 합성적인 방법으로 매입하는 CLO들도 적지 않았는데, 이들 CLO를 **총수익률 CLO**(total rate of return CLO: TRR CLO)라 부른다. TRS를 통해서, 헤지펀드와 같은 투자기관들은 차입관련 신용위험 매입을 쉽게 할 수 있었고, IB와 같은 CLO 주선사들은 자산 매입기간과 비용을 축소시킬 수 있었다.

16.3.2 차입대출 CLO와 차입대출 시장

차입대출, **고수익대출**(high income loan), 또는 **레버리지론**이란 대개 **차입매수**(leveraged buyouts: LBO)나 **기업인수·합병**(merger and acquisitions: M&A) 등과 같이 대규모 차입이 수반되는 신디케이트 대출 중, 차입자 신용등급이 BBB이하 이거나 대출금리가 Libor + 150 − 200bps를 초과하는 대출을 가리킨다.

차입대출의 발행시장은 신디케이트 대출의 주간은행(들)이 신디케이트 대출이나 **대출채권 분할매각증서**(loan participations)를 다른 은행이나 투자자에게 매도하는 시장이고, 신디케이트 대출은 신규 신디케이트 대출의 주간은행들이 그들 이외의 다른 투자자들에게 차입대출을 매도하는 과정을 말한다.

LCDX (loan credit default swap index)는 Markit 이 100개의 **단일 발행자** LCDS를 기초로 작성하는 차입대출을 준거자산으로 하는 CDS지수다. 여기서, LCDS의 준거 자산은 1차 담보(first lien) 선순위 보증부 신디케이트 차입대출이다.

차입대출 CLO는 신용위기 이전까지는 미국 시장에서 고수익을 추구하는 투자자들 간에 매우 인기가 있었던 상품으로서, 주로 기업에 대한 차입인수 붐으로 인해 2007년 중반까지는 고수익 채권의 발행과 함께 차입대출 발행액도 최고에 달했다 (2007년 2/4분기 2,190억 달러).

미국의 차입대출 시장은 적어도 2006년에서 2007년 상반기까지는 차입자에게 매우 유리한 상황이었다. 몇 가지 예만 들어 보면, 우선 **코브-라이트**(covenants-lite: Cov-Lite)가 있다. 코브-라이트란 차입자에 대한 대출약관(bond covenants)이 거의 없거나 아주 없는 대출 유형을 말한다. 다음은 **피크-토글**(PIK-Toggle)이다. PIK은 원래 현물지급 (payment-in-kind)을 의미하므로

PIK-토글을 누르면 이자지급을 현금이 아닌 현물로 할 수 있는 – 예컨대, 원금에 더한다 – 대출이다. 2차 담보(2nd lien)에 의한 대출 또한 당시 차입대출시장에서 차입자에게 유리한 대출환경 가운데 하나다.

이렇게 차입자에게 유리한 대출 환경이 조성된 것은 이들 차입대출을 주로 사들이는 CLO들이 많았기 때문이다. 신용평가기관들 가운데서도 S&P는 이와 같은 현상이 바람직스럽지 않을 뿐만 아니라, 2007년 상반기 쯤에는 문제가 될 것이라고 이미 경고했었지만 신디케이트 차입대출 주간사들은 SIV (구조화상품 투자회사)와 은행 등, 주요 CLO상품 고객들의 요구만을 충족시키는 방향으로 차입대출을 설계하기 시작했다.

그러나, 이 모든 것이 2007년 8월을 기점으로 크게 달라졌다. CLO의 신규발행은 사실상 중단되었으며. 당시 사태의 주범으로 지목된 SCDO와 동일한 유형이라는 사실만으로도 차입대출 CLO는 죄인취급을 당했다. 이른바, "범죄자와 어울리면 같은 범죄자"라는 식의 인식이었다. 게다가, 차입대출 CLO의 주요 고객들은 SIV와 은행들인데 이들 역시 신용위기의 와중에서 큰 곤욕을 치르고 있었다.

16.4 구조화금융업 회사

구조화금융업 회사(structured financial operating companies: SFOCs)란 다양한 증권화 전문기구들을 가리키는 것으로서, 파생상품회사(limited-purpose derivative product companies: DPC), 담보스왑 프로그램(collateralized swap programs: CSP), 구조화상품 투자회사(structured investment vehicles: SIV), 신용파생상품 회사(credit derivative product companies: CDPC) 등이 있다.

SFOC들은 항상 스폰서가 있다. 이들 스폰서들의 동기를 보면, 대개 투자은행이 DPC를 설립할 때와 같이, 신용등급이 낮은 모회사가 자신보다 신용등급이 높은 자회사를 설립하고 싶을 경우라거나, 기존 사업이나 포트폴리오 전략으로부터 퇴출을 용이하게 하고 부채관리를 분리하고 싶을 경우, 또는 SFOC의 일상적 운용을 외부의 전문 운용기관에게 맡기고 싶을 경우 등이다. 여기서는 최근의 글로벌 신용위기 과정에서 많이 언급되었던 SIV와 CDPC만 설명한다.

그 밖에, SIV와 비슷한 '**유사 SIV (SIV-Lites)**'도 있었다. 유사 SIV는 SIV와 CDO를 아이디어 차원에서 결합시킨 것이다. 즉, 유사 SIV의 CP가 단일등급 선순위 부채인 점에서는 CDO와 다르고 SIV와 같다. 또, 이들은 존속기간이 유한할 뿐만 아니라 정상적인 회사로서의 기능을 완벽하게 수행하지는 않는다. 이는 CDO와 비슷하지만 SIV와는 다르다. 뿐만 아니라, 이들은

SIV보다 규모는 더 작지만 차입비율이 훨씬 높으며 (자기자본의 40배에서 70배까지), 그 결과 대부분이 최근의 신용위기를 견디지 못하고 소멸되고 말았다.

16.4.1 구조화상품 투자회사(SIV)

구조화상품 투자회사(structured investment vehicle: SIV)는 투자은행, 상업은행, 보험회사 등 금융기관들이 구조화상품 자산운용을 위해 설립한 자회사로서 시장가치 CDO와 유사하다. SIV는 레포(repo)나 ABCP 발행 등을 통해 단기자금을 조달하여 고수익 증권인 RMBS, CDO 등에 투자해서 차익을 얻는다. 따라서 ABCP의 차환발행이 여의치 않을 경우, SIV는 단기자금을 장기로 투자하는 데서 오는 유동성문제에 직면할 구조적인 위험을 가지고 있다.

SIV를 통한 ABCP발행은 SIV의 모회사인 금융기관들에게 장단기 금리차 이외에도 몇 가지 이익을 더 가져다 준다. SIV는 헤지펀드와 마찬가지로 금융당국의 감독과 규제를 받지 않으므로 BIS비율의 적용도 받지 않는다. 뿐만 아니라, SIV를 통하면 손실에 대비한 충당금을 적립하지 않아도 되고, 부실이 발생해도 은행 장부에 기록이 남지 않으며, 발행 내역 등을 공시해야 하는 번거로움도 피할 수 있다. 또, 이로 인해 비용이 상대적으로 작아지기 때문에 은행의 경우, 전통적인 자금중개 활동만 하는 것보다 차입비율을 훨씬 크게 유지할 수 있다. 물론, 투자은행들은 자회사의 형태로 SIV대신 헤지펀드를 만들 수도 있다. SIV는 신용위기 직전 헤지펀드나 기타 SFOC들과 함께 이른바 "그림자 은행제도(shadow banking system)"을 구성하는 주요 구성원이었다(그림자 은행제도는 20장에서 논의한다).

전형적인 SIV의 자본구조는 선순위 CP (약 26%), repo (환매채권)와 선/중순위 중기채 (약 68%), 그리고 부채와 자기자본의 중간쯤에 있는 **지분투자증권**(capital notes) 등이며, SIV의 자본구조는 차입이 자기자본의 12 내지 16배에 이른다. SIV가 발행한 CP는 ABCP시장의 일부를 이루긴 하지만 SIV는 일반적인 ABCP 콘딧과는 다르다. SIV는 전형적인 은행 ABCP콘딧과 달리 외부유동성지원보다는 내부유동성지원에 대한 의존도가 높다. 또, SIV의 자산 풀은 단순한 매출채권을 넘어 ABS나 기타 다양한 증권들로 구성된다는 점에서 은행 콘딧 보다는 CDO에 더 가깝다. ABCP콘딧과 유사한 점은 SIV가 자산과 부채의 만기불일치 전략을 통해 수익을 창출한다는 점이다. SIV의 자산포트폴리오는 타기관발행채권(30%)과 구조화금융자산(70%)으로 구성되어 있으며, 보유자산의 95%이상이 AA이상의 높은 신용등급을 보유함으로써 신용위험을 최소화한다.

그러나, SIV는 CDO와 다른 면도 있다. 우선, SIV가 발행하는 CP는 다양한 순위로 부채를 발행하는 CDO와 달리 단일등급 선순위 채권이다. 또, SIV구조의 SPE는 전형적인 CDO 구조의 SPE와 달리, 서류상의 회사가 아니라 정상적인 영업활동을 하는 정식 회사이다. 따라서, SIV는 자본적정성, 유동성, 이자율 및 환율변화에 대한 민감도, 그리고 차입비율 등에 대한 점검을 다양한 방법으로 매일 실시한다. 그 결과에 따라, 문제가 생길 경우, 단계별로 적절한 규제와 대책이 따른다.

SIV가 "런"이라고 하는 **대량자금인출사태**(run)에 직면하게 되는 경우 신용보강이 행사되는데, SIV의 후원 금융기관(대개 SIV설립자)은 신용을 공여하거나 SIV 보유자산과 부채를 **부내거래**(on-balance sheet)**화** 한다. 부내거래화가 선택되는 경우, SIV는 파산절차를 진행하게 된다. 이러한 특성들로 인해 SIV의 형태는 비규제 금융기관 또는 ABCP 콘딧과 관리형 CDO의 혼합형이라 할 수 있다.

16.4.2 신용파생상품 회사(CDPC)

신용파생상품 회사(credit derivatives products company: CDPC)는 주로 CDS를 통해 신용보장을 매도한다. 그런 의미에서 CDPC는 경제적으로 관리형 차익거래 SCDO와 유사하지만, 차이점도 몇 가지 있다.

우선, SCDO 구조에서는 CDS의 상대방이 대개 하나인데 비해 CDPC에서는 제한이 없다. SCDO에서는 준거 포트폴리오가 처음 고정되어 있다가 디폴트 발생에 따라 축소되지만 CDPC 구조에서는 제한이 없다. 자본구조 면에서도 SCDO는 처음에 확정되지만 CDPC에서는 기간 중 어느 때건 장/단기 채권을 발행할 수 있다. 마지막으로, 사업 목적도 SCDO는 개정 절차를 통해 변경이 가능하긴 하지만 처음 정해져 있는데 반해 CDPC는 언제든 변경이 가능하다. 수명 또한 CDPC는 무한하다.

CDPC도 SIV와 비슷하게 자본적정성, 유동성, 이자율 및 신용등급하락에 대한 민감도, 그리고 차입비율 등에 대한 점검을 다양한 방법으로 실시한다. 그 결과에 따라, 문제가 생길 경우, 정상, 제한, 축소 등, 단계별로 적절한 규제와 대책이 따른다.

CDPC는 신용위기 직전까지 주요 은행들이 보유하고 있던 최선순위 CDO 채권들의 신용위험 전가에 많이 활용한 수단이었다. 특히, 모노라인들과 같이 이들은 신용등급이 AAA를 받도록 구조화되어 발행증권의 시장가치 변화에 따른 담보증가가 필요 없다.

CDPC는 신용위기를 끝내 견디지 못한 SIV와도 몇 가지 차이가 있다. SIV가 CP와 레포 같은 단기성 자금에 과도하게 의존했던데 비해 CDPC의 부채구조는 상대적으로 다양하다. 무엇보다, SIV와 달리 CDPC는 시가평가 구조가 아니다.

CDPC는 모노라인과도 다르다. CDPC와 모노라인은 모두 신용등급 AAA를 유지하면서 손실보장 자금이 확보되지 않은 신용보장을 매도한다. 실제로, 신용위기 과정에서 CDPC는 모노라인과 외견상 대비되면서 손해를 많이 본 것이 사실이다. 은행들은 당시 모노라인들로부터 자기들이 보유하는 최선순위 계층에 대한 신용보장을 많이 매입하고 있었는데 이들 모노라인들이 휘청거리는 것을 보고 이들과 외견상 비슷한 CDPC에 대해서 의구심을 갖는 것은 당연하지 않았겠는가! 그렇지만 이들 사이에는 상당한 차이가 있다.

첫째, 모노라인은 보험(신용보장) 매도금액이 자기자본의 100배 정도인데 비해 CDPC는 80배 정도로 낮다. 둘째, CDPC는 대규모 손실이 발생하면 강제로 제한 또는 축소형 운영으로 진입하는데 비해 모노라인은 그런 장치가 존재하지 않는다. 셋째, 신용평가 기준이 두 기관에 대해 다르다. 넷째, CDPC가 모노라인에 비해 더 투명하고 활동 영역이 더 제한적이다.

제 17 장

구조화 프로젝트 금융

14장을 끝내면서 우리는 프로젝트 금융이 초기 구조화금융 방식보다는 최근 급속히 발전된 최신 구조화금융 기법을 활용하는 것이 더욱 효과적이라는 것을 언급한 바 있다. 이 장에서 우리는 최신 구조화금융 기법을 프로젝트 금융에 접목시킨 – 이를 구조화 프로젝트 금융이라 하자 – 다양한 사례를 접하게 될 것이다.

프로젝트 금융은 특정(주로 대규모, 장기, 자본집약적) 사업에 대해 그 사업에 투입될 자산과 사업에서 발생하게 될 현금흐름을 담보로 소요자금을 조달하는 과정을 말한다. 구조화금융은 자본공급자와 자본수요자의 요구를 충족시키는 '맞춤형' 증권발행을 통해서 자본을 조달하거나 위험을 관리하는 과정이다. **구조화 프로젝트 금융**(structured project finance)은 구조화금융 기법과 프로젝트 금융을 결합한 것으로서 프로젝트 금융에 증권 및 파생상품 설계기술을 적용한 것이다.

구조화 프로젝트 금융은 (i) 프로젝트 대출채권의 증권화, (ii) 미래 현금흐름의 증권화, (iii) 사업 전체의 증권화, 그리고 (iv) CDO 기법을 활용한 합성 프로젝트 금융 등이 있다. 물론, 우리나라에서도 천안–논산고속도로를 포함해 적지 않은 예가 있긴 하지만 아무래도 여러 가지 국내 시장상황이나 규제환경을 고려할 때 다양한 성격의 케이스를 발견하기 어렵다. 따라서, 우리는 원래 프로젝트 금융의 기본원리를 더 잘 반영하고 있는 외국의 케이스들을 대부분 Culp(2006)에서 차용하여 살펴보도록 한다.

17.1 프로젝트 대출채권의 증권화

구조화 프로젝트 금융의 첫 번째 유형은 프로젝트에 자금을 대출해 준 기관이 대출채권을 증권화시키는 것이다. 프로젝트 대출의 증권화는 대개 다음과 같은 세 경우에 발생한다.

첫째, 다자간 경제협력기구나 수출신용기관, 또는 이들이 참여한 대주단(신디케이트)이 대규모 프로젝트 대출에 중개 또는 프론팅(fronting) 기관으로 참여하여 공식 또는 비공식 보증을 제공하는 경우다. 이들은 대출채권의 일부, 또는 전부를 증권화시킴으로써 위험부담을 경감시키는 동시에 추가대출을 위한 기채능력도 증가시킬 수 있다.

둘째, 14장에서 잠깐 언급한 바 있지만, 프로젝트 대출채권의 증권화는 장기대출 위험부담을 실질적으로 단기자금 조달비용으로 재금융하는 효과를 가져온다. 이 경우, 전통적 또는 CDO를 통한 증권화가 모두 가능하지만, 이와 같은 합성적인 방법에 의한 재금융은 CDO 방식의 증권화가 더 유리하다. 그 이유는 CDO 방식을 따르면 재금융 위험을 여러 계층(tranche)별로 배분할 수 있으므로 해당 계층의 증권을 원하는 투자자들에게 쉽게 매각할 수 있기 때문이다. 더 중요한 것은 CDO는 다수의 프로젝트 대출채권을 하나로 묶어서 증권화시키는 구조이므로, 개별적인 대출채권을 포트폴리오 베이시스로 재금융할 수 있게 된다. 그러므로, 위험관리를 더 완벽하게 할 수 있을 뿐만 아니라, 차입자의 재금융 비용도 크게 감소시킬 수 있다.

셋째, 은행은 합성증권화 구조를 통해서 자금조달과 위험전가 목적을 동시에 추구할 수도 있다. 합성증권화는 통상적인 증권화에 비해 세부적인 실행방법에서는 차이가 있지만 기본적으로 동일한 목적을 달성할 수 있을 뿐만 아니라, 합성재금융 측면에서 더 많은 신축성을 허용한다. 특히, 15장에서 본 바와 같이 신용위험이 부분적으로 보장된 (또는 신용보장을 담보하는 자금이 부분적으로 유입된) SCDO 구조는 최선순위 계층의 존재로 인해 은행의 자본비용을 감소시킬 수도 있다.

프로젝트 대출채권의 증권화는 프로젝트 전체의 현금흐름이나 또는 프로젝트의 특정 단계(예: 건설단계)에서 발생하는 현금흐름, 개별 대출 또는 대출 포트폴리오, 그리고 합성증권화 모두 가능하다. 이제, 몇 가지 예를 통해서 프로젝트 대출의 증권화를 구체적으로 검토해 보자.

17.1.1 개별 대출채권의 증권화

Apasco S.A. de C.V.는 멕시코의 최대 시멘트 제조회사다. 멕시코 통화인 페소(peso) 위기 직후인 1995년 아파스코는 시설 확장공사를 완료시키기 위해 1억 54백만 달러가 필요했다. 그러나, 페소위기로 인한 국가위험의 증대로 멕시코 기업들은 국제 금융시장에서 시장금리로는

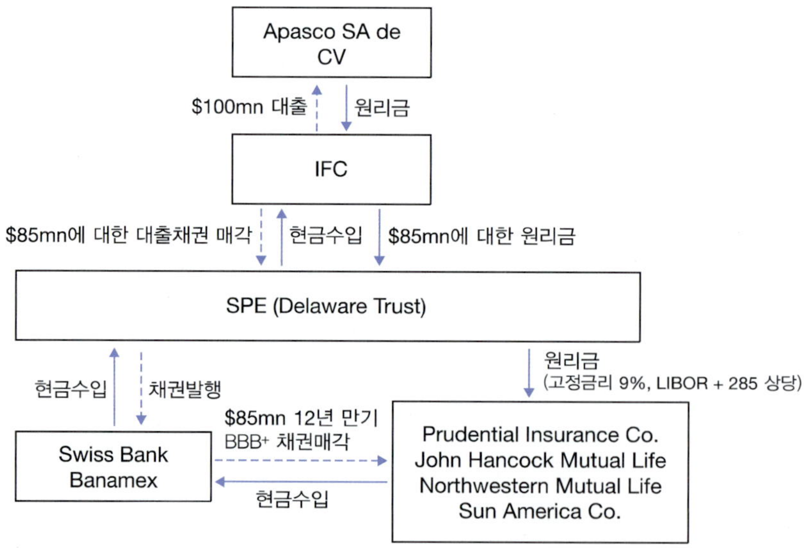

〈그림 17.1〉 Apasco S.A. de C.V. 프로젝트 금융의 구조

차입할 수 없었다. 결국, 국제금융공사(IFC)가 1억 달러를 대출하게 되었는데, IFC는 그 중 15백만 달러의 대출채권은 보유하고, 나머지 85백만 달러의 대출채권은 단일 등급(class)의 채권발행을 통해 증권화시켰다. IFC의 보증으로 인해 유동화 채권의 등급이 아파스코나 멕시코 정부의 등급보다 높은 BBB+가 되어, 9% 고정금리 (당시 자산스왑 스프레드로 환산하면 LIBOR+285bp에 해당)라는 좋은 조건으로 자금조달이 가능하게 되었다. <그림 17.1>은 Apasco S.A. de C.V. 프로젝트 금융의 구조를 보이고 있다.

17.1.2 대출채권 포트폴리오의 증권화

아이플 원(Eiffel 1) 증권화 구조는 대출채권 매도자금이 전액 유입된 단일계층(fully funded single-tranche) CDO이다. 아이플 원은 전통적인 현물 CDO 구조이긴 하지만, 개별 대출이 아니라 여러 개의 대출채권, 즉 대출채권 포트폴리오의 증권화라는 특징이 있다. 또한 발행 증권이 프로젝트 전체가 아니라 '건설단계(construction phase)'라는 프로젝트의 특정 단계에서 발생하는 현금흐름을 담보로 하는 최초의 프로젝트 금융이다.

1990년 대, 포르투갈 정부는 최근 우리나라에서와 마찬가지로 민간 건설업체에게 고속도로 사업의 관리 및 운영권을 부여하는 **실시계약(concession agreement)**을 체결하는 형태의 민자유치를 통해서 유료 고속도로를 건설했다. 아이플 원은 2004년에 종료된 증권화 구조인데, 이 프로젝트 금융에 참여한 4개의 건설업체들이 모두 신용이 부실해서 신용등급이 투자등급 이하였으므로 건설단계에서 필요한 자금을 독자적으로 조달할 수 없었다. 그래서 이들 건설업체들

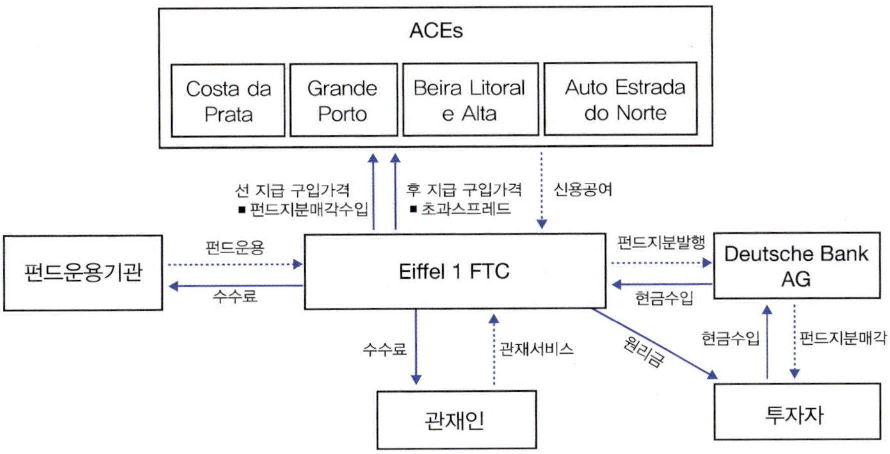

〈그림 17.2〉 Eiffel 1 FTC

은 에이스(ACE)라는 컨소시엄을 구성하고 고속도로 사업의 관리 및 운영으로 미래에 발생하게 될 현금흐름을 담보로 한 증권을 발행해서 당장 필요한 건설자금을 조달하게 되었다.

구체적인 형태는 Eiffel 1이라는 펀드 형태의 SPE가 정부와 실시협약을 맺은 사업시행자인 ACE의 네 고속도로 운영관리업체들과 체결한 대출약정(facility agreement)에 입각, 이들이 예정된 건설자금을 필요할 때마다 건설회사들에게 지급해 줄 수 있도록 선인출(先引出)을 허용한다. 그리고 이들 컨소시엄의 건설업체들은 나중에 유료도로 운영관리업체로부터 받는 수입으로 Eiffel 1에게 대출금을 상환한다. <그림 17.2>는 Eiffel 1 FTC 프로젝트 금융의 구조를 보이고 있다.

17.1.3 대출채권 포트폴리오의 합성증권화

2004년 말에 종료된 Essential Public Infrastructure Capital PLC(EPIC)는 다수의 대규모 프로젝트 대출로 이루어진 프로젝트 대출채권 포트폴리오를 SCDO 기법을 이용하여 합성적인 방법으로 재금융하는 방법을 보여 주는 아주 좋은 예다. 이 구조는 처음 프로젝트 대출을 제공한 은행에게 프로젝트 대출 포트폴리오에 대해 부분적으로만 손실보전자금이 확보된 신용보장(partially funded credit protection)을 제공함으로써, 대출은행의 자금비용을 절감시켜 줄 뿐만 아니라, 사회간접자본관련 프로젝트 대출의 확대를 가능하게 한다.

이 구조의 준거 담보포트폴리오는 최초의 대출은행인 아일랜드 소재 Depfa PLC가 보유한 25건, 3억 94백만 파운드에 달하는 사회간접자본 프로젝트 대출이다. Depfa는 이를 증권화시키기 위해 SPE인 EPIC을 통해서 31.75백만 파운드에 달하는 6종의 변동금리채권(FRN)을 발행하고, 이들 채권에 대한 담보로 EPIC은 같은 금액의 KfW Bankengruppe가 발행한 Schuldscheine라 부르는 신용연계채권(CLN)을 매입했다.

이들 CLN의 준거 포트폴리오는 물론 Depfa의 대출채권 포트폴리오이고, CLN의 종류, 규모, 순위가 모두 EPIC이 발행한 FRN과 정확히 일치한다. KfW는 CLN 발행 수입으로 저위험 우량자산을 매입하고, 준거 포트폴리오의 처음 31.75백만 파운드 손실에 대한 신용보장을 프로젝트 대출은행인 Depfa에게 매도한다. 신용사건이 발생하지 않으면, KfW는 저위험 자산에서 발생하는 이자수익과 Depfa가 지불하는 CDS프리미엄을 모두 CLN매입자인 EPIC에게 지급하고, 신용 사건이 발생하면 EPIC이 발행한 FRN과 CDS에 대한 지급을 위해 CLN에 대한 원리금 지급을 중지한다.

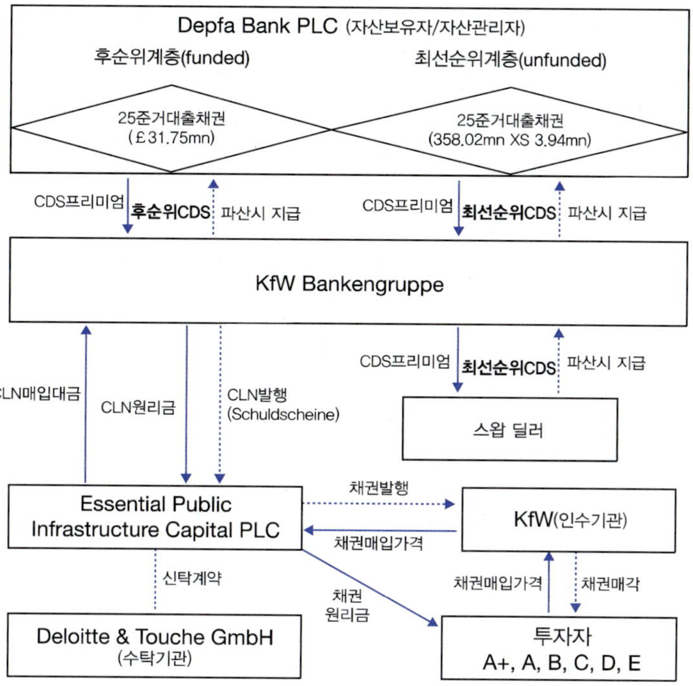

〈그림 17.3〉 EPIC의 합성유동화 구조

KfW는 또 준거 포트폴리오의 '358.02백만 XS 3.94백만' 파운드 최선순위 부분에 대해서도 Depfa에게 신용보장을 매도한다. 그리고, KfW는 이에 대한 헤지 목적으로 다른 스왑 딜러와 신용스왑 거래를 통해 신용보장을 매입한다. <그림 17.3>은 EPIC의 합성유동화 구조를 보이고 있다.

17.2 프로젝트 미래현금흐름의 증권화

미래 현금흐름의 증권화(future flow securitization)는 프로젝트에서 발생하게 될 수입을 증권화 또는 현금화(monetization)시켜, 해당 프로젝트나 또는 다른 프로젝트 수행에 당장 필요한 자금을 조달하는 것을 말한다. 그러므로, 사업관련 자산과 그 자산이 미래에 발생시킬 현금흐름이 유동화 증권의 원리금 상환에 대한 암묵적인 담보가 된다.

개발도상국들의 대규모 개발 프로젝트들은 대개 이와 같이 미래 현금흐름을 증권화시켜서 소요자금을 조달하는데, 특히, 멕시코와 브라질이 대표적인 케이스로 전체의 반 이상을 차지하고 있다. 전통적으로는 주로 미래에 프로젝트에서 발생하게 될 수출 수익, 즉 수출채권을 증권화시키는 것이었지만, 최근에는 사회간접자본개발 프로젝트는 물론, 프린시펄 금융이나 M&A, 특허권과 지적 재산과 같은 잠재적 자산 등, 비개발성 프로젝트 금융에서도 볼 수 있다.

미래 현금흐름 증권화의 최근의 경향을 보면, 96년부터 99년 사이에는 모노라인 보험회사들이 제공하는 모노라인 랩에 의한 신용보강이 14퍼센트 정도에 그쳤으나, 2000－2003년 기간에는 이 비율이 43퍼센트로 크게 증가되었다. 또, 금융채권의 증권화가 증가하는 추세이고, 개발도상국의 경우 채권 발생국이 아닌 다른 나라에서 대부분의 증권화 작업이 이루어 진다.

17.2.1 수출채권 담보부증권

초기 미래현금흐름의 증권화는 현재와 같은 CDO와 유사한 구조가 아니라, 극히 단순한 형태의 구조화채권이었다. 그 대표적인 예가 **수출채권 담보부증권(secured export notes: SEN)**으로서, 이는 채권에 대한 원리금 상환을 수출채권이 담보하는 증권을 말한다. SEN은 1980년대 중반부터 1990년 대 후반까지 유행한 것으로서, 발행자의 파산으로부터 절연된 SPE가 아니라, 발행자가 상환의무를 지고 발행자가 직접 발행한 채권이다. 따라서, 비록 SEN 자체는 차주(借主)의 수출채권을 담보로 하고 있긴 하지만, SEN의 발행자, 즉 차주의 전체 신용위험에 노출되어 있으므로, 투자자인 대주(貸主)는 SEN의 발행자인 차주에 대해 상환청구권을 갖는다.

구체적인 구조를 보면, 발행자는 미래에 발생할 수출채권을 회수하는 데서 오는 현금흐름을 통상 채권 발행자의 나라가 아닌 다른 나라에 설정되어 있는 준비계정에 적립시킨다. 만약, 수출이 선지급 계약이나 통상적인 선도계약 하에 이루어졌다면 확정가격 수출이므로 수출가격 하락에 따른 위험이 없으나, 현물가격이나 현물가격에 유사한 가격으로 이루어 졌다면 발행자는 파생상품 계약을 통해 담보인 수출채권에 대한 시장위험을 헤지해야 한다.

<그림 17.4>는 1993년 12월 Met-Mex Penoles S.A. de C.V.가 발행한 가장 전형적인 형태의 SEN 구조를 보이고 있다. Met-Mex는 세계에서 가장 큰 정제 은광회사로서 당시 제련시설 확장을 위해 1억 달러를 필요로 하고 있었다. 그러나 Met-Mex는 물론 모회사인 Industrias Penoles S.A. de C.V. 역시 차입이 과다한 상태였고, 그로 인해 차주에 대한 상환청구권이 있는 무담보부채 발행에 의한 자금조달은 금리부담이 너무 컸다.

결국, Met-Mex는 일본의 스미토모 상사와 체결한 은(銀) 수출계약을 담보로 5년 만기 SEN을 발행한다. 스미토모와 맺은 수출계약은 무조건지급 계약과 스미토모가 Met-Mex에게 매도한 일련의 미국형 등가격 풋으로 구성되었다. 풋 옵션의 행사가격은 은의 당시 시장가격이고, Met-Mex가 풋옵션을 행사할 경우, 스미토모가 인수해야 하는 기초자산인 은의 양은 Met-Mex가 발행한 SEN의 원리금 상환에 충분한 만큼이다. 그러므로, 풋옵션에 의해 SEN에 대한 원리

금상환 위험은 Met-Mex로부터 신용등급이 AA인 스미토모상사로 이전된 것이다.

'무조건 지급'계약이므로 계약 기간 중 은의 인수 시점은 스미토모가 결정하며, 만약 계약 기간 만료 시까지 실제로 인수한 은의 양이 계약된 인수량에 비해 부족하면, 그 차이에 해당하는 금액을 스미토모가 Met-Mex에게 지불해야 한다(take-or-pay). 그러므로, 무조건지급 계약을 스미토모 측에서 보면, 기초자산이 은이고 행사가격과 만기가 동일한 미국형 콜옵션을 매입하고, 동시에 유럽형 풋을 매도한 거래, 즉 선도계약을 매입한 것과 유사하다.

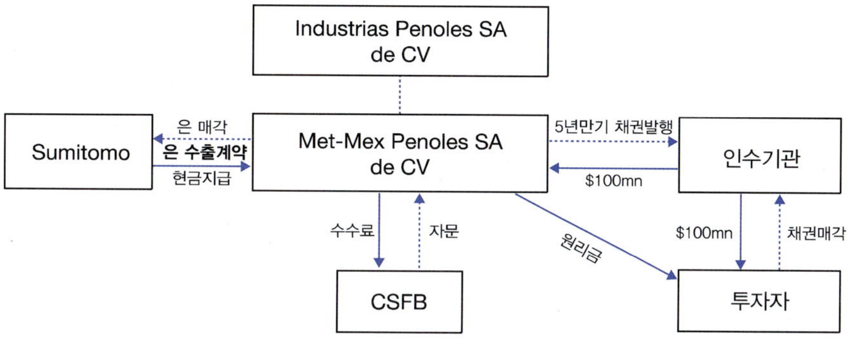

〈그림 17.4〉 수출채권 담보부증권: Met-Mex Penoles S. A. de C.A.

17.2.2 수출채권의 증권화

1990년 대 후반 경부터 SEN은 투자자들 사이에서 점차 그 인기를 잃게 되는 데, 그 주요인은 SEN의 상환청구권이 발행자에 대한 것이므로 사업주, 즉 SEN 발행자의 전반적인 신용위험에 노출되는 것에 대한 투자자들의 우려 때문이었다.

따라서, 수출채권의 증권화보다 전통적인 증권화 방식으로 전환되게 되었다. 대표적인 예가 헤지나 확정 가격에 의해 위험이 제거된 수출채권을 사업주의 파산으로부터 절연된 SPE에게 매도하고 SPE로 하여금 이를 담보로 사업주에 대한 상환청구권이 없는 증권을 발행하게 하는 것이다. 이 경우, 채권은 여전히 SEN과 유사하지만, 사업주에 대한 상환청구권이 없고, 사업주의 신용위험에 영향을 받지 않을 뿐만 아니라, 투자자들이 감시, 감독하기 쉽게 된다.

<그림 17.5>는 그 대표적인 예를 보이고 있다. 2000년 6월 카타르 종합석유회사(Qatar General Petroleum Corp.: QGPC)는 액화천연가스(liquefied natural gas: LNG) 생산시설 확장에 12억 달러가 필요했다. 8억 달러는 두 개의 은행 차관단(신디케이션) 대출을 받아서 조달하고, 나머지 4억 달러는 자본시장을 통해서 조달하기로 했다.

이 때, QGPC가 택한 방법은 LNG 판매에서 발생할 현금흐름을 담보로 유가증권을 발행하

는 것이었다. 구체적인 발행구조는 우선 QGPC Finance라는 SPE를 설립하고, 미래에 발생할 LNG 판매수입을 4억 달러를 받고 SPE에 매도한다. SPE는 이를 담보로 4억 달러에 달하는 채권을 발행, 투자자들에게 판매한다. 담보자산인 LNG의 가격변동에서 오는 위험은 변동금액 지불, 고정금액수취 LNG 스왑 체결로 헤지한다. 이에 더해, 발행채권은 모노라인 Ambac의 신용 랩(credit wrap)을 통해 Ambac의 신용등급 AAA를 유지한다.

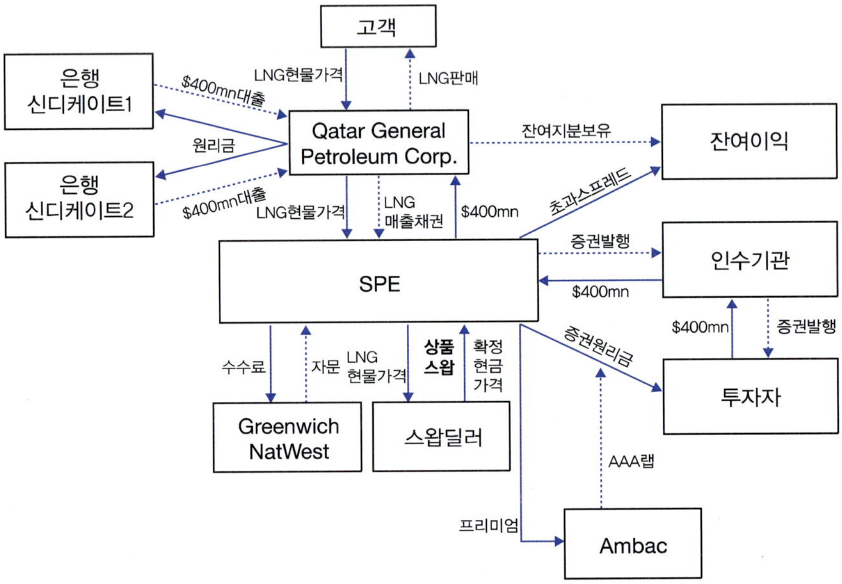

〈그림 17.5〉 수출채권 담보부증권

17.3 미래현금흐름의 증권화: 전 사업

사업에서 발생할 미래 현금흐름의 증권화는 사업관련 위험을 자본시장의 투자자들에게 전가시킬 뿐만 아니라, 미래에 발생할 현금흐름을 현재의 현금유입으로 전환시킬 수 있다는 점에서 매우 유용한 수단이다. 따라서, 동일한 방법이 개발 또는 사회간접자본사업 자금조달 이외의 다른 분야, 특히 프린씨펄 금융에서도 널리 활용되고 있는 것은 극히 자연스러운 현상이다. 그 가운데 하나가 기업 또는 사업 전체를 증권화시키는 이른바 **기업증권화**(corporate securitization) 또는 **전 사업 증권화**(whole business securitization)이다. 이 방법은 지역적으로는 유럽, 산업으로는 주류(酒類), 수자원, 건강 및 의료산업에서 주로 활용되고 있다.

프린씨펄 금융, 특히 전 사업 증권화의 일반적인 구조는 해당 사업의 자산과 관련 회사들을

'증권화 그룹(securitization group)'으로 일단 모회사와 분리시킨다. 분리시키는 이유는 해당 사업이 불필요하게 모회사의 여타 사업에서 발생한 부채의 영향을 받지 않게 함으로써 M&A나 관련 사업에 대한 재금융을 용이하게 하기 위함이다.

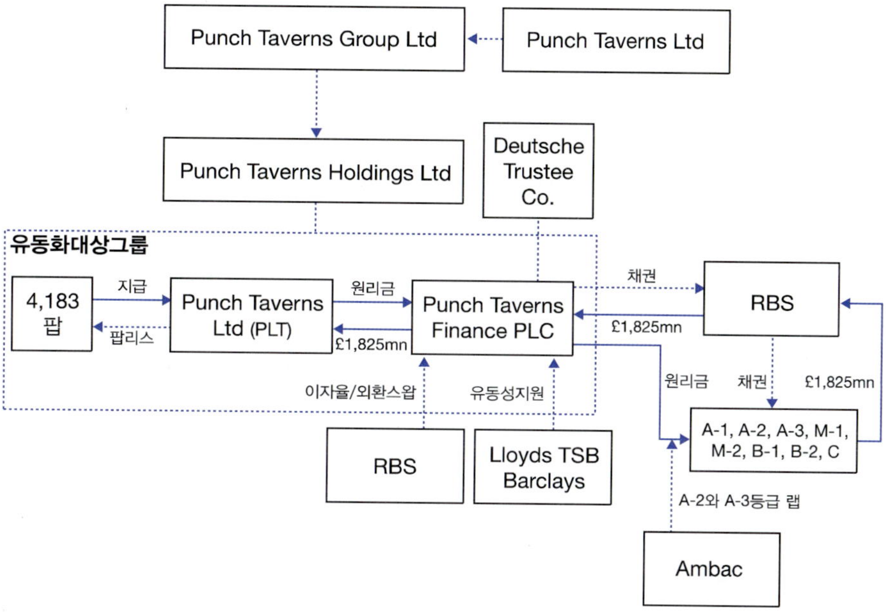

〈그림 17.6〉 전사업의 증권화: Punch Taverns Finance PLC

증권화 그룹 안에는 구조화 증권을 발행하는 SPE, 증권발행수입을 차입하는 SPE, 그리고 사업의 운영을 전담하는 SPE 등이 있다. 전형적인 구조는 증권발행 수입은 발행 증권의 원리금상환에 대한 담보로 사용되며, ALM 불일치 문제의 해결을 위한 이자율 스왑, 유동성 지원, 상당한 수준의 내부 신용보강, 그리고 모노라인 랩 등이 포함된다.

<그림 17.6>은 전사업의 증권화 구조를 보이고 있다. 1980년 대 말, 독과점금지법의 개정으로 영국에서는 맥주회사들이 종전에 소유하고 있던 흔히 '팝(public house 또는 pub)'이라고 부르는 수 천 개의 대중 맥주집들을 매각하게 되었다. 이들을 매입하기 위해 새로운 회사들이 생겨났는데, 대부분 팝을 인수할 자금이 모자랐다. 이 때 동원된 방법이 팝에서 발생할 미래 현금흐름을 담보로 전사업을 증권화시키는 것이었다.

17.4 합성 프로젝트 금융과 선지급 계약

상품관련 프로젝트(commodity-based projects)에서는 파생상품과 증권화 기법을 결합함으로써, 프로젝트 금융을 합성적인 방법으로 일으킬 수 있다. 특히, **합성 프로젝트 금융** 또는 무역금융의 한 형태인 **선지급 상품파생상품**(prepaid commodity derivatives)은 그 역사가 매우 길어 고대 아씨리안(Assyrians)시대까지 거슬러 올라간다.

선지급 상품파생상품의 하나인 **선지급 선도계약**(prepaid forward contract)은 현물 인도시점에 확정 금액을 지불하는 통상적인 선도계약과 달리, 계약시점에 매입자가 확정 가격의 현재가치를 매도자에게 지불한다. 따라서, 전통적인 선도계약과 자산 매도자에 대한 자산매입자의 대출이 결합된 상품이라 볼 수 있다. 이때, 상품의 인도가 한번 뿐이면 선지급 선도계약, 일정 기간 동안 여러 번 반복적으로(가령 5년 후부터 월 1회씩 1년 간) 이루어지면 **선지급 상품스왑**이라 부른다.

선지급 부분(pre-paid leg): 프로젝트의 차입자가 자산을 선지급 선도계약을 통해 SPE에게 선매도한다. 따라서, 자산 매입자 (대개 SPE)는 매도자에게 매입대금을 선지급하고, 상품은 나중에 인도받는다.

장기구매 계약자 부분(offtake leg): SPE는 나중에 인수한 제품을 스스로 현물시장에서 매각하거나 또는 프로젝트 금융의 대출자에게 넘겨서 대출자가 매각하도록 한다. 합성 프로젝트 금융 구조에서는 이 부분을 확인하는 **장기구매 합의서**(offtake agreement)가 포함되는 것이 일반적이다.

금융 부분(financing leg): 은행, 보험회사 또는 이들의 신디케이트들인 프로젝트 대출자는 SPE에 의한 선지급 자금을 같은 유형의 선지급 계약이나 또는 미래의 상품인도와 신용보강 등을 담보로 선지급(대출)해 준다.

헤지 부분(hedge leg): 장기 구매계약이 확정가격이면 상품가격변동 위험이 없지만, 그렇지 않다면 SPE는 선지급기간 동안 상품가격 하락으로 대출에 대한 담보가치가 감소하게 될 위험에 노출된다. 따라서, 장기구매 계약이 변동가격 베이시스거나 또는 현물시장에서 매각하는 조건이라면, SPE는 전통적인 선도계약이나 상품스왑을 통해 시장위험을 헤지해야 한다.

신용보강 부분(C/E leg): 선지급 구조에서 상품 매입자는 상품대금은 먼저 지급하고 상품인도는 나중에 받게 되므로 상당한 신용위험을 부담한다. 더구나, 이 구조에서 매입자는 선지급 계약이라는 파생상품 계약에 의존하고 있으므로 기초 상품에 대한 일차 담보권이 없다. 따라서, 선지급 매입자는 취소불능 신용장, **선지급 매도보증**(advance payment supply bonds), **보증부 무**

역신용보험(funded trade credit insurance) 등을 포함한 매도자의 신용위험을 보장할 수준의 신용보강을 선지급 매도자에게 요구하게 된다. <그림 17.7>은 전형적인 합성 프로젝트 금융 구조를 보이는 것이다.

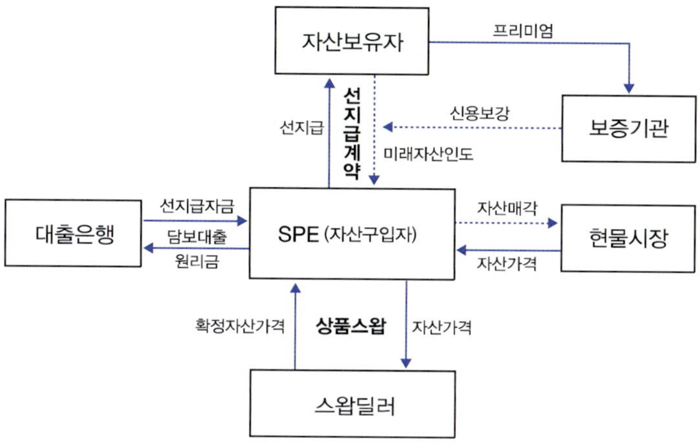

〈그림 17.7〉 전형적인 합성 프로젝트 금융 구조

17.4.1 VPP 계약

VPP (Volumetric Production Payments: VPP) 계약은 프로젝트의 생산물 가운데 일부를 선지급 계약을 통해 매각함으로써, 사업에 필요한 자금을 유리한 조건으로 조달하는 구조화금융 기법의 하나다. VPP 계약은 선지급 상품스왑(prepaid commodity swap)과 합성대출을 결합한 것과 같다. 즉, VPP 구조에서 선지급 상품스왑의 매도자인 E& P(Exploration & Production)회사들은 매입자인 금융기관이나 에너지회사로부터 확정 금액의 현재가치를 미리 지급받고, 합의한 양의 천연가스나 기타 생산물을 일정 기간에 걸쳐 매입자에게 인도한다. 그러므로, 기능적인 측면에서 보면, E&P회사들이 금융기관이나 에너지회사로부터 받은 대출을 생산물로 상환하는 것과 같다. 계약 기간은 통상 3년에서 5년간이며, 과거에는 원유와 천연가스 E&P회사들이 생산 및 개발에 필요한 자금조달 방법으로 주로 활용했으나, 근래에는 프로젝트 금융에서도 사용되고 있다. <그림 17.8>은 전형적인 VPP 구조를 보이고 있다.

VPP 구조에서 금융기관이나 에너지회사는 E&P회사들로부터 일체의 생산 및 투자비용을 제외한 원유나 가스 생산량에 대한 일정 지분을 받게 되지만, 이들 선지급 상품스왑계약의 매입자들은 생산물에 대한 가격위험과 매도자의 신용위험을 어쩔 수 없이 부담하게 된다. 그러므로 이들 위험에 대한 보장이나 헤지가 중요한 과제가 된다.

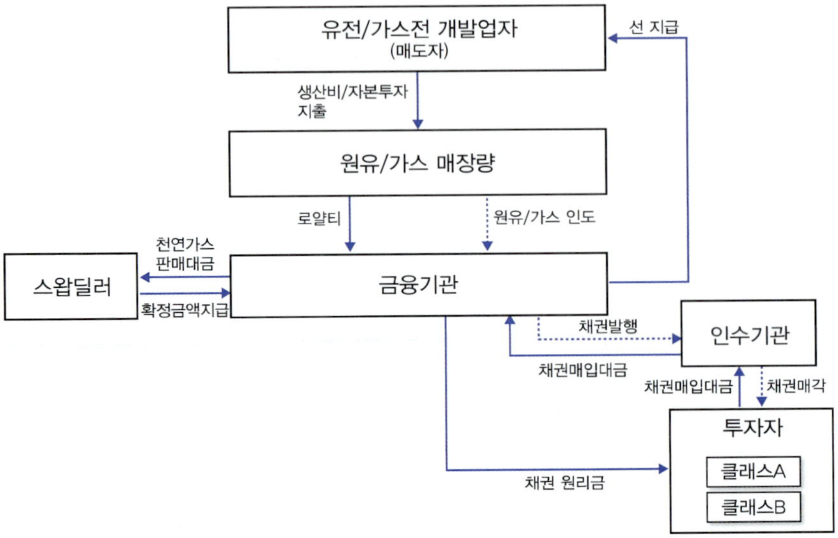

〈그림 17.8〉 전형적인 VPP구조

이들은 대개 가격위험은 변동금액 지급/고정금액 수취 상품스왑으로 헤지하고, 신용위험은 신디케이트 대출을 하거나 또는 받은 지분과 인수할 생산물을 증권화시킴으로써 해결한다. 여기서 증권화는 신용위험을 유동화 증권 매입자인 투자자들에게 전가시킬 뿐만 아니라, 이들에게 E&P회사들에게 선지급(대출)하는 자금을 제공한다.

엔론(Enron) VPP: 엔론의 VPP 프로그램에 참여한 천연가스 회사들은 대부분 재무상태가 좋지 않아서 독자적으로는 전통적인 선순위 무담보 부채로 자금을 조달하기 어려운 기업들이었다. 그렇지만, 그들은 천연가스 전(田)을 적어도 하나씩은 가지고 있었다. 물론, 이들 가운데는 미개발 전이 많긴 했지만 상당한 수준의 매장량이 확인된 것들이었다. 이들에게 가스 전을 개발해서 거기서 발생한 수익으로 현금 대출을 상환할 수 있도록 하는 수단이 바로 엔론의 VPP프로그램이었다. <그림 17.9>는 엔론의 VPP 구조를 보이고 있다.

개별 회사들의 전반적인 신용상태가 좋지 않았으므로, 엔론은 각 회사들에게 신규 개발사업을 모회사의 기존 사업들과 분리해서 전담할 SPE의 설립을 요구했다. 이는 VPP 프로그램에 포함될 사업을 모회사의 부도로 인한 연쇄부도 위험으로부터 보호하기 위한 수단이었다. 그런 다음, 엔론은 선지급 스왑계약을 통해 각 SPE로부터 생산량의 일부를 선(先)매입했다.

그러나, 엔론 자체도 늘 자금사정이 그리 넉넉한 형편은 아니었다. 은행 차입을 통하지 않고 선지급에 필요한 자금문제를 해결할 절묘한 방법은 선지급 스왑계약에 의해 장차 인도받게 될 천연가스 수입채권(債權)을 증권화시키는 것이었다. 이를 위해, 엔론은 Cactus Funds라는

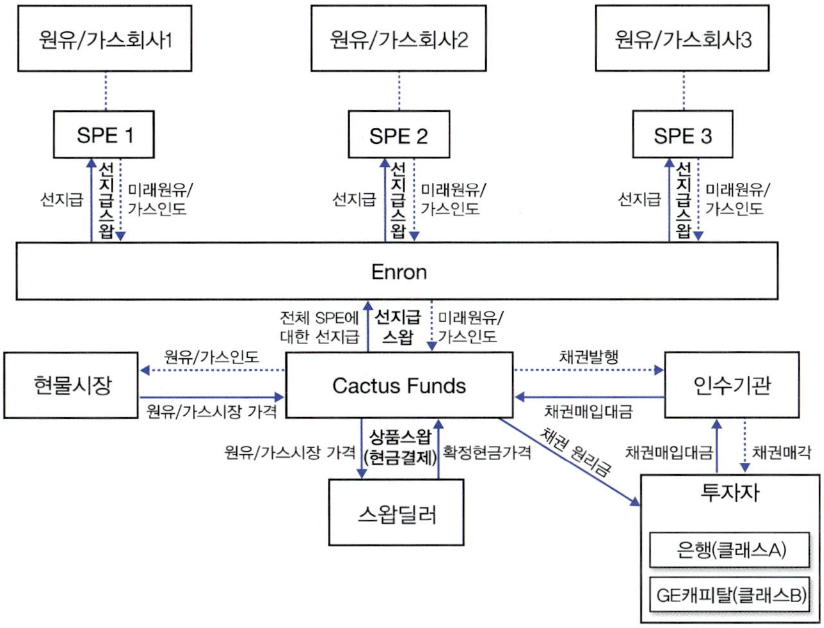

〈그림 17.9〉 엔론의 VPP구조

SPE를 설립해서 장차 발생하게 될 천연가스 수입채권을 SPE에게 현금을 받고 양도하고, SPE는 다시 채권(債券)발행을 통해 천연가스 수입채권 매입자금을 조달하였다. 이 경우, SPE가 미래에 인도될 생산물을 선지급 선도계약이나 선지급 상품스왑과 같은 파생상품계약으로 매입한 것이 아니므로, 회계처리, 세금, 규제, 보고 사항 등에서 앞의 예와 약간 다를 수는 있지만, 경제적으로는 같은 결과다. 요컨대, 선지급 선도계약과 선지급 상품스왑은 파생상품이긴 하지만 앞의 예에서 본 합성 프로젝트 금융 유동화와 크게 다르지 않다.

제 18 장

위험의 증권화와 보험연계증권

지금까지 본 유동화, 또는 증권화의 형태는 대출이나 채권과 같은 각종 자산과 사업 전체를 포함한 미래에 발생할 현금흐름의 증권화였다. 두 경우 모두 목적은 자산보유자에 의한 자금조달이나, 실제 혹은 합성적인 방법에 의한 위험자산의 분리/매각을 통한 신용위험관리였다. 이제 증권화 대상 위험이 신용위험이 아니라 보험위험인 **(보험)위험의 증권화**(risk securitization)를 논의해 보기로 하자. 여기서 논의하는 보험위험은 주로 손해보험, 사망보험, 생명보험 및 연금과 같은 보험회사 부채의 증권화를 말한다[187].

18.1 위험의 증권화

1990년 초·중반에 등장한 위험의 유동화, 또는 증권화는 SCDO와 마찬가지로 그 목적이 자산보유자나 스폰서(sponsor)를 위한 자금조달이 아니라, 위험의 전가와 위험인수능력의 증대에 있다. 따라서, 구조적인 측면에서 위험의 증권화는 15장에서 논의한 합성증권화 구조와 매우 유사하다. 차이라면 여기서는 위험자산 보유자가 신용파생상품이 아니라 (재)보험, 또는 (재)재보험을 통해 SPE로부터 보험위험에 대한 보장을 매입하고, SPE는 **보험연계증권**(insurance-linked securities: ILS) — **보험연계채권**(insurance-linked notes: ILN)이라고도 함 — 을 발행해서, 매도한 위험보장을 재정적으로 전액보장(fully funded) 해 주는 구조다. 여기서, "전액 보장해 준다"는 SPE설립자에 대한 것으로서 증권투자자에 대한 보장을 의미하는 것이 아니다. 발행된 보험연계증권에 대한 원리금 지급액은 보험사건 발생으로 인한 손실에 따라 감소한다. 즉, ILS 구조에서 SPE는 손실이 약정 한도(사실상 보험의 공제)를 초과할 경우, 투자자에 대한 이자지급을 중단할 수도 있고, 계약상 원금보장 조항이 없는 경우에는 원금의 일부 또는 전액을 상환하지 않을 수도 있다.

신용위험이 부분적 또는 전액 보장된 SCDO 구조에서는 자산보유자가 SPE로부터 신용보장을 매입하고, SPE는 증권발행을 통해서 매도한 신용보장을 담보한다. 어떤 경우에도 이 과정에서 자산보유자에 대한 신규 자금유입은 발생하지 않지만, 자산보유자는 신용위험을 직접적으로는 SPE, 궁극적으로는 투자자들에게 완전하게 전가시킬 수 있었다. 그럼에도 불구하고, SCDO가 발행하는 증권을 보험연계증권이라 부르지 않는 이유는 SCDO 구조에서는 SPE가 투자자들을 대신해서 자산보유자에게 신용보장을 매도함에 있어, ILS 구조에서처럼 원수보험이나 (재)재보험계약이 아니라 파생상품을 이용하기 때문이다.

---

187 같은 뜻으로 사용하는 **보험의 증권화**(insurance securitization)는 보험회사가 인수한 위험을 유가증권 발행을 통해 자본시장으로 전가하는 것을 말한다.

보험위험 증권화의 초기 형태는 지진이나 허리케인(hurricane)과 같은 거대 자연재해 위험의 증권화였으나, 최근에는 기온, 자산의 잔여가치(예: 리스) 등, 자산손실과 관련된 위험과 사망 및 생명보험, 자동차 보험, 근로자 산재보험 등, 기타 보험회사의 부채관련 위험의 영역까지 확대되고 있다. 이와 같이, 보험회사나 비금융회사가 위험보장을 매입함에 있어 전통적인 (재)보험을 활용하지 않고 보험연계증권의 발행과 같이 보험위험을 증권화하는 이유는 (재)재보험시장의 위험인수능력 부족, 위험보장 매도자들에 대한 상대방 또는 신용위험의 분산, 특정 위험계층에 대한 위험인수자의 부재(不在), 대리인비용의 경감 등, 통상적으로 구조화금융을 하는 이유와 크게 다르지 않다.

특히, 위험의 증권화 과정에서 발행되는 보험연계증권은 자본시장과 보험시장을 서로 연결시켜주는 초기 컨버전스(convergence) 상품으로서, 과거에는 어디까지나 기존 (재)보험시장의 보조 역할에 그쳤었으나, 최근에는 원수보험은 물론, 재보험 및 재재보험시장에서 매우 활발하다. 뿐만 아니라, ILS는 투자회사, 헤지펀드, 연기금 등, 기관투자가들에게 매우 인기 있는 투자수단이기도 하다. 이들 기관투자가들은 투자 포트폴리오의 위험을 분산시킬 필요가 있는데, 대재해채권이나 사망보험 채권과 같은 보험연계증권은 시장위험과 상관관계가 크지 않아서(체계적 위험이 작다) 포트폴리오의 위험을 분산시켜주는 효과가 크기 때문이다. 실제로, 이들 기관투자가들은 보험연계증권 시장의 대부분을 차지하는 고객으로서 ILS의 구조에 자신들의 요구를 적극적으로 반영시키는 경우도 많이 있다.

그러나, 비록 과거 수년간 ILS들의 스프레드가 급격히 감소해 온 것이 사실이긴 하지만, 아직도 보험연계증권을 위험전가 목적으로만 발행하는 것은 비용측면에서 결코 유리하다고 볼 수 없다. 우선, SPE의 설립과 같은 ILS 발행구조관련 비용이 크고, ILS 투자자들이 보험사건이 발생하지 않을 경우 채권 만기시 요구하는 수익률이 LIBOR + 400~500bp로 같은 신용등급의 회사채보다 50~100bp 높은 수준의 수익률을 요구하기 때문이다.

<그림 18.1>은 전형적인 보험연계증권의 기본구조를 보이고 있다. 그림에서 보는 바와 같이, 대부분의 ILS 구조는 신용위험 보장자금이 전액 조달된 SCDO(fully funded SCDO)와 동일하다(15장의 <그림 15.1>을 보라). 위험부채를 보유하고 있는 (재)보험회사는 위험의 증권화를 전담할 SPE를 설립한다. 그러나, 규제자본 감소가 목적인 보험회사가 SPE 설립자인 경우에는 자산보유자는 SPE를 직접 소유할 수 없다. 이유는 보험회사에 대해서는 재보험을 통한 어느 정도의 위험이전이 없는, 파생상품과 같은 단순한 위험의 증권화에 대해 요구규제자본 감소가 허용되지 않기 때문이다. 따라서, 위험의 증권화 구조에서 SPE는 인가 받은 원수보험회사나 또는 재보험회사 – 흔히 **SPR (special purpose reinsurance company)**이라 부른다 – 로서, SPE설립자와는 파산으로부터 절연된 독립된 주체이다.

경우에 따라서는 재보험을 구입하는 출재자(出再者; cedant)와 SPE사이에 또 다른 SPE(재보험회사)가 개입되는 수도 있는데 이 경우 출재자와 SPE간에 체결되는 보험계약은 재보험이 아니라 재재보험이 된다[188]. 목적은 재보험회사가 발효요인이 실손배상인 형태의 재보험계약으로 출재자의 베이시스 위험부담을 제거시켜주고, 동시에 이에 따른 출재자의 도덕적 해이 위험을 SPE와 지수나 변수에 의존하는 재재보험계약을 통해 헤지하는 데 있다.

SPE가 발행하는 ILS는 CDO와 마찬가지로 단일 등급일 수도 있고 선·후 순위구조를 갖는 복수등급(multiple class) 구조일 수도 있다. ILS 발행수입은 SPE설립자에게 유입되지 않고 신탁에 맡겨져, 레포, 국채, 또는 AAA 등급의 회사채 등과 같은 저위험·우량 자산에 투자된다.

ILS 구조의 보험계약은 공제, 한도, 공동부담 등이 포함되며, 기본적으로 통상적인 보험계약과 다를 바 없다. SPE 설립자는 위험보장 매입 대가로 SPE에게 프리미엄을 주기적(예: 분기 또는 연간)으로 지불한다. SPE는 수취한 프리미엄을 수탁기관에 맡기고, 수탁기관은 이를 저위험·우량 담보자산에 추가로 투자한다.

수탁기관이 보유한 담보자산에서 발생하는 수익은 (재)보험금지급에 우선 사용해야 하며, 잔여분은 ILS 투자자들에게 배분된다. 보험금은 만약 담보자산에서 발생한 투자수익이 부족한 경우에는 담보자산 자체를 처분해서라도 우선적으로 지급해야 한다. 그러므로, ILS 구조는 초과담보가 존재하고, 담보자산의 시장가치는 보험계약의 한도금액보다 큰 것이 일반적이다.

이론적으로 ILS는 투자수익과 지급이자에 대한 이중과세를 부담하므로 이를 피하기 위해 SPE를 절세 가능한 역외지역에 설립하고, 주식보다는 채권형태의 증권을 발행하여 대개 사모를 통해 매각한다. 채권 인수자들은 통상 기관투자자들로서 자격, 기관당 금액, 인수자 숫자 등에 대한 제약이 따른다. 신용평가 기관들의 신용등급 평가가 반드시 필요한 조건은 아니지만 신용등급이 존재하는 것이 일반적이다. AAA와 AA 등급은 원리금 지급에 대한 위험이 거의 없지만 A/BBB 등급은 이자손실 가능성이 있고, BB 등급은 원리금 전액 손실 가능성도 있다.

증권화 대상 위험은 대재해 위험과 비대재해 위험으로 구분할 수 있으며, 발효요인(trigger)으로는 실손배상(indemnity trigger), 지수(index trigger), 특정 지표(parametric trigger) 등이 사용된다. 실손배상은 출재자의 실제 손해금액을 보전해 줌으로 발효요인과 실제 손실의 불일치에서 오는 베이시스 위험은 없으나, 대신 출재자의 도덕적 해이가 문제다. 지수와 특정 지표는

---

188 보험회사들이 인수한 위험을 모두 스스로 보유하는 경우는 드물다. 일부는 보험계약자들과 보험종목의 다양화를 통해서 인수한 위험을 무력화시키기도 하지만, 스스로 보유하고 싶지 않은 대부분의 위험은 재보험을 통해서 제3자들에게 전가시킨다. 이와 같이 보험회사들이 구입하는 보험을 **재보험**(**reinsurance**)이라 부른다. 재보험을 구입하는 회사를 우리는 **출재자**(**出再者; cedant**), 출재자에 의한 재보험 회사로의 위험전가를 **위험의 양도**(**cession**) 또는 **출재**(**出再**), 재보험 회사의 위험인수를 **위험의 양수**(**assumption**) 또는 **수재**(**受再**), 양수한 재보험 회사를 **수재자**(**受再者; retrocedant**)라 부른다.

출재자가 통제할 수 없으므로 도덕적 해이는 걱정할 필요가 없으나 베이시스 위험이 있다. 최근의 추세는 투명성이 중요시 되어 발효요인이 지수나 특정 지표인 경우가 많다.

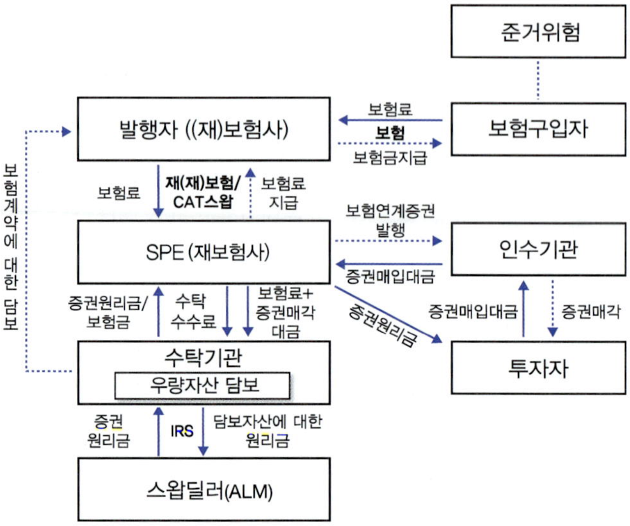

〈그림 18.1〉 위험의 증권화

18.2 보험회사에 의한 위험의 증권화

18.2.1 대재해채권(大災害債券)

역사적으로, 위험의 증권화는 (재)보험회사들이 발행한 **대재해채권(catastrophe bond)**으로부터 시작되었으며, 현재까지도 대부분의 ILS가 (재)보험회사들이 발행한 대재해채권이다. 캣본드는 지난 1998년 이후 연평균 10억 달러 정도씩 비교적 꾸준히 성장해 왔고 담보 위험의 종류 역시 확대되어 왔다.

일반적으로 (재)보험회사는 인수한 초대형 또는 재난적 자연재해 위험을 전통적인 (재)재보험시장에 전가하게 되는데, 대재해채권은 (재)재보험시장의 위험인수능력이 한계에 달했거나 보험료가 너무 비싼 경우, 대형 또는 초대형 자연재해위험(지진, 폭풍우, 허리케인, 토네이도 등)을 보험시장이 아닌 자본시장의 다수 투자자들에게 추가로 전가하기 위해 발행한다. 즉, (재)보험회사 입장에서 대재해채권은 일종의 (재)재보험의 성격을 갖고 있는 것이다. 단지 (재)재보험시장이 아닌 자본시장에서 재보험을 매입했다는 것이 다를 뿐이다. 그런 의미에서 대재해채권을 **합성재보험(synthetic reinsurance)**이라 부를 수 있다.

대재해채권 – 흔히 **캣본드**(cat bond)라고 부른다 – 은 자본시장과 보험시장이 만나는 초기의 컨버전스(convergence)상품으로서, 아직도 재보험회사 발행 ILS의 대부분을 차지하고 있다. 캣본드는 과거에는 어디까지나 기존 재보험시장의 보조역할에 그쳤었으나, 오늘날에는 **구조화보험**(structured insurance: SI) 또는 **대안위험전가**(alternative risk transfer: ART) 상품들 가운데서 가장 성공적인 사례로 인정받고 있다. 특히, 최근에 와서는 스프레드가 크게 하락되어 전통적인 재보험회사들과의 경쟁력이 크게 향상됨으로써, 원수보험(元受保險) 및 (재)재보험시장에서 매우 활발하다.

캣본드는 대재해 위험을 증권화한 ILS이므로, 그 기본 구조는 앞에서 본 <그림 18.1>에 있는 ILS의 기본구조와 다를 바 없다. 그러나, 캣본드는 그 성격이 재보험회사들이 자본시장에서 매입한 대재해 위험에 대한 (재)재보험이므로, 전통적인 SCDO와는 몇 가지 중요한 차이가 있다.

첫째, 만기는 대개 1년에서 10년까지이고, 만기구조는 손실발생의 진행기간과 무관치 않다. 즉, 손실발생이 장기간 지속적이면 장기, 그 반대면 단기다. 또, 복수 만기일 구조인 경우, 만기일이 가장 늦고 우선순위가 최하위에 있는 채권이 **손실보고지체**(incurred but not reported: IBNR)로 인한 위험을 부담하도록 한다. 또 어떤 구조는 만기연장이 가능한 종류의 채권을 발행하기도 하지만, 지금까지는 만기가 길어지고 있는 추세다.

둘째, 대부분의 초기 캣본드는 두 계층(종류) 이상의 증권을 발행했는데, 선순위 채권의 등급이 투자적격 등급(BBB)이었다. 즉, 초기 캣본드는 대체로 신용등급이 낮거나, 심지어 무등급(unrated)인 경우가 많았다. 최근에는 우선순위 계층이 많아지는 경향이긴 해도, 아직도 선순위 채권이 투자등급 이하(원리금지급 보장이 없음)인 경우가 많다. 이들 채권은 대개 뮤추얼펀드, 헤지펀드, 연기금, 보험회사 등, 기관투자가들이 매입한다. 일반 투자자들은 캣본드를 직접 매입할 수 없다.

셋째, 캣본드는 손실보전방법, 구체적으로는 보험계약의 발효요인 측면에서 SCDO와 차별화된다. 캣본드의 위험사건은 **단일 위험요인**(single-peril)일 수도 있지만, **다중 위험요인**(multiple-perils)일 수도 있다. 가령, 지진의 경우, 동부해안과 서부해안이 모두 '보험을 발효시키는 촉발사건(triggering event)'으로 포함될 수 있다.

어쨌든, 촉발사건이 발생되어 보험계약이 발효되는 경우, SPE는 보험계약자에게 보험금을 지급하고, 이는 다시 캣본드 투자자에 대한 원리금지급에 영향을 미치게 된다(SPE는 이자나 원금지급을 연기시키거나 정지할 수 있다). 따라서, 보험계약이 SPE가 손실금 전액을 지급해주는 실손보상계약인 경우, 투자자들은 캣본드 발행자의 도덕적 해이를 걱정하게 된다. 비록 보험계약에 공제도 있고 공동부담 조항도 있지만, 애초에 보험회사가 캣본드를 발행하는 동기가 무엇인가? 재보험을 통한 위험이전이 아니었던가!

그래서, 캣본드 발행자인 출재(出再)회사와 무관한 지수(index)나 – 예컨대, **PCS (property claim services) 지수**나 **리히터 스케일**(Richiter Scale)과 같은 – 특정 지표(parameter)를 발효요인으로 사용한다 (대개 자연재해의 발생지점과 심도를 기준으로 손실보전). 이 경우, 실손보상에 비해 투자자들에 대한 투명성은 향상되지만, 대신 실제 손해액과의 차이에서 오는 발행자의 **베이시스 위험**(basis risk)은 증가한다[189].

넷째, 캣본드의 발행자들은 주로, 보험, 특히 재보험회사들이며, 주요 인수기관들은 스위스리(Swiss Re)와 같은 재보험회사와 골드만삭스 등 투자회사들이고, 투자자들은 ILS 투자전문펀드, 헤지펀드, 그리고 **단기자금운용회사**(MMF) 등이다. 이제, 구체적인 사례(2개의 지진과 1개의 허리케인)를 보자.

<예 1> Swiss Re SR Earthquake Fund: 지수 트리거(Swiss Re, 1997)

- 발행: 발행자는 스위스리이고, SPE는 SR Earthquake Fund로서, $137백만, 3클래스/4종의 ILS를 발행. ILS에 대한 지급은 SPE의 SR에 대한 $111.9백만 재재보험에 달려있다(채권발행액이 최대 보험금지급액보다 크다).
- 트리거: SPE인 Earthquake Fund의 재재보험금은 과거 2년 동안 캘리포니아에서 발생한 단일 지진(PCS지수상 최대손실)에 의한 산업 전체 손실에 의존. 상위 2클래스에 대해서는 $185억(클래스 C는 $120억) 초과시부터 원금 감액. 즉, 단일 위험요인/지수기준 캣본드이다.
- 보험금지급: 지진 발생시 보험금 지급으로 인해 처음 2 종의 투자등급 채권도 원금의 최대 60%까지 손해 볼 수 있다. 세 번째 계층인 투자부적격 등급 채권은 원금 전액까지도 손해 볼 수 있다. 마지막 네 번째 증권은 무등급 증권으로 PCS지수 손실이 120억 달러를 초과하면 원금 전액을 손해 보는 구조다. 이자는 A-1이 LIBOR + 255bps, A-2가 8.645%, B가 10.493%, C가 12%다.

<예 2> Tokio Marine/Parametric Re: 파라미터 트리거(Tokio Marine & Fire, 1997)

- 발행: 발행자는 Tokio Marine 보험사, SPE는 Parametric Re로서, $8천만 후순위/ $2천만 선순위 ILS 구조(총 $1억). 선순위 채권의 50%와 후순위 채권 전액이 원리금손실위험 채권임.
- 트리거: Tokyo지역 지진으로서 일본 JMA (Japan Meteorological Agency) 스케일 7.1 또

---

189 베이시스 위험은 헤지의 준거자산과 헤지대상 기초자산의 불일치에서 오는 불완전헤지 위험을 말한다.

는 그 이상.

- 보험금지급 : 만약 위험사건이 발생하면, 지급액수는 피해지역과 진앙지(震央地)와의 거리에 의해 결정됨. 발생지역이 Tokyo시내냐 외곽이냐에 따라 원금의 44%에서 70%까지 지급정지 가능. 따라서, SR지진채권과 달리, 보험사건의 물리적 특성에 입각한 파라미터 트리거 (parametric trigger) 구조다.
- 만기/이자: 만기는 10년, 이자는 선순위 LIBOR + 206bps, 후순위 LIBOR + 430bps.

<예 3> USAA/Residential Re: 실손배상 트리거 (USAA, 1997)

- 발행 : 상호보험회사인 United Services Automobile Association (USAA)가 발행자, Residential Re (Cayman소재)가 SPE로서, 2클래스 (A-1과 A-2) 3종류 채권, A-1클래스는 AAA 등급으로 $77백만의 원금보장 채권과 $87백만 원금비보장 채권. A-2클래스는 BB 등급으로 원리금손실 위험 채권임. 총 $477백만 ILS 구조.
- 트리거 : 동부/걸프 (Gulf) 해안의 3, 4, 5클래스 허리케인 (단일 위험).
- 보험금지급 : 초과손실 (excess of loss: XOL) 배상. USAA의 $5억 XS $10억 계층의 80% 배상하는 재보험. 20%는 공동부담 ($4억의 재보험에 해당). 진정한 실손보상계약.
- 이자지급 : A-1은 LIBOR + 282bps, A-2는 LIBOR + 575bps.

18.2.2 비대재해 위험의 증권화

앞서 말한 대로 ILS는 처음 대형 자연재해위험에 대한 추가적인 담보 필요성에서 개발되었다. 그러나, (재)보험회사들이 ILS 구조를 그 밖에 다른 종류의 위험을 증권화하는데도 사용할 수 있음을 발견하기까지에는 그리 많은 시간이 걸리지 않았다. 문제는 비용이었다. (재)재보험은 언제나 ILS 보다는 보험시장을 통해서 직접 구입하는 것이 저렴했다. 그런 이유로 오래 동안 ILS는 보험시장이 경성(硬性)인 상황에서만[190] 전통적인 (재)재보험을 보조하는 형태로 활용될 수 밖에 없었다.

그러나 ILS의 수익률이 점차 하락함에 따라, 최근에는 ILS가 전통적인 (재)재보험과 비용면에서 경쟁할 수 있게 되었고, 담보 위험의 종류도 대재해 위험이 아닌 일반 위험으로까지 확대되었다. 일부에서는 아직도 이들 비대재해위험을 증권화한 ILS를 여전히 대재해채권 혹은 캣본드라 부르고 있는데 이는 다소 적절치 않은 용어의 사용이다.

190 공급자위주 시장을 말함.

(재)보험회사들이 비대재해 위험을 증권화한 최초의 예는 2005년 Oil Casualty Insurance Ltd. (OCIL)가 SPE인 Avalon Re 에서 $405 백만에 이르는 종합책임재보험을 매입하면서, 재보험에 대한 신용담보를 위해 3종의 만기연장가능채권을 발행한 것이다. 3 종류의 채권 모두 액면가는 $135백만이고, 처음 $300백만은 공제 또는 재보험을 통한 자기보유, 채권의 액면이 각 초과 손실계층의 90%이므로, 이는 결국 <그림 18.2>와 같은 3개의 초과 손실계층 구조를 갖는 **초과손해액재보험** (XOL reinsurance)을 합성적으로 매입한 것과 같은 효과를 갖는다.

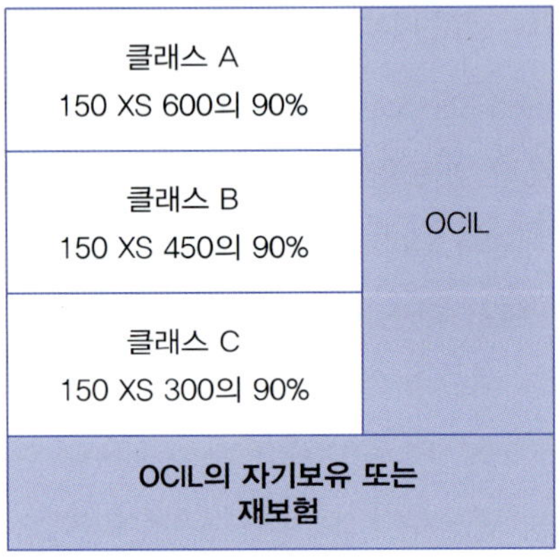

〈그림 18.2〉 OCIL 합성재보험

18.3 비보험회사에 의한 위험의 증권화

처음 (재)보험회사들이 캣본드를 개발한 것과 같은 이유로, 캣본드 개념이 1990년대 중반, 비보험기업의 위험관리에도 도입되었다 당시, 도쿄 디즈니랜드를 소유·운영하고 있던 동양토지회사(Oriental Land Co.: OL)는 지진으로 인한 재물손해보다는 영업중단에서 오는 손해에 대해 보험을 구입하려 했으나 보험시장에서는 공급자를 찾을 수 없었다. 결국 1999년 4월 OL은 자본시장에서 ILS를 발행하게 되었는데 이것이 기업에 의한 최초의 지진위험 관련 캣본드 발행이었다.

이후, 보험회사와 같은 금융기관이 아닌 기업들간에도 보험을 구입할 경우, 기존의 보험시장과 함께 자본시장도 함께 고려하게 되었다. 동시에, 증권화 대상 위험도 전통적인 대재해위험을 벗어나 크게 다양화되었으며, 비용 역시 지속적으로 감소해 왔다. 이 분야야말로 구조화금융과 구조화보험이 교차되는 분야로서, 아직 초기 단계에 있긴 하지만, 앞으로 빠르게 성장할 것으로 예상되는 분야다.

18.3.1 대재해 위험의 증권화

<그림 18.3>은 1999년 5월, 비보험회사인 OL에 의한 대재해 위험의 증권화를 보이고 있다. OL은 도쿄 근교인 마이하마(Maihama)에 Tokyo Disneyland를 소유하고 있었는데, 지진이 발생할 경우에 대비한 위험재무 수단이나 보험을 보험시장에서 확보할 수 없었다. 그래서 OL은 보험시장이 아닌 자본시장을 통해 목적을 달성하기로 했다.

증권화의 전체 구조는 위험전가와 손실 후 위험재무의 두 요소를 가지고 있는 특정 지표구조(parametric structure)로 이루어 졌다. 위험전가 부분은 1억 달러에 이르는 ILS (단일 클래스 BB + /Ba1등급, LIBOR + 310bps, 만기 5년)를 케이먼(Cayman) 소재 SPE인 Concentric Re를 통해 발행한다. OL은 Concentric과 보험계약을 체결한다. 위험사건 발생과 보험금 지급은 특정 지표의 값(지진발생 지점과 규모)에 의해 결정되는 **파라미터 트리거(parametric trigger)**구조이며, 보험금 지급은 보험계약을 발효시키는 트리거에 연계되어 이루어 진다.

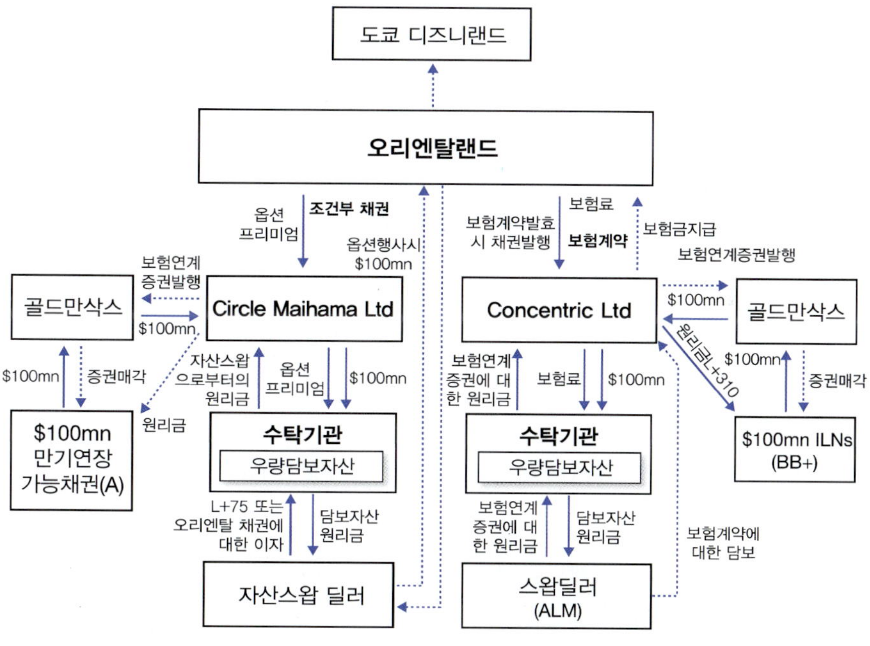

〈그림 18.3〉 OL의 위험증권화 구조

위험재무 부분은 OL이 $1억에 이르는 **조건부 초과이익채권(contingent surplus note)** – A 등급, 만기연장 가능, LIBOR + 75bps – 을 SPE인 Circle Maihama를 통해 발행한다. 조건부 채권 발행은 지진발생에 의존하지만, 채권에 대한 원리금 지급은 지진발생과 관계없이 이루어지며,

OL이 발행한 5년 만기 후순위 채권으로 교환권을 행사할 수 있다. OL이 채권발행 옵션을 행사하기 전까지는 스왑딜러가 채권보유자에게 LIBOR + 75bps의 이자를 지급한다[191].

18.3.2 비대재해 위험의 증권화

보험회사가 아닌 일반 기업에 의한 비대재해 위험의 증권화는 아직 초기 단계에 있지만 앞으로 발전이 예상되는 분야다. 대상 위험은 기온, 잔여가치, 저당채권 풀의 부도, 무역신용, 생명보험 인수비용 등 매우 다양하지만 여기서는 역시 한 두 개만 예를 들어 본다.

<예 1> Toyota Motor Credit Corp. (TMCC)

Toyota 자동차의 할부금융회사인 TMCC의 Toyota와 Lexus 딜러들로부터 인수한 26만 건에 달하는 자동차/경트럭 리스계약의 잔여가치 손실 위험담보가 목적이다. 잔여가치 손실 위험이란, 리스기간 종료 후에 대여한 자동차의 잔여가치가 시장가치 이하로 떨어질 위험을 말한다. 만약 리스회사가 잔여가치를 보장해 준 경우 리스한 사람(또는 회사)은 리스기간이 끝난 후 차를 매입하지 않을 것이므로, TMCC로 회수되는 차들은 곧 시장가치와 잔여가치의 차이만큼 리스회사에게 손실을 초래하게 된다.

해결 방법은 대부분의 항공회사나 리스채권 보유 금융회사들처럼 보험시장에서 손해보험을 매입하거나, 또는 잔여가치보장 계약을 매입하는 것이다. 1998년 TMCC는 자본시장을 통해서 보험을 직접 매입하는 방법으로 케이먼 섬에 Grammercy Place Insurance (GPIL)라는 SPE (보험회사)를 설립한다. <그림 18.4>는 이 과정을 보이고 있다.

GPIL과의 보험계약은 연간 보험으로 기간은 3년, 그리고 TMCC에 대한 보험금 지급은 연간 10% 공동부담(copay)과 9% 공제(deductible), 보험료는 분기별지급 구조다. 이와 같은 보험계약에 대한 신용보장을 담보하기 위해, GPIL은 1종(Class A) \$60백만, 2종(Class B) \$283백만, 3종(Class C) \$222 백만 등, 총 \$566백만에 달하는 3종의 FRN을 발행한다. 채권에 대한 이자는 3M-LIBOR + 스프레드를 분기별로 지급한다.

매년 10월, TMCC는 GPIL에게 잔여가치 손실보험에 대한 보험금지급을 청구한다. 보험금은 신탁에 예치된 저위험·우량 자산 투자소득과 수취한 보험료의 합이 부족하면, 신탁자산의 일부를 처분해서라도 지급한다. 남는 부분은 발행한 ILS의 원금상환에 사용한다. 각 연도별로 이 수익이 계획된 원금상환액에 미치지 못하면 ILS 투자자들이 부족분만큼 손해 본다. 반대로 보험금 청구액이 없으면 투자자들은 원금의 전액 회수는 물론 증가된 쿠폰 수익을 올린다.

191 Culp(2006)

발효사건만 다를 뿐, 기본적으로 CDO 투자자들과 다를 바 없다.

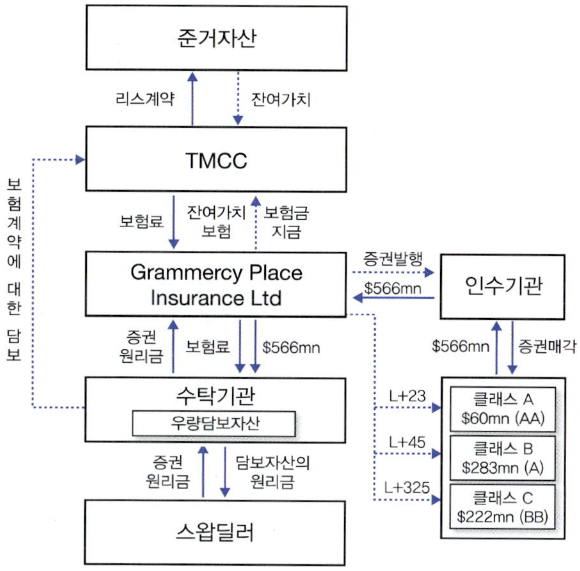

〈그림 18.4〉 TMCC의 ILS발행구조

<예 2> FIFA 대회 취소/테러리즘

뉴욕 월드트레이드센터 테러(2001년 9월 11일) 이후, FIFA는 World Cup에 대비한 테러리즘위험 보험을 보험시장에서 발견할 수 없었다. AXA Re는 일찌감치 테러리즘보험 프로그램을 아예 취소해 버렸으며, 워렌 버펫의 Berkshire Hathaway는 거의 착취에 가까울 정도로 비싼 보험료를 요구하는 것으로 보도되었다.

이 경우 보험대상 위험은 **영업중단(business interruption: BI)**이라는 핵심위험이다. 당시, 프랑크푸르트(Frankfurt)에서는 2006년 월드컵이 국제 테러분자들의 주 목표일 것이라는 우려가 팽배해 있었다. 그리고, FIFA는 월드컵 스폰서, 마케팅회사, 텔레비전회사 등에게 총 20억 스위스 프랑(CHF)을 지불 보증했다. 이 가운데, 만약 월드컵이 취소되는 경우, CHF 15억은 텔레비전 수입 보증으로 되돌려 받을 수 있지만, 나머지 CHF 5억 – 실제는 프랑, 유로, 달러 등의 통화다 – 이 문제였다.

2006년 7월 프랑크푸르트 월드컵 대회의 취소에 관한 정의는 (i) 64게임 중 32게임을 경기해야만 승자를 결정할 수 있다 (ii) FIFA는 취소된 경기에 대해서 2007년 8월 31일 까지 재경기를 가질 수 있고 그때까지는 보험사건의 발생으로 간주하지 않는다 (iii) 세계대전과 선수들의 스트라이크는 제외한다 등이다.

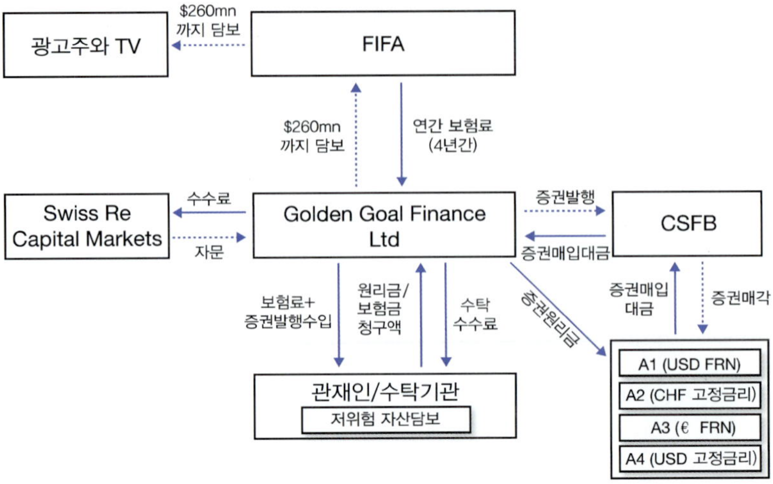

〈그림 18.5〉 FIFA의 ILS 발행구조

Golden Goal Finance Ltd.는 FIFA에게 BI보험을 매도한 SPE로서, Credit Suisse First Boston (CSFB)를 인수자, 스위스리를 자문사로, 총 $260백만 상당의 ILS를 발행했다. 발행된 ILS들은 단일 등급 (모두가 AAA/A3)이지만, 표시통화와 이자율이 다른 4-종(A1-A3)으로 구분된다. 그리고, 이자율 위험과 통화 위험을 헤지하기 위해 보험 프리미엄 수입을 ILS에 대한 지급금액 및 표시통화와 일치시켰다[192].

192 Culp(2006)

제 19 장

조건부자본

조건부자본(contingent capital)은 은행이나 보험회사 등의 금융기관이나 일반 비금융 기업에게 일정한 조건이 충족되면, 사전에 약정된 조건으로 채권, 주식, 혼합증권 등의 유가증권을 상대방에게 발행할 수 있는 권리를 일정 기간 동안 부여하는 쌍방간 협약 또는 약정을 말한다.

전통적인 기업금융에서는 기업이 투자자로부터 자본을 불입 받은 다음 채권이나 주식을 발행하지만, 조건부자본을 발행하는 기업은 약정체결 시점에는 회사채나 주식을 발행하지 않으므로 자본의 불입도 발생하지 않는다. 그래서 조건부자본은 증권발행 자금이 유입되지 않은(unfunded)구조다[193].

증권의 신규발행과 자본불입은 약정체결 이후 약정을 발효시키는 조건(들)이 충족되는 동시에 약정매입자인 기업이 증권발행 권리를 행사할 경우에 발생한다(그래서 '조건부'자본이다). 그러므로, 조건부자본은 굳이 말하자면 앞으로 발행될 수도 있는 금융자본, 즉 **불입자본**(**paid-in capital**) – 예컨대 후순위 채권이나 우선주 – 에 대한 (풋)옵션일 뿐, 아직은 재무상태표의 우변에 기록되는 금융청구권(금융자본)이 아니다.

조건부자본 – 또는 **조건부자본공여약정**이라고도 한다 – 은 자본조달과 위험관리를 통합한 형태의 금융방식으로서 앞장에서 본 ILS와 매우 유사하다. 다만, ILS는 (재)보험 기능과 유가증권 발행이라는 두 가지 측면을 동시에 고려하는 데 반해, 조건부자본은 보험적 요소보다는 자본조달/증권발행, 즉 손실발생 후 위험재무(post-loss risk finance)가 주목적이라는 점에서 다소 차이가 있다.

조건부자본은 또한 **대안위험전가**(**alternative risk transfer: ART**) 또는 **구조화보험**(**structured insurance: SI**)상품의 하나로서, 전통적인 의미에서의 회사채나 주식과는 매우 다른 방법으로 소요자본을 조달하므로 합성부채나 합성주식으로 볼 수도 있다[194]. 특정 조건부자본을 합성부채로 볼 것이냐, 아니면 합성주식으로 볼 것이냐는 후순위의 심도(深度), 여러 가지 제약조항, 그리고 투자원본의 회수가능성 등에 달려있다.

조건부자본은 통상 전환사채나 **역전환사채**(**reverse convertibles**)와 같이 신규발행이 아니라

---

193 우리나라에서 조건부자본은 본 장에서 설명하는 일반적인 형태와 달리 아주 제한적인 종류로만 도입되었다. 즉, **자본시장과 금융투자업에 관한 법률**(**제165조의 11**)은 2013년 5월 "주권상장법인은 정관으로 정하는 바에 따라 이사회의 결의로 사채의 발행 당시 객관적이고 합리적인 기준에 따라 미리 정하는 사유가 발생하는 경우 주식으로 전환되거나 그 사채의 상환과 이자지급 의무가 감면된다는 조건이 붙은 사채, 그 밖에 대통령령으로 정하는 사채를 발행할 수 있다"고 하여 조건부자본을 매우 제한적으로 규정하였다.

194 글로벌 신용위기 이후 각국의 금융당국들은 금융기관의 적정 자본규모를 재검토하고 있다. 일례로 2013년 초부터 발효될 예정인 유럽연합의 자본건전성지침 II(Solvency II Directive)로 인해 보험회사들은 초대형 위험을 관리하고 손실을 흡수하는데 충분한 자본규모를 결정해야 한다. 따라서, 단순히 전통적인 재보험이나 보험연계증권에 더 이상 의존하기 보다는 조건부자본이 하나의 대안이 될 수도 있다. 보험업계에서는 90년대부터 지진이나 홍수와 같은 이른바 **꼬리사건**(**tail-event**)인 초대형 손실사건의 발생으로 인한 자기자본 잠식에 대처하기 위해 조건부자본을 재보험이나 재재보험을 보완하는 수단으로 본격적으로 활용하기 시작하였다.

기존의 증권(예컨대 전환사채)을 다른 형태의 증권(예: 주식)으로 전환시킬 수 있는 권리 – 이 경우는 증권발행 자금이 이미 유입된(funded)구조다 – 도 포함할 수 있으나, 원래는 보험 및 재보험사들이 회사채, 혼합증권, 주식 등의 금융자본을 신규로 발행할 수 있는 권리 – 자본이 유입되지 않은(unfunded)구조 – 를 말한다[195]. 신규 증권의 발행은 사전(ex ante)에 합의한 '약정을 발효시키는 사건(triggering events)' 혹은 전환사건(기존의 증권이 존재하는 'funded'경우)이 발생해야만 가능한 데, 전환사건(들)은 대개 약정 매입자(보유자)의 예상을 초월하는 대규모 재정적 손실로서, 그 손실이 약정의 기초자산 가격과 밀접한 관계에 있어야 한다. 이 책에서는 주로 증권을 신규 발행하는 'unfunded'구조를 설명한다[196].

조건부자본은 그 용도가 매우 다양하다. 오래 전부터 건설업계와 원유 및 천연가스 거래업자들은 예상치 못한 손실에 대한 대비상태, 즉 손실흡수 능력을 보여주고 신용을 보강하기 위해 조건부자본을 활용해 왔다. 보험업계에서는 최근의 글로벌 신용위기 이후 조건부자본이 종전의 ILS에 대한 대안으로서 특히 활발해졌다. 2001년에서 2009년까지 ILS시장은 누적발행액이 150억 달러에 이를 정도로 크게 확대되었으나, 2007-2008년의 신용위기 이후 여타 구조화금융 상품들과 더불어 쇠락의 길을 걷게 되었다. 그 대안 가운데 하나인 조건부자본은 캣본드나 **장수채권(longevity bond)** 등과 같은 ILS들에 비해 필요한 때 자본조달이 더 신속하게 이루어진다는 이점이 있다[197].

은행업계에서는 신용위기 시 리먼브라더즈의 파산 이후 정부를 대상으로 하지 않고는 주식발행이 사실상 불가능했었다. 더구나 Basel III에서는 Basel II에서 보다 더 많은 자기자본을 보유해야 한다. 따라서 금융당국들은 금융시스템의 안정을 도모하고, 공적 자금의 투입으로 인한 납세자 부담을 피할 수 있는 방법들을 찾게 되었다. 그 가운데 하나가 은행의 보유자본비율이 최저요구자본비율에 미치지 못할 경우 자동적으로 발효되어 자기자본이 확충되는 조건부자본 약정이었다. 조건부자본 약정을 보유하고 있다는 사실 하나만으로도 은행은 투자자들을 안심시키는 신호를 시장에게 보내게 될 것이다.

조건부자본의 고전적 정의는 약정 보유자에게 금융자본의 신규발행, 즉 신규 유가증권을 발행할 수 있거나, 혹은 신규발행 증권을 매입할 수 있는 권리를 부여하는 것이다. 전자는 금융자본에 대한 일종의 풋옵션이고, 후자는 콜옵션이다. 후자의 대표적인 예가 **워런트(warrant)**다.

195 역전환채권은 독일과 스위스에서 특히 활발한데, 이는 기본적으로 회사채와 발행회사 주식이 기초자산인 유럽형 풋옵션을 결합한 것으로 볼 수 있다. 전통적인 전환채권이 전환권을 투자자가 보유하는데 반해 역전환채권은 전환권을 발행자가 보유한다. 역전환채권은 보통주로 전환 시 신규 자금이 유입되지 않는 "자본이 유입된(funded)" 구조다. 물론 역전환채권 발행기업의 자본구조는 변한다.

196 최근 금융규제와 관련 논의가 활발한 조건부역전환채권은 예외다.

197 장수채권은 간단히 금리가 대상연령계층의 생존율에 비례하는 채권을 말한다.

워런트는 보유자가 만기 또는 그 이전에 일정 가격으로 특정 회사의 잔여이익 청구권–주로 보통주를 의미함–을 매입할 수 있는 권리를 갖는다. 그러므로, 워런트는 조건부 주식매입약정으로 볼 수 있으며, 전환사채와 전환우선주 역시 워런트가 내장되어 있으므로 조건부자본으로 볼 수 있다. 그러나, 워런트나 전환사채는 행사권이 증권의 발행회사가 아닌 투자자에게 있으므로, 기업의 입장에서는 위험관리 보다는 비용 측면에서 유리한 자본조달 방법으로서의 가치가 더 크다. 따라서, 이 책에서는 행사권이 발행자(기업)에게 있는 조건부자본 구조, 즉 풋옵션 구조의 조건부자본에 논의를 국한시킨다.

조건부자본 약정이 발효되지 않는 한, 옵션의 발행/매도자(투자자)는 보험계약에서처럼 옵션매입자인 기업으로부터 주기적으로 약정수수료(옵션 프리미엄)를 수취한다. 그러나, 보험과 달리 약정이 발효되고 옵션발행자(투자자)가 옵션보유자(기업)로부터 증권을 매입해야 하는 경우에는 투자자가 간단히 수수료 수입만 챙기는 계약이 아니라는 점을 명심해야 한다. 물론, 현금을 지불하는 대가로 옵션발행자인 투자자는 증권을 수취하게 되지만, 해당 회사에 대한 장기투자자로서의 각오도 해 두어야 한다.

조건부자본은 발행할 수 있는 증권이 채권이냐 혹은 주식이냐에 따라 **조건부 부채(contingent debt)**와 **조건부 자기자본(contingent equity)**으로 구분할 수 있다. 조건부 부채로는 조건부 초과금채권, 확정자본 공여약정, 확정신용 공여약정, 확정장기자본 조달협약, 풋옵션부 대재해채권 등이 있으며, 조건부 자기자본은 손실주식풋 또는 대재해주식풋, 자기주식풋, 역전환채권 등으로 구분할 수 있다. 이 장에서는 먼저 조건부자본의 특성과 구조를 이해한 다음, 대표적인 예를 중심으로, 이들 조건부자본 솔루션들이 기업의 손실발생 후 위험재무와 위험전가에 어떻게 활용되고 있는가를 논의한다. 먼저, 조건부자본의 일반적 특성을 보자.

19.1 조건부자본의 특성

기업은 기업가치 극대화를 목표로 하며, 이를 위해 재무적 곤경에서 오는 비용을 포함한 일체의 계약비용을 최소화해야 한다. 기업이 기업활동에서 직면하는 각종 위험을 관리하는 이유도 여기에 있다.

조건부자본은 일단 손실이 발생한 후(post-loss), 이를 흡수해 주는 자본조달 방안의 하나다. 조건부자본은 손실발생 후 자본조달을 손실발생 이전에 확보해 주는 약정이므로, 비용 측면에서 일단 손실이 발생한 직후 회사가 이미 재정적으로 불리해진 상황에서 자본을 조달하는 것보다 훨씬 유리하다. 특히, 손실의 규모가 매우 클 경우에는 더욱 그러하다.

조건부자본 구조에서는 자본수취자가 금융중개기관과 함께 SPV를 설립한 다음, SPE를 통해 유가증권(대개 신탁증서)을 발행해서 기관투자자들에게 인수시킨 수입으로 약정 발효 시 자본수취자가 발행하는 회사채나 우선주를 SPE에게 인수시키는 경우(예: 조건부 초과금채권) – 합성증권화(synthetic securitization) 상품 – 와, 자본수취자가 SPV를 통하지 않고 자본공여자(통상 금융중개기관)에게 증권을 직접 발행하는 구조(direct placement)가 있다. 이 경우 증권 인수기관의 기관투자자에 대한 증권매각이 여의치 않거나 증권 발행자의 신용도가 하락한 경우라도 자본공여자(약정매도자)는 사전에 합의한 조건으로 자본공여 의무를 이행할 법적 책임이 있다(총액인수).

어떤 경우에도 대부분의 조건부자본 계약은 기본적으로 사모(private placement) 형식으로 이루어지며, 통상 하나, 혹은 두 회사가 옵션의 발행과 옵션의 행사에 따라 신규 발행되는 유가증권의 매입을 주관한다. 또, 많은 경우, 이들은 궁극적인 책임, 위험, 수익을 분담하기 위해 신디케이트를 구성하기도 한다. 이와 같은 주관사 형태의 조직은 조건부자본 계약의 전 구조를 감시, 감독함으로써, 전통적인 방법으로 불특정 다수의 투자자들에게 유가증권을 발행할 때보다 비대칭적 정보로 인한 역선택비용을 훨씬 감소시킬 수 있다(4장을 참조하시오). 뿐만 아니라, 기존 주주와 채권보유자들 역시 감시·감독활동을 통해서 경영자들에 대한 시장규율을 제공하게 될 것이다. 그러나 어떤 경우에도 조건부자본 구조의 투자자는 다른 여러 손실 후 위험재무 수단들과 마찬가지로 발행자의 신용위험을 일정 부분 부담할 수 밖에 없다.

특히, 기업들은 회사의 자금사정 악화가 외부에 알려지는 것을 두려워해서 일단 손실이 발생한 후 은행을 통한 자금조달을 기피하는 경향이 매우 심하다. 일반적으로 시장은 손실이 발생한 이후의 자본조달은 부정적으로 인식하는 경향이 있지만, 조건부자본 약정만큼은 해당 기업이 그만큼 위험관리를 잘하고 있다고 보아 오히려 긍정적으로 받아들이는 경향이 있다(신용평가기관들도 이런 사정을 반영해 주고 있다).

조건부자본은 기본적으로 발생 빈도(frequency)는 크지만 심도(depth)는 낮은 보험사건에 비해, 빈도는 작지만 심도가 매우 큰 거대위험 사건에 대비하기 위한 것이다. 따라서, 조건부자본은 보험이나 기타 위험전가·위험재무 수단들을 대체한다기 보다는 보완한다고 볼 수 있다. 예컨대, 보험은 평균적인 손실위험에 대비하고, 조건부자본은 이를 초과하는 대규모 손실을 보전하는데 사용할 수 있다. 뿐만 아니라, 앞으로 보게 되는 바와 같이, 조건부자본은 여러 가지 이유로 통상적인 보험이나 위험관리 솔루션들이 담보해 주지 않는 대재해 위험이나 특정 신용위험에 대한 담보에 활용된다[198].

---

198 2010년 보험에 가입된 전 세계 거대재해 손실은 360억 달러(미국 제외)로 2009년의 270억 달러에서 크게 증가했다. 그 중 대부분(310억 달러)은 자연재해로 인한 손실이다.

조건부자본은 일반 대출과 달리 재무상태표에 부채로 기록되지 않을 뿐만 아니라, 보험이 아니므로 손익계산서에도 아무런 영향을 미치지 않는다. 그러므로 보험회사는 조건부자본약정을 통해 재무건전성을 유지하고 적정자본비율을 제고시킬 수 있으며, 은행의 경우에는 조건부자본을 대재해보험을 구입하는 일종의 대안으로 활용할 수 있다.

조건부자본 약정을 발효시키는 발효요인은 두 가지 형태가 있다. 하나는 **다중발효요인 구조 (multi-trigger structure)**로서, 문제의 위험이 조건부자본 약정을 발효시키지만 조건부자본의 기초증권은 전통적인 채권과 주식들이다. 다른 하나는 일반 옵션과 유사한 **단일발효요인 구조 (single-trigger structure)**로서 기초증권에서 발생하는 수익이 위험에 의존한다 (이에 대해서는 19.2.4에서 더 논의한다).

기업의 파산 가능성이 크지 않은 경우, 감독기관이나 투자자들은 조건부자본을 통해 소유주나 기존 경영층의 도덕적 해이를 어느 정도 통제할 수 있을 것이다. 왜냐하면, '기존 주주나 경영층에 대한 감독'이라는 관점에서 보면, 조건부자본이 존재함으로 인해 이들 기존 주주나 경영층은 회사의 재정 사정이 나빠져서 결국 조건부자본 약정을 발효시키게 되지 않도록 최선을 다 할 것이기 때문이다. 만약 약정이 발효되면 신규 주식이 발행되어 기존 주주와 경영층 보유 지분이 희석 (dilution)될 것이다.

조건부자본은 역선택 비용 감소와 이중발효요인 등으로 인해 일반 보험보다 비용효율적이므로 이로 인해 발생하는 여유 자본의 투자를 통해 기업은 보유자산의 수익성을 제고시킬 수 있다. 특히, 프로젝트 금융의 경우 조건부자본은 비상사태를 대비한 준비금 보유를 감소시킬 수 있으며 신용위험에만 의존하는 (단일 발효요인) 신용장에 비해 금융비용이 훨씬 저렴하다. 따라서, 조건부 자본은 경기침체 시에 더 유용하다.

다시 강조하거니와, 조건부자본은 보험이 아니라, 재무상태표 보호와 현금흐름 조정을 목적으로 하는 손실 후 위험재무 수단이다[199]. 따라서, 조건부자본은 회사의 이익을 일정 수준 보장해 줄 수도 없고 세금감면 혜택도 일반 보험들과 다르다. 특히, 조건부자본 구조에서 자본공여자의 신용위험에 대한 고려는 무엇보다 중요하다.

19.2 조건부자본의 구조

앞서 말한 대로 조건부자본은 기업이 일정한 조건하에 유가증권을 발행할 수 있는 권리, 즉 기초자산이 앞으로 발행하게 될 유가증권인 풋옵션으로 볼 수 있다. 여기서 유가증권의

199 보험에서는 일단 보험금 지급이 끝나면 가입자와 보험회사간에 더 이상 채무/채권관계가 없다.

발행자인 기업은 풋옵션의 매입자이며, 투자자는 실질적인 자본 공여자인 동시에 풋옵션 매도자다(물론, 형식적인 풋옵션 매도자는 SPV이지만).

한편, 1장에서 본 바와 같이 기업이 발행하는 채권과 주식, 또는 부채와 자기자본은 기업이 보유한 실물자산에 대한 옵션이다. 그렇다면, 유가증권을 발행할 수 있는 옵션인 조건부자본은 기본적으로 '옵션에 대한 옵션'인 **복합옵션(compound option)**으로 볼 수 있다. 따라서, 조건부자본도 일반 옵션과 마찬가지로 기초자산, 옵션의 행사가능성, 옵션의 유효기간, 행사가격 등에 따라 다양한 구조를 갖게 될 것이다.

19.2.1 발행증권

조건부자본 구조에서 발행되는 증권(옵션의 기초자산)의 유형은 증권발행 이전인 계약체결 시점에 명시되어야 한다. 뿐만 아니라, 발행 증권에 대한 여러 가지 조건, 예컨대 채권인 경우에는 만기, 이자율, 우선순위 등에 대해서도 마찬가지로 사전에 명확히 정의되어야 한다.

여기서 유가증권이라 했지만, 현재까지는 발행 증권의 유형이 대체로 우선순위가 매우 낮은 후순위채권이거나 우선주에 집중되어 있다. 이들이 거의 자기자본 성격의 증권임을 고려하면, 조건부자본을 활용하는 기업들의 동기가 일종의 조건부 위험전가에 있다고도 볼 수 있다. 그렇지만, 대규모 손실이 발표된 직후, 사전에 정해진 조건으로 조건부자본을 조달하는 기업들은 기본적으로 내가격풋옵션을 행사하는 것이다.

그러나, 이와 같이 손실 발생 후 위험재무의 목적으로 조건부자본을 활용하는 것이 기업에게 반드시 유리하다고만 볼 수는 없다. 이유는 조건부자본을 제공하는 투자자 측에서도 손실발생을 전제로 신규 발행 증권의 가격이나 기타 조건을 책정할 것이기 때문이다. 뿐만 아니라, 옵션을 매입하는 기업 역시 증권발행과 관계없이 약정 체결 시 약정수수료를 지급해야 하고, 증권발행 시에는 증권인수비용을 지불해야 한다. 물론, 기업의 입장에서는 조건부자본을 활용함으로써, 증권발행 비용을 사전에 확정시킬 수 있고, 손실 발생 후 자금조달에 따르는 위험을 회피함으로써, 기업가치를 어느 정도 증가시킬 수는 있을 것이다.

19.2.2 만기

조건부자본의 유효기간은 신규 발행하는 증권의 만기에 관계없이 제한된다. 예컨대, 조건부자본에 의해, 향후 3개월 동안, 기업이 5년 만기 고정금리 후순위채를 발행할 수 있다면, 채권의 만기는 5년이지만, 조건부자본의 만기는 3개월에 불과하다.

19.2.3 발행증권의 가격과 약정의 내재가치

조건부자본의 행사가격이란 계약에 명시된 신규발행 증권의 발행가격을 말하는 것으로서, 통상 계약체결 당시의 기초자산 가격에 연계되는데, 등가격(at-the-money)이 일반적이다. 물론, 가격이 사전에 확정되지 않고 발행시점의 회사 신용등급이나 특정 회계지표, 또는 시장 지표에 연동되어 결정되는 경우도 있다. 조건부자본 약정이 발효될 경우, 계약의 가치, 즉 행사 시 옵션의 내재가치는 기본적으로 조건부자본 약정에 의한 자본조달 비용과 당시 자본시장에서의 자본조달 비용과의 차이다. 만약, 자본시장에서 조달하는 비용이 더 싸다면, 조건부자본 약정은 의무가 아니므로 행사되지 않을 것이다. 따라서, 조건부자본 약정을 발효시키는 1차 발효촉발 요인(first trigger)은 영보다 큰 내재가치라 할 수 있다.

19.2.4 약정의 발효 가능성

일반 옵션과 마찬가지로 조건부자본도 미국형(만기 이전 언제나 행사 가능), 유럽형(만기에만 행사 가능), 버뮤다형(특정일에만 행사 가능) 등이 있으나, 대부분은 미국형이다. 따라서, 계약체결 후, 잠시 동안의 **증권발행 금지기간(lock-up period)**이 있을 뿐, 옵션의 만기까지 언제나 신규 증권의 발행이 원칙적으로는 가능하다.

그러나, 조건부자본은 **2차 발효요인**을 포함하는 것이 일반적이다. 2차 발효요인은 옵션을 행사하기 위해 충족되어야 하는 두 번째 조건을 말한다. 이점에서 조건부자본은 장애물(진입) 옵션과 유사하다.

예컨대, 진입 풋옵션(knock-in put)의 경우, 설사 옵션이 내가격 상태에 있다 하더라도 기초자산의 가격이 2차 발효요인인 진입가격(knock-in price) 이하로 하락하지 않는 한 행사할 수 없다. 그러나, 장애물옵션과 마찬가지로 2차 발효요인은 옵션의 발효시점만 결정할 뿐, 옵션의 가치는 원래의 행사가격에 의존한다. 전통적인 장애물 옵션에서는 2차 발효요인이 옵션 기초자산의 가격에 달려있는 것이 일반적이다.

그러나, 대부분의 조건부자본에서는 2차 발효요인의 기준이 옵션보유자가 통제할 수 없는 객관적으로 정의되는 손실사건(loss event)이 된다. 물론, 손실이 발생하면, 조건부자본의 기초자산 가치도 변할 수 있지만, 조건부자본의 발효는 반드시 두 발효요인이 모두 충족되어야 한다. 다시 말해서, 조건부자본을 통한 자본조달 비용이 시장에서 조달하는 것보다 유리해야 하는 동시에 회사가 약정에 명시된 위험사건의 발생으로 인해 손실을 입었어야 한다.

2차 발효요인과 관련해서 유의해야 할 점은 도덕적 해이의 가능성이다[200]. 만약, 2차 트리거의 발효에 약정을 매입한 기업이 영향을 미칠 수 있다면, 도덕적 해이의 가능성이 높아지게 되므로, 2차 트리거를 반드시 기업이 영향을 미칠 수 없는 변수(예: 자연재해 또는 시장지수)에 연계시켜야 한다. 예컨대, 어떤 기업이 예기치 않은 이익감소로 인한 과소투자 문제가 걱정되어서 이에 대비한 손실 후 위험재무의 일환으로 조건부자본을 활용한다고 하자. 이 경우, 2차 발효요인을 그 회사가 통제할 수 있는 예기치 않은 이익감소로 정의하는 것은 손실의 과다보고와 같은 도덕적 해이를 오히려 부추기게 되어 별 의미가 없다. 그 대신, 산업 전체의 평균이익감소를 2차 발효요인으로 정의하면 해당 기업이 이익을 관리함으로써, 계약을 발효시키려는 도덕적 해이의 가능성을 크게 완화시키게 될 것이다. 굳이, 2차 발효요인을 특정기업이 부분적이나마 영향력을 행사할 수 있는 것으로 하는 경우에는 손실부담개시수준을 크게 높여, 거의 **대재앙 계층(catastrophic layer)**에 해당하게 함으로써, 발효 가능성을 매우 낮게 만들어야 할 것이다. 그렇다면 2차 발효요인을 기업이 통제할 수 없는 시장변수로 하면 문제가 없는가? 그렇지 않다. 2차 발효요인인 시장변수와 손실간의 상관관계가 불완전하다면 베이시스 위험이 발생한다. 따라서 2차 발효요인의 선택은 도덕적 해이와 베이시스 위험간의 선택문제가 된다.

19.3 조건부 타인자본

19.3.1 조건부초과금채권

(재)보험회사들은 흔히 최소한의 자기자본을 보유할 것을 요구하는 이른바 **적정자본유지 규정(capital adequacy guidelines)**을 지켜야 한다. 보험업계에서는 그들이 보유해야 하는 규제자본(regulatory capital)을 **초과금**, 혹은 **잉여금(surplus)**이라 부르는데, 이 초과금은 대부분 회사의 납입자본금이다. 이 규정에 의한 자기자본에는 우선순위가 아주 낮고 콜이 불가능한, 즉 주식과 거의 유사한 후순위 채권이 포함된다.

보험을 대신해서 조건부자본을 활용할 경우, 보험회사들과 신용평가회사들은 이를, 은행에 예치되어있는 납입자본금에 비교해서 **연성자본(軟性資本: soft capital)**이라 부른다. 연성자본이라 부르는 이유는 조건부자본의 계약 상대방이 약속을 이행하지 않을 수 있는 신용위험이 있기 때문인데, 그 점을 제외하면 연성자본도 자본임에는 틀림없다. 그러므로, 연성자본은 1부에서

200 도덕적 해이는 보험이나 옵션의 매입자가 기초자산의 가치나 2차 발효요인에 영향력을 행사할 수 있지만, 이들 상품의 매도자가 이러한 매입자의 행동을 감시, 감독할 수 없을 때 발생한다. 보험회사들은 공제, 공동보험, 보험책임한도, 실사, 손해사정 등을 포함한 계약구조를 통해 도덕적 해이문제를 해결하고 있다.

말한 위험자본의 다른 이름에 지나지 않는다. 이 연성자본에는 보증보험회사(모노라인) 들에게서 많이 보는 모회사의 보증 역시 신용재보험을 대체할 수 있으므로 연성자본으로 볼 수 있고, 은행들이 보험회사에게 제공하는 신용공여 약정이나 신용장 역시 연성자본에 속한다.

초과금채권(surplus notes: SNs) 혹은 **(사건발생)조건부초과금채권**(event-contingent surplus notes: CSNs)은 보험회사들이 발행하는 채권이나 우선주(대개는 채권)를 말하는 것으로서, 이들은 보험회사들이 보유해야 하는 규제자본에 포함된다. 초과금채권은 1990년대에 유행한 조건부자본의 일종으로서, 원래는 손실발생 후 자기자본(post-loss equity)이나 '유사자기자본 조달(equity-like financing)'수단으로 사용되었다. 즉, 조건부초과금채권은 예기치 않은 대규모 손실로부터 초과금을 일정 수준으로 유지하기 위해서 보험회사들이 발행하는 후순위 채권으로서, 주요 발행동기는 보험회사의 신용등급 유지에 있었다. 현재는 대부분의 모노라인 보험회사들이 활용하고 있다. 보험감독규정에 의해 초과금채권 발행수입(현금 또는 유동자산)은 보험가입자의 잉여금으로 간주되어 보험회사의 부채로 기록되지 않고 초과금으로 기록되므로 초과금채권의 발행은 일반 차입과 달리 부채를 증가시키지 않으면서 자산을 증가시킨다.

통상 초과금채권은 보험회사가 직접 발행하는 '자본이 유입되지 않은(unfunded)' 구조를 지칭하고 조건부초과금채권은 투자신탁과 같은 SPV를 통해서 발행하는 '자본이 유입된(funded)' 구조의 초과금채권을 말한다. 따라서, 신탁 발행구조를 통해 발행되는 조건부초과금채권은 발행자나 투자자가 부담하는 상대방 신용위험이 직접 발행구조에서 발행되는 초과금채권보다 작다(글로벌 신용위기와 같은 예외가 있긴 하지만 둘 다 거의 없는 편이다). 그렇지만 신탁발행 구조의 조건부초과금채권 구조에서도 풋옵션이 행사되어 신규 채권이 발행되기 전까지는 직접 발행과 마찬가지로 발행자에게 현금유입은 발생하지 않은 상태다.

Nationwide, Hannover Re, Arkwright 등이 발행한 조건부초과금채권의 구조를 보면, 이들은 투자은행 등 금융중개기관들을 통해 특수목적 투자신탁을 설립하고 투자신탁은 신탁증서를 발행해서 투자자들에게 매각한 다음, 매각대금으로 국채나 레포와 같은 저위험·우량증권에 투자한다. 보험회사는 투자신탁으로부터 **이중발효요인 풋옵션**(double-trigger put option)을 매입한다. 이 풋옵션의 기초자산이 조건부초과금채권이다

이 풋옵션은 규제자본의 유지가 불가능할 정도의 재난적 영업손실이 발생하는 순간 자동적으로 행사되어 보험회사는 조건부초과금채권을 발행하고 투자신탁은 보험회사에게 현금을 지불하고 초과금채권을 인수한다. 이들 보험회사가 투자신탁에게 지불하는 풋옵션 프리미엄은 신탁이 보관하고 있던 우량증권 담보계정에 편입되어 투자자들에게 배분된다.

투자자는 보험회사가 풋옵션을 행사하기 전까지는 국채 또는 그에 준하는 저위험·우량 담보자산의 수익에 풋옵션 프리미엄을 더한 수익(따라서 동급의 회사채 수익률보다 크다)을 올리고,

옵션 행사 후에는 보험회사가 신탁에게 지불하는 초과금채권의 수익과 동일한 수익을 얻는다. 경우에 따라서는 풋옵션이 행사 되면, 신탁은 담보자산을 매각해서 신규로 발행된 초과금채권을 매입하는데, 이 경우 신탁은 해제되고 투자자는 신규 발행된 후순위채인 조건부초과금채권을 받는다. 기본적으로 두 경우 모두 경제적으로는 아무런 차이가 없으며, 투자자는 계약 상대방인 보험회사의 신용위험에 노출된다.

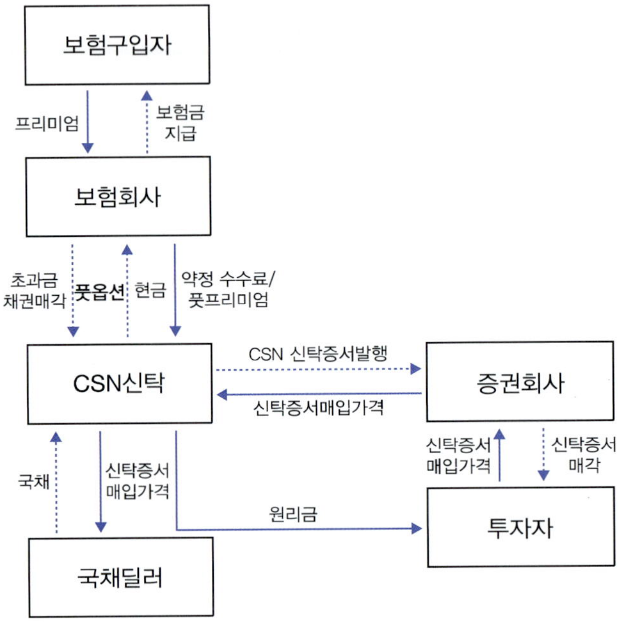

〈그림 19.1〉 조건부초과금채권

보증전문 보험회사들이 신탁발행 구조를 통해 발행하는 조건부자본은 두 가지 유형이 있다. 하나는 **자산담보부 자본공여증권**(Asset-Backed Capital Commitment Securities: ABC Securities)이고 다른 하나는 **확정우선신탁증서**(Committed Preferred Custodial Trust Securities: CPS Securities)이다. ABC 증권은 채권이든 우선주든 신규 자본유입이 1회로 끝난다. 일단 신규증권이 발행되어 투자자들에게 배분되고 신규자본이 유입되면 신탁은 자동적으로 해제된다. CPS 증권 구조에서는 우선주가 신규로 발행된 후 약정의 만기까지 발행자가 원하면 언제든 상환할 수 있다. 상환액은 신탁이 우량 담보자산에 재투자하며 발행자는 신탁에 대한 풋옵션 프리미엄 지급을 다시 시작한다. 원칙적으로 이와 같은 발행/상환 과정은 발행 회사가 원하면 얼마든지 옵션 만기까지 반복할 수 있다. <그림 19.1>은 신탁발행 구조의 조건부초과금채권의 구조를 보여주고 있다.

19.3.2 확정자본공여약정

앞에서 본 조건부초과금증권은 보험업계에서 비교적 오래된 조건부자본의 유형으로서, 그 동안 여러 형태로 변형되어 왔는데. 최근 모노라인들이 많이 이용한 조건부자본의 변형들 가운데 하나가 **확정자본공여약정**(committed capital facilities: CCF)이다. 확정자본공여약정은 조건부초과금증권과 별반 다를 바 없다. 다만, 특정 위험사건의 발생이라는 제약조건이 크게 완화된 점이 약간 다를 뿐이다. 따라서, 전형적인 확정자본공여약정은 손실발생 이전에 손실보전자금이 전액 확보된 재보험이라고 보면 될 것이다. 따라서, 신탁발행 구조의 확정자본공여약정의 구조는 조건부초과금증권 구조와 동일하다[201].

19.3.3 확정신용공여약정

확정신용공여약정(committed line of credit)은 조건부자본 약정 가운데서 가장 역사가 길고, 또 가장 많이 사용되는 형태일 것이다(신용공여약정과 신용장은 다르다). 확정신용공여약정에서, 은행은 차입자에게 정해진 기간 동안, 일정 수준까지 정해진 이자율로 신용을 공여하기로 동의한다[202]. 차입자는 이에 대한 대가로 약정수수료를 은행에 지불한다. 대출자가 신용라인을 제공하는 조건으로 제시하는 기준들을 충족시키는 한, 기업은 수시로 신용을 인출할 수 있다. 그러나, 문제는 간혹 이들 '충족시켜야 하는 기준'에 있다.

해석에 따라서는 이 기준이 자본을 공여하기로 약속한 은행에 면피수단(免避手段)으로 이용되는 경우 기업은 정말 필요한 때 자금을 인출할 수 없기 때문이다. 예컨대, 재정상태나 신용등급에 중대한 변화가 없는 경우, 차입자는 언제나 자금을 인출할 수 있다는 조항 – 흔히 **MAC 조항**(material adverse change clause)이라 부른다 – 이다. 회사가 자금이 가장 필요해지는 재난적 손실이야 말로 회사의 재정 또는 신용상태에 중대한 변화를 가져오는 사건이 아닌가?

기업이 약정 신용한도의 일부, 또는 전부를 인출하는 순간, 신용인출은 대출로 전환되며, 기업은 사전에 약정된 이자를 지불해야 한다. 일반적으로, 신용공여약정은 은행이 임의로 취소하거나 회수할 수 없다. 따라서, 신용공여약정은 **조건부 위험재무**(contingent risk finance)로 볼 수 있다. 보험업계에서 주로 사용하는 조건부자본 약정, 예컨대, 조건부 주식옵션이나 조건부

201 2002년 9월 재보험회사인 스위스리(Swiss Re)는 미국 일리노이 주 소재 보험지주회사인 호러스 만(Horace Mann)과 손해가 약정수준을 초과할 경우 $75백만에 이르는 전환우선주를 발행할 수 있는 만기 3년짜리 확정자본공여약정을 체결했다.

202 **비확정(uncommitted) 신용공여약정**은 대출 이자율이 자금인출 시점의 해당 회사에 대한 시장이자율, 즉 옵션의 행사가격이 등가격인 점이 확정신용공여 약정과 다르다.

후후순위채 옵션들은 위험재무라기 보다는 투자자들에 대한 위험전가에 더 가까웠다. 그러나, 신용공여약정은 전적으로 위험전가보다는 조건부 자본조달 수단으로 사용된다. 예컨대, 유동성 부족으로 인한 과소투자, 손실발생 후 자본조달과 관련된 역선택비용의 경감, 대리인비용의 감소 등이 신용공여약정이 기업에게 가져다 주는 이익들이다.

이와 유사한 것으로 **조건부대출**(contingent loan)이 있다. 조건부대출은 특정 목적과 관계없이 수시로 인출이 가능한 전통적인 신용공여약정과 달리 반드시 특정 사건의 발생으로 초래된 손실보전 목적으로만 인출이 가능하다. 따라서 확정신용공여약정에 비해 조건부대출은 차입비용이 저렴하고 차입 규모도 크다.

위험전가가 주목적이긴 하지만 6장에서 본 금융보증(financial guarantee) 상품들 역시 조건부자본의 하나로 볼 수 있다. 금융보증은 신용손실이나 잔여가치 감소가 발생하면 약정이 발효되고 보증자가 보장매입자에게 자금을 제공하는 금융계약이다.

19.3.4 확정장기자본조달 협약

확정장기자본조달 협약(committed long-term capital solutions: CLOCS)은 스위스리가 개발한 상품으로, 지금까지 개발된 조건부자본 상품가운데서 가장 성공적인 상품이다. CLOCS는 발행증권이 조건부 채권(주로 후후순위)이나 조건부 주식(주로 우선주)의 두 유형으로 설계된다. 보험회사들이 CLOCS를 이용하는 동기는 CatEPut(캐티풋이라 읽는다. 19.4.1)이나 조건부초과금 채권을 이용하는 이유와 같다. 즉, 이례적인 대규모 영업손실로 인한 보험회사의 초과금 감소에 대비하는 것이다.

2001년 12월, 스위스리는 금융보증 보험회사인 MBIA보험과 CLOCS협약을 체결했다. 협약은 금융보증보험 사업을 주로 하는 MBIA에게 기존 금융보증보험 사업에서 상당한 손실이 발생할 경우 스위스리가 MBIA에게 $150백만을 공여한다. 스위스리는 그 대가로 향후 수년에 걸쳐 영구우선주로 전환되는 후후순위채를 MBIA로부터 매입한다. 이 약정으로 인해 MBIA는 초과금과 금융보증 능력을 유지할 수 있었을 뿐만 아니라, 신용등급의 하락도 방지할 수 있었다. 이 예는 보험회사의 예지만 은행과 제조업의 예도 있다.

2000년 10월, 스위스리는 Royal Bank of Canada(RBC)와 CLOCS계약을 체결하였다[203]. 계약은 스위스리가 협약 상담시점의 가격(스프레드) – 보험료보다 저렴하다 – 으로 2억 캐나다 달러를 RBC우선주에 투자한다(지분율이 희석될 필요가 없다). 협약의 발효요건은 RBC의 대손충당금계정의 최상위 계층을 위태롭게 만드는 극히 예외적인 신용사건이다. 이 협약으로, RBC

203 Banham(2001)

는 대손충당금 적립을 위해 납입자본금을 사용하지 않고 조건부자본 조달로 대체할 수 있게 되었다(부외준비금 활용으로 자본수익률도 제고됨).

한편, 스위스리는 소시에테 제너럴(Societe Generale)과 공동으로 스위스 소재 미쉘린(Michelin)−프랑스 타이어 제조업체인 미쉘린의 지주회사−과 CLOCS협약을 체결했다. 협약에 의해, 스위스리는 미쉘린에게 후순위채권(12−15년 만기)에 대한 5년 만기 풋옵션을 매도한다. 풋옵션을 행사할 수 있는 2차 발효요건은 미쉘린의 영업활동이 가장 활발한 두 지역인 유럽과 미국의 평균 GDP성장률이 1.5%(2001년에서 2003년), 또는 2%(2004년에서 2005년)미만이다. 이는 GDP성장률은 회사의 이익과 직결되어 있음에도 불구하고 회사가 통제할 수 없으므로, 도덕적 해이 문제를 완화시킬 수 있다고 보았기 때문이다[204].

미쉘린 CLOCS협약은 기업이 성장기회에 대한 과소투자 문제를 완화시키려면 재정적 여유나 유동성을 유지해야 하고, 그 방법들 가운데 하나가 조건부자본을 이용하는 것임을 잘 보여주고 있다. 특히, 영업실적이 좋을 때는 내부 여유자금도 있을 것이고, 신규 증권도 유리한 조건으로 발행할 수 있다. 반대로, 실적이 나쁠 때는 그렇지 않을 것이므로, CLOCS는 과소투자 문제에 대비한 비교적 효율적인 보험수단이 될 수 있다.

CLOCS는 합성상품의 관점에서 보면, 기업이 발행한 증권에 대한 장애물진입옵션과 같다. 즉, 발효요건은 풋옵션을 발효시키는 진입(knock-in), 또는 장애물(barrier)로 정의할 수 있다. CLOCS는 또한 손실발생 후 위험재무(post-loss risk finance)의 고전적인 예이기도 하다.

19.3.5 풋옵션부대재해채권

지금까지 본 조건부자본 약정들은 대부분 전통적인 증권(주로 채권)에 대한 풋옵션과 특정 위험사건에 연계된 2차 발효요건을 결합한 것이었다. 이제, 발행 시점이 특정 위험에 연계되어 있지 않은 단일발효요인 구조를 보자. 이런 유형의 조건부자본 약정은 장애물옵션이 아니라, 언제든 유리하면 행사할 수 있는 가장 단순한 미국형 풋옵션이다. 그러나, 앞의 구조들과 달리, 이 풋옵션의 기초자산은 회사채나 주식과 같은 전통적인 증권이 아니라, 구조화 수준이 매우 높은 **보험연계채권(insurance-linked notes)**이다.

1998년 초, 릴라이언스 내셔널(Reliance National)은 자본시장의 투자자들로부터 **조건부차입옵션(contingent debt option)**을 매입했다. 이 명칭은 옵션을 강조한 것이지만, 채권의 관점에서 보면 다름아닌 풋이 첨가된 대재해채권, 즉 **풋옵션부 대재해채권(puttable catastrophe bonds)**이

204 미쉘린 딜은 실제로 일부는 은행 차입이고 일부는 CLOCS다. 은행차입 부분은 2000년부터 2005년까지 소시에테 제너럴로부터 자금을 인출할 수 있는 확정장기신용공여약정(약정수수료는 연 35bps)이다.

라 할 수 있다. 이 옵션은 1998–2000기간 중, 특정 재난적 사고가 발생하면 표면이자나 원금, 또는 둘 다 모두 감소하는 대재해채권을 발행할 수 있는 권리다. 앞 장에서 본 바와 같이 대재해채권(또는 캣본드)이란 대재해로 인한 손실이 너무 클 때, 채권 보유자가 이자는 물론 원금까지도 포기할 수 있는 채권이다.

이 조건부자본 약정의 주요 목적은 재보험시장이 공급자위주 시장이 될 경우에 대비해, 릴라이언스내셔널 보험회사의 특정 사업부문에 대한 재보험을 증가시키는 것이다. 재보험시장이 담보능력 소진으로 공급자위주 시장이 되면, 재보험회사가 대재해 위험의 인수 자체를 거부할 수도 있으며, 비싼 재보험료로 인하여 재보험 출재(出再)가 어려울 수도 있다. 요컨대, 보험회사는 재보험 이외의 위험전가 수단을 확보해야 한다. 그러므로, 보험회사의 입장에서 대재해채권은 일종의 재보험 성격을 갖고 있다. 단지, 재보험시장의 재보험회사가 아니라 자본시장의 투자자들이 재보험을 제공한다는 차이가 있을 뿐이다.

여기서 투자자들은 풋옵션의 발행자로서 사실상 릴라이언스가 사전에 정한 가격에 임의로 발행하는 캣본드를 매입하기로 동의한 것이다. 그리고, 릴라이언스는 투자자들로부터 매입한 풋옵션에 대한 프리미엄, 또는 캣본드의 잠재적인 매입자들에게 일종의 약정수수료를 지불해야 한다. 그래서, 풋옵션의 행사가격은 약간 외가격이 되도록 책정되어 만약 이 옵션이 행사될 경우, 옵션을 매도한 투자자들은 시가보다 약간 낮은 가격에 캣본드를 매입하게 될 것이다[205].

19.4 조건부 자기자본

19.4.1 손실주식풋(LEP)과 대재해주식풋(CatEPut)

손실주식풋(loss equity put: LEP)은 기업이 특정 유형의 손실이 발생했을 때, 사전에 합의한 가격과 수량의 주식을 신규로 발행할 수 있는 권리다. 전형적인 손실주식풋은 보험회사가 2차 발효요건 충족 시 주식을 발행해서 개별 금융회사나 신디케이트에게 직접 인수시키기로 사전에 합의한 쌍방계약이다. 풋옵션의 기초자산은 우선주나 보통주로서, 우선주인 경우 배당률은 다른 우선주와 비슷하거나 또는 일정하다. 기존 주주들의 지분율 희석에 대한 우려 때문에 흔히 우선주를 발행하지만 나중에 보통주로 전환시킬 수 있는(미리 상환하는 것이 보통이긴 하지만) **전환우선주(convertible preferred shares)**를 발행하기도 한다.

LEP의 분명한 이점은 다른 조건부자본 상품들과 마찬가지로 손실흡수에 필요한 자본을 사전에 확보하는 것이다. 그 밖에도 LEP은 옵션을 행사할 수 있는 "최소 자기자본금액" 조건

205 Lane(1999).

이외에 조건부 타인자본 상품들에게서 흔히 볼 수 있는 "재정상태나 신용등급에 중대한 변화가 없는 경우(MAC Clause)" 등과 같은 투자자 보호를 위한 여러 단서조항이 없으므로 필요한 때 자본유입을 기대할 수 있다. 뿐만 아니라, 재보험에 비해 비용이 훨씬 저렴하다.

보험 매입자에 대한 보험금은 기업의 재정상태와 관계없이(심지어는 망하더라도) 지급된다. 그러나 LEP 매입자는 최소 자기자본유지 요건을 충족시키지 못하면서도 옵션을 행사해서 신주를 발행하고 신규로 자본을 확충할 수 있는 기회는 애당초 있을 수 없기 때문이다. 가령, 자기자본이 $100백만이고 최소자기자본유지 규모가 $10백만인데 손실이 $90백만 이상이라면 LEP 매입자가 약정금액이 $50백만인 옵션을 행사할 수 있겠는가? 투자자가 $50백만를 주고 자기자본이 $10백만인 회사의 주식을 사는 게 과연 정상인가?[206].

가장 널리 알려진 손실주식풋은 흔히 **캐티풋(CatEPut)**이라 부르는 **대재해주식풋(Catastrophe Equity Put)**이다. 캐티풋은 시카고 소재 보험중개회사인 에이온(Aon)이 쎈터재보험(Centre Re)과 공동 개발한 것으로, 주로 대재해위험에 노출된 재보험회사들이 기존 재보험이 보장해 주는 수준 이상의 초과금 보장이 필요할 때 발행한다. 2차 발효요건이 되는 손실 사건(대개 거대 자연재해)은 보통 캐티풋 발행자의 주가와 매우 밀접한 관계에 있다. 그래야만, 도덕적 해이의 가능성을 최소화 시킴으로써 재보험회사는 풋옵션의 행사를 통해서 정말 꼭 필요한 때, 자기자본을 유리한 조건으로 조달할 수 있게 되고, 이는 다시 회사가 지불해야 하는 풋옵션 프리미엄과 옵션발행자가 부담하는 위험을 감소시키게 될 것이다.

최초의 캐티풋은 1996년 가을, 쎈터리가 미국 일리노이(Illinois)주 피오리아(Peoria)시 소재 RLI Corp.에게 발행한 기초자산이 우선주인 만기 3년의 풋옵션이다. RLI는 P&C(손해배상)전문보험회사로서, 1994년 캘리포니아 노스리지(Northridge)지역의 지진으로 막대한 손실을 본 바 있고 재보험 여력이 소진된 상태였다. 그래서 RLI는 동 회사의 P&C 사업 부문의 대재해 초과손해액 계층(catastrophic XOL layers)에 대한 추가적인 보장을 원했다. RLI CatEPut의 2차 발효요건은 기존 재보험에 의한 위험보장을 크게 초과한 나머지, 회사의 초과금 규모에 심각한 위협이 될 정도의 대규모 대재해 손실이었다. 캐티풋 매입을 통해 RLI는 그와 같은 손해가 발생하는 경우(재보험이 불가능한 상태에서), 전환우선주를 $50백만까지 발행할 수 있게 되었다. 형식적으로는 $50백만 중 반은 3년 후, 나머지 반은 7년 후에 우선주로 전환하는 조건이었으나 실제는 전환권 행사 시점에 RLI가 환매(재매입)하기로 양해했으므로 전환은 사실상 불가능했다. 따라서, 캐티풋에 의한 신규자본 조달은 사실상 회사 내부 및 조세측면에서는 부채로, 그리고 규제자본 측면에서는 자기자본인 것이다.

---

206 Banks(2004), p.144.

19.4.2 자기주식풋 (PPE)

조건부자본으로서의 **자기주식풋(put protected equity: PPE)**은 금융중개기관으로부터 기초자산이 자기회사주식인 풋옵션을 매입하는 것을 말한다[207]. 따라서, 대규모 손실사건이 발생하면 (조건부) 기존 주식의 가격이 하락하게 될 것이므로 이때 풋옵션을 행사함으로써 경제적 이득을 실현할 수 있다. 만약 PPE의 목적이 단순히 경제적 이익의 실현에만 있다면 옵션을 행사하면서 신주를 발행하지 않고 기존 주식을 주식시장에서 매입해서 옵션매도자에게 인도하면 된다. 그러면 주가도 희석되지 않고 경제적 이익은 유보이윤에 가산되어 재무상태표상의 자기자본을 간접적으로 증가시키게 될 것이다. 만약, 손실 발생 후 풋옵션을 행사하면서 신주를 발행한다면 신주발행액만큼 납입자본이 증가되어 자기자본을 그 만큼 직접 증가시키는 동시에 옵션 행사의 이익은 하락한 가격에 신규 발행하는 데서 오는 손실을 상쇄시켜 주게될 것이다. LEP와 달리 PPE에서는 발효요인이 특정 손실 사건의 발생이 아니다. 그저 주식 가격에 영향을 줄만한 상당한 규모의 손실 발생이 예상되면 족하다. 문제는 시장의 반응이다. 가령 어떤 회사가 자사주에 대한 풋옵션을 매입할 때 시장은 이를 혹 좋지 않은 내부정보 때문 일거라 생각하고 대거 매도함으로써 오히려 주가하락을 초래하게 되진 않을까?

19.4.3 역전환채권/코코 (CoCo)

주로 보험회사들이 사용해 온 역전환채권(reverse convertible bond)은 회사채(통상 후순위)와 (자사주가 기초자산인) 유럽형 풋옵션을 결합한 것과 같다. "역(reverse)"이 의미하는 바와 같이 전통적인 전환채권과 달리 보통주로의 전환권을 풋옵션의 보유자인 채권 발행자가 가지고 있다. 즉, 옵션의 만기에 주가가 옵션의 행사가격보다 낮으면 채권은 현금 대신 보통주로 상환된다. 또한, 일반적인 조건부자본 상품들과 달리 2차 발효요인이 특정 위험사건이 아니라 1차 발효요인과 마찬가지로 채권발행회사 주식의 가격이라는 점에서 역전환채권의 풋옵션은 표준형이 아니라 장애물진입옵션과 같다.

뿐만 아니라, 역전환채권은 이미 발행된 – 따라서 채권매각 대금이 유입된(funded) – 채권을 보통주로 전환시키는 것이므로 전형적인 조건부자본 약정에서처럼 신규자본 유입이 발생하지 않는다. 그럼에도 불구하고 역전환채권을 조건부자본으로 볼 수 있는 이유는 전환시 비록 신규자본 유입은 없지만 기업의 자본구조가 변경되기 때문이다[208].

207 Banks(2004), p.146.

208 역전환채권은 PERCS와 DECS 등과 같은 가격상한보통주나 신탁우선전환주와 같이 기타 옵션이 내장된 증권들과도 유사하다.

조건부역전환채권(contingent reverse convertibles: CRC) – 일명 **코코**(conditional convertibles: CoCo)라고도 불린다 – 은 채권과 미국형 풋옵션을 결합한 것으로 일정 조건(예: 금융위기)이 충족되면 채권이 자동적으로 주식으로 전환된다. 특히 글로벌 금융위기 이후 금융회사의 부채감소를 통한 자본건전성 유지(부도율 하락)와 대마불사(too big to fail: TBTF)에서 오는 "시스템적으로 중요한 금융기관(systemically important financial institutions: SIFIs)"들의 도덕적 해이를 통제하는 정책수단의 하나로 활발히 논의되고 있다.

금융위기 시 SIFI들은 과다부채(debt overhang) 상태에 있었으므로 채권자들에게 부를 이전시키는 신규출자를 기피했다. 게다가 아컬로프(Akerlof, 1970)의 역선택 문제로 인해 외부투자자들 역시 신주를 중고차 정도로 취급하거나 아예 외면하는 상황이었다. 정부지원이 유일한 수단이었지만 이는 결국 납세자들의 주주와 채권자 보조가 아닌가!

조건부역전환채권은 비대칭적 정보하의 기업금융 수단으로서의 의미도 매우 크다(4장 참조). 왜냐하면, 채권이 주식으로 전환되는 순간 기존 주주들의 지분비율이 감소하고 주가가 하락할 것이고 이는 기존 주주나 경영진 모두가 원하는 바가 아닐 것이므로 이들은 이런 사태가 발생하지 않도록 최선을 다할 것이기 때문이다[209].

209 CoCo의 최근 발행 예에 대해서는 Stan MAES and Wim SCHOUTENS, "Contingent capital: an in-depth discussion," European Commission, August 2, 2010 참조하시오.

제 20 장

구조화금융과 글로벌 신용위기

지금까지 우리는 ABS, MBS, RMBS, CDO, SCDO, CDS, CDO^2등 자산증권화는 물론, 서브프라임 모기지(또는 비우량 부동산담보대출)관련 구조화금융 상품들에 대해 비교적 상세하게 논의했다. 그리고, 2007년 봄 미국의 일부 금융시장, 특히 서브프라임 모기지 관련 상품시장과 차입대출시장이 모두 심각한 어려움에 직면해 있었음도 16장에서 보았다. 이와 같이 서브프라임 모기지대출과 차입대출 시장을 중심으로 진행되고 있던 신용시장의 문제는 2007년 여름 이들 시장과 실질적으로나 또는 형식적으로도 전혀 관련되어있지 않은 시장으로까지 확대된다. 그리하여 은행산업 전체에 **대규모 자금인출 사태**(run)와 공황(panic)현상이 발생하고, 서브프라임 모기지 관련 증권은 물론 자산유동화증권 전체의 위험프리미엄에 대한 광범위한 재평가가 시장에서 급격하게 진행된다.

특히, 이번 글로벌 금융(또는 신용)위기의 특징은 (i) 예금 및 대출업무 중심의 전통적인 상업(또는 일반)은행부문이 아니라, 도매(또는 은행간) 금융시장에서 위기가 발생했다는 것과, (ii) 서브프라임 모기지 시장과 같이 극히 규모가 작은(미국 전체 모기지 유동화증권 총액의 10% 미만) 데서 발생한 위기가 전 금융부문으로 급속히 확산되었다는 점이다. 따라서, 글로벌 금융위기를 이해하기 위해서는 서브프라임 모기지 관련 시장에서 시작된 부분적 신용위기가 글로벌 금융위기로까지 전환되는 과정에 대한 이해가 무엇보다 중요하다.

서브프라임 모기지 관련 손실은 최대 4천억 달러로서 닷컴 주가폭락으로 인한 손실과 크게 다르지 않은데, 경미한 경기침체 정도가 아니라 총체적 금융위기와 10퍼센트를 초과하는 대량 실업을 초래한 이유는 과연 무엇인가? 모두가 동의하는 위기의 원인을 밝히는 작업은 불가능하지는 않지만 쉬운 일은 아니다(대공황을 생각해 보라). 오죽하면 경제학 교과서(금융이론서나 재무이론서가 더 타당할 것이지만)를 다시 써야 한다고 까지 말하겠는가?

아직도 진행 중이긴 하지만 위기의 원인을 추적하는 과정에서 일차로 지적된 것이 구조화금융과 신용파생상품이다. 심지어 일부에서는 구조화금융과 파생상품이 신용위기의 주범이라고까지 주장한다. 그 밖에 다른 요인들은 무엇인가? 그들의 책임은 어느 정도인가? 이들보다 더 근본적인 요인이 따로 있는가? 향후 대책은 무엇인가? 그 동안의 논의를 통해서 독자들은 이제 이 같은 질문에 대해 어느 정도 명확한 답변할 수 있을 정도의 안목을 갖게 되었을 것이다.

독자들의 이해를 돕기 위해 이 장은 먼저, 신용위기의 진행과정을 사실 중심으로 정리한 다음, 신용위기와 밀접하게 관련되어 있다고 언급되는 구조화금융 및 상품과, 금융제도의 특성을 간략히 기술하고, 신용위기를 설명하는 대표적인 가설을 비판적으로 소개한다. 마지막으로, 최근 제시된 금융시장 규제/개혁안들과 관련 구조화금융의 미래를 생각해 본다.

20.1 신용위기의 확산과정

20.1.1 서브프라임 모기지

최근의 신용위기는 2007년 초에 처음 발생한 서브프라임 모기지의 연체 및 부도율 증가에서 시작된다. 2007년 5월 4일 UBS는 서브프라임 관련 투자에서 1억 2천 5백만 달러의 손해를 본 내부 헤지펀드인 딜론리드(Dillon Read)의 문을 닫는다. 7월 10일 무디스는 399개의 2006년 발행 서브프라임 RMBS 등급을 하향 조정하고 32개는 "신용등급 하향조정 검토대상"에 올린다. 같은 날, S&P는 612개 2005-2006년 발행 서브프라임 RMBS 들을 "신용등급 하향

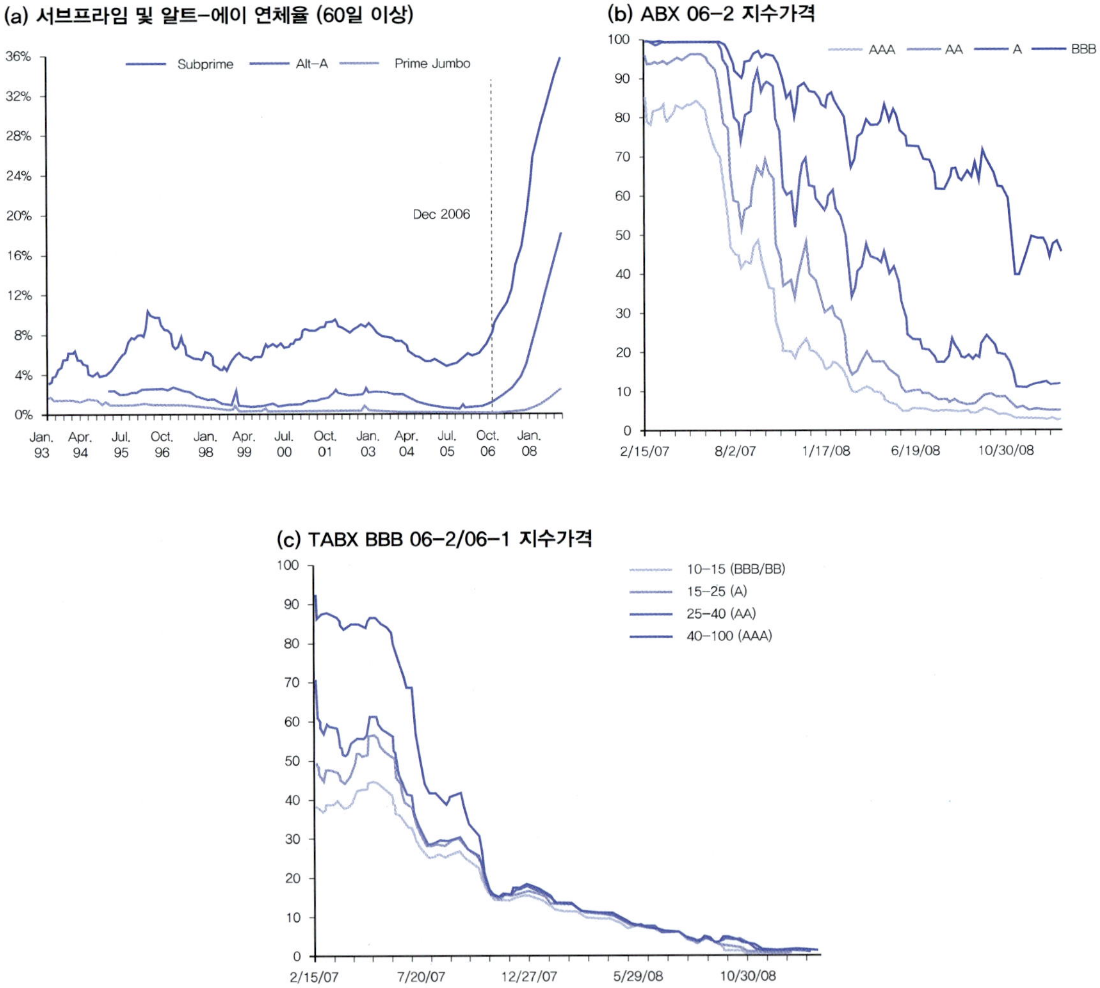

〈그림 20.1〉 서브프라임 모기지 위험

조정 검토대상"에 포함시키고, 이를 뒤인 7월 12일 그 중 418개에 대해 신용등급을 하향 조정한다. 그리고, 7월 말, 그때까지 사용해 오던 신용평가기준을 개정한다는 발표를 하게 되는데, 이는 곧 서브프라임 RMBS와 이를 기초자산으로 하는 ABS CDO 등에 대한 신용등급 하락을 의미하는 것이었다.

6월과 7월에 무디스, S&P, 피치 등, 국제 신용평가회사들에 의한 서브프라임 관련 증권들에 대한 신용등급 하향조정이 이어지자 (대부분이 BBB 또는 그 이하이지만 AAA도 있음) 신용시장의 긴장은 최고조에 달한다. 6월 중순 베어스턴즈(Bear Stearns)는 두 내부 헤지펀드들이 마진콜(margin call) – **추가담보 요구**를 말한다 – 이행이 어렵게 되자 자신도 어려운 사정이 있었지만 시장의 평판을 유지한다는 이유로 32억 달러를 투입한다. 7월 24일에는 미국 주요 주택대부회사인 칸츄리와이드(Countrywide Financial Corp.)가 이익감소를 발표한다[210]. 7월 26일에는 미국의 전국주택건설업협회(National Association of Home Builders)가 신규주택건설지수가 전년대비 6.6퍼센트 하락했음을 발표하고 미국 최대 주택건설업체가 분기 손실을 기록한다. 이후, 2008년 말까지 주택가격과 판매실적은 지속적으로 하락하게 된다 (Brunnermeier, 2009).

20.1.2 ABS CDO

ABS CDO는 담보자산이 대개 서브프라임 RMBS였다. 2007년 한 해 동안 무디스는 AAA 등급의 14%를 포함, 총 31%에 달하는 자사 평가 ABS CDO 트랜치들의 등급을 하향 조정했다. 3대 신용평가사들의 등급 하향조정에는 AAA 등급 ABS CDO가 12개나 CCC 또는 그 이하로 강등되었고 담보자산의 위험도가 높은 메자닌 ABS CDO는 더 말할 것도 없었다(한 투자은행은 BBB 등급 트랜치들의 90% 이상이 디폴트될 것이라고 전망함). 설상가상(雪上加霜)으로 어떤 ABS CDO는 디폴트 트리거(원래 CDO는 실질적으로 디폴트가 불가능한데도 불구하고 디폴트 조항이 있음)의 발효조건이 담보자산의 신용등급에 의존하는 구조이므로 일단 발효되면 현금흐름이 후순위 트랜치에서 선순위로 전용되거나 아예 선순위 채권자가 CDO를 청산할 수 있었다. 2007년 말까지 50여 개의 ABS CDO가 디폴트 되었는데 그 중 절반 가량이 청산되었다. 최악의 상황에서 청산하는 것이므로 후순위 트랜치 투자자들에게는 남는 것이 아마도 거의 없었을 것이다.

210 칸쥬리와이드는 2007년 미국 전체 모기지대출의 17%를 차지하는 캘리포니아 소재 은행으로서 1982 – 2003년 간 투자자들에 대한 23,000%의 투자수익률을 기록했다. 결국 신용위기를 극복하지 못하고 2008년 7월 Bank of America에게 매각된다.

20.1.3 ABCP 시장

구조화 상품의 신용등급에 대한 시장의 신뢰도가 계속 떨어지고 있는 가운데 2007년 7월에는 단기 ABCP 시장에서도 유동성이 급격히 고갈되기 시작한다(이때까지도 일반 CP시장은 큰 변화가 없었다). 7월 30일, 독일의 IKB Deutsche Industriebank가 자신의 ABCP 콘딧인 Rheinland Funding이 ABCP의 차환발행에 실패했음에도 불구하고 RF에 대한 유동성공급 약정을 더 이상 이행할 여력이 없음을 시사했고, 이어 8월 2일에는 IKB의 대주주인 KfW가 RF의 모든 채무를 인수하게 된다. 이 즈음, IKB가 설립한 SIV인 Rheinbridge 또한 ABCP의 차환발행에 문제가 발생하기 시작했다.

같은 무렵, 서브프라임 RMBS와 ABS의 신용위험에 노출된 BNP Paribas의 세 투자펀드들에서도 문제가 발생했다. 그럼에도 불구하고, 7월 27일 BNP Paribas는 이들 펀드의 시가평가를 감당할 만큼의 충분한 유동성이 존재한다고 발표했으나, 8월 6일, "신용도에 관계없이 미국 시장에서 서브프라임관련 금융자산에 대한 거래가 갑자기 사라지고, 이런 현상은 미국의 기타 유동화자산 시장에까지 급속히 확산되었다. 가격도 존재하지 않고 거래도 중단됨으로써 자산평가의 기준이 될 수 있는 시장의 부재로 인해 이들 세 펀드의 자산가치평가가 불가능하다"고 발표한다. 8월 9일, BNP Paribas는 이들 세 펀드에 대한 환매를 중단한다.

이후, 단기자금 시장에서 자금거래자들은 서로 대출을 기피하게 된다. 그 결과, 8월 8일에서 10일 사이 ABCP에 대한 평균이자율이 5.39퍼센트에서 6.14퍼센트로 급등하고, 8월 내내 신용평가사들은 모든 ABCP 콘딧과 SIV들의 신용등급을 계속 하향 조정한다. 그리하여, 모기지를 담보로 하는 단일발행자 만기연장가능 ABCP의 차환발행이 여의치 않게 되자, 이들에 대한 만기연장이 시작되고 이런 현상은 비모기지 콘딧까지 급속히 확산된다. 바야흐로 서브프라임 모기지 신용사건이 유동성 사건으로 전환된 것이다.

20.1.4 ARS채권 시장

경매시장 이자율채권(auction-rate securities: ARS)은 법률적인 만기가 20-30년인 장기채권으로서, 채권의 이자율이 경매시장(7일, 28일, 또는 35일 간격으로 열린다)에서 정기적으로 결정되는 채권이다. 따라서, ARS는 발행자 입장에서는 장기자금 조달이고, 투자자 입장에서는 저위험·단기채 투자로 볼 수 있다. ARS에 대한 입찰자들이 충분치 않은 경우 경매는 유찰(流札)된다. 경매가 유찰되면, 원래 투자자들이 계속 채권을 보유해야 하며, 이자율은 유찰에 대한 벌칙으로 최고벌칙이자율(maximum penalty rate)로 올라간다.

종전에는 ARS 채권에 대한 수요가 늘 충분했고 유동성 역시 풍부했다. 중개인(주로 투자은행)들은 경매 유찰시 입찰 참여를 통해 자발적으로 경매를 지원할 뿐, 경매 지원이 의무가 아니었다. 물론, 경매의 유찰 위험은 있었지만 역사적으로 경매가 유찰되는 경우는 없었다. ARS 채권 발행자들은 지방정부, 폐쇄형 펀드, 신용파생상품 전문회사(CDPC), 모노라인, CDO 등 다양하지만, 2007년 현재 주로 면세대상 지방채(약 50%), 학자금 대출채권(17%), 펀드(10%) 등이 대부분을 차지하고 있었다.

그러나, 2007년 8월 CDO 발행 ARS, 모노라인 발행 조건부자본 ARS, CDPC ARS 등, 과세대상 ARS경매가 예상 밖으로 유찰되었다. 특히, 2008년 2월에는 모노라인들에 대한 신용등급 하향조정이 시작되고 은행 부문에서의 대규모 손실로 인해 중개기관들이 경매를 더 이상 지원할 수 없게 되자 전체 ARS시장이 얼어붙게 된다.

20.1.5 유동성 위기와 중앙은행의 개입

은행은 ABCP 이외에도 레포, 연준자금, 은행간 시장 등을 통해 소요자금을 조달한다. 금융시장의 불안이 고조되면 은행들은 LIBOR와 같은 무담보대출 이자율을 인상시키고 미국 국채와 같은 안전 담보자산을 요구하게 된다. 따라서 유동성 위기시, 미국 국채이자율과 이들 이자율의 차이인 **TED 스프레드**가 확대된다. 2007년 8월 LIBOR와 TED 스프레드가 상승하였는데 이는 곧 은행의 디폴트 가능성이 크게 증가했다는 증거다[211].

최초의 은행간 시장 유동성 위기는 2007년 8월 9일 발생하였다. 역사적으로 평균 TED 스프레드는 20−60bps였으나 8월 말 240bps까지 상승했다. 서브프라임 모기지에 노출된 부문에서 시작된 신용위기가 전통적인 은행부문까지 급속히 확산된 것이다. 유럽중앙은행은 은행간 시장의 익일(翌日) 신용공급 목적으로 950억 유로를 투입하고, 미국 연준(FRB)도 240억 달러를 투입하였다. 이 무렵 영국의 노던록(Nothern Rock)은행이 은행간 시장에서 자금조달이 여의치 않자 영란은행(Bank of England)으로 부터 일시적 자금공급을 받지만 결국 지난 1세기 동안 영국에서 한번도 발생한 적이 없는 뱅크런의 희생양이 되었다.

10월에 들어와 주요 은행들은 지속적인 대손상각을 통해 재무상태표의 건전성을 제고시킴으로써 한 동안 이 같은 중앙은행 개입이 실효를 거두고 있는 듯 보였다. 그러나 11월 달에 들어와 모기지 관련 손실이 당초에 추정했던 2,000억 달러를 상회한다는 것이 확실해지자 상황은 다시

211 TED 스프레드는 3개월 은행간 대출금리(3개월 만기 LIBOR)와 3개월 미국국채(3개월 만기 T-bill)의 이자율 차이를 말한다. TED는 원래 T-bill의 T와 시카고 Merc의 유로달러 선물(지금은 상장폐지됨) 티커 심볼(ticker symbol)인 ED에서 만들어진 약자다.

악화되었다. 은행들은 추가로 대규모 대손상각을 해야 했고 TED 스프레드는 다시 확대되었다.

20.1.6 모노라인 보험회사

2008년 1월과 2월 초까지, 은행들의 대손상각이 진행되는 동안에도 금융업계의 주요 관심사는 단종(單種; 모노라인)보험회사들에 대한 신용등급 하락이었다. 원래, 모노라인 보험회사들은 지방채들이 AAA 등급을 유지할 수 있도록 신용보증(주로 모노라인랩을 이용)을 해주는 것이 주 업무이었지만, 1990년대 중반부터는 모기지 담보증권과 기타 구조화금융 상품에까지 신용보증 업무를 확장했다[212]. 모노라인들은 특히 SCDO의 최선순위 트랜치와 CLO에 신용보장을 매도하고 ABCP 담보자산에 대한 신용보강을 제공한다.

따라서, 모기지관련 손실의 증가는 이들 모노라인들의 신용등급 하락을 초래하게 되고, 이는 다시 이들이 보증한 수 많은 지방채, 회사채 및 구조화 증권들의 신용등급이 더 이상 AAA가 될 수 없음을 의미한다. 그런데, 지방채 전문펀드나 MMF들은 자체 자산운용지침에 따라 AAA 등급 채권만을 보유해야 한다. 따라서, MMF들은 환매조건이 AAA 등급 채권이므로 모노라인들의 신용등급이 하락하면 발행자들에 대한 환매가 불가능하게 되므로 보유채권을 대량 매각할 수 밖에 없었다. 2008년 1월 19일, Fitch는 모노라인 보험회사 암박(Ambac)의 신용등급을 AAA에서 AA로 강등시키고 Moody's는 MBIA와 Ambac의 AAA 등급을 잠재적 강등대상에 올려놓는다.

20.1.7 베어스턴즈, 리먼브라더즈, 메릴린치, 그리고 AIG

2008년 3월 초, 투자은행 베어스턴즈(Bear Sterns)의 운명을 바꾸는 두 사건이 발생하였다. 첫 번째 사건은 프레디맥과 패니매와 같은 정부후원기업(GSE; government-sponsored enterprise)들이 발행한 채권과 국채간 수익률 스프레드의 확대이다. 이로 인해 GSE발행 채권에 많이 투자한 칼라일(Carlyle)이라는 헤지펀드가 대출기관(주로 브로커 딜러들)으로부터의 마진콜을 이행하지 못해서 담보자산을 몰수당하는 등 큰 손해를 입게 되는데, 베어스턴즈는 GSE 발행 채권을 많이 보유하고 있을 뿐만 아니라 칼라일에 크게 투자한 채권자였다.

두 번째는 전혀 생각지 않았던 데서 발생하였다. 2008년 3월 11일, 미국 연준은 2천억 달러에 이르는 **중장기**(또는 **기간**)**증권대여약정**(**Term Securities Lending Facility: TSLF**) 계획을 공표한다. TSLF 프로그램은 투자은행들에게 이름을 외부에 밝히지 않고 GSE 발행 채권과 모기지

212 대개 위험도가 낮은 유동화증권을 대상으로 프리미엄은 몇 bps에 불과하지만 보증대비 자본이 1%에 지나지 않는다.

관련 채권을 최장 28일까지 국채로 교환할 수 있도록 하는 것이다. 이렇게 비밀에 부치는 것은 개별 투자은행들을 보호하기 위함이었지만, 당초 의도와는 달리 이는 시장 참가자들에게 오히려 연준이 일부 투자은행들에게 큰 문제가 있다고 보고 있음을 말해 주는 것으로 시장에서 오해를 받게 된다. 이는 사람들이 불자동차가 지나가면 안도하기보다는 오히려 어딘가에 불이 났다고 불안해 하는 것과 같은 이치다.

시장 참여자들이 규모가 가장 작고 부채비율이 가장 높으며 모기지에 대한 노출이 컸던 베어스턴즈를 바로 그 '문제 은행'으로 지목한 것은 지극히 당연했다. 게다가, 2008년 3월 11일 영업시간 종료 후, 한 헤지펀드가 베어스턴즈와의 계약을 경개(更改; novation)해 달라는 이메일을 골드만삭스(Goldman Sachs)에게 보내는 데, 골드만은 다음 날 아침에야 승인, 즉 경개한다[213]. 이는 곧 골드만이 베어에 대한 신용위험노출 증가를 피하기 위해 경개를 거절하는 것으로 시장에 잘못 알려지게 되어 베어스턴즈의 헤지펀드 고객들과 파생상품계약 상대방들의 불안을 증폭시키게 되었다. 실제로, 베어의 유동성 사정은 다음 날부터 극도로 악화되어, 레포 시장에서 더 이상 자금조달이 불가능해지지만, 베어가 여러 기관들과 너무 많은 거래로 연결되어 있어 갑자기 파산시킬 수 없다는 이유로 연준은 제이피모건 체이스(JPMorgan Chase)가 베어를 인수하도록 도와준다.

베어스턴즈와 달리 리먼 브라더즈(Lehman Brothers)는 2008년 3월 유동성 위기를 간신히 모면하였다. 그 후, 리먼은 연준으로부터 차입을 계속하면서도 신주를 단독 발행하는 것은 문제가 심각하다는 신호를 시장에 보내는 것이라 생각해 신주발행을 피한다(4장 참조). 2008년 9월 9일, 한국 산업은행의 리먼에 대한 인수포기가 확실해지면서 리먼의 주가는 폭락하였다. 이번에도 투자중개회사, 파생상품거래 상대방, 레포나 ABCP 차환발행 등 단기성 자금조달 부문으로부터 리먼에 대한 대규모 자금인출요구가 발생한다. 바클레이즈(Barclays)와 뱅크오브아메리카(Bank of America) 등, 리먼의 잠재적 인수자들은 정부의 보증을 강력히 요구하지만 – 베어스턴즈 구제금융으로 인한 도덕적 해이는 우리의 예상보다 훨씬 빠르게 전파된다!!! – 월가(Wall street)의 예상과 달리 연준과 재무성은 리먼과 관련기관들이 충분한 시간적 여유가 있었음을 들어 이들의 요구를 거부하였다. 결국 리먼은 9월 15일 월요일 아침 시장의 예상을 뒤엎고 파산을 선언한다. 이 과정을 지켜본 메릴린치(Merrill Lynch)는 일요일 저녁 눈치 빠르게 뱅크오브아메리카에게 자산을 500억 달러에 매각하였다[214].

---

213 여기서 경개란 골드만삭스에 대한 채무를 베어스턴즈에 이전하는 것을 승인해 달라는 것을 말함. 즉, 채무·계약 등의 갱신(更新)을 말함.

214 2008년 9월의 리먼 파산과 연이은 골드만삭스와 모건스탠리의 상업은행 지주회사화는 이전에 있었던 메릴린치 매각과 함께 도합 549년에 이른 미국 투자은행업이 단 6개월 만에 실질적인 종언을 고하는 사건이다.

리먼의 파산이 세계 금융시장에 영향을 미칠 틈도 없이, 이번에는 미국 최대 보험회사인 AIG (American International Group)의 유동성 부족상태가 시장에 알려진다. 투자은행들과 마찬가지로 AIG도 그 동안 CDS를 포함한 신용파생상품 영업을 확대해 왔는데, 이를 담당한 AIG 금융상품(AIG Financial Products: AIGFP)회사는 SCDO의 최선순위 층에 대한 신용보장, 즉 최선순위 CDS를 주로 매도했다(계약금액으로 2004년 말 179억 달러에서 2005년 말에는 543억 달러로 증가). 그러나, 모노라인들과 달리 AIG는 계약상 CDS 포트폴리오의 시장가치가 감소하면 보장매입자인 투자은행들에 맡긴 담보자산을 증가시켜야 했는데, 이는 곧 AIG의 신용등급이 하락하면 담보를 증가시켜야 함을 말한다.

AIG는 2005년말–2006년초에 서브프라임 모기지관련 자산에 대한 신규 신용보장 매도를 중지했지만 기존 CDS 포트폴리오를 축소시키거나 헤지하지 않았다. 그 결과, 2008년 9월 16일, AIG의 주가는 90 퍼센트 이상 폭락하게 된다. 역시 파생상품 거래에서 AIG가 여러 기관들과 너무 많은 거래로 연결되어 있다는 이유로 연준은 80퍼센트의 지분을 인수하는 조건으로 신속하게 850억 달러에 이르는 구제금융을 투입하였다. 그 후, AIG에 대한 구제금융은 10월에 370억 달러, 11월에 400억 달러가 추가로 투입된다.

20.1.8 은행지주회사들의 몰락과 단기자금 시장의 붕괴

2008년 9월 25일 워싱턴뮤추얼(Washington Mutual)의 파산이 발생했다. 미국 역사상 최대 규모의 은행 도산이다. 처음에는 미국 연방예금보험공사(FDIC)가 인수했다가, 그 후 은행부문은 제이피모건 체이스(J.P.Morgan Chase)에게 19억 달러에 매각하고 나머지 자산은 파산절차를 밟았다. 2008년에는 미국 은행지주회사 자산규모로 4번째인 와코비아(Wachovia)가 부도 직전 정부주선으로 웰즈파고(Wells Fargo) 은행에 매각된다.

한편, 단기자금시장의 MMF에서도 2008년 9월 대규모 자금인출 사태가 발생하였다. MMMF(단기금융자산투자신탁; money market mutual funds)는 단순한 일개 소매금융상품이 아니다. 당시 미국 기업 전체 단기성 자산의 25% 내외를 관리하고 있었고, 자산은 3조 8천억 달러로 지난 50여 년 동안 일어난 가장 혁신적인 금융상품이다. MMMF의 가장 큰 특징은 주당 가격을 1달러로 항상 유지한다는 것이다. 이렇게 함으로써 MMMF는 시중은행의 예금보험과 같이 예금자를 보호한다. 이들은 주로 단기 기업어음과 ABCP 콘딧이나 SIV 등이 발행한 자산유동화 기업어음들에 투자하는데 기발행 어음의 차환발행이 여의치 않자 예금보험이 없는 투자자들의 불안심리 확산으로 주당 1달러라는 불문율이 깨졌다.

20.2 금융중개기관의 이중구조화

신용위기와 관련해서 가장 중요한 이슈는 결코 크다고 볼 수 없었던 서브프라임 모기지 관련 손실이 어떻게 그렇게 빨리(1년 이내) 대공황 이후 최대의 금융위기로 전환될 수 있었느냐는 것이고, 이에 대한 대답은 바로 그림자은행제도에서 발생한 대규모 자금인출 요구(run)에 있다.

그림자은행제도는 (i)일부 기관의 과다차입[215], (ii) 단기자금 의존(레포나 어음발행), (iii) 정부의 지원결여(예금보험이나 중앙은행의 유동성 지원을 말함) 등으로 인해 결국 금융제도(financial system)를 외부 충격에 매우 취약한 구조로 만들었는데 그 가운데서도 자산의 증권화와 관련된 ABCP와 레포시장이 중요한 역할을 한다.

20.2.1 그림자은행제도와 자산의 증권화

그림자은행제도(shadow banking system)는 지난 30-40여 년간 꾸준히 진행된 민간부문의 금융기술 혁신과 정책당국의 금융규제 변화가 전통적인 은행중심 금융모형의 쇠락(衰落)을 가져온 결과다[216]. 비금융부문의 정크본드와 기업어음 등은 은행 재무상태표의 자산부분을 잠식해 왔고 부채 쪽에서는 단기금융시장 MMF의 공격으로 은행의 수익성은 계속 악화될 수 밖에 없었다. 결국, 은행들은 수익성 있는 새로운 사업기회를 찾아서 상대적으로 규제가 심했던 전통적인 은행사업을 떠나게 된 것이다.

넓은 의미의 그림자은행제도는 여신전문금융회사(finance company), 증권회사, MMF, 헤지펀드, Fannie Mae나 Fredie Mac 같은 정부후원기업까지 포함한 전통적 금융업(은행을 말함) 이외의 금융중개기관 및 금융상품전체를 가리킨다[217]. 그러나, 글로벌 금융위기와 관련해서는 이들 가운데서 구조화금융과 관련된 일부 (상업)은행 (예: 씨티그룹과 뱅크오브아메리카), 전통적인 투자은행(예: 메릴린치, 골드만삭스, 베어스턴즈, 리먼브라더즈 등), 그리고 증권화전문기구(예: ABS, RMBS, CMBS, CLO, CBO, CDO, ABCP콘딧, SIV 등) 등을 말한다. 그림자은행제도는 **유사**(또는 **제 2**)**은행제도**(parallel banking system)라고도 부르는데 그 이유는 이들이 자산의 증권화 과정에서 일반 상업은행들처럼 신용을 창출하기 때문이다 (Gorton, 2010). 이렇게 금융(혹은

215 신용위기 이전 은행지주회사들의 차입비율이 10-20대 1인데 비해 투자은행들의 차입비율은 30-40대 1이다. ABCP콘딧은 차입비율은 신용평가기관의 요구나 투자자들에게 맡겨졌으며 일부 SPE의 경우는 차입비율이 100대 1에 달했다.

216 대표적인 금융혁신이 1970년 대 말에 등장한 **MMMF**다.

217 우리나라의 경우에는 증권회사,여신전문금융회사, 자산유동화회사, 집합투자기구, 대부사업자 및 헤지펀드 등이다.

자금)중개기관들이 이중구조화한 이유는 무엇인가?

물론, 그 동안 신용파생상품과 금융공학의 발전도 큰 몫을 하긴 했지만 그림자은행제도가 발전하게 된 가장 큰 이유는 1980년 대부터 시작된 전통적 은행산업의 수익성 악화다. 전통적인 상업은행들은 1970년 대 초 **예금이자율 상한제도**(Regulation Q)의 철폐와 지역적 영업독점권의 소멸로 인해 예금시장에서는 MMF들에게, 대출시장에서는 **고위험·고수익채권**(junk bond)시장에게 상당한 영업손실을 보게 된다. 이로 인해 상업은행들은 전통적인 대출채권보유중심 영업방식의 수익성 확보차원에서 규제자본보유 및 위험의 감소가 절실하게 필요해 진다.

은행들에게 이 두 가지 목적을 충족시켜주는 것이 바로 '대출채권의 증권화'이었다. 그 결과, 신용위기 직전까지 이들 금융기관들의 부외금융 의존과 구조화금융 업무가 급격히 증가된다. 앞서 본 바와 같이, 전통적인 은행들은 **"대출채권 보유"중심 영업방식**(originate-and-hold: OAH)을 떠나, 보유한 대출채권의 상당부분을 담보로 유동화증권을 발행해서 그림자은행제도의 일원인 증권화전문기구들(궁극적으로는 투자자)에게 매각하는 **"대출 즉시 매각"중심 영업방식**(originate-and-distribute: OAD) 또는 **"매각을 위한 대출"중심 영업방식으로** 영업모형(business model)을 전환시켰다. 그 결과 미국의 경우 2004－2006년 기간에는 자산유동화증권 발행이 마침내 회사채 발행을 초과하게 된다[218].

이렇게 보면, 그림자은행제도는 수익성 제고를 위해 전통적인 제도권 은행들이 대출자금을 조달하는 새로운 자금조달원(源)에 다름 아니다. 그러므로 두 은행제도는 "두 지붕 밑의 한 가족"과 같이 매우 밀접한 관계에 있다. 간혹, 이점을 무시하고 그림자은행제도 자체를 없애야 한다는 사람들도 있으나, 이는 적어도 현재와 같은 이중적 은행제도에서는 자산증권화 시장이 존재하지 않으면 전통적인 은행제도 역시 정상적으로 작동할 수 없다는 사실을 간과한 주장이다. 전통적인 은행들과 마찬가지로 이들 역시 금융중개기관으로서, MMF, 증권회사, 투자회사, 은행, 연기금, 보험회사 등 최종 투자자들과 전통적인 은행들 사이에서 자산의 증권화를 통해 자금중개업무를 수행하고 있다. 그런 의미에서 자산의 증권화는 전통적인 의미의 은행업(banking)으로 간주할 수 있다.

문제는 이들 자산증권화기구들, 특히 ABCP발행 전문기구들이 주로 평균 만기가 90일인 ABCP와 1년을 약간 상회하는 중·단기채권을 MMF들에게 매각하고 그 수입으로 모기지 및 기타 대출채권과 같은 장기성 담보자산을 매입한다는 것이다(일반 은행들과 동일한 ALM문제다!). 따라서 이들 그림자은행들은 단기자금 조달에 수반되는 유동성 위험에 크게 노출된다. 이 문제를 해결하기 위해 이들을 설립한 스폰서 은행(sponsor banks)들은 이들 ABCP 발행

218 우리나라의 경우 은행 중심의 금융시장 구조, 자산증권화 시장의 상대적 부진, 상대적으로 엄격한 규제 등으로 그림자은행시장 규모가 아직은 크지 않다.

전문기구들에게 유동성을 공급한다. 이는 물론 스폰서 은행의 부채로 재무상태표에 기록되지는 않지만 그렇다고 은행시스템 전체의 위험이 변하는 것은 아니다. 위험 전체를 여러 조각으로 분할한다 해서 위험이 소멸되는 것은 아니기 때문이다!

20.2.2 환매조건부채권(RP) 시장의 역할

레포시장이 발달하게 된 이유는 무엇보다 연기금, 뮤추얼펀드, 정부기관, 비금융기업 등과 같은 기관투자가들의 자금운용 규모가 증가한 데 기인한다. 특히, 자산증권화를 통한 금융중개 업무는 원래 베어스턴즈, 리먼브라더즈, 모건스탠리(Morgan Stanley), 메릴린치 등과 같은 투자은행들의 주요 업무였지만 씨티그룹, 제이피모건체이스, 뱅크오브아메리카 등과 같은 예대업무가 주종인 전통적인 상업은행들도 부분적으로 참여하고 있었다. 이들 은행들은 **환매조건부채권** 시장에서 단기자금을 차입하면서 담보로 사용하기 위해 통상 자산의 증권화 과정에서 발행한 유동화증권들을 자체 보유한다. 흔히 **레포(repurchase agreement: RP)**라고도 부르는 **환매조건부거래** 또는 **환매약정(換買約定)**은 차입자가 특정 증권을 현금을 받고 매도하면서 나중에－통상 다음 날－더 비싼 가격으로 다시 사주겠다는 약정으로서, 차입자의 자금조달(담보부차입) 메커니즘에 다름 아니다[219].

여기서 사용되는 증권은 원래 대개 국채나 저위험·우량자산이 일반적이지만 당시에는 이 범위에 유동화증권(AAA 등급)까지 포함하고 있었다. 이 때, 처음 자산을 매도하는 측은 자금의 차입자, 자산을 매입하는 측은 자금의 대출자이고, 증권의 최초 매도가격과 환매가격과의 차이를 **환매이자율(repo rate)**이라 부르는데, 이는 곧 일종의 담보부차입에 대한 이자율인 셈이다.

만약, 레포시장의 대출자가 레포대출에서 받은 담보자산을 현금화하는데 문제가 발생했음에도 불구하고 레포이자율에 이를 반영할 수 없다고 믿는다면, 그들은 대신 담보자산가치의 할인을 요구하게 될 것이다. 예컨대, **담보자산가치 할인율(haircut)**, 즉 헤어컷이 10%라면, 차입자가 액면가 100만 원의 채권을 담보로 제시하면, 대출액은 90만 원이 될 것이다. 그러므로, 담보자산의 현금화에 대한 불확실성이 증가하면 레포의 헤어컷도 증가하게 될 것이다. 신용위기 이전에는 우량 ABS에 대한 헤어컷이 대개 2% 내외였으므로 SIV나 헤지펀드가 10억 달러의 AAA 등급 ABS를 매입하려면 2천만 달러의 자기자금만 있으면 나머지 9억 8천만 달러는 레포시장에서 **익일레포(overnight repo)**－최종 투자자는 대부분 MMF들이다－를 매도해서 조달하면 되었다.

레포시장의 중요성은 97년 이후 풍부한 자금유입으로 유동성이 풍부해진 미국의 기관투자

219 차입자 입장에서는 레포지만 대출자 입장에선 **역레포(reverse repo)**다.

자들이나 (예: MMMF, 연기금, 대기업 등) 기업들이 이 시장을 통해 대규모 단기성 자금을 예금의 형태로 (대출자) 담보를 받고 (예금보험이 적용되지 않으므로) 활용할 수 있었다는 점에 있다[220]. FDIC를 통해 소액예금 (10만 달러 이하)에 대해서만 보험을 제공하는 전통적인 상업은행들은 대규모 자금을 예금해야 하는 이들에게는 더 이상 유용성이 없었다. 그러므로 레포시장은 기능상 제도권 정규 은행시장과 다를 바 없고, 오히려 보완적인 역할을 하고 있었다.

문제는 SIV, ABCP, 투자은행 등의 차입자 (RP 매도기관)들이 레포에 의한 단기성 자금으로 대출채권이나 ABS와 같은 장기성 자산을 매입함에 따라 이들의 재무상태표상 자산과 부채의 만기불일치 문제가 악화된 점이다 (유동성 위기). 2000–2007년 기간 중 투자은행들의 익일레포 잔액의 총자산에 대한 비율은 두 배로 증가했다. 다시 말해서 이들 투자은행들은 거의 매일 조달자금의 상당부분을 레포의 재연장 또는 갱신이라는 수단에 의존할 수 밖에 없었다.

2007년 8월 말에 발생한 구조화채권에 대한 예상 밖의 급격한 헤어컷 증가는 은행시스템 전체에 일종의 "런"을 초래하게 되었다. 헤어컷의 증가로 은행들은 동일한 담보자산에 대해 종전보다 작은 금액의 현금을 받게 된다. 그러므로 헤어컷의 증가는 은행시스템 전체로 보면 예금인출이 발생한 것과 같으므로, 은행들은 예금인출과 현금감소를 보충하기 위해 어디서든 현금을 조달하지 않으면 안되었다 (Gorton and Metrick, 2009a).

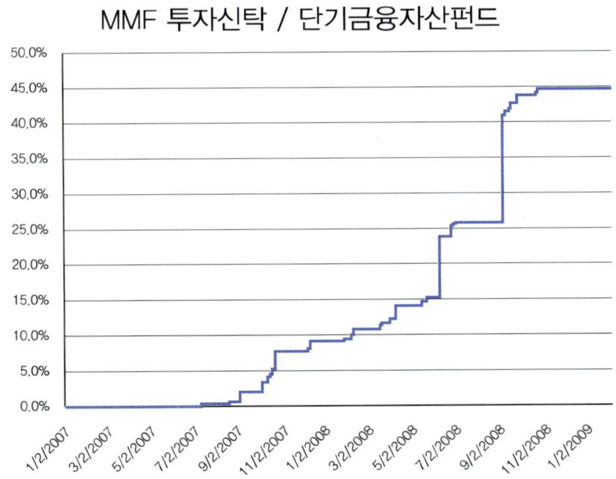

자료: Gorton and Metrick(2009a)

〈그림 20.2〉 구조화채권의 평균 레포 헤어컷

---

220 증권을 담보로 받은 대출자는 받은 증권을 제 3자와의 금융거래에 담보로 **재활용** (**rehypothecation**)할 수 있다. 따라서 헤어컷이 5%라면 이론적으로 처음 증권가격의 20배까지 차입을 창출한다.

그 결과는 두 가지다. 우선, 레포에 대한 헤어컷 증가로 인해 LIBOR나 EURIBOR와 같은 무담보 단기자금 조달이자도 상승압력을 받게 된다. 두 번째 현상은 은행들이 현금 조달을 위한 자산의 대규모 **급매**(fire sale)로 인한 손실을 피하려면, 하는 수 없이 투자등급 채권과 같은 우량자산을 처분할 수 밖에 없었다. 그렇지만, 자산의 대규모 매도로 인해 자산가격은 저평가될 수 밖에 없었고, 이는 다시 자산의 급매를 초래하는 악순환이 거듭되었다. 결국, 레포 시장의 붕괴는 은행간 자금시장에서 유동성을 고갈시키고 이는 다시 은행들간에 다투어 현금을 쌓아 두려는 경쟁에 돌입하는 계기가 되었다.

20.2.3 ABCP 콘딧과 SIV

ABCP 발행시장은 은행 등의 ABCP 발행 중개기구(ABCP 콘딧)와 SIV 및 **유사 SIV**인 **SIV-Lite**로 구분된다[221]. ABCP 프로그램은 기본적으로 단기자금을 조달해서 장기투자를 하는 것이므로 발행된 ABCP에 대한 **차환발행**(roll-over)이 지속적으로 가능하냐가 매우 중요하다. 그러나, 앞에서 말한 대로 2007년 8월부터 콘딧들이 어려움을 겪기 시작한다. 단일회사의 모기지 대출채권을 담보로 발행된 만기연장가능 ABCP가 차환발행이 여의치 않아서 만기를 연장해야 하는 사태가 발생한다.

게다가, 이들 프로그램은 물론, 기타 다른 프로그램에서도 담보자산의 분리매각이 불가피하게 되자 이들 ABCP들의 담보자산 가격은 더욱 하락하게 된다. 그리고, 이 같은 문제는 비모기지 담보자산 ABCP 콘딧으로까지 급속하게 확산되어, 급기야는 다수 회사의 채권을 담보로 하는 ABCP 콘딧까지 영향을 미치게 된다. 2007년 8월부터 5개월 동안 3천 5백억 달러의 ABCP가 감소하게 되는데 이는 모기지 관련 위험이 글로벌 금융위기로 확산되는데 결정적 역할을 한다.

원래 SIV는 설립은행이 규제자본 차익거래와 재무상태표의 위험감소를 목적으로 분리 설립한 사실상의 은행으로서, 설립은행으로부터 유동성지원(back-up liquidity support)과 신용보증을 받으므로 서브프라임 관련 SIV 담보자산의 문제는 결국 설립은행의 문제로 귀착된다. 따라서, 은행들은 다투어 현금을 축적하고 은행간 단기금융 거래를 기피하게 된다.

2007년 8월, SIV의 경우 56%의 담보자산이 증권화 상품으로 이루어졌지만, 이 중에서 29%는 부동산 일반에 노출된 것이고, 서브프라임 모기지에 직접 노출된 담보자산은 2%에 불과했다. 그럼에도 불구하고, SIV자산의 42%는 금융기관의 부채이므로 결국 SIV의 실적이 금융산업 전체의 성과에 크게 영향을 받게 된다. 이는 곧 은행 시스템에서 서브프라임과 차입

221 SIV는 1980년 대 미국의 Citigroup이 재무상태표에서 부채를 감소시켜 차입을 확대시키려는 목적에서 처음 도입했다.

대출 위험에 대한 노출규모와 귀착지(歸着地)에 대한 우려가 점증함에 따라, SIV에 대한 고통도 그만큼 더 해간다는 것을 의미한다.

SIV와 유사 SIV들에 대한 신용평가사들의 신용등급 하향조정은 2007년 8월 중순부터 본격적으로 시작된다. 2007년 7월에서 9월까지 S&P는 자신들이 평가한 315개의 구조화 ABCP 중 11개에 대해 등급을 하향 조정한다.

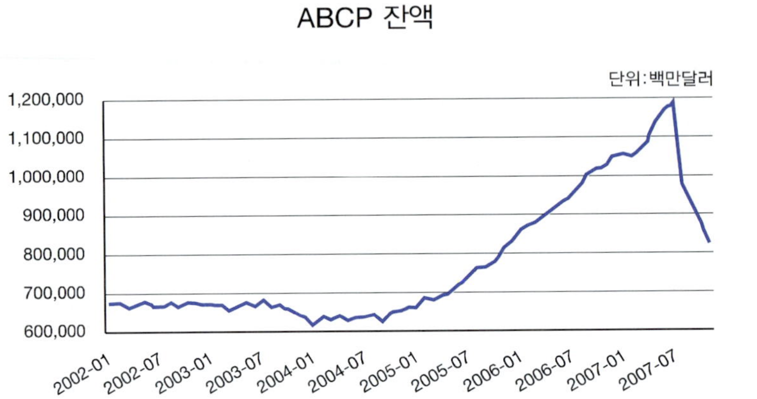

자료: Gorton(2008), p.24

〈그림 20.3〉 ABCP잔액

20.3 글로벌 금융위기의 원인

지금까지 각계에서 제시된 글로벌 금융위기의 원인들은 대강 다음과 같이 요약할 수 있다.

20.3.1 저이자율과 과잉유동성

2002–2006년 금융위기 직전까지 지속되었던 저이자율은 미국의 신용시장에 유동성 공급과잉을 가져왔고 소비자들의 과다차입 상태를 초래했다(주택대출 과잉현상도 그 일부다). 2000년도에 6.5%이던 연방자금 목표이자율은 2003년 1%로 하락했다. 이는 디플레이션에 대한 우려, 닷콤 거품(dot-com bubble) 및 9.11테러 등, 대내적인 요인들도 있지만 보다 근본적인 이유는 지속적인 미국의 경상수지적자 증가에 있다. 경상수지 적자는 자본수지흑자(미국의 해외차입 증가)로 보전될 수 밖에 없고 이는 다시 미국 금융자산(예: 국채나 유동화증권)에 대한 수요증가로 인한 금융자산 가격 상승, 즉 이자율하락을 가져올 수 밖에 없었다. 그리고 당시 중국을

비롯한 아시아 제국의 국내저축 증가와 국제 원유가격 상승은 미국의 낮은 이자율을 유지해 줄 수 있었고, 미국은 낮은 이자율과 과잉 유동성으로 주택저당대출 금리 또한 낮게 유지할 수 있었다. 이것이 주택가격 거품현상을 초래하고 거품이 꺼지면서 위기가 닥쳤다는 설명이다. 질문은 낮은 금리와 유동성 과잉현상이 상당기간 지속되면 서브프라임 모기지 신용위기가 필연적이냐는 것이다.

20.3.2 과소규제와 규제완화

글자 그대로 이해하면 과소규제는 규제가 더 많아야 한다는 것을 의미하고, 규제완화는 기존 규제를 약화시키거나 철폐하는 것이다. 일견 모순되는 것 같지만 "규제완화가 잘못된 것"이라는 의미로 이해하면 된다. 즉, 규제가 충분치 않고 또 있는 규제마저 완화 또는 철폐시킴으로써 서브프라임 모기지 신용위기가 발생했다는 설명이다. 특히, 초기의 위기 시발점이 된 곳에 투자은행들이 있었고, 이들 투자은행들은 앞서 말한 그림자은행제도의 일부로 금융감독 당국의 규제권 밖에 존재했던 관계로 주로 관변 정치경제학자들 중심으로 제기되는 주장이다.

이들 가운데는 멀리는 상업은행과 투자은행의 분리를 약화시킨 단초가 되는 Gramm-Leach-Bliley Act(1999)에서 원인을 찾거나, 더 멀리는 은행규제 철폐의 시초가 된 Garn-St. Germain Depository Institutions Act(1982)에서 찾는다. 크루그먼(Paul Krugman) 같은 사람은 시중은행과 유사한 기능을 하면 당연히 시중은행과 같은 규제를 받았어야 함에도 불구하고 이들을 멋대로 내버려 둔 것이 결정적인 잘못이라고 주장한다. 규제가 문제임에는 틀림없다. 과소냐 또는 과잉이냐도 문제지만 규제 차익거래 기회를 제공해 주는 잘못된 규제의 도입 또는 철폐도 있다. 또, 금융시장에서는 규제가 항상 현대 금융의 변화를 뒤쫓아왔다는 역사적 사실도 생각해 볼 필요가 있다(다음 절에서 더 논의한다).

20.3.3 그림자은행제도

크루그먼과 가이트너(Timothy Geitner) 등, 케인지언들은 그림자은행제도의 붕괴에서 위기의 원인을 찾는다. 이들에 의하면, 투자은행을 포함한 그림자은행시스템은 투자자들의 불안심리 확산에 따라 그들의 자금원이 고갈됨으로써 모기지 대출기관들에게 자금공급을 할 수 없게 되는데 이것이 위기의 결정적인 원인이라는 것이다. 결과만 보면 틀린 말은 아니다. 왜냐하면 이는 곧 미국 전체 대출금융기관의 거의 삼분의 일이 겨울잠 상태에 들어간 것을 의미하기 때문이다.

앞에서 본 바와 같이, 위기발생 직전까지 일부 상업은행과 투자은행들은 ABCP 콘딧과 SIV 같은 부외 증권화전문기구들에 대한 유동성지원(상업은행의 경우)과 과도한 레포금융 의존에서 오는 자산·부채의 만기 불일치로 인한 유동성 위험 문제를 피할 수 없었다(투자은행의 경우). 이는 곧 ABCP의 차환발행과 레포금융의 연장에 문제가 생기면, 그 여파가 결국 전 금융시스템으로 확산될 수 밖에 없다는 것을 뜻한다. 이른바, **시스템 위험**(systemic risk)이다[222]. 뿐만 아니라, 이들 그림자은행제도의 금융기관들은 금융당국의 규제영역 밖에 존재한다. 이들 기관이 설립된 가장 큰 이유가 바로 규제를 회피하는데 있었기 때문에 실질적으로 은행의 역할을 하지만 이들을 은행이라 부르지 않는 것이 아닌가!

실제로 이번 금융위기는 전통적인 은행부문이 아닌 투자은행들과 도매금융(금융기관간 자금시장을 말함) 시장에서 발생한 것이 사실이다. 하지만 당국의 규제가 심했던 일부 상업은행(유동화증권의 거의 40%를 보유하고 있었다)들도 큰 피해자들이다. 또, 그림자은행제도는 어제 오늘 갑자기 출현한 것이 아니라 지난 25년간 별 문제없이 존재해 온 제도다. 그러므로 이들이 신용위기의 확산에 일조한 것은 부인할 수 없지만 이들이 금융위기를 초래한 근본 원인이라고 말하기는 어렵다.

20.3.4 금융혁신과 장외파생상품

금융혁신 또는 금융공학은 특정 위험-수익 조합을 갖는 현금흐름을 만들어 내는 투자상품 및 솔루션이나 자금조달 수단을 말한다. 금융위기와 관련된 것들로는 ARM(adjustable-rate mortgage), CDO/SCDO, CDS, CMO, RMBS/MBS 등이다. 이들은 모두 위기 직전까지 시장에서 큰 인기를 누렸던 상품들로서 개중에는 평소에도 가치를 정확히 알기 힘들지만 특히 시장에서 거래가 원활하지 않은 상황에서는 도저히 가치평가가 불가능에 가까운 상품들도 있다(예: CDO^2). 뿐만 아니라, 어떤 상품들은 SIV와 같이 목적이 오로지 규제를 회피하는데 있는 것들도 있다. 사실 대부분의 부외(簿外) 금융거래나 그림자은행제도 자체는 목적이 규제회피에 있다고도 볼 수 있다. 상품뿐만 아니라 금융공학적 솔루션도 있다. 위기 직전까지 헤지펀드들은 구조화금융 상품들을 대상으로 **상관성거래**(correlation trading) 부서를 운용하고 있었다. 상관성을 이용한 상품매매의 기본 원리는 간단하다. 만약 기업간 또는 산업간 디폴트 위험의 상관관계(correlation)가 매우 크다면, 즉 동시에 같은 방향으로 움직이는 경향이 매우 강하다면 어떤

222 시스템 위험은 특정 경제 주체나 부문이 아니라, 금융제도 전체나 경제 전체의 위험을 말한다. 금융위기와 관련해서는 금융제도 전체의 불안정성으로서 특정 경제 주체에 대한 금융시스템 전체의 의존도로 측정한다. 예컨대, "대마불사"는 금융시스템이 특정 기업의 성패에 크게 의존함을 말해준다. 포트폴리오이론의 분산불가능, 또는 체계적 위험(systematic risk)과는 다른 개념이다.

신용 등급의 CDO 트랜치에 투자하건 결과는 크게 다를 게 없다(모두 큰 손해로 끝나게 될 것이다). 따라서, 신용등급이 낮은 (따라서 싼) 후순위 또는 지분 계층을 매입하고, 그 위 등급인 메자닌 트랜치 (따라서 상대적으로 비싼)를 매도하면 차익을 볼 수 있을 것이다 (이를 **correlation매입거래**라 한다).

그러나, 여기서 말하는 장외파생상품은 주로 신용디폴트 스왑을 말하는 것으로서 하나는 AIG FP와 같은 그림자은행제도내의 금융기관이 신용파생상품을 직접 거래(이 경우 SCDO에 대한 신용보장매도)하다가 손실을 보는 경우이고, 다른 하나는 CDS거래의 상대방들에 의한 대규모 자금인출로 인한 위험이다. 전자의 경우는 AIG가 해당하고 후자의 경우는 베어스턴즈가 해당하는데, 이 두 경우 모두 개별적 사건이고 개별 기관의 위험관리 문제이지, 이로 인해 전체 금융시스템에 위기가 왔다고 보기는 어렵다. 또, CDS가 금융기관들간 상호 연관관계(interconnections)를 통해 금융위기에 큰 영향을 미쳤다는 증거는 아직 어디에서도 찾을 수 없다. 예컨대, 파생상품거래를 가장 많이 한 투자은행인 리먼브라더스의 파산도 CDS 거래 상대방에게 그렇게 큰 손실을 끼치지는 않았다. 그러나 금융혁신이나 장외파생상품이 부분적으로 위기발생에 기여한 것은 사실이지만 "자동차와 교통사고"의 예와 같이 근본적인 원인으로 보기는 어렵다[223].

20.3.5 주택가격 거품과 서브프라임 모기지

가장 가까운 데서 신용위기의 원인을 찾는다면 그것은 그림자은행제도 안에 있는 금융기관들의 재무상태표를 보면 된다. 만약, 그들이 서브프라임 위험자산을 그렇게 많이 보유하지 않았고 이들을 단기차입으로 매입하지 않았다면 신용위기는 발생하지 않았을 것이다. 그랬다면, 설사 주택 가격의 하락으로 모기지관련 자산의 위험이 증가해서 ABCP의 차환발행과 레포 연장이 어렵더라도 큰 문제는 없었을 것이다. 실제로, 미국은 1970년대 말과 1980년대 말에도 주택가격의 거품현상이 있었지만, 거품이 꺼진 다음 금융위기가 오지 않았었다. 이번 위기의 직접적인 원인은 서브프라임을 포함한 고위험 모기지가 전체 모기지 대출잔액의 거의 반을 차지했기 때문이었다(Wallison, 2011). 그러나 이는 근인(近因)에 불과할 뿐 근본적인 원인인 근인(根因)이 아니다. 왜 이들이 서브프라임 위험자산을 많이 보유하게 되었는가? 왜 단기차입에 의존하게 되었는가 등이 설명되어야 하기 때문이다.

223 위기 초기에 발생한 아이슬란드 은행들이나 영국의 노던록, 위기 이후의 스페인의 문제는 서브프라임이나 CDO와는 관계없다.

20.3.6 증권화와 증권화 참여자들의 도덕적 해이

앞에서 우리는 최근의 상업은행 업무를 **대출채권매각중심 영업모형**(OAD)이라 말했으나, 폄하하는 의미로 사람들은 이를 흔히 **떠넘기기 위한 대출 모형**(Originate-to-Distribute: OTD)이라고도 부른다. 서브프라임 모기지 대출채권의 증권화 과정은 여러 단계를 거치며, 각 단계에서 생성된 증권은 발행자가 일부 보유하기는 하지만 대개는 다음 단계로 이전된다. 그러므로 최종 투자자를 제외한 모든 참여자의 자기보유 위험이 거의 없으므로 각 단계의 참여자들이 엄격한 기준을 지킬 유인 또한 없었다는 것이다. 이른바 '수건(또는 폭탄) 돌리기' 스토리다.

이 설명은 단순하게 신용평가 회사만 믿은 투자자들은 속은 반면, 위험을 떠넘긴 여우 같은 은행과 증권사들은 수수료만 챙겼다는 것을 뜻한다. 첫째 의문은 지난 30년 가까운 세월 동안 증권화는 신용카드 대출, 학자금 대출, 자동차 할부대출 등, 여러 부문에서 진행되어 왔는데 왜 유독 서브프라임 모기지의 유동화에서만 도덕적 해이가 문제 되었느냐 하는 것이다. 그렇다면, 증권화 자체가 아니라, 서브프라임 모기지와 같은 부실대출채권의 증권화가 문제 아닌가?

또 다른 의문은 정말 엄격한 기준을 지킬 경제적 유인(incentives)이 없었느냐 하는 것이다. 투자자에게만 모든 위험이 전가되고 발행자는 위험이 없었는가? 실제 그렇지 않다. 모기지 대출기관, 구조화 설계자, 딜러 은행 등, 관련 회사나 개인 모두 큰 손해를 보았다[224]. 더욱이, 모기지 대출자나 RMBS나 RMBS CDO등 ABS 증권의 발행 및 인수기관들은 구조화 과정에서 모기지 풀과 발행 증권의 일부를 보유해야 하기 때문에 위험에 직접 노출된다. 뿐만 아니라, 은행들이 유동화증권을 보유하지 않을 것이라는 생각 역시 근거가 희박하다. 실제로, 그림자은행제도하에서 브로커-딜러 은행들은 흔히 최종 투자자들로부터 자금을 조달하면서 유동화증권을 담보로 사용한다(Gorton, 2010). 예컨대, 2006년과 2007년 일부 은행들이 보유한 CDO의 최선순위 계층들은 대부분 나중에 대손상각 대상이 된다. 그 밖에도 모기지 대출자들은 모기지 관리권 및 기타 여러 권리를 보유하며, SIV의 설립은행은 암묵적 계약에 의해 SIV에 문제가 발생하면 SIV의 자산과 부채를 인수한다. 앞에서 본 그림자은행제도 또는 자산증권화 가설의 가장 큰 문제점은 패니(Fannie)나 프레디(Freddie) 등, 미국의 서민주택법에 의해 서브프라임 모기지 관련 증권을 매입할 수 밖에 없는 정부후원기업들을 제외하면 모든 단계에서 이들 증권의 매입자들은 매입 자산의 신용위험을 무시할 수 없다는 점이다. 물론, 원하면 모기지 대출업자들은 서브프라임 모기지 대출을 할 수는 있지만, 그 대출채권을 사는 사람이 없다면 한 푼도 벌 수 없을 것이다.

---

224 Option One, Ameriquest, New Century, Citibank, UBS, Merrill Lynch 등은 회사들이고, Chuck Prince, Ken Thompson, Marcel Ospel, James Cayne 등은 개인들이다.

세 번째 의문은 모기지 위험 인수기준이 위기 직전 몇 년 동안 약화된 것은 사실이지만 그게 꼭 OTD영업 모형의 도적적 해이 때문이냐는 것이다. 당시의 낮은 이자율과 과잉신용, 모기지 대출기관간의 극심한 경쟁, 모기지대출 심사기준 및 성과보상과 관련된 담당 직원과 기관간의 이해상충, 규제, 정책 등, 다른 요인들도 허다하다.

물론, 서브프라임 RMBS나 RMBS CDO에 전혀 문제가 없었다는 말은 아니다. 이들은 분명 **유독성 자산**(toxic waste)이었다. 최종 담보자산이 서브프라임 모기지였을 뿐만 아니라 주택가격이 폭락했을 때 이들은 대부분 부도처리 되었고, 궁극적인 손실 부담자들을 알기 어려웠다. 그렇다 하더라도 문제는 여전히 왜 그렇게 많은 불량자산(대출채권)이 만들어졌느냐에 있지 왜 불량자산이 증권화될 수 있었느냐에 있지 않다.

20.3.7 정보의 손실과 정보의 비대칭성

서브프라임 모기지 관련 증권, 특수목적 기구(SPE), 신용파생상품들이 복잡하게 서로 연결되어 있어 증권화 과정의 각 단계에서 생성된 정보의 손실이 발생하고, 서브프라임 모기지 위험의 위치와 규모를 상품의 설계자들은 알고 있었지만 투자자들은 알 수 없었기 때문에, 작은 규모의 서브프라임 모기지 시장에서 발생한 충격(shock)이 전체 은행시스템으로 급속히 전이되었다는 설명이다.

서브프라임 모기지의 증권화 과정은 서브프라임 모기지의 1차 유동화증권인 RMBS를 CDO가 매입하고, RMBS(또는 ABS) CDO는 다시 부외금융거래회사인 ABCP 콘딧이나 SIV 등, 구조화금융 상품 전문회사가 매입하며, 이들 회사가 발행한 부채(ABCP)는 다시 MMMF 등 최종(주로 기관)투자자들이 매입하는 긴 체인형 판매구조다. 더구나, 신용파생상품을 이용하는 SCDO형태에서는 CDS를 활용하므로 비록 순개념으로는 위험이 추가되지 않지만, 현물 CDO보다 위험이전 정도를 파악하기가 더 어렵게 된다. 왜냐하면, 이 단계에서 원래 서브프라임 모기지 위험은 RMBS나 CDO보유자로부터 CDS매도(신용보장 매도)기관인 대형 금융기관으로 이전 되기 때문이다.

특히, 2006년 초, 서브프라임 대출채권의 위험을 말해주는 ABX지수가 시장에 출현하게 되어 투자자들은 ABX지수의 급격한 하락을 보며, 전체 시장의 향방은 짐작할 수 있었지만 서브프라임 모기지 위험의 위치와 규모는 알 수 없었다. 이로 말미암아, 서브프라임 모기지 관련 증권은 물론, 자산유동화증권 전체에 대한 총체적 불신이 초래되었다. 이어진 투자자들에 의한 **담보자산확충요구**(collateral calls)의 폭증, 레포시장의 붕괴 등에 따른 도매은행시장의 유동성부족, 유동화증권에 대한 시가평가로 인한 금융기관의 자산급매 등으로 말미암아 신용위기는 전체 은행시스템으로 확산된다.

이렇게 보면, 결국, 서브프라임 모기지 시장의 문제가 전체 금융시장으로 확산된 이유는 서브프라임 모기지 증권화 과정의 복잡성과 상호 의존성으로 인해 여러 단계를 거치는 동안 각 단계에서 창출된 정보가 다음 단계로 넘어 가는 과정에서, 이전 단계에서 생성된 정보가 손실되는 것은 고의적인 것이 아니라 구조적으로 그렇게 될 수 밖에 없다는 것이다. 왜냐하면, 각 단계마다 새로운 정보가 요구되기 때문이다(Gorton, 2008).

결국, 문제는 이로 인해 투자자들이 투자결정을 위해 반드시 필요한 투자 포트폴리오에 대한 정확한 분석이 가능하지 않다는 데 있다 (정보의 비대칭성). 예컨대, CDO 투자자의 경우 유통시장은 없고 발행시장만 있을 뿐이다. 이런 상황에서 투자자들은 투자분석을 단순히 은행과의 지속적인 거래관계(repeated relationship)나 신용평가기관에 의존할 수 밖에 없었다는 것이다. 상당히 설득력 있는 설명이지만, 이 역시 근원적인 문제를 설명하기에는 부족하다. 정보의 손실과 비대칭성은 정도의 문제일 뿐, 언제, 어디서나, 존재하는 문제들이다(4장 참조). 신용위기와 같은 갑작스러운 시장 붕괴를 설명하는 데는 문제가 있다.

20.3.8 효율적 자본시장 가설

금융위기의 발단은 투자자들이 '시장에서 형성된 자산 가격은 이용 가능한 모든 정보가 반영된 것'이라는 이른바 **효율적 자본시장 가설(efficient market hypothesis: EMH)**을 맹목적으로 받아들여, 진정한 자산가격을 알기 위한 노력을 게을리 한 결과라는 것이다(Fox, 2009). 특히 일부 저명한 금융이론가들도 이와 유사한 주장을 하고 있다. 예컨대, 금융위기의 근본적인 원인이 시장참가자들은 물론, 규제당국이나 신용평가기관들 모두가 ABS나 기타 최신형 증권들에 내재된 위험을 제대로 파악하지 못한데 있다고 말한다. 그때까지 모두가 주택가격이 그렇게 크게, 그렇게 빨리, 그리고 그렇게 전국적으로 동시에 하락하게 될 것으로는 전혀 예상치 못했다는 것이다. 뿐만 아니라, 신용평가기관들 역시 주택가격과 디폴트의 상관관계를 이해하지 못했던 관계로 부정확한 신용평가모형을 사용했다는 것이다(Shleifer, 2010). 혹은 신용평가모형의 문제점들을 알 수 있었지만 대수롭지 않게 생각하고 무시했다는 주장도 있다(Jarrow, 2011b).

정말 그런가? 그렇다면, 1965년 Fama교수의 EMH가 처음 발표되기 이전에는 자산 거품이 왜 발생했는가? (예: 1637년의 네델란드 튤립 매니아) 또, 현실 세계에서 대부분의 투자는 시장의 효율성을 믿지 않는 전문 자산운용자들이 관리하고 있다. 예컨대, 뮤추얼펀드의 80%는 적극적으로 자산을 운용하는 기관이 관리하고 있다. "투자자들이 이 가설을 믿어서 시장에서 형성된 가격을 수동적으로 받아들였기 때문에 자산 가격에 거품이 생겼다"고 하면서 이 가설을 믿지 않고 적극적으로 자산을 운용하는 펀드들에 돈을 몰아주고 자산 가격이 그렇게 상승한 현상은 상호 모순이 아닌가? (Ball, 2009)

비효율성의 증거로 제시되는 초과수익률이라는 것도 실은 감춰진 체계적 위험이 자산가격 결정 모형에 아직 반영되지 않았기 때문인지 모른다. 그리고 EMH는 경쟁적 진입장벽이 없는 시장을 전제로 한 것이다. 따라서, 완벽하게 경쟁적이고 진입이 자유로운 시장이 현실적으로 존재하지 않는 한 어떤 시장도 완벽하게 효율적일 수는 없다. 문제는 효율성의 정도에 있는데 실증적인 자료는 대체로 긍정적이다.

20.4 정책과 규제

앞 절에서 본 원인들은 정도의 차이일 뿐, 인과관계(因果關係)를 떠나 신용위기와 어떤 식으로든 연관된 것은 사실이다. 그러나, 설사 인과관계가 분명하다고 하더라도 어느 한 요인만이 금융위기의 원인이라는 주장은 무리가 있다[225]. 그 반대로 지난 2011년 발표된 미국 금융위기 조사위원회의 조사결과보고서 (Financial Crisis Inquiry Report)는 너무 많은 요인들을 원인으로 열거하고 있다. 모든 것이 중요하다는 말은 결국 아무것도 중요하지 않다는 말과 별반 다를 바 없다. 즉, 너무 적은 것도 문제지만 너무 많은 것도 문제다. 그렇다면 그 기준은 무엇인가?

첫째, 모든 사람이 동의하는 것은 금융위기가 서브프라임 모기지에서 시작되어서 단기금융시장, 그리고 그림자은행시스템으로 전파되었다는 사실이다. 따라서 금융위기의 원인을 밝히는 것은 곧 이런 현상을 야기시킨 요인들을 찾는 것이다. 그런데, 경제학에서 인과관계를 말할 때는 통상 외생성 (exogeneity)을 염두에 둔다. 즉, 비교적 독립적으로 변하는 요인이 내생적 (endogenous)인 변화를 초래했다는 것이다. 계량경제학의 기초 개념인 회귀식 (regression equation)을 생각해 보면 여기서 내생변수 (endogenous variable)는 금융위기이므로, 금융위기를 초래한 가급적 적은 수의 외생변수 (외생적 원인)를 찾아야 한다.

둘째, 앞 절에 열거된 원인들의 대부분은 상호 관련성이 클 뿐만 아니라, 그 자체가 독립적인 요인들의 영향을 받아 변하는 내생변수인 경우가 많다. 예컨대, 증권화와 증권화 참여자들의 도덕적 해이, 주택가격 거품과 서브프라임 모기지대출, 금융혁신과 장외파생상품, 그림자은행

225 금융위기에 관해서 모두가 동의하는 정의는 없으므로 일단 2007-2008년 사이에 일어난 현상을 금융위기로 정의하자. 이유는 채권이나 주식 등, 금융자산 가격의 대폭적인 하락과 금융 및 경제활동의 붕괴는 분명 위기임에 틀림없기 때문이다.

제도 등은 이들이 금융위기를 초래한 독립적인 요인이라기 보다는 이들 자체가 그 동안 있었던 각종 정책 및 규제의 변화, 즉 금융환경의 변화에 대해 시장이 적응해온 결과로 볼 수 있다.

셋째, 무릇 역사적인 사건들의 이면에는 수많은 요인들이 작용한다. 신용위기라는 역사적 사건에 대한 설명도 정치인, 언론인, 학자 등, 수많은 사람들에 의해 다양하게 시도되고 있다. 무엇보다 중요한 것은 이들 가운데서 역사가 달라질 수 있을 정도로 중요한 요인들을 찾는 것이다.

이 같은 기준을 가지고 금융위기는 그 동안 시행된 정책과 규제변화로 인한 금융환경 변화(외생적 요인)에 시장이 적응한 결과(내생적 변화)일 뿐이라는 시각(視角)에서 금융위기를 바라보면 정작 해야 할 질문과 답을 얻는데 도움이 된다. 질문은 왜 그런 저질(低質) 모기지 대출채권의 매입자가 있었냐는 것이고 (사는 사람이 없으면 거래는 성립되지 않는다), 이는 다시 왜 1992년 초부터 모기지 대출채권 인수(또는 심사)기준이 그처럼 대폭적으로 완화되었느냐는 것이다. 일차적인 대답은 모기지 대출채권을 사는 측에서 까다롭게 이것 저것 묻지 않고 대충 샀다는 것이고 (이 경우 모기지 대출업자가 굳이 모기지 차입자의 신용을 까다롭게 심사할 이유가 무엇인가?), 최종적인 대답은 (i) 정책, 특히 미국정부의 주택정책, (ii) 금융시장/기관에 대한 규제, (iii) 미국 정부가 취한 대마불사(大馬不死)관행의 일방적 포기다. (i)과 (ii)는 근인(根因)이고 (iii)은 근인(近因)으로 볼 수 있지만 세 요인 모두 정책과 규제의 문제다.

20.4.1 금융/주택정책

서브프라임 모기지 위기는 금융기관들의 과도한 위험자산 보유에 있다. 그런데 그 이유는 이들이 우연히 집단적으로 이성을 잃었기 때문이 아니라, 서브프라임 모기지 위험을 과소평가하도록 유도한 국가 정책에서 찾을 수 있다. 서브프라임 모기지 위기는 적극적인 국가 정책으로 인한 기업환경 변화에 대한 시장의 반응이라는 말이다.

저이자율 정책과 과잉유동성: 특히 테일러(John B. Taylor) 등 거시경제학자들과 정책당국자들을 중심으로 제기된 원인의 하나는 저이자율과 과잉유동성이 주택가격 거품/폭락과 서브프라임 모기지 차입의 폭발적인 증가를 가져옴으로써 신용위기를 초래했다는 주장이다. 물론, 낮은 이자율(미국은 1%, 일본은 0%)과 중국의 고정환율 유지 등으로 미국에 많은 해외자금이 유입되어 자산가격 거품이 생기고 과잉차입이 발생한 것은 사실이다. 또, 이른바 위기 직전까지 지속된 **대안정기간(Great Moderation period)**이 서브프라임 신용위기의 밑거름이 된 것도 사실이다. 그러나, 팽창적 재정/금융정책과 상당기간의 안정적 성장은 그 전에도 있었으므로 금융위기의 필요조건은 될 수 있을지 몰라도 충분조건으로 보기는 어렵다.

유동화증권의 RP거래 담보자산 허용: 미 연방정부는 환매조건부채권(RP) 시장에서 담보로 사용하는 자산에 AAA 등급의 서브프라임 모기지 유동화증권도 미국 국채와 함께 포함시켰다. 이는 (i) 서브프라임 모기지 수요를 크게 증가시키고, (ii) 신용평가기관의 신용등급 과대평가를 초래했을 뿐만 아니라[226], (iii) 주택가격의 거품이 꺼졌을 때 서브프라임 모기지 유동화증권의 가치평가를 어렵게 만들어 베어스턴즈, 리먼브라더즈, 씨티 은행 등을 곤경에 빠트린 단초가 되었다.

서민주택사업 정책과 GSE에 대한 정치적 압력 : 그러나, 서브프라임 모기지 위기에 가장 큰 책임이 있는 정책은 이들 경제정책보다는 주택정책, 특히 저소득 층에 대한 미국식 "내 집 갖기" 운동인 **서민주택사업(Affordable Housing Project)** 정책이다. 서민주택사업은 내 집을 가져야 지역사회에 대한 애정과 책임감이 생겨서 선량한 시민이 될 수 있다는 고상한 (그러나 정치적인) 아이디어에서 출발한 정책이다[227].

1992년 제정된 미국의 **정부후원기업법(GSE Act)**은 패니와 프레디에 대한 중·저소득층 차입자들을 위한 일종의 '모기지 할당 시스템'이었다. 그 이전까지 모기지 대출기관들의 모기지 대출정책은 10–20퍼센트 선불(downpayments)은 물론, 최소 신용기준을 만족시켜야 하는 등 상당히 보수적이었다. 1992–2008년 기간 중 서브프라임 및 알트-에이(Alt-A) 모기지 대출의 증가와 모기지 인수기준의 약화에는 적어도 3개의 정부 주택프로그램이 관련되어 있다[228]. 첫째는 GSE의 **서민주택대출목표(Affordable Housing Mission)**로서, 이로 인해 서브프라임 대출에서 GSE는 연방정부의 서브프라임 모기지 대출을 관장하는 연방주택청(Federal Housing Administration: FHA)과 직접적인 경쟁관계에 놓이게 된다(그 후 15년 동안 패니 및 프레디의 서민주택대출 목표는 지속적으로 상향 조정된다).

둘째는 **사회재투자법(Community Reinvestment Act: CRA)**이다. 1977년 법 제정 당시에는 FDIC에 가입한 상업은행과 저축은행에게 영업지역의 저소득층에 대한 대출을 독려하는 수준에 그쳤으나, 미 의회는 1995년 관련 규정을 개정해서 이들에게도 저소득층에 대한 대출을 의무화 한다.

---

226 이는 유동화증권 발행자로부터 평가에 대한 보상을 받기 때문에 평가기관들의 과대평가가 발생한다는 일반적인 주장과 다르다. 여기서는 서브프라임 모기지 유동화증권을 매입하는 투자자들이 높은 등급의 증권이라야만 규제로 인한 혜택(RP거래의 담보로 사용)을 받을 수 있으므로 발행자가 아니라 매입자인 투자자들이 오히려 신용등급 과대평가를 원한다는 것이다.

227 거의 100 퍼센트 차입으로 구입한 이름만 자기 주택이지 실제는 세입자와 같은 내 집 소유자가 과연 그럴까?

228 알트-A는 서브프라임 차입자보다 신용평가점수가 높지만 소득/자산에 관한 자료 제출에 실패한 차입자를 말한다. 신용위험으로 보면 프라임과 서브프라임의 중간에 해당한다.

세 번째 프로그램은 미국의 연방 주택·도시개발부(Housing and Urban Development: HUD)의 **모범사례 추진계획**(Best Practice Initiatives)이다. 이 프로그램은 HUD가 1994년에 시작한 것으로 저소득 차입자들의 모기지 차입비율을 증가시키기 위해 모기지 인수기준을 약화시키는 것을 목표로 하는 것이다. 2000년 대 초에 이르면 이들 모기지 대출기관 역시 패니와 프레디 등의 GSE, FHA, CRA은행들과 동일한 서브프라임 및 알트-에이 등, 비우량 모기지를 놓고 치열한 경쟁에 돌입한다. 이들이 경쟁하는 이유가 이윤추구에 있었다기 보다는 정부가 부과한 의무를 이행하기 위함이니 모기지 인수기준이 저하될 것임은 자명하다.

이들 정책이 모두 서브프라임 위험의 과소평가에 기여한 것은 맞지만 "서민주택사업"이라는 명분으로 행해진 패니와 프레디의 "정치화"와 모기지 대출기준의 약화를 요구하는 GSE에 대한 의회의 "정치적 압력"은 서브프라임 모기지 위기에 가장 큰 책임이 있는 것들이다. 사기업이지만 정부후원기업이 주는 혜택을 유지하기 위해서 이들은 싫든 좋든 의회의 압력에 협조할 수 밖에 없었다. [표 20-1]에서 보는 바와 같이 금융위기 발발 직전 정부기관과 정부의 통제를 받는 민간 대부업체들이 보유하고 있거나 보증한 고위험 모기지 대출은 19.2백만 건에 달한다.

반면, 칸츄리와이드나 기타 서브프라임 모기지대출 전문 민간업체들이 발행한 MBS를 통해서 투자자들에게 배분된 고위험 모기지는 7.8백만 건에 불과하다. 이와 같이 서브프라임과 알트-에이 등 전체 고위험 모기지 신용위험의 3분의 2를 정부기관과 정부의 통제하에 있는 민간업체들이 보유하고 있다는 사실은 1997－2007년 주택시장 거품(실질가격으로 90퍼센트 상승), 거품이 꺼진 후의 모기지 시장 붕괴, 그리고 연이은 금융위기와 경기침체 과정에서 있었던 정부의 역할을 말해 준다.

[표 20.1] 서브프라임 및 기타 고위험 모기지 신용위험의 기관별 보유

(2008년 6월 현재)

기관	서브프라임 및 알트-A 대출(백만 건)	미지급 원금(조)
패니매(Fannie Mae)와 프레디맥(Freddie Mac)	12	$1.8
FHA 및 기타 연방*	5	$0.6
CRA 및 HUD 프로그램	2.2	$0.3
연방정부 (총)	**19.2**	**$2.7**
기타 (Countrywide와 월가 금융기관 발행 서브프라임 및 알트-에이 PMBS포함)	7.8	$1.9
합계	**27**	**$4.6**

주: * = Veterans Administration, Federal Home Loan Banks, 기타

자료: Edward Pinto's analysis in Exhibit 2 to the Triggers Memo, April 21, 2010, p. 4, http://www.aei.org/docLib/Pinto-Sizing-Total-Federal-Contributions.pdf.

결과적으로 정부가 원하던 서민주택대출 목표는 달성되었다. 주택보유율은 1994년 64퍼센트(30년 이상 같은 비율)에서 2004년에는 69 퍼센트로 증가했다. 문제는 모기지 인수기준의 약화와 서브프라임 대출촉진 정책으로 인해 주택시장에 자금이 과잉 공급되고 주택수요를 인위적으로 증가시킴으로써, 주택가격의 거품을 확대시키고 거품기간을 2배 이상 연장시켰다는 데 있다. 이 과정에서 정부기관과 정부 통제하의 금융기관들이 정부의 사회정책에 동원되어 수익성이나 위험에 관심이 없었기 때문에 정상적이라면 벌써 터졌어야 할 거품이 지속될 수 밖에 없었다(Wallison, 2011).

20.4.2 금융시장/기관 규제

실제로 정책과 규제를 명확하게 구분하기는 어렵다. 대부분의 경우 규제는 정책의 집행과정의 일부인 경우가 많기 때문이다. 서브프라임 모기지 위기에 영향을 미친 규제는 미국 국내적인 것이 대부분이지만 글로벌한 것도 있다. 또, 오랫동안 지속되어 온 것도 있고 위기 발생 얼마 전에 집중된 것도 있다. 어쨌든 규제는 항상 시장메커니즘에 영향을 미치고 시장은 규제로 인한 인센티브에 적응한다.

은행 소유권 제한: 흔히 금융기관 경영자들이 주주이익보다 자기이익 위주로 경영하고 성과보상 시스템이 단기성과 중심이기 때문에 서브프라임 모기지 대출기준이 약화되었다고 말한다. 이와 같은 **은행의 대리인 문제**(bank agency problem)는 은행에 대한 소유권 제한(특히 연·기금 및 뮤추얼펀드 등 기관투자자)으로 인해 대형 금융기관들이 사실상 주인 없는 기업이 되었기 때문이다. **적대적 기업인수**(hostile takeover)는 비금융기업 시장에서는 매우 유효한 시장규율 수단이고, 특히 인적 자원에 크게 의존하는 금융기관에게는 더욱 그러하다.

건전성 규제: 은행에 대한 건전성 규제는 금융감독 당국의 기본 책무이나 위험 측정과 규제의 집행 측면에서 모두 실패했다. 위험 측정 측면에서는 신용평가기관의 평가에 의존하거나 또는 은행 자체 위험측정 모형에 의존했는데 두 방법 모두 은행 경영층의 영향력으로부터 자유롭지 못하다 (위험의 과소/신용등급의 과대 평가). 또, 서브프라임 모기지 대출채권은 일반 대출채권에 비해 위험도가 더 높음에도 불구하고 위험가중치가 일반 대출채권의 절반 정도이므로 상업은행의 모기지 대출증가를 불러왔다 (규제차익거래). 규제의 실행 측면에서는 감독당국이 대마불사 문제로 인해 다국적 대형 은행들에 대해 감시감독은 물론, 문제 발견시 시정조치를 적시에 취하지 못한다. 신용등급의 과대평가나 규제차익거래는 일정 부분 규제 자체에 책임이 있다는 말이다.

대마불사와 안전망: 대마불사는 규제의 실효성 상실을 초래하고 이들 대형 은행들의 도덕적 해이로 연결된다. 예금보험, 중앙은행 대출, 중앙은행 및 정부의 구제금융 등 각종 안전망(safety net)으로 보호되는데다 대마불사에 주인까지 없으므로 대형 은행들이 과도한 위험을 추구하는 것은 지극히 당연한 현상이다. 잘되면 두툼한 보너스요, 안되면 부담은 일반 국민이 나눠지거나 운이 좋으면(대부분의 경우) 인심 좋은 정부/감독기관이 덮어줄 터이니 말이다. 이제는 신용등급의 과대평가나 규제차익 거래뿐만 아니라, "시스템적으로 중요한(대마불사)" 금융기관들과 이들의 과잉차입과 위험집중(서브프라임 모기지) 역시 정책/규제의 직접적인 결과인 것이다(20.1 참조).

2004년의 규제변화: 2004년에는 서브프라임 모기지 관련 차익거래 기회를 가져온 규제변화가 발생한다(Blundell-Wignall, Atkinson, and Lee, 2008). (i) 저소득 가구의 모기지 차입을 도와주는 부쉬 행정부의 "아메리칸 드림(American Dream)" 제로지분 모기지 안(zero equity mortgage proposal)이 실시되었다(제로지분 모기지는 100퍼센트 모기지 차입을 말한다). (ii) 당시 재무구조 건전성 및 안전성에 관한 패니와 프레디의 감독기관이었던 연방주택감독청(Office of Federal Housing Enterprise Oversight: OFHEO)이 이들에 대한 자본금 및 포트폴리오 규제를 강화했다. 모기지 대출채권을 패니와 프레디에게 매도하던 은행/금융기관들은 수익 감소를 보충하기 위해 SIV, ABCP, RMBS, CDO등, 패니 및 프레디와 유사한 조직을 자체적으로 만들었다. (iii) 2004년 BIS는 새로운 규제자본기준인 Basel II를 발표하는데 모기지 대출채권에 대한 위험가중치가 Basel I의 50%로부터 35%로 하락되었다(내부평가모형을 이용하면 15-20%도 가능). 이로 인한 규제자본 차익거래(regulatory arbitrage)는 은행들의 서브프라임 대출 증가와 부외거래를 촉진하는 결과를 가져왔다.

20.4.3 대마불사 관행의 포기

정부의 주택정책으로 인해 거대 규모의 고위험 모기지가 누적됨에 따라 금융시스템 전체가 언제든 어떤 형태로든 위기로 발전할 상황에 있었지만 잠재적 위기를 광범위한 공황상태로 연결시킨 사건-근인(近因)-역시 다름아닌 정부에 있었다(Wallison, 2011, p.42). 미국 정부는 2008년 3월 베어스턴즈를 구제해 주었으나 같은 해 9월 그 보다 더 큰 리먼브라더즈는 구제하지 않는다. 베어의 구제는 일시적으로 투자자들의 불안을 진정시키는 효과는 있었지만 심각한 도덕적 해이 현상을 초래했다. 시장은 투자은행과 은행지주회사들은 너무 커서 파산시킬 수 없다는, 이른바 '**대마불사(too big to fail: TBTF)**'를 믿게 되었다. 리먼 자신도 정부를 믿었고 리먼의 잠재적 인수자들인 바클레이즈나 뱅크오브아메리카도 정부에게 대규모의 보증을 요구했다.

시장은 베어보다 더 큰 리먼은 당연히 구제될 것으로 믿고 있었는데, 막상 정부가 리먼을 포기하는 것을 보고 각자도생(各自圖生)의 길을 찾게 되었다. 당시 금융기관들은 시가평가제 실시에 따른 금융자산의 가치하락으로 인해 대손상각을 크게 증가시킨 결과 자산건전성이 대폭 악화된 상태였지만 누가 얼마나 위험한지는 알 수 없었다. 따라서, 은행들이 거래 상대방에 의한 자금회수와 기업에 의한 신용인출을 걱정해서 일체의 신규 대출을 정지하고 현금을 축적하거나 안전자산인 국채로 달려가는 것은 당연했다. 그 결과, ABCP시장과 레포시장이 얼어붙고 은행간 거래도 정지되었다. 일단 모든 사람들이 **구제금융(bailout)**을 믿도록 만들었으면 계속 구제해 주어야 하는데 그렇게 하지 않음으로써 결국 극도의 혼란이 초래될 수 밖에 없었다. 이것이 바로 대마불사 관행으로 인한 도덕적 해이의 무서운 결과인 것이다.

리먼을 구제하지 않은 것이 잘못이라는 말이 아니다. 애초에 베어를 구제했던 것이 잘못이라는 말이다. 만약, 베어가 파산했더라면 투자은행, 헤지펀드, 기타 관련 은행들이 협상을 통해 문제를 해결했었을 수도 있었다(이 보다는 덜했지만 비슷한 상황에서 시장이 스스로 해결한 과거의 예도 있다). 왜냐하면 서브프라임 모기지 문제가 어제 오늘 시작된 것이 아니라 상당 기간 진행되어 왔으므로 이들 금융기관들이 전혀 세상물정(世上物情)을 모르는 철부지들이 아니었다면 최악의 시나리오를 항상 대비해 두었을 것이기 때문이다.

더구나, 이들의 대비책 가운데 정부에 의한 구제금융이 포함되어 있었다면 더더욱 정책의 실패가 아닌가! 그러므로 리먼을 구제해주지 않은 것은 부차적인 문제일 뿐(굳이 말한다면 두 번째 잘못쯤 될까?) 그보다는 베어를 구제해 준 것이 결정적인 잘못(첫 번째 잘못)이라는 말이다. 경제이론과 정치논리의 "편리한 혼합"으로 인한 도덕적 해이와 그에 따른 기회비용(이 경우는 정부 눈치보다 파산)은 역사적 진실이며 현대 경제이론의 핵심적인 교훈(정보의 비대칭성) 가운데 하나다. 경제이론을 따르지 않은 결과에 대해 경제학 교과서를 다시 써야 한다는 주장을 도대체 어떻게 이해해야 하는가?

20.5 규제개혁과 구조화금융

정책과 규제를 통한 정부의 개입이 없었다면 대마불사 문제도, 그림자은행제도나 서브프라임모기지의 폭발적인 증가도 처음부터 있을 수 없는 일이었다. 그렇다면 해결 방법은 간단치 않은가? 그러나 현실은 정치·사회적 요구를 정부가 무시할 수 없으며 정·관·경 유착은 필연적이므로 불가능한 것을 주문하기 보다는 차선이긴 하지만 필요한 규제는 인정할 수 밖에 없다. 마치, 주인-대리인 문제에서 어쩔 수 없이 발생하는 손실을 주인이 부담하는 것처럼 이로 인한 손실은 국민이 부담할 수 밖에 없다(지금처럼). 문제는 어려운 일이긴 하지만 이 손실을 최소화 시키면서도 경제 전체적인 영향을 동시에 고려하고 실현 가능한 규제를 만드는 것이다.

글로벌 신용위기의 원인에 대한 각종 분석 및 설명과 예방 및 규제개혁을 위한 처방이 각계로부터 제시되고 있고 **다드-프랭크 법(Dodd-Frank Act)**처럼 이미 법제화된 것도 있다. 규제개혁이 금융제도의 안정성(systemic stability)과 효율성을 동시에 가져올 수 있어야 하지만 안정성이 무엇보다 중요한 것은 사실이다. 그러나 안정성에 치중하다 보면 금융을 독립된 산업으로 보기보다는 전통적인 시각에서 국가 또는 세계경제의 지속적인 성장에 필요한 보조자나 거시경제정책 집행 수단의 하나로 보게 된다. 그러기엔 21세기 시장 참여자들이나 금융 상품/기술이 너무 앞서 있고 이미 과거로 되돌아 갈 수는 없는 상황이다. 예컨대, 은행을 포함한 금융기관들에게 모기지 대출채권을 증권화하지 말고 계속 보유하며(대출채권 보유중심 영업방식) 금융중개 기능만 수행하라는 정책이 아직도, 앞으로도 유효한가?

그렇다면 대증요법(對症療法)적 부분적인 처방은 지금껏 그래왔듯 근본적인 치료보다는 규제차익 거래 등, 부작용만 낳을 수도 있다(Basel III에 대해서도 이미 규제차익거래 문제가 제기되고 있다). 그런데, 위기 이후 규제개혁의 초점은 근본적인 원인인 사회·경제정책 및 규제 전체에 있다기 보다는 구조화금융에 편중되어 있는 것 같다. 몇 가지만 보면, (i) Basel III에서는 **유동성비율(Liquidity Coverage Ratio: LCR)**과 **순안정자금조달비율(NSFR: Net Stable Funding Ratio: NSFR)**을 도입했는데 이들 비율 산정에서 ABS를 제외함으로써 가장 큰 수요자인 은행 및 금융회사들의 구조화 금융상품 수요를 억제하고 있다[229]. (ii) 중앙은행들이 RP거래에서 종전에 허용했던 유동화증권의 담보자산 사용을 금지하거나 또는 어렵게 만들려는 움직임이다. 유럽중앙은행이 이미 2011년 1월에 ABS에 대한 헤어컷을 12%에서 16%로 상향 조정했고 ABS의 신용등급도 두 평가기관으로부터 AAA를 받아야 하도록 만들었다. (iii) 은행에 대한 ABS의 역할을 위험가중치가 낮은 **카버드 본드(covered bond) – 방비채권(防備債劵)** – 로 대신시키려는 규제당국의 움직임이다[230]. (iv) 자가위험보유 조항(risk retention rule)에 의해 발행자가 유동화증권 발행액의 적어도 5% 이상을 보유해야 한다. 은행의 대출즉시 매각중심 영업 방식에서 오는

---

229 유동성비율(또는 유동성카버리지비율)은 한 달 기준의 국채 등 고유동성 자산을 순현금유출로 나눈비율로 유동성 위기가 닥쳤을 때 적어도 한달 동안 혼자 힘으로 견딜 수 있도록 하자는 취지에서 설정된 것으로 바젤 III의 핵심이다. 2013년 1월 바젤위원회는 LCR 도입 시기를 기존 2015년에서 2019년으로 연기했다. NSFR은 은행의 과도한 단기도매자금에 대한 의존도를 축소하고 자금조달 위험을 경감시키기 위한 것으로서 단기 유동성 비율인 LCR을 보완하는 지표이다. 2018년 1월부터 시중은행에 적용될 예정이다.

230 카버드 본드는 발행자의 재무상태표에 부채로 기록되며 tranching이 안되고 상환청구권이 있다는 점에서 ABS로 볼 수 없다.

도덕적 해이 문제를 완화시키기 위함이지만 이 조치는 은행의 자금조달 비용의 상승을 가져올 것이다.

구조화금융의 미래: 그럼에도 불구하고 구조화금융의 미래는 그렇게 나쁘지 않고, 오히려 더 밝은 편이다. 여러 가지 이유들이 있지만 무엇보다 구조화금융에 대한 잠재적인 수요가 크다는 것이다. 구조화금융 기법 자체는 이용 (예: 정치·사회적인 이유에 의한 서브프라임 모기지의 증권화) 또는 악용 (예: 엔론의 다수 SPE설립)만 하지 않는다면 일각에서 보는 것처럼 일확천금을 노리는 "노름 (gambling)"이 아니라, 투자자의 위험 - 수익 조합에 대한 취향의 차이를 충족시켜주는 효율적인 금융수단이다. 구조화금융, 특히 증권화가 문제된 것은 서브프라임 모기지 뿐이고, 증권화 전문기구를 사용하는 부외거래도 아무런 문제가 없었다. 특히, 매출채권, 학자금, 신용카드, 자동차할부금 등, 전통적인 ABS와 구조화 프로젝트 금융 (17장), 위험의 증권화 (18장), 조건부 자본 (19장) 등은 앞으로 큰 발전이 기대되는 분야다.

둘째, 설사 규제의 필요성을 인정하더라도 규제가 갖고 있는 한계성은 일취월장(日就月將)하는 구조화금융 기법을 따를 수 없다. 은행 감독자들이 은행경영도 잘 하는 것은 아니므로 위기 이후 진행되고 있는 시스템안정 중심의 각종 규제는 금융부문의 경쟁력 및 수익성 저하를 가져올 것이다. 또, 규제는 전체적인 시각과 동시성을 잃으면 규제차익거래 기회를 창출하게 되고 (필연적이다!), 고(故) 스티글러 (George Stigler) 교수의 **규제의 포획이론 (capture theory of regulation)**이 가르치는 바와 같이 시간이 지남에 따라 규제자가 해당 산업에 포획(捕獲) 당함으로써 점차 무력화 될 것이다. 위기 후유증이 아직도 지속되고 있는 지금은 사실상 규제를 강화하기 가장 좋은 시점임에도 불구하고 최근 은행에 대한 유동성비율 (LCR)의 전면적 시행이 2015년에서 2019년으로 연기된 것이 좋은 예다.

셋째, 은행들은 이미 전통적인 신용중개 문화에 일반 기업들의 주주이익 중시문화를 혼합했으며, OTD 또는 OAD 영업방식은 이 같은 은행 문화의 변화를 반영한 것이다. 원래 위험의 효율적 분산이 목적이던 증권화가 은행의 경우에는 수익성 향상과 주가상승의 견인차가 됨으로써 오히려 차입증가와 위험의 집중현상을 초래한 것은 무엇을 말해주는가? 다윈의 진화론처럼, 은행은 규제환경을 포함한 영업환경의 변화에 효과적으로 적응한다는 말이다.

사람들은 좋은 규제가 필요하다고 말한다. 좋은 규제가 과연 있으며, 역사적으로 정책/규제당국이 시장과의 싸움에서 이긴 적이 있는가? 그러므로, 가장 본질적인 질문은 (i) 구조화금융 (크게는 그림자은행제도)은 왜 생겼으며 앞으로도 필요한 것인가 (다른 말로 하면 자본시장은 과연 완전한가라는 것이다)라는 것과, (ii) 모든 금융상품은 위험이 없어야 하며, 그것이 과연 우리 모두가 원하고 모두를 위하는 것이냐에 있다.

서브프라임 위기가 우리에게 주는 교훈은 "정치와 금융의 편리한 혼합"이 초래하게 되는 위험성이다. 이 편리한 혼합은 앞으로도 피할 수 없을 것이고, 따라서 위기는 또 발생하게 될 것이다. 그리고, 구조화금융도 내용과 형태는 조금씩 달라지겠지만 계속 진화하면서 중요한 기업금융 수단으로 언제나 우리와 함께 할 것이다.

참고문헌

김경무 (2011). 유동화증권 시장 현황과 이슈, 한국기업평가.

김은희 (2011). 2011년 상반기 유동화증권 발행 실적 분석 한국신용정보평가.

김필규 (2011). 우리나라 자산 유동화시장에 대한 평가: 제도적 측면에서의 검토, 자본시장연구원.

이범호·정원경 (2012), “우리나라 shadow banking 현황과 잠재리스크 분석,” BOK 경제리뷰, No.2012-11.

Acharya, Viral V., Philipp Schnabl, and Gustavo Suarez (2011). “Securitization Without Risk Transfer,” Unpublished paper, New York University.

Adrian, Tobias, and Hyun Song Shin (2010). “-The Changing Nature of Financial Intermediation and The Financial Crisis of 2007-2009,” Staff Report No.439, Federal Reserve Bank of New York.

Akerlof, G. A. (1970). “The Market for ‘Lemons’: Quality Uncertainty and the market Mechanism,” *Quarterly Journal of Economics*, vol. 84, No. 3.

Ashcraft A. B., and Schuermann, T. (2008). “Understanding the Securitization of Subprime Mortgage Credit,” Staff Report, No. 318, Federal Reserve Bank of New York.

Ball, Ray (2009). “The Global Financial Crisis and the Efficient Market Hypothesis: What Have We Learned?,” *Journal of Applied Corporate Finance*, vol. 21, No.4.

Benmelech, Efraim., and Jennifer Dlugosz (2009). “The Credit Rating Crisis,” NBER Working Paper 15045.

Benmelech, E., and Jennifer Dlugosz (2009a). “The alchemy of CDO credit ratings,” *Journal of Monetary Economics* 56, pp. 617-634.

Black, F., and M. Scholes (1973). “The Pricing of Options and Corporate Liabilities,” *Journal of Political Economy*, vol. 81, no.3.

Blundell-Wignall, A., P. Atkinson., and S. H. Lee (2008). “The Current Financial Crisis: Causes and Policy Issues,” OECD *Financial Market Trends* 95 (2): pp. 1-21.

Brealey, R. A., and S. C. Myers (2000). *Principles of Corporate Finance*, 6th ed. New York: Irwin McGraw-Hill.

Brennan, M. J., and E. S. Schwartz (1988). “The Case for Convertibles,” *Journal of Applied Corporate Finance*, vol. 2, no, 1.

Brennan, M., J. Hein, and S. Poon (2009). "Tranching and rating." *European Financial Management,* vol. 15, pp. 891–922.

Brunnermeier, Marcus K. (2009). "Deciphering the Liquidity and Credit Crunch 2007-2008," *Journal of Economic Perspectives*, vol. 23, no. 1.

Coval, Joshua, Jakub Jurek, and Erik Stafford (2009). "The Economics of Structured Finance," *Journal of Economic Perspectives,* vol. 23, no.1.

Cochrane, J. H. (2001). *Asset Pricing*. Princeton, NJ: Princeton University Press.

Cowley, Alex, and J. David Cummins (2005). "Securitization of Life Insurance Assets and Liabilities," *Journal of Risk and Insurance*, Vol. 72, No. 2, pp. 193-226

Crawford, John (2010). "CDO Ratings and Systemic Instability: Causes and Cure," *Journal of Law and Business*, Vol. 7, No. 1. New York University,

Crouhy, M., R. Jarrow, and S. Turnbull (2008). "The subprime credit crisis of 2007," *The Journal of Derivatives,* vol. 16, pp. 81–110.

Culp, C. L. (2002). "The Revolution in Corporate Risk Management: A Decade of Innovations in Process and Products," *Journal of Applied Corporate Finance*, vol. 14, no. 4.

Culp, C. L. (2006). *Structured Finance and Insurance*, Hoboken, NJ: John Wiley & Sons.

DeAngelo, H., and R. W. Masulis (1980). "Optimal Capital Structure under Corporate and Personal Taxation," *Journal of Financial Economics*, vol. 8.

DeMarzo, P.M. (2005). "The Pooling and Tranching of Securities: a Model of Informed Intermediation," *Review of Financial Studies*, vol. 18, no. 1.

Diamond, D. (1984). "Financial Intermediation and Delegated Monitoring," *Review of Economic Studies*, vol. 51, no. 27.

Diamond, D. (1989). "Reputation Acquisition in Debt Markets," *Journal of Political Economy*, vol. 97.

Diamond, D. (1991). "Monitoring and Reputation: The Choice between Bank Loans and Directly Placed Debt," *Journal of Political Economy*, vol. 99.

Diamond, D. (1993). "Seniority and Maturity of Debt Contracts." *Journal of Financial Economics*, vol. 33.

Diamond, D., Dybvig, P. (1983). "Bank Runs, Deposit Insurance and Liquidity", *Journal of Political Economy*, vol. 91.

Duffie, D. (2008). *Innovations in Credit Risk Transfer: Implications for Financial Stability*. BIS Working Papers, No. 255.

Duffie, D., and N. Garleanu (2001). "Risk and valuation of collateralized debt obligations," *Financial Analysts Journal*, vol. 57.

Doherty, N. A. (2000). *Integrated Risk Management*, New York: McGraw-Hill.

Eckbo, B. E. (1986). "Valuation Effects and Corporate Debt Offerings," *Journal of Financial*

Economics, vol. 15.

Fama, E. F. (1978). "The Effect of a Firm's Investment and Financing Decisions on the Welfare of its Security Holders," *American Economic Review*, vol. 68, no.3.

Fama, E. F. (1990). "Contract costs and Financing Decisions," *Journal of Business*, vol. 63, pp. S71-S91.

Fama, E. F., and K. R. French (1992). "The Cross-Section of Expected Stock Returns," *Journal of Financial Economics*, vol.47.

Fama, E. F., and K. R. French. (1993). "Common Risk Factors in the Returns on Stocks and Bonds," *Journal of Financial Economics*, vol. 33.

Fama, E. F., and K. R. French (1995). "Size and Book-to-Market Factors in Earning and Returns," *Journal of Financial Economics*, vol. 50.

Fama, E. F., and K. R. French (1996). "Multifactor Explanations of Asset Pricing Anomalies," *Journal of Financial Economics*, vol. 51.

Fama, E. F., and K. R. French (1997). "Industry Costs of Equity," *Journal of Financial Economics*, vol. 43.

Fama, E. F., and K. R. French (1998). "Taxes, Financing Decisions, and Firm Value,"
Journal of Financial Economics, vol. 43, no. 3.

Fama, E. F., and K. R. French (1999). "The Corporate Cost of Capital and the Return on Corporate Investment," *Journal of Financial Economics*, vol. 54, no. 6.

Fama, E. F., and K. R. French (2002). "Testing Trade-Off and Pecking Order Predictions about Dividends and Debt," *Review of Financial Studies*, vol. 15, no. 1.

Fama, E. F., and Merton H. Miller (1972). *The Theory of Finance*. New York, NY: Holt, Rinehart, and Winston.

Fender, Ingo., and John Kiff (2004). *CDO rating methodology: Some thoughts on model risk and its implications,* Bank for International Settlements, Working Paper No. 163, http://www.bis.org/publ/work163.pdf.

Finnerty, J. D. (1996). *Project Financing: Asset-based Financial Engineering*. New York, NY: John Wiley & Sons.

Forrester, J. P. (2005). "Project Finance," Speech before Alternative Risk Transfer Executive Education Seminar, Graduate school of Business, The University of Chicago.

Fox, Justin (2009). *The Myth of the Rational Market: A History of Risk, Reward, and Delusion on Wall Street*. New York, NY: HarperCollins.

Frank, M. Z., and V. K. Goyal (2003). "Testing the Pecking Order Theory of Capital Structure," *Journal of Financial Economics*, vol.67.

Froot, K. A., D. S. Scharfstein, and J. C. Stein (1993). "Risk Management: Coordinating Investment and Financing Policies." *Journal of Finance*, vol. 48, no. 5.

Froot, K. A., and J. C. Stein (1998). "Risk Management, Capital Budgeting, and Capital Structure Policy for Financial Institutions: An Integrated Approach." *Journal of financial economics*, vol. 47.

Goodman, L. S., and F. J. Fabozzi (2002). *Collateralized Debt Obligation: Structures and Analysis.* Hoboken, NJ: John Wiley & Sons.

Gorton, Gary B. and Andrew Metrick (2009). *Haircuts*, WP No. 15273,

Gorton, Gary B. and Andrew Metrick, (2009a). Securitized Banking and the Run on Repo, NBER Working Paper 15223.

Grant, J. L. (2003). *Foundations of Economic Value Added.* 2nd ed. New York: John Wiley & Sons.

Harris, M., and A. Raviv (1991). "The Theory of Capital Structure," *Journal of Finance*, vol. 46, no. 1.

Hart, O., and J. Moore (1990). "A Theory of Corporate Financial Structure Based on the Seniority of Claims," NBER Working Paper 343 (September).

Hull, J. C. (2003). *Options, Futures, and Other Derivatives.* Upper Saddle River, NJ: Prentice Hall.

Jensen, M C. (1986). "Agency Costs of Free Cash Flows, Corporate Finance and Takeovers," *American Economic Review*, vol. 76.

Jensen, M. C., and W. H. Meckling (1976). "Theory of the Firm: Managerial Behavior, Agency Costs and Ownership Structure," *Journal of Financial Economics*, vol. 3, no. 4.

Leland, H. E., and D. H. Pyle (1977). "Information Asymmetries, Financial Structure, and Financial Intermediation," *Journal of Finance*, vol. 32, no. 2.

Lucas, Douglas J., Laurie S. Goodman, and Frank J. Fabozzi. (2006), *Collateralized Debt Obligation: Structures and Analysis*, Hoboken, NJ: John Wiley & Sons.,

Mackie-Mason, J. K. (1990). "Do Taxes Affect Corporate Financing Decisions?" *Journal of Finance*, vol. 45.

Masulis, R. W. (1980). "The Effects of Capital Structure Changes on Security Prices: A Study of Exchange Offers," *Journal of Financial Economics*, vol. 8.

Masulis, R. W., and A. W. Korwar (1986). "Seasoned Equity Offerings: An Empirical Investigation," *Journal of Financial Economics*, vol. 15.

Merton. R. C. (1974). "On the Pricing of Corporate Debt: The Risk Structure of Interest Rates," *Journal of Finance*, vol. 29.

Merton, R. C., and A. F. Perold (1993). "Management of Risk Capital in Financial Firms," in *Financial Services: Perspectives and Challenges.* Boston: Harvard Business School Press.

Miller, Merton H. (1977). "Debt and Taxes," *Journal of Finance*, vol. 32, no. 2.

Miller, Merton H. (1988). "The Modigliani-Miller Propositions After Thirty Years," *Journal of*

Economic Perspectives, vol. 2, no. 4.

Miller, Merton H. (1991). "Leverage," *Journal of Finance*, vol. 46, no. 2.

Miller, Merton H. (1997). *Merton Miller on Derivatives*. New York: John Wiley & Sons.

Modigliani, F., and M. H. Miller (1958). "The Cost of Capital, Corporation Finance, and the Theory of Investment," *American Economic Review*, vol. 48, No. 3.

Modigliani, F., and M. H. Miller (1959). "The Cost of Capital, Corporation Finance, and the Theory of Investment: Reply," *American Economic Review*, vol. 49, no. 4.

Modigliani, F., and M. H. Miller (1963). "Corporate Income Taxes and the Cost of Capital: A Correction," *American Economic Review*, vol. 53, no. 3.

Moody's (2000). "Moody's Approach to Rating Multisector CDOs" September.

Moody's (2002). "Moody's Approach: The CDO Monitoring Process." Sept.

Moody's (2009), "Moody's Approach to Rating SF CDOs." March,

Myers, S. C. (1977). "The Determinants of Corporate Borrowing," *Journal of Financial Economics*, vol. 5.

Myers, S. C. (1984). "The Capital Structure Puzzle," *Journal of Finance*, vol. 39, no. 3.

Myers, S. C., and N. S. Majluf (1984). "Corporate Financing and Investment Decisions When Firms Have Information That Investors Do Not Have," *Journal of Financial Economics*, vol. 13.

Narayanan, M.P. and Vikram K. Nanda (2004). *Finance for Strategic Decision Making*. John Wiley & Sons.

Pinto, Edward J. (2010). Government Housing Policies in the Lead-up to the Financial Crisis: A Forensic Study. Unpublished paper, American Enterprise Institute. Available at http://www.aei.org/docLib/Pinto-Government-Housing-Policies-Crisis.pdf

Rajan, R. G. (1992). "Insiders and Outsiders: The Choice between Informed and Arm`s-Length Debt," *Journal of Finance*, vol. 47.

Rajan, R. G., and L. Zingales (1995). "What Do We Know About Capital Structure? Some Evidence from International Data," *Journal of Finance*, vol. 50.

Rappaport, A. (1998). *Creating Shareholder Value*. 2nd ed. New York, NY: Free Press.

Shleifer, Andrei (2010). "Comment," *Brookings Papers on Economic Activity,* Fall 2010, pp.298-303.

Smith, C. W., Jr. (1986). "On the Convergence of Insurance and Finance Research," *Journal of Risk and Insurance*, vol. 53, no. 4.

Smith, C. W., Jr., and J. Warner (1979). "On Financial Contracting: An Analysis of Bond Covenants." *Journal of Financial Economics*, vol. 7.

Smithson, C. W. (1987). "A LEGO Approach to Financial Engineering," *Midland Corporate Finance Journal*, vol. 4.

Smithson, C. W. (1998). *Managing Financial Risk*. 3rd ed. New York, NY: McGraw-Hill.

Spence, M. (1973). “Job Market Signaling,” *Quarterly Journal of Economics*, vol. 87.

Stulz, R. (1990). “Managerial Discretion and Optimal Financing Policies,” *Journal of Financial Economics*, vol. 26.

Stultz, R. (1996). “Rethinking Risk Management,” *Journal of Applied Corporate Finance*, vol. 9.

Tavakoli, J. M. (1998). *Credit Derivatives*. New York, NY: John Wiley & Sons.

Tavakoli, J. M. (2008). *Collateralized Debt Obligations and Structured Finance: New Developments in Cash and Synthetic Securitization*. 2nd Ed. Hoboken, NJ: John Wiley & Sons.

Vermaelen, T. (1981). “Common Stock Repurchases and Market Signaling: An Empirical Study.” *Journal of Financial Economics*, vol. 9.

Wallison, Peter J. (2011). Dissenting Statement. In *The Financial Crisis Inquiry Report*, by the National Commission on the Causes of the Financial and Economic Crisis in the United States, Washington: Government Printing Office.

Whetten, M., and W. Jin. (2005). “Constant Maturity CDS_A Guide,” Nomura Fixed Income Research (May 5).

찾아보기

ㄴ

ㄷ

ㄹ

ㅁ

ㅂ

ㅅ

ㅇ

ㅈ

ㅊ

ㅋ

ㅌ

ㅍ

ㅎ

A

B

C

D

E

H

I

J

K

L

M

N

O

P

R

S

T

U

V

W

X

Z

기타